KB219618

구약성서 형성의 역사 01

성서의 처음 역사

이 도서의 국립중앙도서관 출판예정도서목록(CIP)은 서지정보유통지원시스템 홈페이지
(http://seoji.nl.go.kr)와 국가자료공동목록시스템(http://www.nl.go.kr/kolisnet)에서 이용하실 수 있습니다.
CIP제어번호: CIP2017002455(양장), CIP2017002456(반양장)

구 약 성 서
형성의 역사
01

성서의 처음 역사

로버트 쿠트·데이빗 오르드 지음
우택주·임상국 옮김

THE BIBLE'S FIRST HISTORY:
From Eden to the Court of David with Yahwist

The Bible's First History: From Eden to the Court of David with the Yahwist
by Robert B. Coote & David R. Ord

아무렴, 하나님은 착한 분이지.*

– 도그베리

* 윌리엄 셰익스피어의 희곡 「헛소동」 3막 5장에 등장하는 코믹한 인물 도그베리의 말이다. 저자는 무식한 도그베리가 점잔을 떨며 아는 체하고 내뱉은 이 말이 때로는 진실의 한 측면을 담고 있을 수 있는 경우를 풍자하여 왕실 역사기록의 모호성을 암시하기 위해 선정했다고 말한다. – 옮긴이

차례

추천의 글

이 책은 로버트 쿠트와 데이빗 오르드 목사의 공동 저작물이다. 구약학자와 현직 목회자의 학문적이고도 신앙적인 대화와 소통의 산물인 셈이다. 그런 점에서 볼 때, 이 책은 국내외 학계에서 보기 드문 연구서이면서 동시에 앞으로의 구약학 연구 방법에 중요한 방향 제시를 해주는 책이기도 하다. 특히 신학자와 목회자, 신학교와 교회의 대화가 부족한 한국교회의 상황에 비추어 본다면, 두 사람의 공동 노력으로 이루어진 이 책은 대단히 중요한 의미를 갖는 책임에 틀림이 없다.

이 책은 오경을 구성하고 있는 네 개의 전승층(J, E, P, D)을 다루는 네 권의 책들 중 첫 번째에 해당하는 것이다. 저자들은 이 책에서 창세기와 출애굽기 및 민수기 등에 흩어져 있는 J전승층이 다윗 시대에 다윗의 궁전에서 일종의 엘리트 집단에 의해서 만들어진 것들로, 다윗의 건국이념을 표방함과 아울러, 다윗 왕국의 역사적, 정치경제적 상황에 대한 신학적 해석을 담고 있다고 본다. J에 관한 저자들의 이러한 견해는 J의 후기 연대 기록 가능성이나 J의 통일성을 의심하는 최근의 견해와는 달리, J의 통일성과 초기 연대를 주장하던 고전적인 역사비평학 방법론을 충실하게 반영하고 있다. J가 비록 개별성을 가진 것으로 보이는 다양한 이야기들을 포함하고 있음에도 불구하고, 그것들을 일관성 있는 하나의 전체로 묶어내고 있다는 것이 저자들의 고집스런 주장인 셈이다. 그러나 저자들의 이러한 입장은 성서가 통일된 책으로 신앙공동체에 정경으로 주어진 책이라는 주장에 가장 근접한 것이라고 할 수 있다. 저자들의 독창적이고도 고집스런 주장에 깊은 공감을 표하면서, 목회자들과 신학도들의 일독을 권한다.

강성열 호남신학대학교 구약학 교수

로버트 쿠트와 데이빗 오르드가 공동으로 저술한 본 저서는 여러 가지 면에서 주목되는 명저이다. 첫째, 전문 구약학자와 전문 목회자가 공동저술을 하여 저서를 내놓았다는 점이다. 대학 강단과 목회현장 사이의 간격을 좁혀야 한다는 말들은 많이 하면서도 정작 실천에 옮기지 못하고 있는 작금의 현실을 놓고 볼 때 본 저서는 두고두고 모범적인 사례로 언급될 것으로 보인다.

둘째, 흔히 공저일 경우 몇 장(章)씩 나누어 쓰고 각자 저술한 부분에 대해 저술자를 밝혀 암암리에 저술에 대한 학문적 책임소재를 밝히기 마련인데 본 저서는 그러한 구분을 두고 있지 않다. 이것은 그만큼 물리적 결합 방식이 아니라 화학적 결합 방식을 통해 작업이 이루어졌다는 것을 말해준다. 서로에 대한 학문적, 영적 신뢰 없이는 불가능한 공저방식인 것이다.

학문적 측면에서도 본 저서는 몇 가지 분명한 특징을 가지고 있다. 프리드만(David Noel Freedman)은 창세기에서 열왕기하까지 이어지는 역사내러티브를 '제1역사(Primary History)'라고 명명한 바 있는데, 본 저서의 저자는 소위 '제1역사'를 둘로 나누어보고 있다. 이스라엘 백성들과 그 조상들의 역사를 에덴에서 모압평지까지(창세기~민수기)와 그 이후에 벌어진 역사로 보는 견해가 그것이다. 본 저서는 이 중 첫 번째 내러티브에 들어있는 J전승에 초점을 맞추고 있다. 몇몇 추가적인 구절들을 제외하고는 J가 구약성서 처음 네 권(Tetrateuch)의 원천(foundation) 역할을 하고 있다고 보기 때문에 J를 '처음 역사(First History)'로 명명하고 그 속에서 다양성 속의 역동성을 추적하고 있다. 저자는 J의 배후전승에 대한 논의나 J의 시기(포로기 이후 페르시아시대로까지 늦추어 보는 견해도 있음), 그리고 다윗시대의 역사성에 대한 회의적인 견해(주로 미니멀리스트들의 견해) 등 다양한 학문적 논의를 의식하지만 굳건히 다윗시대를 확신하고, 그 전제 위에서 저술을 진행하였다. 저자의 학문적 확신은 흔들림이 없어 보인다. 그렇기 때문에 글의 흡입력 또한 높다 하겠다.

목차의 소제목들만 보아도 금방 글의 성격을 파악할 수 있을 정도로 흥미를 일으키는 글로 가독성(可讀性) 또한 높다. 고대 이스라엘인들의 이야기는 자칫 까마득히 먼 시대 사람들의 이야기로 고리타분하고 우리 시대와는 뭔가 동떨어진 이야기로 느끼기 쉬운데 본 저서는 이러한 선입견을 깨끗이 씻어주고 있다. 학문적 엄밀성을 바탕으로 그 시대의 정황과 당대성을 재구성해내면서 동시에 작가적 상상력이 돋보이는 글쓰기를 통해 이 시대에 적용할 수 있는 함의(implication)를 도출해주는 장점을 가지고 있다.

아무튼 우리 학계에, 그리고 기독교계에 이와 같은 명저가 번역되어 누구나 쉽게 접할 수 있게 된 것은 퍽 다행스러운 일이 아닐 수 없다. 협력의 미덕을 보여준 두 명의 공동저자와 두 명의 공동번역자, 그리고 강력히 일독을 권하는 바 이 책을 읽는 모든 독자들에게 우리 주님의 은혜와 평강이 가득하길!

서명수 협성대학교 구약학 교수

『성서의 처음 역사』로 번역된 본 번역서는 샌프란시스코 신학대학원(San Francisco Theological Seminary)의 로버트 쿠트 교수와 데이빗 오르드 목사의 공저인 *The Bible's First History*(1989)를 번역한 것이다.

반가운 것은 그동안 야훼 전승(J), 엘로힘 전승(E), 제사장 전승(P) 등 토라의 사경을 구성하는 전승들에 관한 저서가 부족한 가운데 본 저서가 번역되어 출판된다는 점이다. 성서의 형성에 관해서 관심을 가지고 연구하려는 신학생들에게는 반가운 소식이 아닐 수 없다. 더구나 로버트 쿠트 교수의 지도를 받은 침례신학대학교의 우택주 교수, 그리고 감리교신학대학교의 임상국 교수가 공동으로 이 역작을 심혈을 기울여 번역하였기에 충실하면서도 쉽게 읽을 수 있게 되었다. 참으로 감사한 일이다.

소박하게 성경을 읽어가는 독자라면 J, E, D, P라는 문서설이 생소할지 모르지만 성서학을 연구하는 신학생들이라면 문서설에 대해서는 기본적인 지식을 가지고 있을 것이다. 다만 여러 학자들의 주장이 참으로 다양하게 전개되고 있기에 문서들의 정체에 대해서는 혼란스러운 면이 여전히 있다는 점이 아직도 아쉬운 점이다. 그런데 쿠트 교수와 오르드 목사는 이 책에서 J의 정체를 아주 놀라울 정도로 선명하게 제시하고 있다. 즉 기원전 10세기 다윗 시대에 저술된 것이 바로 J라는 과감한 주장을 전개하고 있으며, J기자가 다윗 궁전의 서기관 스라야(삼하 8:17)였을 수도 있다고 짐작한다.

이러한 주장에 대해 반론을 제기할 학자들이 많이 있을 수 있다. 그러나 반론을 펴기 전에 이 책을 한번 읽어보기를 권하고 싶다. 그리고 이러한 시각을 가지고 새롭게 해석할 수 있는 부분들이 있다는 점도 발견할 수 있기를 바란다. 특히 그동안 해석하기 어려웠던 부분들이 독특한 시각에서 해석될 수도 있다는 가능성을 엿볼 수 있을 것이다. 무엇보다 주목할 점은 다윗과 베두인과의 관계, 다윗의 통치와 솔로몬 통치의 차이점, 그리고 다윗과 블레셋과의 관계, 다윗과 이집트와의 관계 등이 흥미롭다는 점이다. 그리고 다윗 왕조를 지지하는 내용과 다윗 왕조가 꾸는 꿈이 어떻게 경전으로 변천하게 되었는지 그 추이를 살펴볼 수도 있을 것이다.

쿠트 교수는 구약이 친페르시아 인물들에 의해 최종적으로 형성되었으며 구약 안에 "페르시아에 반대하는 말은 어디에서도 단 한마디도 찾아볼 수 없는 상황에다 또 다른 점을 더해보면 구약의 정경은 '페르시아 정경'이라고 불러도 무방할 것이다"라고 단언한다. 최종본인 경전이 이러한 성향을 가지고 있다면 J를 연구할 필요성이 더욱 커진다. 구전의 단계든, 문서의 단계든, 최종본의 단계든 구약을 해석할 때 이러한 역사적 과정을 면밀히 검토할 필요가 있다. 본 저서는 이러한 해석을 위한 아주 유용한 길잡이 역할을 감당할 수 있을 것이다.

어느 해보다 뜨거운 여름날 동안 한국의 존경받는 구약학자 두 분이 흘린 땀방울들이 이 책을 읽을 독자들을 통해 충실한 열매로 추수되기를 기대하면서 기쁜 마음으로 본 저서를 추천하고자 한다.

정중호 계명대학교 구약학 교수

미국에 유학하면서 박사과정 중에 유익하게 읽은 책의 우리말 번역을 다시 읽으면서 추천사를 쓰는 것은 매우 기쁜 일입니다. 이 책이 저에게 유익했던 이유는 무엇보다도 야훼 문서를 분리해 내어 통전적으로 재구성하고 사회학적 상상력을 발휘하여 신학적 메시지를 구체적으로 제시하고 있기 때문입니다. 고대 근동의 문서들과 고대 이스라엘의 역사를 배경으로 제시되는 저자들의 해석은 야훼 문서의 신학자(들)가 왜 이렇게 방대한 작업을 했는지 알 수 있게 합니다. 즉 그들의 성서해석은 사회적 필요와 요구에 의해서 이루어졌고 이를 통해서 더 나은 사회와 신앙을 추구했다는 점입니다. 여기에는 역사를 이끄시는 하나님에 대한 그들의 신앙고백과 기대가 담겨져 있습니다. 저자들의 야훼 문서에 대한 이러한 분석은 오늘 우리가 이 땅에서 성서해석과 신학작업을 어떻게 해야하는지를 가르쳐줍니다. 즉 우리 사회에 대한 분석과 이와 연관된 성서해석 및 신학이 필요하다는 것입니다.

이 책이 유익한 또 다른 이유는 오늘의 설교자들에게 성서를 읽고 말씀을 선포하는 방법을 제시한다는 것입니다. 두 명의 저자 중 한 분은 신학자이고 다른 한 분은 목회자인 것처럼, 이 책은 목회자들에게 학문적이고 목회적인 메시지를 제공하고 있습니다. 그리하여 목회현장에서 성서를 더욱 구체적으로 분석하여 설교할 수 있게 합니다. 오늘날 설교를 듣는 교인들은 추상적이고 교리적인 설교에 실망하면서 삶에 구체적으로 적용될 수 있는 언어와 메시지를 찾는 데 목말라 하고 있습니다. 미국 교회는 이러한 경험을 오래 전에 했고 이 책은 그러한 목회현장의 요구에 대한 응답이라고 할 수 있습니다. 따라서 이 책은 설교자들의 사회학적 상상력을 자극하여 설교를 위한 메시지를 찾게 하는 데 도움을 줄 것입니다.

제가 이 책을 읽으면서 오경의 나머지 문서들에 대한 책들도 나왔으면 하는 바람이 있었습니다. 다행히도 로버트 쿠트 교수님은 나머지 세권의 책, 즉 엘로힘 문서, 제사장 문서, 신명기 문서를 각각 다룬 책들을 출판하였고 이 책들 역시 유익하게 읽을 수 있었습니다. 이러한 방대한 작업을 하신 쿠트 교수님께 경의를 표하고, 이 책을 시작으로 네 권 모두를 우리말로 꼼꼼하게 번역하시는 두 분 박사님들에게 감사의 마음을 담아 박수를 보냅니다. 이러한 작업들은 한국 성서학계의 기쁨임과 동시에 한국 신학을 한 단계 높이는 데 크게 기여할 것입니다.

이 책을 읽을 때 독자들은 비판하려고 함부로 덤벼들기보다는 겸손한 마음으로 진지하게 소화하려는 자세가 필요합니다. 왜냐하면 여기에는 사회학적 대가의 상상력과 고민 그리고 이를 생생하고 쉽게 풀이하려는 노력이 담겨져 있기 때문입니다. 성서를 공부하는 신학생들과 설교 메시지를 위해서 성서를 다시 읽는 설교자들 그리고 성서를 진지하게 읽는 이들에게 이 책들의 일독을 권하고 싶습니다.

천사무엘 한남대학교 구약학 교수/교목실장

들어가는 말

이 책은 고대의 저자가 정치적 상상력을 발휘하여 기록한 글에 관한 연구이다. 그 글은 구약성서에 수록된 처음 네 권의 책 가운데 가장 먼저 기록된 내용들로 되어 있다. 그 글은 통상 하나님을 야훼(그 글을 처음으로 구별해낸 유럽에서는 J로 시작하는 단어로 표기하고 영어 번역 성서에서는 대체로 Jehovah로 표기한다)로 언급하기 때문에 성서학자들은 그 저자와 작품을 둘 다 J라고 부른다. 특히 최근에는 그 저자를 야훼기자(혹은 야휘스트)로 부르기도 한다. 이 책에서는 전통적인 명칭인 J를 사용할 것이다. 대부분의 독자들이 J란 용어에 대해 들어본 적이 없을 것이다. 하지만 그 안에 들어있는 이야기는 아주 친숙할 것이다. 왜냐하면 여기에는 창세기와 출애굽기에 기록된 내용 가운데서도 가장 인기있는 이야기들이 들어있기 때문이다. 사실 그 이야기들은 우리의 문화 속에 평범하게 그리고 일부는 생략된 채 교리처럼 전해져 왔기 때문에 많은 사람들이 어린 시절부터 친근하게 알던 내용이다. 하지만 이 이야기를 최초로 전할 때 그것은 어린이들을 위한 이야기가 아니었다. 이 책의 목적은 J에 처음 기록된 내용 전체가 원래의 독자들은 물론이고 우리들이 관심을 갖고 있는 정의와 번영 문제를 다룬 작품이라는 것을 보여주려는 데 있다.

이 책은 성서학자와 목회자가 공동으로 집필한 것이다. 우리는 지극히 전문적인 지식으로 성서를 분석하였으나 그 결과물은 성서에 관심을 갖고 있는 모든 사람에게 매우 중요하다. 분석한 결과를 전달하는 방식도 전문적인 기술이 필요했다. 우리의 희망은 성서학자의 전문지식과 목회자의 전문지식을 결합하여 우리의 연구결과를 가능하면 많은 사람들이 접할 수 있도록 돕는 데 있다.

J는 삼천 년 전에 우리와는 아주 다른 문화 속에서 기록되었기 때문에 이 글을 분석하는 데 사용한 몇 가지 가정들은 이 시대를 살아가는 많은 독자들이 공감하기가 어려울 것이다. 이를테면 J는 하나님을 남성으로 묘사한다. 많은 사람들의 경우, 남성 하나님은 하나님을 이해하는 데 필수적이다. 하지만 이 책을 집필한 우리 두 사람을 포함하여 다른 사람들의 경우에는 성서가 묘사하는 하나님의 남성성은 하나님께 기도하거나 하나님에 관한 논의를 하는 데 더 이상 적합하지 않고 수용할 수도 없다고 여긴다. 그럼에도 불구하고 우리는 J를 논의할 때 하나님을 남성으로 언급하는 성서저자의 방식을 따를 것이다. 논의를 진행하는 동안 하나님의 남성성이 J라고 부르는 역사서에서 아주 핵심적인 역할을 수행한다는 사실이 분명해질 것이기 때문이다.

우리는 성서에 관심을 갖고 있는 독자들이 최초로 기록된 J 역사를 전체적으로 놓고 읽을 때 이미 친근하게 알고 있는 단편적인 이야기들을 접할 때와 달리 더욱 집중하게 만들고 깨닫는 것도 많아지기를 희망한다. 우리는 이제 거의 삼천 년 동안이나 J가 원래 의도했던 대로 읽혀지지 않았던 이야기를 만나보려고 한다.

이 책이 나오기까지 수고해주신 분들께 감사를 드리고 싶다. 먼저 폴리 쿠트, 메리 매코믹 마아가, 데렉 테일러에게 감사를 드린다. 아울러 편집자로서 이 책의 인쇄본을 읽고 수많은 귀중한 제안을 해주신 존 A. 홀라와 족보를 도표로 만드는 일을 도와준 크리스틴 샐다인에게 깊은 감사를 드린다.

한국어판을 위한 저자 서문

성서는 창세기에서 열왕기하까지 이어지는 가장 길고 연속적인 이야기로 시작한다. 내용은 에덴동산에서 최초의 남자와 여자가 벌인 이야기로 시작해서 바벨론에게 패배하고 사로잡혀간 유다 사람들의 이야기까지이다. 이 긴 이야기는 한 사람이 기록한 것이 아니라 여러 사람이 기록한 것이다. 또 한 번에 기록한 것도 아니다. 그것은 기원전 10세기에 다윗 왕조를 처음으로 연 다윗 왕 시대부터 시작해서 기원전 6세기 유다의 마지막 왕 여호야긴 시대까지 사오백 년 동안 여러 단계에 걸쳐 기록되었다. 겉보기와 달리 이 이야기는 모든 이스라엘 사람의 전승이 아니다. 그것은 도성이었던 예루살렘에 거주한 이스라엘 사람들의 이야기이고 바벨론에 잡혀 가서 살았던 다윗 왕조의 관점으로 기록되었다.

처음에 이 이야기는 상이한 두 가지 이야기로 이루어졌다. 첫 번째 이야기는 이스라엘 백성과 그 조상들의 역사를 에덴동산으로 시작해서 가나안 땅이 내려다보이는 모압 평지까지 묘사한다(창세기부터 민수기까지). 그것은 최초의 인류와 이스라엘의 조상들을 다룬다. 조상들은 가나안에 거주하다가 이집트로 피난 갔는데 거기서 사로잡혀 이집트의 종살이를 하던 중 모세의 인도로 탈출하여 이야기 초반에 하나님이 약속했던 그 땅을 차지하기 위해 가나안으로 되돌아오는 도중에 요단 강 저편에 도착하는 이야기로 끝난다. 두 번째 이야기는 그 이후에 벌어진 이스라엘 백성의 역사를 다룬다. 그것은 요단강 저편에서 이른바 모세의 율법을 두 번째로 선포한 뒤에 길을 떠나 가나안에 정착하고 거기서 나라를 세운 뒤 이스라엘의 왕들을 거쳐 바벨론에 포로로 잡혀가기까지의 내용으로 이루어져 있다(룻기를 제외하고 신명기부터 열왕기하까지). 이것은 약속의 땅에서 벌어진 이스라엘 왕조들의 이야기이다. 그 안에는 약속의 땅을 간직하는 데 필요한 모세의 율법을 천명하고, 여호수아의 인도로 약속의 땅을 정복하고, 구원자 또는 사사라고 부르는 지파 지도자들이 다스릴 때 벌어진 정치적 혼란상을 거쳐, 군주제도를 통해 잠시나마 그런 혼란이 해소되었으나, 예루살렘에 자리 잡은 다윗 왕가에 대항하여 이스라엘 왕조들이 수립되었고 그들의 통치는 계속 혼란스럽게 이어졌으나 결국에는 사마리아에 수도를 둔 이스라엘 왕조가 무너졌고, 나중에는 다윗 왕조마저 무너졌으며, 급기야 다윗 왕가의 마지막 왕이 추종자들과 함께 바벨론으로 잡혀간다는 내용이 기록되어 있다. 이 이야기는 성공과 실패의 이야기이고 충성과 배신의 이야기로서 정치적 구원을 암시한다.

이 두 가지 이야기는 두 번째 이야기가 첫 번째 이야기의 핵심을 이어가는 내용으로 기록되었기 때문에 결국에는 하나로 연결된 성서가 되었다. 내가 보기에 두 이야기는 다윗 왕조의 첫 세대 혹은 그보다 더 빠른 세대에서 유래한 핵심적인 이야기를 중심으로 기록되었다. (두 번째 이야기의 원래 핵심은 사무엘상 15장부터 열왕기상 2장까지이며 다윗이 사울 왕가의 찬탈자로 등장하는 이야기와 다윗의 아들 압살롬이 일으킨 반란 그리고 다윗의 막내 왕자였던 솔로몬이 다른 왕자와 경쟁한 결과로 왕위를 계승하는 이야기를 담고 있다.)

이 책은 창세기, 출애굽기, 민수기에 흩어져 있는 첫 번째 부분의 핵심 이야기에 관한 것이다. 이 핵심적인 이야기는 성서역사학자들이 지금으로부터 이백년 전 그러니까 당시에 독일학자들이 성서의 처음 네 권의 책 즉 사경(Tetrateuch)에서 히브리어로 '하나님'의 이름인 '야훼'(독일어로, 'Jahweh')라는 신명을 선호하여 기록한 특정한 이야기 층을 처음으로 구별해 낸 이후로 J라고 부른다.(고대부터 현재까지 이 명칭은 보통 '주'로 표기하거나 그와 유사한 다른 의미를 지닌 표기로 대신했다.) 이렇게 J는 구약성서의 처음 네 권의 책이 된 이야기의 뼈대 구실을 했다. 네 권의 책은 뼈대가 되는 원래 이야기에 덧칠을 해서 완성된 것이 아니다. 그 대신 원래 이야기의 앞뒤와 사이사이에 새로운 구절들을 첨가하고 삽입해서 완성된 것이다. 이 추가 구절들을 제외하면 J는 충분히 네 권의 원천(foundation)이라고 부를 수 있을 것이다.

하지만 J의 사본은 하나도 남아있지 않다. 심지어 J가 존재했다는 증거도 없다. J의 윤곽과 그것을 해석하는 작업은 모든 역사적 재구성 작업처럼 본질적으로 불확실하므로 한국을 포함해서 학자들 사이에는 성서의 어디까지를 정확히 J라고 말할 수 있는지, 언제 그리고 왜 기록하였는지, 배후에 어떤 정보가 있으며 어떤 과정을 거쳐 그런 의미를 지녔는지, J에 관한 거의 모든 문제에 대해 이견이 끊이지 않고 있다. 지금껏 학계는 J를 하나의 일관된 이야기가 아니라 별개의 이야기들을 한데 모아놓은 것으로 보는 경향이 지배적이었다. 이것은 J를 구성하고 있는 이야기들의 다양성을 볼 때 이해할 만한 설명이기는 하지만 잘못된 경향이다. 최근까지 대다수 학자들은 J가 사경을 기록한 역사의 후반이 아니라 초반에 기록되었다는 견해를 받아 들여왔다. 그러나 점점 더 많은 학자들이 군주시대 초기가 아니라 후기, 심지어 포로기나 포로기 이후에 기록된 글로 보는 경향으로 흐르면서 그러한 합의가 사라져버렸다. 그래서 J와 사경의 관계에 대하여 J가 최초의 글이 아니라 마지막 단계의 글 즉 사경의 뼈대가 아니라 최종 형태에 해당하는 글은 아닐까 하는 질문들을 제기하기도 하였다. 심지어 어떤 이는 고전적으로 묘사된 J는 학자들이 고안해낸 것에 불과하므로 폐기되어야 한다고 주장하였다.

따라서 이 책은 삼십여 년 전에 출판되었으나 여전히 J의 고전적 개념을 그대로 간직해서 사용하고 있다. 하지만 일반적인 교육을 위한 글로서 그런 고집스러움이 타당하게 보일 만큼 충분한 학문적 장치가 부족해서 전문가들에게 받아들여지기가 어려웠고 또 사경을 논의할 때도 그다지 큰 영향을 미치지 못한 것이 사실이다. 학문의 중요한 목표가 지식을 가진 청중에게 자신의 견해를 확신시키는 일이라고는 하지만 확신을 주느냐 못 주느냐가 어느 이론의 진위를 가려주는 최종적인 판단자는 아닐 것이다. 이 책은 J를 하나의 전체로 보고 읽기를 시도한다. 이런 노력을 기울인 책으로서는 지금까지 거의 유일하다. 하지만 J를 개별적인 내러티브 조각을 모아놓은 이야기로 보는 것이 더 낫다는 확신이 들 때까지 나는 지금의 책이 J를 이해하는 최선의 방식이라고 믿을 것이다.

십 년 전에 나는 J가 다윗 자신의 궁전에서 유래한 글이며 그것의 과제가 무엇인지를 명확히 밝힌 논문을 발표한 적이 있다. 그 논문도 이 책의 말미에 부록으로 실었다. 현재 성서학계의 상황 속에 이렇게 J의 연대를 초기로 설정하는 것은 학계의 관행적 지혜와 무관하거나 무지하고 외고집을 부리는 것처럼 보일 수도 있다. 하지만 부록에 실은 논문이 보여주듯이 J와 다른 학자들이 J에 관해서 쓴 글—그리고 추정컨대 J의 주제인 초기 이스라엘과 다른 학자들이 그것에 관해 쓴 글—을 연구한 지 사십 년이 지난 지금도 나는 내 생각이 옳다고 확신하고 있다.[1]

2016년 12월

캘리포니아 주 켄싱턴 시에서

로버트 B. 쿠트

---

1 Robert Coote, "The Emergence of Israel Again," in *History, Politics and the Bible from the Iron Age to the Media Age: Essays in Honour of Keith Whitelam*, ed. James Crossley and Jim West(New York: Bloomsbury T. & T. Clark, 2016), 19~40 참조.

글을 옮기면서

이 책을 우리나라에 소개하게 되어서 참으로 기쁘고 영예롭게 생각합니다. 이 책은 저자이신 로버트 쿠트 교수님이 오경(Pentateuch) 가운데 사경(四經, Tetrateuch, 창세기~민수기)을 구성하고 있는 세 가지 전승, 즉 야훼 전승(J), 엘로힘 전승(E), 제사장 전승(P)에 관해 집필한 세 권의 책[*The Bible's First History*(1989), *In Defense of Revolution: The Elohist History*(1991), *In the Beginning: Creation and the Priestly History*(1991)] 가운데 첫 번째 책입니다. 오경의 다섯 번째 책이며 네 번째 전승인 신명기 전승(D)과 이어지는 역사서 즉 여호수아, 사사기, 사무엘상하, 열왕기상하를 다룬 내용은 '신명기역사(The Deuteronomistic History)'라는 제목의 강의원고가 있습니다. 우리는 이것도 위의 세 권의 책과 더불어 소개할 것입니다. 그렇게 되면 창세기부터 열왕기하까지 도합 아홉 권의 성서(구경, 九經, Enneateuch)에 대한 로버트 쿠트 교수님의 해석이 소개되는 것입니다.[1]

우리는 한울엠플러스측의 제안과 저자이신 쿠트 교수님의 동의를 얻어 이 네 권의 책을 '구약성서 형성의 역사'라는 명칭의 시리즈로 소개합니다. 물론 구약성서 전체가 형성된 역사를 다루는 것은 아닙니다. '구약성서 형성의 역

---

1 Thomas B. Dozemann, Thomas Römer, and Konrad Schmid(eds), *Pentateuch, Hexateuch, or Enneateuch? Identifying Literary Works in Genesis through Kings* (Atlanta: Society of Biblical Literature, 2011) 참조.

사'는 위에서 말씀드린 대로 창세기부터 열왕기하까지 9권의 성서가 형성되는 역사적 과정을 설명하는 일에 국한되어 있습니다. 만일 나머지 구약성서가 어떻게 작성되었는지에 대한 개괄적 정보를 얻고자 한다면 저자와 저자의 부인이신 메리 쿠트가 공저한 『성서와 정치권력』(장춘식 역; 서울: 한국신학연구소, 2000)을 읽으시면 유익할 것입니다. 그 책은 신약성서가 형성되는 역사까지를 두루 다루고 있습니다.

이 책의 저자인 로버트 쿠트 교수님은 저희 공동 번역자들이 학위를 마친 후에 귀국하여 신학대학에서 구약을 강의하고 있는 중에도 지속적인 학문적 도전과 격려 그리고 새로운 가르침의 길로 인도해 주신 참으로 고마운 분이십니다.

1989년에 미국에서 처음 출판된 이 책이 25년이나 지나고 나서야 비로소 우리 말 번역본이 나오게 된 것은 매우 뜻깊은 일이라고 생각합니다. 하지만 인도네시아에서는 이 책과 더불어 나머지 세 권의 책도 2011년부터 2014년 사이에 완간되었으므로 아시아권에서는 우리나라가 두 번째로 두 분의 책을 소개하는 셈입니다. 아시아권에서 선교강국이라는 자부심을 가진 우리로서는 조금 늦은 감이 없지 않다는 생각이 듭니다.

우리가 상당한 기간 동안 신학교 강단에서 구약성서를 가르치고는 있지만 이 글을 옮기면서 느낀 소회가 있습니다. 그것은 세월은 무상하게 흘러가는데 우리의 학문은 좀처럼 진보하지 못하는 상황에 대한 깊은 아쉬움이었습니다. 더불어 새로운 학문을 향해 더욱 도전해야겠다는 열망도 안겨주었습니다. 또한 이 책을 옮기면서 우리는 저자들의 학문이 실로 방대하고 섬세하면서도 동시에 그 해석의 깊이와 넓이가 지극히 철저하고 심오하다는 것을 느꼈습니다. 여기에 상대적으로 학문이 빈약한 우리들로서는 매 페이지마다 제시되어 있는 저자의 예리하고 탁월한 통찰력에 탄복하지 않을 수 없었습니다.

그런 뜻에서 이 책을 우리말로 출판하는 것을 흔쾌히 허락해주신 저자들에게 마음에서 우러나오는 깊은 감사를 표하고 싶습니다. 때마침 2015년에는 미국 성서학회(Society of Biblical Literature)에 소속된 탁월한 성서학자들이 로버트 쿠트 교수님의 학문적 업적을 기리기 위해 출판한 기념 논문집, Marvin L. Chaney, Uriah Y. Kim, and Annete Schellenberg(eds.), *Reading a Tendentious Bible: Essays in Honor of Robert B. Coote* (Sheffield: Sheffield Phoenix Press, 2015)이 간행되었습니다. 그 책과 더불어 이 책을 연달아 우리나라에 선을 보이게 되어서 한층 뜻깊습니다.

우리나라 기독교계는 구약성서의 첫 부분인 오경을 역사비평학적으로 해석하는 연구에 대하여 우호적이지 않았고 아주 민감하게 반응해온 역사를 갖고 있습니다. 그러나 다수의 성서학자들이 역사비평학의 한계를 지적하고 그 문제점들을 열거하면서 역사비평의 무용성과 비효용성에 대해서 피력할 때도, 우리나라의 역사비평학자들은 이에 맞서는 적절한 대응논리가 부족했다고 생각합니다. 정경적 접근이나 경건주의적 성서연구를 하는 학자들이 오경의 역사비평학적 연구를 벨하우젠의 망령이 씌인 연구이며 성서의 영감과 권위를 부정하는 심각한 사태라고 비판할 때도 이러한 역사비평학적 연구가 반드시 부정적이며 파괴적인 것만은 아니라고 반론을 개진하는 연구도 태부족이었다는 점을 인정하지 않을 수 없습니다. 비판하는 이들은 오경을 J, E, D, P라고 부르는 네 가지 전승/문서로 구분하는 일을 두고서 유기적이며 영감으로 가득 찬 성경을 분석적으로 나누기만 하는 인본주의적 연구라고 비난하면서, 오경을 통전적이며 유기적으로 읽어서 신앙공동체의 경전으로 사용하는 방식에 대해서는 무관심하다는 지적을 펴기도 하였습니다.

그러나 이러한 비판은 성서에 대한 심층적인 정보의 부족과 충분한 연구 부재의 현실을 배경으로 하고 있습니다. 그런 견해들은 대부분 성서를 언제 누가 어떻게 왜 썼는지에 대한 실제 상황과 역사적 현실에 관한 문헌사회학적 고찰이 미흡한 상태에서 우러나온 견해일 수 있습니다. 따라서 특정한 관점에서 수행한 성서 해석학의 결과를 학문적으로 논평하기 위해서는 선행적으로 성서가 태어난 고대 근동의 사회사와 종교 문화적 세계관에 대한 풍부한 예비적인 지식과 정보에 대한 충분한 습득이 전제되어야 한다고 생각합니다.

이 책은 오경에 대한 고전적인 역사비평학적 연구의 틀을 간직하면서 그 학문적 효용성을 얼마나 극대화시킬 수 있는지를 설득력 있게 보여주고 있습니다. 이 책은 오경 가운데 처음으로 작성되었다고 여겨지는 J 전승층을 따로 구별하여 그것을 한군데 모아놓고 기원전 10세기 다윗 왕국 시대의 역사적 정치경제 현실에 비추어 그 의미와 목적을 아주 소상하게 풀이하고 있습니다. 이 책 뒷면에 추천사를 쓴 노만 갓월드 교수님은 쿠트 교수님의 이 책이 현재 중동지역에서 살아가고 있는 베두인 집단의 장구한 문화적 경험과 현실의 지평에서 해석한 탁월한 역작이라는 점을 높이 치하하고 있습니다. 쿠트 교수님은 J 전승층이 기원전 10세기 다윗이 국가를 건설하면서 그 건국이념을 표방하기 위한 신학 사상을 담은 역사서라고 해석하고 있습니다. J 전승층의 연대를 기원전 10세기로 보지 않고 훨씬 후대로 보는 구미 성서학자들의 대다수 견해와 달리 쿠트 교수님은 이 책의 마지막에 부록으로 실은 논문(「다윗 시대에 작성된 J」)에서 이 주장을 다시 한 번 설득력 있게 토로하고 있습니다. 그 논문은 매우 학술적이어서 일반 독자층보다는 학자나 성서를 연구하는 분들에게 유용할 것으로 생각됩니다.

이 책은 로버트 쿠트 교수님과 데이빗 오르드 목사님이 바라본 오경에 대한 특정한 해석입니다. 저자들이 풀이한 대로 기원전 10세기 다윗 왕국의 역사적 정치경제적 현실에 대한 해석을 수긍한다고 해도 본문들이 또 다른 의미를 함축할 가능성은 여전히 남아있습니다. 그럼에도 불구하고 두 분의 해석은 지금껏 시도하지 않은 관점과 독창적인 해석 방식으로 인해서 이 책을 읽는 독자들을 신선한 학문적 도전으로 이끌고 있습니다. 이 책에 대해서 비판하고자 하는 사람들은 우선적으로 오경의 문헌적 성격과 문헌 작성의 집필 환경,[2] '초기 이스라엘'로 부르는 특정 시대의 역사 정보,[3] 고대 국가의 사회적 제도의 정의

---

2 로버트 쿠트, 『아모스서의 형성과 신학』, 우택주 옮김(서울: 대한기독교서회, 2004) 참조.

와 환경,[4] 그리고 성서 히브리어에 대한 전문지식을 가지고 있으면 좋을 것입니다.

저자들이 오경 안에서 J문서층으로 분류하는 창조적인 작업은 다른 학자들의 것을 기준으로 삼지 않고[5] 쿠트 교수님 자신이 직접 히브리어 원문을 읽고 나눈 것임을 밝혀둡니다. 그는 원문을 직접 옮기는 과정에서 장과 절 구분을 생략하였습니다. 그렇게 한 이유는 고대 히브리어 두루마리가 원래 그런 식으로 기록되어 있기 때문입니다. 하지만 저자의 의도와 달리 우리는 본문을 옮기는 과정에서 인용한 성서의 내용을 우리나라의 독자들이 잘 따라갈 수 있도록 필요한 경우마다 장과 절을 삽입했습니다. 또 저자들은 히브리어 원문과 개역 표준영어성서인 RSV(Revised Standard Version)를 함께 읽으면서 종종 그 번역의 부정확성을 지적하고 있으므로 우리는 이런 곳에서는 우리말 『개역개정성경』의 경우에 비추어 옮겼습니다. 종종 히브리어 원문을 로마자로 표기한 경우에는 독자들의 이해를 돕기 위해 이탤릭체로 우리말 소리를 달아두었습니다. 저자들은 성서의 히브리어 원문을 직접 읽고 자신이 이해한 의미에 따라 손쉽게 풀어서 번역한 본문을 중심으로 해석을 펴나가고 있습니다. 그래서 우리는 때에 따라 우리말 『개역개정』과 저자의 영어번역을 섞어서 옮겼습니다. 특히 우리는 『개역개정』의 '여호와'를 저자나 학계의 전통에 따라 '야훼'로 일관성 있게 옮겼는데 이 점에 대해서는 특별히 양해를 구합니다. 만약 성서본문이든 성서본문의 해석이든 번역상의 오류가 발견된다면 그것은 저자들이 아니라 전적으로 번역자인 저희의 오류일 것입니다. 우리들은 이 책이 오

---

3 로버트 쿠트, 『초기 이스라엘 이해의 새 지평』, 정희원 옮김(대구: 계명대학교출판부, 2011).

4 R. B. Coote and K. W. Whitelam, *The Emergence of Early Israel in Historical Perspective* (Sheffield: The Almond Press, 1987).

5 R. E. 프리드만, 『누가 성서를 기록했는가?』, 이사야 옮김(서울: 한들출판사, 2008), 333~42 참조.

경을 연구하는 우리나라의 성서학자들에게 신선한 자극제가 되고, 목회자들과 신학생과 평신도들에게는 오경을 심층적으로 학습할 기회가 되기만을 기대할 따름입니다.

끝으로 이 책의 출판을 흔쾌히 허락해주신 한울엠플러스의 사장님, 윤순현 기획실 차장님, 서투른 원고를 꼼꼼하게 교정해주시고 유용한 제안과 더불어 여러모로 격려해주신 편집책임자 김용진 선생님, 그리고 책의 내용과 어울리는 멋진 표지를 도안해주신 분들과 출판에 수고해주신 모든 분들께 깊은 감사를 드립니다.

— 성서에 대한 연구는 끝이 없고
우리가 가야할 길은 더욱 멀게만 느껴집니다 —

2017년 1월
우택주·임상국

성서의 처음 역사란?

인쇄기와 사진기가 매년 수천만 페이지를 찍어내는 시대에는 문학작품을 흔하게 접할 수 있다. 문학은 헤아릴 수 없이 다양한 목적을 수행한다. 우리 사회에서는 거의 모든 사람이 글을 읽는다. 하지만 고대 사회에서는 글을 쓰고 해독하는 능력이 극히 제한되어 있었다. 문서를 만드는 일도 아주 제한된 사람에 국한된 특별한 기술이었다. 왜 몇몇 소수의 사람들만이 이처럼 힘든 글쓰기 작업을 하였고 또 그들이 누구였는지를 알고 나면 어떤 글이 무슨 의미를 전하는지 이해하는 데 큰 도움이 된다.

우리가 아는 대로 글이란 지금으로부터 대략 오천 년 전에 시작되었다. 하지만 인류 역사상 최근에 이르기 전까지 어떤 특정 사회에서 글을 쓸 줄 아는 사람을 찾아보기란 힘든 일이었다. 우선 글을 쓰려면 한 사람이 수백 개도 넘는 기호를 익혀야 했다. 백 개 정도의 기호라면 아주 분명하게 쓸 수 있었겠지만 서기관들은 글쓰기 기술을 독점하려고 고난도의 글쓰기 기술을 구사하는 경향을 지닌 전문가 집단이었다. 삼천 년 전에 겨우 스물다섯 개 정도의 간단한 기호를 익히면 글을 쓸 수 있었던 알파벳을 발명한 후에도 글 쓰는 지식은 서기관 계층 밖으로 널리 확산되지 않았다. 글을 쓰고 해독하는 능력이 이렇게 제한적이었던 이유는 글 쓰는 체계가 복잡해서가 아니라 그 기술의 유용성 때문이었다. 그 사회에서 오직 소수의 사람만이 글 쓰는 기술을 집중적으로 발휘해야 할 특별한 이유가 있었다는 뜻이다.

고대 팔레스타인 주민은 실제적으로 지배 계층과 하층민으로 나눌 수 있다. 통치자들은 글을 쓰고 읽지 않아도 괜찮았다. 대신에 자신들을 위한 기록을 간직하기 위해 그런 능력을 갖춘 사람들—서기관과 제사장—을 고용하였다. 글쓰기가 처음으로 발전한 이유가 세금을 징수하기 위한 것이었다는 사실은 놀라운 일이 아니다. 지방 호족이 농부들의 세금 납부 여부를 알아보기 위해 인근 마을로 아랫사람들을 보낼 때면 전적으로 서기관에게 의지해야 했다. 기록을 보존하는 일 외에도 글쓰기는 지배계층이 소유권을 표시할 때 쓸모가 있었다. 고대 사회에서 서기관이나 왕실의 기록자가 상당한 권력을 휘둘렀다는 사실은 두말할 필요도 없다. 서기관들은 그들 시대의 언어 전문가였다.

고대 서기관이 가진 또 다른 주요 역할은 통치자의 생각과 사회적 기능을 반영한 문서를 작성하는 일이었다. 서기관을 고용하여 글쓰기를 시켰던 통치자들은 자신의 이미지를 힘 있고 세련되며 고상하게 표현한 문서를 만들 특권이 있었다. 그러나 그런 종류의 글에는 개인적인 가치를 넘어서는 그 무엇이 있었다. 그런 문서는 대상이 왕실 궁전과 궁전 방문객에 국한되는 경우라도 그것을 읽고 나면 하나의 사회적 이미지를 갖게 해주었다. 이 이미지는 백성이 일반적으로 자신과 자신의 사회적 위치를 이해하는 방식을 지배했다. 그것은 어떤 정치적·사회적·종교적 이슈가 중요한지를 규정했다. 그것들은 통치자들의 이해에 비추어 백성들이 무엇을 믿어야 하고 무엇에 관심을 두어야 하는지, 그리고 무엇을 몰라야 하고 무엇에 무관심해도 되는지를 결정했다. 그것은 소수가 대다수 백성을 통치하는 일을 정당화하는 기준들을 세우고 그것들을 활용하여 통치자를 유리하게 만들어 주기도 하였다.[1] 고대 왕궁에서 글을 쓰는 사람들이 만들어낸 문학적 이미지는 해당 사회의 백성에게 사회적 지위 개념을 투영하여 법과 질서를 유지하는 데 도움을 주었다.

고대 통치자들의 궁전과 예배처소는 당대에 거의 모든 글을 만들어낸 장소였다. 이곳에서 작성된 글은 오늘 우리 사회의 신문과 똑같은 역할을 했다. 미국에서는 신문의 대부분이 재난, 지역정치, 생산자의 광고에 할애된다. 예전의 소비에트 연방(현재의 러시아)에서는 노동의 사회적 공헌, 지역 산업의 발전과 노동자 조직 그리고 행정부의 변화에 관심을 쏟았다. 두 가지의 경우 모두 문화 소식과 외국 소식을 아주 다른 관점으로 싣는다. 다른 나라의 신문들도

---

1 고대 왕궁의 서기관 역할에 관해 다음을 참고하라. Gideon Sjoberg, *The Preindustrial City: Past and Present*(New York: Free Press, Macmillan Co., 1960), 224~231 ("Legitimation of the Elite's Rule"); William W. Hallo, "New Viewpoints on Cuneiform Literature," *Israel Exploration Journal* 12(1962): 13~26; A. Leo Oppenheim, "A Note on the Scribes in Mesopotamia," in *Essays in Honor of Benno Landsberger*, Assyriological Studies, 16(Chicago: University of Chicago Press, 1968), 253~256; R. J. Williams, "'A People Come Out of Egypt,'" *Supplements to Vetus Testamentum* 28(1975): 231~252; Frank Moore Cross, "Newly Found Inscriptions in Old Canaanite and Early Phoenician Scripts," *Bulletin of the American Schools of Oriental Research* 238(1980): 13~15; Nadav Na'aman, "A Royal Scribe and His Scribal Products in the Alalakh IV Court," *Orientalia Analecta* 19(1980): 107~116; Jack M. Sasson, "Literary Criticism, Folklore Scholarship, and Ugaritic Literature," in G. D. Young(ed.), *Ugarit in Retrospect*(Winona Lake, Ind.: Eisenbrauns, 1981), 96~98; and idem, "On Idrimi and Sharruwa, the Scribe," in M. A. Morrison and D. I. Owen(eds.), *Studies on the Civilization of Nuzi and the Hurrians in Honor of Ernest R. Lacheman*,(Winona Lake, Ind.: Eisenbrauns, 1981), 309~324; M. Haran, "On the Diffusion of Literacy and Schools in Ancient Israel," in J. A. Emerton(ed.), *Congress Volume Jerusalem 1986*(Vetus Testamentum, Supplement 40), Leiden: E. J. Brill, 1988; E. Lipinski, "Royal and State Scribes in Ancient Jerusalem," idem. Alan R. Millard, "An Assessment of the Evidence for Writing in Ancient Israel," in *Biblical Archaeology Today, Proceedings of the International Congress on Biblical Archaeology, Jerusalem, April 1984*(Jerusalem: Israel Exploration Society, 1985), 301~12와 "The Question of Israelite Literacy," *Bible Review* 3(1987): 22~31에서 다룬 비평적 견해는 글쓰기가 성서시대 팔레스타인에 널리 보급되었을 가능성을 다시 제기한다. 많은 학자들이 동의하는 이 주장은 글쓰기의 거시사회적 요인을 무시하고 있다. 이미 잘 알려진 사회에서 글이 발견되는 비슷한 경우에 대한 비평도 글을 사용하는 사회적 · 정치적 요인을 설명하지 못하고 있다.

다양하지만 비슷한 방식으로 운영된다. 나라마다 신문에서 특별히 강조하는 것은 그 사회의 자기이해와 가치를 반영하며 그 사회에서 통용되는 방식을 강조한다. 무엇을 뉴스로 생각하는지에 따라 생기는 차이점은 현실이 서로 다르기 때문이 아니다. 무엇을 중요하게 보는지에 관한 관점이 다른 것이다. 이해 방식은 그 사회의 성격과 관심사와 직결되어 있다.

인구의 대다수는 하층민[2]이었고 주로 촌락에 살았다. 그들은 농부들이고 사실상 사회에 필요한 모든 것을 생산하는 활동을 담당하였다. 식량을 생산하고 옷을 만들며 가옥과 기념건축물을 짓고 사회에서 쓸 교역 용품을 생산하고 모으는 것은 바로 이들의 손길을 통해서 이루어졌다. 그러나 이런 활동들은 글이 필요치 않았다. 글을 읽고 쓸 줄 아는 농부는 거의 없었다. 마을에서 글이 사용되어야 하는 경우는 항상 엘리트 기술자나 감독자의 감독을 받았다. 몇 가지 예외를 제외하면 촌락농부의 경험과 그들의 자기이해 그리고 그들의 사회적 위치는 글로 기록되지 않았다. 이런 경우는 그런 글이 촌락이 아니라 왕권에 일차적 관심사를 두고 있는 궁전의 왕실 문서에 통합되었기 때문이다. 글로 기록된 텍스트는 촌락 생활에 영향을 미칠 정도로 파급력이 있었는데 그것은 도시 엘리트의 정치적·경제적 결정으로부터 비롯된 것이었다. 엘리트는 이런 방식을 통해 촌민이 자기네를 위해 존재한다고 생각하는 습성이 있었다.[3]

궁전 서기관들이 사회적 이미지를 창출해내는 방식 중 하나는 글로 쓴 텍스트에 전통을 통합시키는 것이었다. 고대 사회의 역사가들은 종교적 전통을 포

2 단순히 상층민과 하층민으로만 구분하는 방식은 물론 상당히 단순화한 것이다. 하지만 글을 쓰고 읽는 능력과 같은 이슈를 다룰 때는 이런 방식이 올바른 판단으로 이끈다.

3 Conor Cruise O'Brien, "Press Freedom and the Need to Please," *Times Literary Supplement*(London), 21 Feb., 1986: 179~80; and Shanto Iyengar and Donald R. Kinder, *News That Matters: Television and American Opinion*(Chicago: University of Chicago Press, 1987).

함하여 두 종류의 전통을 구분한다. 이를 종종 상류 전통(the great tradition)과 민중 전통(the little tradition)이라 부른다.[4] 상류 전통은 도시의 상황에 속했다. 그것은 어느 사회의 지배적인 종교 제도와 그것을 관리하는 사람들의 관심사로부터 나왔다. 그것은 포괄적이고 체계적이어서 사회와 신념의 모든 측면들이 적절한 개념을 지니면서 서로 상관성을 지닌 것으로 만들었다. 사회의 전통적 역사들과 신화론 대부분은 하나의 커다란 주장 속에 통합되었다. 상류 전통 수호자들은 현직 관리들이었으며 전통을 만들고 개정하고 보존하는 일에만 몰두했다.

최근 농경사회의 대다수 군중이 고대 사회의 군중과 전혀 다를 바 없이 이런 상류 전통으로부터 소외되고 있다는 사실은 오랫동안 알려져 온 일이다. 상대적으로 촌락 생활은 식량생산과 직결되거나 촌락에서 벌어지는 일처럼 지역적이며 편협한 관심사에 국한되어 있어서 상류 전통을 간직한 엘리트의 주목을 끌지 못했다. 민중 전통은 지역 정서와 지역제의 및 성소에 관심이 있고 주로 미신에 의존했다. 그런 내용 대부분은 상류 전통을 간직해 온 자들에게 대수롭지 않은 것으로 간주되었다. 촌락의 종교생활은 땅에 풍요와 생산을 가져다주는 자연의 힘을 조종하는 이른바 마법이라는 것에 집중해 있었다. 국지적이고 외관상 단순한 민중 전통은 농부들이 태양, 강우, 건강, 안전 그리고 통제하기 어려운 기본 경제 요인들의 변화무쌍하고 예측 불가능한 것에 매일매일 직접적으로 의지하며 생활한 결과였다.[5]

사울과 다윗 시대 이전까지 백성들은 팔레스타인의 산간 촌락에서 살았다. 그들이 조직하였던 정치 형태는 성서역사학자들도 모른다. 국가는 아니었을 것이다. 국가란 상비군과 관료 제도를 가진 고정된 세금 징수 체계를 뜻한다.

---

4 Eric R. Wolf, *Peasants*(Englewood Cliffs, N.J.: Prentice-Hall, 1966), 100~106.

5 이런 독특성을 의미 있게 살핀 연구를 위해 다음을 참고하라. Gary A. Herion, "The Role of Historical Narrative in Biblical Thought: The Tendencies Underlying Old Testament Historiography," *Journal for the Study of the Old Testament* 21(1981): 25~57.

큰 규모의 도시들도 없었다. 촌락들은 평야와 평지보다는 팔레스타인의 산간 지대에 위치하였다. 촌락들은 서로 격리된 채로 특징적인 지역 기후와 지역 전통을 가졌다. 이 산간지대 촌락들의 전통은 상류 전통이 아니라 민중 전통이었다. 상류 전통이 되려면 공식적인 국가 종교, 확립된 제사장 직제, 넉넉한 후원을 받는 서기관 계층이 필요했다. 초기 이스라엘은 이런 요건을 갖추지 못했다. 초기 이스라엘이라고 일컬어지는 사회가 하나의 통일된 형태로 존재했으리라고 생각하는 것도 잘못이다. 그런 생각은 후대의 상류 전통이 만들어 낸 것이다.

초기 이스라엘은 결국 국가로 변모하였다. 사울이 세운 최초의 국가는 허약했다. 다윗은 사울의 자리를 차지하고 강력한 국가를 만들었다. 다윗이 통치하면서 상류 전통을 만드는 데 필요한 여건이 마련되었다. 그는 초기 이스라엘 시대에 가장 중요한 성소들이 간직해왔던 몇 가지 측면을 활용하여 공식적인 국가 종교를 만들었다. 그리고 도성에 두 부류의 제사장 직제를 설치하였다. 한쪽 제사장 집단은 자신의 가문이 권력을 잡은 일을 대변하게 하고 다른 쪽 집단은 새로운 도시 여건 속에서 지파중심의 이스라엘이 중요하게 여긴 성소의 관심사를 대변하도록 한 것이다. 또한 서기관 계층을 후원하여 도성에서 새로운 제국을 다스리는 일을 돕게 하고 사울 왕국을 무너뜨리고 자신이 권력을 잡게 된 일이 합법적이라는 취지의 글을 쓰게 하였다.

우리가 갖고 있는 구약성서의 상당 부분이 상류 전통에 속한다. 그것은 원래 시골에서 글을 읽지도 쓰지도 못하는 일반 백성에게서 나온 것이 아니었다. 이스라엘이 국가가 된 후에 도성에 위치한 궁전에서 기록된 것이었다. 구약성서의 글에 기록되어 있는 관점과 전통들은 이스라엘 백성의 것이 아니라 그들을 다스렸던 통치자의 것이며 백성의 지지를 받은 내용일 수도 있고 그렇지 않을 수도 있다.

창세기, 출애굽기, 레위기, 민수기, 신명기는 이스라엘이란 나라가 생기고 다윗의 왕실 궁전이 건립되기 전에 작성된 것처럼 보이지만 이 책들은 처음부터 현재의 우리가 익숙하게 여기는 모습대로 배열된 것이 아니었다. 그것은 수세기에 걸쳐 점진적으로 작성되었다는 증거를 갖고 있다. 오경을 주의 깊게 연구해보면 하나의 이야기처럼 보여도 서로 다른 종류의 여러 이야기가 한데 어우러져 있음을 알 수 있다. 오경에 얼마나 많은 종류의 이야기가 있는지, 혹은 서로 다른 기원의 이야기가 어떻게 전래되어 지금의 모양처럼 결합되었는지에 대해 정확히 말할 수 있는 사람은 아무도 없다. 다만 뚜렷이 구별할 수 있는 네 가지 문서 혹은 전승층이 있었다는 사실은 일반적으로 받아들여지고 있다. 우리는 성서의 처음 다섯 권의 기초가 되는 네 가지 문서를 작성한 사람들의 이름을 모르기 때문에 보통 대문자 J, E, D, P를 사용하여 부르고 있다.

이 문학 작품의 내부를 들여다보면 누가 왜 썼는지에 관해 하나의 입장을 제시할 수 있다. 각각의 경우 이 작품들은 분명히 역사적 진공 상태에서 생기지 않았다. 단순히 누군가가 방대한 글을 새롭게 써보면 좋겠다고 생각해서 쓰여진 것이 아니라는 뜻이다. 오히려 이 문헌들은 이스라엘 역사의 전환기에 작성되었다. 사회적·종교적 변화 때문에 촉진된 위기에 대처하기 위해서이다. 네 개의 글은 상황이 바뀔 때마다 발생한 새로운 필요에 대처하기 위해 이스라엘의 특정 집단이 세계관을 새롭게 표명한 것이다.

현재 우리의 관심사는 J이다. J는 언제 기록되었고 왜 기록되었는가? J는 다윗과 솔로몬의 통일왕국 시대보다 더 일찍 기록되지는 않았을 것이다. 왜냐하면 J가 본래 도시를 기반으로 하는 상류 전통의 산물이기 때문이다. J의 낙관주의와 그것이 다루는 범위는 통일왕국과 제국의 지평이 확대되면서 새롭게 급격히 부상한 엘리트의 무한한 기대감을 반영한다.

J가 다윗 이전에 기록되지 않았다면 이와 반대로 솔로몬 시대보다 더 늦게 기록되었을 수도 없다. J가 다루는 범위는 통일의 과정 중에 있는 이스라엘로서 솔로몬이 죽은 후에 벌어진 유다와 이스라엘의 분열왕국이나 그 이후의 역사에서 벌어진 중요한 사건을 알지 못하기 때문이다.[6] J는 통일왕국 시대에 지배를 받던 나라들에게 똑같이 관심을 기울이고 있다.[7] 더욱이 J는 북 이스라엘

이 8세기에 이르러 더 이상 국가로 존재하지 않게 되었다는 사실조차 모른다.[8] 사실 J는 앗수르나 바벨론을 몇 가지 문학적 상징으로 언급하는 일 말고는 그다지 큰 관심을 기울이지 않는다. 게다가 성전 파괴나 예루살렘의 지배계층이 바벨론에 사로잡혀 가는 파괴적인 사건에 대해서는 일말의 암시조차 하지 않는다. 통일왕국 시대에 기원한 것으로 여겨지는 사무엘 상하권 일부가 가장 먼저 기록된 문서인 J와 문체와 주제가 비슷하다는 사실은 J가 같은 시대에 기록되었음을 시사한다. 앞으로 살펴보겠지만 이 모든 증거들은 다윗과 솔로몬 시대에 일어난 민족주의의 발흥이 민족의 역사서인 J 혹은 이와 아주 비슷한 역사 기록을 남겼으리라는 사실을 보여준다.[9]

---

6 야곱의 아들들은 지역 간 적대감도 없고 남북 왕국으로 나뉜 지역들도 아니라는 식으로 결집하여 있다. 유다를 강조하고 시므온과 유다를 연결시키지 못하고 있는 모습도 남쪽의 유다와 거기서 독립한 북쪽 나라의 관계를 묘사하는 것이 아니라 다윗 왕가가 통일된 나라를 다스리는 모습을 보여준다. 더욱이 J가 왕국 분열 이후에 북이스라엘의 국가 성소가 된 벧엘을 다루는 방식은 지극히 긍정적이다. 황금 송아지 이야기가 벧엘을 반대하는 논쟁적 이야기이고 어떤 의미로든 J에 속한 이야기라면 그것은 아마도 솔로몬 사후에 보충되었을 것이다. 벧엘을 긍정적으로 다루는 것이 기원전 9세기에 유다가 벧엘을 장악한 이후의 시절을 반영한다고 주장하는 학자도 더러 있다. 그렇다면 왜 분열왕국에 대해서는 아무런 암시도 하고 있지 않을까? 또 왜 세겜과 브누엘 같은 북쪽 성소에 대하여 앞서의 경우처럼 긍정적인 관심사를 보일까? 더구나 J가 설형문자로 기록된 문헌을 언급하는 것처럼 보이는데 그렇게 직접 언급했다면 왜 기존의 히브리어 역사는 언급하지 않았을까? 이스라엘 나라의 역사 속에 설형문자로 기록된 역사를 통합시키는 일은 예루살렘의 서기관 직무가 히브리 문화에 완전히 동화되기 이전의 시대인 통일왕국 시대에만 의미가 있다.

7 J는 야곱 이야기 하나를 통해 북쪽의 아람, 남쪽의 에돔과의 관계를 결합시키고 있다. 그렇지 않다면 이렇게 통합시키는 자체는 그리 중요하지 않은 일일 것이다. 이러한 관계가 솔로몬이 죽고 북왕국이 분리된 다음에 유다에 일어났다면 그들은 뚜렷이 다른 성격과 관심거리로 묘사되었을 것이다. 아람이 아하스 왕 시대 예루살렘을 포위 공격하는 데 가담했던 명백한 사건과는 반대로 통일왕국 시대의 유다에게는 아람과의 관계가 중요했다.

8 J가 북왕국에 위치한 성소가 있는 성읍들을 높이 평가하는 것은 신명기 역사가가 시온을 배타적인 정통성을 가진 것으로 주장하는 것과 아주 다르다. 그래서 다른 반대의견들과 달리 J가 7세기 예루살렘에서 기록되었다고 주장하기는 어렵다.

9 학자들은 나름대로 이유를 제시하지만 그것들은 상당한 논쟁을 유발시킨다. 하지만 다른 연대를 제안하는 경우들은 일련의 광범위하고 포괄적인 이유들을 제시하고 있지 않다.

J를 기록한 가장 직접적인 이유는 다윗 왕조가 팔레스타인 산간지대에 지역별로 흩어져 있는 정치 조직[지파]을 대신하는 일이 정당하고 필요한 조치였다고 설명하는 일이었다. 달리 말하면 J는 일종의 '사회적 산물'이었다. 다윗 제국의 형성은 사회에 엄청난 변화를 가져왔다. 새로운 정치 체제뿐 아니라 새로운 경제적·사회적·종교적 체제도 변화시켰다. 그런 변화는 사소한 일이 아니었다. J 문서의 임무는 간접적으로라도 이러한 변화를 표명하고 정당하다고 설명하는 일이었다.

군주시대 이스라엘과 궁전 서기관 그리고 공인 제사장 제도의 역사가 진행하는 동안 이 문서는 정기적으로 다시 작성되는 복잡한 과정을 거쳤다. 방식은 모방, 확대, 보완이었다.[10] 이 과정 전체는 J가 보여주는 것처럼 상류 전통에 대한 관심사를 반영한다. 그것은 통치자들의 명령으로 작성되었다. 하지만 그것은 팔레스타인 촌민과는 별로 관계가 없는 관심사였다. 비록 다윗은 국가를 세웠지만 그의 아들 솔로몬은 지중해 연안의 다른 국가들의 관습을 따르고 페니키아 스타일로 왕실 예배장소인 성전을 건립하였다. 구약성서 내내 시골의 백성들이 자신들이 원하는 장소에 세운 성소 중심의 지역 종교와 왕실 예배장소로부터 발전된 국가 종교는 언제나 갈등을 빚었다. 군주시대 내내 그리고 기원전 587년 다윗의 나라가 끝날 때까지 국가 전통이 제 모습을 갖추게 만든 곳이 바로 이 성전이었다. 이 과정의 최종 산물을 우리는 지금 히브리 성서의

Hans Walter Wolff, "The Kerygma of the Yahwist," in *The Vitality of Old Testament Traditions*, W. Brueggemann and H. W. Wolff, 2d ed.(Atlanta: John Knox Press, 1982), 43~45; and Werner H. Schmidt, "A Theologian of the Solomonic Era? A Plea for the Yahwist," in *Studies in the Period of David and Solomon and Other Essays*, ed. T. Ishida(Winona Lake, Ind.: Eisenbrauns, 1982), 55~73 참조.

10 J는 후대의 해석자들에게 새로운 의미를 지녔다. 포로시대의 제사장들은 J를 자신들의 이스라엘 개념에 접목하기에 적절한 것으로 생각했고 자기네 전통을 업데이트하고 기록해두는 기초로 삼았다. J는 제2이사야서의 저자에게 다른 이스라엘 전통처럼 영향을 미친 것으로 보인다. 하지만 J는 솔로몬이 죽은 다음에 작성되지는 않았을 것이다.

오경과 전기 예언서 혹은 창세기부터 열왕기 하권까지를 포함한 성서(룻기는 훨씬 후대에 기록되었으므로 여기서 제외됨)로 인식한다.

2

네 가지 이야기

이 책을 읽는 독자는 대체로 고대에 존재했을 문서층에 관한 증거를 무시하거나 외면해왔을 것이다. 심지어 신학자, 교사, 목회자와 신부 그리고 존경받는 랍비들은 이것을 조롱하기도 했다. 이렇게 문서층의 분석을 무시하는 이유는 성서학계가 각 문서가 어떤 모습이고 무슨 내용을 담고 있으며 왜 그런 증거를 신중하게 고려해야 하는지를 명쾌하게 설명하지 못했기 때문이다.

쉽지 않지만 오경에서 J, E, D, P 문서는 따로 분리해낼 수 있다. 네 가지 문서 가운데 J는 오경 이야기 중 가장 많은 분량을 차지하고 있다. 대부분이 아주 친숙한 내용들이다. 이는 마가복음이 마태복음의 기초 역할을 한 것과 같다. 마태복음은 마가의 전승에 다른 전승들을 결합하여 작성된 것이다. J는 씨줄이고 다른 문서층은 날줄이 되어 창세기부터 민수기까지 이어지는 이야기를 전개한다.[1] E와 P는 완성된 이야기가 아니다. 그것들은 J를 보완하고 개정

---

1 초기 성서본문의 개정과 융합에 대한 연구로 다음을 참고하라. E. Tov, "The Composition of 1 Samuel 16~18 in the Light of the Septuagint Version," in *Empirical Models for*

하기 위한 판본들이었다. 세 가지 모두 완성된 작품은 아니었다. D는 완성된 이야기이지만 오경에는 일부만 포함되어 있다. 신명기 대부분이 여기에 속하고 전체 이야기는 신명기로 시작해서 열왕기서의 끝까지 이어진다.

많은 사람들은 이 문서층에 대해 들어본 적이 없을 것이다. 이는 우리가 아주 당연하게 생각하는 물질을 구성하는 요소인 원자에 대해 들어본 적이 없는 것과 같은 현상이다. 더러는 들어본 적이 있지만 심각하게 생각하지 않거나 기피한다. 이 문서층들을 활용한 해석의 진정한 가치를 깨닫거나 그런 작업의 함의를 충분히 생각할 기회가 없었기 때문이다. 문서층의 존재를 진지하게 생각하기가 어려운 이유는 번역 성서는 말할 것도 없고 문서층이 함께 섞여 있어서 각각의 특성이 다소 불분명한 본문을 읽어야 하기 때문이다. 자연을 바라볼 때 원자를 보는 것이 아니라 우리 육안으로 포착되는 것만을 보는 것과 같은 이치이다. 오경에서 문서층은 전부 가려낼 수 있다. 하지만 처음에는 다 똑같은 이야기로 보인다. 그러나 J, E, D, P는 사실 전혀 다른 이야기들이다. 성서의 독자 대다수는 이것들이 서로 어떻게 다른지 배운 적이 없다.[2] 이 책은 문서층들 가운데 하나의 문서층을 아주 새로운 방식으로 설명하고 있다. 이 문서층 가운데 하나의 문서층을 한데 묶어 일관된 이야기로 읽는다면 독자들은 평생 처음으로 이런 문학 분석의 가치를 깨닫게 될 것이다.

우리는 가능한 한 J를 J의 저자가 처음에 그것을 쓴 의도대로 제시하고자 한다. 그래서 J가 아닌 문서층은 괄호로 처리할 것이다. 달리 말하자면 E, D, P를 제외할 것이다. 그 다음에는 J를 우리가 가진 이야기의 전부인 것처럼 하나로

Biblical Criticism, ed J. Tigay(Philadelphia: University of Pennsylvania Press, 1985), 97~130.

2 이 주제에 관심이 있다면 다음을 참조하라. Norman C. Habel, *Literary Criticism of the Old Testament*(Philadelphia: Fortress Press, 1971); Lloyd R. Bailey, *The Pentateuch* (Nashville: Abingdon Press, 1981); and Richard E. Friedman, *Who Wrote the Bible?* (New York: Summit Books, 1987).

통합시킬 것이다. 거기에는 어떤 다른 문서층도 개입시키지 않을 것이다. 우리는 씨줄을 분리해서 따로 읽을 것이다. 이 '씨줄'을 오경에서 분리시켜 읽으면 원래 말하려고 했던 요지를 알 수 있게 될 것이기 때문이다.

오경의 많은 구절에서 그 저자가 누군지에 관하여는 의견이 대체로 일치하지만 일치하지 않는 구절들도 더러 있다. 몇 가지 예외적 경우를 인정하면서 우리의 접근법은 일반적으로 J 문서층으로 보이는 구절들을 해석하는 데 치중하려고 한다. 여기서 성서역사학자의 눈에 어떤 구절이 가장 J 문서다운 특징을 보여주고 있는지를 판단하는 작업이 이루어질 것이다. J 문서층이라고 확정하는 일은 균등하게 적용할 수 있는 정밀한 기준과 정의에 관한 문제가 아니다. 그것은 J를 정의하는, 잘 합의가 되었으나 상대적으로 그 수가 적은 구절들과 얼마간의 관계를 갖는가의 문제이다. 그래서 여기서는 J 문서층의 표준목록을 제시하지 않았다. 성서역사학자의 관점과 반대되는 견해를 피력하는 곳에서는 왜 그렇게 하였는지를 독자들에게 소상하게 설명할 것이다.

J 문서층은 다양한 구전 자료와 문서 자료를 활용하여 작성되었다. 그런 자료들은 특별히 주목해서 설명할 것이다. 하지만 우리의 초점은 J를 하나의 통합된 이야기로 제시하는 일에 있다. J를 이해하려면 전체를 모아놓고 보아야 하며 어느 한 부분을 읽을 때도 다른 부분들을 염두에 두고 읽어야 한다.

전체를 놓고 이해하는 방법이 한 가지 있다. 그것은 결정적인 요소를 찾는 일이다. 다른 이야기들에 가장 많이 영향을 주는 J의 이야기는 이집트에서 소외당하고 압제받던 노동자 무리가 반란을 일으키고 탈출했다는 이야기이다. 만일 J가 오경의 심장부라면 출애굽 전승으로 불리는 이야기는 J의 심장에 해당한다. J 이야기의 나머지에 활력과 의미를 부여하는 것이 바로 이 이야기이고 J 이야기 전체에 일관된 관점을 유지하기 위해 반복적으로 의존해야 할 이야기도 바로 이것이다. J 안에 포함된 모든 이야기는 이 중추적인 사건과의 직접적인 관계 속에서 이해되어야 한다.

예를 들어 모세가 히브리 노예를 때린 이집트 감독관을 살해한 사건을 생각해보자(출 2:11~12). P와 E 전승을 괄호로 처리하면 이 살해 사건은 J가 모세에게 관심을 기울인 첫 번째 사건임을 알 수 있다. J는 히브리 산파, 강가에 씻으러 나온 바로의 딸과 여종들, 갈대 상자 속의 아기에 관해서 한마디도 하지 않는다. 이 이야기들은 모두 E 문서이다. J는 모세에 관한 이야기 중 모세가 노예를 때린 노예감독관을 살해했다는 내용을 처음으로 제시한다.

바로 이 행동이 결정적이었다. P나 E와 달리 J에서는 이 사건이 야훼가 모세를 선택하여 노예 반란을 주동하도록 만든 이유였다. 이 사건은 야훼가 이집트 바로의 장자를 죽이고 결국에는 이집트 왕까지 죽이는 일을 예고하면서 그 의미를 파악하는 데 도움을 준다. 겉보기와 달리 우리를 매우 혼란스럽게 만드는 이러한 일련의 살해 행위는 J가 가장 말하고 싶은 사상의 핵심을 담고 있다.

그 이야기들은 J가 아담의 장자인 가인이 아벨을 살해한 대목을 말하는 이유를 알려주기도 한다. J의 관점에서 보면 아담과 하와 이야기의 목적은 어떻게 장자가 태어났고 그 장자가 어떻게 아벨을 죽일 생각을 했는지 그리고 모세가 왜 이집트 사람을 살해했으며, 또 야훼는 왜 바로의 장자를 죽이고 심지어 바로까지 죽여야 했는지를 설명하는 데 초점이 있다는 사실을 알려준다. 바로 그 순간 우리는 아담과 하와 이야기가 노동자의 반란과 관계가 있으며 그래서 그 이야기가 J의 서두가 되었고 주된 관심사였다는 것을 깨달을 수 있다.

덧붙여 설명하면 이런 절차는 분명하게 보이지만, 이렇게 해석하는 작업은 J 문서 전체에 걸쳐 수행된 적이 단 한 번도 없었다. 그런 작업은 그리 쉽지가 않다. 이를테면 영어번역 성경에서 이 문서층에 해당하는 부분들을 그것이 편집된 맥락에서 분리시켜 다시 순서대로 엮어놓을 경우 그런 J 본문은 편집된 문서층을 번역한 것에 기초하여 있기 때문에 이미 J 문서층의 본질적 특성을 모호하게 만들 것이다.[3]

---

3 이런 절차에 관한 사례로 다음을 보라. Smend, *Biblische Zeugnisse: Literatur des alten*

이 문제를 모세가 이집트 감독관을 살해한 사건으로 돌아가서 살펴보자. 그 단락은 '그 당시에'(『개역개정』, '후에')로 시작한다. 그 당시란 어떤 때를 말하는가? 현재 편집된 본문에서 모세는 자신이 엘리트 이집트인으로 성장한 사실을 포기하고 이집트인 살해 사건을 통해 히브리인으로 출생한 신분을 확인시켜 주었다. 현재 편집된 본문을 통해 전달되는 이러한 의미가 초기 히브리 전승에 속한 것일 수 있지만 J는 그렇게 말할 의도가 없었다. J가 모세의 출생에 대해 한마디도 하지 않는다는 사실을 우리는 이미 알고 있다. J가 그것에 관해 한마디도 말하지 않는다는 사실은 엄청난 차이를 만들어낸다. J는 모세가 노예를 때리는 감독관을 죽였다는 사실만 안다. 이는 결코 사소한 문제가 아니다. 그것이 바로 J가 '그 당시에'라고 말하는 의도이기 때문이다. J에게 이 구절은 바로가 국고성을 짓는 데 팔레스타인 목자를 강제 동원하던 바로 그 시절을 말한다. 하지만 그 앞에 위치한 출애굽 1:15~2:10은 E에서 온 것이고 2:11~12가 J의 것임을 안다고 하더라도 심지어 '그 당시에'란 말이 등장하는 곳을 문자 그대로 번역한 성경을 읽을 때도 '그 당시에'라는 말을 편집된 본문이 전하는 의미에 따라 이해하지 않고 또 모세가 바로의 궁전에서 자라나던 시절을 언급하지 않는 것으로 이해하려면 상당한 상상력과 집중력을 갖고 전체를 이해하려고 노력해야 한다.

저자의 입장에서 볼 때 살인 행위 자체는 모세를 의롭게 행동하는 사람으로 정의한다. 그리고 그는 아무개(a man)가 아니라 바로 그 사람(the man)인 것이다. 저자는 다른 사람들을 전부 배제할 만큼 이 의미를 강조한다. 이 에피소드는 이어지는 두 가지 이야기를 결합시킨다. 하나는 모세가 서로 싸우는 팔레스타인 목자들을 판단하는 이야기이고 다른 하나는 미디안 여인들을 도와서 양 떼에게 우물물을 먹이도록 한 이야기이다. 두 이야기는 야훼가 왜 바로와

Israel(Frankfurt: Fischer, 1967), 27~87; and Peter J. Ellis, *The Yahwist: The Bible's First Theologian*(Collegeville, Minn.: Liturgical Press, 1968), 225~95.

맞서 노예의 반란을 이끌 사람으로 다른 사람이 아닌 모세라는 사람을 선택했는지를 알려준다. J의 요점은 모세도 역시 히브리인이었다는 것을 강조하여 민족적 동일성을 내세우려는 것이 아니다.(이것은 아마 E의 강조점이거나 포로시대의 P의 것이다.) J는 이 사실을 당연시한다. J의 요점은 모세의 동족 중 다른 모든 사람과 달리 집단 노동이나 그것을 감독하는 일이 모세의 정의감을 사라지게 만들거나 이에 맞서지 못하게 할 만큼 무력하게 만들지 않았다는 것이다. 모세는 압제받는 자의 편이며 압제자에 맞서 이를 바로잡을 수 있는 유일한 사람이다.

직역성경보다 의역성경들은 독자들이 J의 이런 독특한 의미를 훨씬 더 파악하지 못하게 만든다. 이를테면 RSV는 '그 당시에'를 '어느 날'로 번역하고 있다. 그래서 독자들은 도저히 방금 언급한 연속성을 유지해서 읽을 수가 없다. 이 번역성경은 '모세가 장성하였을 때'라는 표현으로 시작한다. '장성하다'란 히브리어 표현은 출애굽기 2:10에 있는 E 이야기의 '자라다'란 말과 동일해서 상이한 문서가 섞여있는 본문을 읽거나 번역할 때 나란히 등장하는 두 개의 동일한 어휘가 똑같이 모세의 성장을 묘사한다는 인상을 피할 길이 없다. 하지만 '그가 크게 되었다 혹은 장성하였다'라고 번역된 이 히브리어 표현은 '그가 중요한 인물이 되다' 혹은 '그가 사회적으로 높은 지위를 차지하게 되다' 등과 같이 번역할 수도 있다. J가 다른 곳에서 이 단어를 어떻게 사용했는지를 살펴보면 알 수 있듯이 여기서는 후자를 의미하는 것 같다. 비록 모세가 팔레스타인 노예들 가운데 높은 지위를 차지하고 있다 할지라도(십장들도 서열이 다르다) 그의 신분 상승이 정의감을 약화시키지는 못했다. 출애굽기 2:11을 J가 의도한 대로 자유롭게 번역해보면 그것은 "히브리인이 압제를 받던 당시, 모세가 압제 체제 속에서 자신의 입지를 점차 견고하게 하는 데 성공했을 때……"라고 옮길 수 있다.

J가 이러한 요지를 다른 곳에서도 비슷하게 표현하고 있는가? 그렇다. 출애굽기 5장에서 J는 출세가도에 있는 사람이 압제를 받는 자와 같은 처지라는 사

실을 설명하기가 얼마나 어려운지 말하고 있다. 최고 엘리트라면 그런 일이 훨씬 더 힘들었을 것이다. 그러나 갈대상자에서 아기 모세를 발견했다는 E 이야기가 첨가되고 출애굽기 2:10의 '그가 자라매'라는 표현이 2:11과 똑같은 히브리 단어로 J가 원래 의도했던 의미를 희석시키므로 번역자는 편집된 본문의 동질성(이것이 바로 E가 원했던 것이다)을 드러내기 위해서 어쩔 수 없이 2:11과 1:8~12의 직접적인 연관성을 무시하고 그곳에서 의도했던 J의 독특한 의미를 희석시키는 방식으로 번역할 수밖에 없다.

이것이 이 책에서 우리가 J를 다룰 때 관심을 기울이는 점이다. J가 말하려고 했던 바를 E, D, P와 구별하여 이해하기 위해서는 히브리 본문을 아주 신중하게 읽어야 하고 그것을 새로이 번역할 필요가 있다.[4]

---

4 이 책의 7장부터 시작되는 J 본문의 번역은 정확한 번역이나 직역이 아니다. 우리 논의의 흐름에 따라 읽을 수 있도록 직역보다는 곳곳에서 의역을 했다.

왕실 역사

언젠가 뉴욕의 브루클린 공공도서관의 어린이 방에서 소설책 『톰 소여와 허클베리 핀』을 비치하지 않은 적이 있다. 소설가 마크 트웨인을 지지하던 몇 사람이 저자가 항의할 것이라고 주장했다. 하지만 트웨인은 이렇게 대답했다. "나는 『톰 소여와 허클베리 핀』을 순전히 성인용으로 지었다. 그래서 소년 소녀들이 그 책을 읽도록 내버려 두는 것이 늘 당혹스러웠다. 어린 시절에 뿌려진 생각들은 평생토록 깨끗하게 지워버릴 수 없다. 오늘날까지 나는 어린 시절을 불성실하게 돌본 보호자들에 대해 씁쓸한 기분이 가라앉지 않고 있다. 그들은 내가 열다섯 살이 될 때까지 무삭제판 성경을 읽으라고 했다. 아니 그 책만을 읽으라고 강요했다. 어른들은 그렇게 해서는 안 된다. 그렇게 방치했기 때문에 나는 눈감을 때까지 깨끗하고 달콤한 숨을 쉴 수가 없다."

창세기, 출애굽기, 민수기에 있는 대다수 성경 이야기는 노골적인 섹스와 피비린내 나는 폭력 그리고 조직적 불의를 다룬다. 이 이야기들이 어린이용이 아니라면 이런 글은 도대체 어떤 종류의 글이란 말인가? 역사라고 말하는 것이 가장 좋을 것이다. 하지만 여기에는 단서가 붙는다. 글에는 보통 두 종류가 있는데, 사실과 픽션으로 알려진다. 서점에 가면 한쪽에는 픽션이 꽂혀있고 다른 한쪽에는 역사를 포함하여 논픽션에 속하는 각종 장르의 책들이 꽂혀 있다. 서점의 서가를 정리하는 관점이나 ≪뉴욕타임스 북리뷰≫의 서평을 쓰는 관점에서 보면 이러한 구별 방식은 실용적이긴 하지만 제한적이며 잠재적으로 잘못된 생각을 갖게 만든다.

흔히 역사란 과거의 특정한 시기에 발생한 사건들을 사실대로 기록한 것이라고 생각한다. 궁극적인 의미에서, 발생한 사실이란 우리가 알 수 없는 그 무엇이다. 설령 우리가 모든 사실을 안다 해도 그것들은 아무런 의미를 지니지 않는다. 사실 자체는 무의미하다. 그 사건들을 선별해서 의미 있는 방식으로 배열할 때만이 의미심장해진다.

지난 한 달 동안 당신과 당신 가족 그리고 당신이 속한 공동체에 벌어진 일을 빠짐없이 기록한다고 생각해보라. 만 권의 책에 기록할 것보다 훨씬 더 많은 정보가 있음을 알 수 있을 것이다. 삼십 일 동안에 벌어진 모든 일을 정확히 기록해둔다고 해도 그것이 곧 역사는 아니다. 그런 방대한 분량의 글은 소화하기도 불가능할 뿐 아니라 외부 사람이 읽을 경우 의미 있는 범주를 따라 배열이 되어있지 않기 때문에 당신과 당신 가족 그리고 당신이 속한 공동체의 생활 이야기가 말해주는 것을 깨달을 수 없을 것이다.

역사는 자료를 선택하고 그것을 범주에 따라 분류하는 작업이 필요하다. 그래야 하나의 이야기를 전할 수 있다. 다른 사건들보다 더욱 의미 있는 것이 어떤 것인지를 결정해서 그것들을 필요한 범주에 따라 배열해야 한다. 역사를 쓰는 작업은 무엇이 발생했는지를 묘사하는 것이 아니라 수없이 많은 사건들 가운데 수백 가지 사건을 선정해서 그것들이 의미를 전달하도록 분류하고 배열하는 일이다. 실제로 벌어진 사건들 중 아주 적은 분량의 사건만이 역사 속에 포함될 수 있으므로 자료 선택은 불가피하게 지극히 주관적일 수밖에 없고, 그것들은 그렇게 선정한 사람의 관심사를 보여준다. 다른 관점을 가진 사람이라면 전혀 다른 사건을 선택하거나 똑같은 사건을 완전히 다른 범주로 묘사할 수도 있다. 노예시대의 남부지방에서 한 달 동안에 벌어진 역사를 백인 농장주의 입장에서 쓴다면 그것은 동일한 공동체의 역사를 흑인 노예의 어머니가 말하는 것과 전혀 다를 수밖에 없다. 각자의 이해관계와 관심사가 정반대이기 때문이다.

역사를 기록하는 범주란 역사가의 현재가 요구하는 분석 범주라는 것이 역사의 공리이다. 역사가는 현재 자신이 처해있는 세계에 상관이 있는 과거의 사건들에만 관심을 갖는다. 역사가의 현실을 반영하지 않는 역사란 없다. 제2차 세계대전에 관해 독일인, 일본인, 러시아인, 프랑스인, 영국인 그리고 미국인이 말하는 최근의 역사들을 읽어보면 똑같은 사건을 얼마나 다르게 해석하는지를 잘 보여준다. 사람들이 '바라보는' 것은 각자의 관점에 따라 좌우된다. 그래서 허구와 사실이 반대라는 의미는 아닐지라도 역사가 허구적이란 것은 매우 실제적인 의미가 있다.

J가 전하는 역사도 결코 다르지 않다. 그가 자신의 역사 속에서 선택하여 포함한 자료는 그가 살아가고 있는 시대에 의미가 있기 때문에 선택한 것이다. 그는 이스라엘의 과거로부터 전해지는 전승들을 무작위로 수집하고 연결시키는 일보다는 그의 현재에 의미가 있는 가상의 구조에 따라 사건들을 배열시키는 데 관심을 두었다. 이것은 그 이야기가 표면상 드러나는 것에만 관심을 두고 있는 것인지 아니면 어떤 다른 것에 관심이 있는지 아니면 두 가지 모두에 관심이 있는지에 관해 의문을 갖게 만든다. 이러한 결정의 중요성을 현대의 문학작품인 조지 오웰의 『동물농장』에서 찾아볼 수 있다. 그 소설의 내용은 동물들이 인간주인이 운영하던 농장을 장악하고 모든 구성원 사이에 평등 체제를 수립하려고 시도한다는 이야기이다. 그 글은 1930년대의 공산주의를 풍자한다. 『동물농장』이 비록 환상적인 이야기지만 그것은 다른 방식으로는 깨달을 수 없는 것을 깨닫도록 도와주는 방식으로 실생활의 현상을 말한다.

J의 경우도 그것이 가리키는 것을 제외한다면 아무런 이야기도 아니며 그것이 가리키는 것은 그것을 작성한 가정과 전이해의 맥락과 다르지 않다. 그저

단순한 이야기에 불과한 그런 것은 존재하지 않는다. 이야기는 해석되어야 한다. 어떤 본문도 해석을 해야 의미를 가질 수 있다. 정말 중요한 문제는 그것을 무엇과 관련지어 그리고 무엇을 통해 해석해야 하는가 하는 점이다. 그렇다면 그런 작업은 오직 우리의 상황에만 의존해서 수행해도 괜찮은가? 아니면 수고스럽지만 특정한 역사적 상황도 포함시켜야 하는가?

J는 자신의 생각에 따라 이스라엘의 초창기 역사를 거의 오백 년이란 시간에 걸쳐서 제시한다. 콜럼버스가 아메리카 대륙을 발견한 1492년으로 거슬러 올라가 생각해보자. J가 자기의 역사 속에 무엇을 포함시킬지를 어떻게 결정할 수 있었을까? 그는 분명히 자기 생애보다 앞서 펼쳐진 오백 년 동안의 역사에 관한 상세한 내용을 전하는 수천 권의 책을 갖고 있지 않았다. 따라서 역사를 기록하기에 앞서 그는 자신이 살아가고 있는 세상, 자기 백성의 전통들(이미 선정한), 그 백성 속에 구현하고 싶은 민족적 정체성 그리고 자기의 역사를 통해 이루고 싶은 목적을 염두에 두어야 했다. 그런 다음 과거에 비추어 현재의 실상을 다루는 역사를 구성했다. J의 세계에서 가장 중요한 현실은 그를 고용한 왕실이었다.

산업혁명 이전의 사회에서 정부란 공적인 행정부가 아니라 소유권 혹은 문자 그대로 우두머리가 소유한 재산이었다. 통치는 사무실처럼 소유물이었다. 루이 14세가 말한 대로 "짐이[내가] 국가"였다. 국가는 통치가문의 우두머리로 구체화되었다. 그리고 왕국이 소유한 농경지로부터 시작하는 정치·경제는 통치 가문이 소유하였기 때문에 자신들의 목적에 부합하게끔 자기 백성의 역사와 세계 역사를 말할 기회와 특권을 갖고 있었다. 실제로 왕실 서기관들이 작성한 역사는 특정 가문의 세계관을 반영하는 경향이 있다는 증거를 많이 찾아볼 수 있다. 이러한 사정은 새로이 왕위를 차지하였지만 전임 통치자의 아들이나 딸이 자동적으로 가졌을 정통성을 인정받지 못하던 다윗과 같은 통치자에게 특히 그러했다.

J의 역사에서 이스라엘은 양을 치는 아브람, 이삭, 야곱 그리고 열두 아들로

대표된다. 야곱과 그의 대가족이 이집트로 내려갔을 때 요셉은 바로에게 "가나안 땅에 있던 나의 형들과 내 아버지의 가족이 내게로 왔는데 그들은 목자들이라 목축하는 사람들이므로 그들의 양과 소와 모든 소유를 이끌고 왔습니다"(창 46:31~32)라고 말했다. 인류학자들은 그런 사람들을 목축 유목민이라 부른다. J가 관심을 두고 있는 그런 사람들의 경험은 초기 청동기 시대부터 블레셋 평야, 네게브, 그리고 시내 광야에 전형적으로 살아온 베두인의 경험에 비추어 이해할 수 있다. 이집트 기록은 그런 목축 유목민이 가축을 방목하려고 네게브를 지나 이집트 국경을 넘어오는 일이 흔히 있었음을 보여준다. 이곳에서 그들은 이집트 바로의 명에 따라 이집트 국가를 위해 품삯도 못 받은 채로 노동을 해야 했다. 노동으로 대신한 이 세금은 강제부역으로 알려졌다.[1]

하지만 J가 직계 조상을 이런 식으로 묘사하고 있음에도 불구하고 자신이 살던 당시의 팔레스타인의 이스라엘 사람들 대다수는 실제로 목축 유목민이 아니었다. 통일왕국 시대에 스스로를 이스라엘 사람이라고 여기는 사람들 중 적어도 80퍼센트는 농민이었다. 그런데 J는 왜 그들을 이스라엘 백성 중 겨우 10퍼센트밖에 안 되는 목축 유목민으로 묘사했을까? 그 대답은 J의 역사가 백성 전체를 대표하기 위해서 이스라엘 온 나라의 유명한 조상들이나 시조가 되는 조상들(eponym 또는 eponymous)[2]의 이름을 사용하지만 실제로 그것은 통치가문의 관점에서 말한 지극히 '당파적인' 역사라는 것이다. 그래서 농민이 대다수임에도 불구하고 그들의 삶은 역사 기록 속에서 거의 무시되었다. 이런 현상이 고대 문학에만 일어난 독특한 일이 아니라는 사실을 ≪뉴욕타임스≫에 실린 "소설에서 사라진 노동자"라는 아래의 글에서 찾아볼 수 있다.[3]

---

1 R. North, "*mass*," *Theologisches Wörterbuch zum Alten Testament*, ed. G. J. Botterweck et al.(Stuttgart: W. Kohlhammer, 1984), vol. 4, cols. 1006~10.

2 'eponym'과 그 형용사 'eponymous'는 후대의 집단 전체를 대표하는 사람으로 여겨지는 조상을 가리키는 전문용어이다.

3 Robert S. McElvaine, 1 Sept., 1985, *New York Times Book Review* section. 글의 요점

내일 열리는 노동절 집회에 많은 정치인들이 나타나 산업노동자들이 미국의 근간이라고 진부한 이야기를 할 것이다. 하지만 연사들 가운데 자신이 말하는 대로 믿는 사람은 거의 없다. 고도의 기술 시대를 사는 많은 미국인에게 산업 노동자들은 기껏해야 시대착오적 존재이거나 최악의 경우 당혹스런 존재일 뿐이다.

철강노동자, 트럭 운전수, 생산라인의 남녀노동자들은 미국의 소설에서 완전히 사라지지 않았지만 더 이상 초창기 우리 문학에 종종 등장하는 주인공들이 아니다. 2차 세계대전 이래 노동자 계층에 관한 소설은 현재 거의 출간되지 않고 있다. 대신에 글을 쓰는 이들은 지나간 시대의 투쟁적인 노동자 정신을 향수에 젖어 바라보고 있다…….

현재 문학계가 노동자에 무관심한 것은 작금의 정치적 보수주의 분위기를 반영하며 그런 분위기는 시대조류가 자유주의로 되돌아가게 되면 사라질 것이라고 시사하는 것은 매력적이다. 그래도 그런 견해를 지지하려고 과거의 노동자를 다룬 미국 문학은 거의 없다. 우리나라의 역사를 보면 대개의 경우 산업 노동은 우리 문학에 거의 무시되어 왔다…….

여기에 산업노동자에 대해 미국인이 일반적으로 무관심한 까닭이 자리하고 있음을 본다. 그들은 미국인이 지니고 싶은 이미지에 결코 적합하지 않았다…….

미국인은 농업 신화만큼이나 성공신화를 간직하고 있다. 생애 초기에 노동자가 되는 것은 허락된다. 하지만 나중에는 더 나은 위치로 올라간다는 전제 위에서 그렇다. 그러나 산업노동자로 남아 있는 사람은 대다수 미국인의 눈에 성공하지 못한 사람들로 비쳐진다.

대다수 학자들이 J를 통일왕국 시대에 유래한 것으로 보는 데 동의하지만

이 그때나 지금이나 매우 중요하기 때문에 길게 인용한다. Sacvan Bercovitch and Myra Jehlen, eds., *Ideology and Classic American Literature* (Cambridge: Cambridge University Press, 1986)을 보라.

특정한 역사적 상황 속에 놓고 그 상황에 비추어 해석하는 일에는 어려움을 겪고 있다. 이것이 이스라엘 사람들은 실제로는 대부분이 농민인데도 J가 그들을 왜 베두인으로 묘사하고 있는지에 관한 질문을 결코 해본 적이 없는 이유이기도 하다. 이 문제를 언급할 때 비로소 J를 처음으로 특정한 역사적 상황 속에 놓고 해석할 수 있게 된다.

4

이스라엘은 누구인가?

구약성서에서 이스라엘은 족장들과 그 가족들이 이집트로 내려갔다가 이집트를 탈출하여 위대한 나라로 탄생하게 되었다는 이야기를 읽는 데 익숙한 사람은 이스라엘이란 이름이 기원전 9세기 이전의 방대한 비(非)이스라엘 계통의 문헌에 오직 한 번 등장하고 그 한 번도 기원전 13세기 말 이집트를 통치했던 바로 메르넵타의 전승기념 노래에 지나치듯 한 번 언급되고 있다는 사실에 놀랄 것이다.[1] 결코 적지 않은 양의 이집트 문헌이나 이스라엘 주변민족의 글에는 이집트에 살았던 모세의 존재라든지 아브람, 이삭, 야곱의 후손들, 수백만 명의 탈출, 바로와 온 이집트 장자의 사망, 그리고 다윗 왕국의 건립이나 영화로운 솔로몬 제국에 대해서 단 한마디도 언급하지 않는다.

구약성서에 보존되어 있는 문서에 기초하여 이스라엘을 언급하고 있는 최초의 분명한 정보는 다윗과 솔로몬 시대에 유래한 것이다. 이스라엘이 처음

1 Donald B. Redford, "The Ashkelon Relief at Karnak and the Israel Stela," *Israel Exploration Journal* 36(1986): 188~200.

존재하게 된 팔레스타인의 고지대가 다윗 이전 약 이백 년 동안 역사적으로 어떤 모습을 지녔는지는 지극히 모호하다. 이스라엘이 등장하게 된 과정을 말하는 것으로 보이는 구약성서의 문헌들은 훨씬 후대의 군주시대에 작성된 것이며 그 문헌의 주제와 세부적인 내용은 이스라엘의 등장보다는 그런 글을 썼던 시대와 상황 그리고 글을 쓴 사람들이 중요하게 생각하는 이슈들에 초점을 두고 말한다. 그렇다면 이스라엘이 등장하게 된 실제 역사에 관해서는 어떤 말을 하고 있을까?

지난 세기 동안 성서역사학자들은 이스라엘의 등장에 관해 세 가지 모델을 제안하였다. 성서본문과 다른 본문 그리고 고고학 연구로 얻은 지극히 희소한 정보들을 바탕으로 의미 있는 해석을 시도한 결과이다.[2] 우리는 이 모델들을 찬성하거나 반대하는 견해를 기술하기보다는 J가 이스라엘 역사의 시작을 어떻게 다루고 있는가에 관심이 있다. 이런 견해들을 언급하는 까닭은 J와 같은 성서본문이 이스라엘의 등장에 관해서 거의 관심이 없다는 사실을 보여주기 위함이다. J의 관심사를 제대로 평가하기 위해서는 먼저 J가 이스라엘이 실제로 등장하게 되는 일에 관한 것이 아니라는 사실을 깨달을 필요가 있다.

정복 모델. 이 모델은 통일 이스라엘이 이집트에서 팔레스타인으로 진군

2 이 모델들은 다음 학자들이 편리하게 요약하고 있다. Norman K. Gottwald, *The Tribes of Yahweh: A Sociology of the Religion of Liberated Israel, 1250~1050 B.C.*(Maryknoll, N.Y.: Orbis Books, 1979), 191~227; Marvin L. Chaney, "Ancient Palestinian Peasant Movements and the Formation of Premonarchic Israel," in *Palestine in Transition: The Emergence of Ancient Israel*, ed. D. N. Freedman and D. F. Graf(Sheffield, Eng.: Almond Press, 1983), 39~90. 세 가지 모델은 모두 심각한 약점을 안고 있으며 성서역사학자들은 최근에 점차 증가하는 고고학적, 비교역사학적 자료에 비추어 이 문제를 재고 중이다. 다음을 참조하라. Volkmar Fritz, "Conquest or Settlement? The Early Iron Age in Palestine," *Biblical Archaeologist* 50(1987): 84~100; Robert B. Coote and Keith W. Whitelam, *The Emergence of Early Israel in Historical Perspective*(Sheffield, Eng.: Almond Press, 참고문헌도 보라).

하여 그 땅을 단번에 정복했다고 상정한다. 이 모델은 여호수아 1~12장이 이스라엘의 등장을 기술한다고 생각한다. 그러나 여호수아서와 사사기를 면밀하게 검토해보면 사사기는 가나안 땅을 차지하는 전승 일부를 여호수아가 죽은 뒤에 일어난 것으로 말하고 있는 반면 여호수아서는 가나안 땅 정복을 여호수아가 손수 지휘하여 얻어낸 업적이라고 기술한다. 뿐만 아니라 사사기 1장의 전승들은 지파들이 개별적으로 움직여서 영토를 차지하는 것으로 말하는 반면 여호수아서는 그와 같은 개별적 군사 행동을 배제하고 모든 지파들이 땅을 차지하는 일에 일사불란하게 움직였다고 기술한다는 것을 알 수 있다. 더욱이 여호수아서 안에서도 땅의 상당부분은 실제로 정복하지 못한다. 주요 관심사는 후대에 수행한 제의 관행에 기초하여 요단강을 제의처럼 건넌 일, 여리고와 아이 성 정복, 그리고 유다 산지와 갈릴리 동부지역에서 일어난 두 차례의 제한적 승리에 맞추어져 있다.

지금은 분명하게 알려졌듯이 여리고는 이스라엘이 등장하던 시기에 사람이 수백 년 동안 살지 않았던 곳이다. 여호수아서가 말하는 파괴의 흔적도 없다. 마찬가지로 아이는 기원전 2500년경에 파괴되었고 기원전 12세기까지는 사람이 살지 않는 상태로 방치된 곳이었다가 기원전 1050년경에 이르러서야 일반적으로 초기 이스라엘로 여겨지는 산지 주민이 새롭게 정착하였다. 대체로 여호수아서가 파괴했다고 기록한 도시들 중에서 상당수는 실제로 파괴되지 않았으며 고고학적 연구결과로 파괴되었다고 알려진 도시 상당수는 이름조차 없다.

여호수아서의 저자들은 그들이 기록하는 시대에 대해 전혀 친숙하지 않았음이 분명하다. 여호수아서가 묘사하는 몇 가지 일반적 정복 기사는 물론이고 두 차례의 전승과 몇몇 도시를 연결시키는 모습은 기록하는 사건이 벌어졌던 때보다 육백 년이 지난 기원전 7세기의 신명기적 역사가의 손길에서 나온 것이다. 최근의 연구에 의해서 여호수아라는 인물이 신명기적 역사를 기록하도록 지시한 요시야 왕을 모델로 삼았다는 것이 분명해졌다. 어쩌면 신명기적 역사가의 정복 기사는 이스라엘의 등장 역사가 아니라 예전의 북쪽과 서쪽으로 펼쳐졌던 이스라엘 영토를 회복하기 위한 요시야 왕 자신의 군사행동을 묘사한 것일 수도 있다.[3]

침투 모델. 이 모델은 스텝(초원지대)과 건조한 사막 지역에 살던 유목민이 평화로운 이주과정을 거쳐 점차적으로 팔레스타인 산지에 정착했다고 주장한다. 이 유목민이 어떻게 스텝과 건조한 사막 지역에 살게 되었는지는 설명하지 않는다. 그들은 그저 이전의 스텝과 건조한 사막 거주지에서 아무도 살고 있지 않은 산지로 침투했다는 것이다. 이 모델을 처음 제안한 이후 인류학자들은 목축 유목민이 사막에서 등장한 것이 아니고 오히려 보다 비옥한 지역에 기반을 두고 살면서 스텝과 사막 지역에 풀이 자라나 가축을 먹일 만한 시기가 되면 스텝과 사막으로 여행했음을 보여주었다. 이동 방향이 사막지역에서 나온 것이 아니라 사막지역으로 나갔다는 것이다.

이 모델은 J의 역사를 벽돌을 쌓고 회반죽으로 접착하는 과정을 거쳐 형성되었다고 본다. 다양한 소규모의 반(半)유목민 지파들이 팔레스타인 지역에 침투하여 정착하였고 시간이 흐르면서 지역별로 전해지던 구전 전승이 결합되고 발전하여 기록된 전승으로 다듬어진 결과가 현재의 상태를 만들게 되었다고 보는 것이다. 예배중심지였던 브엘세바, 헤브론, 벧엘 같은 지역에 떠도는 각 지파의 조상 이야기를 보면 분명히 알 수 있듯이 이 전승들은 종교적 기반을 갖고 있다. 이 견해에 따르면 J는 이렇게 초창기에 기록된 하나의 전통이며 E는 그와 다른 전통이다. 이 모델은 초기 이스라엘 주민의 다양성을 인지하고는 있지만 가장 큰 약점은 고고학이 이 시기의 팔레스타인 사회에 관한 우리의 지식을 크게 변화시킬 정도로 공헌하기 이전에 제시된 이론이라는 점이다.

---

3 Marvin L. Chaney, "The Book of Joshua," in *The Books of the Bible*, ed. B. W. Anderson(New York: Charles Scribner's Sons, vol. 1, 1989).

반란 및 변방지대 정착 모델. 이 모델은 여러 가지 이름으로 제안되었는데 이스라엘의 등장을 계층 사이에 벌어진 압제로부터 해방을 위한 투쟁으로 설명한다. 이 모델은 팔레스타인 지역 바깥에서 시작된 정복을 말하지 않는다. 대신에 여러 가지 증거를 근거로 농민 반란이 조직적으로 일어났다고 주장한다. 이 모델에 따르면 바로를 대신하여 가나안 지역을 나누어 다스렸던 도시국가의 통치자들에 의해 유지되었던 이집트의 팔레스타인 장악력이 이스라엘이 등장하던 시기에 가장 미약해졌다고 본다. 이를 지지하는 증거는 이집트 제국과 가나안 도시국가의 통치자들이 교환한 서신들에서 찾을 수 있다. 기원전 14세기의 엘 아마르나 외교 문서집이 발견되어 가능해진 일이다. 팔레스타인 산지에 이집트를 탈출한 무리가 도착하게 된 때가 이집트의 권력이 쇠퇴하던 바로 이 시기였다. 그들은 레위인들이었을 것이다. 그들은 야훼 한 분을 하나님으로 섬기는 종교를 갖고 들어왔고 가나안 통치자들이 섬기던 신들을 배척했다. 그들은 농민 반란을 일으킨 이데올로기적 중심사상을 제공한 핵심 집단이었던 것으로 보인다. 그들은 미국을 건국한 선조들과 견줄 수 있다. 선조들은 미국을 건설하는 데 중요한 역할을 하게 될 종교적 이데올로기를 갖고 들어왔다. 북아메리카의 주민 상당수의 뿌리는 메이플라워호에 승선한 사람들에게 있지 않다. 그럼에도 불구하고 이 사람들의 이야기는 미국의 건국신화가 되어있다. 출애굽한 사람들의 신앙의 도움을 받은 팔레스타인 농민들은 군주에 맞서 반란을 일으켰고 산지에 지파사회를 세웠다. 하지만 이백 년도 안 되어서 평등주의의 실험은 실패로 돌아갔다. 성서문헌에 블레셋으로 알려진 해양족속이 팔레스타인 해변에 도착하여 군사적 위협을 고조시키므로 이스라엘은 그들과 맞서 군대를 조직하고 지휘할 지도자를 세우게 되었기 때문이다. 블레셋은 이스라엘 국가를 형성시킨 촉매였다.

반란 모델은 가장 늦게 형성되었다. 이 모델은 이스라엘이라고 불리는 사람들이 사실은 팔레스타인의 토착민임을 보여주는 증거를 고려한다. 이 새로운 증거 때문에 문제를 완전히 달리 보아야 한다는 생각이 학자들은 물론이고 평신도 사이에도 점차 그 자리를 잡아가고 있는 중이다. 이 모델은 복잡하면서도 가치 있는 사회적 분석을 한 결과이지만, 팔레스타인 역사의 전형적인 정치·경제를 분석하는 일에는 취약하다. 이를테면 팔레스타인의 베두인 족속들은 촌락 농부와 전혀 다른 사회정치적 역할을 감당했다는 사실을 충분히 고려하고 있지 않으며, 팔레스타인이나 고대 근동의 역사 기록에서 농민 반란이 '성공한' 또 다른 예를 찾아보기가 어려운 시점에서 농부들의 동요의 영구적 효과를 지나치게 강조하고 있다. 이 모델은 팔레스타인의 독특한 사회적 실체였던 촌락 주민과 그들의 생존에 특징이었던 고질적 사회 불안이 중요하다는 점을 정확히 고려하기는 했지만, 왜 그러한 불안정성이 그 모델이 주장하는 바로 그때 그런 반란으로 나타나게 되었는지에 대해서는 설득력 있게 설명하지 못한다.[4] 더구나 이스라엘이 만일 그런 반란을 일으킨 결과로 등장하게 되었다면 대다수 산간 정착지 주변에 성채를 전혀 건설하지 않았다는 점은 이해하기가 힘들다.

세 가지 모델 모두 J 문서를 먼저 연구하지 않은 채 역사적 증거와 일반적인 성서 이미지를 일치시키려고 한다. 사실 이 모델들은 성서가 이스라엘이 등장할 때 실제로 벌어진 사건에 대해 증언하고 있음을 보여줌으로써 대중적인 성서 이해를 옹호하는 기능을 한다. 그러나 이 시기의 팔레스타인 역사에 대해 알려진 바를 진지하게 고려한다면 전혀 다른 그림을 그릴 수 있다. 발생했다고 알려진 사실에 입각하여 성서를 이해할 때 —그 반대가 아니라— 성서 문학은 뛰어난 의미를 가질 수 있고, 알려진 역사적 자료와 잘 부합되는 것처럼 보일 수 있다. 우리는 성서를 항상 옹호하려고 애쓰기보다 그것을 신앙적 해석

---

4 Gerhard Lenski, review of *The Tribes of Yahweh*, by Norman K. Gottwald, *Religious Studies Review* 6(1980): 275~78 and the response by Gottwald, "Two Models for the Origins of Ancient Israel: Social Revolution or Frontier Development," in *The Quest for the Kingdom of God: Studies in Honor of George E. Mendenhall*, ed. H. B. Huffmon et al.(Winona Lake, Ind.,: Eisenbrauns, 1983), 5~24.

공동체의 삶과 모습 그리고 정체성을 보존하고 있는 신앙의 문서로 활용할 자유가 있다.

역사적으로 이스라엘의 등장에 관하여 어느 정도나 확실하게 말할 수 있을까? 기원전 1200~1000년의 초기 철기시대, 즉 철기 1기시대에 팔레스타인 산간지대에는 정착촌의 수가 급격히 증가했다는 사실이 널리 받아들여지고 있다. 이스라엘의 등장에 관해서 할 수 있는 말 중 실제로 이 정도까지가 확실한 사실이다. 그러나 팔레스타인 역사 속에서 규칙적으로 반복되는 현상의 배경을 살펴보면 이스라엘이 어떻게 존재하게 되었는지 어렴풋이 파악할 수 있는 창문이 열린다.

산간지대에 촌락과 마을이 급격하게 확산된 모습을 어떻게 설명할 수 있을까? 가장 그럴듯한 시나리오는 다음과 같다. 이스라엘이 등장하기 전의 도시국가 경제는 도시에 거주하는 엘리트의 이익을 위한 형태로 조성되었고 군사력과 무역으로 유지되었다. 미케네 제국과 히타이트 제국이 몰락하고 이집트까지 세력이 약화되자 이와 동시에 국제 무역은 심각할 정도로 쇠퇴하였다. 이집트의 지원을 받으며 제국의 정치적 대리인 역할을 했던 팔레스타인의 많은 집단은 주로 이집트가 장악하던 교역의 쇠퇴로 인해 후원과 지지가 감소되는 것을 깨달았다. 지배적인 위치에 있던 베두인 지파들[5]과 같은 집단, 도적떼 그리고 젊은 패거리들은 정기적으로 엘리트 통치 집단의 정치적·군사적 게임에 고용되었고, 촌락에서 도시로 그리고 도시와 도시 사이를 이동하는 엘리트 정치인들의 경제적 후원을 받고 있었다. 그런 무리들은 종종 산간지대와 사막 같은 팔레스타인의 변두리 지역까지 깊숙이 장악하고 있었다. 그런 지역들이 반드시 사람들이 정착하거나 농사를 짓는 곳은 아니었다. 이곳을 장악하는 무리들은 식량을 제공하고 후원해주는 다른 공급원을 갖고 있었기 때문이다. 하지만 교역 쇠퇴로 인해 그런 무리에 대한 도시의 후원이 급감하자 그들은 이전

---

5 그중에 가장 큰 지파 혹은 지파 모양으로 규합되어 있던 집단이 이스라엘 사람들이었다.

에 용병이나 도적질을 통해 얻었던 식량을 확보하기 위해 가능하면 어디든 자기들이 장악하던 곳에 정착해야 할 동기가 생겼다. 어떤 경우는 여느 곳보다 더 광범위하게 정착하고 땅을 경작했으며 어떤 경우는 '보호'해준다는 조건으로 촌민 가족과 마을을 다른 지역에서 이 변두리 지역으로 이주하게끔 만들기도 하였다. 그 지역에 대한 도시국가의 권력이 감소하면서 이 새로운 촌락 정착지는 수 세대 동안, 모든 형태의 착취에서 완전히 벗어나지는 못했지만, 도시 세력의 지배로부터 어느 정도는 해방될 수가 있었다. 따라서 산간지대의 정착은 기초생계를 꾸려나가기 위해 대체수단을 강구한 결과였다.

산간지대가 발전한 것은 하나의 종교·정치적 이데올로기를 중심으로 결속한 지파 동맹과 같은 조직을 가진 무리가 만들어낸 결과가 아니었다. 물론 지파 명칭인 이스라엘이 분명히 주도적인 위치에 있었을 것이다. 이런 경쟁적이고 때로는 적대적인 정착지들이 어떻게 하나의 국가가 되었을까? 그것은 국제교역이 점차 되살아나면서 가능했을 것이다. 산간지대로 물러났던 사람들은 사회적 계층이 혼합된 상태였으나 농경사회에서 흔히 일어나는 현상처럼 머지않아 사회경제적 위계질서가 생기게 되었다. 국제 교역이 회복되면서 잉여산물을 팔 수 있는 여건이 마련되자 이와 동시에 교역 통로에 근접해 있던 자들이 상대적으로 멀리 떨어져 있는 자들에 비해 경제적 이익을 선점할 수 있었다. 동시에 새로운 산간지대를 개척하면서 농지를 확장하는 일은 점차 이익을 감소시켰다. 이런 일은 장기간의 투자가 필요한 테라스(계단형 농지)를 더 많이 만들어야 하기 때문이다. 이런 상황은 집약 영농의 관행으로 변화시키게 만들었다. 이익을 얻으려고 몇 년씩 기다려야 하는 과수 재배는 그런 투자로 제값을 해내기 위해 무엇보다 먼저 거주지가 안정적이어야 했다. 가장 많은 투자를 한 사람들은 투자한 것을 보호하기 위해 점차 중앙 통치로 바뀌는 것이 자신들의 이해관계에 부합하였을 것이다. 이 과정을 사울과 다윗 시대로 거슬러 올라가는 신명기적 역사서 단락에 묘사된 혈족의 가장, 지역 족장, 지파의 우두머리 그리고 저지대의 용병들의 모습에서 찾아볼 수 있다. 이 중 어떤 사람들은 가난했고, 또 어떤 사람들은 상대적으로 불리한 처지에서 시작하여 시간이 흐르면서 지지 세력을 구축하였다. 얼마간의 시간이 흐르자 다윗과 같은 사람이 왕이 되었다.[6] 우리가 살펴보려고 하는 것이 바로 이런 일이 어떻게 일어났는지를 보여주는 이야기이다. 주목해서 보아야 할 중요한 사항은 J가 다윗보다 앞선 2세기 동안 팔레스타인에 벌어진 과정을 묘사하고 있지 않다는 점이다. J는 오늘날 역사가가 그 역사를 이해하는 것과 같은 초기 이스라엘의 역사가 아니다.[7]

---

6 P. Kyle McCarter, Jr., "The Historical David," *Interpretation* 40(1986): 117~29.

7 Robert B. Coote and Keith W. Whitelam, "The Emergence of Israel: Social Transformation and State Formation Following the Decline in Late Bronze Age Trade," *Semeia* 37(1986): 107~47.

기회가 찾아오다

후기 청동기 시대 지중해 문명 가운데 대규모 주요 정치경제 체제는 지중해의 서부, 북부, 동부, 남부에 위치한 미케네 제국, 히타이트 제국, 아시리아 제국 그리고 이집트 제국이었다. 아시아의 이집트 제국은 기원전 1550년부터 1150년까지 지속된 18대 왕조, 19대 왕조 그리고 20대 왕조로 이어지는 신왕국 시대에 두각을 나타냈다. 후기 청동기시대와 동일한 기간이다. 기원전 16세기부터 10세기 말까지 이집트는 팔레스타인의 주인 행세를 했다. 다윗 왕조가 등장한 시기는 이집트의 통치에서 잠시 벗어났던 때였는데 그러한 발전마저 그동안 지속되어온 이집트의 위협을 배경으로 형성된 것이었다.

전에는 기원전 14세기 초반부터 중반까지 기록된 아마르나 서신은 팔레스타인의 전쟁군주들이 이집트 주권자에게 보낸 것이며 팔레스타인 사회의 소요가 심각했고 그것은 이집트의 영향력이 쇠퇴하는 증거라고 생각했었다. 아마르나에 아톤 신 제의를 실시한 아케나톤의 '제의 혁신'도 신왕국 시대가 결코 회복될 수 없는 정치적 붕괴 현상을 보여주는 것으로 이해되었다. 그러므로 팔레스타인의 이집트 세력은 18대 왕조 시대에 절정에 달했고 14세기 초반부터 쇠약해지기 시작한 것으로 보였다. 따라서 이집트 제국의 이러한 권력의 공백기가 팔레스타인에서는 독립 사회, 즉 이스라엘을 등장시켰다고 추정되었다.

보다 최근의 역사적 연구는 팔레스타인의 주인 행세를 할 능력이 있었던 이집트의 신왕국 시대가 최소한 람세스 2세 즉 기원전 1240년경까지 이어졌다고 본다. 가장 최근의 견해에 따르면 이 권력은 람세스 3세 즉 12세기 깊숙이까지 지속되었음을 보여준다.[1] 따라서 이집트의 영향력은 매우 강했고 특히 해안지역에 아주 강하게 미쳤다. 이러한 영향력은 다윗 시대에 이스라엘로 불리게 된 사람들의 촌락들이 산간지대에 이미 생겨나기 시작한 시기까지 잘 지속되었다. 종종 촌락들은 이집트가 지배하는 도시들과 아주 근접한 위치에 있었다. 이 산지 정착촌들은 이집트 권력이 쇠퇴하면서 생기게 된 것이 아니었다. 쇠퇴현상은 그보다 더 나중에 일어났다. 사실 그 촌락들은 생존하기 위해 경제적 여건을 마련해야 했던 이유로 생기게 되었다.

기원전 1275년경 람세스 2세와 히타이트의 핫투실리스 3세는 조약을 체결했다. 이로써 이집트의 영향력은 팔레스타인을 중간에 두고 히타이트의 영향력과 경쟁하였다. 결과적으로 물자와 군사 서비스의 흐름과 교환이 용이해져서 어느 정도 정치 경제적 연속성이 생겼다. 이 시대는 도시 사이에 고도로 발달한 서신교환과 운송으로 번창하던 때였다. 대표적으로 우가릿과 비블로스 같은 도시들이 번창했다. 도시 주민이 누리는 혜택이 많아지자 사람들은 도시로 밀려들어왔고 그 결과 상당수의 정착지가 정체상태인 것과는 달리 중심부에 위치한 도시들은 규모가 커졌고[2] 이 기간 동안 람세스 2세와 람세스 3세는

---

1 James M. Weinstein, "The Egyptian Empire in Palestine: A Reassessment," *Bulletin of the American Schools of Oriental Research* 241(1981): 1~28; Ithamar Singer, "Merneptah's Campaign to Canaan and the Egyptian Occupation of the Southern Coastal Plain of Palestine in the Ramesside Period," *Bulletin of the American Schools of Oriental Research* 269(1988): 1~10.

팔레스타인의 도시 주민들에 대한 영향력을 쉽게 행사할 수 있었다.

후기 청동기시대가 끝날 즈음 근동 세계와 지중해 세계 사이의 이러한 연속성은 심각하게 쇠퇴하였다.[3] 이에 관한 주요 증거 중 일부가 람세스 2세와 람세스 3세 시대 성전에 새겨진 기념비문들이다. 람세스 3세가 죽자(기원전 1150년경) 팔레스타인에 대한 이집트의 영향력은 급격히 감소했고 이와 함께 이집트는 전임 왕들처럼 기념비를 세우고 웅장한 비문을 새길 자원이 부족했다. 기원전 1050년경의 웬-아문 파피루스에는 바로가 서쪽의 사이렌과 동쪽의 레반트에서 수입하는 목재 때문에 페니키아 연안의 비블로스에 외교사절을 파견한 내용이 기록되어 있다. 비블로스에 도착한 사절 웬-아문은 배척받고 멸시당했는데 이는 지중해 동부 해안선을 따라 이집트가 권력을 일시적으로 상실하였음을 보여준다. 그 비문은 해양 족속 출신의 해적들이 주요 강대국들 사이의 교통이 두절된 것을 이용하여 발호함에 따라 해변지역이 무역하기에 위험해졌음을 보여준다.

10세기가 되자 이 해적들의 위험은 감소했고 무역로가 다시 열리기 시작하였다. 페니키아, 특히 해변에 위치한 두로의 히람 왕이 두드러질 정도로 과거 미케네 제국의 역할을 감당하였고 지중해까지 뻗어가는 통상무역을 확립하였다.

지중해 동부가 점차 재통합되는 시기에 다윗 가문은 등장했고 다윗과 솔로몬은 다시 활기를 띤 이러한 무역 네트워크를 이용할 수 있었다. 지중해 지역과 근동 지역의 무역이 활짝 열리게 된 것은 9세기에 이르러서야 가능해졌지만 내륙에 위치한 이스라엘의 도시들과 해안에 위치한 두로가 주요 무역 중심

2 Rivka Gonen, "Urban Canaan in the Late Bronze Period," *Bulletin of the American Schools of Oriental Research* 253(1984): 61~73.

3 쇠퇴의 정확한 원인에 대해서는 아직 알려져 있지 않다. 지금까지 근동과 지중해 지역의 아주 사소한 단편만이 발굴되었을 뿐이다. 아마 발굴대상지의 겨우 1~2 퍼센트 정도만 발굴되었을 것이다.

지가 되었다. 솔로몬은 말과 병거를 다루는 남북 육상 무역을 운영하였다. 말은 고가의 고급 군사용품이기 때문에 근동에서는 비싸게 취급되었다.

약 60년 동안 지속된 이스라엘의 독립은 팔레스타인 외부 세력이 팔레스타인을 지배하던 그간의 통치 패턴과 다른 새로운 기회의 때에 이루어졌다. 팔레스타인에서 이런 종류의 정치적 자율권을 갖는다는 것은 파격적인 일이었다. 주변 제국에게 어떤 식으로든 주시를 받지 않으며 자기 스스로 가격을 정할 수 있는 자치 정부란 심지어 이스라엘 군주 시대 동안에도 팔레스타인 안에서는 활성화되지 못했다. 이 짧은 기간 동안 다윗과 솔로몬의 경제적 영향력은 네게브와 요단 동편 지역 그리고 아람 지역까지 확대될 정도로 광범위하게 미쳤다.[4]

다윗과 솔로몬 시대인 10세기에 이집트는 다시 위협적 존재로 부상하였는데, 특히 10세기 후반의 시삭 치하에서 그러하였다. 제21대 왕조 말에[5] 형성된 이 짧은 기간의 이집트의 영향력 부흥은 이집트를 공동의 적으로 삼는 유다와 블레셋의 동맹을 부추겼다.

팔레스타인에 이집트가 끼친 영향력을 알게 해주는 표시는 솔로몬이 죽자 다윗 국가에서 이스라엘이 분열되는 과정(왕상 12장)에 이집트 왕조가 감당한 역할에서 찾아볼 수 있다. 단순한 농민 반란이라고 할 수 없는 왕국 분열은 제

---

4 J가 다윗과 솔로몬의 '통일왕국' 시대에 작성되었다는 고전적 견해에 관한 최근의 요약을 위해 다음을 참조하라. Werner H. Schmidt, "A Theologian of the Solomonic Era? A Plea for the Yahwist," in *Studies in the Period of David and Solomon and Other Essays*, ed. T. Ishida(Winona Lake, Ind.: Eisenbrauns, 1982), 55~73. 어떤 학자들은 대안을 지지하지만 이 견해는 여전히 다수의 공통된 입장이다. 거의 모든 학자들의 견해가 J를 솔로몬 시대로 간주한다. 이와 달리 우리의 논의는 왜 그것이 다윗 시대에 작성된 것으로 보는지에 대해 초점을 맞출 것이다. B. Mazar, "The Historical Background of the Book of Genesis," *Journal of Near Eastern Studies* 28(1969): 73~83 참조.

5 David O'Connor, "New Kingdom and Third Intermediate Period, 1552~664 B.C." in B. G. Trigger et al., *Ancient Egypt: A Social History*(Cambridge: Cambridge University Press, 1983), 229~35.

국이 조종한 사례였다. 이스라엘, 에돔 그리고 아람 출신의 정치적 인사들이 바로의 궁전에 망명자로 거주하였다(왕상 11장). 여로보암은 사실상 이집트의 꼭두각시로서 이집트 궁전이 파송하였고 다윗 가문에 대항하는 반란을 주도하였다. 이것이 르호보암 제5년에 시삭이 다윗의 나라를 침공했을 때 남유다는 조공을 바쳤지만 북왕국은 전혀 위축되지 않았던 까닭을 설명해준다.

블레셋은 누구인가? 우리는 앞서 이들이 다양한 해양 족속의 일부였음을 보았다. 그들은 이주해온 용병 집단이었다. 그들은 이주하는 곳마다 노략질을 했다. 그들은 지역 통치자들이 맞설 수 없을 만큼 강력한 무력을 행사하였다. 그들이 이주하던 시기가 후기 청동기시대 말엽과 철기시대 초반에 근동 지역 무역이 쇠퇴하던 시기였기 때문이다. 여러 가지 상황이 이와 같은 이주민들이 12세기, 11세기, 10세기 초반의 팔레스타인 평지에 처음에는 낯선 존재로 등장하여 결국에는 새로운 엘리트로 자리잡을 수 있는 기회를 제공하였다. 그들은 짧은 시간에 팔레스타인 사회에 통합되기 시작했고 팔레스타인 신전과 팔레스타인 언어를 채택하였다.

다윗의 나라가 생기면서 이스라엘 사람으로 간주된 사람들이 나라가 형성되기 전에 민족적 일체성을 갖지 않았던 것처럼 저지대 사람들도 단일한 민족적 정체성을 갖고 있지 않았다. 대개가 저지대 도시인 아스돗, 아스글론, 그리고 다른 해변 발굴지처럼 블레셋 지역을 발굴해보면 확인 가능한 블레셋 제조물은 유물 가운데 적은 비율에 불과하다. 아스돗에서만 이 비율이 50퍼센트에 육박하고 다른 유적지는 대부분이 5~25퍼센트 정도이다. 달리 말해서 블레셋 사람들이 있었다는 것은 새로운 민족으로 교체되었다는 의미가 아니라 저지대 팔레스타인의 지배계층이 교체되었다는 의미이다. 인구 변화는 크지 않았다. 중요한 것은 새로운 이주자의 정치였다. 이 시기에 나온 몇몇 본문을 보면 해양족속이 이집트의 적수였을 뿐 아니라 이집트 군대의 용병으로 활약하기도 했음을 알 수 있다. 그들은 이집트가 동맹으로 삼든 적수로 맞서든 어차피 장악해야 했던 엘리트 세력이었다. 처음에 그들은 이집트 주권의 대리자였을 뿐이었는데 솔로몬이 이집트 공주와 정략결혼을 하자 전통적으로 블레셋의 변두리에 있던 도시 게셀이 입장을 바꾸었다는 것은 의미심장하다.

사울과 블레셋 사이의 갈등은, 대부분의 글에서 묘사하듯이 이스라엘과 블레셋이 서로 지역 패권을 잡기 위해 싸웠지만, 이스라엘 대 블레셋의 문제가 아니었다. 오히려 그것은 사울이 지도자로 등장한 산간지대 엘리트와 저지대 엘리트 사이에 벌어진 싸움이었다. 저지대 엘리트는 초반에 이집트의 후원을 받아 다스렸지만 이번에는 다른 팔레스타인 사람 즉 산지 영웅인 다윗의 후원을 받았다.

J문서를 다룰 때 우리는 사무엘상에서 다윗이 사울에게서 어떻게 왕권을 찬탈했는지를 전하는 내러티브들이 성서에서 가장 먼저 산문으로 기록된 역사 문서였다고 생각한다. 우리는 경작지에 대한 주권을 행사하는 것이 주요 특권이었던 한 가문의 왕권 찬탈자들이 자기네 찬탈행위를 정당화해주는 이야기를 기록한 증거를 많이 갖고 있다. 이것이 바로 다윗의 즉위 이야기이다. 사무엘상 16:14부터 사무엘하 5:12까지는 다윗 가문의 해명서(apology)이다. 이 본문이 해명서이기 때문에 이 이야기는 상당한 시간이 흐른 뒤에 작성된 역사가 아니라 사건이 벌어진 당대에 작성된 것이라고 볼 수 있으며 그래서 당대에 필요한 정치적 이슈를 언급하는 글로 읽을 수 있다.

다윗은 블레셋 영주의 봉신이 되었을 때 사울의 강력한 라이벌이 되었다. 실제로 다윗은 자신의 해명문서에서 가장 먼저 블레셋 관련설을 강력하게 변론해야 했다. 사무엘상은 그가 권력을 잡게 되자마자 이스라엘 민족이 된 산간지대 사람들과 맞서 자신이 저지대 편을 들었다는 비난을 해명하려고 한다. 다윗이 저지대 사람들과 연대한 까닭은 사울이 자신을 따돌렸기 때문이며 산간지대 사람들을 공격할 때도 그는 그저 시늉만 했을 뿐이라고 해명한다(삼상 27장). 하지만 다윗의 궁전 문서는 다윗이 보좌에 앉은 후에도 다윗의 사병 속에 브나야의 지휘 아래 블레셋과 크레테 출신의 용병(그렛과 블렛 용병)이 있었다고 전한다.[6]

블레셋 엘리트가 다윗의 해명서에서 중요한 역할을 하긴 하지만 J는 그들을 중요하게 다루지 않는다. 어째서 블레셋이 J의 원수가 아닌가? 사무엘하 8장에서 다윗은 암몬 족속, 모압 족속, 아람 족속 그리고 블레셋 족속을 무찌른다. 어째서 J는 이 모든 것에 관심을 두고 있지 않는가? J는 블레셋을 원수로 삼지 않을 뿐만 아니라 아주 신중하게도 아브람과 이삭이 블레셋의 친구이고 야곱은 에돔과 친구라고 말한다. 이와 달리 J가 가장 중요하게 생각한 원수는 이집트였다.

J는 다윗 시대의 통치 상황을 반영하는 반(反)이집트(anti-Egyptian) 문서이다. 그것은 솔로몬 시대의 통치 상황을 반영하고 있지 않다. 다윗 가문에 가장 큰 위협이 되는 존재는 블레셋이 아니라 이집트였다. 솔로몬 시대에는 이집트를 원수로 묘사할 필요가 없었다. 솔로몬은 이미 이집트와 타협하여 위협을

---

6 삼하 20:23 참조. 다윗이나 솔로몬의 궁전에서 직접 유래한 성서문헌 전체 혹은 일부는 모두 상당한 정치 선전적 요소를 갖고 있는 것으로 알려져 있다. 따라서 J가 그런 기능을 한다는 것은 놀라운 일이 아니다. P. Kyle McCarter, Jr., "The Apology of David," *Journal of Biblical Literature* 99(1980): 489~504; idem, "'Plots, True or False': The Succession Narrative as Court Apologetic," *Interpretation* 35(1981): 355~67; Keith W. Whitelam, "The Defence of David," *Journal for the Study of the Old Testament* 29(1984): 61~87; and Walter Brueggemann, *David's Truth in Israel's Imagination and Memory* (Philadelphia: Fortress Press, 1985) 참조. 브루거만의 책은 J에 관한 탁월한 자신의 초기 연구결과를 따르고 있다: "David and His Theologian," *Catholic Biblical Quarterly* 30(1968): 156~81; "Israel's Moment of Freedom," *The Bible Today*(April 1969): 2917~25; "The Trusted Creature," *Catholic Biblical Quarterly* 31(1969): 484~98; "The Triumphalist Tendency in Exegetical History," *Journal of the American Academy of Religion* 38(1970): 367~80; "Of the Same Flesh and Bone(Gn 2:23a)," *Catholic Biblical Quarterly* 32(1970): 532~42; "Kingship and Chaos," *Catholic Biblical Quarterly* 33(1971): 317~32; "Weariness, Exile and Chaos," *Catholic Biblical Quarterly* 34(1972): 19~38; "From Dust to Kingship," *Zeitschrift für die alttestamentliche Wissenschaft* 84(1972): 1~18; "On Trust and Freedom," *Interpretation* 26(1972): 3~19; "Life and Death in Tenth Century Israel," *Journal of the American Academy of Religion* 40(1972): 96~109; and "On Coping with Curse: A Study of 2 Sam 16:5~14," *Catholic Biblical Quarterly* 36(1974): 175~92.

처리했다. 바로의 딸과 결혼 동맹을 체결한 것이다. 이로써 솔로몬은 이집트와 북방의 히타이트 사이에 견고한 육상 무역 관계를 수립하고 자신은 중간이득을 취했다. 다윗의 경제는 사실 페니키아 항구를 통해 변두리 지역의 농산물을 수출하는 방식에 의존한 반면 솔로몬의 경제는 소아시아부터 이집트와 아라비아 해안까지 근동지역 전체를 상대로 확장하였다. 솔로몬은 자신이 통치하던 때에 이집트를 원수가 아니라 우호적인 상대방으로 J를 읽는 일이 필요했다. 그는 이 문서를 이스라엘의 기원을 밝히는 유사 역사문헌으로 읽거나 아니면 이를 감추거나 폐기할 수 있었다. 솔로몬 왕실은 전자의 전략을 선택했음이 분명하다.

J는 번영기의 낙관적 문서로서 기본적으로 하나의 민족적 정체성을 투영하고 있다. 이는 다윗 시대의 현실이었을 가능성이 높다. 이와 비교한다면 솔로몬 시대는 많은 사람들이 여로보암을 따라 분열하여 북이스라엘 건국에 가담하고 그의 통치를 따르지 않았다. J가 표명한 열두 지파 체제의 기초가 무엇이든[7] 다윗은 지파의 정체성과 지파의 영토를 유지하도록 허용한, 혹은 허용할 수밖에 없었던 반면 솔로몬은 온 나라의 행정 구역을 재편성하여 지파들을 지배하려고 했다. J가 이스라엘과 그 아들들의 역사에서 지파의 정체성을 강조하는 것은 다윗의 정책이지 솔로몬의 정책이 아니다. J가 다윗이 다스린 나라를 대표하여 도시 문명을 비판하는 자세는 다른 무엇보다 군주시대 이전의 지파 정체성을 어느 정도 보존하는 입장으로 보인다. 솔로몬의 정치는 상당한 사회적 긴장과 적개심을 유발했으나 J는 그런 것에 대해서는 단 한마디도 말하지 않는다. 오히려 J는 다윗 시대에 최우선적이었던 사회정치적 이슈를 반영하고 있다. J의 낙관주의를 다른 많은 학자들처럼 솔로몬 왕가의 부귀와 성공으로 인해 형성된 궁정의 세속적 낙관주의로 취급하는 것은 J의 이념적 목

---

7 Norman K. Gottwald, *The Tribes of Yahweh: A Sociology of the Religion of Liberated Israel, 1250~1050 B.C.*(Maryknoll, N.Y.: Orbis Books, 1979), 358~75 참조.

적을 무시하는 것이다. J의 이념은 다윗의 통치로 이스라엘이라는 나라에 편입된 다양한 출신의 사람들에게 하나의 정체성을 부여하고 다윗이 주장하는 야훼 신앙을 역사의 신성한 기초로 삼는 일이었다. J는 다윗의 서기관들이 다윗 왕국을 중심에 두고 그것이 모든 것의 결정체라는 전제 위에서 기록한 당시의 세계역사이다. 그것은 다윗 왕 시대에 다윗 왕가의 경험과 생각 그리고 목적을 제시한 역사이다.[8]

J는 이후의 역사 속에서 다윗 가문이 다스린 왕실 문서의 기초가 되었다. 그것이 다윗 왕조의 역사 초창기에 작성되었고 정치적으로 자율성을 누리던 시대에 이스라엘의 정체성을 정립해주었기 때문이다. 그런 자율성이 팔레스타인에서는 흔하게 벌어지는 일이 아니었음에도 불구하고 J가 전하는 내용은 훗날 다윗의 자손들이 통치할 때 대단한 인기를 누렸다.[9]

---

8 J가 다윗의 궁전 관리 명단인 사무엘하 8:17과 20:25에 언급된 서기관 사우사(Shausa)이거나 혹은 그의 도제 중 한 사람이 아닐까 하는 생각은 해볼 만하다. 이 이름의 형태에 관해서는 다음을 참고하라. P. Kyle McCarter, Jr., *II Samuel*, Anchor Bible(Garden City, N. Y.: Doubleday & Co., 1984), 253~56, 433. 남 유다의 여호야다 집안 출신인 사독일 가능성도 있다.

9 몇몇 성서역사학자들은 J를 다윗 시대에 비추어 분석했다. Volkmar Fritz는 *Israel in der Wüste*(Marburg, 1970), 121쪽에서 H. Schulze의 말 "Die Grossreichsidee Davids wie sie sich im Werke des Jahwisten spiegelt(야훼기자의 글 속에는 이처럼 다윗의 위대한 나라 사상이 반영되어 있다)"(diss., Mainz, 1952)를 인용하고 있다.

6

다른 이름을 지닌 실제 인물

J 이야기가 악역(foil)[1]으로 블레셋이 아닌 이집트를 부각시키고 있는 까닭은 이스라엘이 이집트에서 탈출한 데서 기원했기 때문이라고들 말한다. 또 출애굽 사건은 군주시대 이전의 이스라엘 제의와 연결되어 있으며 역사적으로 이스라엘의 기원을 보여주는 이야기라고 해석한다. 농민 반란 모델도 이 '출애굽' 백성을 이스라엘 촌민의 핵심 구성원으로 다룬다. 앞서 이스라엘이 실제로 등장하는 과정에 관해 논의한 내용에 비추어볼 때 이러한 개념은 더욱 면밀하게 살펴볼 필요가 있다.

J의 출애굽 이야기는 사실 베두인의 이야기이다. 그것은 네게브와 유다 산간지대 베두인 집단이 이집트 제국에서 권력을 잡고 살다 위험에 처해 강제부역에 시달리다가 해방된다는 내용으로 되어 있다. 문제는 바로 이것이다. J는 왜 이 전승을 선택하여 이스라엘 나라의 건국신화로 삼았는가? 왜 수효가 얼

1 다른 것을 대조시켜 어떤 것을 돋보이게 하는 것. 이 경우, 이집트는 다윗 제국을 돋보이게 한다. 즉, 이집트를 나쁘게 묘사하여 다윗의 나라를 좋아 보이게 한다.

마 안 되는 베두인에게 벌어진 사건을 목축 유목민도 아니고 거의가 농민들로 구성된 대다수 이스라엘 백성을 대표하는 이야기로 만들고 있는가?

중앙정부가 광대한 영토를 효과적으로 통제하는 아주 고도의 정치·경제적 통합을 이룬 시대와 지역을 제외한다면 팔레스타인의 변두리 지역을 통제한 사람들은 자신들의 생계와 사회 정치적 조직으로 인하여 촌락이 그다지 많지 않으며 통신수단과 운송로가 산악 지대와 건조 지대를 통과하는 더욱 척박한 지역에서 살아야 했다. 이 변두리 지역은 팔레스타인 평지와 접하고 있는 네게브 지역과 요단 동편을 위에서 아래로 관통하는 산간 협곡들을 포함한다. 제국과 도시에 머물면서 나라를 통치하기 원하는 사람들은 베두인이라고 부르는 이 군사력(따라서 정치적 영향력)을 장악해야 했다.

베두인 족속은 생태적으로 외딴 지역에 드문드문 자라는 식물을 먹고 살았다.[2] 결과적으로 그들은 주요 정치세력 사이에서 완충역할을 했다. 베두인 집단은 기원전 10세기 말 이집트의 신왕국이 몰락하던 시기에도 수효가 줄지 않았다. 이와 반대로 팔레스타인에 주기적으로 발생한 것처럼 주요 정치 활동이 재개되고 정착지가 넓어지던 시기에는 그들의 영향력이 확대되었던 것 같다. 서부 네게브 지역 목축민의 정착지 확대에 관한 최근의 연구결과는 그곳의 정착지가 11세기에 세워진 것으로 본다.[3] 이스라엘은 베두인과 산적들이 정치적으로 장악하였던 지역에서 등장했다. 우리는 이스라엘 군주사회가 형성된 시대에 베두인의 영향력이 대단했다는 것을 알고 있다. 네게브와 인근 지역의 베두인이었던 아말렉 족속과 미디안 족속을 J와 사사기의 전통적인 자료들이 언급하고 있기 때문이다. 다윗 궁정에서 직접 작성한 것으로 보이는 문서들에

---

2 A. G. Baron, "Adaptive Strategies in the Archaeology of the Negev," *Bulletin of the American Schools of Oriental Research* 242(1981): 51~81.

3 Israel Finkelstein, "The Iron Age Sites in the Negev Highlands—Military Fortresses or Nomads Settling Down?" *Biblical Archaeology Review* 12/4(1986): 46~53; Ernst Axel Knauf, *Zeitschrift des Deutschen Palästina-Vereins* 102(1986): 175.

따르면 아말렉 족속은 다윗이 등장하던 시기에 상당히 큰 역할을 했다.

다윗은 외교력, 결혼, 군사력을 동원하여 중심지역을 끌어안고 동쪽으로는 네게브 지역과 유다 광야, 서남쪽으로는 블레셋 평야와 네게브 지역과 같은 변두리 건조지대에서 정치력을 행사하였다. 동굴과 오아시스에 숨기도 했던 그의 활동반경은 사무엘상에 잘 기록되어 있다. 권력을 잡은 다윗은 그 지역에 기반을 둔 세력들을 이용하여 에돔, 모압, 암몬 그리고 아람 족속이 지배하는 광야지역을 따라 요단 동편지역을 상대적으로 손쉽게 정복하고 장악할 수 있었다. 초기에 그의 군사력은 권좌에 오를 때 고용했던 블레셋 용병도 아니고 평지를 장악하기에 용이한 전차에 의존하지도 않았다. 오히려 변두리 완충지대에 적합한 전투력에 의존했다.

사무엘상에 따르면 다윗은 이 지역을 관장하던 아말렉 족속을 물리쳤다. 그뿐 아니라 내러티브 속에서 사울의 몰락을 해명하는 내용은 사울이 아말렉 족속을 멸망시키지 않았다는 요지를 전한다. 다시 말해서 아말렉 족속 때문에 사울이 몰락했다는 것이다.[4] 왕좌가 다윗에게 넘어간 후 아말렉 족속은 다시 등장한다. 그 장면은 다윗이 왜 사울과 요나단이 전사한 곳에 오지 않았는지 이유를 해명해 준다. 다윗은 당시 왕이었던 사울과 그의 합법적인 왕위 계승자 요나단의 죽음에 아무런 책임이 없다. 왜냐하면 그는 아말렉 족속을 추격하느라 그 자리에 없었기 때문이다! 이 해명서에서 사울과 요나단의 사망 소식을 보도하는 자는 '아말렉 족속의 최후'를 알린 자였다. 다윗은 이 나쁜 소식을 가져온 자를 처형하고 자신의 대적 사울과 요나단의 죽음 앞에 악어의 눈물을 흘렸다.

사울은 왕위에 오른(RSV, '취한'; 삼상 14:47) 후에 농경지에서 세금을 징수할

---

4 삼상 28:17~18. 이 구절은 다윗의 해명서를 '예언자적' 관점으로 다시 손질한 단락에 등장하지만 다윗이 아말렉 족속을 다룬 일이 전통적으로 얼마나 중요한지를 보여준다. P. Kyle McCarter, Jr., *I Samuel*, Anchor Bible(Garden City, N.Y.: Doubleday & Co., 1980), 18~23, 422~23 참조.

특권을 행사했다. 다윗은 그와 맞섰고 그러한 특권을 하나님이 자신에게 주었다고 주장했다. 사울은 산간지대의 농업중심지를 이용하여 '포도원과 과수원과 밭'을 충성의 대가로 주고 군대를 창설했다(삼상 22:7). 다윗은 농업중심지를 장악하지 못했기 때문에 사울과 같은 군사력을 일으킬 수 없었다. 따라서 그의 전략은 변두리를 활용하는 길밖에 없었다. 그는 자신의 정치적 입지를 베두인과 같은 처지에 둘 수밖에 없었다. 그는 베두인을 유사군대로 조직하고 그들처럼 나라의 무법자가 되었던 것이다. 다윗이 통치자가 되기 위해서는 베두인 지지자들을 활용하여 그들을 대체해야만 했다. 아말렉 족속의 패배는 이와 같은 대체 작업의 전형적 실례였다. 아마 아말렉 족속과 비슷한 집단이 많이 있었겠지만 성서는 사울과 대항하는 데 사용하기 위하여 하나만 언급한다. J가 특별히 관심을 갖고 있는 것은 바로 다윗이 대체시키는 데 쓰려고 했던 사람들이다. J에 따르면 이들이 바로 이스라엘의 조상들이다.

J는 다윗의 이스라엘 출신 백성 가운데 5분의 4가 넘는 산간지대 정착 촌민에 관심을 두지 않는다. J는 팔레스타인과 이집트의 국경지대에 살면서 이집트의 위협에 직면하며 살던 사람들에게 관심을 둔다.[5] 이 네게브 지역 베두인들에게 이름이 있다면 그들은 아브람, 이삭, 야곱과 같은 식이었을 것이다.[6]

---

5 이스라엘을 유목민으로 표현한 것은 솔로몬이 아니었다. 그는 다윗이 하는 방식대로 유목민과 협상하지 않았고 유목 지역을 사용하지도 않았기 때문이다. 대부분의 성서 역사학자들은 고고학 연구를 근거로 솔로몬 치하에서 네게브에는 아마도 베두인으로 구성된 수비대를 주둔시킬 요새가 건설되었다고 믿는다. 솔로몬은 통치 초기에 그 지역을 장악했으나 네게브의 독특한 사회정치세력을 다룰 필요가 없었다. 다윗의 즉위를 옹호하는 역사는 산간지대 내부의 정치 이슈를 언급한다. J의 범위는 왕국의 경계선과 그 너머까지 확대하고 있다.

6 V. Worschech, *Abraham: Eine sozialgeschichtliche Studie*(Frankfurt and Bern, 1983); J. J. Scullion, "Some Reflections on the Present State of the Patriarchal Studies: The Present State of the Question," *Abr-Nahrain* 21(1982/83): 50~65; and Thomas L. Thompson, The Historicity of the Patriarchal Narratives(Berlin: Walter de Gruyter, 1974) 참조. William G. Dever and W. M. Clark, "The Patriarchal Traditions," in *Israelite and Judean History*, ed. J. H. Hayes and J. M. Miller(London: SCM Press, Philadelphia:

그들은 J의 역사에 묘사된 '조상들'처럼 조상들과 똑같은 지역에 살면서 똑같이 행동했을 것이다. 사무엘상 후반부의 내용을 J의 아브람, 이삭, 야곱 이야기와 비교해보면 다윗이 권력을 잡고 두각을 나타낸 지역이 이스라엘의 조상들이 살았던 지역과 똑같다는 사실을 분명히 알 수 있다. J가 그들을 다윗의 나라가 세워지기 수 세대 전에 살았던 조상의 이름으로 묘사하고 있지만 그들은 실제로 다윗 시대의 베두인 족장들(sheiks)이었다. 아브람, 이삭, 야곱과 같은 유형(type)의 이름은 톰이니 딕이니 해리 같은 이름과 다르지 않다.[7] 이 이름들은 가상의 인물을 가리킨다. 그들은 J가 내러티브를 전개하는 과정 가운데 완전히 동화되어 있기 때문이다. 그 이름들을 가상으로 지어내기는 했어도 언급하는 사회적 환경은 실제였다. 아브람, 이삭, 야곱은 다른 이름을 가진 실제 인물들이었다. 그들은 TV 연속극으로 만들어진 제임스 헤리엇의 소설 『이 세상

Westminster Press, 1977), 70~148에서는 십 년 전에 사용하였던 인류학적 자료와 해석을 탁월하게 비평하고 있다. 하지만 그들은 대다수 학자들이 그런 것처럼 이 자료를 J의 표현을 따라 이스라엘 역사 초기에 활동한 것으로 생각하는 조상들에게 적용한다. 이 책에서는 베두인에 관한 정보를 다르게 활용한다. 여기서 문제는 '조상이 누구인가?'가 아니라 "J가 선택하고 작성한 베두인 전승이 다윗 시대 특히 서남부 팔레스타인에서 목축유목민의 정치와 경제를 어떻게 반영하고 있는가?"하는 것이다. 하지만 이 문제에 관한 전제에 의구심을 제기하는 다음 두 가지 연구를 보라. John Van Seters, *Abraham in History and Tradition*(New Haven, Conn.: Yale University Press, 1975), 1~38("The Nomadism of the Patriarchs"). 이것은 J가 군주시대 이후에 기록되었다는 것을 입증하려는 시도의 일부이다. Norman K. Gottwald, *The Tribes of Yahweh: A Sociology of the Religion of Liberated Israel, 1250~1050 B.C.*(Maryknoll, N.Y.: Orbis Books, 1979), 448~59. 이 책에서 이해하는 철기시대 초기 팔레스타인 베두인에 관한 예비적 고찰에 대해서는 다음을 보라. Niels Peter Lemche, *Early Israel*(Leiden: E. J. Brill, 1985), 82~163; and Robert B. Coote and Keith W. Whitelam, *The Emergence of Early Israel in Historical Perspective*(Sheffield, Eng.: Almond Press, 1987), 94~111.

7 야곱이란 이름은 중기 청동기시대 말에 팔레스타인과 이집트에 종종 등장한다. 그는 적어도 두 세대에 걸친 팔레스타인 출신 영주들을 지칭하며 이집트는 물론이고 팔레스타인 해변지역도 통치했다. 이 이름은 후기 청동기시대나 초기 철기시대의 고고학 기록에는 나타나지 않는다. Aharon Kempinski, "Jacob in History," *Biblical Archaeology Review* 14/1(January/February 1988): 42~47.

의 눈부시게 아름다운 것들』(*All Creatures Great and Small*. 영국의 수의사인 헤리엇이 만난 사람과 동물에 관한 이야기 — 옮긴이)의 등장인물과 흡사하다. 아브람, 이삭, 야곱과 그의 후손들은 다윗의 이스라엘에 살고 있던 인물들이었다.[8]

아브람은 헤브론을 다스린 목자로 묘사되고 있다. 그는 베두인 기준으로 보면 매우 부유했다. 다윗은 군사력을 지니고 양을 치는 부유한 족장들을 다루어야 했다. 이집트는 이 베두인들을 자기 나라의 목자들로 고용하였다. 다윗은 비교적 인정받으며 살던 집안 출신의 마을 무법자였다. 그가 팔레스타인의 경작지를 장악하게 되는 과정은 아브람과 같은 족장들과 불가피하게 군사적·경제적 동맹을 맺으면서 이룬 결과였다. 그는 변두리 국경 지대의 생산물을 장악하는 힘을 갖게 되었고 그래서 칠 년 동안 헤브론에서 다스렸다. 그 자신이 어쩌면 베두인 족장이었을 수도 있다. 그는 자기편에 서기를 원하는 사람들과 동맹을 맺고 아말렉 족속처럼 자신과 제휴하지 않는 베두인들을 제거했다.

시리아와 팔레스타인 지역 전체에 걸쳐 사는 대다수 베두인처럼 네게브의 베두인은 국가의 수장을 배출하지 않은 경우에 국가로부터 정치적 독립을 유지하려는 경향이 있었다. J의 목표 중 하나는 다윗의 베두인 동맹들이 다윗이 운영하는 정치경제 체제의 일원으로 느끼게 하고 이집트 제국으로부터 독립하려는 생각을 강조하는 일이었다. J는 단순히 다윗의 영토 전체에 널리 선전할 의도로 작성한 대중문학이 아니었다. 그보다는 주로 다윗 왕실에서 사적으로 읽으려고 기록한 것이었다. 다윗이 자기 궁전에서 아브람과 이삭과 같은

---

8 아브람과 다윗의 연관성은 성서학계에 잘 알려진 사실이다. Ronald Clements, *Abraham and David: Genesis 15 and Its Meaning for Israelite Tradition*(London: SCM Press, 1967)을 보라. 이 견해에 대한 비평을 위해서 다음을 보라. N. E. Wagner, "Abraham and David?" in *Studies on the Ancient Palestinian World*, ed. J. W. Wevers and D. B. Redford(Toronto: University of Toronto Press, 1972), 117~40. 대다수 성서역사학자들은 J의 배경을 다윗시대로 논의할 때 다윗과 솔로몬을 구별할 필요성을 느끼지 않고 있다.

영향력 있는 족장들의 이야기를 즐겨 읽으면서 자기 나라의 역사를 그들에게 큰 소리로 읽어준다고 생각하는 것이 좋다.[9] 그들은 다윗이 다스리는 사람들이 자신과 같은 부류의 후손들이며 다윗처럼 자신들도 백성의 우두머리로서 궁전의 특권을 누렸다는 이야기를 듣는 일이 흥미로웠을 것이다.[10] 그런 생각은 의심할 여지없이 경제적 친밀도는 물론이고 족장들이 다윗 궁전과 그의 정책을 지지하는 데 크게 기여했을 것이다.[11]

---

9 부분적이지만 흥미로운 사례를 기원후 19세기 팔레스타인 자료에서 찾아볼 수 있다. 1852~1855년에 터키는 러시아와 전쟁 중에 군부대를 팔레스타인에서 러시아 전방으로 이동할 필요가 있었다. 압덜라만이란 부유한 지주는 팔백 명도 넘는 군대로 헤브론을 차지했다. 그가 일시적으로 승리를 거둔 원인은 유다 광야의 타므리 베두인과 동맹을 맺었기 때문이었다. 당시의 영국 영사관은 헤브론 북부의 한 마을에서 압덜라만의 형제와 타므리의 우두머리 족장이 참석한 비밀회담을 묘사한 바 있다. Arnold Blumberg, *A View from Jerusalem, 1849~1858*(East Brunswick, N.J.: Fairleigh Dickinson University Press, 1980), 128; and idem, *Zion Before Zionism, 1838~1880*(Syracuse, N.Y.: Syracuse University Press, 1985), 69, 80~83 참조.

10 George E. Mendenhall, "The Nature and Purpose of the Abraham Narratives," in *Ancient Israelite Religion: Essays in Honor of Frank Moore Cross*, ed. P.D. Miller et al.(Philadelphia: Fortress Press, 1987), 337~40의 언급을 보라.

11 팔레스타인에서 국가가 베두인 족속과 맺은 동맹들을 활용한 사례는 철저히 연구할 필요가 있다. 그것은 이 지역 역사에서 빈번하게 벌어진 현상이다. 예비적인 사례를 위해 다음을 보라. M. B. Rowton, "Autonomy and Nomadism in Western Asia," *Orientalia* 42(1973): 247~58; Victor Harold Matthews, *Pastoral Nomadism in the Mari Kingdom(ca. 1830~1760 B.C.)*(Cambridge: American Schools of Oriental Research, 1978), 95~103, 131~78; Ernst Axel Knauf, *Ismael: Untersuchungen zur Geschichte Palästinas und Nordarabiens im 1. Jahrtausend v. Christi*(Wiesbaden: Harrassowitz, 1985), Israel Eph'al, *The Ancient Arabs: Nomads on the Borders of the Fertile Crescent, 9th~5th Centuries B.C.*(Jerusalem: Magnes Press, 1982); David F. Graf, "The Saracens and the Defense of the Arabian Frontier," *Bulletin of the American Schools of Oriental Research* 229(1978): 1~26; Philip Mayerson, "The Saracens and the Limes," *Bulletin of the American Schools of Oriental Research* 262(1986): 35~47; S. Thomas Parker, *Romans and Saracens: A History of the Arabian Frontier*(Winona Lake, Ind.: Eisenbrauns, 1986); Berthold Rubin, *Das Zeitalter Justinians*(Berlin: Walter de Gruyter, 1960), 268~79; Fred McGraw Donner, *The Early Islamic Conquests*(Princeton:

다윗은 그랄의 시글락을 다스렸다. 그곳은 블레셋 족속이 다윗에게 넘겨준 블레셋 성읍이었다. J가 아브람과 이삭 이야기에서 블레셋 지역인 그랄을 말할 때는 시글락 지역을 말한다.[12] 블레셋의 봉신이던 시절에 다윗의 군대가 주둔했던 지역은 이삭이 아비멜렉과 평화조약을 맺었던(창 26장) 바로 그 지역이었다. 블레셋 족속과 평화롭게 지내던 창세기의 조상들의 모습은 군주시대 이전의 상황이 아니라 다윗이 통치하던 시대 상황을 반영한다. 다윗은 헤브론과 브엘세바에 주로 모여 살던 베두인 동맹들의 도움을 받아 이 지역에 미치는 이집트의 영향력에 대항하여 적대감을 감소시키고 애로사항을 조율하면서 정치적으로 통합시켰다.[13]

Princeton University Press, 1981), chap. 1("State and Society in Pre-Islamic Arabia"), 11~49; M. Sharon, "The Political Role of the Bedouins in Palestine in the Sixteenth and Seventeenth Centuries," in *Studies on Palestine During the Ottoman Period*, ed. M. Ma'oz(Jerusalem: Magnes Press, 1975), 11~48; Abdul-Rahim Abu-Husayn, *Provincial Leaderships in Syria 1575~1650*(Syracuse, N.Y.: Syracuse University Press, 1986), 153~98(chap. 4: "Three Dynasties of Bedouin Chiefs of the Biqa', Transjordan and Palestine: the Furaykhs, the Qansuhs and the Turabays"); Amnon Cohen, *Palestine in the 18th Century: Patterns of Government and Administration*(Jerusalem: Magnes Press, 1973), 90~110; Walter P. Zenner, "Aqiili Agha: The Strongman in the Ethnic Relations of the Ottoman Galilee," *Comparative Studies in Society and History* 14(1972): 169~88; Afaf Lutfi al-Sayyid Marsot, *Egypt in the Reign of Muhammad Ali*(Cambridge: Cambridge University Press, 1984), 122~25; and Robert Springborg, *Family, Power, and Politics in Egypt*(Philadelphia: University of Pennsylvania Press, 1982), 3~27. 이 관계의 이론적 논의에 대해서 다음을 보라. Daniel G. Bates, "The Role of the State in Peasant-Nomad Mutualism," *Anthropological Quarterly* 44(1971): 109~31. 최근에 하이델베르크 대학의 크나우프(Knauf)가 수행한 연구는 이 지역 이해를 상당히 증진시켜줄 것으로 기대하고 있다.

12 Eliezer D. Oren, "Ziklag: A Biblical City on the Edge of the Negev," *Biblical Archaeologist* 45(1982): 155~66; Joe D. Seger, "The Location of Biblical Ziklag," *Biblical Archaeologist* 47(1984): 47~53; and J. D. Ray, "Two Etymologies: Ziklag and Phicol," *Vetus Testamentum* 36(1986): 355~61.

13 J의 '목축 모티프'를 달리 해석한 경우를 위해 다음을 참조하라. Herbert N. Schneidau, *Sacred Discontent: The Bible and Western Tradition*(Berkeley and Los Angeles:

다윗의 나라는 중앙 팔레스타인 지역의 산간지대에 집중해 있었다. 예루살렘에 다윗의 도성이 들어선 이후에도 한동안은 온 나라가 산간지대에 몰려 있었다. 우리는 다윗의 나라로 탈바꿈한 군주시대 이전의 산간지대 사회조직이나 정치형태에 대해서 아는 바가 거의 없다. 이집트의 바로 메르넵타가 언급한 그 이스라엘은 한때 히타이트와 이집트의 완충지대에서 이집트의 동맹군으로 존재했던 베두인 지파를 가리키는 말이었을 것이며 그들은 어쩌면 산간지대의 정착을 후원하던 강력한 지파들 중 하나로 생각할 수 있다. 분명 그 명칭은 남단부터 북단까지 이어지는 후대의 이스라엘 사회 전체를 언급한 것이 아니었다. 이 명칭을 일찍이 사용한 것을 놓고 다윗 국가와 연관된 정치 사회적 형태를 언급한 것으로 보는 것은 오늘날의 미국을 17세기의 아메리카를 지칭하는 것으로 이해하는 것과 마찬가지로 잘못된 일이다. 이스라엘이 된 백성들은 언제 민족적 통일성을 갖게 되어 오늘날처럼 민족적 정체성을 지닌 집단으로 생각할 수 있게 되었을까? 이런 의미의 민족적 통일성은 다윗의 이데올로기가 창안해낸 것이며 J는 그것을 최초로 진술한 글이었을 것이다. 다윗의 나라가 생기면서 팔레스타인에서는 이례적으로 많은 사람들이 이 정치-경제적 형태에 소속된 것으로 생각하고 혜택을 받고 있다고 여겼을 것이다.[14] 예루

University of California Press, 1976), 104~73("The Hebrews Against the High Cultures: Pastoral Motifs").

14 우리가 오늘날 알고 있는 민족주의는 산업사회에서 발전한 것이다. 고대 '이스라엘'을 역사의 어느 시대를 언급하든 민족적으로나 사회적으로나 통일성을 지닌 집단으로 단정하지 않는 태도가 필요하다. "농경사회의 사회조직은 …… 문화적 경계를 가리키는 것보다 더 작거나 혹은 훨씬 큰 정치 조직을 발생시킨다." Ernest Gellner, *Nations and Nationalism* (Ithaca, N.Y.: Cornell University Press, 1983), 특히 2장("Culture in Agrarian Society"), 8~18; 인용한 구절은 39쪽이다. 우리는 이 책에서 '민족주의'와 '민족적 정체성'이란 용어를 본질적으로 매우 제한된 개념으로 사용한다. 그것은 주로 왕실이 사용하는 정치적 합의라는 의미와 그 연장선상에 놓여 있는 생각을 나타낸다. 이 개념을 약간 조정하여 우선적으로 사울이 주장한 영토에 적용하였다. 실제로 J가 '민족주의자'로 보여준 역할은 오늘날 우리가 민족주의로 알고 있는 생각을 일깨워준 '학자들'의 역할보다 쥘리앙 방다(Julien Benda)가 *The Treason of the Intellectuals*(*La Trahison des Clercs*)(New York:

살렘에 도성을 둔 J의 다윗의 나라는 베두인[아브람]이 준 영토의 소유권을 나타낸다. 땅을 물려준 그 베두인은 강력한 족장이었으므로 그는 자신의 상속자 다윗이 그랬던 것처럼 팔레스타인 지역을 종횡무진할 수 있었다. 위대한 조상 아브람의 제3대 후손 시절에는 열두 명의 힘 있는 증손자들이 그 땅의 소유권을 주장하였다. 지파들의 이러한 땅 소유 개념은 다윗의 주장을 나타내고 있을 뿐만 아니라 그 지역 내부와 주변에서 경쟁하는 다른 베두인 집단들이 그 땅의 소유권을 주장하지 못하도록 만들었다.

다윗 왕국의 주요 농산물은 밀, 보리, 그리고 특히 다년생 농산물인 올리브 기름과 포도주였다. 이것은 원래 미케네 사람이 지중해 국가들에 수출하던 것이었다. 나중에는 이스라엘과 조약을 맺은 페니키아인이 이 일을 주관했고 마지막으로는 이스라엘을 정복한 앗수르인이 도맡았다. 다윗의 가문은 처음에 유다에 세워졌다. 그는 기름과 포도주를 관할했지만 주요 통상 무역을 할 정도는 아니었다. 우리가 알기에 그는 이집트를 통해 무역하지 않았으며 블레셋을 통해 무역했다는 증거도 없다. 하지만 그는 목축 지역을 관할하였다. 주요 산물은 양털이었다. 다윗과 페니키아 통치자 사이의 특별한 관계는 염색과 수출을 위해 두로 사람들에게 제공한 양털 공급을 통해 이해할 수 있다. 두로는 사실 자주색으로 염색한 고가의 독특한 직물 취급으로 유명한 무역중심지가 되었다. 이 무역으로 다윗은 아마도 지역 경제의 성장을 부추기는 역할을 했을 것이다.

다윗은 처음에 지역 중심의 민족 국가를 세우려는 꿈이 없었다. 그 지역에는 경제적으로 무너뜨릴 만한 왕국이 아예 없었다. 사울이 죽은 뒤 다윗이 헤브론에서 칠 년 동안 다스렸다는 것은 팔레스타인의 경작지에 권력을 휘두르는 여느 중동의 군주처럼 출발하지 않았다는 뜻이다. 팔레스타인 산간지대의

William Morrow, 1928)에서 묘사하듯이 지식인들의 배반당한 정신적 이상에(똑같지는 않더라도) 더 가깝다.

경작지를 통제하려는 시도들은 사울에게 지속적인 이득을 가져다주지 못했다. 그렇다면 그 지역은 다윗에게 어떤 유익이 있었을까? 그는 다른 전략을 사용했다. 지역 경제의 기초를 까다로운 산간지대가 아니라 주로 변두리에 두고 목축 생산물인 양털 산업에 주력했다. 그는 양털과 낙농 제품을 수출함으로써 상당히 부유한 중동의 군주가 되었다. 그는 이 힘을 남부 산간지대와 저지대 경작지로 확대하였고 결국 많은 저지대 영주들의 주인이 되었다. 그들 중 일부는 그의 궁전 수비대가 되었다. 그렇게 하고 나서 다윗은 비로소 산지 전체를 통치하는 방향으로 움직였다.

다윗은 아말렉 족속으로부터 취한 전리품, 즉 그들의 생산물과 물건을 아브람과 같은 부류의 베두인 동맹군에게 주지 않고 유다 동부와 남동부 변두리에 위치한 마을의 농부들에게 나누어 주었다. 그래서 유다 산지의 동부를 유다 광야 지역까지 합병하였다. 이 마을들의 명칭이 사무엘상 30장에 수록되어 있다. 이렇게 해서 그는 이 경계선 지역을 자기편으로 만들고 나발과 같은 농부의 목축 생산물을 증가시켜 국가 경제에 참여하도록 유도하였다. 그는 나발을 제거하고 나발의 아내와 결혼하여 이 지역의 주요 목축 지대를 소유하였다.[15]

왜 다윗은 성전을 짓지 않았을까? 그 대답은 성전의 목적에 있다. 성전은 지상 군주의 통치를 대변한다. 바알 신 혹은 솔로몬의 성전에서 야훼는 나라의 경작지에 대해 주인 노릇을 하는 지상 군주를 하늘로 투영한 존재였다. 경작지 소유권은 군주가 가진 힘의 원천이었다. 군주는 경작지를 분배하고 재분배하여 경작지 생산물을 지역끼리 혹은 도시끼리 교역하도록 만들고 그로 인해 생기는 이익을 추구했다. 다윗이 성전을 짓지 않은 까닭은 산간지대의 중심지역에서 벌어지는 그런 정치·경제를 지배하지 않았기 때문이다.[16] 실제로는 성

15 Hans-Jürgen Zobel, "Beiträge zur Geschichte Gross-Judas in früh- und vordavidischer Zeit," in *Supplements to Vetus Testamentum* 28(1975); 본서 제26장 각주 11번 참조.

16 하지만 그는 이원 행정부 체제를 통해 자신의 경호를 책임진 사병 조직과 개인 제사장 사독을 후원했다. 사독은 헤브론 남부 마을 출신이었을 것이다. 그 지역은 다윗이 유다를 통

전 건축을 간절히 원했지만 건축하지 않았을 수 있다. 어쩌면 자신이 산간지대의 경쟁자들을 직접 통제하는 힘이 미약해서 누군가가 자신의 통치를 반대할 목적으로 성전을 짓거나 재건축하지 못하도록 성전과 성전세금의 불법성을 강조하는 쪽을 택했을 수도 있다.[17]

다윗 집안과 제의가 얼마만큼 대중에게 인기를 누렸는가 하는 것은 그의 국가 소유권이 대체로 자기 나라의 산간지대 중심부에 위치한 경작지와 그곳에서 생산되는 다년생 농산물에 의존하지 않은 상황에 기초하여 있다. 백성들이 그를 좋아할 이유가 있다면 그가 처음에는 촌락 농부의 생산물과 노동에 관한 조세를 경감시켜 주었기 때문이다. 그는 산간지대에 만연한 팔레스타인의 자율성을 보장하기 위해 할 수 있는 모든 수단을 사용한 인기영합주의자였다.[18] 그가 이렇게 파격적인 상황을 만들기 위해 택한 유일한 방법은 출신이 다른 산간지대 촌락민의 수장들과 정치적으로 제휴하는 길이었다. 팔레스타인 역사의 패턴을 볼 때 그는 정상적이라면 불안정한 자율적 정치실체를 만들려고 시

치하는 데 매우 중요한 지역이었다. Saul Olyan, "Zadok's Origins and the Tribal Politics of David," *Journal of Biblical Literature* 101(1982): 177~93.

17 훗날 다윗의 통치 말기에 성전 건축을 시도하였다는 캐럴 마이어스(Carol Meyers)의 견해를 참조하라. Carol Meyers, "David as Temple Builder," in *Ancient Israelite Religion*, ed. Miller, 357~76. 다윗의 의도가 어느 쪽에 있었든지간에 마이어스는 다윗의 제국 건설을 탁월하고 유용하게 요약하고 있다.

18 다윗의 인기영합주의는 시간이 흐를수록 점차 이데올로기화했다. J가 증언하듯이 다윗이 촌락민의 정체성을 무시하는 태도는 그가 실제로는 대중적 지지 없이 통치하는 방식에 잘 나타난다. 카일 맥카터(P. Kyle McCarter, Jr.)가 "그는 길르앗 지역을 제외하고는 대중적 지지를 거의 받지 못한 것 같다"[*Interpretation* 40 (1986): 128]고 말한 결론을 참고하라. 삼상 16장~삼하 5장에 나타난 다윗의 해명서는 다윗이 처음에는 인기가 있었음을 보여주는 것 같다. 그러나 이와 함께 삼하 13~20에서 압살롬의 반란 역사가 실제로 보여주는 바는 사울이 죽은 지 오랜 뒤에도 팔레스타인에는 사울파가 남아 있었으며 다윗은 팔레스타인 정치의 고질적인 파벌주의를 극복하지 못했다는 것이다. 다윗의 행적이 은연중 인기가 없었다는 것을 보여준 사람들은 다윗의 왕실 선전을 비난한 요압, 아비아달, 압살롬, 세바와 같은 대중적인 세력의 지도자들이었다.

도했고 그것이 한동안은 통했다. J가 팔레스타인의 이데올로기로 기능하게 된 까닭은 바로 이것이 팔레스타인 사람들의 역사에서 아주 특이한 일이었기 때문이다.

J는 제의의 기초를 만든 세계의 역사이다. 그것은 당시의 다른 사회에서 성전과 연관되어 있는 것과 본질적으로 비슷한 제의 신화이다. 세계 곳곳의 역사를 살펴보면 그것은 가족의 역사일 뿐 아니라 제의 역사이기도 하였다. 삶은 정치적 영역과 종교적 영역을 구별하지 않기 때문이다. 종교는 정치에 통합되었다.

다윗은 자신의 세계사에 촌락민의 정체성 대신에 베두인 족속의 정체성을 투영한 것처럼 성전제의 대신에 장막제의를 확립하였다. J의 국가종교가 성전 없는 제의를 표방한다는 사실은 이 문서가 솔로몬의 왕실 제의문서가 아니라 다윗의 것이었다는 또 다른 증거이다. 성전 건축을 했던 솔로몬이라면 이처럼 성전에 반대하는 문서가 필요치 않았을 것이다. 솔로몬의 제의가 그 의도와 목적으로 볼 때 바알 제의와 거의 구분할 수 없다는 점을 감안할 때 만일 그가 제의의 기초가 되는 새로운 역사 작성을 감독했더라면 그런 역사는 바알 신화나 바벨론의 *에누마 엘리쉬* 같은 종류의 신전 신화로 나타났을 것이다.

바알 신화의 바알은 국가의 군주를 신격화한 것이다. 이 신화와 공통된 유형 중에 가장 좋은 사례는 지중해안의 후기 청동기시대 시리아 도시국가였던 우가릿의 신화이다.[19] 우가릿은 베이루트와 트리폴리 북쪽에 있다. 우가릿의 바알 신화는 바다 신의 위협으로 시작한다. 그것은 신들의 회의에 대항하는 정치적 · 생태계적 혼란을 표현한다. 바알의 아버지 엘 신은 젊은 용사인 바알을 바다 신에게 넘기라는 요구를 받는다. 엘은 부족의 우두머리를 신격화한

---

19 이 신화의 번역으로는 다음을 보라. James B. Pritchard, *Ancient Near Eastern Texts Relating to the Old Testament*, 2d ed.(Princeton: Princeton University Press, 1955), 129~42; and Michael D. Coogan, *Stories from Ancient Canaan*(Philadelphia: Westminster Press, 1978), 75~115.

존재이다. 엘 신은 이에 동의한다. 그러나 바알 신의 장인(匠人) 코타르는 두 개의 마술 지팡이를 만들어주었다. 바알은 이것으로 바다 신을 물리치고 파괴한다. 바알은 이 승리를 발판삼아 안정된 정치 질서를 시작하면서 코타르에게 자기 '집'을 설계하고 건축하도록 지시한다. 그 집, 즉 궁전이란 정치경제의 중심지인 성전이며 우가릿 국가이다. 이 궁전은 창문이 있다. 새로운 왕 바알 신은 이곳을 통해 하늘에서 천둥을 치고 구름을 몰고 와 비를 내리는 계절을 시작하여 자기 영토를 비옥하게 만든다. 시간이 흘러 바알이 아들딸을 낳자 두 번째 원수인 사망이 앞서의 구름 낀 창문을 통해서 몰래 들어온다. 그들은 바알에게 사망 앞에 굴복하라고 요구한다. 바알은 지하세계로 내려가고 사망에게 삼킴을 당한다. 바알의 누이요 아내인 아낫은 바알을 구하러 지하세계로 내려가서 사망을 쪼개고 체질하여 태우고 — 마치 그가, 역설적으로, 단순한 씨앗인 것처럼 — 죽음을 심는다. 그러자 바알은 다시 살아나고 자연은 원상으로 복구된다.

*에누마 엘리쉬*처럼 이 우가릿 신화는 눈으로 볼 수 없지만 하늘과 지하세계에서 벌어진 강력하고 영향력 있는 사건들이 정치경제 중심지에서 어떻게 눈에 보이는 왕실 제의를 확립시켰는지를 설명해준다. J는 가시적인 왕실 제의의 확립을 설명하는 내러티브로서 바알 신화와 큰 차이가 있다. 물론 비슷한 점도 있다. J는 바알 신화와 똑같이 중요한 장르에 속했을 것이다. 더 많은 사례를 살펴보아도 이러한 개연성을 부정하지 못한다. J는 바알이 바다와 사망과 싸운 우주적인 투쟁을 변화시켜 왕권—비록 외국의 왕권이지만—에 관한 의미를 반전시킨다. J에서는 왕들의 선조격인 최초의 도시 건설자 가인이 동생을 살해했을 때 사망이 축출되는 것이 아니라 정반대로 사망이 세상 안으로 들어온다. 그리고 바알 신화에서 둘로 쪼개진 바다는 이집트 왕을 죽이는 도구가 된다. 왕이 바다를 죽이는 것이 아니라 바다가 왕을 죽인다. J는 성전 없는 제의를 합법화하기 때문에 제의를 세운 신의 원수들을 아주 다른 존재로 만들기도 한다. J에서 주인공 신인 야훼는 바알보다 엘 신의 모습에 더욱 가깝다.[20]

그렇다면 비슷한 사례들을 볼 때 솔로몬 왕의 성전제의도 그것에 수반되는 내러티브 형태의 문서가 있었을 것으로 생각할 수 있다. J가 바로 그 문서이었거나 아니면 그것은 완전히 사라지고 없어졌을 것이다.

솔로몬이 왕조창립자의 제의 중심 세계사를 없앴을 리가 없다. 더구나 비록 바알 같은 왕인 솔로몬이 J와 같은 문서를 새로 작성해서 갖고 있지는 않았겠지만 만일 존재했다면 그것이 그에게 꼭 큰 부담이 되지는 않았을 것이다. 솔로몬이라면 그것을 지니고 살았을 것이고 또 사용할 수도 있었을 것이다. 솔로몬은 불만을 품고 있는 다수 백성의 우두머리들에게 자신의 통치가 평화롭고 정의로운 것으로 비춰지기를 원했다. 자신의 정치를 지지하는 이데올로기적 방편들을 열왕기상 3~10장의 곳곳에서 찾아볼 수 있고 아울러 왕실의 성전 이데올로기적 표현에서도 찾아볼 수 있다. 이 이데올로기는 부분적으로 솔로몬 사회에 내재해 있는 갈등들이 국가적 사안이 되지 않도록 하는 데 목적이 있었다.[21] 어느 비평가가 말하듯이 "이데올로기는 실제로 정반대로 벌어지고 있는 사회적 관계가 지니는 특성을 부정한다."[22] 그러나 그는 이어서 "하지만 효과적이 되려면 그 부정을 부정해야 한다"고 말한다. 이데올로기는 자체의 부정을 포함해야 한다. J는 솔로몬 왕실을 위해 이러한 부정을 부분적으로 제공한다. 다윗 왕실이 기록하고 솔로몬 왕실이 받아들인 제의 세계사는 솔로몬 제의의 기본적 특징을 부정하고 있다. 이와 동시에 역설적으로 솔로몬의 제사장들과 그의 후손들이 이후 300년 동안 J가 언급한 제의가 자신들의 것이라고 주장할 수 있도록 만들어 주었다. 솔로몬이 의존하는 기준은 이 역설 속에 내재해 있고 그것은 J의 지배적 사회 가치인 민족주의(nationalism)였다. 유다 지

20 Frank Moore Cross, *Canaanite Myth and Hebrew Epic*(Cambridge: Harvard University Press, 1973), 1~194.

21 Keith W. Whitelam, "The Symbols of Power: Aspects of Royal Propaganda in the United Monarchy," *Biblical Archaeologist* 49(1986): 166~73.

22 Jorge Larrain, *The Concept of Ideology*(London: Hutchinson, 1979), 211.

역 밖에서는 이러한 계획이 오래가지 못했다. 솔로몬이 죽자 대다수 이스라엘은 솔로몬의 제의를 배척하고 솔로몬을 J가 말한 이집트 바로의 환생으로 간주하여 다윗 왕가에 맞서 반란을 일으켰고 결국은 성공했다. 이 해석이 E가 J를 개작한 기초이다. 북이스라엘이 멸망한 후 7세기의 히스기야와 요시야 시대에 다윗 왕조는 다시 한번 이스라엘 백성에게 정치적 호소를 하였고 예루살렘에 있는 성전이 합법적인 민족의 제도라는 것을 새로운 근거 위에 확립할 필요가 있었다. 이러한 필요가 결국에는 성서에서 또 다른 위대한 건국 역사를 작성하도록 만들었다. 그것이 군주 이전 시대를 가상적으로 표현한 신명기적 역사(D)이다.

특권의 문제

(창 2:4a~3:24)

야훼 하나님께서 땅과 하늘을 지으실 때 들에는 열매 맺는 나무도 없고 밭에는 곡식을 내는 채소가 자라지 않았다. 야훼 하나님께서 땅에 비를 내리지 않으셨고 땅을 경작할 사람도 없었기 때문이다. 그러나 물줄기는 땅에서 올라와 온 땅 표면을 적시고 있었다. 그때 야훼 하나님께서 흙으로 사람을 지으시고 코에 생기를 불어넣으시니 사람이 살아있는 존재가 되었다.

야훼 하나님은 동쪽에 동산을 만드시고 거기에 자신이 지은 사람을 두셨다. 야훼 하나님은 흙에서 보기 좋고 먹기 좋은 각종 과일나무가 자라게 하셨고 동산 깊숙한 곳에는 생명나무와 선악을 알게 하는 나무를 자라게 하셨다. 강이 에덴에서 흘러나와 정원을 적셨다. 그것은 네 개의 강으로 나뉘어 흘렀다. 첫 번째 강은 비손인데 금이 있는 하윌라 온 땅을 돌며 흐른다. 그 땅의 금은 순금이다. 베델리엄과 호마노도 있다. 둘째 강 이름은 기혼이다. 구스 온 땅을 돌며 흐른다. 셋째 강의 이름은 티그리스이다. 앗수르 동편으로 흐르는 강이다. 넷째 강은 유브라데 강이다. 동산은 물이 충분했다.

야훼 하나님께서 사람을 에덴동산에 데려다 놓고 동산을 경작하고 지키게 하실 때 사람에게 이 명령을 주셨다. "동산의 나무 실과는 무엇이든 먹을 수 있지만 선악을 알게 하는 나무 열매는 먹지 마라. 그것을 따먹으면 죽을 것이다."

이후 야훼 하나님은 "사람이 홀로 있는 것이 좋지 못하다. 내가 그와 같은 종류의 돕는 자를 지어야겠다"라고 생각하셨다. 그래서 야훼 하나님은 흙으로 들의 각종 짐승과 공중의 새를 지으시고 사람에게 데리고 와서 무엇이라고 부르는지 보셨다. 사람이 각 짐승을 부를 때마다 그것이 이름이 되었다. 이렇게 사람은 모든 가축과 공중의 새와 들의 짐승 이름을 지었다. 하지만 사람은 자신과 같은 종류의 돕는 자를 찾지 못했다.

그래서 야훼 하나님은 사람을 깊은 잠에 빠지게 하고 그가 깊이 잠든 사이 갈비뼈 하나를 취하고 그곳을 살로 채우셨다. 야훼 하나님은 사람에게서 취한 갈비뼈로 여자를 만드셨다. 그것을 사람에게 데려오자 사람은 "이것은 마침내 내 뼈 중의 뼈요 내 살 중의 살이다. 이를 여자로 부를 것이다. 남자에게서 취했기 때문이다"라고 말했다.(그래서 남자는 자기 부모를 떠나 자기 여자와 결합하여 가족이 된다.)

사람과 그의 여자 모두 벌거벗었으나 부끄러워하지 않았다. 하지만 야훼 하나님께서 지으신 모든 들짐승 중에 가장 많이 벌거벗었고 가장 간교한 뱀이 여자에게 말했다. "하나님이 너에게 동산의 모든 나무 열매를 먹지 말라고 한 것이 사실이지만……."

여자가 뱀의 말을 가로채 이렇게 말했다. "물론 우리는 동산의 나무 실과를 먹을 수 있다. 하나님이 먹지도 말고 만지지도 말라 죽을지도 모른다고 말씀한 것은 동산 깊은 곳에 있는 나무들의 열매이다."

뱀이 여자에게 말했다. "너희는 정녕 죽지 않을 것이다. 너희 둘이 그것을 먹는 순간 눈이 밝아져 선악을 아는 신들처럼 될 줄 하나님께서 아신 것이다."

여자는 그 나무가 먹음직스럽고 보기도 괜찮으며 관심을 끌어 즐거울 것처럼 보였다. 그래서 여자는 열매를 따서 먹기 시작했고 일부는 자기 곁의 남자에게도 주었고 그도 역시 먹었다. 즉시 두 사람의 눈이 밝아져 처음으로 자신들이 벌거벗었다는 사실을 알았다. 그래서 그들은 무화과 나뭇잎을 엮어 아랫도리를 가리는 옷을 지어 입었다.

나중에 선선한 늦은 오후에 동산을 거니는 야훼 하나님의 소리를 듣고 사람과 그의 여자는 야훼 하나님을 피하여 동산 나무 가운데 숨었다. 야훼 하나님께서 사람을 부르셨다. "네가 어디 있느냐?"

그가 말했다. "내가 동산에서 당신의 소리를 듣고 벌거벗은 것이 두려워서 숨었습니다."

"누가 너에게 벌거벗은 것을 알려주었느냐? 네가 가서 먹지 말라고 명령한 그 나무 열매를 먹었느냐?"

사람이 말했다. "당신이 나와 함께 있도록 하신 그 여자가 나무 열매를 주어서 내가 먹었습니다."

야훼 하나님께서 여자에게 말씀하셨다. "네가 무슨 짓을 하였느냐?"

여자가 말했다. "뱀이 나를 미혹하여서 내가 먹었습니다."

야훼 하나님께서 뱀에게 말씀하셨다. "네가 이렇게 하였으므로

네가 모든 짐승과 가축보다

더욱 저주를 받고

너는 배로 다니면서

네 평생토록 흙을 먹을 것이다

내가 너를 여자와 원수가 되게 하고

네 후손을 여자의 후손과 원수가 되게 할 것이다

그들은 네 머리를 [……]

너는 그 발꿈치를 [……]."

또 여자에게 말씀하셨다.

"내가 임신 중의 고통을 크게 할 것이고

너는 고통 가운데 자녀를 낳을 것이다

그래도 네 남편을 향한 욕구는 지속될 것이며

그는 네 주인이 될 것이다."

또 사람에게 말씀하셨다. "네가 네 아내의 말을 듣고 내가 먹지 말라고 한 나무 열매를 먹었으므로

땅은 너로 인해 저주를 받고

너는 평생 고통 가운데 그 소산을 먹을 것이다

가시덤불과 엉겅퀴가 땅에서 자라날 것이고

너는 밭의 채소를 먹을 것이며

이마에 땀을 흘려야 밥을 먹을 것이다

네가 흙에서 취하였으므로

흙으로 돌아갈 때까지.

너는 흙이니

흙으로 돌아갈 것이다."

사람은 자기 아내를 하와(이브)라고 불렀다. 모든 살아 있는 자의 어머니가 되었기 때문이다. 야훼 하나님께서 사람과 그 아내를 위해 가죽으로 옷을 지어 입히셨다. 그리고 야훼 하나님께서 말씀하셨다. "사람이 우리 중 하나처럼 되어 선악을 알게 되었다. 그가 손을 뻗어 생명나무 열매도 따먹고 영생할지도 모른다……." 야훼 하나님께서 그를 에덴동산 밖으로 쫓아내시고 그를 만들기 위해 재료로 삼은 땅을 농사짓게 하였다. 하나님은 사람을 쫓아내신 뒤에 에덴동산의 동편에 혼종 짐승과 활활 타오르는 화염검을 두어 생명나무로 가는 길목을 지키게 하셨다.

J의 역사는 인간 창조 이야기로 시작한다. 중동지역의 유비적인 문헌에서 발견되는 유사한 이야기들 역시 기본적으로 국가 안에서의 노동 이해를 다루고 있으며, 특히 통치자와 노동자 사이의 관계에 대해 관심을 두고 있다. J 이야기는 사실도 허구도 아니며 이야기 형식을 빌려 왕국의 주민이 제공하는 노

동을 왕실에서 어떻게 이해하고 있는지를 보여준다. 이것에 대한 관심사가 J 역사의 핵심인데, 이스라엘은 이집트의 노예 생활에서 해방된 자들이며 이스라엘 나라의 하나님은 그들을 해방시켜 주신 분이라고 정의하는 데서 절정에 이른다.

이스라엘이 구원받은 노예 생활은 우리가 가장 일상적으로 생각하는 그런 노예 생활이 아니었다.[1] 히브리어 *mas*는 강제부역(아메리카 대륙에서는 *repartimiento* 혹은 *catequil*)을 뜻한다. 그것은 노역으로 지불하는 세금이었다. 어느 마을이나 촌락 주민의 일부가 보통 '공공' 건축 사업이나 통치자의 영지에서 통치자를 위해 보수 없이 고된 노동에 징발되는 것을 일컫는다.[2] 봉건사회에서는 노동 형태의 세금을 부과하는 자가 봉건영주였다. 고대 근동에서는 주군 국가가 봉신국가에게 종종 그런 형태의 조공을 부과하였다. 신왕국 시대 이집트에서는 멀리 떨어져 사는 팔레스타인 주민을 징발하기도 하였다.[3] 강제부역은 노역을 징발할 주권을 의미했다.

강제부역은 J 역사에서 가장 중요한 핵심이다. 일반적으로 '출애굽'이라고 말한 것이 이 역사의 초점인 것이다. 그것은 평범하게 살다가 극적으로 벌어진 사건이 아니다. 강제부역에 끌려온 사람들이 경험한 이 구원은 야훼께서 이집트의 강제부역을 용납하지 않는다는 점을 분명하게 밝힌다. 이집트 왕과 그의 장자 살해는 이웃 약소국에서 끌려온 노동자들에 대한 강대국 이집트 정

1 노동 착취 형태에 관한 탁월한 묘사와 그 형태가 어떻게 미국인의 역사적 사회적 이해관계와 상관이 있는지에 관한 연구를 위해, Marvin Harris, *Patterns of Race in the Americas* (New York: W. W. Norton, 1974)를 보라.

2 I. Mendelsohn, "On Corvée Labor in Ancient Canaan and Israel," *Bulletin of the American Schools of Oriental Research* 167(1962): 31~35.

3 Donald B. Redford, "Studies in Relations Between Palestine and Egypt During the First Millenium B.C.: 1. The Taxation System of Solomon," in *Studies on the Ancient Palestinian World*, ed. J. W. Wevers and D. B. Redford(Toronto: University of Toronto Press, 1972), 149~50.

치권력의 폐기를 뜻한다. 그 사건은 강제부역으로부터 해방되는 중에 벌어진다. J는 강제부역을 소개한다. 그 역사의 서두는 역사의 정점에서 강제부역으로부터 해방될 것을 암시한다. 이것이 역사 첫머리를 인간 노동자를 창조하는 이야기로 시작하는 이유이다.

두 개의 아카드 본문은 J의 동산 노동자에 관한 역사를 해석하는 데 특별히 언급할 가치가 있다.[4] *에누마 엘리쉬*는 마르둑이 세상을 어떻게 창조했는지에 관한 바벨론 이야기이다. *아트라-하시스*는 바벨론 홍수 이야기이다. 둘 다 한동안 널리 알려져 있었다. 하지만 *아트라-하시스*는 1960년대까지 충분히 이해되지 못했다. 이전에는 본문을 단편적으로만 읽을 수밖에 없었기 때문이다. 세 개의 토판으로 된 *아트라-하시스* 중 과거에 가장 친숙하게 알려졌던 부분은 세 번째 토판의 서두에 기록되어 있는 홍수 이야기이다. 그것은 길가메시 서사시에 채택되어 길가메시의 열한 번째 토판과 똑같은 내용을 담고 있다. 이 사실은 1875년 이후 알려졌고 성서의 홍수 이야기와 자주 비교되기도 하였다.

*아트라-하시스*는 적어도 고대 바벨론 시대의 함무라비 시대까지 소급된다. 그때는 기원전 18세기와 17세기경의 중기 청동기시대이다. *에누마 엘리쉬*에 대한 지식은 기원전 7세기 후반 신(新)앗수르 제국의 앗수르바니팔 도서관에서 출토된 토판 덕분에 알게 되었다. 이 서사시는 기원전 천 년대 후반인 후기 청동기시대와 초기 철기시대의 것으로 보이는 더 빠른 시기의 단편들에도 나타난다. 그러므로 *에누마 엘리쉬*는 매우 오래된 것임을 알 수 있다. 언어 분석을 한 결과 *에누마 엘리쉬*와 *아트라-하시스*는 원래 같은 시대에 작성된 것임을 알게 되었다. 길가메시의 단편들은 후기 청동기시대 팔레스타인의 므깃도

4 창세기의 서두와 메소포타미아 전승을 비교하는 작업은 기원후 1세기의 유대인 역사가인 요세푸스에게로 거슬러 올라간다. 그 작업은 19세기 중반부터 발견된 설형문자로 쓰인 문서 때문에 더욱 발전하였다.

에서도 발견되었다.

J 저자가 설형문자를 배우지 않았다 해도(배웠을 가능성이 있지만) 그는 다윗 왕조가 등장하기 전까지 후기 청동기시대와 초기 철기시대 예루살렘의 왕실이 이와 같은 설형문자로 된 본문을 베끼는 훈련을 거친 서기관들로 구성되어 있던 시대에 살면서 글을 썼다. 다윗이 예루살렘 궁전을 차지하고 난 뒤 서기관들은 J의 역사보다 800년이나 먼저 존재했던 이런 창조 전승을 물려받았다.[5]

*에누마 엘리쉬*는 고대 바벨론 시대의 신이었던 마르둑의 모험 이야기이다. 세상이 창조될 때 하나의 중심지가 있었다. 바벨론 사람들에게 그곳은 마르둑의 지상 궁전이었다. 그것은 바벨론의 성전과 동일한 말이며 바벨론 왕의 궁전과 동일한 곳이다. 고대 세계에서는 신이란 하늘에 투영된 왕이었다. 우가릿의 바알 신화처럼 국가는 성전이 합법화해 주었다. 성전은 초월적 차원을 지닌 왕의 궁전이었다. 왕의 이런 이미지는 대개 왕권이 의미하는 공통 개념으로 흡수되었다. 마르둑의 지상 궁전에서 나온 인간 창조 이야기는 왕의 궁전에서 인간의 기원과 특성을 바라보는 관점을 나타낸다. 그것은 세상을 창조하는 이야기가 아니라 마치 국가가 세상인 것처럼 말하면서 바벨론이란 국가를 창조하는 이야기이다. 그것은 우주적으로 적용되는 문서가 아니라 이야기를 전하는 궁전의 관점이 지배하는 세상 창조와 관계가 있다.

---

5 창세기 2~3장의 전통적 모티프와 그것들의 문학적·사회적 배경에 관한 최근의 논의는 Howard N. Wallace, *The Eden Narrative*(Atlanta: Scholars Press, 1985)가 제공하고 있다. 팔레스타인의 설형문자 문헌을 위해 W. L. Moran, "The Syrian Scribe of the Jerusalem Amarna Letters," in *Unity and Diversity*, ed. H. Goedicke and J. J. M. Roberts(Baltimore: Johns Hopkins University Press, 1975), 146~66, 특히 155~56; and Yohanan Aharoni, *The Archaeology of the Land of Israel* (Philadelphia: Westminster Press, 1982), 142, 145를 보라. Wilfred G. Lambert, "A New Look at the Babylonian Background of Genesis," *Journal of Theological Studies* 16(1965): 287~300; and Thomas C. Hartman, "Some Thoughts on the Sumerian King Lists and Genesis 5 and 11B," *Journal of Biblical Literature* 91(1972): 25~32에서 언급한 주의사항을 참고하라.

그 이야기는 의인화된 바다로 표현되는 우주적 혼돈을 물리치는 이야기이다. 그것은 두 부분으로 되어 있다. 첫 번째는 민물을 나타내는 압수의 패배에 관한 이야기이다. 즉 땅에서 직접 솟아나는 물로 인해 생긴 혼돈을 다룬다. 두 번째는 우주의 바닷물과 심각한 생태계의 무질서를 의인화한 티아맛의 패배에 관한 이야기이다. 마르둑은 압수와 티아맛을 각각 물리친 후 바벨론에 법과 질서를 세운다.

압수와 티아맛은 많은 신을 낳은 부모신이다. 많은 신은 세상의 구성요소를 인격화한 것이다.(나중에 마르둑이 창조한 요소들은 제외된다.)[6] 부모신은 자신들이 창조한 신들이 엄청나게 시끄러워서 방해를 받는다. 이 방해는 전형적으로 국가를 위협하는 무질서를 의미한다. 압수와 티아맛은 이 신들을 없애기로 결정한다. 그러자 신들은 함께 모여 자신들 중에 에아라고 불리는 신 한 명을 임명하여 압수와 싸우도록 만든다. 에아는 여러모로 시리아와 팔레스타인 만신전의 엘 신과 견줄 수 있다. 에아는 압수를 물리치고 그 시체 위에 집을 세운다. 그곳에서 에아는 자기 아내 담키나와 더불어 마르둑을 낳는다. 이렇게 마르둑은 임박한 무질서와 죽음을 물리친 결과로 태어난다.

티아맛은 압수가 살해된 일에 분개하여 신들을 더욱 위협한다. 신들은 에아의 아들 마르둑을 시켜 티아맛과 싸우게 한다. 티아맛을 물리친 마르둑은 티아맛의 시체로 세상을 창조한다.

마르둑은 세상을 창조한 후 신들이 할 일이 너무 많다는 불평소리를 듣는다. 그의 심장은 기발한 생각을 떠올리게 했고 에아에게 이렇게 말한다. "내가 피를 만들고 뼈가 생기게 한 다음 *룰루*(lullu)를 세울 것이며 인간이라고 부를 것입니다. 인간에게 신들이 할 일을 시키면 신들이 편히 쉴 수 있을 것입니

---

6 여기에 제시한 번역은 주로 James B. Pritchard, *Ancient Near Eastern Texts Relating to the Old Testament*, 2d. ed.(Princeton: Princeton University Press, 1955), 60~72; and Alexander Heidel, *The Babylonian Genesis*, 2d. ed.(Chicago: University of Chicago Press, 1951)를 따르고 있다.

다.” 인간은 이전에 일하던 신들이 ‘편히 쉴 수 있도록 하려고’ 그들이 하던 일을 대신 해주는 존재로 지음받게 되었다. 새로운 유형의 땀 흘리는 일꾼이 처음에 땀 흘리던 신들 대신에 일하도록 하여 하급 신들을 편히 쉬게 하려는 것이다. 그래서 ‘인간’은 일해야 하고 ‘신들’은 쉬는 것이다.

에아는 마르둑에게 싸움을 일으킨 신들로 인간을 만들라고 제안한다. “그들의 형제를 데려오라. 그를 죽여서 인간을 만들어라. 위대한 신들을 이곳으로 소집하라. 죄 있는 자를 데려와 세워라.” 마르둑은 신들을 소집하고 친절한 명령으로 이 말을 전한다. 일하는 신들은 왕이 자신들에게 하는 말에 귀를 기울인다. “우리가 너희에게 선포한 이전 일이 진실로 티아맛에게 이루어졌다. 나는 맹세코 진실을 말한다. 싸움을 일으킨 자가 누구였느냐? 티아맛이 반란을 일으키게 만들고 싸움을 준비하도록 부추긴 자가 누구였느냐? 싸움을 일으킨 자를 데려오라. 내가 그를 처벌할 것이고 그래야 너희 모두 편안해질 것이다.” 일하는 신들은 반역을 일으킨 주모자를 넘겨주기로 결정한다. “그들은 그를 결박하여 에아 앞에 세웠다. 그들은 그의 피를 뿌려 처벌하였다. 그의 피로 그들은 인간을 만들었다. 에아는 신들의 일거리를 인간에게 맡기고 신들을 해방시켜주었다.” 이렇게 하여 이 소동의 주모자는 처형되고 그 시체를 사용하여 새로운 일꾼을 창조했다. 인간은 일하는 신들의 반란 주모자의 피로 지음받았다. 이것이 인간이 일해야만 하는 이유이다.

신들은 마르둑에게 말했다. “오, 우리를 의무 노동에서 자유롭게 해준 주군이여! 우리가 어떻게 감사의 표시를 할까요? 오라, 우리가 성소라는 것을 만들자. 그것은 우리가 밤에 편히 쉴 곳이 될 것이다. 오라, 우리가 거기서 편히 쉬자.” 이렇게 바벨론 전체는 본질적으로 신들이 편히 쉬는 휴식처인 성전 건물로 묘사된다. 신들은 더 이상 일할 필요가 없다. 인간 일꾼이 그들을 위해 일하기 때문이다.

바벨론 왕과 궁전의 엘리트 통치자들은 스스로를 신들과 동급으로 생각했다. 일하는 세상에서 통치자는 신이었다. 땀 흘리면서 농지를 경작하고 농산물 상당량을 세금, 사용료, 벌금으로 바치는 것은 촌민의 운명이었다. 엘리트의 할 일은 땀을 흘릴 필요 없이 국가의 신들을 섬기는 것이었다. 다른 말로 엘리트 통치자는 안락함을 누렸다. 그들의 일이란 상징적(때로 군사행동으로 보여주는)이었다. 고고학자들은 왕이 신을 섬기는 모습을 새긴 유적들을 발굴했다. 메소포타미아 왕들은 *숩시쿠*(*shupshikku*) 바구니(강제부역을 할 때 사용하는 진흙 바구니)를 짊어진 점토상으로 표현되었다.[7] 왕들은 실제로 노동하지 않는다. 단지 노동을 상징할 뿐이다. 선발된 관리들이 땅을 한 삽 가득 파는 의식을 거행하는 정도의 모습을 보여주는 것이다.

또 다른 메소포타미아의 유명한 창조 신화인 *아트라-하시스*는 이런 말로 시작한다. "옛날 신들이 *숩시쿠*[흙 바구니]를 짊어지고 인간이 하는 일을 하던 때."[8] 그러므로 *아트라-하시스*는 옛날에 신들이 하던 일을 어떻게 해서 인간이 하게 되었는지에 관심을 두고 있다. 이어서, "신들의 노고가 심했다. 일은 힘들었다. 고통은 극심했다." 이것은 강제부역을 묘사한다. 일곱 명의 위대한 아누나키 신들은 하급 신들인 이기기를 만들었다. 그들은 이 힘든 노역을 감당했다. 그들의 아버지 아누는 왕이고 조언자는 영주 엔릴(마르둑과 비슷하다)이다. 그들의 행정관은 닌우르타이고 감독(강제부역을 책임진 자)은 에누기이다.

시간이 흐르자 이기기 신들은 노동자 모임을 소집하여 엔릴에게 고통을 하

---

7 예를 들어, 라가시의 왕 우르 난세(Ur-Nanshe)는 성전을 짓기 위해 흙이 가득한 바구니를 짊어지고 있는 모습으로 표현되었는데 현재 루브르 박물관에 소장되어 있다[Samuel Noah Kramer, *The Sumerians* (Chicago: University of Chicago Press, 1963) 64쪽 이후의 사진들]. 그리고 앗수르바니팔 왕이 바벨론의 에상길라 성전을 재건하기 위해 바구니를 운반하는 모습도 있다. 현재 대영박물관에 소장되어 있다[James B. Pritchard, *The Ancient Near East in Pictures Relating to the Old Testament* (Princeton: Princeton University Press, 1954), no. 450].

8 번역과 이 부분의 해석은 상당부분 Wilfred G. Lambert and A. R. Millard, *Atra-Hasīs: The Babylonian Story of the Flood*(Oxford: Clarendon Press, 1969); and W. L. Moran, "The Creation of Man in Atrahasis I 192~248," *Bulletin of the American Schools of Oriental Research* 200(1970): 48~56에 근거한 것이다.

소연하기로 한다.[9] 엔릴은 에아가 이 반란을 어떻게 처리할지 계획을 갖고 올 때까지 그들을 만류하였다. "에아가 입을 열어 신들에게 연설했다. 우리가 무엇으로 그들을 정죄하겠는가? 그들의 일은 고되고 고통은 심하다. 매일 …… 슬픔은 엄청났다. ……벨렛-일리, 즉 출산의 신이 참석하는 동안 *룰루*[인간들]를 창조하게 하자. 인간이 이 노동의 멍에를 지게 하자. 출산의 신이 *룰루*를 창조하게 하자. 인간이 신들의 노고를 대신 감당하게 하자." 그들은 모여서 신들의 산파인 여신에게 제안한다. "지혜로운 어머니, 당신은 출산의 여신이요 인간을 지으시는 여신입니다. *룰루*를 창조하여 멍에를 지게 하십시오. 그들이 땅의 영주인 엔릴이 부과한 멍에를 지게 하시고 인간이 신들의 수고를 감당하게 하십시오." 닌투가 대답한다. "나는 그것들을 만들 수 없다. 엔키가 모든 것을 깨끗하게 할 수 있으므로 기술은 그에게 있다. 그가 나에게 진흙을 주어 내가 그것을 만들 수 있게 하라. 나 혼자서는 그것을 지을 수 없다. 엔키만 할 수 있다. 그만이 모든 것을 순결하게 할 수 있다. 진흙을 그가 내게 주어야 내가 직접 모양을 빚어낼 수 있다."

엔키는 반란의 주모자를 죽여야겠다고 결심한다. "닌투의 살과 그의 피를 진흙과 섞자. 반란의 주모자인 신과 인간을 진흙 속에 한데 섞자. 평생토록 그 드럼 소리를 듣게 하자. 신의 살 속에 혼이 머물 것이다." 신의 혼은 드럼 소리로 나타난다. 인간이 살아 있는 동안, 드럼(심장) 소리는 우리를 지은 신들의 표시로 들린다. 우리는 그렇게 신이 창조한 존재이지만 그 신은 반란을 일으키다가 진압된 일꾼 신들의 주모자였다. 이것이 우리 심장 소리의 의미이다. 일이 고되면 고될수록 그것은 더 세차게 요동치고, 아프면 아플수록 우리는 반란을 일으킬 생각이 줄어든다. 이것이 인간 창조를 설명하는 메소포타미아 본문의 요점이다.[10]

---

9 Robert A. Oden, Jr., "Divine Aspirations in Atrahasis and in Genesis 1~11," *Zeitschrift für die alttestamentiche Wissenschaft* 93(1981): 197~216.

고대 본문 가운데 J가 출애굽기 1:8~12에서 이스라엘의 자손들이 당한 압제를 묘사한 것과 직접적으로 연관이 있는 세 번째 본문은 '인간은 기회가 균등하게 창조되었는가?'라는 제목을 가진 이집트 본문이다.[11] 이 본문에서 창조의 목적은 악을 저지하는 것이다. 신이 말한다. "나는 네 가지 선행을 했다. 나는 네 가지 바람을 지어 모든 사람이 당대의 동료들과 똑같이 숨 쉴 수 있게 만들었다. 나는 거대한 홍수를 일으켜 가난한 사람이 위대한 사람과 같은 권리를 지닐 수 있게 했다."(우리는 J의 홍수가 강우 농업을 일으키는 것을 본다. 그것은 홍수 이전의 관개 농업보다 더 자유로운 형태의 농업이다.) "나는 모든 사람을 동료처럼 만들었다. 나는 그들에게 악행을 명령하지 않았는데 내 말을 거역한 것은 그들의 심장이었다. 나는 그들의 심장이 휴식을 잊고 살게 하여 신성한 제물을 고대의 신들에게 바치도록 하였다." 신은 인간에게 죽음을 두려워하도록 창조하여 신들에게 제물을 바치게 하였다. "나는 내 땀으로 네 명의 신을 지은 한편 인간은 내 눈의 눈물이다." 네 명의 신이 무엇인지는 모르지만 넷은 땀에 대한 동음이의어며 인간은 눈물의 동음이의어이다. 이 신화는 고대 바벨론 시대 메소포타미아 본문과 대략 같은 시대인 이집트 중왕국 시대의 것이다. 다시 한번 우리는 인간이 신들을 위해 땀을 흘리도록 지음받은 존재로 생각했다는 것을 볼 수 있다.

같은 시대의 또 다른 수메르 전통은 '도끼 찬미'라는 제목으로 출간되었다. 하지만 도끼는 도끼가 아니라 무리를 지어 일하는 농군들이 땅을 파는 괭이이다. 본문은 이렇다. "엔릴[영주]이 설치물을 빛나게 하였을 때 …… 서둘러 하늘과 땅을 나누었다. 그래서 씨앗이 땅에서 솟아나게 하였고 우주무아가[12] 최

10 그러므로 이런 본문이 정확히 어떤 시스템을 창조하고 있는지를 말하지 않고 단지 '창조본문'이라고 부르는 것은 전혀 정확하지 않다. 창세기 1~3장과 같은 성서본문의 경우도 마찬가지이다.

11 Pritchard, *Ancient Near Eastern Texts*, 7~8.

12 수메르의 *uzu-mu-a*는 대충 '살이 자라나게 하는' 곳을 뜻한다.

초의 인간이 생기게 하였다. 그는 니푸르[수메르 도시] 땅에 발고랑을 만들었다. 그가 거기에 괭이를 놓자 날이 밝았다. 그는 일감을 주고 손을 뻗어 *숩시쿠*를 잡았고 괭이를 찬미하면서 우주무아에게 가져 왔다. 그는 최초의 인간을 발고랑에 두었다. 엔릴은 수메르 사람들을 좋게 보았고 수메르 백성이 괭이를 들게 만들었다."[13] 다시 말해 엔릴은 하늘 아래에 땅, 개간지, 씨앗을 창조하였는데 이제는 일꾼이 필요했다. 괭이와 그것을 들고 땅을 경작할 일꾼을 창조했다. 드디어 세상은 제 모습을 갖추게 되었다. 이것은 국가가 주도하는 고도의 조직적 노동에 관한 묘사이다. 그 안에서 농부는 땀을 흘리는 고된 노동을 하고 엘리트는 안식을 누리는 것이다.

J가 자신의 이야기를 인간 창조 이야기와 연결할 때 그는 이야기의 첫머리에 다윗 왕국의 하나님이 지닌 고유한 특성이 메소포타미아 전통에서 인간 창조의 목적이었던 바로 그 노동으로부터 이스라엘 백성을 구원해준 존재라고 말한다. J가 대응하고 있는 그 전통 속에서 농부와 베두인 노예는 강제부역의 바구니를 나르기 위해 창조된 하급 존재들이다. 거기서 강제부역은 단순히 인간 역사에 뒤늦게 부과된 저주가 아니라 창조질서의 일부이다. 그러므로 J는 일반적인 국가-성전 중심의 견해와 상반된다. 그는 메소포타미아 전통 – 의심할 여지없이 전형적으로 팔레스타인의 것이기도 하다 – 의 인간이해를 반박한다. J의 역사에서 땀 흘리는 노동은 창조 질서의 일부가 아니다. 동산의 인간은 땀 흘리지 않는 존재이다. 한 마디로 '왕 같은' 존재이다. 나중에 저주를 받아 땀 흘리는 노동이 시작되지만 그것은 강제부역이 아니라 자기 땅에서 이루어지는 선하고 정직한 농사일이다. 다윗 왕실의 입장에서 볼 때 인간은 강제부역

---

13 G. Pettinato, *Das altorientalische Meschenbild und die sumerischen und akkadischen Schöpfungsmythen*(Heidelberg: Carl Winter, 1971), 31, 82~85; 또한 Thorkild Jacobsen, *Toward the Image of Tammuz and Other Essays on Mesopotamian History and Culture*, ed. W. L. Moran(Cambridge: Harvard University Press, 1970), 111~14.

을 위해 창조된 것이 아니다. 이집트 강제부역을 피하기 위해 그것을 받아들이지 않으면 안 되었지만 말이다. 다윗의 통치가 끝나기 전에 이스라엘은 강제부역을 실시했고 강제부역을 감독할 관리로 아도람이란 사람을 임명했다는 구절이 있다.(삼하 20:24; 『개역개정』의 '감역관'이란 말은 강제부역을 실시했다는 의미를 내포한다. — 옮긴이)

메소포타미아 창조신화와 창세기 1장의 P 창조이야기와 달리, J의 역사는 물(들)을 제압하는 특징적인 언급으로 시작하지 않는다. 오히려 J는 물(들)을 이야기의 핵심적인 위치에 재배치하였다. 출애굽 사건에서 잘 알려져 있는 것처럼 물(들)의 신화적 패배는 바로를 정복한다는 의미로 재해석되었다.

J의 역사는 동산을 만드는 일로 시작한다. 에덴동산은 일반 동산이 아니라 담으로 둘러싸인 개인 소유의 동산이다. 입구는 불타는 검이 막을 정도로 비좁았고 도시에 거주하는 엘리트 통치자가 소유하는 그런 종류의 동산이었다. 그곳은 주로 과수원이다. 강들로 물을 대고 다년생 수목을 집약적으로 재배하며 수확은 메소포타미아와 그리스의 유사한 자료를 보고 판단하건대 계절구분 없이 이루어진다.[14] 비가 내리지 않으면 계절도 없다. 그런 동산에 관한 증거는 적어도 기원전 21세기까지 거슬러 올라간다. 그 당시에 메소포타미아의 우르의 통치자 우르남무는 다음과 같은 글을 남겼다. "우르의 왕 우르남무는 그의 주인이시며 신들의 왕 안(An)을 위해 여기에 아름다운 과수 정원을 세웠다. 왕은 신을 위해 보좌의 상단, 순수함의 장소를 여기에 지었다." 군주시대 예루살렘 성벽의 동쪽 계곡에도 다윗 시대에 만든 것으로 보이는 왕실 소유의 동산이 있었다.[15]

J 시대에 이런 형태로 식량을 생산한 지역은 전형적으로 자유농민이 보유했

---

14 겔 31:8~9에 의하면 과일이 열리지 않는 동산의 나무는 상록수였다.

15 A. Leo Oppenheim, "On Royal Gardens in Mesopotamia," *Journal of Near Eastern Studies* 24(1965): 328~33; and Emily Vermeule, *Aspects of Death in Early Greek Art and Poetry*(Berkeley and Los Angeles: University of California Press, 1979), 191~92.

다. 자유 부동산 보유권은 혈연 상속을 통해 개인 사이에 이전되었다. 혈연 상속을 통해 아들이 아버지의 소유권을 물려받는다는 뜻이다. 이것이 식량생산과 자녀 출산이라는 두 가지 주제가 J의 역사에 줄곧 일관되게 얽혀있는 이유이다. J의 개념 속에는 과수원-동산 안에서 성별의식을 갖게 된 것이 성읍과 촌락에 있는 이런 종류의 토지를 물려주는 기초가 될 것이고 반대로 과수원-동산 바깥의 농경지는 일반적으로 국가 체제 아래서 집단 토지 보유권을 주장했고 집단으로 조세를 부담하였다. 집단 토지 보유권은 촌락을 하나의 사회경제 단위로 본다. 국가에서 촌락은 조세 단위라는 사실과 직접적인 관계가 있다. 이것은 과수원-동산을 물려받는 일과 아주 다르다. 과수원-동산은 국가와 이런 관계를 갖지 않았다. 통상적으로 국가는 단지 농경지의 소유권 이전과 생산 효율성을 향상시키기 위해 자유롭게 소유하는 재산 상속을 제한하는 입장을 유지하였다.

이 역사는 야훼 하나님이 땅과 하늘을 창조하면서 시작한다. RSV는 '주 하나님'이란 표현을 쓰고 있으나 잘못된 것이다. 왜냐하면 거의 정확히 통상적인 히브리어 표현 *아도나이 야훼*('주 야훼')의 번역어로서 그 말을 쓰기 때문이다. J는 자기 역사의 시간단위를 나타내는 처음 일곱 세대 동안에만 '야훼 하나님'(Yahweh, a god)이란 특이한 표현을 쓴다. J에서는 E와 P처럼 신을 부르는 여러 가지 명칭을 시간 단위로 구분하여 사용한다.[16] J는 하나님의 특권과 인간의 특권을 문제 삼아 하나님과 인간의 영역을 구별하는 데 초점을 맞추고 있기 때문에 J의 '야훼 하나님'이란 표현을 유지하는 것이 중요하다. 이 이야기가 묘사하고 있는 최초의 특권은 인간을 창조하는 특권이다. 하나님이 수행하였기 때문에 그것은 하나님의 특권이다. 이것이 문제로 제기되는 때는 최초의

---

16 서로 다른 문서층이 각기 다른 신명을 사용한다고 말하는 것은 잘못이다. 네 가지 문서층은 모두 *야훼*와 *엘로힘*(하나님)을 다 사용한다. J, E, P 모두 이런 명칭을 사용해서 시간의 구분을 표시하고 있는 것이다. 각 문서층은 시간 구분이 다를 뿐이고 다른 신명을 사용하는 것은 아니다.

인간들이 가인을 창조했을 때이다. 가인 출생을 통해 최초의 사람들은 이제껏 하나님의 특권이었던 것을 가로챈 것이다.

막이 오르고 무대가 나타나자 비가 내리지 않는 장면이 보인다. 비가 내리지 않으므로 농사지을 물을 대야 한다. 관개시설이 팔레스타인에 있었지만 이런 배경 묘사는 메소포타미아의 관개 농업을 본뜬 것이고 이 모델 속에 창조된 인간은 이 농사일을 위해서 지음을 받는다. 이렇게 고도로 발전한 농업시스템은 중앙 정부가 노동력을 지휘 통제하는 정치 · 경제적 조직이 필요했다.

비가 내리지 않는 장면은 '들의 초목이나 밭의 채소'가 생기기 전에 설정된다. 초목과 채소(히브리어로 *에세브*, '풀'이나 '곡식')는 두 가지 형태의 농사로 기르는 식물을 구분한다.(여기서 또다시 RSV는 잘못 번역하고 있다.) 이 장면은 한편으로 과수원에서 과일을 맺는 나무와 한편으로 광범위한 곡식 농사를 묘사한다. 말하자면 다년생 식물과 일년생 식물을 언급하는 것이다. 이렇게 해서 이 이야기가 앞으로 다루려는 주요 사안을 배경으로 설정하고 있다. 다년생 식물과 일년생 식물을 모두 이곳에 소개하는 이유는 이 역사가 동산 안에서 다년생 과수재배로 시작하던 일이 동산 바깥에서 일년생 곡식 재배로 바뀌게 될 것이기 때문이다. 그러나 처음부터 땅은 건조했다. 처음에는 어느 쪽 유형의 농사도 없었다.

땅을 경작할 인간이 없던 이 기간에 어떤 *에드*(*ed*)―의미가 불확실한 단어―가 땅 밑 즉 지하세계에서 솟구쳐 올라와 지면을 적셨다.[17] 그것은 RSV의 '안개(mist)'일 수도 있다. 아마 '물줄기'나 '우주의 시냇물'[18] 정도로 생각하는 것이

---

17 분명한 것은 이 단어가 복잡한 말놀이를 시작한다는 점이다. 그것은 처음 두 세대와 그 이후 세대에 중요하다. 의미가 불확실한 에드(*ed*)는 '땅'을 뜻하는 아다마(*adamah*), '인간'을 뜻하는 아담(*adam*), 그리고 '피, 살인'을 뜻하는 담(*dam*)과 말놀이를 하는 단어이다.

18 M. Saebo, "Die hebräischen Nomina *'ed* und *'ed*―Zwei sumerisch-akkadische Fremd-wörter?" *Studia Theologica* 24(1970): 130~41; P. Kyle McCarter, "The River Ordeal in Israelite Literature," *Harvard Theological Review* 66(1973): 403~12.

나을 것이다. 이 시냇물은 동산에 물을 대는 강들의 근원에서 유래한 것이 틀림없다.

야훼 하나님은 최초의 인간을 흙('먼지'가 아니다)으로 지었다. 물과 진흙을 반죽하여 토기를 만들 듯이 그것은 물기 먹은 흙이다. 아담과 *아다마*(adama, 흙 혹은 땅)는 말놀이이며 농지를 경작하는 인간의 노동을 염두에 두고 있다. 야훼는 이 피조물을 동산을 경작할 때 별로 힘들지 않는 일을 시킬 일꾼으로 삼을 생각이었다. 이 인간은 하나님이 코에 생기를 불어넣자 살아있는 피조물이 되었다[이 지점에서는 '그것(it)'은 아직 성적 차이를 알지 못했으므로 중성대명사인 '그것(it)'으로 부를 수 있다]. 인간은 J가 볼 때 숨 쉬는 흙덩어리이다. 지주, 제사장, 왕을 포함하여 모든 인간이 흙덩어리이다.[19]

다음으로 야훼가 한 일은 동편에 모양새가 있고 보기 좋은 다년생 과목을 심은 과수원을 만드는 일이었다. 이것은 역사의 먼 시초에 메소포타미아 계곡에서 벌어진 일을 연상시킨다. J는 인간이 이 지역에서 기원한 것으로 생각한 것 같다. 메소포타미아 창조 전승으로 자신의 이야기를 쓰고 있기 때문이다. 이집트 창조 본문은 중왕국 시대의 것이고 신왕국 시대의 것이 아니다. 신왕국이 팔레스타인을 지배할 때 이집트와 팔레스타인 사이의 교류에 쓰이던 언어는 아카드어였다. 다윗 왕실의 관료 중 이집트 출신이 있었겠지만 서기관 전통은 아카드어가 주류였기 때문에 메소포타미아의 창조신화를 기록한 본문으로 훈련을 받았다. 가인이 동방에서 떠돌아다녔고 아브람이 동쪽 즉 메소포타미아의 우르 출신이라는 점을 생각해보라. J는 자신의 역사 서두부터 주로

---

19 Delbert R. Hillers, "Dust: Some Aspects of Old Testament Imagery," in *Love and Death in the Ancient Near East*, ed. J. H. Marks and R. M. Good(Guilford, Conn.: Four Quarters, 1987), 105~9. 최초의 인간을 왕으로 보는 견해에 관해 다음 논의와 참고문헌을 보라. Nicolas Wyatt, "Interpreting the Creation and Fall Story in Genesis 2~3," *Zeitschrift für die alttestamentliche Wissenschaft* 93(1981): 14~21; "When Adam Delved: The Meaning of Genesis III 23," *Vetus Testamentum* 38(1988): 117~22.

메소포타미아에서 유래한 자료를 끌어다 사용했다.

식량생산 요소인 땅, 물, 그리고 노동을 제공받은 인간은 동산에 배치되고 거기서 일했다. 지금 여기서 하는 노동은 나중의 것과 다르다. 이야기는 이것이 힘든 노동이 아니었음을 계속해서 분명히 말한다. RSV는 창세기 2:15에서 히브리어로 '일하다'는 뜻을 지닌 *아바드*를 '경작하다'로 번역하는데 이것은 빗나간 번역이다. 그 단어는 농지를 개간하는 데 흘리는 땀과 고된 노동을 뜻하는 창세기 2장 5절의 '경작하다'는 말과 전혀 다르다. 메소포타미아 전통에서 신의 정원을 돌보는 사람은 왕이다. 왕은 고된 잡일을 직접 하지 않는다. 야훼가 동산에 둔 사람이 땀 흘리면서 일하게 되는 것은 저주를 받은 이후였다.

과수원에 물을 대는 강들은[20] 물이 발원한 장소와 물이 흐르는 매우 풍요로운 지역이름으로 불려진다. 이것은 동산지기가 금과 보석에 친숙한 왕실 사람이며(겔 28:13) 그런 보배를 경험조차 할 수 없는 농민이 아님을 확증해준다.

'에덴'은 해석자들이 초목지역이라고 생각한다. 수메르어 *에딘*(*edin*)과 아카드어 *에디누*(*edinu*)가 초목이 우거진 땅을 뜻하기 때문이다. 그럴 수도 있지만 고대 역사가는 이런 연관성을 전혀 염두에 두고 있지 않다. 대신 에덴이란 명칭의 히브리 어근의 의미를 상당히 강조한다. 정원의 명칭이 된 이 단어의 어근은 화려함을 뜻하고 즐거움과 육체적 욕망,[21] 특히 성적인 욕망을 함축하고 있다.[22] 이 사실은 이야기를 전개할 때 중요하다. 성적 쾌락과 자녀 출산의 기초가 되는 이성(異性)을 발견하는 장소가 바로 이 동산이기 때문이다.

인간을 동산에 둔 이유는 일하게 하려는 목적뿐 아니라 그것을 '지키기' 위

---

20 사 58:11과 렘 31:12처럼 이로써 '물댄 동산'이 된다.

21 라틴어 역본인 불가타에서 *paradisus voluptatis*(즐거움의 동산)로 번역한 것과 비교하라.

22 최근에 발견한 한 비문에는 앗수르어와 아람어가 나란히 기록되어 있는데 앗수르 표현인 '그 지역을 *풍요하게* 한 자'와 아람어 *'dn*가 같은 말로 표기되어 있다. '풍요하게 만들다'란 말은 식량이 풍부하다는 말이므로 이 어근은 히브리어 어근과 관계를 갖고 에덴이란 명칭을 만들었을 것이다. A. R. Millard and P. Bordreuil, "A Statute from Syria with Assyrian and Aramaic Inscriptions," *Biblical Archaeologist* 45(1982): 135~41.

해서이다. 이 말을 종종 개신교 노동 윤리의 관점에서 '유지하다'는 뜻으로 해석하는데 히브리어 *샤마르(shamar)*는 지키고 경비하다는 뜻이다. 이 말은 동산 안은 질서가 잡혀 있지만 바깥은 무질서의 위협이 존재한다는 뜻을 내포한다. 이 동산은 바로크풍의 프랑스 정원처럼 공들여 가꾼 장소이다. 그곳은 질서정연한 오아시스와 같다. 위협받는 세상 가운데 왕이 세워놓은 질서를 압축적으로 잘 투영하고 있다. 유사한 내용의 글 속에서는 이런 위협의 성격이 분명하게 드러난다. 인간을 가르쳐 기존 질서에 발맞추어 살고 부과된 노동을 변함없이 수행하게 하는 한편 국가가 통제하는 '동산' 바깥에서 생기는 체제 위협적 반란세력에 가담하지 못하게 해야 했다. 글을 기록하는 역사가는 아마도 다윗의 나라에 사는 백성들이 전형적인 왕정의 혹독한 압제를 겪지 않은 것처럼 그리고 있는 것 같다. 만일 이집트 사람이 다스렸다면 압제를 당했을 것이다. 하지만 다윗이 다스리는 나라는 백성을 억압적인 속박에서 벗어나게 해주었다. 따라서 다윗이 나라를 세운 것은 태초의 창조와 똑같은 것은 아닐지라도 그와 흡사하다고 말하고 있는 것이다. 모든 백성은 다윗 왕의 '동산'인 영토 안에서 비교적 편안하게 일하도록 지음받았다. J의 세계관 안에서 노동자들을 포함하여 인간은 조화, 평안, 평화 그리고 번영을 즐길 수 있었다고 말한다. 인간은 일종의 '왕'이었다.[23]

다음에 야훼는 인간에게 명령 하나를 내린다. 동산의 모든 나무 열매는 먹어도 좋지만 선악을 알게 하는 나무 열매를 먹어서는 안된다는 것이다. 인간이 이 지식의 나무를 먹는 날에는 죽을 것이다. 만일 인간이 이 나무 열매를 먹지 않는다면 아무것도 알지 못할 것이라는 뜻이 내포되어 있다. 그럴 경우 인간은 영원히 현재만을 희미하게 인식하면서 살게 될 것이다.

앎이란 인간 역사의 발전을 말한다. 그것은 사람이 행동한 결과를 의식하는

---

23 Manfred Hutter, "Adam als Gärner und König(Gen 2, 8. 15)," *Biblische Zeitschrift* 30(1986): 258~62 참조.

것이며 따라서 과거, 현재, 그리고 미래를 안다는 의미이다. 과거, 현재 그리고 미래가 서로 다르다는 깨달음은 과거의 행동이 일으킨 결과에 의미를 부여하고 미래에 새로운 가능성을 상상할 수 있는 능력을 만들어낸다. 우리가 아는 한, 인간은 살아있는 피조물 가운데 이것을 깨닫는 유일한 존재이다. 만일 그 열매를 먹지 않았다면 인간의 삶은 조금 제한된 의미로 좋아졌을 것이라고 볼 수 있겠지만 그런 인간은 우리가 상식적으로 이해하는 그런 존재가 되지는 못했을 것이다. 그리고 인류의 역사도 없었을 것이다. 인류역사는 선과 악의 결합 또는 양자의 갈등의 역사이다.[24]

'알다'란 단어는 말놀이를 한다. 그것은 과거, 현재, 그리고 미래를 안다는 뜻일 뿐 아니라 J 내러티브를 통틀어 남녀의 성 관계를 의미하는 데 사용되는 단어이고 가인의 살인 행위를 대변하는 단어이기도 하다.[25] J의 생각에 행위의 결과와 가능성을 아는 일을 내포하는 인간 역사는 아담이 하와를 '아는' 일로 시작하여 첫 자식을 낳고 세계사를 만들어간다는 것이 중요하다. '알다'의 세 번째 의미는 정치적이다. 이런 의미로 그것은 선과 악의 역사를 말한다. 그 안에서 다윗의 통치는 악보다 선을 추구한다. 삶이 선과 악의 혼합이라면 J의 정치적 주장은 다윗의 통치가 선과 악을 분별할 것이고 선을 증진시키고 악을 멀리하겠다는 것이다.[26]

이렇게 해서 신과 인간의 범주를 더욱 차별화하는 일이 시작되었다. 인간은

---

24 Norman K. Gottwald, *The Hebrew Bible: A Socio-Literary Introduction*(Philadelphia: Fortress Press, 1985), 331~32에서 인간에게 존재하는 이중적 구속에 관한 간결한 진술을 비교하라.

25 '알다'는 단어는 히브리어에서 일반적으로 성관계를 지칭하는 데 쓰는 단어가 아니다. J는 '누구와 눕다'라는 표현을 쓰기도 하며 다윗의 왕실에서 나온 당대의 문서들은 보통 '들어가다'라는 표현을 쓴다. J가 '알다'라는 표현을 사용하는 것은 한 단어로 여러 가지 연관된 의미를 결합시키려는 것이다.

26 다윗의 제사장 사독의 아버지와 그렛과 블레셋 용병 출신 궁전 수비대 대장 브나야의 아버지 이름은 둘 다 여호야다인데 '야훼가 안다'는 뜻이다.

다른 인간을 창조할 의도나 알 수 있는 능력'을 가져서는 안된다. 오직 신들만 이 인간을 창조할 능력이 있으며 또 (창조 능력의 원천을) 알 수 있다. 신은 선악의 차이를 알고 있으며 말할 수 있다. J가 부각시키려고 하는 것은 우리의 역사의식이 신적인 의식이라는 것이다. 인간의 의식은 신적이기 때문에 신처럼 강력한 존재로 행세하려는 경향을 동반한다.

야훼가 만든 인간은 야훼 자신처럼 남성이었다. 그러나 피조물 자신은 남성인 것을 아직 깨닫지 못했다. 야훼라는 신명이 팔레스타인의 엘(El) 신의 별칭이며 야훼는 단지 또 다른 형태의 엘 신이었다는 증거가 있다. 시리아와 팔레스타인 신화론에서 엘은 엄청나게 정력이 강한 늙은 신이며 여러 명의 여신과 왕성한 관계를 맺는다. 이 여신들 가운데 아무도 J에서는 두드러지지 않으며 팔레스타인의 이스라엘 제의에서 지극히 사소한 역할만을 한다.[27] 하지만 그들이 없다고 해서 J가 인용하지 않은 것은 아니다. 인간을 창조하는 것은 야훼 하나님의 특권이었다. 그러나 인간은 돕는 배필도 없이 홀로 존재해야 했다. 그래야 자녀 출산이라는 신적인 특권을 지닌 존재라고 뽐내지 않을 것이다.

야훼가 인간의 처지를 살펴보니까 사람이 홀로 지내는 것이 결과적으로는 좋지 않다고 판단했다. 해법은 '그것과 일치하는 돕는 자(『개역개정』, 돕는 배필 —옮긴이)'를 만드는 일이었다. '돕는 자'로 번역된 히브리어는 '조력자(helper)'가 아니라 '유용성(helpfulness)'을 뜻한다. J의 생각에 야훼는 처음에 성이 다른 두 번째 인간을 창조할 생각이 없었다. 그러므로 J는 이 피조물을 첫 번째 피조물과 동등한 또 다른 '그것', 즉 '유용성' 혹은 '도움(assistance)'으로 표현한다. 그래서 그는 인칭대명사가 아니라 추상명사(it)를 사용한 것이다. '그것과 일치하는'이란 표현은 가능하면 그것과 같은 존재를 의미한다. 반드시 또 다른 '인간'일 필요는 없다.[28]

---

27 Jeffrey H. Tigay, *You Shall Have No Other Gods: Israelite Religion in the Light of Hebrew Inscriptions*(Atlanta: Scholars Press, 1987) 참조.

야훼는 이 유용성을 제공하기 위해 첫 번째 인간과 충분히 비슷한 피조물을 창조하려고 하였다. 야훼는 그런 피조물을 창조하는 가장 좋은 방법이 똑같은 생산방식을 활용하는 것이라고 생각했다. 그래서 첫 번째 인간을 만든 것과 똑같이 흙으로 두 번째 피조물을 만들었다. 그렇게 다양하게 시도한 결과물을 하나씩 데려와 인간이 무엇이라고 부르는지 보았다. 유사함의 정도는 물론 이름으로 나타날 것이고 인간은 야훼의 새로운 피조물이 자신과 얼마나 비슷한지를 결정하면서 차례대로 이름을 지어주었다. 야훼는 흙으로 새로운 피조물을 지어 먼저 지은 피조물에게 데려왔다. 그는 그것을 예를 들어 '양(sheep)'이라고 불렀다. '양'과 '인간'은 전혀 비슷한 소리가 나지 않는다. 그래서 이 새 피조물은 인간과 일치하지 않아서 야훼는 다시 시도해야 했다. 이번에 다시 새로 만든 피조물을 인간에게 데려왔는데 인간은 그것을 '기린'이라고 불렀다고 가정해보자. 그 명칭의 소리도 일치하지 않는 것을 알려준다. 기타 등등. 이런 식으로 야훼는 '우연히' 동물의 왕국 전체를 흙으로 만들었다. 식물이 가득한 세상에 전혀 다른 종류의 피조물로 채운 것이다. 그것들은 동종끼리 둘씩 짝을 지어 새끼를 낳았다. J가 보기에 짐승들은 야훼가 창조한 걸작품인 노동자에게 거듭해서 유용성을 제공하지 못한 결과로 생겨난 존재들이었다. 야훼는 동물 세계에 속한 모든 짐승 중 아무 것도 인간과 일치하지 못함을 깨닫고 이제 마지막으로 인간에게 유용성을 줄 수 있는 다른 방법을 시도할 수밖에 없었다.

최초의 인간이 야훼와 똑같은 남성이었으므로 하나님은 두 번째 인간을 만들기로 결심했다. 이번에는 여신의 모습을 가진 여성을 지었다. 야훼는 두 번째 인간을 첫 번째 인간의 몸 일부로 지었다. 이 두 번째 인간은 완벽하게 일치하지는 않을지라도 첫 번째 인간이 자신과 거의 같은 종류라는 것을 인식할 정도였다. *이쉬*와 *잇사*—남자와 여자—는 소리가 아주 비슷하다. 그래도 여전히

28 Marsha M. Wilfong, "Genesis 2:18~24," *Interpretation* 42(1988): 58~63.

남아 있는 사소한 차이가 앞으로 일으킬 결과를 전혀 눈치채지 못했다. 둘은 이 시점에서 서로의 성적 차이점을 알지 못했다. 야훼는 그들이 그렇게 '알지' 못하면서 지내기를 원했다. 둘은 서로 도움을 주는 일을 즐기면서도 다른 인간을 창조하는 신적 특권에 개입하지는 않아야 했다. 이성이 들어온 것은 하나님의 사후 미봉책이었다는 것 역시 야훼가 처음에 인간이 혼자 지내는 문제를 해결하려고 짐승들을 창조하여 데려왔다는 사실을 보면 분명하다. 그때 그것들은 성적인 의도가 없는 상태에서 지음을 받았다.

J가 말하고 있는 것은 피조물들이 지식의 나무 열매를 먹음으로써 악이 세상에 들어오게 되는 역사적 인과관계를 본래 선한 의도를 지닌 창조주 하나님이 어떻게 또 다시 '우연히' 시작하였는가 하는 것이다. 곧 드러나게 되는 것처럼 두 피조물 사이의 일치는 성적인 함의를 지니고 있었다. 야훼는 처음에 인간이 아닌 다른 피조물을 창조하여 도움을 줌으로써 이것을 피하려고 했다. 그렇게 해서 인간들이 서로를 알 능력을 부인하려 했던 것이다. 사실 '그것과 일치하는'이란 말은 얼굴을 맞댄 상태에서 일치한다는 뜻이며 그래서 그것은 얼굴을 맞대고 성관계를 맺는 인간의 독특한 관습을 암시한다.

첫 번째 인간은 두 번째 인간을 "내 뼈 중의 뼈요 내 살 중의 살"이라고 말했다. 이 말은 히브리어로 가족을 표현하는 관용어구이다. 인류에게 퍼질 가족을 기대하면서 야훼는 아담의 옆구리에서 갈빗살—갈비뼈가 아니라 살과 뼈가 함께 붙어 있는 갈비덩이—를 꺼냈다. 삼만 칠천여 종에 달하는 짐승을 창조했는데도 올바른 짝을 지워주지 못한 난관에 부딪혔기 때문에 이제는 거의 필사적이었다. 이 갈빗살로 야훼는 두 번째 인간, *잇샤*를 지었다. 이는 '*이쉬*에서 꺼낸 것이기' 때문이다.[29]

---

29 종종 지적하듯이 성과 문법적 성이 반드시 일치하는 것은 아니다. 대상과 추상적 아이디어는 보통 '여성'으로 표현한다. 히브리어 *조트*('이것')가 '여성형'이라는 것이 두 번째 인간을 여성으로 알았음을 의미하지 않는다. 마찬가지로 *아담*이 성별 상 '남성'이지만 첫 번째 인간은 두 번째 인간처럼 두 사람이 지식의 나무 열매를 먹을 때까지 '그것'이었다. '여성형'

*이쉬*와 *잇샤*는 성별을 말하는 것이 아니라(각각 '남성'과 '여성'을 말하는 P의 *자카르*와 *네케바*와 대비된다) 남편인 남자와 아내인 여자를 말한다. 피조물 *아담*은 *이쉬*와 *아담*이란 말이 다르듯이 *잇샤*의 창조로 전혀 다른 존재가 되었다. 그들을 *이쉬*와 *잇샤*로 묘사할 때 이 시점에서 그들이 말하는 것은 알았던 것보다 더욱 많다. 왜냐하면 그들은 아직 선악과를 먹지 않았기 때문이다. 남성과 여성의 사회적 함의는 선악과를 먹은 뒤에 알려질 것이고 감추어졌던 가능성을 드러낼 것이다. 선악과를 먹지 않았더라면 짝짓기의 가능성과 짝짓기의 모든 사회적 상황은 숨겨진 채로 남았을 것이다. 두 피조물은 단지 자신과 다르다는 것이 정확히 무엇인지 깨닫지 못했을 것이다. 이것이 바로 야훼의 의도였다고 J는 말한다. 이웃 나라들에서는 신적 성교로 제공되며 왕실 성전 제의를 통해 구현되는 출산 보장은 스스로 간직하고 있는 생식력보다는 토지 소유권과 식량 분배에 초점을 두고 언급된다. 알려진 바에 따르면 이것은 실상 왕실 문헌에 나타난 규범에서 벗어난 것을 보여준다. 확실히 그것은 결과적으로 J와 결합한 성서 속 인물들에게 심오한 영향을 끼쳤다. 결혼은 내러티브 속의 용어뿐 아니라 내러티브 속에서 이루어진다. 결국 결혼은 정치와 경제 문제이다. 어떤 역사가가 말한 것처럼 "본문이 이성 관계를 반영하고 있는 한, 관심사는 권력, 통제 그리고 자율성의 정치적 역학에 있다."[30]

이야기는 이 시점에서 새로운 배역인 뱀을 소개한다. 역설적이지만 뱀은 짝짓기로 번식하지 않고 영원히 사는 짐승으로 알려져 있었다. 그것은 야훼가 만든 모든 들짐승 가운데 '가장 지혜롭기까지 했다.' '지혜롭다'는 말은 '벌거벗음'이란 뜻도 갖고 있는 말놀이이다. 뱀은 다른 짐승보다 더 지혜로울 뿐 아니라 더 벌거벗은 짐승이었다. 신화론에 따르면 뱀은 생명의 상징이었다. 영원

---

*조트*도 짐승을 지칭하며 그것들은 모두 여성형으로 언급되고 있다. 히브리어에서 '아버지들'이 문법적 형태로는 여성형을 가지며 '여인들'에 해당하는 히브리어는 남성형이라는 흥미로운 사실을 주목할 필요가 있다.

30 Walter Brueggemann, *Genesis*(Atlanta: John Knox Press, 1982), 42.

히 사는 기술, 즉 옷(가죽)을 주기적으로 바꾸어 입는 기술을 익혔기 때문이었다. 인간이 영원히 살 수 없을 것이라고 믿을 이유는 없으며 뱀은 영원히 살 수 있을 것이라는 확신을 인간에게 심어주었다. 정말로 뱀은 인간들이 선악과를 먹으면 선과 악을 아는 능력을 지닌 신들처럼 될 것을 하나님이 알고 있다고 주장했다. 여자를 유혹한 것은 바로 신처럼 될 수 있는 기회였다. 이것은 여자가 몸소 첫 피조물을 창조할 때 말한 것을 보면 알 수 있다.

여자는 선악과가 좋은 것이고 나쁘지 않다는 사실을 알 수 있는 능력을 갖기도 전에 어떻게 깨달을 수 있었을까? 관건은 아는 것(knowing)과 보는 것(seeing)의 차이에 있다. 여자는 볼 수는 있었지만 아직 알 수는 없었다. 그의 분별력은 결과를 알 수 있을 만큼은 아니며 한계가 있었다. 어쩌면 어린아이의 것과 비슷했을 것이다. J는 음식이든 성이든 사랑이든 폭력이든 모든 '선과 악'이든 진리와 거짓이든 생각의 눈으로 가시화하는 일을 포함하여 갈망보다는 보는 것이 욕망의 뿌리이며 기대심리를 자극한다는 상류층의 견해를 취하고 있다. 선과 악의 역사 시초인 여기에서 반복해서 언급하는 것은 보는 것(seeing)과 시선(eyes)이다. 보는 것이 아는 것보다 앞선다. J의 역사는 줄곧 그가 이해하는 대로 악을 보는 것(seeing bad)과 악한 시선(bad seeing)을 판단하는 기준으로서 선을 보는 것(seeing good)과 선한 시선(good seeing)을 제시할 것이다.

최초의 인간들은 선악과를 먹자마자 자신들이 이성이라는 사실을 알게 되었다. 당황한 그들은 벌거벗은 상태에서 드러난 성기를 가리기 위해 생식기 모양으로 생긴 무화과 나뭇잎으로 옷을 해 입었다. 이전에는 그들이 벌거벗었으나 부끄러워하지 않았다고 J가 말한 적이 있다. 그런데 이제는 부끄러워했다. 인간이 무엇 때문에 옷을 입고 사는지 알았기 때문이다. 남자와 여자가 몸을 가리는 것은 수치심 즉 죄책감을 느낀다는 뜻이다. 옳고 그름, 선악을 알고 거기에 반응할 능력이 있다는 뜻이다. 옷을 입음으로써 인간은 잘못 행동할 능력이 있음을 발견하고 인정한다. 그러므로 J에게 벌거벗음은 뱀의 벌거벗음으로 표현되는 것처럼 잘못 행동할 능력이 있음을 인정하지 못하는 것,[31] 즉 그런 수치심의 결핍을 의미한다.

저녁 산들바람이 불자 즐거움(쾌락)의 정원 소유자가 정원을 산책하다가 정원지기들을 찾았다. 그들은 오직 신들만 알아야 할 것을 알게 되었기 때문에 당황하여 숨어 있었다. 하나님이 부르자 남자는 두려워서 숨었다고 대답했다. 그것은 인간들이 최초로 경험한 두려움의 순간이었다. 두려움이란 앎(지식)을 통해 미래를 예상할 능력이 없다면 생길 수가 없기 때문이다. 죽음을 두려워하는 것도 상상할 수 있는 능력이 깨어나자 비로소 생겼다. 죽음에 대한 두려움은 인류의 의식 가운데 나타나는 독특한 현상으로서 다른 피조물에게서는 찾아볼 수 없다. 오직 인간만이 본능을 뛰어넘는 정도까지 두려워할 수 있다. 정말 이 비존재의 두려움이 문명과 불만의 기초이다.[32] 죽음의 두려움은 역설적으로 가인과 그 후손의 표지가 되는 살인 행위의 배후에 깔려 있다. 그것은 자신의 죽음을 예방하려는 시도이기 때문이다. 여기서 문제는 개인이 지은 죄의 기원이 아니다. 어떤 이는 사치스럽게 살지만 어떤 이는 일찍 죽게 만드는 식량 분배를 포함하여 세상의 악과 그것이 영속적인 문화 구조 속에 연루되어 있는 악의 기원이 문제이다. 그것은 J가 보기에 살인과 다를 바 없다.

남자는 야훼가 자기에게 '주어' 함께 있게 한 여자를 비난했다. RSV(와 『개역

---

31 초자아가 영속적으로 작동하는 데 권위와 권력의 요소가 개입한다는 주장과 반대로 초자아가 형성되는 출발점에는 성적인 요소가 있다는 것의 중요성을 강조한 주장에 대해 Edward V. Stein, *Guilt: Theory and Therapy*(Philadelphia: Westminster Press, 1968)을 보라.

32 이 개념을 위해 Ernest Becker, *The Denial of Death*(New York: Free Press, Macmillan Co., 1973); Francisco José Moreno, *Between Faith and Reason: An Approach to Individual and Social Psychology*(New York: New York University Press, 1977) 참조. 메소포타미아 길가메시 이야기의 기본 주제는 긴밀한 관계가 있다. J가 말하는 것과 자본주의가 일치하는 점을 사회심리학적 요소와 통합하여 분석한 최근의 연구에 대해, Robert L. Heilbroner, *The Nature and Logic of Capitalism*(New York: W. W. Norton, 1985), 특히 2장(자본 축적 방식)을 보라.

개정』)는 '주셔서 나와 함께 있게 하신'이라고 번역한다. 이 표현은 J가 여성비하의 신학을 갖고 있다고 생각하게 만든다. 히브리어 *나탄*('주다'는 뜻의 동사 — 옮긴이)을 그런 식으로 해석하는 것은 J의 요점이 아니다. J가 여성을 지배하는 가부장 사회의 남성우월주의에 기초하여 말할 수밖에 없었겠지만 여기서 J가 말하려고 하는 것은 여자가 남자의 소유물로 그저 그와 함께 지내도록 하려고 주어진 존재라는 것이 아니다. 남자는 지배하고 여자는 지배를 받는 자라는 사회적 관계도 요점이 아니다. 그들은 두 명의 동등한 피조물로서 야훼의 지배를 받아야 했다. J의 관심사는 그들이 '일을 통해' 두 가지 삶의 방식을 나타내는 데 있다. 하나는 사회 경제적이며 식량을 생산하는 토지 지향적 방식이고, 다른 하나는 자식을 낳고 재산을 상속하며 가정 경제를 담당하는 방식이다.

J는 에덴동산 이야기를 통해 물리적이며 동시에 상징적인 하나의 체계로 이루어진 역사의 틀을 세우고 있다. 이어지는 모든 이야기는 이 체계 안에서 전개될 것이다. 왕실의 가정 경제는 국가의 정치경제이다. 이 모든 것은 우리가 이해하려고 하는 이념적 상황 안에서 단일한 의미의 네트워크를 형성하고 있는 것으로 보인다. 우리에게는 성(sex)과 정치가 별개의 것이지만 성서에서는 그렇지 않다. 성서에서 성은 넓은 의미에서 성행위로 인해 대가족으로 또 대가족의 정치경제적 행위로 확대되는 것까지 통틀어 말하는 것으로 생각해야 한다.

예를 들어 사무엘하 3:6~10은 사울과 다윗 왕가 사이에 벌어진 갈등을 묘사하고 있다. 가부장 사회의 맥락에서 아내를 얻는 목적은 아들을 가지려는 것이고 아들은 남성 통치자와 계승자 사이에 연속성을 유지할 수 있게 해주었다. 사울의 군대 장관이며 사울 집안의 실질적 우두머리인 아브넬은 전쟁을 하는 동안 사울 집안에서 자신의 입지를 굳혔다. 사울에게 첩 한 명이 있었는데 아브넬은 그를 아내로 삼으려고 했다. 사울의 아들이요 상속자이며 계승자인 이스바알(이스보셋)이 아브넬에게 이렇게 말했다. "어찌하여 내 아버지의 첩과 통간하였느냐?" 이 말은 아브넬을 화나게 만들었다. 아브넬이 사울의 첩을 범한 것은 일종의 세력 과시였다. 누군가 통치자의 아내나 첩과 통간할 수 있다면 그것은 그가 가진 권력의 자리를 차지하는 것과 같은 의미를 지녔다. 아브넬은 사울의 첩과 성관계를 가짐으로써 권력 장악과 상관이 있는 사건 때문에 섬기는 가문을 바꾸어 다윗에게 돌아섰고 다윗이 이스라엘을 다스릴 수 있게 만들었다. 성관계는 다윗의 세계나 우리의 세계나 마찬가지로 강력한 결과를 초래한다.

동일한 주제가 다윗이 권좌에 오르기 위해 여러 여인과 결혼한 일에도 분명하게 나타난다.[33] 사무엘하 11장과 이후의 기록이 이를 보여준다. 그것은 당시 솔로몬 왕실의 문헌에서 유래한 것이다. 다윗의 왕권이 솔로몬에게 계승되는 이야기는 다윗과 밧세바 이야기로부터 시작한다. 다윗이 밧세바를 아내로 취하고 우리아를 살해했다는 내용은 솔로몬의 왕권 계승이 합법이라고 말하는 이야기의 일부이다. 그의 합법성은 아도니야를 이겼다는 이야기를 할 때가 아니라 다윗과 밧세바 사이에 태어난 아기가 죽은 이야기로 시작한다. 이 아기는 사실상 다윗의 성관계와 살인도 불사하는 권력 행위가 상징적 의미를 지니고 있음을 보여준다. 그 아기는 솔로몬을 해방시켜주는 일종의 희생양이고 속죄하고 배상하는 이야기를 담고 있다.

압살롬이 예루살렘을 장악하고 나서 많은 사람들이 보는 앞에서 아버지의 첩들과 통간을 한 사건을 기억해보라(삼하 16:20~22). 압살롬의 통치는 자기 아버지의 첩들과 관계했다는 말로 정의되고 있다.

수넴 여인 아비삭 이야기(왕상 1:1~4)는 똑같은 상징체계를 두 가지로 예증한다. 첫째, 다윗의 통치는 그의 성기가 발기되는 동안만 효력이 있음을 보여준다. 둘째, 열왕기상 2:13~25에서 아도니야는 솔로몬 앞에 나아가 아비삭을 달라고 요청한다. 이 장면은 이스바알 앞에서 아브넬이 사울의 첩을 달라고

---

33 Jon D. Levenson and Baruch Halpern, "The Political Import of David's Marriages," *Journal of Biblical Literature* 99(1980): 507~18 참조.

하는 이야기와 비슷하다. 남성의 정력은 정치권력의 상징이었던 것이다.

성서는 다윗이 적어도 일곱 명의 부인과 열일곱 명의 아들을 두었다고 기록하고 있다. 솔로몬은 후궁이 칠백 명이고 첩이 삼백 명이었다. 심지어 그의 아들 르호보암이 강제부역의 의무(왕상 12:4; 『개역개정』, '고역')를 줄여달라고 호소하며 반란을 일으킨 군중에게 자신의 통치력을 과시할 때 "내 새끼손가락이 아버지의 허리보다 굵다"고 말하며 자랑했다. 르호보암의 '새끼손가락'은 발기된 남근을 말한다. RSV(와 『개역개정』)이 그것을 '새끼손가락'이라고 번역한 것은 전혀 옳지 않다. '가운뎃손가락'이 더 나은 번역이다. 여기서 에덴동산 이야기를 예리하게 요약하고 있다. 왕실의 성(sex)과 강제부역의 의무 부과는 비슷한 의미를 전달한다.(앗수르 왕 앗수르바니팔은 자신의 통치를 상세히 기록한 문헌에서 자기가 어떤 경로로 '주인의 전'이라고 부르는 왕궁의 후궁들을 얻었고 포로가 된 베두인 강제부역 노동자들을 부려서 어떻게 '기뻐하고 즐거워하는 가운데' 왕궁을 확장하고 재건했는지 묘사하고 있다. 그 왕궁 옆에는 에덴동산이 있었다. 앗수르바니팔은 "왕궁 주위에 온갖 종류의 과목을 심은 거대한 공원을 만들었다"고 말한다.)[34] J의 관점에서 강제부역은 부정되어야 할 현실이므로 왕실에서 벌어지는 이러한 다수의 성관계는 세상을 창조하신 야훼의 의도에 따르면 가능하지가 않다. 다시 한번 말한다. 에덴동산 이야기를 이해하는 출발점은 이것과 출애굽 사건의 연관성을 살피는 일이다. J에 따르면 인간은 강제부역을 위해 창조되지 않았지만 서로를 성관계 대상으로 알게 되면서부터 시작된 일련의 사건을 통해 강제부역에 처하게 된다. 야훼는 처음에 마음먹었던 목적에 따라 그들을 이집트의 강제부역에서 구해내기로 결심한다. 그때 J의 역사가 절정에 이른다.

솔로몬에게서 유래한 것으로 여겨지는 시편 72편과 127편 가운데 시편 127편은 이 주제를 다룬다. "야훼께서 집을 세우지 아니하시면 세우는 자의 수고

---

34 D. D. Luckenbill, *Ancient Records of Assyria and Babylon*(Chicago: University of Chicago Press, 1927), 2: 321~23.

가 헛되며."(1절) 이것은 개인의 가정이 아니라 권력을 잡은 자들, 즉 예루살렘에 세운 국가와 왕실 성전의 가족에 대해 말한다. "야훼께서 성(도시—옮긴이)을 지키지 아니하시면 파수꾼의 깨어 있음이 헛되도다."(1절) 가정을 일으키는 일과 도시는 평행한다. 이러한 평행은 성서 시대 후반에 등장하는 지혜자 벤 시라의 글에도 또 다시 나타난다. "자녀와 도시는 이름을 남기게 한다."(집회서 40:19) 시편 127편은 다윗 왕의 아들, 즉 솔로몬의 작품이라고 되어 있다. 왕자 솔로몬은 집안 계승 원칙에 따라 통치를 정의한다. 아들이 아버지를 상속하면 통치는 가족의 소유로 남는다.

시편 127편은 이렇게 이어진다. "자식들은 야훼의 기업이요 태의 열매는 그의 상급이로다. 젊은 자의 자식은 장사의 수중의 화살 같으니 이것이 그의 화살통에 가득한 자는 복되도다. 그들이 성문에서 그들의 원수와 담판할 때에 수치를 당하지 아니하리로다."(3~5절) 자식들은 도시가 침범당하지 않게 만드는 수단이다. 통치하는 가문들은 구성원 수효와 규모가 엄청나게 크다는 특징을 지녔다. 그들은 같은 지역에 사는 부인들뿐만 아니라 멀리 떨어져 사는 부인들도 얻었다. 같은 지역의 부인들은 토착민 자식을 낳았다. 그들은 군대 장관이나 지휘관, 장관, 지방 고관, 자문관 등과 같은 고관 자리를 차지하였다. 군주에게 충성할 때 그들은 커다란 자산이 되었다. 그렇게 가족 사이의 유대 관계가 남아 있을 때는 정치적으로 가장 친밀해진다. 그것이 '알다'로 번역된 단어가 히브리어로 표시하는 의미이다. 하지만 가족의 유대 관계는 쉽게 깨어질 수 있다. 예를 들어 시편 133편은 형제들이 서로 분열하는 일을 피하라고 권고한다.

같은 지역에서 태어난 자식들은 통치하는 영토 내에서 통치 가문을 지원하는 지역적·인적 네트워크를 형성하였다. 외부와 동맹을 맺어 정치경제적 네트워크를 확대하기도 하였다. 정치적 동맹은 무역동맹이었다. 거기에는 물자의 교류만이 아니라 군사 협약, 도망자의 반환 협정, 반정부 인사들의 도피처 제공 거부 등등의 조항까지 포함하였다.

이 모든 것이 소위 혈연관계에 기초를 두고 있다. 성서의 나머지 부분처럼 J에서는 이 모든 것이 하나의 시스템 안에서 표현되고 있다.[35] 에덴동산 이야기는 이 시스템의 기원을 다룬다. 곧바로 이어지는 이야기는 이와 같은 성관계를 통해 가족을 이루고 그것을 권력으로 발전시키는 시스템의 결과로 태어난 사람이 저지르는 살인 이야기이다. 그것은 본질상 왕실의 살인 이야기이다. J의 역사는 일종의 왕실의 성관계와 그것의 배척을 묘사한다. J 안에서 악한 가나안 사람과 이집트 왕실은 모두 장자인 가인의 혈통을 이으며 다윗의 착한 왕가와 대립한다.

J는 야훼가 인간들에게 선언한 저주 속에서 이와 같은 물리적이고 상징적인 식량생산과 자손출산 시스템을 언급하고 있다. 지금까지 노동(히브리어 *아바드*, '일하다')은 고통스럽지 않았으나 이제부터는 힘들고 고통스러울 것이다. 여자가 받은 저주는 출산의 고통 가운데 집안 식구를 늘리는 일이었다. 또 "너는 남편을 원하고 남편은 너를 다스릴 것이니라"는 말을 듣는다. 이것은 여자가 남자와 갖는 성행위를 통해 결속될 수밖에 없는 처지를 특정하게 언급한 것이다. 흔히 해석하듯이 남편이 아내의 모든 삶에 대한 결정권을 쥐고 있다는 의미가 아니다. 여자는 자신의 성적 충동에 의해 남편에게 묶여 있어야만 했다. 다시 말하지만 이런 가부장적 편견은 이곳의 이슈가 아니다. 이 저주의 문맥에서 '너를 다스린다'는 표현은 남편이 아내를 임신시킬 권리를 말한다. 여자는 임신과 출산의 고통을 겪을 것이며 그것이 삶을 지배할 조건이 될 것이라는 맥락으로 말한다. 여기서 문제 삼고 있는 것은 종족번식, 확대 가족, 일가친척과 같이 성관계를 통해 가족을 만들고 권력을 취득하는 모든 영역이다. 그

---

35 아담, 하와, 가인, 성관계, 그리고 권력을 '성애(erotics)'로 설명하는 논의를 위해 Enrique Dussel, *Philosophy of Liberation*(Maryknoll, N.Y.: Orbis Books, 1985), 78~87을 보라. 권력의 개론적 제시를 위해 David Cannadine and Simon Price, eds., *Rituals of Royalty: Power and Ceremonial in Traditional Societies*(Cambridge: Cambridge University Press, 1987)을 보라.

것은 식량과 재산을 증식하는 남자의 역할과 대척점에 있다. 물론 남자는 여자와 결속되어 있지만 그가 당하는 고통은 아내가 남편 때문에 당하는 고통과 달리 아내 때문에 생긴 것이 아니다. 여자와 관련된 재생산 과정과 남자와 관련된 생산 과정에 대한 J의 도식에 비추어볼 때 남자의 고통은 땅 때문에 생긴다.

남자가 받은 저주는 정치 경제 시스템을 유지하기 위해 노동하는 일이었다. 그것은 과수원에서 연중 열리는 과일을 마음대로 따먹는 여유로운 삶이 아니었다. 땀 흘려 경작지를 개간하고 거기서 식량을 생산하는 일이었다. 대낮의 뙤약볕을 피해 누워서 쉬다가 시원해진 저녁에 일어나 땀 하나 흘리지 않고 오렌지 과일나무 가지를 꺾어 과일을 따 껍질을 벗겨 먹는 시절은 사라지고 없어졌다. 히브리어로 남자의 고통은 여자의 고통과 똑같은 단어이다.

이제 남자는 자기 아내의 이름을 지었다. 어원상 히브리어 *하바*(또는 *하와*)는 '뱀'이란 뜻이다. J는 이 단어를 '모든 산 자의 어머니'로 해석한다. 아마 뱀이 생명을 창조하는 수단을 드러내기 때문인 것 같다. 각자 죽을 수밖에 없는 운명을 지닌 인간은 오직 자손 번식을 통해서만 영원히 살 수 있다. 신화론에서 뱀은 종종 절반의 진리를 전한다. J의 뱀도 마찬가지이다. 인간은 선악과를 먹으면 죽을 것이지만 인간이란 존재는 다른 성(gender)을 발견하여 번식 능력을 확인하고 수세대에 걸쳐 살아갈 것이다. 바로 이런 식으로 여인은 뱀에게 이긴다. 뱀은 여인의 발꿈치를 물어(이 표현이 '상하게 하다'보다 더 나은 번역 같다) 인간이란 존재에게 죽음의 독을 주입한다. 여자의 번식 능력은 뱀이 말한 절반의 진리에 따라 인간에게 가한 상처를 완화시킨다.[36]

야훼는 남자와 여자를 위해 가죽옷을 지어 입혔다. 많은 사람들이 이것을

---

36 흔히 이 진술을 기독론적 예고로 읽는 것은 훨씬 후대의 해석이고 J의 역사와는 아무런 상관도 없다. 이 본문이 서양문화에 끼친 영향을 위해 Elaine Pagels, *Adam, Eve, and the Serpent*(New York: Random House, 1988)을 보라.

은혜의 행위로 해석하는 것은 당시 시대와 상관없이 개신교의 죄와 은혜 개념을 본문에 투영해서 읽는 것이다. 가죽옷은 J 이야기의 틀 안에서 이해되어야 한다. 여기에는 이중적인 의미가 있다. 첫째는 뱀이 허물(가죽)을 벗기 때문에 영생한다는 믿음을 상기시킨다. 야훼는 인간에게 닥칠 숙명을 강조하고 인간의 번식으로 신과 같이 된다는 가정을 표시하기 위해 뱀의 간교함을 반전시키고 가죽옷을 인간에게 입힌다. 가죽옷과 관련된 두 번째 의미는 이 시점에 이르기 전에 두 인간은 마치 식물처럼 무성 생식을 하며 살았다는 것이다. [저자가 살던 세계에서는 식물은 그 안에 있는 씨앗으로 열매를 맺으며, 벌이 수분(受粉)을 한다는 생각을 못했다.] 이제 인간은 선악과를 먹음으로써 유성 생식을 하는 동물계로 바뀌었다. 그들은 나뭇잎으로 옷을 만들어 입었으나 야훼는 그 대신에 짐승의 가죽으로 지은 옷을 해 입힘으로써 그들은 이제 하나님이 복제하여 만들어낸 창조물의 처지에서 스스로 짝짓고 번식하는 창조물의 처지로 바뀌었음을 알려주었다. 그래서 이후로 여성의 음부를 드러내는 일은 용납되지 않았다.[37]

이제 인간은 신들처럼 아는 능력을 얻었으므로 야훼는 다년생 과목이 가득한 정원에서 그들을 쫓아내고 원래 인간을 창조할 때 재료로 사용했던 땅에서 일을 하게 하였다. 그룹(혼종의 짐승)과 두루 도는 화염검이 번갈아가며 생명나무를 지켰다.[38] 생명나무 열매를 먹으면 강하면서도 죽지 않는 신들로 완전히 변할 것이다. 지식을 지닌 그들은 그저 강할 뿐이다. 강제부역이란 명목으로 거두는 조세를 중단시키는 유일한 길은 강한 자(들)가 죽는 것이다.

---

37 이 옷 입히기의 단순한 신학적 해석을 넘어서는 또 다른 시도를 위해 Robert A. Oden, Jr., *The Bible Without Theology: The Theological Tradition and Alternatives to It* (San Francisco: Harper & Row, 1987), 92~105를 보라.

38 생명나무에 관한 글은 방대하며 여기서 제안한 J 이해에 도움이 된다. Helmer Ringgren, *Religions of the Ancient Near East*(Philadelphia: Westminster Press, 1973), 78~79; and Bruce Vawter, *On Genesis: A New Reading*(Garden City, N.Y.: Doubleday & Co., 1977), 68 참조.

하나님의 특권과 인간의 특권

(창 4:1~16)

그 사람은 아내 하와를 알았고 하와가 임신하여 가인을 낳자 "내가 하나님[1]처럼(『개역개정』, 으로 말미암아) 남자를 낳았다"고 말했다.

또 하와는 동생 아벨을 낳았다. 아벨은 양 치는 자였고 가인은 농사하는 자였다. 한 해가 저물 때에 가인은 야훼에게 땅의 소산으로 제물을 드렸고 아벨은 양의 첫 새끼와 기름을 제물로 드렸다. 야훼는 아벨과 그의 제물은 받았으나 가인과 그의 제물은 받지 않았다. 그래서 가인은 화가 나 얼굴을 들지 못했다.

---

1 히브리어 본문은 '야훼'라고 되어 있지만(이것이 영어로는 'lord'로 번역되었다), 칠십인역은 '하나님'을 뜻하는 *엘로힘*으로 되어 있다. 우리 히브리 성서의 기본이 되는 마소라 본문은 그리스어 번역인 칠십인역 성서보다 훨씬 후대의 본문이다. 가끔 그리스어 본문이 마소라 본문보다 더 오래되고 본래적인 형태의 본문을 간직하는 경우가 있다. 앞서 고찰한 대로 P와 E에서 세계사는 세대에 따라 나누어 구분하였고 역사의 주요 구분은 하나님 명칭에 따라 의미를 부여한다. J의 경우도 마찬가지이다. J는 일곱 세대 구조를 갖고 있으며 에노스가 태어난 때부터 비로소 사람들이 야훼라는 명칭을 사용하기 시작한다. 처음 일곱 세대 사람들이 말하는 중에 하나님을 몇 번 언급하는데, 마소라 본문에서 하와가 말한 이 문장을 제외하고는 모두 *엘로힘*이란 단어를 사용한다. 이 경우 그리스어 구약성서가 원래의 본문을 간직하고 있었음이 분명하다.

야훼께서 가인에게 말씀했다. "왜 화를 내느냐? 왜 얼굴을 들지 못하느냐? 땅의 소산이 있든 없든 죄는 입구에서 웅크리고 있는 악마이다. 그것이 너를 원하지만 너는 그것을 다스려야 한다."

가인이 그의 동생 아벨에게 말했다…… 그들이 들에 있을 때 가인이 아벨을 맞아 일어나 그를 살해했다.

야훼께서 가인에게 말씀했다. "네 동생 아벨이 어디 있느냐?"

그가 대답했다. "모릅니다. 내가 동생을 지키는 사람입니까?"

야훼가 말씀했다. "네가 무슨 짓을 했느냐? 네 동생이 흘린 피의 울부짖는 소리가 땅에서 들린다. 그러므로 땅이 입을 열어 네 손으로 흘린 동생의 피를 받았으므로 너는 땅보다 더욱 저주를 받을 것이다. 네가 땅을 경작해도 다시는 그 효력을 보이지 않을 것이다. 너는 땅에서 떠도는 방랑자가 될 것이다."

가인이 야훼에게 말했다. "내가 받을 벌이 너무 커서 감당할 수 없습니다. 당신이 나를 지면에서 쫓아내시고 내게서 얼굴과 판결의 은혜를 가리시고 나는 땅에서 유리하는 자가 되었으므로 나를 만나는 자가 나를 죽일 것입니다."

야훼께서 그에게 말씀했다. "그렇지 않다. 가인을 죽인 자는 벌을 일곱 배나 받을 것이다."

야훼는 가인에게 표를 주셨고 그로 인해 가인을 만나는 자가 그를 공격하지 못하도록 하셨다. 가인이 야훼 앞을 떠나 에덴 동편의 놋 땅에 정착했다.

아담이 하와를 알자(동침하였을 때) 하와가 임신하여 가인을 낳았다. 하와는 아들의 이름을 지으면서 이렇게 말했다. "내가 하나님처럼 남자를 낳았다." 저자는 우리에게 가인이란 이름이 *콰나*(qanah)라는 단어에서 유래하였음을 알려준다. *콰나*는 얻다, 낳다, 생산하다, 창조하다, 잉태하다, 사다 등과 같은 다양한 의미를 지니고 있다. 모든 뜻은 영어의 '얻다(get)'로 잘 통한다.[2] 그러므

---

2 J는 이 단어를 하늘과 땅 창조를 언급하는 열다섯 번째 세대에 사용한다. 가나안 여신 아세

로 가인의 이름은 무엇보다도 하나님이 창조한 두 인간이 스스로의 힘으로 하나님처럼 한 인간을 창조했다는 것을 뜻한다. 이 이름이 의미하는 바는 자명하다. 가인이란 이름의 의미는 인간이 신들처럼 행동하게 되었다는 뜻이다.[3]

콰나(*qanah*)는 우리가 영어로 '투자하다, 자본을 만들다(capitalize)'란 말을 사용할 때의 의미와 가장 근접한 단어이다. 이 동사에서 유래한 히브리어 보통명사는 가축, 양, 염소, 소유 등과 같은 매우 다양한 뜻을 지니지만 어근의 의미는 '자본(capital)'이다. 그것은 흔히 가축(cattle)을 뜻하는 데 사용되며[이 책에서 우리는 그것을 '가축(livestock)'으로 번역할 것이다] 영어의 가축(cattle)은 '자본(capital)'에서 파생한 단어이다. 가인의 이름은 J가 어원을 활용한 것처럼 그가 획득의 역사(history of acquisition)를 시작할 것임을 의미한다. 지금 우리는 자본주의에서 말하는 그런 자본형성을 말하는 것이 아니다. 더욱 많은 재산을 얻을 수 있게 해 주는 소유물이란 뜻을 지닌 어근을 사용했다는 것이다. 그래서 씨앗(seed)과 양(sheep)을 자본이라고 하는 것이다.

또 *가인*(*Qain*)은 대장장이 혹은 금속세공인을 뜻하는 히브리어이기도 하

라는 별명이 *qnyt ilm*('신들을 낳은 자')으로 알려져 있다.

3 창 4:1의 히브리어는 문자적으로 하나님과 '함께(with)'라고 적고 있다. 똑같은 표현이 나중에 J단락의 중요 구절인 출 20:23에 등장한다. "너희는 나를 비겨서(with) 은으로나 금으로나 너희를 위하여 신상을 만들지 말라." 이 구절의 '비겨서(with)'는 하와의 말에 사용된 '처럼(『개역개정』, 말미암아)'과 같은 의미이다. 인간은 선악을 앎으로써 신들처럼 되었다. 이 말이 내포하는 바는 그들이 인간을 하나님처럼, 다른 말로 하자면 신과 같은 존재로 만들지 말았어야 한다는 것이다. RSV(와 『개역개정』)의 '의 도움을 받아(말미암아)'는 지지하기 어려운 번역이다. John C. L. Gibson, *Genesis*, Volume 1(Philadelphia: Westminster Press, 1981), 143에서 다음과 같은 설명을 참고하라. "[하와]는 [하나님]만이 생명을 주실 수 있다고 생각하지 않았다. 그녀도 그것을 할 수 있었다. 그녀는 사실 하나님의 전적인 특권(욥 1:21)에 대한 도전의 예를 보이고 있는데, 이것은 뒤에 가인이 생명을 빼앗음으로써 뒤따르게 된다." 이 구절의 '함께(with)'에 관한 충분한 해설을 위해 Claus Westermann, *Genesis 1~11: A Commentary*(Minneapolis: Augsburg Publishing House, 1984), 290~92를 보라. 이 책은 나중에 번역된 그의 주석서 두 권(1985, 1986)과 함께 창세기를 상세히 연구하는 데 무한한 가치를 지닌 책이다.

다.[4] 금속세공인은 베두인과 같은 사람들이다. 그들은 집시처럼 떠돌아다니는 땜장이들이었다.[5] 그런 기술은 가인이 세운 문명의 근본인 금속을 사용하는 데 필요했다. 따라서 도시 통치자들의 관점에서 볼 때 도시 사회 구조에 통합시켜야 할 존재들이었다.[6] 다윗 시대의 팔레스타인에서 가인 족속(보통 겐 족속으로 씀)으로 부르는 이 사람들은 완전히 통합되지도 않았고 정복되지도 않았다.[7] 베두인 사회의 지파 형태는 신분의 위계질서로 표현된다. 현대의 베두인 가운데 대장장이는 노예들과 함께 사회적 위계질서의 가장 밑바닥에 위치한다. 무슬림 전통에서 베두인과 대장장이는 동시에 창조된다. 이 전통이 고대의 것이라면 J가 가인을 '대장장이'로 묘사하는 이유와 상당히 연관이 있을 것이다.[8] 목축 베두인은 전형적으로 대장장이 지파보다 사회적으로 우월하다고 생각했고 대장장이들을 천대했다. J가 겐 족속의 명예를 깎아내리는 것은 겉으로 네게브의 강력한 베두인을 우호적으로 묘사하여 관계 개선을 노렸기 때문일 수 있다. 어느 역사가는 "헤브론을 겐 족속의 주요 성소가 있는 도시로 보게 해주는 증거가 많다……. 압살롬을 왕으로 기름 부어 세운 일은 겐 집단이 수행했을 것이다"[9]라고 말했다. 만일 이 견해가 옳다면 J에서 가인과 가인

---

4 Peter Klemm, "Kain und Die Kainiten," *Zeitschrift für Theologie und Kirche* 78(1981): 391~408.

5 Frank Frick, "The Rechabites Reconsidered," *Journal of Biblical Literature* 90(1971): 279~87.

6 대장장이 왕이 J 이야기의 서두에 등장하는 것과 달리 고대 수메르 왕 목록에서는 말미에 나온다. James B. Pritchard, *Ancient Near Eastern Texts Relating to the Old Testament*, 2d ed.(Princeton: Princeton University Press, 1955), 266.

7 다음 논의를 참고하라. R. J. Forbes, *Studies in Ancient Technology*(Leiden: E. J. Brill, 1971), 8: 70~77, 88~89, and 94~95; and J. E. A. Sawyer, "Cain and Hephaestus: Possible Relics of Metalworking Traditions in Genesis 4," *Abr-Nahrain* 24(1986): 155~66.

8 Daniel Bates and Amal Rasaam, *Peoples and Cultures of the Middle East*(Englewood Cliffs, N.J.: Prentice-Hall, 1983), 263~64.

9 Saul Olyan, "Zadok's Origins and the Tribal Politics of David," *Journal of Biblical*

족속을 비방하고 있는 것은 다윗이 헤브론을 차지한 일과 J가 기록되던 시대에 다윗의 아들 압살롬이 일으킨 반란 진압을 직접적으로 반영한다. 다윗은 아말렉 족속과 맞서 싸운 것처럼 겐 족속과도 전투할 수밖에 없었다고 해명한다.

가나안 국가의 성전 건축 신화에 등장하는 대장장이는 코타르-바-하시스(Kothar-wa-Hasis)였다. 코타르는 마르둑처럼 바알을 도와 혼돈의 바다를 물리치는 데 없어서는 안 될 존재였다. 바알에게 무기를 만들어 주기 때문이다. 그는 혼자서 바알 성전을 건축하였다. 성전 건축을 명령할 수도 없으며 그렇게 하지도 않을 다윗 왕을 위해 글을 쓰고 있는 J가 최초로 태어난 사람을 살인자인 대장장이로 만든 것은 우연이 아니다. J는 일관성 있게 흙으로 쌓은 합법적인 제단과 불법적인 성전 제의를 대조시킨다. J가 대장장이를 이렇게 묘사하는 것은 앞으로 그런 대조법을 사용하겠다는 명백한 최초의 암시이다.

가인은 당연히 최초의 도시 건립자이다. 그의 도시는 아마 성전을 포함하였을 것이다. 살인과 도시 건립 둘 다 역사 가운데 도식적으로 다루어지므로 가인 출생의 의미는 에녹, 라멕, 함, 가나안, 그리고 이집트의 역사를 전체 역사 속에서 끝까지 살펴볼 때 비로소 충분히 이해할 수 있다. 사실 우리는 전체 역사가 드러나야 비로소 가인의 부모인 아담과 하와의 이야기가 무엇에 관심을 두고 있는지를 알 수 있게 된다.

가인 출생에 이어 하와는 가인의 동생을 낳고 아벨(히브리어, *헤벨*)이라고 이름을 지었다. *헤벨*은 '숨 쉬는 공기' 혹은 '숨'을 뜻한다. 전도서에는 30번 정도 등장하고 '헛됨, 허무함, 덧없음'으로 번역되고 있다. 아벨의 생애가 짧고 허무하다는 뜻이다.[10]

Literature 101(1982): 177~93 참조. 사무엘상 15:6에는 이러한 차이점이 반영되어 있다.

10 어원상 *헤벨*(*Hebel*)은 히브리어 이름이 아니며 아카드어로 '상속자'를 뜻하는 *아플루*(*aplu*)와 관련이 있다. 히브리어로 '공기(air)'를 뜻하는 단어와 영어는 이 단어와 멋진 말놀이를 만든다. 우리는 이미 이야기의 배경이 동쪽의 메소포타미아로 설정되었고 저자는

가인과 아벨은 아담의 두 아들로서 촌락을 배경으로 혼합영농을 하는 농경 문화의 두 가지 방식을 대변한다. 촌락에 사는 가정은 곡식을 심으면서 몇 마리의 양과 염소를 길렀다. 목축은 촌락생활에서 그다지 중요하지 않아서 상당히 천대받았다. 아벨은 목자로서 양과 염소를 길렀고 가인은 장자이기에 아버지처럼 땅에서 농사를 짓는 일에 뛰어들었다. 묘사된 내용은 전형적인 촌락 풍경이다. 거기서는 대개 어린 아들에게 목축을 시켰다.

'세월이 지난 후에'(창 4:3)는 이어지는 행동이 언제 벌어졌는지를 표시하지 못한다. 히브리어로는 '그 해의 말에'[11]이며 한 해 농사의 끝에 다가오는 추수기를 언급한다. 이 때 가인은 야훼에게 밭의 곡식 중 일부를 제물로 가져왔고 아벨은 가축의 첫 새끼를 가져왔다. 야훼는 아벨과 그의 제물을 열납했고(regard)[12] 가인과 그의 제물은 열납하지 않았다.

J는 야훼가 왜 하나는 열납하고 다른 하나는 열납하지 않았는지 말하지 않는다. 그 이유는 역사가 절정에 도달해야 비로소 분명해진다. 그것은 다윗 당시의 이스라엘과 이집트 사이에 존재했던 긴장을 반영한다. 이 긴장은 J의 역사 속에 이집트 국경을 넘나드는 베두인들의 운명과 삶으로 표현되어 있다. 우리는 J가 이스라엘을 베두인과 같은 정체성을 지닌 사람들로 말한다는 사실을 살펴보았다. 베두인은 목축을 전문적으로 하는 사람들인 데 반해서 이집트의 가인 족속은 땅을 경작하면서 살았다. 다른 말로 한다면 J 역사의 나중에

아카드어 전통에 따라 글을 쓰고 있음을 살펴보았다. 아벨이 가인에게 살해되었지만 이어지는 셋, 셈, 아브람의 이야기에서는 그를 대체한 자들의 계열이 가인 자손의 땅을 상속하게 될 것이다. 이런 식으로 J는 이와 같은 이중적 의미를 염두에 두었을 수 있음을 나타낸다.

11 문자적으로 '날들의 끝에.' 히브리어 *야민*(*yamin*, '날들')은 여기서 그 해를 말한다. 강우에 기초한 계절 구분법이 J에서는 아직 세워지지 않았기 때문에 그는 모호하지만 틀림없는 언어로 추수기를 언급하고 있다.

12 똑같은 단어가 J의 출애굽기 5:9("그 사람들의 노동을 무겁게 함으로 수고롭게 하여 그들로 거짓말을 **듣지 않게**(pay no regard) 하라")에 등장한다.

가인은 이집트 사람들로, 아벨은 야곱의 베두인 후손들로 다시 등장한다. 그 때 야훼가 이집트 사람들과 적대 관계에 있는 베두인들을 선택할 때 드디어 가인이 아닌 아벨의 제사를 열납했다는 이 이야기의 의미가 분명해질 것이다.

하지만 이런 이야기는 두 번째 세대의 이야기가 진행되는 동안에 전혀 알려지지 않고 있다. 그때는 야훼의 선택이 종잡을 수 없어 보였다. J의 특징적인 표현 가운데 하나는 '보시기에 은혜를 입었다'라는 것이다. 이런 표현은 하나님이 군왕으로서 드러내 보여줄 수 있는 특권을 담고 있다. 이를테면 왜 노아는 여덟 번째 세대 중 홍수에서 살아남은 유일한 사람이었는가? 왜냐하면 그는 야훼에게 은혜를 입었기 때문이다. 야훼는 하나님이다. 그래서 인간에게는 허락되지 않은 특권을 갖고 있다.

우리는 J의 역사에서 야훼가 장자를 별로 좋아하지 않는 모습을 반복적으로 볼 수 있다. 그 이유는 장자란 하나님의 창조하는 특권을 인간이 찬탈한 결과로 태어난 존재이기 때문이다. 장자는 재산의 주요 상속자이며 왕권일 경우는 통치권 상속자이다. 지배권은 자기과시적이며 극단적인 경우는 종종 강제부역으로 표현되는 경향이 있다. 궁극적으로 우리는 야훼가 강제부역에 동원된 노동자들을 구원하는 이야기 가운데 "나의 장자 이스라엘을 내가 창조하였다"라고 말씀하는 것을 듣게 될 것이다. 야훼는 인간들이 창조하는 것을 용납할 수 없다.

가인은 매우 화가 나서 얼굴을 들지 못했다. 사람은 사랑을 해주는 사람의 눈은 쳐다보지만 미워하는 사람의 얼굴은 쳐다보지 않는다. 오늘날도 우리는 "나는 이런 저런 사람은 쳐다보지 않을 거야"라고 말한다. 그러므로 가인이 얼굴을 들지 못하는 모습은 형제 관계가 와해되었다는 것과 이로 인해 생긴 모든 징후를 묘사한다. 형제간의 갈등이란 주제는 J에서 반복해서 나타날 것이다.

여기에서 예시하고 있는 것은 목자와 농부 간의 단순한 차이만이 아니라 형과 동생, 저주받은 계보와 축복받은 계보, 도시에 거주하면서 농사를 짓는 이집트 및 가나안 사람과 야곱의 후손으로서 목축을 하는 베두인(비록 아벨을 베두인으로 간주하는 것은 부적절하지만)의 다이내믹한 관계들이 빚어내는 차이이다. J에서 성공적인 형제는 장자가 아니라 모두 동생들이다. 이삭, 야곱, 요셉, 에브라임, 모세가 그렇다. 궁극적으로는 다윗(그는 막내이지만 왕권을 찬탈한 자이다)을 염두에 두고 있다.

야훼께서 가인에게 말했다. "왜 화를 내느냐? 왜 얼굴을 들지 못하느냐? 그것(땅)의 소산이 있든 없든 죄는 입구에서 웅크리고 있는 악마가 아니냐? 그것이 너를 원하지만 너는 그것을 다스려야 한다." 살인이라는 특정한 죄를 짓고 싶은 유혹이 들어왔다. 살인자는 장남이었다. 게다가 그가 물려받은 토지는 소출이 충분했다. 그래서 이 살인 행위에는 경제적으로 질투할 만한 동기가 없었다. 살인자는 피살자보다 가난하지 않았다. 이와 달리 엘리트 서기관이었던 J는 악을 하나님의 창조적 특권을 찬탈하는 행위와 결부시키고 있다.

일반적으로 에덴동산의 이야기가 교리상으로 타락의 역사라고 하지만, J는 그것을 매우 다르게 이해한다. J에게 죄란 사회적 상황 속에서 벌어진 살인을 뜻하며 J의 역사 속에서 그런 행위를 일으키고 그것 때문에 생기는 모든 일들을 뜻한다. RSV(와 『개역개정』)의 "죄가 문 앞에 엎드려 있느니라"라는 번역은 잘못된 것이다. 이 번역은 죄를 추상화하고 일반화한다. 죄는 문법적으로 여성이다. 반면 엎드려 있는 자(*로베츠*, '웅크린 자')는 남성이다. 여기에서 말하는 죄는 일종의 악마(demon)로 그려지고 있다. 문에 서 있는 악마처럼 너는 심리적으로든 마법을 사용하든, 이를테면 장식을 달든지 푸른 부적을 차든지 해서 그것을 쫓아낼 필요가 있다. 너는 조심해야 한다. 너는 대문으로 들어오고 나갈 때 조심해야 한다. J에게 죄는 보편적 상황이 아니며 또 바람직하지 않은 일련의 행동이 아니다. 그것은 쫓아버려야 하는 옳지 못한 특정한 행위이다.[13]

---

13 다윗보다 앞선 300년 동안에 히브리어 *로베츠*(*rovetz*)와 언어상 동등한 단어는 그 당시 팔레스타인의 여러 지역에서 이집트의 정치권력을 대표하는 감독관 혹은 사령관의 의미를 지녔다.

죄는 거부할 수 있다.[14] J는 아주 이념적인 문서로서 다윗이 세운 나라의 목적은 악을 이기고 저주를 축복으로 바꾸는 일이라고 생각하게 만든다.

맏아들 가인은 동생 아벨에게 말했다. "들로 가자." 들에서 함께 일을 하고 있을 때 가인은 동생을 공격하여 살해했다. 하와의 "내가 사람을 창조했다"는 말은 "내가 사람을 만들 수 있다면 죽일 수도 있다"는 의미로 확대되었다. 이 사건의 내막을 소상히 들어볼 길은 없다. 너무나 끔찍한 일이 벌어졌다. 이 사건이 일으킨 효과는 베두인이 이집트의 강제부역으로부터 구원을 받고 나서야 비로소 충분히 알 수 있다. 가인의 불의한 행동 그리고 그 후손들이 그에 버금가는 불의한 행위를 저지른 대가는 모세가 이집트 감독관을 죽이고 야훼가 바로의 장자와 더불어 이집트의 모든 초태생을 죽이는 일을 통해 바로잡아질 것이다.

J는 신정론(神正論), 즉 하나님의 정의를 보여주고 있다. 야훼는 세상에 악한 현실을 만들지 않았다. J의 신정론은 하나님의 정의를 단순하게 옹호하지 않는다. J는 악의 성격을 설명한다. J는 그것이 창조질서에 본질적으로 포함되어 있는 것이 아니라 역사가 진행되는 가운데 세상에 들어온 것이기 때문에 바로잡을 수 있다고 설명한다. J는 다윗의 나라를 중심으로 이루어질 참된 평화의 도래를 창조질서 속에 있는 그 무엇도 막을 수 없다는 점을 독자가 이해하기 원한다. 다윗의 나라에 사는 인간들은 멸망이 예정되어 있지 않았다. 역사는 옳은 것이 승리할 가능성을 안고 있다. 악에 저항하여 싸우는 싸움은 성공할 수 있다. 선은 악을 이길 수 있다. J의 낙관주의는 역사의 각 단계를 일곱 세대씩 나누고 그 일곱 세대마다 위대한 인물로 시작하는 역사적 구도를 보면 알 수 있다. (대조적으로 포로기에 작성된 P는 역사의 각 단계를 열 세대씩 나누고 열 세대마다 J와 동일한 인물들을 언급하며 마친다.) 궁극적으로 J의 낙관주의는 다윗

---

14 '그것이 너를 원하지만'이란 표현은 인간이 서로 성적인 매력을 느끼는 것처럼 죄가 인간에게 매력적으로 보이게 만든다. 창 4:7과 창 3:16을 비교하라.

왕실과 그리고 그들과 동맹을 맺은 유다 지도층의 상승세를 반영한다.

야훼께서 가인에게 물었다. "네 동생 아벨이 어디 있느냐?" 가인은 "모릅니다"라고 대답했다. 야훼의 질문은 야훼도 전혀 모른다는 소리로 들린다. 에덴동산에서도 이와 똑같이 야훼가 아담에게 "네가 어디 있느냐?"라고 질문했다. 요점은 아담이 알고 있었다는 것이다. 이것은 '알면서도' 모르는 척하는 인간을 두드러지게 만든다. 이런 표현법이 지니고 있는 복합적 아이러니가 가인의 '모릅니다'라는 대답 속에 배어 있다.

"내가 동생을 지키는 사람입니까?"라고 가인은 되묻는다. 그는 나중에 도시건설을 위해 농부들을 착취하는 면모를 여기서 보여주고 있다. 그러자 야훼께서 다시 묻고 말씀한다. "네가 무슨 짓을 했느냐? 네 동생이 흘린 피의 울부짖는 소리가 땅에서 들린다. 그러므로 땅이 입을 열어 네 손으로 흘린 동생의 피를 받았으므로 너는 땅보다 더욱 저주를 받을 것이다. 네가 땅을 경작해도 다시는 효력을 네게 주지 않을 것이다. 너는 땅에서 유리하는 자가 될 것이다." 아벨의 피가 땅에 스며들었다는 묘사는 인간 아담의 창조를 회상시켜준다. *아담*(adam)은 붉은 색을 띤 흙, *아다마*(adama)로 만들었기 때문에 붉다. 이것은 진흙이 아니고 팔레스타인의 붉은 빛깔이 도는 흙을 말한다. 이어서 이 단어의 세 번째 말놀이가 소개된다. *담*(dam)의 복수형인 *다밈*(damim)은 피 혹은 살인을 뜻한다.

아벨(이스라엘)의 '후손들'이 가인(이집트)의 후손들로부터 구원받을 때 가인의 후손을 죽인 자(모세)가 이들을 인도한다. 야훼는 가인의 후손인 이집트의 장자와 바로를 죽인다. 이처럼 평행하는 내용을 통해 J는 이집트의 강제부역이 살인이나 다를 바 없다고 주장한다. 강제부역을 이렇게 분석하는 것은 이야기가 절정에 도달할 때 인과응보로 확증된다. J의 '문화사'(9장을 보라)는 사회적으로 살인하는 문화의 역사이다. 살인 자체는 물론 문화적으로 정의되고 있다.

야훼께서 가인에게 이렇게 말씀했다. "네가 땅을 경작해도 다시는 그 효력을 보이지 않을 것이다. 너는 땅에서 떠도는 방랑자가 될 것이다."[15] 가인이 대답했다. "내가 받을 벌이 너무 커서 감당할 수 없습니다. 당신이 오늘 나를 지면에서 쫓아내시고 나에게 숨으시므로 나는 땅에서 떠도는 방랑자가 되었습니다. 누군가 나를 만나 죽이려고 하면 어떡합니까?" 이것은 단순한 피의 복수를 가리킨다. 가인과 아벨은 형제지간이기 때문에 이러한 복수는 조금 당혹스럽다. J는 왜 이 시점에서 피의 복수 문제를 내세우는 것일까? 통상적 상황에서 팔레스타인은 파벌이 아주 많은 사회였다.[16] 국가의 유대감을 세우는 데 가장 먼저 필요한 일 중 하나는 형제간이나 지파 사이의 갈등을 잠재우는 일이었다.[17] 부계 가족 내의 이익 집단이 분열하는 현상에 대한 J의 해법은 일련의 화해조치로 소상히 설명될 것이다. 대표적인 경우가 요셉과 요셉의 형들이 유다의 중재를 통해 화해하는 이야기이다. 가인이 아벨을 살해한 이야기는 강제부역에 동원된 노예가 구원받는 이야기를 통해 절정에 이르며 완전히 뒤집어진다. 구원 이야기의 배후에는 베두인 형제들의 화해가 전제된다. 그들의 직계 후손들은 화해하여 견고한 유대감을 갖고 단합하여 이집트와 맞서고 있는 이스라엘 전체이다.

J는 베두인의 입장에 서서 이 문제를 다룬다. 저자가 이스라엘에게 투영하고 있는 것은 베두인의 정체성 때문만이 아니라 베두인 사이의 형제 동맹이 지니는 특성 때문이다. 집단을 떠나고 싶은 형제는 지파를 떠나는 일보다 촌락

---

15 이렇게 추방하는 것은 베두인이 복수할 때 처리하는 방식을 반영하는 것 같다. 어느 권위 있는 연구에 의하면 베두인 가운데서 살인이 벌어지면 이에 대한 가장 보편적인 결론은 살인자가 자발적으로 망명을 하거나 아니면 그를 추방하는 것이다. Emrys L. Peters, "Some Structural Aspects of the Feud Among the Camel-Herding Bedouin of Cyrenaica," *Africa* 37(1967): 261~81.

16 팔레스타인에서 항상 벌어지는 분쟁을 후기 오토만 시대의 팔레스타인 기록들이 다루고 있다. 좋은 실례가 E. A. Finn, *Palestine Exploration Fund Quarterly* 10(1879): 33~48, 72~87이다.

17 도피성(민 35:6~34; 신 19:4~13; 수 20)은 다윗 시대로 거슬러 올라가는 제도이며 형제간이나 지파 사이의 갈등을 다루는 행정적 조치의 일환이었다.

을 떠나는 일이 더욱 힘들다. 지파는 촌락보다 훨씬 더 쉽게 분열했다. 베두인 집단의 힘은 촌락 사회보다 훨씬 더 형제간의 동맹에 기초를 두고 있었다. 베두인을 부유하게 만든 것은 바로 이것 때문이었다. 베두인 사회는 손쉽게 확장되었고 그래서 형제간의 동맹 유지에 근거하여 자본을 창출해낼 수 있었다. 반면 촌락은 똑같은 식으로 확장할 수 없었고 그래서 형제간의 이익집단 유지에 바탕을 두고 극적으로 자본을 창출해내는 것이 불가능했다. 아들들이 있고 아들마다 많은 양 떼를 목축하는 여러 형제가 동맹을 맺으면 경제력이 규합되고 목양 구역도 확장할 수 있었다. 그래서 혈연집단의 지도자는 형제간의 이익 집단을 확대할 실력을 지녔고 집단이 커지면 생산성도 증대했다. 이렇게 자식, 권력, 양 떼 그리고 부는 직접적인 연관성이 있었다. 이스라엘을 화해한 열두 아들의 동맹이라고 묘사하는 것은 도식적이며 비범하게 민족적 통일을 제시하는 것이다. 그것은 목소리를 들을 수 있는 거리에 있는 촌락 주민에게 말다툼이나 집단 싸움, 분쟁의 소리를 내지 말라고 경고한다. 그렇게 이스라엘은 자본을 중심으로 하는 커다란 집단이 된다. 우리는 다시 한번 자녀 출산과 식량생산의 주제가 나란히 진행되는 것을 본다.

야훼는 누구든 가인을 죽이면 일곱 배 이상 처벌을 받을 것이라고 선언하며 가인에게 표지를 주어 그를 보는 자가 죽이지 못하도록 조치하였다. 가인이 받은 표지는 살인자를 특별히 보호하려는 것이다. 이것은 피의 복수를 용인하지 않겠다는 정책 발표가 아니다. 그것은 팔레스타인 사회의 방식이 아니다. 하지만 이렇게 극단적으로 살인자를 보호하는 방식은 끝없이 이어지는 복수의 고리 속에서 이스라엘 사람이 동료 이스라엘 사람을 죽여서는 안된다는 다윗 왕실의 의도를 보여준다.

촌락 사회에서는 어떻게 피의 복수를 실행했을까? 부분적으로는 수직적으로 사회의 상층부까지 연결되는 동맹을 만들어서 시행하였고 또 외부 세력을 이용하여 해결하였다. 팔레스타인 정치는 귀족 정치였다. 피의 복수는 엘리트 사이에 갈등을 일으키는 귀족들이 관여하였다. 촌락 주민들은 귀족들의 고객이었다. 귀족들은 그들을 돌보아주고 자신들의 행보를 위해 그들의 정치적 지지를 이용하였다.

다윗 가문은 유일하게 지배적인 영향력을 행사하던 가문이 아니었다. 다윗은 자기 집안을 유일한 통치가문으로 내세우기 위해서 귀족들의 갈등을 극복할 필요가 있었다. J가 이 작업을 하는 방식은 이스라엘이 외부의 적대세력에 맞서 함께 연합해야 한다고 묘사하는 일이었다. 다윗 왕실이 겨냥하는 것은 상호보완적으로 대항하는 일이었다. 집단은 공동의 적에 맞서 연합해야 한다는 것이다. 그런 생각이 분할 통치를 하는 제국 정치에 대처하는 데 도움이 되기 때문이다. 그것은 지배적인 영향력을 행사하고 있는 귀족 집안의 입장에서 보면 권력 지향적 조치였다. 직접적으로 언급하고 있는 일차적 대상은 사울 가문의 복수였다. 사울 가문은 다윗이 다루어야 할 최악의 정치적 현안이었다. 그는 사울 가문이 싫어하는 자를 몸소 살해하여 마무리했다. 그들에게 복수하지 말라고 설득할 수 없었기 때문이다.[18]

가인은 야훼를 떠났고 에덴 동편의 놋, 즉 '유리하는' 땅에서 살았다. 그는 아내를 '알았고'(『개역개정』, 동침했고—옮긴이) 아내는 에녹(히브리어, *헤녹*)을 낳았다. 가인은 이제 도시 건립자가 되었다. 이 말은 농부나 목자처럼 기원을 표현한다. 그는 아들 이름을 따서 도시 이름을 지었다. 에녹의 어근은 '~의 기초(토대)에 봉헌하다'라는 뜻이다. 우리가 하누카(Hanukkah)란 말을 사용할 때 쓰는 바로 그 단어이다. 하누카는 마카비 시대에 성전을 황폐하게 한 가증한 것들을 제거한 후 성전을 다시 봉헌한 것을 기념하는 절기이다. 도시는 전형적으로 왕실 관료와 군부가 차지하는 궁전, 경제 시스템과 종교적 합법화를 나

---

18 삼하 23장. 가인과 아벨의 상황은 삼하 14:5~7에 서술된 두 형제의 이야기와 흡사하다. 이 이야기는 다윗의 감수성을 자극할 뿐 아니라 다윗의 왕실에서 유래한 다른 문헌에서는 통치에 방해되는 원수에게 개인적으로 복수하는 일을 피하기 위해 피신하기도 한다. 성서의 복수에 관한 유용한 논의를 위해 다음을 보라. George E. Mendenhall, *The Tenth Generation*(Baltimore: Johns Hopkins University Press, 1973), 69~104.

타내는 성전, 그리고 제일 큰 식량저장 시설로 이루어져 있었다. 그리고 이것을 봉헌하고 신성하게 여겼다. 그래서 에녹이란 이름은 도식적인 이야기 속에서 도시라는 제도의 신성한 합법화를 암시한다.

우리는 이제까지 이야기 형태로 제시된 J 역사의 기본적 도식을 알아보았다. 이어지는 내용은 형식적이며 아주 소상하게 구성한 도식적 역사이다.

왕실의 사고방식

(창 4:17~26)

가인은 아내와 동침하였고 아내는 임신하여 에녹을 낳았다. 가인은 도시를 건설하고 아들의 이름을 따서 도시 이름을 에녹이라고 불렀다. 에녹이 이랏을 낳고 이랏은 므후야엘을 낳고 므후야엘은 므드사엘을 낳고 므드사엘은 라멕을 낳았다.

라멕은 두 아내를 맞이하였는데 하나는 아다요 다른 하나는 씰라였다. 아다는 야발을 낳았는데 그는 넓은 땅에서 양 떼와 소 떼를 치면서 장막에 사는 자의 조상이었다. 그 아우의 이름은 유발이고 수금과 퉁소를 잡는 자의 조상이었다. 씰라는 다른 자녀들도 낳았다. 그는 두발가인을 낳았는데 그는 청동과 철로 만든 여러 가지 기구를 만드는 자이고 두발가인의 누이는 나아마였다.

라멕이 아내들에게 말하기를
"아다와 씰라여 내 목소리를 들어라
라멕의 아내들이여 내 말에 귀 기울이라
내가 내 상처 때문에 사람을 죽였고

내 상함 때문에 소년을 죽였다
가인을 위해서 벌이 일곱 배라면
라멕을 위해서는 벌이 칠십 배가 될 것이다."

첫 사람 아담이 아내와 다시 동침하여 아들을 낳았는데 "가인이 아벨을 죽였으므로 아벨 대신에 하나님이 다른 씨를 주셨다"는 의미로 이름을 셋이라 불렀다.

셋도 아들을 낳았고 이름을 에노스라 불렀다. 그때에 사람들이 야훼의 이름을 부르기 시작했다.

J의 세계사는 다음에 그려놓은 도표에 나타난 대로 스물 두 세대로 되어 있다. J의 주요 연대기 장치는 연수가 아니라 세대이다. 세대는 자식들이 승계하는 차수를 의미한다. 세대들은 일곱 세대씩 조합한 세 시대로 이루어져 있다. 일곱은 통상 전통적인 숫자지만 이 숫자가 J의 특징이다. 이런 특징은 J를 P와 비교할 때 드러난다. P도 일주일을 칠일로 계산하고 있어서 일곱이란 숫자가 중요하지만 십과 육이란 숫자가 특히 중요하다. J는 일곱 세대를 세 번 제시할 뿐만 아니라 노아의 방주에 각종 짐승 일곱 쌍을 실으며 이집트에서는 일곱 재앙을 기록하고 또 발락이 일곱 번 번제를 드린다고 묘사한다.

J의 두 번째 구도는 저주와 축복이란 말에서 찾아볼 수 있다. 열네 번째 세대까지는 저주를 받는다는 특징을 지닌다. 이 모든 것이 인간이 하나님의 특권을 찬탈한 일에 대한 하나님의 조치였다. 저주를 받아 생긴 무질서는 인간이 가로챈 특권을 발휘하지 못하도록 제한한다. 열다섯 번째 세대부터 일곱 세대가 이어지는데 그 기간에는 그때까지 존재해온 저주에 맞서 축복이 세상에 들어온다. 축복의 일차적 요소는 땅을 주는 일이다. 그것은 강제부역과 왕실 의식의 문제가 연결될 때까지 성취되지 않는다. 바로는 열여덟 번째 세대에 아브람의 베두인 후손들에게 땅(고센 — 옮긴이)을 주지만 그들을 강제부역

J의 계보와 문화

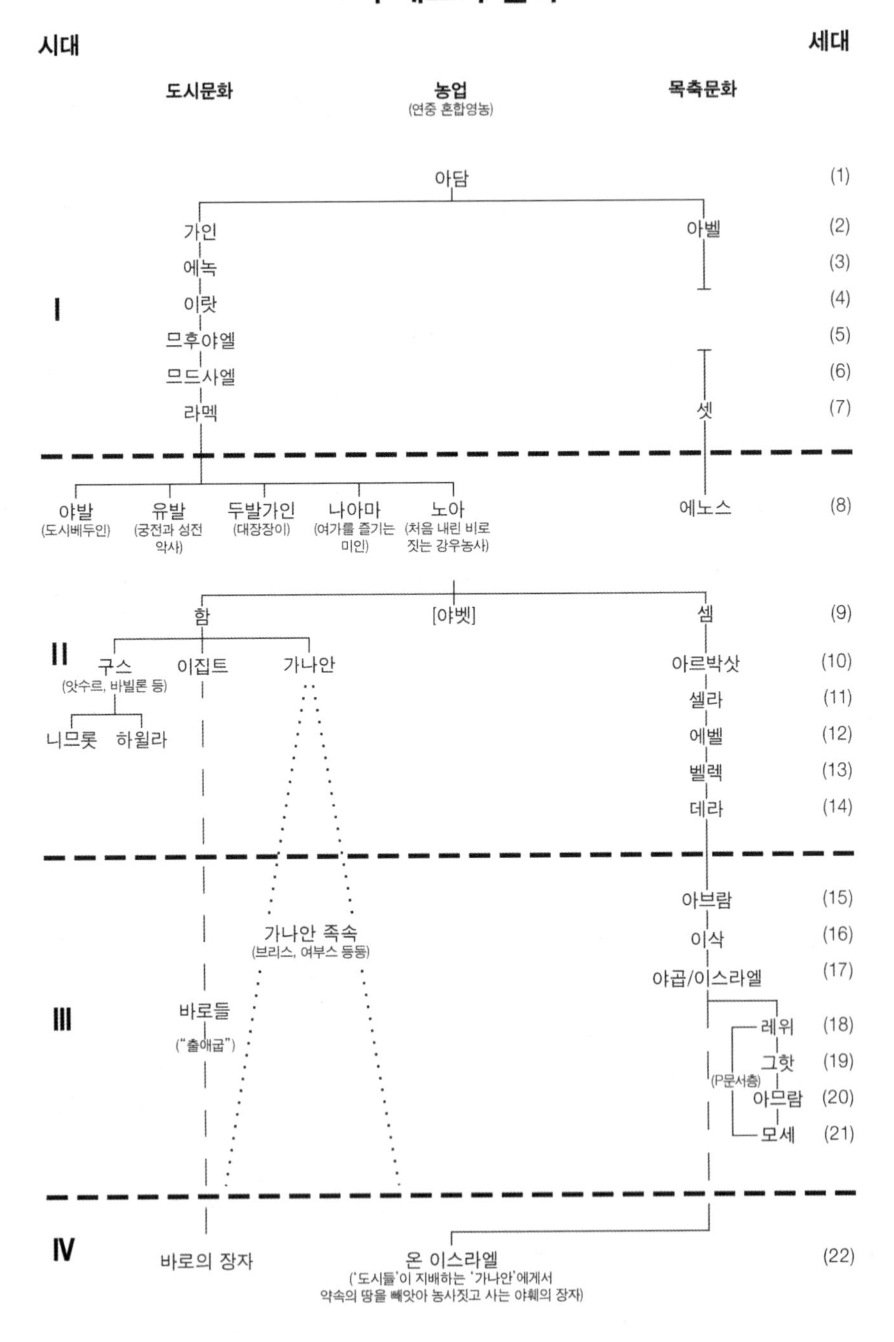

시대
세대
도시문화
농업
(연중 혼합영농)
목축문화
아담
(1)
가인
아벨
(2)
에녹
(3)
I
이랏
(4)
므후야엘
(5)
므드사엘
(6)
라멕
셋
(7)
야발
(도시베두인)
유발
(궁전과 성전 악사)
두발가인
(대장장이)
나아마
(여가를 즐기는 미인)
노아
(처음 내린 비로 짓는 강우농사)
에노스
(8)
함
[야벳]
셈
(9)
II
구스
(앗수르, 바빌론 등)
이집트
가나안
아르박삿
(10)
셀라
(11)
니므롯
하윌라
에벨
(12)
벨렉
(13)
데라
(14)
아브람
(15)
이삭
(16)
가나안 족속
(브리스, 여부스 등등)
야곱/이스라엘
(17)
III
바로들
("출애굽")
레위
(18)
그핫
(19)
(P문서층)
아므람
(20)
모세
(21)
IV
바로의 장자
온 이스라엘
('도시들'이 지배하는 '가나안'에게서 약속의 땅을 빼앗아 농사짓고 사는 야훼의 장자)
(22)

의 위기로 몰아넣고 이미 준 땅을 몰수한다. 바로 이 위기를 해결하기 위해 야훼는 스물두 번째 세대 즉 네 번째 시대를 시작하는 첫 번째 세대에 주권국가인 다윗의 나라를 세우도록 인도하여 땅 수여의 약속을 성취한다. 아담, 노아, 아브람 그리고 마지막으로 모든 이스라엘은 전부 새롭게 시작되는 세대의 주인공들이다. 이들은 각각 첫 번째 세대, 여덟 번째 세대, 열다섯 번째 세대, 그리고 스물두 번째 세대의 인물들이다.

위아래로 이어지는 세 개의 행렬은 J가 농경문화, 도시문화, 그리고 목축문화를 어떻게 도식적으로 표현했는지를 보여준다. 살인과 도시 건설에 이어 농업은 실제적으로 스물두 번째 세대인 다윗의 이스라엘 시대가 완성될 때까지 도표에서 빠져 있다. 이 도표의 왼편 행렬에 배열된 가인의 후손들은 도시중심적인 왕실문화를 나타낸다.[1] 이 문화가 대홍수에 휩쓸려 사라지자 그 행렬을 함이 차지한다. 그 자손들은 구스(메소포타미아, 창세기 11장의 위대한 도시 건설자들이 등장하는 지역), 가나안(그들의 도시문화는 땅을 차지하는 이스라엘로 대체될 것이다), 그리고 이집트(식량 저장용 도시 건설이 강제부역의 목적이다)이다. 오른편 행렬은 목축문화를 표현한다. 주요인물은 아브람이다. 목축하는 사람이므로 아벨의 후손이다. 이 행렬은 베두인 문화로 묘사된다.[2] 이것은 도식적인 표현이고 히브리어 *로에 쫀*(*ro'eh tson,* 양을 치다)은 촌락과 베두인 목자 모두

---

1 Robert R. Wilson, *Genealogy and History in the Biblical World*(New Haven, Conn.: Yale University Press, 1977), 138~58 참조. 초기 수메르 왕 목록은 홍수 직전까지 여덟 번 계승하는 왕들을 기록하고 있다. James B. Pritchard, *Ancient Near Eastern Texts Relating to the Old Testament*, 2d ed.(Princeton: Princeton University Press, 1955), 265를 보라. 이보다 늦게 우룩(Uruk)에서 출토된 한 본문은 초기 전승을 보여주는데 홍수 직전까지 계승하는 일곱 명의 왕을 기록하고 있다. 이 전승이 역사의 한 시기를 일곱 세대씩 구성하는 J 도식의 배후 전승이었을 것이다. 물론 일곱, 여덟, 아홉, 열이란 숫자가 모두 등장한다. J. Van Dijk, *Vorläufige Berichte über die Ausgrabungen in Uruk-Warke* 18(1962): 44~60을 보라.

2 B. Oded, "The Table of Nations(Genesis 10) - A Socio-Cultural Approach," *Zeitschrift für die alttestamentliche Wissenschaft* 98(1986): 14~31을 보라.

를 지칭한다.

이상적인 행렬은 도표 중앙의 농업 라인이다. 그것은 흙으로 창조된 아담을 이상형으로 제시하며 가인과 아벨이 화해하고 사이좋은 형제가 되어 살아가는 사회를 이상으로 삼기도 한다. 이러한 이상적 사회는 역사 속에서 성취되지 않는다. 역사는 좌우 바깥에 위치한 두 행렬 사이의 역동적 관계로 이루어지기 때문이다. 중앙 라인의 회복은 스물두 번째 세대에 모든 이스라엘이 약속의 땅을 소유하고 다윗이 국가를 건설할 때 비로소 이루어진다.[3] J는 이 세대가 창조질서의 원상태를 회복하는 시대이며 역사적으로 발전하여 서로가 혜택을 주고받는 시대상이며 노아부터 시작된 혼합영농을 하는 시대로 생각한다. J는 여호수아와 사사들의 역사가 없다. 그들의 역사는 신명기 역사가가 작성하고 배열한 것이다. J의 이야기는 발람의 축복으로부터 곧장 다윗 세대로 간다. 이것이 우리에게는 낯설게 보인다. 왜냐하면 우리는 성서에 기록된 대로 생각하는 것에 익숙하기 때문이다. 하지만 J가 글을 쓸 당시에 현재의 모습과 같은 성서는 존재하지 않았다.[4]

J의 구도를 전제로 이제는 가인의 직계 후손들을 자세히 살펴보자.[5] 가인의

---

3 그런 구도는 J에게서 나오지 않았다. 그것은 수메르가 메소포타미아 전승에서 항상 '성읍과 목초지'를 구분하는 방식을 연상시키며 나중에 기원전 14세기의 아마르나 서신에서도 발견할 수 있다(EA 306:30). William W. Hallo, "Antediluvian Cities," *Journal of Cuneiform Studies* 23(1970): 58 참조. 히브리어 자체는 신 28:16처럼 여러 가지 반대말을 한 쌍으로 표현하는 구절에서 '성읍'과 '들판'이란 대립되는 의미를 한 쌍으로 만드는 전통을 계승했을 것이다.

4 철기시대 그리스에서는 헤시오드(Hesiod)의 『일과 일상(*Works and Days*)』에서 볼 수 있듯이 문화의 역사가 성서와 마찬가지로 제의의 관할권과 노동에 대한 비평과 연계되어 있다. 쉽게 구할 수 있는 헤시오드의 책으로는 리치몬드 래티모어(Richmond Lattimore)가 번역한 *Hesiod*(Ann Arbor, Mich.: University of Michigan Press, 1972), 15~117을 보라. J의 페니키아 판본과 가장 비슷한 것은 비블로스의 필로(Philo)의 글에 단편으로 보존되어 있는 산추니아톤(Sanchuniathon)의 글이다. Harold W. Attridge and Robert A. Oden, Jr., *Philo of Byblos: The Phoenician History*(Washington, D.C.: Catholic Biblical Association of America, 1981).

아들 에녹(Henok)은 이랏을 낳았다. 이랏이란 이름은 *이르(ir)*라는 단어를 품고 있으며 그것은 도시를 뜻한다. 도시는 성전-궁전-곡식-창고의 중심지를 가리킨다. 이렇게 도시 건설자인 가인과 그의 아들과 손자, 에녹과 이랏은 서로 명백하게 연결되어 있다.

이 계열의 일곱 번째 세대에는 라멕(Lamek)이란 이름이 들어 있다. 이 이름은 셈족어 어원을 갖고 있지 않으며 동족어도 없고 비슷한 단어도 찾아볼 수 없다. 그러나 이와 전혀 달리 이제껏 알려진 모든 이름은 아주 잘 알려진 셈족어 이름들이다. 라멕은 임시로 사용하려고 만들어낸 이름이다.[6] 그것은 '왕'을 뜻하는 히브리어 *멜렉(melek)*을 약간 위장한 암호이다. 같은 자음을 갖고 있으면서 그 순서만 바꾼 것이다.

라멕은 두 명의 아내가 있었다. 그것은 엘리트의 특권으로 볼 수 있다. 두 명의 아내인 아다와 씰라는 셈족어 이름이다. 아다는 야발과 유발이라는 아들 둘을 낳았다. 이 두 이름과 또 다른 아들 두발가인은 '만들어내다(생산하다)'란 뜻의 *야발(yabal)*이란 단어의 형태를 변형시킨 이름들이다. 이것은 '얻다'는 뜻을 지닌 *콰나(qanah)*의 결과로 이해된다. 만약 *콰나*가 자본의 기능을 암시하는 것이라면 *야발(yabal)*은 생산기능을 말한다. 이 계열의 마지막 남성인 두발가인은 이 계열의 첫 번째 이름인 가인과 결부되어 있어서 일곱 세대씩 이루어진 첫 번째 조합을 연결시켜준다.

야발은 히브리어 본문에 기록된 대로 '넓은 땅에 장막과 자본을 가진 자'의 조상이었다. 여기서 말하는 자본은 양 떼와 소 떼이다. 이 아들은 도시의 엘리트 통치자가 아니라 이동하면서 장막에 사는 자였다. 그는 도회적인 베두인

---

5 왕실 문화를 가인에게로 소급시킨 것을 깨달은 것은 적어도 기원후 4세기 말의 어거스틴에게서 나타난다.

6 그 이름이 아카드어 람구(Lamgu)에서 유래했다고 주장하는 학자들도 있지만 이런 해석은 J의 역사에 합당하지 않다. 차라리 도시 문화를 일으킨 왕들을 가리키는 것으로 이해하는 편이 더 낫다.

족장(sheikh)이었다. 갑부이기 때문에 도시 물건을 구입할 수 있고 그래서 도시 정치에 영향을 미치는 베두인 지도자였다. 가인은 자신이 추방당한 것처럼 땅에 얽매이지 않고 이동하며 사는 자식을 낳았다. 히브리어를 읽을 수 있는 독자나 청중은 *미크네*(*miqneh*, 가축)와 *콰나*(*qanah*, 얻다)란 말을 쉽게 연결시킬 수 있다. 이렇게 우리는 첫 자식을 통해 가인이란 이름이 통속적 어원과 연결된 것을 볼 수 있고 다른 한편으로 마지막 남성의 경우는 가인이 역사적으로 '대장장이'란 어원이 있다는 사실이 눈에 띈다.

유발은 현악기와 갈대로 만든 악기인 하프와 퉁소를 다루는 자였다. 이 이름은 궁정 악사를 가리킨다. 그는 필요에 따라 혹은 기회가 주어지는 대로 이 궁정과 저 궁정을 돌아다녔다.

씰라의 자녀 중 첫째는 두발가인이다. 그는 청동과 철로 각종 기구를 만드는 자, 즉 대장장이이며 가인의 이름에 담겨 있는 대장장이 의미를 완성하는 자이다. 다른 자녀는 나아마라는 여자인데 '아름답다'는 뜻을 갖고 있다. 나아마는 나병에서 고침을 받은 아람의 군대장관 나아만을 연상하면 가장 빨리 이해할 수 있다(왕하 5장). 나아만이란 이름은 '고상하고 멋지다'는 뜻을 갖고 있다. 그가 나병에 걸렸다는 사실과 아주 대조적이다. 나아마는 신명기 28:56과 이사야 3:16~24에서 도시 문화를 저주할 때 묘사된 우아한 여인이다. 그는 엘리트 가문의 딸이며 정치적 동맹 관계를 맺는 고리 역할을 하고 정치적 이해관계에 따라 맺는 혼인동맹을 통해 계보를 완성시켜주는 존재이다.[7]

라멕은 여러 해 통치하였고 분명히 많은 업적을 이룬 왕이었다. 그러나 J는 그가 소년을 죽인 일을 아내들에게 자랑했다는 단 한 가지 사실만을 강조하여 말한다. 그는 아내들에게 이렇게 말했다. "내 목소리를 들어라, 라멕의 아내들

---

7 다음 세대에 나아마는 솔로몬이 아내로 맞은 암몬 공주의 이름이었다. 그녀는 다윗 왕가의 세 번째 통치자인 르호보암의 어머니였다(왕상 14:21, 31). J의 사회문화적 구도와 비슷한 페니키아의 경우에 관하여 Attridge and Oden, *Philo of Byblos*, 40~47; Hallo, "Antediluvian Cities," 57~67, 특히 63~65를 보라.

이여. 내 말에 귀 기울이라." 그는 자랑하고 있다. 이 모습은 하와가 하나님처럼 사람을 창조했다고 한 말의 연장선상에 있다. 하와가 사람을 창조하는 특권을 찬탈했고 가인이 사람을 죽일 수도 있다고 생각하는 것으로 끝나지 않았다. 하와와 가인의 후손인 라멕은 심지어 그럴 권리가 자기에게 있다고 아내들에게 지나치게 자랑하기까지 했다.

"내가 내 상처 때문에 사람(*이쉬*)을 죽였고 내 상함 때문에 소년(*옐레드*)을 죽였다"고 그는 말한다. 이 부분은 구약성서에서 *이쉬*(*ish*, 사람)와 *옐레드*(*yeled*, 소년)가 평행하는 단어 짝으로 나타나는 유일한 곳이다. J는 이 평행하는 단어 짝으로 이중적 의미를 전달한다. *이쉬*는 성인을, *옐레드*는 미성년자를 뜻한다. 르호보암에게 북부 지파 사람들의 호소를 거절하라고 충고하는 젊은 사람들은 그의 *옐라딤*(*yeladim*, 소년들)이었다.[8] 라멕은 자신의 적수, 즉 말하자면 압살롬과 같은 정치적 신인들을 살해했다는 뜻이다. 그러나 *이쉬*가 성숙을 의미하는 것이 아니라 단순히 남자, 즉 *옐레드*로 *이쉬*를 수식하여 자신이 살인할 당시에 젊은 남자였음을 보여주려는 의도도 엿볼 수 있다. 이것은 "내가 사람을 창조하였다"고 말한 하와의 말을 연상시킨다. 이것은 라멕의 희생자들이 젊은이였음을 강조하고 그래서 이 살인 행위가 완전히 불법이었음을 드러낸다. 이것은 사회의 최강자가 겨우 소년에 불과한 가장 약한 자를 죽인 모습을 묘사한다.

전반적으로 지배적인 화제는 살인할 권리이다. 남자든 여자든 어떻게 사람이 다른 사람을 죽일 권리가 있다고 생각할 수 있는가? 답변은 이렇다. 그럴 수 있다고 말한다면 당신은 사람들을 죽일 권리가 바로 당신에게 있다고 생각하는 것과 같다. 라멕이 아내들에게 한 말은 성과 권력의 상관성을 이어간다. 그가 살인할 힘이 있다는 것을 아내들에게 말하고 있기 때문이다. 어린 소년

---

8 Patrick D. Miller, "Yeled in the Song of Lamek," *Journal of Biblical Literature* 85(1966): 477~78.

이 라멕에게 대들자 라멕은 그를 죽임으로써 도시에 거주하는 통치 엘리트의 전형적 태도를 드러냈다.

라멕이 지나친 행동을 했다는 사실은 "가인을 위해서 벌이 일곱 배라면 라멕을 위해서는 벌이 칠십 배가 될 것이다"라는 말에 잘 강조되어 있다. 이 표현은 왕실의 과도한 권력행사를 표현하는 전형적인 문구이다. 눈에는 눈, 이에는 이. 이와 같은 동해보상법(*렉스 탈리오니스, lex talionis*)은 인과보응 이론이 지나치게 적용되지 않도록 제한하는 법이다. 흔히들 이 법을 잔인한 법이라고 생각하지만 사실은 지나친 인과응보를 절제시키려는 것이 목적이었다. 복수하려는 자는 촌민 가운데 한 명이 저지른 범죄에 대한 벌로 촌민 열 명을 죽이고 싶은 유혹에 빠진다. 동해보상법은 이런 지나침을 거부하고 한 사람의 목숨 값으로 단 한 사람을 처벌하면 충분하다는 법이다.

도시 문화는 야훼가 가인에게 보호 표지를 주어 복수의 의지를 꺾으려는 시도로 생겼다. 이야기가 이 지점까지 진행하는 동안 복수는 통제 불능이었다. 왕실 문화는 고질적인 복수를 통제해야 했다. 도시의 왕실 문화를 이렇게 드러낼 때 도시 문화는 모든 사람의 복수를 최악의 상태로 부추기는 문화이다. 가인과 함 계열은 아브람, 이스라엘, 유다 그리고 다윗 계열을 돋보이게 해준다. 왕은 스스로 도가 지나친 복수를 드러내놓고 조장한다. 대조적으로 사무엘상에서 다윗은 적대자들을 관대하게 다룬다. 거기서 다윗은 라멕처럼 악한 짓을 전혀 하지 않았음에도 불구하고 어쩔 수 없이 곤경에 처한 그저 불쌍한 사람으로 묘사된다. 다윗은 사울은 물론이고 그의 가족이나 신하들에게 복수의 손길을 뻗는 일을 어떻게든 피하려고 했다. 그들이 저항할 때만 죽였다.

아담과 하와는 이 역사 속에서 장수했다. 이제 일곱 번째 세대에 이르러 하와는 자식을 낳고 셋이라고 이름을 지었다. 아벨의 희생을 추모하여 "아벨 대신에 하나님이 다른 씨를 주셨다"고 결론지었다. (히브리어로 '주다'는 단어는 *셋*과 같은 소리가 난다.) 다른 말로 하자면 가인 계열의 라멕이 태어난 것과 비슷하게 아벨을 대신하는 새로운 아이가 탄생한 것이다. 가인은 지배자를 대표하고 아벨은 피지배자를 대표한다. 하와는 피지배자의 의미를 분석적으로 고찰하고 인간은 자신의 삶을 통제하지 못한다는 결론을 내렸다. 하와가 하나님처럼 사람을 창조했다는 처음 진술과 달리 사람은 삶과 죽음을 마음대로 하지 못한다. 하와는 아벨을 대신해서 이 아이를 주신 분은 하나님임을 인정했다. "하나님이 내게 …… 주셨다." 그녀는 새로운 수준의 의식에 도달했다.

셋은 아들을 낳고 에노스라 불렀다. 에노스는 아담과 똑같은 의미를 지닌다. 이 아이는 새로운 종류의 사람이며 그는 이 새로운 의식을 갖고 태어난 첫 번째 사람이며 여덟 번째 세대의 첫 인물이란 뜻이 내포되어 있다. J는 두 번째 조합의 일곱 세대가 시작했다는 사실을 사람들이 이때부터 야훼의 이름을 사용하기 시작했다는 말로 분명하게 구분한다.

P에서 유래한 창세기 5장의 족보에는 아홉 번째 세대에 또 다른 라멕이 나타난다. 그는 아담의 아들인 셋의 자손이다(창 5:25). J의 라멕은 가인의 자손이었다. P가 가인과 셋의 계보를 이해하는 방식에 따르면 이 두 명의 라멕이 서로 다른 인물이다. P가 제시한 셋의 계보 속에서 노아는 라멕의 아들로 나타난다(창 5:28~29). 이미 알려진 것처럼 J는 셋의 계보를 갖고 있지 않다. 만일 J에서도 노아가 라멕의 아들이라면 이 라멕은 가인의 자손이었을 것이다. 그럴 경우 노아는[9] 가인의 여덟 번째 세대 후손이 된다.

---

9 창 5:29는 P의 셋 계보에 들어있는 J의 단편이다.

강우 농업의 시작

(창 5:29; 6:1~10:7, 일부)

라멕은 아들을 낳아 노아라고 이름 짓고 "이 아이는 야훼께서 저주한 땅에서 우리의 할 일과 우리 손으로 하는 일의 고통에서 쉬게 해 줄 것이다"라고 말했다.

사람이 땅 위에서 많아지면서 딸들도 태어났다. 하나님의 아들들이 사람의 딸들이 아름다운 것을 알았다. 그래서 자신들이 좋아하는 모든 여자를 아내로 삼았다.

야훼께서 말했다. "내 바람이 …… 사람에게 영원히 머무르지 않을 것이다. 그들이 육체가 되었으므로 그들의 생애는 일백이십 년을 넘지 못할 것이다."

그 당시에 땅에는 장대한 외모의 엘리트 용사들이 있었다. 이는 하나님의 아들들이 사람의 딸과 관계를 갖고 아들들을 낳았기 때문이다. 이 아들들은 오랜 도시 엘리트 용사들이었고 명성을 떨치는 자였다.

야훼께서 땅 위에서 벌어지는 사람의 죄악이 심각하고 마음으로 생각하고 계획하는 모든 것이 그저 악할 뿐임을 보았다. 그래서 야훼께서는 땅 위에 사람을 만든 것을 후회하고 근심했다. 그래서 야훼께서 말했다. "내가 창조한 사람을 사람부터 짐승, 벌레, 공중의 새까지 지표면에서 쓸어버릴 것이다. 이는 내가 그들을 만든 것을 후회하기 때문이다."

하지만 노아는 야훼가 보시기에 은혜를 입었다. 야훼께서 노아에게 말했다. "너와 네 온 식구는 거대한 방주로 들어가라. 이 세대 가운데 내가 은혜를 베푼 사람은 너뿐이기 때문이다. 모든 정결한 짐승 가운데 종류별로 암수 일곱씩을 취하라(세 쌍에 희생제사용으로 하나를 더한 수). 그리고 부정한 짐승 가운데서 종류별로 암수 둘씩 취하라. 또한 하늘의 새 중에 종류별로 일곱을 취하여 온 땅 위에 종자를 살려두라. 왜냐하면 칠 일 후에 내가 땅 위에 사십 일 밤낮으로 비를 내려 지표면에서 살아 있는 모든 것을 쓸어버릴 것이기 때문이다."

노아는 야훼께서 명령한 대로 했다. 노아는 자기 아들들과 자기 아내 그리고 며느리들을 데리고 방주로 들어갔다. 정한 짐승과 부정한 짐승, 새와 벌레도 지정한 수효대로 노아와 함께 방주에 들어갔다.

칠 일이 지나고 비가 사십 주야를 땅에 내리자 야훼께서는 노아를 들여보내고 (방주의) 문을 닫았다. 물이 많아져 방주가 땅 위로 떠올랐다. 코로 생명의 호흡을 하는 육지의 모든 것이 죽고 야훼는 지면에서 살아가는 모든 생물 곧 사람, 가축, 벌레, 하늘의 새를 쓸어버렸다. 모든 것이 지면에서 쓸어버림을 당하는 동안 노아와 함께 방주에 탄 것은 사람이든 짐승이든 살아남았다.

하늘이 개고 물이 땅에서 점차 줄어들었다. 사십 일이 지나서 노아가 방주에 낸 창문을 열고 물이 지면에서 얼마나 줄었는지 보려고 비둘기를 날려 보냈다. 비둘기는 발붙여 쉴 곳을 찾지 못하고 방주의 노아에게 돌아왔다. 그가 손을 내밀어 비둘기를 받아 방주 안으로 들였다. 그는 칠 일을 기다렸다가 다시 방주에서 비둘기를 날려 보냈다. 저녁때에 비둘기가 부리에 올리브 나무 가지를 물고 오자 노아는 땅에 물이 줄어든 줄을 알았다. 다시 칠 일을 기다렸다가 비둘기를 날려 보냈는데 돌아오지 않았다. 노아는 방주 뚜껑을 열었고 지면에 물이 다 마른 것을 보았다. 노아가 아들들과 아내와 며느리들과 함께 방주에서 나왔다.

노아는 야훼께 제단을 쌓았다. 그는 각종 정결한 짐승과 정결한 새를 한 마리씩 잡아 번제로 제단에 드렸다. 야훼께서 그 향기로운 냄새를 맡고 속으로 생각하였다. "다시는 내가 사람 때문에 땅을 저주하지 않을 것이다. 사람이 마음으로 생각하는 바가 아무리 악해도 전에 행하듯이 살아 있는 생물을 다시는 멸하지 아니할 것이다. 그러므로 땅에서 매년 씨 뿌리는 일과 추수하는 일, 추위와 더위, 늦여름과 이른 가을, 이 모든 것이 그치지 않을 것이다."

방주에서 나온 노아의 아들들은 셈, 함, 야벳이었다. 함은 가나안의 아버지였다. 농사꾼인 노아는 포도나무를 심은 최초의 사람이 되었다. 노아는 포도주를 마시고 취하여 자기 장막 안에서 벌거벗은 채 누워 있었다. 가나안의 아비가 될 함이 아버지 노아가 벗은 것을 보고 밖에 있는 형제들에게 이야기하였다. 셈과 야벳은 겉옷을 가지고 어깨에 메고 뒷걸음으로 들어가 벌거벗은 아버지를 덮어 주었다. 그들이 얼굴을 내밀었으나 아버지의 벌거벗음을 쳐다보지는 않았다. 노아가 술에서 깬 뒤 둘째 아들이 저지른 소행을 알게 되었다. 그는 맹세하였다. "가나안은 저주를 받을 것이고 형제들의 종이 될 것이다." 그는 덧붙여 말했다. "셈의 하나님 야훼는 복이 있다. 가나안은 그들의 종이 될 것이다."

(함의 아들은 구스, 이집트, 붓, 가나안이었다. 구스의 아들은 스바, 하윌라, 삽다, 라아마, 삽드가였다. 라아마의 아들은 스바와 드단이었다.)

라멕은 여덟 번째 세대를 이어가는 아들을 낳아 노아라고 이름 짓고 이렇게 말했다. "이 아이는 야훼께서 저주한 땅에서 우리 손이 하는 수고와 노동에서 쉬게[1] 해 줄 것이다." 계보 도표로 표시했듯이 노아는 도시 문화에 속한 사람들과 형제였다. J는 그의 이름이 '경감,' '위안'을 뜻한다고 말한다. J의 구도로 볼 때 이것은 노아가 차지하는 의미를 직접적으로 전해준다. 노아가 일반적으로 '홍수'로 알려진 사건과 상관이 있지만 J가 볼 때 이것은 강우농업을 시작한 자라는 역할에 비추어 볼 때 이차적이다. P는 홍수에 대해 많은 말을 하지만 J

1 J는 히브리어 *야나헴*(*yanahem*)이 노아의 히브리 이름인 *노흐*(*noh*)를 암시하는 것으로 이해한다.

의 '홍수' 이야기는 짧고 엄청난 폭우로 언급한다. 그래서 J는 '*게셈*(*geshem*, 비)'이란 말을 사용한다. 이 폭우가 갖는 의미는 J의 역사에서 이것이 최초로 내린 비라는 데 있다. J는 폭우 끝에 야훼께서 계절을 만들었다고 말한다. 그것은 팔레스타인에 여덟 번째 세대에 이르러 비가 내리는 계절적 특성이 생겼음을 알려준다. 우기에 내리는 비는 태초의 기쁨의 과수원(에덴동산 — 옮긴이) 바깥에서 포도나무와 같은 다년생 농작물 재배를 가능하게 해 주었다.[2] 땅이 저주를 받았으므로 사람들은 고통을 겪었다. 에덴동산 밖에서 농사를 계속 짓기 위해 가인은 동쪽과 서쪽—나중에 이집트가 태어나는 곳—으로 농업을 관장하고 밭에 물을 공급하는 관개시설을 통제하는 도시를 건설해야 했다. 국가가 운영하는 관개시설은 여러 세대에 걸쳐 흘린 농민들의 피땀으로 건설되었다. 이제 새로운 조합의 일곱 세대가 시작되는 처음이며 여덟 번째 세대에 등장한 노아의 삶은 고도로 조직화된 국영 농업을 위해 일하는 고통에서 벗어나게 해 줄 것이다.[3] 포도농사, 포도원 경작은 상대적으로 할 일이 적은 농사이다. 계절별로 일감이 적다는 뜻이 아니라 허리에 무리를 주는 노동의 정도와 농부가 농산물을 다듬는 일과 비교해 볼 때 그렇다는 뜻이다. 쟁기질과 추수하는 일은 엄청나게 힘든 작업이다. 포도농사는 일단 포도나무를 심고나면 그렇게까지 힘든 중노동을 하지는 않는다.[4] 노아의 이름은 포도재배를 통해 얻은 포도주가 긴장을 완화시켜주고 회복 효과가 있다는 또 다른 의미를 가리킨다. 하지만 노아 시대에 내린 비에 의존하여 짓는 포도원 농사가 제공하는 주요 위안

---

2 "네가 들어가 차지하려는 땅은 네가 나온 애굽 땅과 같지 아니하니 거기에서는 너희가 파종한 후에 발로 물 대기를 채소밭에 댐과 같이 하였거니와 너희가 건너가서 차지할 땅은 …… 하늘에서 내리는 비를 흡수하는 땅이요"(신 11:10~11).

3 노아는 우리의 도표에서 아담의 바로 밑에 위치한다. 두 사람 다 다년생 농사를 짓기 때문이다.

4 최근에는 팔레스타인 농부가 포도원을 정기적으로 갈아엎는 것이 관찰되고 있다. 포도원에서 이루어지는 노동에 관해, Oded Borowski, *Agriculture in Iron Age Israel*(Winona Lake, Ind.: Eisenbrauns, 1987), 102~14.

은 생산자가 토지를 보유한다는 점이다. 농사를 짓는 경작지는 변함없이 국가 소유이지만 포도원은 사유 재산으로서 개인이 소유했으며 이 시점까지 인류 사회에 알려져 있지 않은 소유권 보장을 나타낸다(왕상 21:1~3; 미 4:1~4와 비교하라).

그러나 노아는 자기 아버지 라멕이 암시하는 왕권과의 연관성을 피하지 못한다. 포도재배는 다윗의 첫 번째 도성이었던 헤브론 부근의 땅에서 항상 상당히 많이 이루어지는 농사였다. 헤브론에서 놀랄 정도로 풍부하게 생산되는 포도는 J 전승(민 13:22~24)부터 기원후 19세기까지 언제나 문서에 기록될 정도이다.[5] 포도나무에서 나오는 포도주는 이슬람 시대 이전의 팔레스타인에서 왕실의 중요한 수출품으로 유명했으며 거의 모든 시대에 걸쳐 왕실이 가장 많이 소비하는 품목 가운데 하나였다. 가장 중요한 것은 노아가 메소포타미아 홍수 신화의 생존자인 *아트라-하시스*에 상당한 인물이라는 점이다. 다른 수식어가 필요 없이 그는 왕이었다.[6]

노아의 출생에 이어 J는 일곱 번째 세대와 여덟 번째 세대의 상황을 묘사한다. J는 신과 인간의 결합을 다루는데 그것은 창조주와 피조물 사이의 경계를 무너뜨리는 일이었다. 이런 혼합을 지켜본 야훼는 그의 *루아흐*(*ruah*, 바람 혹은 영)가 사람과 영원히 다투지 않을 것이라고 말했다. '다투다'는 RSV의 대담한 번역이다. 여기서 말한 히브리 단어의 의미는 알려져 있지 않다. 하지만 이 구절이 전하는 일반적인 의미는 분명하다.

---

5 C. Warren, "Hebron," in *A Dictionary of the Bible*, ed. J. Hastings(Edinburgh: T. & T. Clark, 1899), 2:339: "울창하게 심어진 포도밭은 언덕과 계곡을 덮고 있고 팔레스타인에서 최고의 포도를 생산해낸다. 올리브나무와 과일나무를 심은 과수원도 많다." 또한 Yehuda Karmon, "Changes in the Urban Geography of Hebron During the Nineteenth Century," in *Studies on Palestine During the Ottoman Period*, ed. M. Ma'oz(Jerusalem: Magnes Press, 1975), 70~85.

6 Wilfred G. Lambert and A. R. Millard, *Atra-Hasis: The Babylonian Story of Flood*(Oxford: Oxford University Press, 1969), 9~10.

당시에 *네피림*(nephilim)이 땅 위에 있었다. *네피림*은 '떨어진 자들'과 같은 의미를 지니지만 떨어져 죽었다는 의미가 아니다. 그들은 오히려 여가시간을 즐기면서 누워있는 자라는 뜻이며 아모스 6:1~6의 엘리트와 같은 존재들이다. 동사 '떨어지다(to fall)'은 때로 창세기 25:18이나(RSV의 관주 참고) 사사기 7:12의 미디안과 아말렉 사람처럼 '장막을 치다' 혹은 '흩어져 살다'를 뜻한다. RSV는 히브리어 *네피림*을 민수기 13: 32~33에서 비교하듯이 전통적인 '거인들'로 번역한다. 이것은 이 단어의 부분적인 의미일 뿐이다. 네피림은 과거의 신화 속에서 권력을 휘두르는 존재들이란 의미의 거인들이다. 이것은 J와 마찬가지로 정치적 의미를 지닌 신명기역사의 서두에 상세히 언급되어 있다. 신명기전승(D)에 따르면 모압과 암몬 왕국의 수호자들은 아낙 족속처럼 거인들이었다. 바꾸어 말하면 네피림의 후손들이었다(신 2:10, 21; 민 13:33).

사실 전쟁 용사들은 그들이 지배하는 평민보다 체구가 상당히 큰 편이었다. J의 개념에 따르면 이 거대한 아낙 족속 중 세 집단이 다윗 이전에 포도나무가 많았던 헤브론 지역을 지배하고 있었다. 헤브론의 거인 통치자들의 조상이 물에 빠져 죽은 일과 헤브론 지역 농업에 매우 중요한 포도농사가 시작된 일의 연관성은 둘 다 역사상 최초로 내린 폭우의 결과이다. 그것은 우연의 일치가 아니다. 이것들은 J가 문서자료를 통해 모방하고 있는 도시의 전통적 '홍수' 역사에 직접 첨가한 두 가지 요소이다. 둘 다 다윗이 헤브론에서 왕으로 통치하는 현실을 직접적으로 반영하고 있다. 농업은 정착을 암시하므로 J의 포도농사로 표현된 편안한 농사를 통해 J의 청중인 베두인 엘리트에게는 다윗 국가에 동조하게끔 호소하고, 신분상승을 꿈꾸는 다윗의 추종자들에게는 다윗이 헤브론 지역에 나눠준 토지소유권의 혜택을 누리라고 말한다. 헤브론 지역의 포도농사는 농사를 지어 재산을 불릴 수 있는 가장 중요한 원천이었다.

J는 이들의 거대한 외모 이상의 것에 관심을 기울이고 있다. J는 그들의 *셈*(*shem*, '이름')에 관심이 있다. 그런 '이름'의 의미는 역대기하 26:8에서 찾아볼 수 있다. "암몬 사람들이 웃시야에게 조공을 바치매 웃시야가 매우 강성하여

이름(*셈, shem*)이 애굽 변방까지 퍼졌더라." 역대기서 저자는 나중에 다음 내용을 덧붙인다. "또 예루살렘에 재주 있는 사람들에게 무기를 고안하게 하여 망대와 성곽 위에 두어 화살과 큰 돌을 쏘고 던지게 하였으니 그의 이름이 멀리 퍼짐은 기이한 도우심을 얻어 강성하여짐이었더라."(대하 26:15)

하나님의 아들들이 사람의 딸과 관계를 갖고 *깁보림*(*gibborim*)이라고 하는 자식들을 낳았다. 이 말은 위대한 전쟁용사를 뜻하며 J는 '유명한 사람들'(『개역개정』, '명성이 있는 사람들')이라고 부른다. 이것은 악명 높은 전사 집단 혹은 전쟁용사 계층을 일컫는다. 그들이 유명한 까닭은 능력이 있고 신과 인간의 범주를 혼란스럽게 만드는 사람들의 특징을 지녔기 때문이다. 그것은 하와가 가인을 낳을 때 마치 하와가 야훼와 직접 관계를 맺기라도 한 것처럼 말했던 바로 그 생각이 실현된 것이다. 이질적인 종이 결합하여 새로운 형태의 사람을 만들어냈다는 것이다.

야훼는 땅 위에 사람이 저지르는 악이 엄청나고 마음으로 생각하여 계획하는 것도 항상 악한 것을 보았다. 여기서 핵심어는 *예체르*(*yetser*, '계획')이다. 왜냐하면 야훼는 이 *예체르*를 최초의 인간을 지었을(*야차르, yatsar*) 때 보여준 인간 창조의 특권이 침해당한 것으로 보았기 때문이다. 하나님이 행한 *최초*의 행위는 흙으로 무엇인가를 만들어 내는 *야차르*(*yatsar*)였다. 지금 이 하위의 남성 신들과 사람의 딸들은 마치 야훼처럼 임신하는 일에 개입하였다.

J는 야훼가 심적 고통을 겪었다고 말한다. 야훼는 사람들에게 고통(*에체브, etsev*)을 부여했으나 이제 이 사람들이 자신과 똑같은 창조물을 만들어내고 있으므로 이것이 야훼를 고통스럽게 만들었다(*에체브*). 그 고통은 신과 사람의 구분이 허물어졌기 때문에 생겼다. 야훼는 또 다른 계획을 고안해냈다. 신적 존재로서 야훼는 사람이 이 범주 사이의 구분을 폐지함으로써 자신에게 임한 이 고통을 쫓아낼 것이다.

J의 역사는 운명적으로 결정된 것도 아니고 예정된 것도 아니다. 역사적 발전 양상에 따라 야훼가 펼쳐가는 역사이다. 현대적 용어로 말한다면 야훼는

과정신학자의 하나님이다.[7] 악에 대처하는 일은 역사적 과정 속에 있다. 악을 제거하기 위해 기계적으로 움직이는 하나님이란 존재하지 않는다. J는 오늘날 우리가 실제로 알고 있는 그런 역사를 다루고 있다. 그에게 야훼는 느낄 줄 아는 마음, 즉 긍휼한 마음을 갖고 있는 하나님이며 역사에 영향을 주고받는 그런 하나님이다. 이 하나님이 이집트에서 강제부역에 시달리는 베두인 노예에게 애끓는 마음으로 구원을 베푸실 하나님이다. 그분은 E나 P에서처럼 곤경에 처한 베두인의 살려달라는 외침을 듣고 깔끔하게 개입하시는 하나님이 아니라 J에서 "내가 그들의 고통을 알았다(know)"라고 말씀하는 하나님이다. 하나님의 열정은 J 신학의 독특한 특징이며 본질에 속한다. 이것은 야훼께서 "모세야, 내가 네 고통을 안다"라고 말씀하면서 노예감독관을 살해한 모세에게 다가가던 스물한 번째 세대에 다시 나타날 것이다. 여덟 번째 세대에 이르러 처음으로 고통을 아시는 하나님의 능력이 계시되고 있다.

노아 시대에 사람들이 느낀 고통처럼 베두인 노예들이 경험한 고통은 이와 똑같은 방식으로 바로가 신과 인간의 범주 구분을 폐기함으로써 생긴 것이었다. 바로는 신으로 행세하였다. 하와와 아담이 가인의 이름을 지을 때 신처럼 행세했듯이 말이다. 그리고 다시 가인은 아벨을 죽임으로써 신으로 행세하였다. 바로는 이렇게 말했다. "나는 야훼를 모른다. 야훼가 누구냐?" 바로는 출산을 제한하는 권력을 휘두를 줄은 '알았으나' 야훼도 모르고 고통도 몰랐다. 그는 따끔한 교훈이 필요했다.

야훼는 노아의 출생을 통해 인류에게 위로를 안겨주려고 했다. 그런데 지금 야훼는 인간을 창조한 일을 후회한다. 여기서 노아의 이름은 말놀이를 한다. 글자 그대로 야훼는 노아와 함께 '위로를 받았다.' 인류를 지은 일을 후회하기

---

7 J의 야훼가 보여준 특성을 경험적으로 파악한 내용은 마커스 코넬리(Marcus Connelly)의 연극 〈푸른 초장(The Green Pastures)〉(1930)에 연출된 적이 있고 이를 바탕으로 만든 영화는 1930년대에 흑인 회사가 제작하였다. 둘 다 로어크 브랫포드(Roark Bradford)의 *Ol' Man Adam an' His Chillun*(1928)에서 따온 것이다.

는 했어도 한 사람은 살려두기로 한 것이다. "내가 창조한 사람을 지표면에서 쓸어버릴 것이다. 이는 내가 그들을 만든 것을 후회하기 때문이다." 이렇게 야훼는 결론을 내렸다. 하지만 노아는 은혜를 입었다.

왜 노아가 야훼께 은혜를 입었는지 아무런 이유도 제시되어 있지 않다. J에서 야훼의 선택은 매우 임의적인 것처럼 보인다. 반면에 P는 그가 신앙적인 사람이라고 설명한다. 사실 J에서 라멕의 아들 노아는 모호한 인물이다. 그는 함이라는 또 다른 모호한 인물의 아버지이다. 노아에게는 야훼가 선택할 만한 어떤 특별한 장점이 전혀 없었다. 야훼는 신이므로 절대주권자로서 원하면 무엇이든 할 수 있다. 이 임의성이 나중에 특별히 모세를 선택한 사실을 돋보이게 만든다. 그때는 야훼가 그를 선택해야만 하는 아주 분명한 이유가 있었다.

J의 역사는 무엇보다도 야훼의 역사이다. J가 야훼에 관해 아는 사실은 야훼가 역사 속에서 창조한 모든 것을 통해서이다. 야훼가 역사 속에서 세상을 어떻게 계속 창조해 가는지에 관한 이 역사는 야훼가 누구이며 야훼가 무엇을 대변하고 무엇을 부정하는지를 알아가는 방식의 역사이다. 우리는 인간을 축복하는 일이 야훼를 창조주로 인정하는 가장 특징적인 일임을 보게 될 것이다. 반면에 저주를 받은 세대에서는 인간이 스스로 신처럼 창조하는 행동들을 저지른다. 노아와 아브람은 말하자면 야훼의 특징을 엿볼 수 있게 해주는 창문인 셈이다. 노아가 은혜를 입은 것처럼 우리는 아브람이 위대한 사람도 아니고 의로운 사람도 아니지만 야훼가 축복하였기 때문에 부요해진다는 사실을 알게 될 것이다. 히브리어 표현대로 그의 이름은 자신의 능력보다 야훼에 의해 위대해진다. J의 역사 속에 나타나는 이 핵심 인물들은 스스로 일군 업적 때문이 아니라 그들이 다윗의 위대한 국가 신인 야훼를 드러내주기 때문에 기록된 것이다.

J가 인간의 창조 기사를 작성할 때 다윗의 궁전이 물려받은 메소포타미아 서기관 전승에서 약간 벗어났으나 이제 이곳의 폭우 전승을 기록할 때는 그 전승을 유지하였다. 사실 그 전승의 일부는 J가 히브리어로 거의 변경 없이 옮겨

적을 정도로 아주 잘 알려져 있었다. J가 끄집어낸 전승들 가운데 홍수 이야기는 질서를 창조하는 이야기이다. 홍수는 사회정치적 무질서를 상징한다. *아트라-하시스*와 J의 폭우 이야기는 평행하는 점들이 있고 어떤 곳에서는 두 이야기가 거의 똑같다. *아트라-하시스*에서 홍수가 갖는 사회적 함의는 홍수가 차오르는 것같이 농민이 반란을 일으킨다는 것이다. J는 자신의 폭우 이야기에서 이 주제를 발전시키지 않고 스물한 번째 세대에 숩 바다 사건에서 '홍수'를 기록할 때까지 보류한다.

J의 역사 속에서 반복되어 나타나는 다른 주요 주제는 노아가 제단을 쌓을 때 소개된다. 이 제단은 역사상 최초로 쌓은 것이다. 제단 건립은 두 번째 조합 일곱 세대의 첫 세대에 이루어졌다. J가 제단 규정을 언급하는 시내 산 단락에 이 때 처음으로 반포한 규정은 성전이나 기념비적 제단이 아니라 조상들처럼 "너희는 흙으로 제단을 쌓으라"는 것이다. 이것이 제단 주제가 지향하는 요점이다.

노아는 자신이 구한 짐승을 잡아 제사를 드렸다. 야훼는 이것을 흠향하고 "사람이 마음으로 생각하는 바(*예체르*, *yetzer*)가 아무리 악해도 전에 행하듯이 다시는 멸하지 아니할 것이다"라고 말한다. 야훼는 비를 창조했기에 그것이 다시는 사람을 멸하지 않도록 강우에 모종의 제한을 둘 필요가 있었다. 그의 계획은 "땅에서 매년 씨 뿌리는 일과 추수하는 일[가을과 봄], 추위와 더위[겨울과 여름, 혹은 우기와 건기], 늦여름과 이른 가을[건기의 끝과 우기의 시작], 이 모든 것이 그치지 않을 것이다"라는 것이었다. 이 단어 짝은 팔레스타인의 강우 패턴에 초점을 맞추고 있다. 이렇게 통제된 계절 패턴은 재난으로 변한 강우 이야기의 일차적인 결과이다.

노아는 계절을 활용하여 포도원을 만들었다. RSV(와 『새번역』)가 창세기 9:20을 번역한 것은 적절치 않다. 노아는 땅을 경작한 최초의 인물이 아니었다. 아담이 최초의 인물이었다. 이 구절은 이렇게 번역해야 한다. "농사꾼인 노아는 포도나무를 심은 최초의 사람이 되었다."[8]

노아가 장막에 벌거벗은 채 누워 있는데 가인의 혈통을 이어받은 노아의 장자 함은 우연히도 아버지의 벌거벗은 모습을 '보았다.'(고대 지중해 지역에서 포도주는 남자의 정력을 강화시켜주는 것으로 믿었다.)[9] J에서 만나는 다른 사건들처럼 그것은 우연히 벌어진 사건이었다. 하지만 심오한 의미를 담고 있었다. 벌거벗음을 본다는 주제는 아담과 하와가 서로의 벗은 모습을 보던 상황으로 인도한다. 그 사건의 결과로 가인이 출생했고 인류는 선과 악이 뒤섞인 역사를 시작했다.

이 새롭게 '봄'의 첫 번째 결과로 아홉 번째 세대는 두 번째 세대와 평행하게 가인의 혈통과 아벨의 혈통을 되풀이하여 재연한다. 가인 혈통은 가나안과 그의 형제들을 통해 함 계열로 이어진다.(홍수 이후에 도시 중심의 왕권을 재확립하는 사례는 많은 메소포타미아 전승에 나타난다.) 이 사건이 담고 있는 의미는 열다섯 번째 세대에 소돔과 고모라 이야기를 할 때까지 전면에 드러나지 않을 것이다. 그때가 되어야 비로소 우리는 함이 무슨 짓을 했는지 충분히 이해할 수 있게 된다.

야훼는 함이 아버지의 벌거벗은 것을 보았다는 이유로 가나안을 저주했다. 가나안이란 이름은 본문 훼손이거나 후대의 편집자가 자신이 살던 시대의 목적에 부합하게 팔레스타인에 사는 가나안 사람들에게 초점을 맞추려고 수정했을 것이다. 노아가 저주한 인물은 가나안의 아버지 함이고 그는 아버지의 벌거벗은 모습을 본 사람이기 때문이다.[10] 원래 본문에서 저주를 받은 사람이

---

8 히브리어는 중복어구이다. 새미국성경(New American Bible)은 정확히 번역하고 있다. J는 이런 구문을 다른 곳에서도 사용하고 있다. ["노아는 처음으로 밭을 가는 사람이 되어서 포도나무를 심었다."(『새번역』); "노아가 농사를 시작하여 포도나무를 심었더니"(『개역개정』). 우리말 성경의 경우 『개역개정』이 더 적절하게 번역하고 있다—옮긴이.]

9 H. Hirsch Cohen은 *Drunkenness of Noah* (University, Ala.: University of Alabama Press, 1974)에서 그 증거를 제시하고 있다.

10 또 다른 본문훼손의 증거는 이 예언에 '하나님(elohim)'이란 단어가 사용된다는 점에서 찾을 수 있다. J 전승에서는 이 단어를 이런 식으로 사용하지 않기 때문이다. 이와 달리 이 진

함이라면 가나안 사람들은 함의 다른 후손들과 함께 포함되었을 것이다. 가나안은 이스라엘의 종이나 노예가 되어야 했다. J는 '가나안'을 전형적으로 팔레스타인의 지배계층을 언급하는 데 사용한다.[11] J 자신의 시대에 '가나안 사람들' 혹은 팔레스타인 도시 주민들은 실제로 다윗의 나라에서 종으로 섬겼다. 다윗의 나라를 함 족속이 섬기고 있었다는 증거가 있다. 다윗 군대의 장수 가운데 한 사람이었던 헷 족속의 우리아가 바로 그런 사람이다. 블레셋 사람들도 바로 함 족속으로서 다윗을 섬겼다. 실제로 다윗의 궁전 수비대와 사병 대부분이 '함' 족속이었다. 이 예언은 가나안 사람들의 역할이 뒤바뀔 것을 기대한다. 그것은 다윗의 통치를 받는 엘리트가 할 일이었다. 모든 가능성을 고려할 때 그것은 역사가 절정에 도달하는 순간을 고대한다. 그때는 바로 함의 후손인 이집트 사람들이 이스라엘의 종이 되는 때이다.

J의 노아 이야기는 비, 계절, 포도원 그리고 노아의 술 취함으로부터 직접 함이나 가나안의 저주로 흘러간다. 노아는 라멕의 후손으로 보아야 한다. 그의 이야기는 셈의 후손 이야기라기보다는 함의 출생과 함이나 가나안을 저주하여 저주받은 가인 혈통을 이어가는 이야기이기 때문이다. (요나 이야기가 이야기의 필요에 따라 우연히 나타난 고래의 이야기가 아니라 예언자의 이야기인 것과 흡사하다.)

노아 자손들의 족보는 세 단락이지만 J는 모든 자손들을 소상하게 제시하지는 않는다. 셈과 함은 소상하게 소개하지만 야벳은 그렇지 않다. 비슷한 방식으로 구스와 가나안은 소상하게 소개되지만 붓은 설명하지 않는다. 구스는 여기서 메소포타미아를 지칭하며, 가나안 및 이집트와 함께 J 역사에 매우 중요

술이 또 다른 전승에 속한 것일 수도 있다.

11 이런 '가나안' 개념은 D(신명기부터 열왕기하까지)와 상당히 다르다. 거기서 가나안 사람들은 이스라엘과 반목하는 민족이다. 가나안 사람은 기본적으로 시리아-팔레스타인의 도시에 거주하는 귀인이나 상인을 뜻하는 것으로 보인다. 성서에서는 몇 가지 상이한 의미가 바로 이 단어에서 발전했다. 가나안과 가인 사이에는 그 어떤 언어학적 연관성도 없다.

하다.

함과 구스의 자손들은 P의 목록이 소개한다. P는 자신의 시대에 방치되어 온 J의 정보를 요약하고 있는 것으로 보인다. 구스의 자손들은 스바, 하윌라, 삽다, 라마, 그리고 삽드가이다. 이들은 모두 무역에 종사하는 지역들이다. 이를테면 하윌라는 창세기 2장의 에덴동산에서 강이 발원하는 지역 중 하나로서 보석들이 있는 땅으로 묘사되고 있다. 스바와 드단은 비옥한 농경지와 남부 아라비아의 부유한 국가로 가는 길목에 있다. 이 국가들은 기원전 9세기나 8세기 이전에 형성되지 않았을 것이므로 이러한 특정한 명칭들 일부는 P가 추가했을 것이다.

11

에덴의 동쪽

(창세기 10:8~11:9)

구스는 니므롯을 낳았다. 그는 [두 번째 시대의] 세상에서 처음으로 무장한 용사였다. 그는 야훼 앞에서 사냥하는 용사였다. (그러므로 속담에 아무개는 야훼 앞에 니므롯 같이 용감한 사냥꾼이다 하였다.) 그가 왕권을 잡고 다스린 나라의 주요 도시는 시날 땅의 바벨론, 에렉, 악갓, 갈네였다. 그는 그 땅에서 앗수르로 나아가 니느웨, 르호봇-이르, 갈라 그리고 르호봇-이르와 갈라[1] 사이에 큰 성 레센을 건설하였다.

이집트는 루딤, 아나밈, 르하빔, 납두힘, 바드루심, 가슬루힘, 그리고 갑도림을 낳았다. 갑도림에게서 블레셋이 나왔다.

가나안은 장자 시돈과 헷을 낳았고 또 여부스 족속, 아모리 족속, 기르가스 족속, 히위 족속, 아르갓 족속, 신 족속, 아르왓 족속, 스마리 족속, 그리고 하맛 족속을 낳았다. 이후로 가나안 자손의 족속은 흩어졌고 가나안의 경계는 시돈에서부터 그랄을 지나 가자까지와 소돔, 고모라, 아드마, 스보임을 지나 라사까지

---

1 갈라는 후대의 첨가이다.

였다.

셈은 야벳의 형이요 에벨 온 자손의 조상으로서 자손을 낳았더라. 셈의 아들은 엘람, 앗수르, 아르박삿, 룻과 아람이었다. 아람의 아들은 우스, 훌, 게델, 마스였다. 아르박삿은 셀라를 낳았고 셀라는 에벨을 낳았다. 에벨은 두 아들을 낳고 장자를 벨렉이라고 불렀는데 그때에 세상이 나뉘었기 때문이다. 둘째는 욕단이었다. 욕단은 알모닷, 셀렙, 하살마, 예라, 하도람, 우살, 디글라, 오발, 아비마엘, 스바, 오빌, 하윌라와 요밥을 낳았다. (벨렉은 데라의 아버지였다.)

그때에 온 땅의 언어가 하나요 말이 하나였다. 그들이 동으로 이주하다가 시날 땅의 평지에 당도하여 거기에 정착하였다. 거기서 그들이 서로에게 말했다. "자, 벽돌을 만들어 견고히 굽자." 벽돌로 돌을 대신하고 진흙 대신에 역청을 사용하였다. 그들이 말했다. "자, 우리가 큰 성읍과 탑을 건설하여 꼭대기가 하늘에 닿게 하여 우리 이름을 내고 온 땅에 흩어지지 않게 하자."

야훼께서 사람들이 건설하는 그 큰 성읍과 탑을 보려고 내려왔다. 야훼께서 말씀했다. "이 무리가 한 족속이요 언어도 하나이므로 이같이 시작하였으나 이후로는 그 하고자 하는 일을 막을 수 없을 것이다. 오라. 우리가 내려가서 거기서 그들의 언어를 혼잡하게 하여 서로 알아듣지 못하게 하자." 야훼께서 거기서 그들을 온 지면으로 흩었으므로 그들이 그 도시를 건설하기를 그쳤다. (그러므로 그 이름을 바벨이라고 부른다. 이는 거기서 야훼께서 온 땅의 언어를 혼잡하게 하였기 때문이다.) 이렇게 야훼께서 거기서 그들을 온 지면에 흩어버렸다.

구스는 니므롯을 낳았고 그는 세상에 첫 *용사(gibbor)*였다. 히브리어의 뜻은 '무장한 용사'이다. 이미 창세기 6:4에서 접한 적이 있다. *용사(gibbor)*와 '유명한 자'는 동의어이다. 니므롯은 역사의 첫 용사가 아니었다. 엄청난 폭우로 인류가 멸망당한 이래 등장한 가인 혈통 가운데 새로 나타난 일곱 세대 중에서 첫 번째 용사이다.

니므롯은 사냥꾼이라고 한다. J는 원시인들이 그랬던 것처럼 단지 사냥의 기원을 말하는 것이 아니다.[2] 니므롯은 신(新)앗수르 시대에 제작된 몇몇 유명한 벽화로부터 이해해야 한다. 거기서 앗수르 왕은 제의적 사냥에 나선 모습으로 그려져 있다. 이것은 도시 중심의 왕실 주제이며 사냥을 통해 나타난 앗수르의 왕실 폭력과 권력 행사 사이의 연관성을 보여준다. 앗수르 사람들은 실제로 사자, 호랑이, 표범을 잡아다가 왕이 사냥할 때 풀어주었다. 그것은 권력을 행사하는 모습이었다.[3] (사자는 근동에 19세기까지 출몰하였다.) 이런 관습이 이집트에서 행해진 증거가 후기 청동기시대 이집트의 주권 아래 있었던 남부 팔레스타인에 알려지고 있다. 후기 청동기시대 풍뎅이 모양의 인장이 최근에 고대 라기스 자리에서 발견되었다. 거기에는 바로가 활로 수풀에 걸린 사자를 겨냥하는 모습이 그려져 있다. 라기스에서 발견된 다른 인장에서는 기원전 14세기에 통치했던 바로 아멘호텝 3세가 통치 초기 십 년 동안에 어떻게 일백두 마리의 사자를 잡았는지 묘사하고 있다.[4] 이것은 고대 세계에만 있는 주제가 아니다. 왕실 사냥은 고금을 망라하여 왕실의 특권과 권력을 표현하는 일종의 제의였다.[5] 쉐우드 숲에서 왕의 사슴을 밀렵하는 로빈 후드 이야기는 이 주제와 직접 상관이 있다. 오늘날 영국 귀족이 여전히 참여하고 있는 여우

---

2 P에서 먹기 위해 짐승을 살상하는 일은 열 번째 세대에 나타나며 J가 니므롯을 언급하는 것은 우연히도 이 세대와 일치한다. 하지만 P의 경우 사냥은 먹을 것을 구하는 문제이고 인간이 식물 외에 고기를 먹기 시작할 때 시작한다. J는 음식 문제를 언급하고 있는 것이 아니다.

3 A. Leo Oppenheim, *Ancient Mesopotamia: Portrait of a Dead Civilization*(Chicago: University of Chicago Press, 1964), 46; Pauline Albenda, "Lions on Assyrian Wall Reliefs," *Journal of the Ancient Near Eastern Society of Columbia University* 6(1974): 1~27; and idem, "Landscape Bas-Reliefs in the Bit-Hilani of Ashurbanipal(Part 2)," *Bulletin of the American Schools of Oriental Research* 225(1972): 29~48.

4 David Ussishkin, "Lachish: Key to the Israelites Conquest of Canaan?" *Biblical Archaeology Review* 13:1(January/February, 1987): 18~39. 처음 인장은 30쪽에서, 두 번째 인장은 26쪽에서 볼 수 있다.

5 John K. Anderson, *Hunting in the Ancient World*(Berkeley and Los Angeles: University of California Press, 1985) 참조.

사냥은 엘리트 집단이 벌이는 제의적 행사의 흔적이기도 하다. 왕실 사냥의 초점은 왕이 사자를 죽이는 것처럼 원수들도 무찌르리라는 것이다. 이것이 큰 용사요 사냥꾼인 니므롯의 의미이다.

니므롯은 메소포타미아 땅에 있는 바벨, 에렉, 아카드의 도시들을 다스렸다. 그 땅에서 그는 앗수르로 나아갔고 니느웨, 르호봇-이르, 갈라, 레센을 건설했다. 르호봇-이르는 '도시의 넓은 지역들'을 의미한다. 그것은 광활한 지역을 차지한 도성을 뜻한다. J는 또한 '큰 도시'란 표현을 사용하기도 한다. 이것은 창세기 11장에서 여러 세대의 목록을 나열한 후에 시작되는 주제이다. 가인이 처음으로 도시를 건설한 것처럼 함의 자손들은 계속 도시를 건설할 것이다. J는 가인 계열이 관개농업을 하는 모든 도시 거주자들이라는 이미지를 전달하려고 한다.

J가 묘사하는 다윗 제국은 메소포타미아와 이집트 같은 두 개의 거대한 제국을 배경으로 삼고 있다. 두 제국은 팔레스타인의 정치적 자율성을 가장 심각하게 위협한 역사적 실체들이었다. 구조적으로 J는 여덟 번째부터 열네 번째 세대까지 이어지는 두 번째 조합의 세대에서 메소포타미아에 초점을 맞춘다. 세 번째 조합의 세대인 열다섯 번째 세대부터는 초점이 이집트로 바뀔 것이다.

가나안은 시돈과 헷을 낳았다. 헷은 헷 족속의 조상이다. 헷 족속은 정치경제적으로 볼 때 중요한 사람들이지만 가나안 족속에 포함되어 있다. 기원전 10세기의 다윗 시대에 그들은 비교적 부차적인 역할을 했기 때문이다. 다윗을 섬긴 우리아가 가나안의 아들인 헷 족속이었다는 사실을 생각해보라.

여러 족속들의 목록은 보다 커다란 팔레스타인 지배 계층이었던 가나안에 포함되어 있다. 그 목록은 국제적인 집단들을 모은 것이고 팔레스타인 도시 사회의 특징을 적절하게 제시하고 있다. 그것은 전형적으로 많은 외부 집단으로 구성되어 있다. 이것이 가나안 도시 사회를 사회적으로나 문화적으로 단일한 실체로 규정하는 것이 적절치 않은 이유이다. 도시 중심의 가나안 사람들은 종종 팔레스타인에서 자신들이 엘리트로서 가진 사회적 정체성과 달리 인종적 정체성을 고집하기도 했다.

셈 계열은 우리를 열네 번째 세대로 이끈다. 그 당시에는 수많은 대도시의 건축은 하나의 거대도시를 건축하려는 시도로 나타났다. 창세기 11:1~9의 사건은 바로 이런 세대가 존재하던 기간에 벌어졌다.

J는 온 땅이 하나의 언어를 사용한 사실을 강조함으로써 이야기를 시작한다.[6] 이 이야기는 왕이 자기 백성을 이끌고 성전 탑을 건설한다는 고대 세계의 표준 전통을 다룬다. 우르 3세 시대에 벌어진 이런 사례는 수메르 왕 구데아에게서 찾아볼 수 있다. 구데아가 닌기르수의 성전을 짓기 원할 때 도시의 통치자는 마치 한 사람에게 말하듯 백성들에게 지시하였고 닌기르수 성전이 세워진 도시는 같은 어머니에게서 태어난 자식들처럼 일심으로 그의 말을 추종했다.[7]

이렇게 거대한 도시-성전 건축 전통은 만장일치로 이루어진 행동이라는 주제를 담고 있다. 배경에는 온 인류가 하나의 언어를 사용하면서 이 사업에 참여했다는 주제가 있다. J는 독자들에게 온 인류가 이미 거대한 도성을 건설한 바가 있는 구스 족속 즉 메소포타미아 사람들에게 영향을 받은 것으로 알아주기를 바란다. 지금 그들은 복수심으로 세상에서 가장 큰 도시를 건설하고 있다. J는 니므롯의 도시 건설을 극단적으로 묘사한다. 그래서 야훼는 홍수 사건으로 그랬던 것처럼 모종의 극단적인 조치를 취하지 않을 수 없게 되었다.

---

6 '온 땅'이 온 인류를 가리키는지 아니면 모든 가나안 족속을 가리키는지 우리는 모른다. J는 창 10:18~19에서 가나안 족속들은 팔레스타인 온 지역에 흩어져 살았다고 말한 적이 있다. 창 11장의 서두는 이것을 언급하려는 것이다. 공동으로 사용하는 인류의 언어가 혼잡하게 되었다는 주제는 기원전 2000년경의 우르 3세 시대에 유래한 설형문자에서도 찾아볼 수 있다. Samuel Noah Kramer, "The 'Babel of Tongues': A Sumerian Version," *Journal of the American Oriental Society* 88(1968): 108~11 참조.

7 A Falkenstein and W. von Soden, *Sumerische und Akkadische Hymnen und Gebete*(Zurich and Stuttgart: Artemis, 1953), 150.

이 장면 속에는 지배자와 피지배자가 존재한다. 피지배자는 부분적으로 눈에 띄지 않는다. 공사감독과 노동자가 있다. 이집트 사람들이 국고성을 건설하려고 할 때의 사정과 같다. 그때는 스물한 번째 세대이고 열네 번째 세대에 건축 사건이 벌어진 지 일곱 세대가 지난 시절이었다. 군중은 이름을 떨치려는 함의 아들들을 위해 이 건설 사업에 강제로 동원되었다.

야훼가 거대한 성전-탑 건설에 반대하는 이야기는 왕실이 제국이나 자국 영토 안에 사는 백성에게 만장일치를 추진하는 것을 약화시키지만, 이것은 J와 다윗이 가장 중요하게 다룬 제의법의 근거를 마련해 준다는 점에서 가장 큰 의미가 있다. J의 제의법은 도시-성전을 반대하고 흙이나 잡석으로 쌓은 제단을 사용하는 제의를 옹호한다.

그들은 탑이 있는 도시를 건설하고 있다. J 시대의 고대에는 두 가지 모델이 있다. 팔레스타인 분위기에서 그것은 도심지에 돌로 쌓은 요새 같은 탑이었다. 일반적인 성전-탑이 그런 모양이었다. 요새 같은 탑은 도시 주민의 안전과 보호를 위한 성채 기능을 했다. 고고학자들은 다윗 왕국의 산지 중심지인 세겜에서 후기 청동기시대에 쌓은 이런 성전-탑의 실례를 발굴하였다. 팔레스타인 사람이라면 사사기 9장에 기록된 대로 세겜에서 왕이 된 아비멜렉 이야기를 통해 이 같은 실례를 알고 있었을 것이다. 세겜 건축물의 모양새 중에 특징적인 것은 *믹달*(*migdal*) 혹은 탑으로 부르는 곳이다.[8] '군주시대 이전' 세겜에 관한 성서 이야기는 실제로 이런 건축물 중에서 온건한 실례를 언급하고

---

8 삿 9:46~52. Ernest Wright, *Shechem: The Biography of a Biblical City*(New York: McGrow-Hill, 1965), 94~97, 120~21; Yohanan Aharoni, *The Archaeology of the Land of Israel*(Philadelphia: Westminster Press, 1982), 110~111, 124~25; William G. Dever, "The Contribution of Archaeology to the Study of Canaanite and Early Israelite Religion," in *Ancient Israelite Religion: Essays in Honor of Frank Moore Cross*, ed. P. D. Miller, Jr., et al.(Philadelphia: Fortress Press, 1987), 207~47, 특히 231~33; 그리고 Volkmar Fritz, "Conquest or Settlement? The Early Iron Age in Palestine," *Biblical Archaeology* 50(1987): 89에 있는 도표를 보라.

있다.[9]

보다 중요한 모델은 글을 쓰고 역사를 전하는 메소포타미아 서기관이 전하는 대로 진흙 벽돌로 만든 지구라트이다. 이런 유형에 기초하여 기록한 당시의 문헌에는 상당히 많은 양의 정보가 들어 있다.

열네 번째 세대의 인류가 짓고 있는 성전 탑은 특별한 종류의 도시형 성소였다. 이것은 신이 머무는 지상의 거주지 혹은 머무는 곳이었다. 이 구조물은 히브리어로 *이르 우믹달*이라고 표현하고 있는데 문자 그대로 읽으면 '도시와 탑[망대]' 혹은 '도시와 거대한 것'이다. 이 표현은 중복어구로서 '거대한 탑[망대]이 있는 도시'라는 뜻이다.[10] *이르*는 성전 구역을 의미하는 것으로 보고 이 구문을 성전-탑으로 번역할 수 있다. 혹은 거대한 도시를 의미할 수도 있다. 우리는 *이르* 혹은 도시 모티프를 가인이 처음 성[도시]을 건설한 이래 줄곧 접해왔다. 성전은 도시가 갖고 있는 하나의 특징이다. 도시, 성전, 궁전 그리고 식량저장 시설은 모두가 도시 구역과 관계가 있다. *이르 우믹달*은 특별히 농경시대에 줄곧 도심에 사는 인류가 건축물을 통해 자신들의 권력을 표현하는 기능을 지닌 요새 같은 도시형 성전의 특징을 언급한다.[11] *이르 우믹달*은 성전 탑을 높이 세운 도시로 번역해도 좋다.[12]

---

9 권력과 탑과 이름의 연관성을 위해 대하 26:8, 15에서 웃시야 왕에 관해 묘사하는 것을 다시 비교해보라. "웃시야가 매우 강성하여 이름이 애굽 변방까지 퍼졌더라 웃시야가 예루살렘에서 성 모퉁이 문과 골짜기 문과 성굽이에 망대[탑]를 세워 견고하게 하고 …… 망대[탑]와 성곽 위에 두어 화살과 큰 돌을 쏘고 던지게 하였으니 …… 그의 이름이 멀리 퍼짐은" ([탑]은 역자가 삽입한 것이다).

10 RSV는 '도시 하나와 탑 하나'(창 11:4) 그리고 '그 도시와 탑'(창 11:5)으로 번역하는데 둘다 두 개의 단어가 결합하여 하나의 의미를 전한다는 점을 놓치고 있다(『개역개정』도 '성읍과 탑'으로 번역한다.— 옮긴이).

11 다윗을 계승한 솔로몬은 예루살렘의 가장 취약지대인 북쪽에 궁전과 왕실 성전을 지어서 강력한 요새지로 만들었다.

12 열네 번째 세대의 성전-탑 건설은 대홍수가 가라앉은 다음에 세운 일련의 도시와 성전 이야기의 절정이다. 성전 건축 신화에서 성전은 항상 바다를 패배시킨 다음에 짓는다. 솔로

사람들은 "자, 우리가 큰 성읍과 탑을 건설하여 우리 이름(*셈*, *shem*)을 내자" 고 말한다. J는 자녀 출산의 의미를 다루는 방식의 일환으로 이름 짓기와 이름의 의미에 상당한 노력을 기울여왔다. 이 주제는 최초의 인간이 모든 짐승에게 그리고 여자에게 이름을 붙일 때 시작되었다. 이것은 여자가 가인과 에노스에게 이름을 붙여주는 일로 이어졌고, 다시 가인은 큰아들의 이름을 지었고 그 이름으로 불리는 도시를 건설했다. 그 외에 다른 이름 짓기도 많다. 이름을 짓거나 갖는다는 일은 무엇보다도 후손을 가지며, 자녀 출생에 관여하고, 그와 더불어 힘을 사용하는 또 다른 행위들을 통해 명성을 얻는다는 의미이다. 노아의 아들들로 시작해서 '이름'이라는 뜻을 지닌 셈이라는 사람이 살았고 이어서 그의 자손들 계보가 전해졌다. 셈의 후손들은 큰 도시-탑을 지어 '자기 이름을 내려는' 자들의 시도에 가담했다.

J에서 도시-탑 건설의 언어는 *에누마 엘리쉬*에서 바벨론을 건설하는 데 사용한 언어와 비슷하다. 그 신화는 땅과 하늘에 모두 기초를 두고 있는 집에 관하여 말한다. 묘사된 바에 따르면 그것은 하늘과 땅을 이어주는 거대한 탑이다. 그것은 신의 집일 뿐 아니라 하늘에서 땅으로 내려오는 길목이며 땅의 구조적 중심이고 신의 세계가 인간 세계로 내려오는 세계의 기둥이기도 하다. 창세기 28:12~13에 있는 벧엘('하나님의 성전')의 바벨론판인 셈이다. 그 창세기 구절은 E가 보충한 내용으로서 신들의 세계를 인간 세계와 연결시키는 거대하고 화려한 계단을 가지고 있다. 이 장소의 다른 명칭은 *에상길라*(*esangila*)인데 꼭대기가 하늘로 향하여 높이 치켜 올라간 집을 뜻한다(RSV와 『개역개정』: '그 탑 꼭대기를 하늘에 닿게 하여'). 이런 건축물들은 국가의 수도에 자리한 거대한 성전-도시라는 의미로 생긴 개념들이며 고대 문헌에 많은 실례가 있다.

산헤립의 연대기는 수도 니느웨를 발전시킨 기록을 갖고 있다.

몬 성전의 놋 바다는 이런 이야기의 흐름을 상징한다.

나는 도성이 위치한 평지의 코슬 강 언덕에서 옆으로 340규빗 앞으로 289규빗의 땅을 계획을 세워 측량하였다. 이전 궁전이 있던 자리에 이만큼 확장하였고 전체를 190단위 높이로 지대를 높였다. 나는 꼭대기를 높게 만들었다……거대한 궁전 주변의 궁궐들을 모든 나라가 보면 놀랄 정도로 아름답게 지었다. 나는 그 꼭대기를 높이 치켜세웠다. '비교할 상대가 없는 궁전 안 성전'이라고 이름을 지었다. 운이 좋은 달, 일진이 좋은 날을 잡아 나는 전문 건축가들의 도움과 제사장의 지혜를 얻어 산에서 캐온 석회암으로 기초를 놓았다. 나는 꼭대기를 높이 세웠다. 기초는 물론이고 벽까지도 전부 산에서 캐온 석회암으로 건축하였다. 나는 그것을 산 높이만큼 치켜세웠다. 두 개의 관개수로를 측면에 팠고 풍성한 정원과 과수원을 빙 둘러 만들었다. 나는 측면을 화려한 농원으로 에워쌌다.[13]

기록된 내용은 높은 곳에 위치한 신의 성전이며 왕궁을 원형으로 삼고 있다. 그런 구조는 통상 에덴동산 같은 정원으로 에워싸여 있다. 그것은 에덴동산 문화를 건설하기 위해 도시적 기반을 재정립하려는 시도이다.

더 이른 시기의 수메르 건축 비문에는 성전 건축자 혹은 보수자를 '이러저러한 성전을 지은 자'라고 불렀다. 인적자원을 포함해 성전 경비를 제공한 왕은 *상구쉬(sangush)*, 즉 이러저러한 성전 '머리를 치켜세운 자'로 표현되었다. 달리 말하자면 이것은 왕만이 할 수 있는 행위였다. 꼭대기를 하늘에 닿게 하는 일은 창세기 6장의 혼종결혼 주제로 소급된다. 혼종결혼과 성전 꼭대기를 하늘에 닿게 짓는 일은 모두 J가 볼 때 신과 인간 사이의 구별을 어지럽히는 일

---

13 D. D. Luckenbill, *The Annals of Sennacherib*(Chicago: University of Chicago, 1924), 105~6, 110~11, 137. 이 기록을 함무라비 왕의 36년 치적보고와 비교하라. "그는 '영웅의 궁지'라고 부르는 성전을 보수했고 자바바와 이난나 신의 거처인 성전 탑을 지었다. 그 꼭대기는 하늘에 닿아서 경건한 방식으로 자바바와 이난나 신의 매력을 크게 증진시켰다." James B. Pritchard, *Ancient Near Eastern Texts Relating to the Old Testament*, 2d ed.(Princeton: Princeton University Press, 1955), 270 참조.

이었다.

바벨론 국가 창설을 묘사하는 바벨론 서사시, *에누마 엘리쉬*에서는 도시-성탑을 하늘 높이 쌓는 일을 정확히 똑같은 말로 표현하고 있다.[14] 에누마 엘리쉬는 이렇게 말한다. "첫째 해에 그들은 벽돌을 만들었다. 둘째 해가 되자 압수[지하 심연의 물]의 상대방이며 '꼭대기가 하늘에 닿는 성전' *에상길라*에 대해서는 꼭대기를 높이 솟아오르게 지었다." 성전이 완공되고 땅과 일꾼이 창조되자 신들은 마르둑 신의 이름 오십 가지를 순서대로 선포하였다. 이는 사실상 그의 이름을 내는 것이었다. 마르둑 신의 이름을 내는 일은 J 역사의 *이르우믹달*과 똑같이 메소포타미아식 건축 이야기의 결론부이다.

지하세계를 여행하는 오딧세이를 다룬 『오딧세이』의 11장에서 오딧세이는 다음 내용과 연결된다.

> 그녀 다음에 나는 알로에우스의 아내 이피메데이아를 보았다. 그러나 그녀는 내게 포세이돈과 어떻게 사랑에 빠져 두 아들, 즉 신과 같은 오토스와 굉장히 유명한 에피알테스를 낳았는지[혼종 결혼을 가리키며 이 전통에서는 J와 다른 의미를 지닌다] 이야기했다. 이들은 곡식을 주는 땅이 이제까지 낳은 사람들 중에 가장 키가 큰 사람들이었고 저 유명한 오리온 이래 지금껏 본 적 없이 잘 생긴 사람들이었다. 그들이 아홉 살 때[이 두 거인은 신과 인간이 결합하여 태어난 것으로 유명했다] 둘레가 아홉 규빗이나 되고 키는 아홉 길만큼 자라서 올림푸스에 사는 불멸의 신들조차 위협을 느낄 정도였다. 그래서 그들과 맞서 슬픔 가득한 전쟁의 소용돌이를 몰고 왔다. 올림푸스에 옷사를 쌓고 옷사 위에 떨리는 잎사귀의 펠리온을 쌓고 싶다면 하늘로 올라가야 한다.

---

14 '바벨론의 탑'과 그 정치적 의미에 대해 완벽하게 제시한 연구를 위해, Evelyn Klengel-Brandt, *Der Turm von Babylon: Legende und Geschichte eines Bauwerkes* (Leipzig: Koehler und Amelang, 1982)를 보라.

그들은 올림푸스 성전 자리에 산 위의 산을 건설하는 중이었다. “진정 그들이 성장하면 이를 실행할 수 있을 것이다. 하지만 적갈색 머리를 가진 레토가 낳은 제우스의 아들 아폴로가 그 둘을 한꺼번에 죽였다. 그들의 성전 아래 낮은 자들이 모이기 전이었다. 혹은 턱에 수염이 자라기 전이었다.”[15] 이것은 J의 *이르 우믹달*과 평행한 호머 버전이다.

이미 알고 있듯이 기원전 2세기의 벤 시라는 “출생과 도시가 이름을 영원하게 만든다”(시락 40:19)라고 성찰했다. 이름을 널리 알리는 탑을 짓는 행위의 의미는 이름이 의미하는 바에 관해 말하는 이 궁정지혜의 한 구절에 요약되어 있다. 이 인용문의 다른 구절은 이렇다. “짐승의 첫 새끼와 식물의 첫 열매는 이름을 퍼뜨린다.” 첫 줄은 시편 127편처럼 인간의 자녀 출산과 도시를 언급하는 한편 농업 생산성은 둘째 줄로 나뉘어 있다. 성과 도시라는 주제 전체는 여인 창조부터 시작한다. 여인 창조에 동사 *바나*(*banah*, ‘건설하다’)를 사용하고 있기 때문이다.[16] J의 귀에 *바나*와 *벤*(*ben*), 즉 건설과 자녀들은 시편 127편의 경우처럼 밀접하게 연결되어 있다. 이 이야기에는 두 개의 자음 *bn*으로 이루어진 말이 줄곧 사용되고 있다. 벽돌에 해당하는 단어는 *라벤*(*laben*)이며 세 번째로 유사한 소리가 나는 단어이다. 이것은 *바나*(*banah*), 즉 메소포타미아와 이집트 제국의 도시들을 건설하는 데 사용된 진흙 벽돌을 만드는 일에 새로운 의미를 부여한다. 이것은 번식을 통해 세워진 왕실 가족을 상징한다. 그것이 이 벽돌을 만드는 주제가 J의 역사와 잘 어울리는 이유이다. 동과 서, 메소포타미아와 이집트는 거대한 벽돌로 도시를 건설한다고 묘사된다. 하지만 그것은 팔레스타인 산간지대에서 돌로 집을 짓는 방식과 어울리지 않는다.

---

15 *The Odyssey of Homer*, trans. Richmond Lattimore(New York: Harper & Row, 1965), 176.

16 창 2:22(RSV: ‘만드시고’). 지중해 동부 셈족어 전통에서 창조의 신 엘은 *bny bnwt*로 알려지며 창조의 신 에아/엔키의 수메르 명칭 *nu-dim-mud*에서 *mud*는 *banah*와 동의어이다.

새로운 접근

(창세기 11:27~13:18)

(데라는 아브람과 나홀과 하란을 낳고 하란은 롯을 낳았다.)(11:27) 하란은 아비 데라보다 먼저 고향이며 친족들이 살던 갈대아인의 우르에서 죽었다. 아브람과 나홀은 결혼했다. 아브람의 아내의 이름은 사래고 나홀의 아내의 이름은 밀가인데 하란의 딸이었다. 하란은 밀가의 아버지요 이스가의 아버지였다. 사래는 임신하지 못하므로 자식이 없었다(11:28~30).

야훼께서 아브람에게 말씀했다(12:1). "너는 네 땅과 고향과 아버지의 가족을 떠나 내가 네게 지시할 땅으로 가라. 내가 너로 큰 민족을 이루고 네게 복을 주어 네 이름을 창대하게 할 것이다. 나는 너를 복 주는 자를 복 주며 너를 무시하는 자들을 저주하여 땅의 모든 족속들에게 너를 복의 방편으로 삼을 것이다."

아브람은 야훼께서 말씀하신 대로 갔고 롯도 그와 함께 갔다. 그들이 가나안에 이르러 아브람은 세겜 땅 모레 상수리나무가 있는 데까지 갔다. 당시에 그 땅에는 가나안 사람이 있었다. 거기서 야훼께서 아브람에게 나타나 이렇게 말씀했다. "네 자손에게 내가 이 땅을 줄 것이다." 그래서 아브람은 자기에게 나타난 야훼에게 그곳에서 제단을 쌓았다.

거기서 아브람은 벧엘 동편 산지로 옮겨 장막을 쳤다. 서쪽으로는 벧엘이고 동쪽으로는 아이였다. 거기서 다시 야훼에게 제단을 쌓고 야훼의 이름을 불렀다. 아브람은 점차 네게브 쪽으로 이동했다.

그 땅에 기근이 들어 아브람은 이집트에 잠시 체류하기 위해 그곳으로 내려갔다. 그 땅에 기근이 심했기 때문이다. 그가 이집트에 가까이 이르렀을 때 그의 아내 사래에게 말했다. "내가 알기로 그대는 심히 아름다운 여인이오. 이집트 사람이 그대를 보면 '이 사람은 그의 아내이다'라고 말하고 나는 죽이고 그대는 살려줄 것이오. 그러므로 그대가 내 누이라고 말해주시오. 그래야 내가 그대 때문에 이득을 볼 것이고 내 목숨은 그대 때문에 보존될 것이오." 아브람이 이집트에 이르렀을 때 이집트 사람들이 그 여인을 쳐다보았다. 심히 아름다웠기 때문이다. 바로의 신하들도 그녀를 보고 바로에게 칭찬하였다. 그래서 그녀는 바로의 궁으로 인도되었다. 그 동안 아브람은 그녀 때문에 이익을 보았다. 아브람은 양과 소와 남녀 노비와 암수 나귀와 낙타를 얻었다. 그러나 야훼께서 아브람의 아내 사래 때문에 심한 역병으로 바로와 그 집을 쳤다. 그래서 바로가 아브람을 불러 말했다. "네가 내게 무슨 짓을 했느냐? 그녀가 네 아내라는 사실을 왜 말하지 않았느냐? 왜 그녀가 너의 누이라고 말하여 나로 하여금 그녀를 내 아내로 삼게 하였느냐? 자, 여기 네 아내가 있으니 데리고 가거라." 바로가 사람들에게 그에 관해 명령을 내려 그와 그의 아내 그리고 그가 얻은 모든 소유를 보내주었다.(12:4~20)

아브람은 이집트에서 그와 그의 아내와 모든 소유와 롯과 함께 네게브로 올라갔다. 아브람이 가축과 은금이 지극히 풍부하였으므로 더 진행하여 일찍이 벧엘과 아이 사이에 장막을 쳤던 벧엘까지 갔다. 그곳은 그가 일찍이 제단을 세운 장소였다. 거기서 아브람은 야훼의 이름을 불렀다.

아브람과 함께 간 롯도 양과 소와 장막이 있으므로 아브람의 가축 떼와 롯의 가축 떼 사이에 다툼이 일어났다. 당시에 가나안 사람과 브리스 사람이 그 지역의 지주들이었다. 아브람이 롯에게 말했다. "우리는 남자 형제이니 나와 너, 내

가축과 네 가축 사이에 서로 다투지 말자. 온 땅이 네 앞에 놓여 있다. 나를 떠나라. 네가 좌하면 나는 우할 것이요 네가 우하면 나는 좌할 것이다." 롯이 쳐다보니 소알까지 요단 저지대 지역 전체가 야훼께서 아직 소돔과 고모라를 멸하기 전이어서 야훼의 동산처럼 물이 넉넉한 것을 보았다. 롯은 요단 저지대 지역 전체를 선택하고 동으로 옮겼다. 이렇게 둘은 서로 헤어졌다. 아브람은 가나안 땅에 머물렀고 롯은 지역 도시들 가운데 정착하여 소돔 외곽에 장막을 쳤다.(13:1~12)

소돔 사람들은 야훼 앞에 극도로 악하여 죄를 지었다.(13:13) 그러나 야훼께서는 롯이 아브람을 떠난 후에 이렇게 말씀하였다. "네 눈을 들어 너 있는 곳에서 북쪽, 남쪽, 동쪽과 서쪽을 보라. 보이는 온 땅을 내가 영원히 너와 네 자손에게 줄 것이다. 내가 네 자손이 땅의 티끌같이 많아지게 할 것이다. 사람이 땅의 티끌을 셀 수 있다면 네 자손도 셀 수 있을 것이다. 너는 그 땅을 종과 횡으로 두루 다녀 보아라. 내가 그것을 네게 줄 것이다." 아브람은 장막을 옮겨 헤브론에 있는 마므레 상수리 수풀에 치고 거주하면서 거기서 야훼를 위해 제단을 쌓았다.(13:14~18)

도시-탑 건설 이야기는 셈의 족보로 마무리되고 성서의 처음 역사는 새로운 시대로 돌입한다. 이 새로운 시대는 열다섯 번째 세대부터 스물한 번째 세대까지 이어지며 이전 시대보다 훨씬 더 발전한다.

역사가들은 오랫동안 열다섯 번째 세대 이전의 역사와 이 세대부터 시작되는 역사 사이에는 차이가 있음을 주목해왔다. 처음 열네 세대를 태고사라고 부른다. 실제적이지 않고 신화적인 역사라는 의미이다. 그러나 열다섯 번째 세대로 시작하는 이 역사는 일반적으로 실제 역사로 간주한다. J에게 그런 구별은 전혀 중요하지 않다. 우리의 의도는 J의 역사 전체를 다윗의 통치 시대에 일어난 이슈를 말하는 역사기록으로 다루는 것이다. J의 역사가 다윗 왕국의 역사적 상황을 언급하는 동안 이 역사는 전통적인 자료에서 나온 이미지들을 끌어내고 있다. 이제까지 J는 자신의 역사 가운데 상당히 많은 전통을 메소포타미아의 것으로부터 끌어다 활용하였다. 그것들은 고대 근동 여러 도시들의 서기관 작업실에서 필사하고 연구한 설형문자 문헌들에서 발견할 수 있다. 따라서 이곳에 오기까지 J가 사용한 자료들은 도시 문학으로 분류할 수 있다. 이제부터 J가 주로 사용하는 전통의 출처는 남서부 팔레스타인에 거주하는 베두인의 특징을 지닌 전통이 될 것이다. 역사가는 일반적으로 이 후대의 전통을 '사화(史話, saga)'라고 부른다. 이 전통 일부가 베두인과 다른 족속들의 지휘를 받으며 정착촌이 확산되던 긴 시기에 유래한 것으로 볼 수 있겠지만 J가 베두인 전통을 활용한 까닭은 나중에 이스라엘 촌락으로 바뀐 산간지 정착이 처음 시작되던 때에 베두인이 한 역할 때문이 아니라 다윗의 나라가 세워지고 유지되는 동안에 한 역할 때문이다.

열다섯 번째 세대는 아브람의 시대이다. 그는 셈의 후손인 데라의 아들이다. J는 이 가족에 대해 아무 말도 하지 않는다. 하지만 내용은 이제껏 다루어 온 이슈와 직접적으로 관련이 있다. 아브람, 나홀, 하란은 분명 형제들이다. 갈대아 사람의 우르는 '출생한 땅'으로 보통 번역된다. 하지만 출산과 친족 제도 안에서 안전을 누렸던 땅이란 의미의 '자란' 땅으로 이해하는 것이 더 적절할 것이다. 그곳에서 아브람과 나홀은 아내를 맞이하였다. 아브람의 아내는 사래이고 나홀의 아내는 밀가이다. 밀가는 라멕처럼 왕을 뜻하는 어근을 갖고 있으며 '여왕'을 의미한다. 사래는 '귀족의' 혹은 '왕실 가문의'를 의미한다.[1] 이 이름들이 왕을 함축하는 것은 J가 출산 시스템을 통해 표현하려고 했던 도시 왕실 문화에 새로운 의미를 깊이 탐구할 의도가 있음을 보여준다. 그렇다고 해서 아브람과 사래가 도시의 왕실 인물이라고 이해해서는 안 된다. 셈의 모든 자손들처럼 그리고 특별히 이스라엘 자신과 후손들을 포함하는 아브람의

---

1 사래를 종종 '공주'로 번역하는데 아내들의 이름이 서로 차이가 있음을 강조할 필요가 없다. 히브리어 시문의 어법상 두 어근은 평행한 위치에서 단순히 왕가나 귀족가문을 표현하고 있다.

자손들처럼 아브람과 사래는 목축 유목민이거나 베두인이었다. 아브람의 이름은 좀 모호하다. 그 뜻은 '아버지는 고상하다'이다. 그 고상한 아버지는 아브람 자신인가 아니면 아버지가 될 존재를 가리키는가? 아니면 창조주이며 그가 창조한 인간의 아버지인 야훼인가? 다른 질문보다 바로 이 질문이 열다섯 번째 세대 역사 전체에 걸쳐 있다.

야훼가 앞선 열네 세대 동안 자신의 피조물과 교제하거나 대응하는 동안 역사는 대체로 악했다. J는 이 열네 세대를 곤경, 사회 계층화, 과도한 무력을 사용한 통치가 이루어진 저주의 시기로 표현한다.

이제 열다섯 번째 세대에 야훼는 자신의 피조물에게 새로운 접근법을 쓴다. 그것은 저주와 정면으로 맞서는 접근법이다. 그는 한 개인에게 '복을 주고' 다른 모든 피조물이 이 사람에게 복을 주면 그들에게도 복을 주려고 한다. 그래서 악의 역사가 결국에는 선의 역사로 바뀌게 될 것이다. 악은 사라지지 않을 것이다. 인류는 영원히 저주를 감당할 것이고 처음 열네 세대의 비극적 유산을 짊어지고 살아갈 것이다. 하지만 그런 역사는 완화될 것이다. 인간은 아브람과 그 후손이 받은 복을 인정함으로써 J가 이해한 대로 정치, 경제, 사회, 종교 영역에서 더 나은 삶을 영위하려는 의지와 행위를 통해 새롭게 살아갈 기회를 얻게 될 것이다.

여기서 출발하는 역사의 변혁은 아브람이 '갈대아 사람의 우르'(메소포타미아의 우르)를 떠남으로써 시작될 것이다. J가 역사의 중요한 길목에서 이름에 의미를 부여하는 경향을 감안할 때 그가 저주(*아루르*)를 직접 언급한 것은 놀라운 일이 아니다. 복을 받은 인간은 저주를 받은 땅과 시대를 뒤에 남겨두고 떠난다. 메소포타미아에서 출발한 여행은 가족의 땅을 계절별로 맴도는 유목 여행이 아니라 한 장소에서 다른 장소로 이주하는 것이다. 다른 지역 사람들은 문화 중심지에서 변두리로 이주한 것이라고 생각하는 것으로 알려져 있다. 하지만 아브람이 메소포타미아를 떠나 이주하는 것은 J가 아카드식의 초기 인류 개념을 사용한 것과 상관이 있으며 마찬가지로 이스라엘의 통상적인 문화적 기원 개념과 상관이 있다.

아브람이 이주하려는 장소는 즉각 설명되지 않고 있다. 그는 결국 이집트로 내려갔다. 도중에 몇 가지 중요한 사건이 벌어졌다. 그 중의 하나는 전체 역사의 전환점을 이루는 것으로 드러난다. 야훼께서 아브람에게 복을 주는 방식에 관한 것이 그것이다.[2] 복을 말하는 용어들은 면밀하게 검토해야 하는 중요한 말들이다. 아브람은 자기가 살던 땅과 고향 땅에서 번식하며 친족들이 이룬 문화권에서 안전하게 살던 장소와 아버지 집(땅, 출생지, 집이란 세 구절은 서로 동의어이며 서로 의미를 보충해준다)[3]을 떠나 야훼께서 보여주실 땅으로 가야했다. 그러면 야훼는 그를 큰 나라로 만들고 그에게 복을 주어 그의 이름을 크게 떨치게 할 것이다. 야훼에게 복을 받은 자로서 아브람 자신은 복이 될 것이다. 야훼는 그에게 복을 주는 자를 복 주며 그를 멸시하는 자는 저주하여[4] 그로 하여금 땅 위의 모든 가족들을 위한 복의 방편이 되게 할 것이다. 복을 표현하는 용어들, 즉 남자 후손이 출생하고, 복 받은 개인이 큰 민족으로 성장하고, 주어진 영토에 거주하는 일은 직접적으로 처음 열네 세대의 역사가 제기한 주요한 이슈들과 같다.[5] 이 이슈들은 새로운 틀 속에 새롭게 제시되고 있으며 열다섯

---

2 이것은 중요한 문제이지만 저주와 복을 추상적으로 정의하지 않을 것이다. 우리가 선호하는 접근법은 저주를 복과 관련하여 정의하고 복은 다시 그것이 성취되는 특정한 방식에 따라 정의하려는 것이다. 이 접근은 처음 열네 세대가 받은 특정한 저주의 의미와 혼동해서는 안 된다. 하지만 J가 도식화하는 대로 저주와 복의 변증적 관계에 초점을 맞출 수 있게 해준다.

3 '내 아버지 집'이란 표현은 기원전 14세기에 예루살렘 왕이 이집트의 바로에게 보낸 아마르나 서신 가운데 두 번 등장하며(*EA* 286:9~13; 288:14) 상속받은 통치와 영유권을 의미한다. "보소서, 나를 이 자리에 앉힌 것은 내 아버지와 어머니가 아니며 (폐하) 왕의 강력한 손이 나를 내 아버지 집에서 이끌어내셨습니다."

4 강조점은 복에 있다. 저주는 단지 반대말일 뿐이다. Patrick D. Miller, "Syntax and Theology in Genesis XII 3a," *Vetus Testamentum* 34(1984): 472~75. 밀러의 요지는 J의 결론부에서 발락의 저주는 반드시 발람의 복으로 이어질 수밖에 없다는 식으로 확증된다.

5 이 핵심적인 복의 요소들이 지닌 왕적 기초는 성서 및 고대근동의 평행기사를 근거로 탁월하게 제시된 바 있다. Eberhard Ruprecht, "Der traditions-geschichtliche Hintergrund der

번째 세대에 새로운 의미를 부여하고 있다.

분명한 것은 이전 역사와는 대조적이라는 사실이다. 그것은 단적인 대조이며 복을 표현하는 몇 가지 용어 때문에 그것을 놓쳐서는 안 된다. 열네 번째 세대에서 셈의 후손들은 자신의 이름을 드러내려고 애썼다. 열다섯 번째 세대에서 셈의 자손인 아브람은 야훼에게 임의로 선택되어 자신의 재생산과 생산의 배경, 즉 그가 후손을 낳을 모든 배경이 될 아버지의 집을 떠나라는 명령을 받는다. 야훼는 이런 배경과 멀리 떨어진 곳에서 아브람의 이름을 위대하게 할 것이며 그렇게 함으로써 그것이 야훼가 이룬 것이며 아브람이 한 것이 아님을 분명히 밝히려고 한다. 여기서 '이름'이란 말은 이 시점까지 진행해온 역사 속에 우리에게 잘 알려진 모든 의미를 담고 있다. 그것은 후손, 권력, 명성이다.

이 새로운 세대에 여러 모양으로 출산 이슈를 말하는 역사는 우리에게 아주 놀라운 상황을 소개한다. 아브람의 아내 사래가 아이를 낳지 못한다는 것이다.[6] J는 X가 Y를 낳고 Y가 Z를 낳는 방식을 공들여 연결시키면서 아브람이 아들 이삭을 낳은 것은 아브람이 아니라 야훼가 주도한 일이라는 놀라운 사실을 받아들이도록 준비시킨다. 아브람은 도시를 건설하지도 않으며 아내 사래를 통해 후손을 만들어내지도 않는다. 이 점이 열네 번째 세대의 이름 있는 인물들과 열다섯 번째 세대의 이름 있는 인물들을 구별시켜 주며 또 저주의 세대와 복을 받는 첫 세대를 구별시켜준다.[7]

아브람이 자기 아버지의 재생산과 생산의 배경에서 벗어나 독립하는 모습은 다윗이 자신의 친족들로부터 미미한 지지를 받은 상태로 권좌에 오르는 상황을 반영한다. 형제들 일부는 다윗의 초창기 산적 시절에 가담하였다. 아마도 그들은 다윗처럼 어린 동생들이었을 것이다. 그가 유다 남서부 출신인 브

---

einzelnen Elemente von Genesis XII 2~3," *Vetus Testamentum* 29(1979): 444~64.

6 오늘날의 문화는 아내가 아니라 부부가 아이를 낳지 못한다고 말한다. 이것은 J가 전제하는 문화와 다르다.

7 종종 삼하 7:9에서 다윗에게 한 말과 비교되지만 비슷할 뿐 똑같지는 않다.

나야가 이끄는 용병 출신 궁전 수비대(그렛 사람과 벨렛 사람)에 많이 의존하고 민병대 대장이며 누이의 조카인 요압이 비난받게끔 유도하는 것을 보면 그가 초기에는 야훼 외에는 아무도 의지하거나 신세를 지지 않는 사람이었음을 알 수 있다. 그가 압살롬의 반란 이후에 양자인 아마사를 임명할 때처럼 친족을 등용할 때는 특별한 정치적 이유가 있었다. 그 경우에는 헤브론의 갈렙 사람들의 충성을 얻으려는 생각에서였다.

아브람을 축복하는 자는 복을 받을 것이라는 야훼의 선포가 갖는 의미는 아브람의 이름을 위대하게 하는 자가 누구인가라는 핵심 이슈와 직접적으로 상관이 있다. 역사가 전개됨에 따라 다른 사람들이 아브람을 축복하는 일은 아브람의 이름을 위대하게 하신 분이 바로 야훼라는 사실을 인정한다는 의미가 될 것이다. 이 생각은 왕실 후손으로부터 '모든 민족'에게 번영과 공의의 축복이 나온다는 생각과 정확히 일치한다. 그 내용이 시편 72:17에 담겨 있다. "그의 이름이 영구함이요 그의 이름이 해와 같이 장구할 것이다. 사람들이 그로 말미암아 [모든 민족이] 복을 받으리니 모든 민족이 다 그를 복되다 할 것이다."

아브람은 이집트로 이주하는 중에 팔레스타인 북부 산지인 세겜에 머물렀다. 여기서 야훼는 아브람에게 나타났고 중요하면서도 불길한 땅 수여 사실을 선포한다. "내가 이 땅을 네 자손에게 줄 것이다." 다윗의 서기관이 기록하듯이 이 수여는 다윗 가문이 팔레스타인 산지와 주변 지역을 통치한다는 생각의 역사적 기초를 제공하는 것과 다를 바 없다. J는 아브람이 여행 중에 가나안 땅에 있었으며 그것도 북부 산지의 심장부인 바로 이곳에 있었다고 말한다. J는 훗날 요셉이란 인물 묘사를 통해 이곳에 지대한 관심을 보여준다. 야훼의 선포를 통해 아브람의 후손과 가나안 사람들 사이에 잠재적으로 갈등이 벌어질 것으로 예상되지만 실제로는 벌어지지 않았다. J가 생각하기에 두 집단은 몇 가지 예외를 제외하고는 같은 장소에 살지 않았기 때문이다. 함의 자손인 가나안 사람들은 가인의 자손들처럼 도시 사람으로서 도시에 모여 살았고 그 땅 전역에 흩어져 살지 않았다. 다윗이 가나안 도성인 예루살렘을 점령할 당시의 표현을 보면 두 집단 사이에 벌어졌을 수도 있는 무력 충돌은 묘사되지 않고 있다(삼하 5:6~8). 서로 아주 가까이 접촉했다면 갈등이 생겼을 것이지만 J의 경우 이런 긴장을 서술하고 있는 것은 창세기 34장의 디나의 강간 이야기와 같은 것들에 국한되어 있다.

아브람에게 가나안 땅을 수여했다고 해서 그것이 반드시 가나안 사람과 이스라엘 사람 사이에 민족적 갈등을 일으키는 것은 아니다. 하지만 땅 수여 이전의 역사가 길게 전개되면서 일어난 갈등은 사실상 절정에 달한다. 아브람의 후손들은 언제 어떻게 이 수여받은 땅을 차지하게 될 것인가? 이 질문은 아브람의 후손이 이집트 왕이 수여한 땅에 편안하게 정착하는 지점에서 이 역사를 지배하게 되며 그러므로 이곳 세겜에서 이루어진 야훼의 땅 수여가 언제 완전히 성취될지는 앞으로 더 지켜보아야 한다. 달리 말해서 문제는 아브람의 후손과 팔레스타인의 도시에 거주하는 가나안 사람들 사이의 갈등보다는 야훼의 축복과 반대로 이집트에서 아브람의 후손에게 땅을 수여했던 함 족속 왕(바로)의 특권에 의해 더욱 발전된다.

J는 야훼가 아브람에게 나타났다고 말한다. 사경의 다른 전승은 다른 역사적 상황에서 기록되었고 그래서 신학적 전망도 각기 다르다. 그 전승은 하나님의 임재를 독자적인 방식으로 기술한다. J에서 야훼는 전형적으로 사람의 모습으로 나타난다. 그는 사람처럼 보인다. 이 전승은 그분을 때로 어떤 남자 혹은 천사(genie)로 표현한다.[8] J의 묘사가 지닌 독특성은 E 전승 및 P 전승과 비교해 보면 분명해진다. E 전승에서 하나님은 전형적으로 사람과 거리를 둔다. 그래서 꿈이나 환상 혹은 사자(messenger)나 예언자와 같은 중개자를 통해

---

8 RSV는 '천사(angel)'라는 말을 쓴다. 이 단어는 초자연적 특성을 지닌 피조물을 표현한다. J의 히브리어 본문이 의도하는 것은 야훼와 분리된 어떤 존재가 아니라 통속적이고 접촉 가능한 야훼의 표상 즉 그의 요정(genie)이다.

나타난다. P 전승에서 하나님은 P가 상세히 묘사하고 있는 장막의 제단 위에 나타나는 연기 같은 구름을 통해 가장 특징적으로 나타난다.

노아가 두 번째 조합의 서두에 행한 것처럼 아브람도 이 세 번째 조합의 서두에 야훼에게 제단을 쌓았다. J의 세계사는 다윗 왕국의 제의와 관련하여 기술되고 있다. 그것은 소박한 제단에서 이루어지는 제의이다. 강조해서 말한다면 그것은 성전 제의가 아니다. 따라서 처음으로 복을 받은 개인이 이런 제단을 쌓는 일은 착한 제의의 패러다임이 된다. 야훼가 땅 수여를 통해 아브람의 이름을 위대하게 만들기 시작했을 때 이전 세대에 이름을 내려고 세겜에 존재했던 후기 청동기시대 탑과 유사한 형태로서 바벨에 거대한 성전-탑을 세운 모습은 극명하게 대조된다. 이러한 대조는 매우 중요한 것이며 아브람이 이집트로 내려갔다가 돌아와 벧엘 근처에 두 번째 제단을 쌓고 그곳으로 돌아오는 틀로 이루어진 이야기를 통해 곧장 강화된다.[9]

벧엘은 세겜보다 훨씬 남쪽의 산마루 지역에 있고 같은 능선에 위치한 예루살렘보다 약간 북쪽에 위치하여 있다. 다윗 시대에 벧엘은 이미 수 세대 동안 다윗 치하에서 이스라엘로 알려진 사람들의 역사 속에 중요한 역할을 했다. 그곳은 분명히 다윗 왕국이 이루어지기 전에 주요한 산지 성소가 있는 촌락 중 하나였다. 이스라엘이 솔로몬 사후 다윗 왕국에서 분열하였을 때 그곳은 또 다시 다윗과 상관이 없는 이스라엘의 주요 성소가 되었다. 다윗 왕국 제의의 소박함을 염두에 둔다면 벧엘이 이 기간에 이스라엘의 주요 성소로 자리매김했을 것 같지는 않다.

아브람이 벧엘이 아니라 벧엘과 아이 사이에 두 번째 제단을 쌓았다는 것은 상징적일 수도 있다. J는 다윗 가문의 제의를 성전 없는 제의로 묘사하려고 애

---

9 성전-탑과 아브람의 제단 사이의 대조법을 통해 성전 건축을 반대하고 순례여행을 선호한다는 논의를 위해 다음을 보라. Jack R. Lundbom, "Abraham and David in the Theology of the Yahwist," in *The Word of the Lord Shall Go Forth*, ed . C. L. Meyers and M. O'Conner(Winona Lake, Ind.: Eisenbrauns, 1983), 203~9.

쓴다. 이미 살펴본 것처럼 벧엘은 '신의 성전[집]'을 의미하며 아브람이 벧엘에 제단을 쌓았다는 것은 아브람의 역사 속에 성전 제의의 뿌리를 내리려는 의도였을 수도 있다. 하지만 J는 반대 상황을 염두에 두고 있다. 다윗이 그 땅에 성전이 없는 상태에서 제의를 확립하려는 것은 '신의 성전[집]'이 없는 곳, 즉 변두리 시골에 아브람이 제단을 쌓은 역사에 뿌리를 내리고 있다.[10]

아브람의 개별 이야기들은 앞선 세대의 주요 이야기들과 거의 상응한다. J는 아브람 세대의 사건들을 통해 저주 받은 세대의 주요 사건을 뒤집는다.

에덴동산의 아담과 하와	이집트의 아브람과 사래
가인과 아벨	아브람과 롯
가인부터 라멕까지 도시들과 왕들	아브람과 소돔 왕 그리고 살렘 왕
신과 인간의 혼종 결합	야훼 하나님이 주도한 이삭 출생
함이 노아의 벌거벗음을 보다	하갈이 임신하다
노아가 술에 취하고 '안다'	롯의 딸들은 롯을 취하게 하지만
	딸들의 소행을 롯은 '모른다'
도시-탑, '거대한 곳'	롯은 소돔에서 도망 나와
	미차르(*Mits'ar*) '작은' 도시로 피하다

이집트에 머무는 동안 아브람과 사래의 관계는 J가 볼 때 *이쉬*와 *잇샤*인 아담과 하와의 관계를 뒤집는다. 가인을 낳은 관계도 그렇다. 그들의 이야기는 발생한 일이 아니라 사용된 단어의 수준에서 읽어야 한다. 아브람은 "그대가 나의 누이라고 말해주시오"라고 사래에게 당부했다. 서두와 말미에서 반복된

---

10 아브람은 세겜, 벧엘, 헤브론으로 통하는 주요 길목을 여행했고 거기서 네게브로 여행했다. 이 모든 장소는 중요한 산지 성읍들이다. 아브람은 이름 없는 목자가 아니라 큰 족장(sheikh)이며 장차 더욱 위대해질 것이다. 그는 도시와 연계되어 있고 각 도시 외곽에 제단을 쌓았다. 그의 정착지는 도시 문화와 인접한 곳이었다.

이 이야기의 요점에 대해 많은 해석이 존재한다. 이야기 말미에서 바로는 서두에서 했던 대화로 돌아가 "아브람아, 그는 너의 누이가 아니고 너의 아내이다"라고 말한다. 그들은 남편과 아내 관계였으나 아브람은 사실상 "우리는 남편과 아내가 아니다"라고 말한 것이다. 그는 왜 이렇게 말했을까?

이 사건은 심리적 측면에서 분석할 것이 아니라 J가 이미 제기한 이슈와 가능한 한 명백히 연관시켜서 아브람이 속으로 무슨 생각을 했는지, 사래가 이 관계로 위장하는 일을 어떻게 느꼈는지, 혹은 오늘날의 문화적 상황에서 이런 사건이 독자에게 일으킬 수 있는 수많은 다른 경우들이 가진 관심사를 밝히려고 노력해야 한다. 아브람의 진술은 가인과 함의 후손이 저지르는 전형적인 행위를 염두에 두고 이루어진 것이었다. 아브람은 식량이 없었다. 그는 이집트 왕에게 의존했다. 그런데 이집트 왕은 함의 후손이며 가인의 왕실 문화를 계승한 존재였다. 뿐만 아니라 위험에 노출되어 있었다. 왕으로 군림했던 '가인의 후손'처럼 이집트 왕은 그를 죽이고 아내를 빼앗을 수 있었다. 이것이 극적으로 표현된 라멕의 심리였다. 아브람은 이 사람이 자신을 죽이고 아내를 빼앗을 힘이 있다는 사실을 알았다. J는 독자들에게 자신을 이렇게 말하는 자로 보아주기를 원했다. "그런 정신이 남편과 아내의 관계에 대해 인간이 하는 주장의 결과라면 나는 그런 주장을 뒤집을 것이다." 아담과 하와가 한 것처럼 혼인 관계를 고집하지 않고 아브람은 이 권리를 포기했다. (J는 바로가 사래를 임신시킬 가능성을 배제한다. 사래는 임신할 수 없는 상태였기 때문이다.)

함의 후손인 이집트 왕은 J가 드러내는 가치들에 비추어 볼 때 아브람의 아내를 궁으로 맞아들임으로써 완전히 부당한 행위를 저질렀다. 그래서 야훼는 바로와 그의 집을 공격했다. 여기서 그의 집이란 그의 가족, 식솔, 재산, 통치 영역, 권력의 기반, 권력을 망라하는 용어이다. (바로란 이집트어로 '위대한 집'을 뜻한다.)

첫 번째 세대의 역사에 함축된 남편과 아내 관계의 반전은 축복의 실현으로 이어졌다. 아브람은 엄청난 갑부가 되었다. J는 이스라엘의 첫 번째 조상으로 묘사된 사람들이 결코 가난한 농부가 아니라는 사실을 전하려고 애쓴다. 다윗의 서기관인 J는 베두인과 농민 모두 다윗의 치하에서 번영할 것이라는 사실을 믿게 하고 싶었다. 게다가 그런 번영은 국내의 압제로 이루어진 것이 아니라 국외로부터 온다.

이 경우는 J가 묘사하는 여러 가지 긍정적 아이러니 중 첫 번째 것이다. 가인과 함의 계열에서 태어난 자들은 이야기꾼이 묘사하는 것처럼 이 낙관적이고 상승하는 분위기와 함께 움직이는 축복의 역사 속에서 최종적으로 야훼가 주시는 축복에 동참하게 될 것이다. 그래서 이 이집트 왕은 훗날 이스라엘 자손에게 강제부역을 시키는 바로를 예시하는 인물이다. 그는 결국 아브람과 사래가 남편과 아내의 관계라는 것을 선언하고 엄청난 결혼선물에 해당하는 비용을 지불하고 돌려보낸다. 남편과 아내의 관계는 인류 역사 속에서 새로운 의미를 부여받고 있다.

아브람은 이집트를 떠나 시내 광야를 통과하여 네게브로 들어갔다. J는 우리에게 이렇게 말한다. 아브람에게는 아내와 모든 소유가 있었고 또 조카(혹은 본문이 말하려는 것처럼 그의 '아우') 롯도 포함되어 있었다. J는 반복해서 이렇게 말한다. 아브람은 '가축과 은금이 지극히 풍부하였다.' 가축에 해당하는 단어는 *미크네*(*miqneh*)인데 자본이라는 뜻이다. J의 관점에서 그것은 가인이란 이름과 같은 어근으로 이루어진 단어였다는 사실을 기억하자. 아브람의 역사는 가인과 함의 방식을 반박하고 복을 누리는 방식으로 부를 축적하는 또 다른 역사를 묘사한다. 그러므로 그것은 지당하다.

J가 바로 이 지점에서 아브람의 엄청난 부를 강조하는 것은 우연한 일이 아니다. 아브람의 역사와 앞선 처음 열네 세대의 역사가 서로 일치하는 것을 보면 우리는 가인과 아벨의 역사까지 거슬러 올라간다. 가인과 아벨의 갈등은 부를 공동으로 소유하면서 생겨난 것이었다. 두 사람이 번창했다는 사실은 갈등을 막지 못하고 오히려 갈등하게끔 만들었다고 볼 수 있다. 여기서 독자의 마음에 생기는 질문은 가인이 아벨을 죽인 것처럼 아브람이 롯을 죽이지나 않

을까? 만일 그렇지 않다면 그는 이 상황을 어떻게 모면할까? 라는 것이 틀림없다.

롯도 *미크네*(가축)를 소유하여 아주 부유했다. 그들의 자본(양과 소)은 아주 성공적으로 늘어났기 때문에 목축할 땅이 부족해졌다. 쌍방의 목자들은 싸우기 시작했다. 이 다툼은 부족한 자원 즉 목축할 땅을 두고 벌어진 것이 아니었다. 형제가 소유한 자본의 증식이 이 형제 사이를 분열시키는 지경까지 몰고 간 것이었다. 사회학적 용어로 이것은 경쟁적이고 적대적인 집단을 만들 가능성을 나타낸다. 조화롭게 지내는 거대하고 강력한 목축 집단이 성공하는 과정에서 분열할 위험에 처한 것이다. 그런 집단은 잠재적으로 분열할 가능성을 갖고 있다.[11] 이 분열이 어떻게 적대적이지 않고 지속적인 동맹관계를 이어갈 수 있을까?

대답은 이렇다. 가인이 질투하는 모습과는 반대로 아브람은 상대를 존중함으로써 극복했다. "우리는 남자 형제이다" 라고 아브람은 말했다. 히브리어 표현법은 형제란 말을 강조하고 있다. "우리는 다투지 말자." 아브람은 확대 가족 안에 분열이 생기면 적대하지 말고 평화로운 말을 하고 갈라서야 한다는 것을 알고 있었다. 조카와 삼촌 관계는 그리 중요하지 않았다. 중요한 것은 형제가 서로 적개심을 갖는 일을 피해야 한다는 것이었다. 협정을 맺는 쌍방은 피를 나눈 형제는 아니지만 형제들이었다. 그래서 두 번째 세대의 형제살인을 피했다.

아브람은 자기 '형제'에게 가장 좋은 땅을 먼저 선택하라고 제안했다. 이 양보에 대한 야훼의 반응은 일찍이 아브람에게 땅을 주기로 맹세했을 때 언급한 내용을 엄밀하게 정의한다. 아브람의 후손은 해발 900미터 높이의 벧엘 꼭대기에서 보이는 길고 넓은 팔레스타인 땅을 상속받을 것이다. 롯은 남동쪽 땅

11 Karen E. Paige and Jeffery M. Paige, *The Politics of Reproductive Ritual*(Berkeley and Los Angeles: University of California Press, 1981), 126~39의 요약을 보라.

을 선택했다. 그 땅은 다윗 당시의 '지금' 사해가 위치한 곳이었다. 소돔이 멸망당하기 이전 아브람 당시에 이곳은 물이 넉넉해서 풍요로웠다. 그래서 J는 이곳을 '야훼의 동산' 즉 에덴동산에 견주어서 표현한다. 이 '동산'에서 소돔 사람들은 처음 에덴동산에 살았던 아담과 하와처럼 동성애주의의 삶을 살았다.

야훼는 벧엘에서 아브람에게 땅을 수여한 후 "내가 네 자손이 땅의 티끌같이 많아지게 할 것이다. 사람이 땅의 티끌을 셀 수 있다면 네 자손도 셀 수 있을 것이다"라고 매듭지었다. 베두인 지파가 가장 우선적으로 생각하는 가치 중 하나는 특별히 지파의 우두머리의 관점으로 볼 때 지파와 자원이 무한정 증가하고 가능하다면 오랫동안 분열을 피하는 일이었다.

우리는 이미 J와 다윗 궁전의 서기관이 왕국에서 유혈분쟁을 줄이는 일에 주요한 가치를 두고 있음을 논한 바 있다. 가인과 아벨 이야기와 정반대로 진행되는 이곳에서 우리는 J가 가장 중요한 이 유목민 가치를 유혈분쟁 방지를 위한 긍정적 기제로 삼았음을 알 수 있다. 갈등하는 형제의 화해라는 주제는 여기서 베두인의 특수한 문화적 기초 위에서 바라보게 만드는 방식으로 소개되고 있다.

아브람은 헤브론으로 이주했다. 헤브론은 후기 청동기시대에 세워진 것으로 알려져 있다(민 13:22). 이 정보를 확인하기는 불가능하다. 현재 이 도시는 이전에 존재했던 도시들 위에 세워진 관계로 헤브론 지역 대부분을 발굴할 수 없기 때문이다. 하지만 헤브론과 같은 산지 도시들은 수가 적고 오랜 기간 안정을 유지하는 경향이 있다. 산지에 자리 잡은 도시가 지속되는 것은 저지대 도심지의 변화무쌍한 운명과 대조적이다. 그래서 후기 청동기시대부터 현재까지 팔레스타인 중부 산지에 위치한 주요 도시들은 북쪽의 세겜, 중앙의 예루살렘, 남쪽의 헤브론 정도였다. 헤브론은 팔레스타인 정착지 가운데 변두리에 위치하고 있다. 그런 곳에서 일어나는(건조지대와 멀어질 수도 있고 가까워질 수도 있는) 정착지 변화는 어느 시대든 정치 조직의 수준을 나타낸다. 그곳은 이렇게 촌락과 베두인 문화의 중심지이며 이 두 문화는 도시가 세워진 이래 도시를 배경으로 그곳에서 만났다. 다윗 왕국은 헤브론에 세워졌다. 다윗이 권력을 잡은 것은 부분적으로 농경 요소와 베두인 요소가 밀접한 관계를 지닌 결과였다.

아브람은 헤브론에서 야훼께 제단을 쌓았다. 이후 이곳은 복을 받은 사람에게 가장 소중한 장소가 되었다. 아브람 역사의 이러한 특징은 아브람을 헤브론에서 다윗 가문이 왕권을 세운 일과 곧장 연결시켜준다. 이러한 비교를 통해 종종 아브람을 다윗과 동일시하기도 하지만 그것은 잘못된 일이다. 다윗은 베두인이 아니었다. 문제는 베두인의 '민족적' 정체성을 다윗 왕국에 투영하는 일이다. 그러나 다윗 왕국의 백성 중 최소한 80퍼센트는 베두인이 아니었다. 우리가 읽으려고 하는 이야기는 J가 지금까지 묘사한 사람 중에서 다윗을 꼭 닮은 인물로 생각하게 만든다.

13

두 종류의 왕실

(창세기 14:1~15:6)

당시에 시날 왕 아므라벨과 엘라살 왕 아리옥과 엘람 왕 그돌라오멜과 고임 왕 디달이 소돔 왕 베라와 고모라 왕 비르사와 아드마 왕 시납과 스보임 왕 세메벨과 벨 즉 소알 왕과 전쟁을 했다. 나중의 다섯 왕들은 싯딤 곧 지금의 염해[사해]에 군대를 집결시켰다. 이들은 십이 년 동안 그돌라오멜을 섬겼다. 그들은 제십삼 년에 반란을 일으켰다. 제십사 년에 그돌라오멜과 그와 함께 한 왕들이 와서 아스드롯 가르나임에서 르바임 족속을, 함에서 수심 족속을, 시웨기랴다임에서 엠 족속을, 세일 산에서 호리 족속을 치고 광야 근처의 엘바란까지 이르렀다. 그들은 방향을 바꾸어 엔 미스밧 곧 가데스로 되돌아와 아말렉 족속 온 땅과 수여손다말에 사는 아모리 족속까지 쳤다. 이때 이미 말한 대로 소돔 왕과 고모라 왕과 아드마 왕과 스보임 왕과 벨라 곧 소알 왕이 진군하여 싯딤 골짜기로 나아가 진을 쳤다. 엘람 왕 그돌라오멜과 고임 왕 디달과 시날 왕 아므라벨과 엘라살 왕 아리옥과 맞서기 위해서였다. 이 네 왕이 그 다섯 왕과 대결하였다.

지금 싯딤 골짜기에는 역청 구덩이가 곳곳에 있었다. 소돔 왕과 고모라 왕이 도망하다가 여기에 빠졌다. 나머지는 산으로 도망쳤다. 승자들은 소돔과 고모라의 모든 재물과 양식을 빼앗아갔다. 그리고 소돔에 살던 아브람의 조카 롯을 붙잡고 그 재산을 노략하여 갔다.

도망한 자가 와서 용병 부대 장수로 있던 아브람에게 알려주었다. 그때 아브람은 아모리 족속 마므레 상수리 수풀에 진을 치고 있었다. 마므레는 아브람과 동맹을 맺은 에스골과 아넬의 형제였다. 아브람이 그의 형제가 포로로 잡혔다는 소식을 듣고 자기 부대를 이끌고 단까지 쫓아갔다. 그와 그의 병사들은 나뉘어 밤에 습격하고 다메섹 북쪽의 호바까지 쫓아갔다. 그는 도시들이 뺏긴 모든 재산을 되찾아왔고 자기 형제 롯과 그의 재산은 물론 여인들과 다른 포로들까지 되찾아왔다.

그가 그돌라오멜과 그와 함께 한 왕들을 쳐부수고 돌아올 때 소돔 왕이 사웨 골짜기 곧 왕의 골짜기로 나와 그를 맞이하였다.

그런데 느닷없이 살렘 왕 말기세덱이 떡과 포도주를 가져왔다. 그는 엘엘욘 즉 지극히 높으신 하나님의 제사장이었으므로 아브람에게 인사하고 이 말로 축복하였다. "하늘과 땅의 창조자이신 엘엘욘이여 아브람에게 복을 주옵소서. 너희 대적을 네 손에 붙이신 엘엘욘을 찬송하라." 그리고 그에게 모든 것의 십분의 일을 주었다.

소돔 왕이 아브람에게 말했다. "사람은 내게 주고 너는 물품을 가지라."

하지만 아브람은 소돔 왕에게 말했다. "나는 하늘과 땅의 창조자인 엘엘욘 야훼로 맹세하거니와 네 말이 내가 아브람을 부자로 만들었다고 할까 하여 나는 네게 속한 실 한 오라기나 신발 끈 하나나 그 어떤 것도 취하지 않을 것이다. 내 젊은이들이 먹은 것과 나와 동행한 아넬, 에스골, 마므레의 몫을 제외하고는 아무것도 갖지 않을 것이다. 그들은 자기 몫을 갖게 하라."

이후에 야훼께서 아브람에게 말씀했다. "걱정하지 말라 나는 너의 보호자이다. 네 보상은 심히 클 것이다."

아브람이 말했다. "주 야훼여 내게 무엇을 주시겠습니까? 내가 벗은 채로 가는 것을 보십시오. 당신은 내게 자식을 주지 않았습니다. 지금은 내가 낳지 않은 가

속의 아들이 내 상속자가 될 처지입니다."

야훼의 대답이 다음 같이 주어졌다. "이 사람은 네 상속자가 되지 않을 것이고 네 허리에서 날 사람이 네 상속자가 될 것이다."

야훼께서 그를 바깥으로 데리고 나가 말씀했다. "하늘을 쳐다보고 별을 셀 수 있으면 세어보라. 네 후손이 이렇게 될 것이다."

야훼를 믿으니 그가 그것을 자신의 권리로 여겼다.

이 단락은 우리의 이야기에서 보통 J 자료로 간주하지 않는 첫 번째 주요 단락이다.[1] J는 아브람 이야기부터 특정한 장소와 이름을 많이 언급한다. 역사가들은 이 단락이 J의 나머지 단락과 어떤 관계가 있는지 묻기보다는 사실과 일치하는지의 여부 문제에 치중하여 이 장소들이 어디이며 이 시기가 언제인지를 알아내는 일에만 집중적으로 매달려왔다.[2] J 전체와 어떤 관계를 갖고 있는지를 본다면 이 사건은 철저히 J와 흡사한 특징을 지니고 있다는 것을 알 수 있다. 어휘, 문체, 그리고 관점 모두가 J 자료임을 보여준다. 하지만 우리는 주로 관점에 초점을 맞출 것이다.

인류의 열다섯 번째 세대에 속하는 십사 년 동안 동방의 한 왕이 가나안 왕들을 복종시켰다. 이제 가나안 왕들은 반란을 일으켰고 동방의 왕들은 이 반란 진압을 위해 출정하였다. 동쪽(시날)에서 온 네 왕은 바벨론의 왕들과 인척이었을 것이다. 그들은 가나안에서 롯이 사는 지역 출신의 다섯 왕과 전쟁을 하였다.[3] 이 분쟁은 함의 자손들 사이에 벌어진 것이다.

---

1 다수의 비평적 주석들은 이 단락의 자료를 분석하기가 어렵다고 말한다.

2 주석서들에서 이 단락을 중기 청동기시대부터 시작해서 기원전 4세기까지 이르는 성서역사의 각 시대로 할당하고 있는 것을 보면 잘 알 수 있다.

3 이 왕 중 하나는 디달이라고 한다. 그는 '민족들'을 뜻하는 고임 왕으로 알려져 있다. 이 사람은 J가 자연스럽게 창안한 인물 중 하나일 것이다. 그 이름은 일반 민족들을 다스리는 왕이라는 의미이다.

동방의 왕들은 가나안 왕들을 이겼다. 가나안 왕들은 주변의 산 속으로 도망쳤다. 일부는 역청 구덩이에 빠지기도 했다. 도대체 이런 말을 왜 하는 것일까? 질문을 바꾸어 던져보면 답을 알 수 있다. 소돔과 고모라는 도시의 왕실 문화를 나타낸다. 역청은 도시의 왕실 문화와 무슨 관계가 있는가?

J가 다윗 시대에 오늘날처럼 불모지였던 사해 끝자락에 위치한 지역에 대해 말할 수 있는 유일한 방법은 가나안 지역에 유명한 도시들을 지목하는 일이었다. 가나안 사람들은 도시에만 살았기 때문이다. 이 도시들을 제외한 지역은 베두인이 방목하거나 도시 사이의 무역을 위해 역청을 수거하고 광산을 개발하는 데 활용되었다. 사해 끝자락에는 상당량의 아스팔트 침전물이 있었고 역청은 이 지역에서 나오는 주요 무역 상품이었을 것이다. 역청은 고대 특히 고전 시대 이전에 용도가 다양했다. 메소포타미아와 이집트에서 사용된 역청 상당량은 이 지역에서 수출한 것이었다. 이것은 엘리트 주거용 건물을 지을 때 벽돌을 접착시켜주는 기능을 했으며[4] 방수재료로 배수관이나 목욕탕, 도심지 연못, 저수지, 수로, 운송 용기 등에 사용되었다. 특히 일반인이 사용하는 다목적 도로보다는 제의적 목적을 지닌 도로를 건설하는 데 사용되었다.

가나안의 다섯 왕을 설명하는 장소는 특히 중요하다. 소돔은 다윗이 관할하는 지역의 남동부에 위치한 주요 도시였다. 그랄, 헤브론, 소돔 그리고 브엘세바는 J의 이야기가 집중되어 있는 곳이다. 그는 소돔을 포함한 이 지역에 관심을 쏟고 있다. 사해는 팔레스타인 동쪽과 서쪽을 갈라놓는 장벽이었다. 주요 고지대 도시 중 하나인 예루살렘이 사해 북단과 정확하게 같은 위도 선상에 위치한 것은 우연한 일이 아니다. 사해의 끝자락과 평행한 위치에 있는 불모지 도시들에 J가 관심을 기울이고 있는 것 역시 우연이 아니다. 이곳은 팔레스타

---

4 "일반적으로는……구운 벽돌에 [역청을 발라] 사용하는 관행은 궁전, 성전과 같은 건물의 건축에 국한되었다." "바벨론 사람들에게……[아스팔트로 접착시킨 벽돌]은 안정성을 상징한다고 말했다." R. J. Forbes, *Studies in Ancient Technology*, 2d ed.(Leiden: E. J. Brill, 1964), 1:67~74.

인을 동서로 횡단하는 교역이 이루어지는 장소였다. 그래서 다윗 왕가가 볼 때 이 지역의 지정학적이고 경제적인 중요성은 이곳이 다윗이 권력을 잡은 유다 남단의 외곽이며 동부와 서부 사이의 교역을 고려할 때 전략적인 위치에 있다는 데 있다. 이 지역 왕들이 역청 구덩이에 빠진 모습을 묘사하는 것은 그곳이 그만큼 중요함을 일깨워주는 하나의 방식이었다.

승리에 도취한 동방 왕들은 가나안 왕들의 재산을 빼앗아 북쪽으로 갔다. 그들은 롯과 재산을 취하고 포로로 잡아갔다. 이 일로 아브람이 무대에 등장한다. 아브람은 도시 엘리트의 베두인 동맹 역할을 수행하였다. 이 경우는 전쟁의 소득을 뒤집어엎는 데 직접적인 관심이 있었다.[5] 그는 무역 중심지였던 다메섹 방향으로 가는 왕들을 쫓아가서 무찌르고 빼앗긴 재산과 사람들을 되찾아 사해가 된 지역의 끝에 있는 가나안 왕들에게 되돌아왔다.

아브람이 도착하자 두 명의 왕이 마중을 나왔다. 한 명은 베라라고 하는 소돔 왕이었다. 히브리어로 베라는 대략 '악독한' 혹은 그냥 '악'을 뜻한다. 고모라 왕의 이름인 비르사는 '사악한' 혹은 '사악'을 뜻한다. 이 이름의 특징은 J가 가인과 함의 후손을 특징짓는 방식과 일치하므로 놀라운 일이 아니다. 저주의 시대에 왕실의 의식은 라멕이 자신의 실수 때문에 살인이라도 저지를 수 있는 특권을 갖고 있다는 생각 속에 잘 요약되어 있다. 이는 자신과 야훼를 '아는' 셋이 대조적으로 묘사되어 있는 곳에서도 암시되고 있다. J는 함 계열의 바벨론 왕이나 이집트 왕과는 아주 다른 스타일의 왕권이 가능하다는 것을 보여주고 싶어 한다.

---

5 아브람은 318명의 가신을 데리고 갔다고 말한다. 이처럼 특정한 수를 언급하는 이야기는 J가 아니라 제사장이나 더 늦은(창 14:14에 '집에서 길리고 훈련한'으로 번역된 히브리 표현은 P의 것이다) 저자 시절에 이야기를 개정한 사람의 손질로 이해한다. 318이란 숫자는 창 15장에 엘리에셀이란 이름에 들어있는 히브리 자음 개개의 수치를 더한 합이다. 이것은 본문을 나중에 수정하는 예의 전형이다. 엘리에셀은 '나의 하나님이 도움이시다'란 뜻이며 그래서 318명은 아브람의 도움이라는 의미이다.

두 번째 왕을 우리는 아직 만나지 못했다. 그의 이름은 대략 '왕은 의롭다'[6]는 뜻의 멜기세덱이다. 그는 '정의와 번영'이란 의미의 *샬롬*과 관계가 있는 살렘 성에서 왔다. 이 성은 분명히 나중에 다윗 왕조의 도성이 된 예루살렘을 나타낸다.[7]

왕들은 왕의 골짜기에서 아브람을 만났다. 우리는 정확히 바로 이곳에서 두 가지 종류의 특징을 가진 왕을 발견하게 된다. 그래서 우리는 그들이 한 말과 이에 대하여 아브람이 한 말에 귀를 기울여야 한다.[8]

두 명의 왕은 번갈아가며 아브람에게 말했다. 소돔 왕이 먼저 다가갔지만 살렘 왕은 그보다 앞서 언급되었고 먼저 말을 건다. 그는 "아브람에게 복을 주시옵소서"라고 말한다. 이 말은 곧장 야훼가 "내가 너를 복 주는 자를 복 주리라"고 했던 맹세를 연상시킨다. 그때 '복 주다'는 말은 사람이 성공하고 번영할

---

6 한 우가릿 본문에는 우가릿 왕을 *b'l ṣdq* '의로운 군주'로 묘사하며 다른 곳에서는 이집트 왕을 *mlk ṣdq* '의로운 왕'이라고 부른다. 이 본문들은 다윗보다 겨우 3세기 이전에 작성되었다. 어근 *ṣdq*는 이름들에 흔히 사용하는 글자이다.('ṣ'는 'ts'소리가 난다.) 그럼에도 불구하고 바로를 부를 때 사용한 것은 J가 바로와 여기서 의로운 왕으로 묘사된 예루살렘 왕을 대비시키는 것을 볼 때 특별히 흥미롭다. Keith W. Whitelam, *The Just King* (Sheffield, Eng.: JSOT Press, 1980); P. Bordreuil, "Les récentes découvertes épigraphiques," in *Ugarit in Retrospect*, ed. G. D. Young(Winona Lake, Ind.: Eisenbrauns, 1981), 47 참조.

7 팔레스타인에서 이집트로 보낸 기원전 14세기 설형문자 편지는 예루살렘을 u-ru-sa-lim으로 기록하고 있다. 유식하게 중의어(double-entendre)로 표현한 것이다. uru는 도시를 뜻하기도 하므로 'Salim(살렘)의 도시'란 의미이다. 시 76:2은 살렘을 시온과 동의어로 사용한다.

8 멜기세덱이 함의 자손인지 아닌지 물어볼 수 있다. J가 멜기세덱을 함의 후손 범주와 구별하려는 의도를 지녔을 수 있다. 그가 아무도 모르는 곳에서 왔다고 소개하는 것은 우리가 판단하건대 분명히 어색하다. 하지만 상황이 모호하고 J가 이 문제를 어느 정도까지 이런 식으로 언급하려고 했는지 명확하지가 않다. 나중에 그는 J의 역사 속에서 다윗 왕국의 주민이 아주 일반적으로 예루살렘과 결부된 여부스 족속을 포함하여 분명히 함의 후손이라고 규정할 것이다. 여호수아 시대에 관한 신명기 역사서에 언급된 예루살렘 왕은 '군주는 의롭다'는 뜻의 아도니세덱이었다. 이 이름과 멜기세덱은 분명 서로 유사하지만 이렇게 정확하게 유사하게 만든 이유는 불분명하다.

때 야훼가 수행한 역할을 깨닫는다는 의미이다. 그러므로 우리는 멜기세덱이 신의 이름으로 아브람에게 복을 준 그 신이 누군지를 알고 싶게 만든다. "엘엘욘이여, 아브람을 복 주시옵소서." 그 신은 엘엘욘이었다. 게다가 지극히 높으신 엘 신은 하늘과 땅의 창조자라는 설명이 붙어있다. '창조자'란 말은 히브리어로 *코네*(*qoneh*)인데 J가 가인의 이름을 만든 것과 똑같은 어근을 사용한다. 달리 말하면 멜기세덱은 이 신이 J가 구현하려는 가치와 일치하는 방식으로 모든 창조 행위를 한 존재라고 묘사한다. 하와가 '내가 창조했다'라고 선언한 의미와 정반대인 셈이다. 이 신의 정확한 정체는 아브람이 소돔 왕에게 대답할 때만이 드러난다. 그때 우리는 이 말의 요지를 충분히 이해할 수 있게 된다. "내가 엘엘욘[지극히 높으신 하나님] 야훼께 맹세하노니……." 아브람은 엘엘욘을 '지극히 높으신 하나님' 야훼라고 생각한 것으로 보인다. 그는 멜기세덱의 응답을 마치 "야훼가 너를 복 주기를 원하며…… 너희 대적을 네 손에 붙이신 야훼를 찬송할지로다"라고 말한 것처럼 들은 것이다.

창세기 14:20의 모든 영어 번역은 대부분 아브람이 소득의 십분의 일을 멜기세덱에게 준 것으로 옮기고 있다. 멜기세덱이 아브람에게 복을 빈 대가로 아브람이 가진 것의 십분의 일을 주고 복을 받은 것으로 이해하는 것이 현대의 독자에게는 적절하게 보일 수 있지만 이것은 히브리 본문을 전혀 잘못 이해한 것이다. 히브리어는 "그는 그에게 소득의 십분의 일을 주었다"라고 되어 있다. 누가 누구에게 십분의 일을 주었는가? 멜기세덱은 왕이고 아브람은 이 경우 용병으로 고용된 신하 같은 존재였다. 우리는 이런 상황에서 무엇이 가장 개연성 있는 주고받음인지 물어볼 필요가 있다. 아브람이 되찾아온 것 중에서 십분의 일을 아브람이 봉사한 대가로 준 사람은 바로 멜기세덱이었다는 것을 깨달을 수 있다. 아브람과 소돔 왕 사이에 주고받은 것을 보면 왕이 아브람에게 보상을 하고 있다는 것이 바로 이 점을 분명히 알려준다. 더욱이 이 점은 곧 바로 이어지는 이야기와 잘 연결된다. 거기서 아브람은 계속해서 언제 야훼가 맹세한 것을 이루실지에 대하여 의아하게 생각한다. 그 단락을 오해하는 이유는 아브람이 주인공이며 수혜자가 될 것이라는 데 있다. 하지만 이 내러티브의 초점은 그에게 있지 않다. 아브람은 처음에 한 왕에게 그 다음에 다른 왕에게 초점을 비춰주는 존재에 불과하며 그래서 그 두 사람이 정확히 무엇 때문에 구별되는지를 알게 해준다.

이때 소돔 왕은 자기 방식을 내세웠다. "사람은 내게 보내고 물품은 네가 가지라"고 말했다. 매우 관대한 제안인 것 같지만 멜기세덱의 선언과 확연한 차이가 있다. 축복도 없고 야훼를 언급하지도 않는다. 이것이 의로운 왕과 악한 왕 사이의 차이점이다. 전자는 야훼의 이름으로 아브람에게 복을 빌고 후자는 그렇지 않았다. 아브람의 반응을 보면 이것이 정확한 차이점이라는 것을 분명하게 해 준다. "나는 하늘과 땅의 창조자인 엘엘욘 야훼로 맹세하거니와 네 말이 내가 아브람을 부자로 만들었다고 할까 하여 나는 네게 속한 실 한 오라기나 신발 끈 하나나 그 어떤 것도 취하지 않을 것이다." "내가 아브람을 부자로 만들었다"라는 말은 "창조자인 엘엘욘이여 아브람을 복 주시옵소서"라는 말과 정확히 반대된다. 그것은 하와가 "내가 …… 창조하였다"고 한 말과 똑같은 방식으로 개인의 성공에 끼친 야훼의 역할을 부인한다.

이 왕들을 통해 J는 '악한'(소돔) 왕권과 '의로운'(예루-살렘) 왕권의 양극성을 나타낸다. 의로운 왕이란 다윗을 묘사한다. 이 내러티브에서 멜기세덱은 다윗을 대망한다. 멜기세덱의 입으로 야훼를 인정하는 말 속에는 다윗 왕실이 국가 신을 투영하는 내용이 담겨 있다. J에게 의로운 왕은 자신의 번영을 그 어떤 신에게 돌리는 왕이다. 그가 바로 다윗 왕이다. 그는 다윗의 번영을 다윗 왕조가 섬기는 국가 신의 도움 때문이라고 여긴다. J는 민족주의자이다. 예언자가 아니다.[9] 다윗 왕국은 의로운 왕국이고 반대로 다른 제국들은 악하다. 함

---

9 카일 맥카터가 설명하듯이 "변증적인 글은 적대적인 상황에 우호적인 시각을 제공하기 위해 다양한 문학적 방식을 동원하여 직설적으로 상황을 묘사한다." *Interpretation* 35 (1981): 360 n.12와 *II Samuel*, Anchor Bible(Garden City, N.Y.: Doubleday & Co., 1984), 13~16 참조. 실제로 다윗은 J가 제시한 왕실의 이상에 따라 살지 못했다. J가 가장

의 후손은 누구도 자신이 성공한 원인을 신에게 돌리는 자가 없고 그런 사람들은 오직 셈의 후손뿐이다.[10]

창세기 15장의 문학적 분석은 논란 중이다.[11] 비평학자들이 이 단락을 E자료라고 생각하는 근거는 서두의 한두 가지 표현뿐이다('환상'을 언급하고 "두려워 말라"라고 한 말). 7절부터 시작해서 전부는 아니지만 상당 부분이 J의 특징을 지니고 있지 않다.[12] 문학적 분석이 어렵기 때문에 최소주의 입장을 취하여 창세기 15:1~6에서 이제까지 J가 작성한 것과 어울리는 부분만을 해석하는 것이 좋을 것 같다. 여기서는 이 단락 대부분을 포함하고 처음 두 구절의 표현 몇 가지는 제외할 것이다.

아브람은 소돔 왕이 제안한 보상을 사양했다. 하지만 봉사한 대가로 보상을 기대하는 일과 직접적인 연속선상에서 아브람은 야훼를 향하여 자손을 주겠다는 맹세가 언제 성취될지를 물었다. 그의 재산이 크게 증가한 것을 볼 때 상속자에 대해 관심을 갖는 일은 자연스러웠다. "제게 무엇을 주시겠습니까? 제가 벗은 채로 가는 것을 보십시오"라고 아브람은 압력을 넣었다. "당신은 제게 자식을 주지 않았습니다. 지금은 제가 [낳지 않은] 가속의 아들이 제 상속자가

중요하게 여긴 강제부역의 경우를 예로 들자면 다윗은 삼하 12:31에서 암몬 족속을 다룰 때 보여준 것처럼 강제부역에 반대하지 않았다. 그는 이스라엘에서도 이것을 제도화했을 것이다. 삼하 20:24('아도람은 감역관이 되고')이 다윗 통치에 뒤늦게 이루어진 것으로 보지 않아도 되는 문학적 이유가 상당하다. J는 비난할 수 없는 왕실의 특성을 묘사하고 나서 그것을 일부러 가인이나 함의 후손 특히 이집트와 엮음으로써 다윗과의 연관성을 분산시키고 있다.

10 함의 자손 바로는 모세에게 복을 빌지만 잠시뿐이다.

11 이 장의 후반부를 가장 흥미롭게 다룬 학자는 존 반 세터스이다. 그는 이 장 전체를 후대에 여러 유형을 한데 엮은 글로 해석한다. John Van Seters, *Abraham in History and Tradition*(New Haven, Conn.: Yale University Press, 1975), 249~78 참조.

12 오히려 비평학자들은 아브람에게 주신 땅의 범위를 묘사하는 이 장의 마지막 절을 J의 솔로몬 왕국 개념에 대한 가장 명백한 진술로 간주해왔다. 늘 그렇듯이 J를 솔로몬 시대의 작품으로 해석하면 그런 분석은 몇 가지 정당성을 지닌다. 만일 J가 다윗 시대의 작품이라면 여기서 표명한 대로 창 15:18~21을 반드시 J의 작품이라고 간주할 이유가 거의 없다.

될 처지입니다." 야훼는 이렇게 대답했다. "이 사람은 네 상속자가 될 수 없으며 네게서 날 사람이 네 상속자가 될 것이다." 그 밤에 야훼는 그를 밖으로 데리고 나가서 별을 셀 수 있으면 세어보라고 말했다. "네 후손이 이렇게 많아질 것이다."

아브람의 반응은 어땠는가? 이어지는 문장의 구문이 약간 어색한 것은 말할 필요도 없고 창세기 15:6은 아브람이 야훼께서 반복적으로 맹세한 사실을 믿었다고 말한다. 그가 '이름' 혹은 후손의 약속을 자기의 권리(his right)로 여겼기 때문이다. 신약성서에서 바울 서신에 익숙한 사람들은 우리가 창세기 15:6을 번역한 것을 보고 이상하다고 느낄 것이다. 그러나 J 자료를 해석하려면 성서의 나중 단락을 포함하여 이미 형성된 이해를 잠시 보류해야 한다. 먼저 등장하는 글의 맥락에서 특정 구문이나 문장이나 이야기가 무슨 의미를 지니는지를 제대로 이해하기 위해서이다.

아브람 역사의 이 짧은 단락이 아브람의 후손을 언급할 때 '권리(right)'라는 말로 끝나는 것은 우연이 아니다. 이삭의 출생을 다루는 전체 역사의 주요 요지가 바로 그 권리를 다루기 때문이다. 실제로 그것은 야훼가 후손에 관해 맹세한 말씀이 성취된 일을 아브람이 자신의 '권리'로 여겼기 때문에 깨닫게 된 올바름(rightness)이다. 멜기세덱이란 이름의 독특한 요소인 *체덱*(*ṣedeq*, '올바름'과 '의로움'을 뜻하는)은 이삭의 출생과 관련이 있는 아브람 역사의 후반부를 이해하는 데 핵심적인 용어이다.

하나님이 인정한 출생

(창 16:1~15; 18:1~19:38; 21:1~2a)

아브람의 아내 사래는 자식을 낳지 못했다. 그러나 이집트 여종이 있었는데 이름이 하갈이었다. 그래서 사래는 아브람에게 말했다. "야훼께서 내가 자식을 낳지 못하게 막으니 내 종과 잠자리를 가지세요. 어쩌면 내가 그로 말미암아 '세움을 입을지도' 모르겠습니다."(16:1~2b)

아브람이 사래의 말을 들었다(16:2c). 아브람의 아내 사래는 이집트 여종 하갈을 취하여 아브람에게 그를 첩으로 삼게 하였다(16:3a). 아브람이 하갈과 동침하니 그가 임신하였다. 그가 임신한 것을 알고 그의 여주인을 멸시하였다(16:4).

사래가 아브람에게 말했다. "내가 받는 모욕은 당신이 받아야 합니다. 내가 내 종을 당신의 품에 안겨주었으나 그가 임신하자 나를 멸시하고 있습니다. 야훼께서 우리 사이를 판단하기를 원합니다."

아브람이 사래에게 말했다. "당신의 종을 돌려줄 테니 당신이 원하는 대로 하시오."

사래가 하갈을 학대하자 그녀가 도망을 갔다. 야훼의 천사가 수르로 가는 길목에 있는 광야의 샘 곁에서 그녀를 발견하고 물었다. "사래의 종 하갈아, 너는 어디서 오는 길이며 어디로 가는 중이냐?"

그녀가 대답하였다. "나는 내 여주인 사래를 피하여 도망 중입니다."(16:5~8)

야훼의 천사가 그녀에게 말했다. "네 여주인에게 돌아가 그에게 복종하라." 또 야훼의 천사가 그녀에게 말했다. "내가 네 자손을 셀 수 없이 많아지게 해줄 것이다." 그리고 천사가 덧붙였다. "너는 임신을 했다. 네가 아들을 낳으면 그를 이스마엘이라고 부르라. 이는 야훼께서 네 고통을 들으셨기 때문이다. 그가 사람 중에 들나귀 같을 것이며 그의 손이 모든 것을 치겠고 모든 사람의 손이 그를 칠 것이며 그는 모든 형제 앞에서 장막을 치고 살 것이다."(16:9~12)

하갈이 자기에게 말한 야훼의 천사의 이름을 지었다. "당신은 엘 로이, 즉 나를 보시는 하나님입니다." 이는 그녀가 "내가 이 외진 곳에서도 나를 보시는 분을 보았는가?"라고 말했기 때문이다. (그래서 그 샘을 브엘라하이로이라 불렀고 그 곳은 가데스와 베렛 사이에 있다.)(16:13~14)

하갈이 아브람에게 아들을 낳았고 아브람은 하갈이 낳은 아들을 이스마엘이라고 불렀다(16:15).

야훼께서 마므레의 상수리나무들이 있는 곳에서 아브람에게 나타나셨다(18:1). 아브람은 날이 뜨거울 때에 장막 입구에 앉아 있었다. 눈을 들어 보니 세 사람이 자기 곁에 서 있었다. 아브람이 그들을 보고 장막 입구에서 달려 나가 영접하였다. 그가 몸을 땅에 굽혀 절하고 말했다. "여러분 보시기에 내가 은혜를 입었으면 당신들의 종을 지나가지 마십시오. 물을 가져올 테니 당신들의 발을 씻으시고 나무 아래 쉬십시오. 내가 떡을 조금 가져올 것이니 먹고 기운을 차리십시오. 그 후에 떠나십시오. 정말 이런 이유로 당신들이 처음으로 도착하였습니다."(18:2~5a)

그들이 말했다. "네가 말한 대로 그렇게 하라."(18:5b)

그래서 아브람은 서둘러 장막에 들어가 사래에게 말했다. "서두르시오. 큰 사발을 꺼내고 고운 밀가루로 반죽하여 떡을 만드시오." 아브람은 가축 떼가 있는 곳으로 달려가 기름지고 좋은 송아지를 잡아 소년에게 주니 그가 급히 요리하였다. 아브람이 엉긴 젖과 우유를 가져다가 요리한 송아지와 함께 그들 앞에 상을 차렸다. 그가 나무 아래 모시고 서 있는 동안 그들이 먹었다(18:6~8).

그들이 그에게 말했다. "네 아내 사래는 어디에 있느냐?"

그가 말했다. "장막에 있습니다."

그 중 한 사람이 말했다. "내가 내년 이맘때 반드시 돌아오리니 네 아내 사래가 아들을 가질 것이다."

사래가 마침 그 사람 뒤의 장막 입구에서 이 말을 듣고 있었다. 아브람과 사래는 나이가 많아 노년이 되어 사래는 여성의 생리가 끊겼다. 사래가 속으로 '웃으며' 생각하였다. "내가 노쇠한 이래 내 주인도 늙었는데 내가 성적 즐거움을 맛본 적이 있는가?"(18:9~12)

야훼께서 아브람에게 말씀했다. "왜 사래가 웃으며 내가 늙었는데 정말 아이를 가질 수 있겠는가 라고 생각하느냐? 너무 놀라운 일이라 야훼가 이룰 수 없다는 것이냐? 내가 때가 되어 정한 기한이 차면 정말로 네게 돌아올 것이고 사래는 아들을 안고 있을 것이다."

사래가 시치미를 떼고 말했다. "내가 웃지 않았습니다." 두려웠기 때문이다.

그러나 야훼께서 말씀했다. "아니다, 너는 분명 웃었다."(18:13~15)

그 사람들이 거기서 일어나 그들 앞에 소돔을 내려다보았다(18:16). 아브람이 그들과 함께 걸어가며 길을 배웅하였다. 야훼께서 생각하였다. "내가 아브람에게 내가 하려는 일을 숨기겠는가? 결국 아브람은 크고 강한 나라가 되어 땅의 모든 나라가 그로 인해 복을 받을 것이다. 이는 내가 그를 정확하게 알았으므로 그가 자기를 상속할 자식과 가족에게 가르침을 주어 그들이 야훼의 길을 지키고 정의를 행할 것이기 때문이다."(18:17~19)

야훼께서 말씀했다. "소돔과 고모라의 불의로 인해 부르짖음이 실로 크고 그들의 죄가 심히 무겁다. 내가 내려가서 내게 이른 부르짖음에 따라 그들이 행동하였는지 그렇지 않은지를 살펴보고 알려고 한다."(18:20~21)

그 사람들이 돌이켜 소돔 방향으로 가고 야훼께서는 아브람 앞에 서 있었다.

아브람이 다가와 말했다. "당신은 정말 무죄한 자를 죄 있는 자와 함께 쓸어버릴 작정입니까? 어쩌면 그 도시에 의로운 사람 오십 명이 있을 수 있습니다. 그래도 당신은 그곳을 쓸어버리겠습니까? 당신은 그 중에 의로운 사람 오십 명으로 인하여 그곳을 용서하지 않으시겠습니까? 당신이 의인을 악인과 함께 죽이고 의인과 악인을 똑같이 대우하는 일을 하려는 것은 부당합니다. 어떤 이유로도 당신이 이런 일을 하는 것은 부당합니다. 온 세상의 심판자가 정의를 행해야 하지 않겠습니까?"

야훼께서 말씀했다. "내가 만일 소돔 도시 가운데서 의인 오십 명을 찾으면 그들로 인하여 온 지역을 용서할 것이다."

아브람이 대답했다. "나는 티끌과 재일지라도 내가 감히 나의 주께 말씀드리고자 합니다. 만일 의인 오십 명 중에 다섯 명이 적으면 어떡하시겠습니까? 그 다섯 명이 부족하다면 당신은 그래도 온 성을 멸하실 것입니까?"

야훼께서 말씀했다. "나는 거기서 사십오 명을 찾으면 멸하지 않을 것이다."

아브람이 다시 그에게 말했다. "만일 거기서 사십 명을 찾으면 어떡하겠습니까?"

야훼께서 말씀했다. "그 사십 명으로 말미암아 그곳을 멸하지 않을 것이다."

아브람이 말했다. "내 주여 내가 계속 묻는다고 노하지 마십시오. 만일 그곳에 삼십 명을 찾으면 어떡하겠습니까?"

"내가 그곳에서 삼십 명을 찾으면 멸하지 않을 것이다."

"내 주께 다시 감히 말씀드립니다. 만일 겨우 이십 명만 있으면 어떡하겠습니까?"

"내가 이십 명으로 인하여 그곳을 멸하지 않을 것이다."

"내 주여 내가 한번만 더 말씀드리고자 하니 노하지 마십시오. 그곳에 열 명이 있으면 어떡하겠습니까?"

"내가 열 명으로 인하여 그곳을 멸하지 않을 것이다"라고 야훼가 말했다.

야훼께서 아브람에게 말씀하기를 마치고 갔고 아브람은 집에 머물렀다

(18:22~33).

두 천사가 저녁에 소돔에 도착했다. 소돔 성문에 앉아 있던 롯이 그들을 보고 일어나 영접하였다. 그가 얼굴이 땅에 닿도록 인사를 하고 말했다. "나의 주여, 환영합니다. 당신의 종의 집에 들어오셔서 밤을 지내십시오. 발을 씻고 아침에 길을 떠나십시오."

"아니다. 우리는 길에서 밤을 보낼 것이다"라고 그들이 말했다(19:1~2).

그가 강청하자 그들은 돌이켜 그의 집으로 들어갔다. 롯이 그들을 위해 식사를 준비했다. 그는 무교병을 구웠고 그들은 먹었다.

천사들이 잠자리에 들기 전에 소돔 사람들이 노소를 막론하고 가장 작은 자까지 그 집을 에워쌌다. 그들은 롯을 불렀다. "오늘 밤 네게 온 그 사람들은 어디 있느냐? 그들을 우리에게 내보내라. 우리가 그들을 알고 싶다." 롯은 그들에게 나가서 입구에 서고 뒤로 문을 닫았다.

"내 형제들아 악하게 행하지 말라. 내게 남자를 알지 못하는 두 딸이 있다. 그들을 너희에게 데려올 테니 그들에게 너희 좋을 대로 행하라. 다만 이 사람들에게는 아무 짓도 하지 말라. 이는 그들이 내 지붕 아래 들어왔음이라."

"물러서라." 그들이 말했다. "일찍이 이 사람이 이민자로 들어와 살면서 이제는 법관인 척하는구나. 우리가 그들보다 네게 더 심하게 대할 것이다."

그들이 그 사람 롯을 심하게 밀치니 롯이 자기 뒤에 있는 문까지 밀쳐졌다. 안에 있는 사람들이 손을 내밀어 롯을 집 안으로 끌어들이고 문을 잠갔다. 그들이 문 입구에 있는 사람들을 노소를 막론하고 눈을 멀게 하였으므로 그들이 입구를 찾느라 헤맸다(19:3~11).

안에 있는 사람들이 롯에게 말했다. "여기에 네게 속한 사람이 또 있느냐? 사위든 아들이든 딸이든 도시에 네게 속한 사람은 누구든 이곳에서 데리고 나가라. 이는 우리가 이곳을 파괴하려고 하기 때문이다. 그들의 불의함 때문에 생긴 부르짖음이 야훼 앞에 크므로 야훼께서 우리에게 이곳을 파괴하라고 보냈다." 롯이 나가서 자기 딸과 결혼한 사위들에게 말했다.

"이곳에서 나가라"라고 롯이 그들에게 말했다. "이는 야훼께서 이 도시를 파괴할 것이기 때문이다." 하지만 사위들은 그가 농담을 하는 것으로 생각했다.

동이 트자 천사들이 롯을 재촉했다. "여기 있는 네 아내와 두 딸을 데리고 나가라. 그렇지 않으면 이 도시를 처벌할 때 너희가 함께 멸망할 것이다." 그가 주저하자 그 사람들이 그와 아내와 두 딸의 손을 붙잡았다. 이는 야훼께서 그에게 긍휼을 베풀었기 때문이다. 그들이 그를 데리고 도시 밖으로 이끌어냈다.

그들이 바깥으로 나가자 그 중 한 명이 말했다. "도망하여 목숨을 부지하라. 뒤를 돌아보지 말고 들에 머물지 말라. 산으로 도망하여 멸망당하지 않게 하라."

"아닙니다, 나의 주여"라고 롯이 그들에게 말했다. "당신의 종이 당신에게 은혜를 입어 내게 큰 은혜를 베풀었고 내 목숨을 구해주셨습니다. 하지만 나는 산으로 도망할 수 없습니다. 재앙이 나를 따라잡아 내가 죽을 것입니다. 보십시오. 이곳에 있는 도시는 도망하기에 가깝고 작은 도시입니다. 내가 그곳으로 피하게 하십시오. 그곳은 작습니다. 거기라면 내 목숨을 보존할 수 있습니다."

"네 청을 허락한다." 그가 그에게 말했다. "내가 너의 이 청을 수락하니 나는 네가 말한 그 도시를 무너뜨리지 않을 것이다. 그곳으로 빨리 도망가라. 네가 그곳에 닿을 때까지는 내가 아무 일도 하지 않을 것이다."(그래서 그 도시의 이름은 소알이다.)(19:12~22)

롯이 소알에 도착하자 해가 솟았다. 야훼께서 소돔과 고모라에 하늘에서 유황불을 쏟아지게 하여 이 두 도시를 엎어버리고 소돔과 고모라와 온 지역을 내려다보았다. 거기서 그는 화로에서 나오는 연기 기둥처럼 땅에서 연기 기둥이 치솟는 모습을 보았다(19:23~25).

롯이 소알 동편으로 가서 두 딸과 함께 산지에 거주하였다. 소알에 머물러 살기를 두려워하였기 때문이다(19:30). 큰딸이 동생에게 말했다. "우리 아버지는 늙었고 온 세상의 도리대로 우리에게 올 남자가 없으니 우리 아버지를 취하게 만들고 동침하여 우리 아버지로부터 자식을 낳자."

그래서 그 밤에 그들은 아버지를 술에 취하게 만들었다. 큰딸이 먼저 들어가 아버지와 동침했다. 하지만 그는 딸이 누었다가 일어나는 것을 전혀 알지 못했다.

다음 날 큰 딸이 동생에게 말했다. "어제 내가 아버지와 동침했다. 오늘밤도 그를 술에 취하게 하자 그리고 너도 들어가 그와 동침하라. 그러면 우리는 우리 아버지로부터 자식을 낳을 수 있을 것이다."

이렇게 그들은 그날 밤에도 아버지를 술에 취하게 했다. 그래서 동생이 들어가 그와 동침했으나 이번에도 그는 동생이 들어와 누었다가 일어나는 것을 몰랐다.

롯의 두 딸은 아버지로 인해 임신하였다. 큰 딸은 아들을 낳고 이름을 모압이라 불렀다. 그가 오늘날 모압 사람의 조상이다. 동생도 아들을 낳고 이름을 벤 암미라고 불렀다. 그가 오늘날 암몬 사람의 조상이다(19:31~38).

아브람이 그곳에서 여러 곳을 거쳐 네게브로 여행했다(20:1). 거기서 야훼는 자신이 한 말에 따라 사래를 돌보았고 그가 말한 대로 사래에게 행했다. 그녀는 임신하였다. 사래는 아브람에게 아들을 낳았고 그에게 태어난 아들 즉 사래가 그에게 낳은 아들의 이름을 이삭이라고 불렀다(21:1~3).

나중에 "밀가도 나홀에게 자식들을 낳았다"는 소식이 아브람에게 들렸다. "맏아들은 우스요 그의 동생은 부스와 '아람의 아버지 그무엘'과 게셋과 하소와 빌다스와 이들랍과 브두엘이었다." 브두엘은 리브가의 아버지였다. 이 여덟 형제는 아브람의 형제 나홀과 밀가 사이에 태어난 자식들이다.

아브람은 르우마라고 하는 첩이 있었다. 그는 데바와 가함과 다하스와 마아가를 낳았다(22:20~24).

J는 식량생산이란 주제에 있어서 아브람의 성공이 야훼가 어떻게 개입해서 얻은 결과인지를 보여준 다음에 이제 똑같은 방식으로 아브람과 사래가 자식을 출산하는 주제로 관심사를 돌린다. 하갈 이야기, 세 나그네의 방문 이야기, 그리고 소돔과 고모라 이야기는 모두 아브람 역사 전체에 흐르는 주제인 이삭

출생 이야기와 서로 연결되어 있다. 가인을 낳고 그로 인해 저주받은 혈통으로 이어진 남자와 여자의 의식구조는 어떻게 뒤바뀌는가? 이삭의 출생은 인류가 처음으로 야훼의 축복을 받은 상태로 자식을 낳을 수 있는지를 보여줄 것이다.

J는 먼저 여자의 성적인 생각이 합법적이라고 말한다. 사래는 여종이 하나 있었다. 사래는 남편에게 말했다. "내 종과 동침하라. 어쩌면 내가 그로 말미암아 체면이 설지 모르겠다." 물론 사래가 말한 것은 좋지 않은 영어 표현이다. 하지만 사래가 '세우다(build)'라는 단어를 사용한 것을 아는 일이 중요하다. 그 단어는 야훼가 동산에서 첫 여인을 '세우는 일(build)'로 소급되며 자녀 출산과 연관하여 반복적으로 벌어지는 왕가의 '세움(building)'으로 거슬러 올라간다. J는 다시 한번 '세우다'(*바나*)와 '자식' 혹은 '아들'(*벤*)이 히브리어로 유사하다는 점을 활용하고 있다.

아브람은 사래의 제안을 받아들였고 사래는 여종 하갈을 그에게 주었다. J의 시대에 대리모 제도는 허용된 관행이었다. 하갈은 임신했다. 아담과 하와가 서로의 성기를 본 것처럼 그리고 함이 노아의 성기를 본 것처럼 이집트 여인이며 함의 후손인 하갈은 자신이 임신한 사실을 '보았다.' 그는 임신 사실에 우쭐했다. 사실 하갈의 우쭐댐은 지나친 것이었다. 그는 임신을 하지 못하는 여주인 사래를 쳐다보았다. 자신보다 더 높은 권리를 지닌 사래를 보고 자신이 더 낫고 더 높다고 여겼다.

여기서 현대의 독자는 즉시 역사가가 두 종류의 대립명제를 설정하고 있음을 알아차릴 것이다. 하나는 임신한 여인과 임신하지 못하는 여인을 구별한다. 이것이 출산능력의 문제를 다룬다. 다른 하나는 주인과 하인을 구분한다. 두 번째 구분은 자녀 출산과 사회정의 문제를 아주 완벽하게 다룬다. 사실 바로 이것이 J가 이 모든 중요한 문제를 다루기 위해 세운 구별점이다. 전체 역사는 야훼가 이집트 왕의 노예들을 해방시킬 때 절정에 도달한다. 그러나 이 이슈는 여기서 잠시 첫 번째 구분에 집중하고 있다. 우리의 역사가는 인간의 합법적인 자녀 출산 문제에 초점을 두고 있다. 사실 우리는 항상 두 번째 이슈가 먼저 와야 한다고 생각한다. 하지만 해석을 하기 위해서는 생각하는 것과 기대를 갖는 것이 서로 다른 개념을 결합시키는 일이라는 것을 인식할 필요가 있다.

사래가 아브람에게 불평했다. “내가 받는 모욕은 당신이 받아야 합니다.” 강한 어조였다. 불의에 대해 불평을 하는 것이다. “내가 당신에게 내 종을 주었습니다”라고 사래는 말하고 역사가는 이렇게 반복한다. “그녀가 임신한 것을 보고 나를 업신여겼습니다. 야훼께서 우리 사이를 판단하셨으면 좋겠습니다.” 사래의 비난은 하갈의 태도가 부당하다고 정의한다. 이야기의 문화적 기대감 속에서 사래는 옳다. 부당한 대우를 받은 사람은 하갈이 아니라 사래였다.

사래는 하갈을 내쫓았다. 바깥 광야로 내쫓겨 이집트로 돌아가는 길목의 우물가에서 야훼의 천사가 하갈을 만났다. 천사는 그녀를 주인에게 되돌려 보냈다. “네 여주인에게 돌아가 그녀에게 복종하라”라고 지시했다. “내가 네 자손을 엄청나게 많아지게 할 것이다.” 히브리어 표현은 하와가 받은 저주를 연상시킨다. “내가 네 고통과 임신이 많아지게 할 것이다.” 그 저주가 이 여인의 경우에는 긍정적으로 바뀌었다. 이제 그녀는 사래의 주권에 복종해야 한다. “네가 아들을 낳으면 그를 이스마엘이라고 부르라. 이는 야훼께서 네 고통을 들으셨기 때문이다.”[1] 역사가는 이름의 어원을 설명한다. 장차 출애굽 사건을 통해 벌어질 일을 암시하는 것이다. 그때 야훼는 이삭을 통해 태어난 아브람의 자손들이 고통당하는 소리를 들을 것이다.

하갈은 자신의 부당한 자부심 때문에 황량한 광야로 내쫓겨감으로써 저지당한 시점에서 야훼가 천사의 모습으로 나타난 것을 보았다. 이 장면이 역사의 전환점이었다. “하갈이 자기에게 말씀하는 야훼의 이름을 ‘엘 로이, 즉 나를

1 많은 번역자들이 ‘네 괴로움’이란 표현을 바꾸어 ‘하나님이 네게 응답하셨다’라고 옮기는 것은 개연성이 없어 보인다.

보시는 하나님'이라고 불렀다. 이것은 그가 '내가 이 외진 곳에서도 나를 보시는 분을 본 것인가?'라고 말했기 때문이다." "그래서 그 샘을 '나를 보고 계시는 살아계신 하나님'이라 불렀다." 일반적으로 야훼는 옳다고 외치는 자들이 겪는 괴로움의 소리를 들으신다. 여기서 올바른 사래는 하갈을 '괴롭혔고' 야훼는 하갈에게 사래에게 돌아가라고 지시했다. 그녀가 사래에게 '괴로움을 당하도록'(히브리어의 문자적 의미대로) 허락한 것이다. 역사가는 이스마엘이란 이름의 의미를 통해 우리가 이미 말한 것처럼 사래가 옳으며 하갈이 임신했다고 해서 내세운 부당한 자부심을 뒤집으려는 생각이 없다. 역사의 이 대목에서 내리는 결론은 야훼가 의인을 구하는 데 있지 않다. 비록 우리는 그런 결론을 찾고 있지만, 만일 하갈이 결백하다면 그런 결론을 내릴 수 있을지도 모른다. 하지만 이 이야기의 요점은 하갈이 구원을 받은 것은 자신이 임신한 순간이 아니라 야훼를 본 순간이라는 데 있다. 그가 구원을 받게 된 것은 다름 아니라 야훼를 축복의 원천으로 인정하고 자신을 신처럼 여기는 태도를 포기하는 데 있었다.

열다섯 번째 세대에서 여인의 출산능력은 어떤 조건 속에서 정당해지는가? 임신하여 자녀를 낳는 일이 벌어지면 악을 피할 수 있는가? 이것은 이전 열네 세대 동안에는 벌어지지 않았던 일이다. J의 역사가 제안하는 것은 임신이란 하갈의 경우처럼 인간이 스스로를 하나님이라고 생각하는 자세와 그런 교만을 부인할 때 정당하다. 하갈의 교만은 하와의 생각을 반복하고 있다. 여기서는 그것을 부정하고 있으며 이야기를 통해 중화시키고 있다. 임신한 자의 겸손한 태도는 자신의 생명 창조의 능력을 구원해주며 그런 자세가 궁극적으로 왕실 문화가 아닌 아벨, 셋, 그리고 셈의 문화를 돋보이게 해준다.

J는 이스마엘이 장차 '인간 야생 당나귀' 혹은 '들나귀'가 될 것이라고 말한다. 이것은 앞으로 역사 속에 이루어질 일을 암시한다. 이어서 "그의 손이 모든 것을 치겠고 모든 사람의 손이 그를 칠 것이며"라는 구절의 의미는 불명확하다. 이스마엘 사람의 조상이 시리아와 이집트 사이의 팔레스타인을 여행하는 베두인 상인이나 노략자들이었다는 말로 보인다.[2] J는 분명 요셉을 이집트

로 데려간 이스마엘 사람들의 특별한 역할에 주목하고 있다. 그때는 요셉과 모세 세대에 아브람의 후손들을 구원하는 중요한 단계였다.

J의 역사는 이제 이스라엘이 동쪽에 위치한 왕국들과 혈연관계를 맺고 있다고 설명한다. 아람과 에돔은 야곱 역사 내내 두드러지며 암몬이나 모압보다 더 중요한 대우를 받는다. 이런 상황에서 혈연관계는 정치적 · 경제적 관계를 말한다. 다윗 가문은 북동쪽에 위치한 아람과 남동쪽에 위치한 에돔을 특별히 중요하게 여겼다고 생각할 수 있다. 에돔이 가장 중요했을 수도 있는데 이는 놀라운 일이 아니다. 다윗 가문의 등장에 중요한 변수였던 에돔은 남쪽 변방과 인접해 있었기 때문이다.

역사가는 이제 아브람과 사래의 아들인 이삭을 임신한 사건으로 눈을 돌린다. 이삭은 '이삭-엘'(히, *이츠학-엘*)을 단축시킨 이름이다. 의미는 본문 관주에 실려 있는 것처럼 '하나님이 웃으신다'라는 뜻이다. 하지만 히브리어 단어에는 단순한 웃음 이상의 의미가 들어있다. 그것은 성관계를 할 때 이루어지는 애정행위, 전희 혹은 성교를 말하기도 한다. 이 말은 창세기 26:8에서 말하는 바로 그 의미이다. 그곳의 동사를 RSV(와 『개역개정』)은 '껴안은지라(fondling)'고 번역하고 있다. 그러므로 이삭의 이름은 '하나님이 성행위를 하다'로 번역하거나 해석하는 것이 정확할 것이다. 다윗 왕실 맥락에서 이 의미를 충분히 이해하려면 우리는 다윗 혹은 솔로몬 시대의 제의 시편으로 분류되는 시편 2편을 읽어보아야 한다.

시편 2편은 다윗 왕조의 군왕이 갖는 권리를 표명한다. "세상의 군왕들이 나서며 …… 야훼와 그의 기름부음 받은 자, 즉 왕을 대적하며 …… 그런즉 군왕들아 너희는 지혜를 얻으며 세상의 재판관들아 너희는 교훈을 받을지어다 야훼를 경외함으로 섬기고 떨[라]." 이것은 권력이 최고조에 달하던 다윗과 그

---

2 Israel Eph'al, "'Ishmael' and 'Arab(s)': A Transformation of Ethnological Terms," *Journal of Near Eastern Studies* 35(1976): 225~35 참조.

의 아들 솔로몬의 입장이었다. 하지만 다윗 왕가의 다른 왕들은 어느 곳에서도 이와 똑같이 말하지 못했던 입장이었다. 이 짧은 시편에서 왕의 입장은 어떻게 정의되고 있는가? '하늘 보좌에 앉아계신 이가 웃으시며' 그들을 놀라게 하고 이렇게 말한다. "내가 나의 왕을 내 거룩한 산 시온에 세웠다 …… 오늘 내가 너를 낳았도다. 내게 구하라 내가 이방 나라들을 네 유업으로 줄" 것이다. 이것이 '하나님이 웃으신다'는 뜻의 이삭이란 이름이 갖고 있는 군왕적 의미이다. 왕조이면서 국가 형태를 갖춘 다윗 가문은 오로지 이방 나라들의 창조자인 야훼의 통치를 상속하는 장본인이다. 왕실 맥락 안에서 이삭의 이름은 왕이 신과 같은 존재이며 신에게서 태어난 신의 아들이며 신성을 지닌 자식이다.[3] 여기서 중요한 것은 이방 민족들을 지배한다는 의미의 주권자로서 왕이 갖고 있는 권위이다. 그 권위를 웃으시는 신이란 말을 통해 왕의 출생을 묘사하고 있다. 물론 J에게 이삭은 이런 군주적 의미의 후손이 아니다. 요점은 J가 다윗의 통치를 온건하게 제시하고 있는 군왕 찬송시에서 왕실 상속자를 실제 모델과 반대되는 유형으로 묘사한다는 데 있다.

이삭이란 이름이 지닌 군왕적 의미는 가인이란 이름과 비슷하다. 가인의 이름은 '내가 신과 같다'는 뜻이다. 그 결과가 도시들과 왕실 통치이다. 사실상 이삭의 이름은 훨씬 더 분명하게 군왕의 분위기를 보여준다. 하지만 J는 축복을 받는 세대에 처음으로 태어나는 아들의 출생이 지니는 군왕적 의미가 가인과 같은 방식으로 진행되지는 않을 것이라고 기술한다.

해가 뜨거운 정오에 세 사람이 아브람을 방문했다. 그 중 한 사람은 야훼였다. 그 중 둘은 나중에 소돔을 방문할 것이다. 두 번의 방문은 서로 관계가 있으며 또 그런 시각으로 읽어야 한다. 이들이 아브람과 사래를 방문한 것은 소돔 방문과 대조적이다. 옳고 그름이라는 가치 판단이 낯선 자를 환대하는가

---

3 Israel Eph'al, "'Ishmael' and 'Arab(s)': A Transformation of Ethnological Terms," *Journal of Near Eastern Studies* 35(1976): 225~35 참조.

그렇지 않은가에 따라 정의되고 있다.[4] 아브람과 사래는 분에 넘칠 정도로 그들을 환대하였다. 아브람은 음식을 잔뜩 차린 상을 손님들 앞에 들여놓고 나무 그늘 아래서 손님들이 식사를 하는 동안 곁에 서 있었다. 이윽고 시작된 대화를 우리는 주의 깊게 들어야 한다.

야훼께서 아브람에게 말씀했다. "네 아내 사래는 어디에 있느냐?" 이 말은 놀랄 정도로 무례한 질문이다. 베두인 친구들이 함께 모여 상대방의 아내나 자식을 직접 거론하지 않고 가족의 안부를 묻는 일이 관습이긴 하지만 남의 아내를 직접 지목하거나 길게 물어보는 일은 아내와 성관계를 맺는 행위와 다를 바 없는 심각한 결례에 해당한다. 낯선 사람들에게 아브람과 사래가 베푼 환대가 이 이야기의 첫 부분에서 표면적으로 벌어지고 있는 전부이지만 환대를 표현하는 히브리어 관용어와 성관계의 관용어는 대체로 일치한다. 이것은 아브람의 아내 그리고 그가 자식을 낳는 일에 관한 이야기를 더욱 더 돋보이게 하며 또 이야기의 맥락에서 벗어나게 만든다. 아브람은 주인 역할을 완벽하게 하면서 침착함을 유지하고 대답했다. "그는 장막에 있습니다." 야훼가 사래의 안부를 묻는 말이 지닌 성적인 함의는 야훼께서 "내가 때가 이르러(=내년 이맘때)[5] 반드시 돌아오리니 네 아내 사래가 아들을 가질 것이다"라고 말할 때 확실해진다.[6]

마침 사래는 야훼의 뒤에 위치한 장막 입구에서 엿듣고 있었다. 역사가는 이 상황을 괄호 속에 두고 설명한다. 중요한 것은 아브람과 사래가 늙었고 부부가 이제는 나이가 들어서 "사래의 경우는 여성 기능이 멈췄다." 즉 그녀는 더 이상 생리를 하지 않으므로 남편 때문에 임신할 수 없다는 점을 삽입하여

---

4 친다윗 이야기인 삿 19:1~28에서 동일한 문학 장치를 찾아볼 수 있는데 거기에서는 다윗의 베들레헴 방문과 사울의 기브아 방문을 대비시키고 있다.

5 '때가 되어(about the living time)'란 말의 정확한 의미는 알려져 있지 않다.

6 이 문제는 David Bakan의 저서 *And They Took Themselves Wives*(San Francisco: Harper & Row, 1980), 108~25에서도 설명하고 있다.

설명하고 있다. 야훼의 말을 들은 사래는 속으로 웃었다. RSV는 마지막 표현을 '자신에게(to herself)'로 번역한다. 이것은 잘못된 번역이다. '가운데' 혹은 '안으로'란 뜻의 히브리어 *케레브*(*qereb*)는 J 기록인 창세기 25:22에서 자궁을 의미한다. '자신에게(to herself)'는 히브리어로 '마음으로, 속으로'란 의미를 표현했을 것이다. J는 이런 의미를 창세기 24:25에서 곧바로 사용한다. 결국 이 아들이 태어나 갖게 될 이름의 기초가 되는 '웃다'는 여러 가지 뜻을 지닌 말이다. 사래는 '웃었지만' 마음속으로 "내가 노쇠해진 후에 내 주인도 늙었는데 내가 성적 즐거움을 맛보았는가?"라고 생각했다. RSV와 많은 번역성경들은 "내가 성적 즐거움을 누릴 것인가?"라고 하여 미래 시제를 사용한다. 이것은 문법적으로 부정확하며 요점을 놓친 것이다. 사래는 방금 자기 속에 혹은 내면에서 성적 즐거움을 체험했다. 성적 즐거움으로 번역한 단어는 *에드나*(*edna*)인데 이것은 남자와 여자가 최초로 '알았던[관계를 맺었던]' 동산의 이름 즉 에덴과 똑같은 단어이다.

야훼께서 아브람에게 말씀했다. "왜 사래가 웃으며 내가 늙었는데 정녕 아이를 가질 수 있겠는가 하고 생각하느냐?" 이어서 "너무 놀라운 일이라 야훼가 이룰 수 없다는 말이냐?"라고 말했다. RSV는 여기서 다시 한번 부적합하게 번역하고 있다. 알맞은 번역은 '너무 어렵다'가 아니라 '너무 놀랍다'로 설명을 첨부한 RSV의 관주에서 찾아볼 수 있다. 더욱이 '놀랍다'는 말은 그냥 놀라운 일을 의미하는 것이 아니라 출생이라는 특정한 놀라운 일을 말한다. 이것은 성서에서 수없이 사용한 히브리어 표현을 통해 알 수 있다. 이 말은 태초에 인간을 창조하였던 야훼의 창조적 특권을 다시 한번 더 언급하는 것이다. 그래서 야훼는 다음과 같이 말씀을 잇는다. "내가 때가 되어 정한 기한이 차면 분명히 네게 돌아올 것이고 사래는 아들을 안고 있을 것이다." 반복적으로 묘사된 이 어구는 이제까지 진행된 주요 대화를 하나의 단락으로 감싸면서 일차적인 의미를 구체화한다. 야훼를 통해 사래는 아들을 가질 것이다. 이는 이야기의 서두와 말미를 반복하여 대화나 이야기를 마무리하는 전형적인 히브리어 작문법 또는 수사법이다. 이것을 *인클루지오*(*inclusio*, 수미쌍괄법)라고 부른다. 반복 어구의 주체는 이렇게 감싸고 있는 이야기 단락의 주요 주제가 무엇인지를 밝혀준다. 현재 이야기에서는 대화가 막 끝난 단락을 넘어 계속되며 관심을 '웃다'란 말에 더욱 집중하게 만든다. 이야기는 이런 식으로 야훼와 사래의 상호작용에 비추어 이삭이란 이름의 의미를 강조하고 있다.

사래는 두려운 나머지 시치미를 떼고 이렇게 말했다. "나는 웃지 않았습니다." 야훼는 보지도 않고 듣지도 않은 채 이렇게 대꾸했다. "아니, 너는 분명 웃었다." 이제 히브리어 *차하크*(*tsahaq*)의 의미가 풍부하다는 사실이 분명해진다. 이 단어의 의미를 간단하게 표현할 수 있는 현대어가 없다는 사실도 강조되어야 한다. '웃다'라는 단어가 *차하크*를 나타내는 데 사용되고는 있지만 적절한 번역은 아니다. 그래서 '웃다'라는 단어를 접할 때는 언제나 이런 식으로 표현된 단어의 의미를 충분히 되새겨보는 일이 중요하다.

이삭의 출생 이야기 전체는 두 번째 세대의 장자 출생뿐 아니라 이야기를 반복해서 말하는 순서에 따라 그 다음에 나오는 이야기 즉 창세기 6:1~4의 신과 인간의 혼종 교합의 역사도 더욱 주목해서 언급한다. 말하자면 후계자를 낳으려는 왕족의 의식구조에 대한 해법은 하나님이신 야훼께서 사래를 임신시켜주어야 하고 그렇게 해야 비로소 아브람이 상속자를 가질 수 있다는 식으로 제안한다. 이삭의 아버지는 하나님이고 어머니는 사람이다. 더 이른 세대에 저 유명했던 사람들처럼 말이다. 하지만 이 축복의 세대들에 관한 전체 역사는 단연코 야훼의 우선권에 초점을 맞추고 있다. 아브람에게 이름을 지어준 분은 바로 야훼이다. 이것에 모든 의미가 들어 있다.

우리는 열여섯 번째 세대(J가 조합한 세 번째 시대 중 둘째 세대)에 아브람과 사래의 장자가 첫 번째 세대 조합의 둘째 세대이며 장자인 가인 출생의 의미를 반전시키는 내용을 살펴보았다. 이삭 출생 이야기에 등장하는 각 사건은 노아부터 성전-탑 건설 이야기까지 전개되는 일곱 세대씩 구성한 두 번째 조합의 역사에 등장하는 사건을 염두에 두고 있다. 하지만 아브람과 롯의 이야기로 가인과 아벨 사이의 갈등 이야기를 반전시키는 내용이 가인 출생 이야기를 이삭 출생 이야기로 반전시키는 내용보다 먼저 등장하는 것처럼 반전의 순서는 일곱 세대씩 구성한 두 번째 조합 이야기에 전개되는 내용과 정확하게 맞아 떨어지지 않는다. 내레이터는 이전 역사를 순서대로 소급하여 거론하기보다 이삭을 임신하게 되는 이야기를 소상히 말하는 가운데 처음 열네 세대의 역사를 다양하게 언급하고 있다. 그 처음 열네 세대의 역사는 모두 인간이 하나님의 인간창조 권한을 찬탈하는 문제를 요약적으로 진술하고 있다.

이삭의 출생과 관련된 모든 사건은 잉태의 정당성이라는 주제 아래 일어난다. 하지만 야훼가 아브람을 방문하여 관대하게 대접하는 남편 몰래 그의 아내 사래를 임신시킨 사실은 야훼를 심사숙고하게 만든다. J는 이제 야훼의 행동이 정당함을 보여주려고 한다. 정의라는 주제는 이삭이 실제로 태어날 때까지 이삭 내러티브의 나머지에 등장한다.

창세기 18장과 19:1~28이 하나의 짝을 이루며 이어가는 내러티브의 주제는 *체다카*(*tsedaqah*, '정의')이다. 즉 환대와 성관계라는 개념을 갖고 무엇이 바르고 옳은지를 다룬다. 야훼가 사래를 임신시킨 것은 간통 행위와 맞먹는다. 야훼는 지금 아브람과 사래 앞에서 아브람 역사 초반에 아브람의 아내 사래를 취했던 이집트의 바로와 같은 입장에 서 있다. 이렇게 평행하는 이야기는 J가 전체 역사 속에서 드러내려는 요점을 강조한다. 표면상 야훼가 사래를 임신시킨 행위는 그저 하나의 부당한 행위였을 뿐 아니라 왕이 저지르는 부당한 행위이기도 했다. 비록 그런 행위가 아브람이 사래를 알지도 못하는데 사래가 아들을 가지게 함으로써 아담이 하와를 앎으로써 일어난 문제를 해소해 줄지라도 그것은 정당하게 이루어질 필요가 있었다. 다시 말해서 그것은 *라샤*(*rasha*), 즉 잘못된 행위가 아니라 *체다카*, 즉 옳은 행위로 정의되어야 한다.

야훼는 자신이 한 행위를 직접적으로 정당화할 수 없었다. 그래서 역사는 간접적으로라도 정당화시켜야 한다. 이런 작업이 서로를 비교하는 정의를 통해 표현하는 전형적인 히브리 개념을 통해 이루어진다. 그것은 옳은 것은 비교적 덜 옳은 것과 비교해 볼 때 가능하다는 생각이다. 달리 말해서 어떤 일을 주저 없이 정의롭다고 여기게 해 주는 조건은 그것이 다른 것보다 더 정의롭다는 것을 보여줄 수 있을 때이다. 히브리 수사법에서는 절대적 올바름 대신에 상대적 올바름을 사용한다. 그런 개념을 에스겔 16:48~58에서 찾아볼 수 있다. 거기서는 예루살렘의 죄를 소돔과 사마리아의 죄와 비교한다. "예루살렘 네가 그들보다 더욱 가증한 죄를 범하므로[RSV처럼 '의롭게 보였으므로'가 아님] 네 형제 소돔과 아우 사마리아를 의롭게 하였다." J의 경우는 창세기 38:26에서 실례를 찾아볼 수 있다. 거기서 다말의 사면은 유다가 저지른 더 큰 잘못에 근거하여 있다. 야훼가 사래에게 성적으로 저지른 잘못을 정당화하기 위해 J가 사용하는 더 큰 악은 소돔과 고모라 주민이 성적으로 저지른 더 큰 잘못이다.

야훼와 소돔 주민 사이를 비교할 때 히브리어로 '알다'라는 용어를 사용하는데 이것은 당연히 J에서 에덴동산에서 남자와 여자가 육체적으로 결합하여 얻은 지식을 말한다. 야훼는 사래를 '알았다.' 하지만 아브람 역사의 핵심 구절은 창세기 18:19, '이는 내가 아브람을 알았기 때문이다.'[7] 여기서 '알다'는 창세기 12:1~3에서 야훼가 맹세한 약속을 언급하며 출애굽기 1:8에서 "요셉을 알지 못하는 새 왕이 일어나"는 구절과 같은 의미를 지닌다. 이들 문맥에서 '알다'는 토지 보유와 같은 식량생산이나 상속자를 갖는 것과 같은 자녀출산에 기초를 둔 약정을 체결하거나 유지한다는 의미이다. 이번 경우는 두 가지를 모두 담고 있다. 야훼는 아브람을 알았다고 말한다. 그 목적은 불의한 세대를 떠나 정의를 행하도록 하려는 것이다. 그러나 이 약정 관계를 수행하는 과정에서 야훼는 상속자를 주려는 목적으로 아브람의 아내를 알아버림으로써 몸소 불의한 행동을 저질렀다. 야훼는 아브람에게 땅을 주실 뿐 아니라 사래와의 불의

7 RSV의 '택하였나니'는 '알았다'란 어감을 전달하려고 하며 이것을 본문 아래 관주에 싣고 있다(『개역개정』도 같은 번역을 하지만 관주에는 이 의미를 알리고 있지 않다 ― 옮긴이).

한 관계를 맺음으로 인하여 아브람을 안 것을 정당화하려고 더 불의한, 즉 남자가 남자를 알아버린 다른 본보기를 찾았다. 그들이 다른 남자를 집단 강간하여 알아버린 소돔 남자들이다.

J가 동성애적 앎이라는 주제를 사용한 것에 대하여 우리는 동성애의 옳고 그름에 대한 개인적 견해나 입장에 좌우되지 말고 J가 전개하는 역사의 맥락 안에서 그것이 드러나도록 해야 한다. 소돔 사람들의 동성애를 기록한 J의 역사가 순수한 상상의 산물이라는 사실은 그가 기록한 열다섯 번째 세대의 역사에 단 한 명도 동성애를 하는 가나안 사람들이 등장하지 않는다는 사실을 볼 때 분명해진다. 소돔 사람들의 잘못이나 불의는 J 역사의 이 지점 전에 이미 지적했고 잘 확증되었다. 그들은 가나안 사람들이므로 저주를 받은 도시 문화의 혈통을 이어받았다(창 10:6, 19). 함의 자식들인 그들의 동성애는 의심할 여지없이 함이 아버지의 벌거벗음을 본 행위에 내포된 동성애적 기질을 드러낸 것이다. J는 이미 소돔 남자들이 악하고 큰 죄인들이라는 사실을 단호하게 말했다(창 13:13). 그들의 왕인 비르사라는 이름은 '그릇된' 혹은 '불의'라는 뜻을 담고 있다. 그들의 잘못은 무엇인가? 그들은 식량생산이나 자녀 출산이라는 측면에서 야훼를 알지 못했다. 그들의 왕은 야훼가 부를 얻게 하는 능력이 있음을 깨닫거나 '알지' 못했고 그래서 지금 잔인한 방식으로 그를 알려고(집단으로 동성관계를 맺으려고 — 옮긴이) 힘쓰는 때에도 야훼를 깨닫거나 '알지' 못했다.

J 시대에 도시 사회는 가부장적이었다. 겉으로 보거나 공공연하게 그것은 모두 남자만 존재하는 사회였다. 눈에 띄는 행위자는 거의 모두 남성들이었다. J는 가나안 사회(팔레스타인의 도시 사회)를 모두 남성의 동성애적 사회라는 극단적인 형태로 규정한다. 팔레스타인의 도시 사회에는 남성들의 수가 너무 많아서 결혼하여 가정을 꾸릴 기회조차 없는 남성들이 많았다. 성서에는 도시에 거주하는 지주들에 관한 이야기가 많고 그들은 흔히 많은 부인과 첩들을 거느리면서 아들의 수가 주체하기 어려울 정도로 많은 반면에 딸들은 거의 찾아

보기 힘들었다. 이런 형태는 여아 살해 관습 때문에 비대칭을 이룬 인구분포를 잘 보여준다. 아들은 사회가 부여하는 군사적 · 경제적 역할 때문에 귀중하게 여겨졌다. 달리 말해서 J는 도시 사회의 특성을 개성 넘치게 그리고 극단적으로 묘사하고 있으며 그러한 배경 속에서 기술한다.

동성애가 잘못이라는 J의 생각은 다윗 이전의 산지에 살았던 세대가 자손출산을 절실하게 강조하는 데서 유래한 것이다. 그것을 강조하는 것은 이전에 인구가 드물던 산지에서 인구 증가가 필요했던 상황과 잘 어울린다. 이렇게 광범위하게 퍼진 문화적 사고는 도시에 기반을 둔 엘리트 문화의 정상적인 자손출산 관점을 강화시켜주었다. J는 동성애를 경멸할 뿐 아니라 이런 용어들로 왕실 문화가 가진 최악의 특징을 그려내고 있다. 도시 사회를 불의한 것이라고 규정할 때 그는 특별히 해롭고 경멸스러운 형태의 성행위인 강간을 선택한다. 그것은 분명 팔레스타인 도시 사회의 한 현상이었다.

그 남자들이 일어나 길을 나섰고 높은 곳에 도착하여 소돔의 푸른 평야를 내려다보았다. 아브람은 그들을 배웅하러 같이 갔다. 도중에 야훼는 속으로 생각했다. "내가 하려는 일을 아브람에게 숨기겠는가? 결국 아브람은 크고 강한 나라가 되어 땅의 모든 나라가 그로 인해 복을 받을 것이다. 이는 내가 그를 정확하게 알았으므로 그가 자기를 상속할 자식과 가족에게 가르침을 주어 그들이 야훼의 길을 지키고 정의를 행할 것이기 때문이다." 여기서 '정의'란 말은 보통 '옳음/권리(right)'를 뜻하는 단어를 번역한 것이다. 이 단어는 멜기세덱이란 이름에도 들어있고 아브람이 상속자를 낳을 권리를 주장할 때도 나타난다. 이 단어는 소돔의 무죄한 자들(*차디킴, tsadiqim*)을 언급할 때 곧 나타날 것이다. J의 기본 관심사는 의로운 왕을 규정하는 일이다. 그래서 지금 야훼는 야훼의 길을 의로운 것으로 가르칠 때 이곳에서 자기가 한 행위(사래를 임신시킨 행위)가 의로운 것임을 보여주려는 데 관심을 기울인다.[8]

---

8 영어 성경을 읽는 독자는 야훼의 말이 실제로 "……그리고 정의[번역자는 우리가 통상 '정

우리의 역사가는 이 지점에 야훼와 아브람 사이의 대화 장면을 설정한다. 히브리어로는 여기에 일련의 분리절을 사용하고 있다. 분리절이란 내러티브를 앞으로 진행시키지 않고 내러티브의 상황을 설명하는 절을 말한다. 그렇게 해서 독자가 알아야 할 필요가 있는 사항을 삽입한다. 대화는 즉각 야훼가 의로운 분임을 나타내려는 전략을 드러낸다. 야훼께서 말씀했다. "소돔과 고모라의 불의로 인해 부르짖음이 실로 크고 그들의 죄가 심히 무겁다. [J는 '죄'란 말을 이전에 오직 두 번 사용했다. 한 번은 소돔 남자들의 경우고 다른 한 번은―그가 죄라고 규정하는 유일한 장소로서―가인의 살인 이야기에서이다. J는 죄를 사회적 폭력으로 간주하는 것으로 보인다.] "내가 내려가서 내게 이른 부르짖음에 따라 그들이 완전히 행동하였는지 그렇지 않은지를 살펴보고 알려고 한다." 이 말은 어렵게 말해지고 어렵게 번역된 것이다. 왜냐하면 핵심 단어인 '완전히'와 '알다'라는 두 단어가 분리된 채 두 구절 끝에 나오기 때문이다. 야훼는 왜 소돔 사람들의 잘못이 얼마나 '완전한지'를 '알기' 원하는가? 그 대답은 아브람과 야훼 사이에 이어지는 대화에 나타난다.

그 남자들이 소돔으로 길을 떠나자 아브람은 야훼에게 공손히 나아가 물었다. "당신은 정말 무죄한 자[9]를 죄 있는 자와 함께 쓸어버릴 작정입니까? 어쩌

의(justice)'로 번역하는 단어를 나타내려고 영어의 '의로움(righteousness)'을 사용하였다]; 그리하여 주께서 아브람에게 약속한 것을 주려함이라"는 식으로 전개되는 것을 볼 것이다. 확실치는 않지만 이것은 J에 추가된 구절일 것이다. 이 구절은 J에서 기대하는 것보다 좀 더 중복적이며, 여기 외에는 잠언에 단 한 번 등장하는 '공의와 정의'('righteousness and justice,' RSV)라는 구절이 포함되어 있다.(일반적으로 '정의와 공의'라고 표현한다.) J를 구별해내기 위한 노력들 중 많은 부분이 그러하듯이 이 분석을 확신할 수는 없다. 이 경우 이차적으로 추가되었다고 분석하는 이유는 J가 전체 내러티브에서 *체덱*이란 말을 강조하고 있다는 것과, 전체 내러티브에서 그 의미가 무엇인지 인식하고 있기 때문이다.

9 히브리어로 *차디크*(*tsadidiq*)이며 '의로운'이란 단어와 같은 어근에서 유래한 단어이다. 무죄와 유죄는 항상 상호 관계 속에서 정의된다. 이 내러티브에서 소돔 사람들의 행위는 악하다고 정의된다. 그러므로 무죄한 자는 본질적으로 정의롭거나 의로운 것이 아니며 소돔 사람들과 대조가 된다는 뜻이다.

면 그 도시에 의로운 사람 오십 명이 있을 수 있습니다. 그래도 당신은 그곳을 쓸어버리겠습니까? 당신은 그 중에 의로운 사람 오십 명으로 인하여 그곳을 용서하지 않으시겠습니까? 당신이 의인을 악인과 함께 죽이고 의인과 악인을 똑같이 대우하는 일을 하려는 것은 부당합니다. 어떤 이유로도 당신이 이런 일을 하는 것은 부당합니다. 온 세상의 심판자가 정의를 행해야 하지 않겠습니까?" 이것은 J로서는 긴 연설이다.[10] 실제로 아브람은 야훼를 난처하게 할 어려운 질문을 하였으나 결국 야훼를 도와준 셈이 되었다.

우리의 역사가는 소돔에 있는 의인의 수를 놓고 벌이는 야훼와 아브람의 대화에 상당한 관심을 쏟고 있다. 왜냐하면 소돔 사람들의 불의는 단순한 잘못으로 이해되는 행위의 질을 통해서가 아니라 도시 전체가 가담하는 정도에 따라 드러나는 행위의 양을 통해서 입증될 수 있기 때문이다. 문제는 얼마나 큰 잘못을 했는가가 아니라 얼마나 많은 수의 사람이 저질렀는가 하는 데 있다. 정의로운 심판의 정밀함은 계량화되고 있다. 그것을 이런 식으로 엄밀하게 다루는 내러티브의 의도는 죄질에 따라 심판하는 것을 피하기 위함이다. 이것이 소돔 사람들을 이런 식으로 규정하는 것이 정당한가라는 질문을 대체한다. 아브람은 하나의 행동—소돔 사람들의 파괴—을 정확하게 정의하려는 입장에 서 있다. 그것이 자신의 아내가 부정한 일을 저지른 행위를 정당화해 줄 수 있다. 자신이 아내의 부정한 일을 당한 자이기에 그는 의롭다는 의미의 용어를 정의해야 하는 자인 것이다.

대화의 끝에 이야기는 야훼께서 아브람과 이야기를 마친 후 총총히 걸어가 버렸다고 마무리한다. 히브리어로 그런 진술을 하는 것은 흔치 않다. 이야기는 아브람과 대화를 마치는 야훼에 관심을 기울이고 있기 때문이다. J는 일종

10 많은 해석자들이 이 구절을 바로 이런 이유 때문에 J에 이차적인 자료로 간주한다. 이 단락을 원래의 J 자료에 대한 일종의 '미드라쉬'로 보는 최근의 견해를 위해 다음을 보라. Joseph Blenkinsopp, "Abraham and the Righteousness of Sodom," *Journal of Semitic Studies* 33(1982): 119~32.

의 *인클루지오*를 만들고 한 번 더 '완전함'의 정도에 집중시키기 위해 대화가 사실상 완결되었다고 말함으로써 대화를 마친다. 결국 '완전함'이 대화의 주제였던 것이다.

두 천사는 저녁이 되어 소돔에 도착했다. 롯은 그들에게 아브람이 했던 식으로 접대를 제안했다. J는 지금 접대와 성이 공유하고 있는 일련의 용어들과 이미지들을 전부 활용하고 있다. 창세기 18장에서 아브람이 베푼 극도로 후한 접대는 소돔 사람들의 접대 정신이 극도로 부족한 것과 대조된다. 이 대조법은 처음에 창세기 14장에서 살렘 왕과 소돔 왕을 만나는 이야기에도 나타난 바 있다. 거기서 전자는 접대를 잘했고 후자는 그렇지 못했다. 야훼의 천사들은 소돔에서 불친절하고 부당한 대우를 받았다. 아브람의 환대가 은혜로웠던 것에 비하면 경멸스런 것이었다.

이야기는 접대받기가 촌락이나 장막 치고 사는 곳에 비해 도시에서는 찾아보기가 더 힘들다는 결론을 독자들이 이끌어내기를 바란다. 팔레스타인의 접대정신은 촌락에서 더 많이 찾아볼 수 있다는 사실은 자연발생적 현상이다. 촌락마다 손님을 맞이할 수 있는 가옥이 지정되어 있어서 손님은 삼 일 동안 환대를 받으며 머물 수 있었다. 소돔처럼 접대 정신이 부족한 경우를 사사기 19장에서 볼 수 있다. 그것은 친다윗적이고 반사울적인 내러티브로서 레위인과 첩이 베들레헴에서 이곳의 야훼처럼 환대를 받은 뒤 예루살렘을 지나 하룻밤을 보낼 곳을 찾고 있었다. 그들은 예루살렘이 이스라엘 사람의 도성이 아니기 때문에 환대받지 못하고 푸대접을 받을 것으로 판단하고 그곳을 지나 환대해주기를 기대하는 기브아라는 작은 마을에 도착했다. 반사울적 저자의 요지는 역설적이다. 사울의 도시가 될 마을은 그렇게 친절하지가 않았다. 그러므로 그들이 차라리 나중에 다윗의 도시가 되었을 예루살렘에 머물렀더라면 얼마나 좋았을까? 하는 것이 이야기의 요지가 된다.

두 천사는 롯에게서 첫 번째 무죄한 사람을 보았고 그들 자신과 합하면 지금까지 무죄한 사람은 세 명이 된다. 접대의 성적인 풍자는 그리 오래 감출 수 없었다. 그 남자들이 막 잠자리에 들려고 할 때 "소돔 사람들이 노소를 막론하고 가장 작은 자까지"—J는 기회를 놓치지 않고 양을 가장 강조하면서 이 성읍에 관해 말한다—'롯의 집을 에워쌌다.' 그들은 집단 강간을 하려고 남자로 보이는 그 천사들을 '알기' 원했다. 천사들을 '알기' 원하는 소돔 사람들은 야훼를 '알기' 원하는 것과 같은 상황이고 그래서 야훼가 사래를 '알고' 아브람을 아는 것과 정반대의 모습이었다. 또 다시 역사가는 보는 것과 아는 것의 연관성을 강조한다. 천사들은 그 사람들을 쳐서 눈이 멀도록 만들었으므로 그들은 볼 수가 없었고 그래서 '알' 수도 없게 되었다.

차학(*tsahaq*, '웃다')과 *차아크*(*tsa'aq*, '외치다') 사이에는 말놀이가 있는 것 같다. 사래의 웃음과 야훼의 웃음은 소돔 사람들이 외치는 부르짖음과 대조되어야 한다. 후자가 부당하듯이 전자는 의롭다. 이 말놀이는 천사와 롯이 롯의 사위들을 설득하여 성읍을 떠나려고 할 때 절정에 이른다. 소돔 사람들의 외치는 소리가 거세지자 사위들은 롯이 RSV가 잘못 번역한 대로 '농담하는 것'으로 여겼다. 히브리어는 또 다시 *tsahaq*('웃음')이다. 사위들은 롯이 자기들에게 수작을 거는 것으로 상상한다. 그러므로 무죄한 자가 될 절호의 기회를 가진 두 소돔 사람도 결국에는 나머지와 같은 부류로 드러났다. 무죄한 자는 이제 겨우 여섯 명뿐이었다. 롯, 롯의 아내, 두 딸과 두 천사. 그리고 소돔 사람 가운데는 무죄한 사람이 한 명도 없었다. 도시의 잘못은 완전히 드러났다.

롯은 그냥 도망하지 않았다. 두 남자가 그에게 산으로 도망하라고 당부했다. 롯은 히브리어 어근이 똑같은 *미차르*(*mits'ar*, '작은 것') 그래서 *초아르*(*tzo'ar*, 소알)이라고 부르는 도시로 도망가고 싶어했다. '작은 것'(미차르)의 형태는 우리가 일반적으로 '도시와 성탑(*믹달*)' 혹은 '도시-탑'으로 번역하는 '성읍과 큰 것'이란 표현의 후반부인 '큰 것(*믹달*)'이라는 단어 형태와 동일하다. 이 에피소드는 바벨의 시날 땅에 벌어진 열네 번째 세대의 저 유명한 도시 이야기와 정반대이다. 아브람의 세대인 최초로 복을 받은 세대에 '도시'는 부분적으로 저주에서 구원받는다. 왜냐하면 다윗 자신이 도시에 거주하는 자이기 때문이다.

소금 기둥은 다윗이 즉위하여 통치했던 사해 지역의 천연자원을 말한다. 역청처럼 소금은 다윗 왕국의 주요 교역물품이었을 것이다. 이어서 롯의 아내가 죽는다. 그것은 모압 사람과 암몬 사람의 출생 이야기의 전제조건이다. 그 이야기는 롯이 알지 못했다는 사실을 강조한다. 딸들만 데리고 있는 롯은 남자들로만 이루어져 있는 소돔 사람들을 반영한다. 롯이 아내를 잃은 것은 딸들이 남편을 잃은 것을 비춰준다.

이로써 함과의 연관성이 완성된다. 소알에 머물기를 두려워하는 롯과 두 딸은 어느 동굴로 몸을 숨겼다. 거기서 두 딸은 임신할 방도를 모의하였다. 그들은 아버지를 술에 취하게 만들고 자는 동안 그와 동침하였다. 이 사건은 물론 노아가 장막에서 술에 취해 누워 있는 장면의 반전이다. 이 경우 아무도 어떤 것도 '보지' 못했으며 롯은 '알지' 못했다는 말을 반복한다. 아브람의 조카인 롯의 자녀들은 모압 사람들과 암몬 사람들이 되었다. 두 민족은 다윗이 제압하여 다스린 동쪽 사람들이었다. 그들은 이스라엘의 통치를 받았다. 그들은 근친상간으로 태어난 족속이고 이스라엘은 신의 소생이기 때문이다. 근친상간으로 태어난 사람들이기는 해도 그들은 '롯은 알지 못했다'는 구절을 반복함으로써 구원받았다. 이삭이 출생하기 전에 모든 출생은 여전히 문제를 안고 있었다. 그러나 그들의 아버지가 알지 못했으므로 — 아브람은 사래를 알지 못했고 아브람을 누군가가 대신했다는 사실도 알지 못한 것처럼 — 그들의 출생은 이삭의 경우처럼 이야기 속에서 정당화되었다.

이삭은 물론 아직 태어나지 않았다. 역사가는 이 사건을 그 지점에 이르는 모든 사건으로 에워싸기 위해서 아브람의 특별한 역사의 마지막까지 남겨둔다. 그 사건은 창세기 21:1에서 일어난다. 창세기 20장은 거의 전부 E가 삽입한 것이다. 아울러 창세기 21장과 22장 대부분 그리고 창세기 23장은 전부 P에서 유래한 것이다. J와 E가 결합한 역사 작성에 관해서는 많은 것이 여전히 불확실하지만 E의 아브람 이야기들은 거의가 J의 것을 모방하여 그 이야기 단락의 끝을 겨냥하여 수집된 것 같다. J를 연구할 때 현대의 독자는 J의 이야기가 아닌 성서의 이야기들을 괄호 안에 넣고 읽는 일에 특별히 관심을 쏟아야 한다.

예상대로 우리의 역사가는 이삭의 출생을 아주 신중하게 묘사한다. "야훼는 자신이 한 말씀대로 사래를 돌보았고[11] 그가 말씀한 대로 사래에게 행했다. 그녀는 임신하였다." 이 기사에 두드러지게 빠져 있는 말은 "그리고 아브람이 아내와 동침했다[알았다]"라는 공식적인 말이다. 사래는 아브람에게 아들을 낳았고 그가 바로 이삭이라는 이름의 아이였다. J에서 이름을 지었다는 구절은 성서본문에 실제로 나타나지 않는다. 그 구절은 P의 문구로 대체되었다.

---

11 히브리 단어는 영어로 여러 가지 뜻을 지닌다. RSV의 '방문했다'는 말은 그 중의 한 가지를 의미한다. 그러나 히브리어가 상당히 모호하다는 것을 잘 모르는 독자에게 그런 번역은 오해를 일으킬 수 있다. 야훼는 이 단계에서 사래를 그저 방문하지 않았다. 그리고 이 말은 자신이 아브람과 사래의 장막에 두 천사와 함께 방문한 것을 가리키는 말도 아니다.

15

"배우자를 주십시오"

(창 24:1~25:11)

아브람이 나이 들어 늙었고 야훼가 여러 가지로 아브람을 축복했으므로 아브람이 자기 집 소유를 맡은 늙은 종에게 말했다. "네 손을 내 허벅지 밑에 넣어라. 내가 너에게 하늘의 하나님이며 땅의 하나님 야훼로 맹세하게 하노라. 너는 내가 거주하는 가나안 사람의 딸 가운데서 내 아들의 아내를 취하지 말고 내 고향 땅, 내가 태어나 친족이 있는 땅에 가서 내 아들 이삭을 위해 아내를 취하라."

종이 그에게 말했다. "그 여자가 나를 따라 이 땅으로 오지 않을지도 모릅니다. 그럴 경우 주인님이 나온 땅으로 주인님의 아들을 데리고 가야 합니까?"

아브람이 말했다. "내 아들을 그곳으로 데리고 가지 않도록 주의하라. 나를 내 아버지의 집과 내가 태어나 친족이 있는 땅에서 데리고 나와 '네 자손에게 이 땅을 주겠다'고 내게 말씀하시고 맹세하신 하늘의 하나님 야훼께서 네 앞에 천사를 보낼 것이며 네가 거기서 내 아들을 위해 아내를 취하게 될 것이다. 만일 그 여자가 너를 따라오지 않으려고 하면 너는 내가 한 이 맹세에서 자유로울 것이다. 하지만 너는 결단코 내 아들을 그곳으로 데리고 가서는 안된다."

그 종이 자기 주인 아브람의 허벅지 아래 손을 넣고 앞에서 말한 대로 그에게 맹세하였다. 종은 주인의 낙타 열 필에 주인이 준 선물을 싣고 떠나 북동쪽에 있는 아람을 향해 즉 나홀의 성을 향해 출발했다.

그는 도시 바깥 우물 옆에 낙타를 쉬게 하였다. 마침 여인들이 물을 길으러 나오는 때였다. 그가 말했다. "나의 주인 아브람의 하나님 야훼시여, 내게 오늘 복을 주시고 나의 주인 아브람에게 은혜를 베푸십시오. 지금 내가 이 도시에 사는 남자들의 딸들이 물을 길으러 나오는 우물 옆에 서 있습니다. 만일 내가 한 소녀에게 '그대의 물동이를 기울여 내가 물을 마실 수 있게 해다오'라고 말해서 그 소녀가 '마십시오. 그리고 당신의 낙타도 물을 마시게 하겠습니다'라고 말하면 그가 바로 당신의 종 이삭을 위해 당신이 결정한 사람이 되게 해 주십시오. 그로 말미암아 나는 당신이 나의 주인에게 은혜를 베푸신 것으로 알겠습니다."

말을 마치기도 전에 아브람의 동생 나홀의 아내 밀가의 아들인 브두엘의 소생인 리브가가 어깨에 물동이를 지고 나왔다. 그 소녀는 보기에 아름다웠고 남자를 알지 못하는 처녀였다. 그녀가 우물로 내려와 물동이를 채우고 돌아가려고 하였다. 종이 그녀에게 달려가 말했다. "청하건대 네 물동이의 물을 조금 마시게 해다오."

그녀가 "내 주여, 마십시오"라고 말하고 손으로 물동이를 내려 마시게 하였다. 그녀는 그가 물을 마시기를 마치자 "내가 물을 길어 당신의 낙타들도 마실 수 있도록 하겠습니다"라고 말했다. 그녀가 재빨리 물동이를 구유에 붓고 우물로 달려가 물을 길었다. 그녀가 그의 낙타 모두에게 먹일 물을 길었다.

그동안 그는 그녀를 조용히 지켜보면서 야훼께서 자신의 여행을 성공하게 하셨는지 알려고 기다렸다. 낙타가 마시기를 마치자 그가 반 세겔 무게의 금 코걸이 한 개를 코에 걸어주고 열 세겔 무게의 금팔찌 한 쌍을 그의 손목에 걸어주었다. 그가 말했다. "너는 누구의 딸이냐? 말하라. 우리가 네 아버지 집에서 묵을 곳이 있느냐?"

그녀가 말했다. "나는 밀가가 나홀에게 나은 아들 브두엘의 딸입니다. 우리 집에는 짚과 사료가 많고 묵을 곳도 있습니다."

그가 야훼께 절을 하고 경배하며 말했다. "나의 주인 아브람의 하나님 야훼를 찬송합니다. 나의 주인에게 주의 사랑과 성실을 그치지 않으셨습니다. 야훼께서 나를 이 여행 중에 곧장 내 주인의 형제의 집으로 인도하셨습니다."

소녀가 달려가 이 일을 어머니 집 사람들에게 말했다. 리브가는 오빠가 있었는데 라반이었다. 라반은 우물로 달려갔다. 그가 코걸이와 누이의 손목에 찬 팔찌를 보았고 누이 리브가가 "그 사람이 내게 이렇게 말했습니다"라는 말을 듣고 그 사람에게 달려간 것이었다. 그 사람은 우물가 낙타 옆에 서 있었다.

라반이 말했다. "야훼께 축복을 받으신 분이시여, 들어오십시오. 어찌하여 밖에 서 계십니까? 제가 집을 준비해놓았고 당신의 낙타들이 쉴 곳을 마련해두었습니다."

그 사람이 집으로 갔다. 낙타들도 짐을 풀었고 짚과 사료를 먹었다. 그 사람의 발과 함께 모든 사람의 발 씻을 물을 가져왔다. 앞에 음식이 놓이자 그가 말했다. "나는 용무를 말하기 전에는 먹지 않겠습니다."

그가 말했다. "그럼 말해보십시오."

그래서 그가 말하기 시작했다. "나는 아브람의 종입니다. 야훼께서 내 주인을 크게 복주시므로 그가 위대한 사람이 되었습니다. 그분이 그에게 소와 양, 은금, 남녀종들, 낙타와 나귀를 주셨습니다. 내 주의 아내 사래가 노년에 아들을 낳았고 주인이 그에게 모든 소유를 주셨습니다. 내 주인이 내게 맹세하게 하시고 '너는 내 아들을 위해 내가 거주하는 이 가나안 사람의 딸 중에서 아내를 택하지 말라. 대신에 내 아버지 집, 내 족속에게 가서 내 아들을 위하여 아내를 택하라'고 하셨습니다. 그래서 나는 '혹시라도 여자가 나를 따라오지 않으면 어떻게 할까요?'라고 물었습니다. 주인이 내게 말했습니다. '내가 이 수년 동안 섬긴 야훼께서 천사를 너와 함께 보내시고 네 여행이 성공하게 하실 것이다. 너는 내 아들을 위해 내 족속과 내 아버지 집에서 아내를 택해야 한다. 그래야 네가 내 맹세와 상관이 없을 것이다. 만일 네가 내 족속에게 갔는데 그들이 네게 주지 않으면 그래도 너는 내 맹세와 상관이 없을 것이다.'"

"그래서 내가 오늘 우물에 도착했습니다. 내가 말했습니다. '나의 주 아브람의 하나님 야훼시여, 만일 당신이 내 여정을 성공하게 하시려면 내가 우물가에 서 있을 때 물을 길으러 나온 소녀에게 "네 물동이의 물을 내게 조금 줘서 마시게 해 다오"라고 말했는데 그가 내게 "마십시오. 그리고 당신의 낙타에게도 물을 길어 오겠습니다"라고 말하면 그 사람이 바로 야훼가 내 주의 아들을 위해 정한 여인이 되게 해 주십시오.' 내가 혼잣말을 마치기도 전에 리브가가 어깨에 물동이를 지고 나와 우물에 가서 물을 길었습니다. 내가 그녀에게 말했습니다. '내게 물을 조금 다오.' 그녀가 서둘러 어깨에서 물동이를 내리면서 말했습니다. '마십시오. 그리고 당신의 낙타들도 마시게 하겠습니다.' 나는 물을 마셨고 그녀는 내 낙타들에게도 물을 마시게 했습니다.

"내가 그녀에게 물었습니다. '너는 누구의 딸이냐?' 그녀가 대답했습니다. '밀가가 나홀에게서 낳은 아들 브두엘의 딸입니다.' 그래서 내가 그녀의 코에 코걸이를 꿰고 손목에 팔찌를 채워주었습니다. 나는 야훼께 절을 하며 경배했고 나의 주인 아브람의 하나님 야훼를 찬양했습니다. 그분이 나를 바른 길로 인도하셨고 내 주인의 동생의 딸을 그의 아들을 위해 얻게 하셨기 때문입니다."

"그러므로 당신이 내 주인에게 진실과 인자를 베풀기 원하시면 말해주십시오. 그렇지 않으시면 그렇지 않다고 말해주십시오. 그래야 내가 해야 할 일을 할 수가 있습니다."

라반과 브두엘이 대답했다. "이 일은 야훼께로부터 나온 일이다. 우리는 가부간에 네게 말할 수 없다. 여기 리브가가 있으니 데리고 가서 야훼께서 말씀하신 대로 네 주인의 아들의 아내를 삼도록 하라."

아브람의 종이 그들의 말을 듣고 땅에 엎드려 야훼께 절했다. 종이 은금 패물과 의복을 꺼내어 리브가에게 주었다. 그리고 그녀의 오빠와 어머니에게도 선물을 주었다.

그와 동행자들이 음식을 배불리 먹고 마시고 그날 밤을 유숙하였다. 아침에 일어나 그들이 말했다. "우리는 주인에게로 돌아가겠습니다."

그의 오빠와 어머니가 말했다. "이 아이가 우리와 열흘 정도 머물게 하라. 그 후에 갈 것이다."

그가 그들에게 말했다. "내가 지체하지 않도록 해주십시오. 야훼께서 내 여행을 성공하도록 만드셨습니다. 나를 보내어 내 주인에게 돌아가게 해 주십시오."

그들이 말했다. "아이를 불러서 물어봅시다."

그들이 리브가를 불러서 말했다. "너는 이 사람과 함께 가겠느냐?"

그녀가 대답했다. "그와 함께 가겠습니다."

그래서 그들은 누이 리브가와 유모를 아브람의 종과 동행자들과 함께 보냈다. 그들이 리브가를 이 말로 축복했다.

"너는 우리 누이다.
너는 천만인이 될 것이다.
그리고 네 자손이
네 원수의 성문을 소유할 것이다."

리브가와 그녀의 몸종들이 낙타에 올라타고 그 사람을 따라갔다. 그래서 그 종은 리브가를 데리고 갔다.

그때에 이삭이 브엘라헤로이에서 왔다가 네게브에 머물렀다. 이삭은 소변을 보려고 막사에서 조금 나왔는데 눈을 들어 보니까 낙타들이 자기에게 오는 모습이 보였다. 리브가가 고개를 들어 이삭을 보았고 자기 낙타에서 내렸다. 그녀가 그 종에게 말했다. "저기 밭을 가로질러 우리를 만나러 오는 사람이 누구입니까?"

그 종이 말했다. "그가 우리 주인입니다."

그래서 그녀가 너울로 얼굴을 가렸다.

그 종이 이삭에게 그동안 벌어진 일을 말했다. 이삭이 그를 인도하여 자기 장막 곧 어머니 사래의 장막으로 데리고 갔다. 그가 리브가를 취하여 아내로 맞이하였다. 이삭이 그녀를 사랑하였고 어머니가 돌아가신 후 위로를 얻었다.

아브람이 후처를 얻었는데 이름은 그두라였다. 그가 시므란, 욕산, 므단, 미디안, 이스박, 수아를 낳았다. 욕산은 스바와 드단의 아비가 되었고 드단의 자손은 앗수르 족속과 르두시 족속과 르움미 족속이었다. 미디안의 아들은 에바, 에벨, 하녹, 아비다, 엘다아이었다. 이들은 모두 그두라의 자손이었다. 아브람이 모든 것을 이삭에게 물려주었다. 자기 서자들에게도 재산을 주어 살아 생전에 그들을 자기 아들 이삭을 떠나 멀리 동쪽으로 즉 동방의 땅으로 가게 하였다(24:1~25:6). 이삭은 브엘라헤로이에 거주했다(25:11b).

이삭은 아브람과 야곱에 비해 다윗의 역사가에게 큰 관심을 받지 못했다.[1] 하지만 이삭은 야곱 이야기가 끝날 때까지 사라지지 않으며 창세기의 마지막까지 계속된다.[2] 아들 야곱이 청년 시절 집을 떠난 후의 이삭에 대해서는 거의

---

1 20세기에 이삭 전승은 실제로 희귀했거나 역사가가 이삭 이야기 대부분을 아브람과 야곱 전승 사이를 연결하려고 채워 넣은 이야기로 작성한 것이라고 생각해왔다. 이삭 단락의 비평적 해석은 다음과 같이 전승사로 해결하였다. 즉 이삭 전승은 브엘세바 성소와 연관을 지닌 별개의 자료로 회자되던 이야기였는데 J가 이곳의 느슨한 연대기 속에 이차적으로 삽입하여 동시대 이야기로 만들었다는 것이다. 이 이론은 전통적인 자료가 목축민에게 실체도 없이 떠도는 이야기라거나 보편적인 전통이 아니라 베두인 회중이 함께 모여서 나눈 경험과 깊은 상관이 있다는 생각을 역사가들에게 일깨워주는 유용성이 있다. (베두인의 특징을 지닌) 이삭과 직접 관계가 있는 자료의 전통적인 출처가 무엇이든지간에 야곱 이야기와 별도로 전해졌다면 J는 그것을 역사의 이 단락에 완전히 통합시켰다.

2 이스라엘 나라가 단일 조상 아브람의 후손이라는 생각은 족보를 통해 나라의 초기 역사를 기술하는 방식을 볼 때 '자연스럽게' 보이지 않는다. 마빈 해리스(Marvin Harris)가 지적하듯이 "농업 생산 집약도가 크면 클수록 단일 계보로 만들어질 가능성이 더욱 커진다. 많은 친척과 많은 혈통은 찬반주장을 통해 영속적 소유권과 재산에 대한 관심사가 커졌음을 보여준다. 그것은 집단들이 실제로 점점 줄어드는 자원을 놓고 싸우느라 가시적으로 유대감이 부족해서 점차 계층 사회로 변해가는 진화과정을 보여주는 것이며 국가가 단일혈연집단으로 묘사하여 유대감 향상을 도모한 것이다."[*Cultural Materialism: The Struggle for a Science of Culture* (New York: Random House, 1979), 176] 해리스는 광범위한 역사과정에 관심을 두고 있지만 그럼에도 불구하고 그의 관찰은 J의 이스라엘과 그의 자손들의

말하지 않는다. 하지만 야곱에 관한 이야기는 모두 에서와 다투는 이야기이고 이 다툼은 이삭을 상속하는 문제와 관련이 있다. 그리고 이 문제는 이삭이 죽은 뒤에 전면에 등장할 것이다.

이야기 순서는 아브람 역사처럼 첫 번째 열네 세대의 역사 패턴을 따르고 있다. 이삭의 아들들의 출생과 장자권 매매는 자식을 낳고 강성해지라는 아브람의 축복과 일치한다. 그 다음 이삭의 역사는 아브람이 아내를 누이라고 부르고, 아브람과 롯의 목자가 다투며, 아브람을 축복하는 왕과 평화롭게 만나는 순서를 따라 진행된다.

이삭 출생 역사에 가장 중요한 자손 출생의 주제는 역사가가 이삭 출생 이야기에서 결혼 이야기로 건너뛸 때에도 단절되지 않고 계속된다. 처음으로 축복받은 부부[아브람과 사래]의 장자는 자기 아내를 어떻게 얻게 될까? 아니면 이전 세대에서 출생이 그랬던 것처럼 이 세대에서는 결혼이 어떻게 회복될까? 이 주제가 이어지는 가운데 J는 이삭의 아내가 되어야 할 여인의 족보를 설명한다. 이것이 창세기 22:20~24에서 아브람의 동생, 조카, 조카딸을 짧게 소개하는 의도이다. 그에 따르면 나홀과 밀가는 브두엘을 낳았고 브두엘은 리브가를 낳았다.

이삭의 역사는 아직 접해보지 않은 유형의 이야기를 시작한다. 그 이야기는 목자들과 베두인들이 사용하는 형식을 지니고 있다. 결과적으로 그 이야기들은 아브람의 전설 같은 역사보다 더욱 길어지는 경향이 있을 뿐만 아니라 전형적인 베두인 상황과 사건을 다루는 경향이 강하다. 그것들은 J가 의도한 특정한 의미가 전체 역사의 틀 속에서 얼마나 적합한지를 보여준다.

이것을 이삭의 아내를 찾아내는 이야기에서 분명하게 엿볼 수 있다. 우리 역사가의 기준으로 보면 반복적인 어조의 다소 긴 내러티브는 야훼가 이삭의

족보 형태가 이스라엘의 전체 생산을 집약시키고 그로 인해 군주 다윗이 산지는 물론이고 훨씬 먼 곳까지 소유한다는 주장을 강화시켜주는 일을 반영한다고 제안한다.

아내를 선택했다는 J의 특정 관심사를 강조하고 있다. 심지어 이삭이 아내를 얻은 과정을 말하는 이야기는 앞서 진행된 이야기의 1/4 분량을 차지한다. 우리 역사가는 이런 형태의 내러티브를 통해 참을성 있게 요점을 말하고 있으며 확장을 개의치 않고 또 전통적인 자료를 사용한다. 역사가의 내러티브가 지닌 새로운 성격은 이 지점부터 역사의 마지막까지 이어진다. 이것이 J가 말하고 싶은 의도와 목적에 따라 역사의 1/4이나 되는 분량으로 표현하고 그것도 상세히 설명만 할 뿐 아무런 내용도 첨가하지 않은데도 길이가 길어지게 된 주요 이유이다. 이 역사의 나머지 3/4 분량은 베두인에게서 유래한 자료를 위해 남겨두고 있다. 하지만 이 상세한 설명은 중요한 목적을 위해 남겨둔 것이다. J가 아브람을 베두인으로 표현하고 있지만 이스라엘의 민족적 정체성을 베두인이라고는 아직 말하지 않았다. 그는 이 지점에 이를 때까지 내러티브를 빌려오기보다 더 많이 새롭게 작성하는 일에 치중했다. 이 지점 이후로 그는 광범위한 베두인 전승을 통합시켜 민족적 정체성을 완전하게 표현할 것이다.

아브람은 종을 보내어 가나안 사람 말고 자기 족속의 일원 가운데서 자기 아들의 아내를 취하라고 시켰다. 야훼가 이 아내를 선택했다. 이야기의 반복되는 특성은 이야기꾼이 요지를 반복하게 만든다. 먼저 이야기를 말한 다음에 종이 전체 이야기를 다시 이야기한다. 그리고 강조점은 두 번씩 이야기하는 결론에 나온다. 라반과 브두엘이 대꾸한다. "이 일(*dabar, 다바르*)은 야훼께로부터 나온 일이다. 우리는 가부간에 네게 말할 수 없다. 여기 리브가가 있으니 데리고 가서 야훼께서 말씀하신(*dibber, 딥베르*) 대로 네 주인의 아들의 아내를 삼도록 하라." J의 요지는 이것이다. 역사 초기에 하나님의 아들들이 '자기가 원하는 대로 사람의 딸들을 아내로 삼은' 것과 달리 이삭의 아내는 야훼가 선택하였으며 이삭은 심지어 그를 보지도 않았고 그 자리에도 없었다. 정말 선악과를 보고 자신과 자신의 남자의 벌거벗음을 본 하와와 달리 이삭과 리브가가 처음 서로를 보았을 때, 역사가가 신중하게 언급하듯이, 리브가의 얼굴은 베일에 가려서 보이지 않았다.

열다섯 번째 세대에서 자식 출생이 구원받은 것처럼 열여섯 번째 세대는 아내를 택하는 문제의 구원이 혈족의 구원과 함께 이루어진다. 이 내러티브는 이삭이 자기 아내를 아버지 집 출신으로 삼았다는 사실을 반복해서 말한다. 아버지 집은 아브람이 상속해야 했으나 포기했던 자손 출생 체계였다. 아브람 역사에서는 언급조차 하지 않았던 그 혈족 체계가 처음 열네 세대에서는 부정적인 함의를 지녔지만 지금은 거기서 구원을 받고 있다.

이삭은 브엘라헤로이 지역에 거주하였다. 그곳은 이스마엘이 태어난 장소이다. 이스마엘은 아마 쫓겨난 것—그런 식으로 이야기했을 수도 있다—이 아니라 단순히 대체되었다. 이스마엘은 다시 등장할 것이다. 지금 우리가 듣는 내용은 이삭이 사회정치적으로 이스마엘 족속과 같은 사회적 여건 속에 살았다는 것이다. 이것은 다윗이 즉위하던 왕정 초기에 벌어진 일이다.

우리의 역사가는 남부 팔레스타인 땅의 상황에 지대한 관심을 갖고 있다. 그는 나중에 이스라엘과 에돔이 된 야곱과 에서의 관계를 길게 말하려고 한다. 그렇게 하기 전에 사래가 죽은 뒤 아브람이 재혼하여 자식을 더 낳았다고 설명한다. 후처의 이름은 그두라였다. 히브리어로 '향'이란 말과 거의 같다. 태어난 자식들은 미디안, 드단, 스바인데 모두 네게브 남부에서 아라비아의 북부와 남부로 장사하는 백성과 땅을 언급한다. 이 방향에서 이루어지는 주요 교역 물품은 향품, 유향, 몰약 등이다. 이 자손들을 아브람은 동쪽으로 보내고 자기 아들 이삭에게 북부 네게브의 주요 생산 지역에서 블레셋 평야 방향까지의 공간을 내주었다. J의 주요 관심사는 남부와 남동부 지역의 정치적 · 경제적 중요성이었다. 거기서 다윗은 맨 처음 권력을 잡았고 자기 부하 중 최고의 용사들과 왕궁 친위대 다수가 바로 그곳 출신이었다.

16

동생이 이기다

(창세기 25:21~26:33)

이삭이 아내가 임신하지 못하므로 야훼께 간구하였다. 야훼께서 그의 간구를 들으셨으므로 그의 아내 리브가가 임신하였다. 그 아들들이 태중에서 서로 싸우자 그녀가 "이럴 것이면 어찌하면 좋을까?"라고 생각하였다.

그녀가 가서 야훼께 물었더니 야훼께서 말씀했다.

"두 나라가 네 태중에 있고
두 백성이 네 안에서 나뉠 것이다.
이 백성이 저 백성보다 강할 것이며
큰 자가 어린 자를 섬길 것이다."

해산 기한이 차자 그녀는 쌍둥이를 임신한 것을 알았다. 먼저 나온 자는 붉고 온몸에 털이 났다. 그들은 에서라고 불렀다. 후에 동생이 나왔는데 손으로 에서의 발꿈치를 붙잡고 있었다. 그들은 야곱이라고 불렀다(25:21~26a).

두 아이가 자랐다. 에서는 들사람이어서 전문 사냥꾼이 되었고 야곱은 조용한 사람이어서 장막에 거주하였다(26:27). 이삭은 사냥한 고기를 좋아하므로 에서를 사랑했고 리브가는 야곱을 사랑했다.

어느 날 야곱이 팥죽을 쑤고 있는데 에서가 들에서 허기진 채 돌아와 야곱에게 말했다. "내가 허기가 지니 내게 이 붉은 죽을 좀 다오."(그래서 그의 별명이 에돔이다.)

야곱이 말했다. "형의 장자의 명분을 지금 내게 파세요."(26:28~31)

에서가 말했다. "오냐. 내가 지금 죽을 지경인데 내 장자의 명분이 무슨 유익이 있겠느냐?"

야곱이 말했다. "내게 지금 당장 맹세하세요."

그래서 에서가 맹세하고 장자의 명분을 야곱에게 팔았다. 야곱이 에서에게 떡과 팥죽을 주자 그가 먹고 마신 후 일어나 갔다. 이렇게 에서는 장자의 명분을 소홀히 여겼다.

그 땅에 기근이 있었는데 일찍이 아브람 시절에 겪었던 기근과 달랐다. 이삭이 그랄에 있는 블레셋 왕 아비멜렉에게 이르렀다. 야훼께서 그에게 나타나 말씀하였다. "이집트로 내려가지 말라. 내가 네게 말하는 곳 어디든지 이 땅에 이주민으로 거주하라. 내가 너를 복 줄 것이며 너와 네 자손에게 이 모든 땅을 주어 네 아버지 아브람에게 한 맹세를 지킬 것이다. 내가 너의 자손이 하늘의 별처럼 많게 할 것이며 네 자손에게 이 모든 땅을 줄 것이다. 네 자손을 통해 땅의 모든 나라가 복을 받을 것이다."(26:1~4)

이삭이 그랄에 거주하였다(26:6). 그 지역 사람들이 그의 아내에 관해 묻자 그는 말했다. "그는 내 누이다." "내 아내다"라고 말하면 이곳 사람들이 리브가가 아름답기 때문에 자기를 죽일까봐 두려웠기 때문이다. 이삭이 한동안 그곳에 머물렀는데 블레셋 왕 아비멜렉이 창문으로 내려다보니까 이삭이 그 아내 리브가와 함께 웃는 모습이 보였다. 아비멜렉이 이삭을 불러서 말했다. "그는 네 아내다. 어찌하여 '그가 내 누이다'라고 말했느냐?"

이삭이 그에게 대답했다. "그 때문에 내가 목숨을 잃을지도 모른다고 생각했습니다."

아비멜렉이 말했다. "네가 우리에게 무슨 짓을 했느냐? 아무 때든지 내 궁전에 있는 누군가가 네 아내와 동침할지도 모르고 그럴 경우에 너는 우리가 죄를 짓게 만드는 것이다."

아비멜렉이 신하들에게 말했다. "이 사람이나 그 아내를 건드리는 사람은 누구든지 처형할 것이다."

이삭이 그 지역에 농사를 지었고 그 해 백 배를 수확하였다. 이렇게 야훼께서 그에게 복을 주셨고 그는 점점 흥왕해서 거부가 되었다. 그가 많은 양과 소, 그리고 수많은 종을 소유하였으므로 블레셋 사람들이 그를 시기했다. 블레셋 사람들이 그의 아버지 아브람의 종들이 판 모든 우물을 막고 흙으로 메워버렸다. 아비멜렉이 이삭에게 말했다. "네가 너무 강하고 수도 많아졌으니 우리를 떠나라."

이삭이 그곳을 떠나 와디 그랄에 장막을 쳤다. 이삭이 자기 아버지 아브람 시절에 판 우물을 다시 팠는데 이는 아브람이 죽은 뒤 블레셋 사람이 메운 곳이었다. 이삭이 그 우물들을 자기 아버지가 부르던 이름으로 불렀다. 이삭의 종이 와디 부근에서 우물을 팠는데 거기서 샘을 발견하였다. 그러나 그랄의 목자들이 "그 샘은 우리 것이다"라고 하면서 이삭의 종들과 다투었다. 그래서 그곳 이름을 에섹(Eseq), 다툼(Contention)의 우물이라고 불렀다. 이는 그들이 그와 다투었기 때문이다.

그들이 다른 우물을 팠는데 그곳에서도 다툼이 있었으므로 그 이름을 싯나(Sitnah), 즉 미움(Enmity)이라고 불렀다.

그가 거기서 이동하여 다른 우물을 팠는데 더 이상 다투지 않았다. 그래서 "야훼께서 마침내 우리에게 그 땅에서 번창하도록 넓은 곳을 주셨다"는 의미로 르호봇(Rehoboth), 즉 넓은 곳(Space)이라고 불렀다.

이삭은 거기서 브엘세바로 올라갔다. 거기에 제단을 쌓고 야훼의 이름을 불렀다. 그리고 그곳에 장막을 쳤다. 이삭의 종들이 거기에 우물을 팠다. 아비멜렉이 그랄에서 그의 베두인 친구 아훗삿과 군대장관 비골과 함께 그에게 왔다. 이삭이 그들에게 말했다. "당신이 우리를 미워하여 내쫓아놓고 어찌하여 나에게 오셨습니까?"

그들이 말했다. "우리는 야훼께서 너와 함께 하는 모습을 의심 없이 지켜보았다. 우리는 서로 맹세로 다진 합의가 있어야 하고 그래서 너와 계약을 맺는 것이 마땅하다고 생각했다. 그러므로 우리는 너와 계약을 맺고 싶다. 너는 우리가 너를 괴롭히지 않고 평화롭게 보내어 오직 선을 행한 것처럼 우리에게 악을 도모하지 말라. 너는 야훼께 복을 받은 자이다."

이삭이 그들을 위해 잔치를 베풀어 함께 먹고 마셨다. 다음 날 그들은 맹세를 했다. 그런 후에 이삭은 그들을 돌려보냈고 그들은 평안히 갔다. 바로 그날 이삭의 종들이 와서 그들이 판 우물에 관해 보고했다. "우리가 물을 찾았습니다." 그래서 그곳을 시바(Shiba)라고 불렀다[이리하여 그 도시의 이름은 오늘날까지 브엘세바(Beersheba)이다.](26:7~33).

리브가는 사래처럼 임신하지 못했다. 첫 번째로 축복을 받은 부부의 자손인 이삭은 바로 인간을 창소하신 창조주에게 자식을 달라고 간청했다. 야훼는 승낙하였다. J는 자식들이 리브가의 태 안에서 서로 싸우는 모습을 이야기한다. 이 내러티브는 고통스런 이야기임에도 불구하고 놓쳐서는 안 되는 유머가 섞여 있다. 히브리어는 명확하지 않으나 리브가는 "만일 이런 식이면 누가 그것을 필요로 하겠는가!"라는 뜻의 말을 했다. 야훼에게 묻자 "네 태중에 두 나라가 있다"라는 말씀을 들었다.(야곱은 이스라엘을, 에서는 에돔을 대표한다. 에돔은 특별히 유다의 관점에서 본 이스라엘의 이웃이었다.) 유머는 전혀 은유답지 않은 수준으로 이루어진다. 두 나라를 임신한 여인은 참으로 문제가 심각한 임신을 한 것이다. J가 언급하는 야곱의 역사는 온건하지만 독특한 유머가 많고 그와 같은 내러티브의 특징은 여기서부터 시작된다.

야곱과 에서가 태중에서 싸운 이야기는 놀라운 일이 아니다. 가인과 아벨 이야기처럼 그들의 역사 대부분의 주제이기 때문이다. 비슷하게 형인 에서가 먼저 나오고 곧바로 형의 발꿈치를 붙잡고 아우 야곱이 따라 나왔다는 것도 놀라운 일이 아니다. '야곱'은 히브리어로 '발꿈치'를 뜻하는 단어와 같은 소리가 난다. 에서가 말한 대로 "그의 이름을 야곱이라고 부르는 것이 합당하지 않습니까? 그가 내 발꿈치를 붙잡은 것[RSV, '속인 것']이 이번이 두 번째입니다."(창 27:36) 야곱의 이름은 그의 생애에서 벌어진 두 가지 결정적인 행동을 직접 언급한다. 그는 처음에 에서의 장자의 명분을 빼앗았고 다음으로는 형이 받아 마땅한 축복을 빼앗았다. 에서는 별명인 에돔의 동음이의어인 '붉음'으로, 또 에돔의 산지(山地)인 세일 지방 이름을 따서 '털이 많음'으로 묘사된다. 우리 역사가가 짧은 단락 속에 이렇게 많은 어원을 집어넣어 기록한 경우는 이번이 처음이 아니다.

아브람의 역사는 철저히 아담과 하와의 역사에 깃들어 있는 비평사항을 역사적으로 푸는 일에 몰두하고 있다. 또 야곱의 역사는 철저히 가인과 아벨의 역사에 깃들어 있는 비평사항을 역사적으로 푸는 일에 몰두하고 있다. 가인과 아벨 형제는 싸우다가 동생이 죽었다. 열다섯 번째 세대에 아브람과 롯 형제는 아브람이 그런 역사의 반복을 피하려고 양보하는 바람에 유지될 수 있었다. 야곱 이야기는 바로 그 주제에 기초하고 있을 뿐 아니라 요셉 이야기도 바로 거기에 기초하고 있다. 열일곱 번째 세대부터 스무 번째 세대까지의 J역사는 전체 역사의 삼분의 일에 해당한다. 그 삼분의 일 이야기 전체의 요지는 가인과 아벨 형제 사이에 벌어진 다툼이 두 차례 크게 뒤집히는 방식을 통해 화해하는 일이다. 그 두 번은 처음에는 팔레스타인 남부의 이스라엘과 에돔의 화해, 다음으로는 이스라엘 나라를 구성하는 집단 사이의 화해이다. 민족적 화목은 다윗의 나라가 성공하는 데 필수적 요소였다. 솔로몬은 바로 그런 화목을 소통하거나 유지하는 데 실패하였기 때문에 죽은 뒤에 왕권이 몰락하는 데 주요 역할을 했다.

두 아들이 태어나기도 전에 어머니 리브가는 동생이 형을 이기리라는 사실을 알았다. 여기서 J는 처음으로 야곱, 유다, 요셉에 관한 역사 전체의 삼분의 일에 해당하는 이야기에 기본적인 강조점인 동생이 형을 이긴다는 것을 말하고 있다. 말하자면 아벨이 가인을 이긴다. 이것은 사회적 규범을 심각하고도 강력하게 뒤집는 일이다. 이런 뒤집힘이 한 번도 일어난 적이 없는 것은 아니다. J는 그와 같은 뒤집힘을 강조할 뿐만 아니라 왕실 통치는 야곱과 요셉처럼 전형적으로 동생이 지배한다는 식으로 다시 정의하는 주요 근거로 삼는다. J는 다윗이 동생이었기 때문에 다윗의 왕실에서 이런 식으로 그런 요지를 강조하기로 작정한 것이 틀림없다. 장자 규범이 약해지고 왕실이 그런 규범을 벗어나면 왕은 결과적으로 느슨해진 사회 안에서 폭넓은 특권을 직접 행사할 수 있게 된다. 그런 왕은 상속자를 직접 선정할 수가 있다.

동생이 형을 이기게 만드는 야훼의 의도는 정상적인 문화적 기대감에서 벗어난 것이며 긴장과 갈등을 일으킬 수 있었다. 야곱이 에서의 장자 명분을 사자마자 이삭이 죽은 것은 이야기의 결정적 전환점이 되었다. 그러므로 축복을 도둑맞은 이야기의 서두에 이삭은 "내가 언제 죽을지 알지 못한다"(27:2)고 말한다. 이 알지 못하는 순간의 중요성은 브엘세바에 머문 형제들의 이야기의 결말부에서 아버지가 죽자 에서가 야곱을 죽이려고 결심하는 내용으로 확인할 수 있다.

야곱은 처음에 우리에게 소개될 때 *이쉬 탐*(*ish tam*), 즉 순수하거나 아이 같은 사람으로 불렸다. 이야기의 표면상 이것은 그가 사냥꾼인 형과 달리 여인처럼 장막 안에서 자라난 것을 가리킨다. 하지만 야곱은 결코 순진하거나 어린아이 같지 않았다. 역사가가 곧 그런 사실을 보여줄 것이다. 그는 '죽을 쑤는(boiling lentil stew)' 자로 묘사된다. 이 히브리어 표현은 이보다 더 많은 의미를 갖고 있다. 사용된 단어들은 아마도 '그는 아주 뻔뻔하였다'는 의미를 표현하는 것 같다.

에서는 RSV에서 솜씨 좋은 사냥꾼으로 불린다. 히브리어 표현은 '알고 있는 자'이다. 즉 사냥하는 법을 아는 사람이라는 뜻이다. 야곱은 순진한 사람, 즉 알지 못하는 자이다. (RSV가 조용한 사람이라고 번역한 것은 문맥을 놓치고 있다.)

이렇게 형제의 특징을 대조시키는 아이러니는 J의 주제와 일치한다. 아는 사람은 알지 못하는 사람을 이긴다. 순진한 사람은 결코 순진한 것이 아니다. 그러나 J는 아이러니하게도 이 말로 야곱의 간교함을 덮어둔 채 처음부터 야곱이 축복을 받은 이면, 즉 그러한 축복이 야훼로 말미암은 것인지 아니면 야곱으로 말미암은 것인지에 관심을 두고 있는 신학적 주제를 강조한다.

현대의 많은 독자들이 보기에 야곱은 교활하고 정직하지 못하다. 그의 축복이 속이는 자, 거짓말쟁이(J는 에서의 말로 야곱이란 이름이 지니는 의미를 밝힌다), 사기꾼과 같은 성격과 깊은 관계를 지닌다는 사실은 도덕적 문제를 안고 있는 것처럼 보인다. 어떻게 이런 사람이 다른 것도 아닌 이스라엘의 조상이 가질 수 있는 정직함과 고상함을 대표할 수 있을까? 하지만 현대의 독자가 내러티브에서 찾으려고 하는 정직의 기준은 부당한 것이다. 그의 성격이 보여준 이러한 특징들은 다르게 해석할 필요가 있다.

야곱 이야기를 통해 역사가가 표현하는 문제는 야훼의 축복하는 특권을 하나님은 스스로 돕는 자를 돕는다는 지혜를 가진 능동적이고 기회주의적인 인물이 생각하는 특권과 어떻게 조화시킬 수 있겠는가 하는 것이다. 야곱은 할 수 있었기 때문에 스스로 얻을 수 있었다. 야곱은 재능이 있었기 때문에 주어진 것이 없는 상황에서도 준비할 수 있었다. 야곱은 영리해서 자신의 지능과 재주에 기대어 목표를 달성할 수 있었다. 그런데도 야곱은 '축복을 받았다.' 지금까지 축복을 받는다는 것은 축복을 받기 전의 인류가 스스로 성취하는 것과 다르게 야훼로부터 받는 것을 의미했다. 지금 우리 역사가는 인간의 재능을 축복과 통합시키기를 원한다. 다윗의 나라는 많은 재주를 갖고 스스로 노력해서 얻어내는 특징을 지니고 있다. 야곱의 성격은 이스라엘의 성격, 특히 그 군주인 다윗의 성격을 나타낸다.

야곱의 역사는 세 가지 주요 단락으로 구성되어 있다. 단락마다 두 가지 사건들을 담고 있다. 야곱의 축복은 자손출산과 식량생산을 상징하는 가족과 가축을 얻는 일과 결부되어 있다. 이것의 앞뒤로 야훼의 축복이 등장한다. 이런 방식으로 야훼의 축복과 인간의 풍부한 자원이라는 두 가지 주제를 극적인 대위법으로 표현한다. 그래서 야곱 역사의 구조는 J가 가장 관심을 기울이고 있는 하나님의 특권과 직접 관계가 있으며 그것은 인간의 특권과 반대된다.

에서가 "전에는 나의 장자의 명분(*bekor, 베코르*)을 빼앗고 이제는 내 복(*berakah, 베라카*)을 빼앗았습니다"라고 한 말을 통해 J는 야곱 역사 전반부의 주요 행동을 정의한다. 그러나 역사의 상당 부분은 장자의 명분과 축복 사이에 존재한다. 야곱이 성장하는 동안은 그의 아버지의 역사를 기술한다.

기근이 생겼다. 우리는 아브람 역사 초기에 발생한 기근과 이 기근을 연결시키기가 어렵다. 그래서 J는 아브람 시대에 생긴 것이 어떻게 이삭 시대에 똑같이 발생했는지를 말한다. 그러나 야훼는 이삭에게 나타나 이집트로 내려가지 말고 블레셋 땅 그랄에 머물라고 지시한다. 왜냐하면 그가 설명하듯이 "내가 이 모든 땅을 네게 줄 것"이기 때문이다. 그랄[1]은 J가 시글락 지역을 일컫는 말이다. 그곳은 다윗이 블레셋을 등에 업고 영주가 되었던 땅이다.

우리는 다윗 가문이 왕권을 차지하고 권력을 유지하는 데 블레셋 사람들이 얼마나 중요한 역할을 했는지를 살펴보았다. 다윗은 해변 저지대의 블레셋 영주들과 평화로운 관계였다. 매우 중요한 이런 두 권력의 결속을 J에서는 아비멜렉과 이삭의 조약 체결로 나타내고 있다. 이 조약의 기초는 J역사의 주요 주제 중 하나와 긴밀하게 엮여 있고 그것을 "너는 야훼께 축복을 받은 자이다"라는 아비멜렉의 말로 표현하였다. 아비멜렉은 야훼가 원래 아브람에게 주신 맹세의 내용을 성취했고 J가 부연설명하지 않지만 이어지는 내용은 이삭과 블레셋 족속의 상호 번영이었다.

이런 관점은 사무엘상과 사무엘하 초반에 포함된 문서에 기록된 다윗 즉위의 역사와 견해가 다르다. 거기서 블레셋 족속은 이스라엘의 원수로 등장한다. 다윗이 그들과 연루되어 있다는 사실을 언급할 필요가 생기면 반드시 해

---

1 Victor H. Matthews, "The Wells of Gerar," *Biblical Archaeologist* 49(1986): 118~26.

명해야 했고 그렇지 않으면 축소시켜야 했다. 다윗의 즉위 역사는 다윗이 한 때 블레셋의 봉신(封臣)이었고 블레셋 군대의 편에서 싸운 적이 있긴 하지만 사울이 블레셋과 싸워 패배해 죽임을 당할 때도 아무런 역할을 하지 않았고, 통치하려는 이스라엘 백성 대다수와 맞서 싸우는 웃지 못할 행보 속에서도 자기가 즉위하기 위해 블레셋 족속을 활용하지 않았다는 점을 강조한다. J는 이러한 해명사항을 완전히 무시하려고 했다. 다윗의 즉위 역사는 이것을 해명할 목적으로 이스라엘 사람들에 대한 블레셋 족속의 적대감을 인정하고 블레셋 족속이 마치 항상 통일된 집단처럼 행동하는 이스라엘의 주요 원수인 것으로 다룬다. J는 전혀 다른 것을 강조한다. 중요한 차이점은 이것이다. 이스라엘의 주요 원수는 이집트이다. 블레셋 족속은 우방이다. 다윗의 즉위 역사와 J의 역사. 이 두 문헌은 서로 다른 목적을 지니고 있다. 블레셋 족속을 묘사하는 일에 모순되는 것은 J가 이삭과 그들이 맺은 조약을 과거의 한때 일이라는 식으로 묘사하는 가상적 장치를 통해 피하고 있다. 이름에 *멜렉*(*melek*, '왕')이 들어 있는 사람이 지도하는 이 블레셋 사람들은 함 족속이다. 그들을 그처럼 우호적으로 다루는 모습은 아주 놀라운 일이다. 그들은 가나안 사람들이나 이집트 사람들에 비해 더 나을 것이 없어야 할 터이다. 분명히 이삭과 블레셋 사람들이 서로 잘 지내는 모습은 다윗의 왕실이 블레셋을 우호적인 동맹으로 중요하게 여기는 정도를 보여준다.

실제로 처음부터 블레셋 왕의 정의로운 모습을 볼 수가 있다. 이삭이 리브가에 관해 속임수를 사용한 일에 나타난 두드러진 특징은 아비멜렉이 직접 두 사람의 진짜 관계를 발견하는 방식 속에 묘사되고 있다. 아비멜렉은 창문으로 내려다보다가 이삭이 리브가와 '웃고' 있는 모습을 보았고 그들이 남편과 아내 사이라는 것을 즉시 눈치챘다. 다름 아닌 인류 역사상 처음으로 합법적으로 태어난 인간의 이름(*tsahaq*, *차학*)이 블레셋 왕의 정의로움을 묘사하기 위해 사용되고 있다. 이것이 참으로 놀라운 일이다.

아브람처럼 이삭은 부유하고 힘이 있었다. 블레셋 땅에서 커진 그의 권력은 피할 수 없는 갈등으로 이어졌다. 아브람과 롯처럼 이삭은 점차로 블레셋 사람들과 떨어져 살게 되었다. 하지만 이 거리만으로는 모든 적대감을 극복하기에 충분치 않았다. 이삭과 그의 무리가 멀리 브엘세바까지 가서 또 다른 우물을 팠을 때 아비멜렉은 군대장관과 베두인 지파의 우두머리격인 사람과 함께 와서 만족스런 조항으로 협상하기를 원했다. 그들은 합의했다. 아비멜렉은 이삭을 축복받은 자라고 선언했고 합의한 내용이 효력을 지니기 위해 이삭의 사람들은 샘에서 물을 찾았다. 이 사건은 다윗에게 중요한 베두인 요충지였던 브엘세바에 그런 이름이 붙게 된 기원을 설명한 뒤 마무리된다.

이삭과 아비멜렉의 분리와 최종적인 합의는 그럴만한 이유와 함께 등장한다. 장자 명분을 팥죽으로 산 일과 축복을 훔친 일 사이에 끼어 있는 이 이야기는 야곱과 에서 역사의 본론을 미리 보여준다. 이삭과 아비멜렉이 벌인 모험은 야곱이 라반의 집에서 벌인 모험의 축소판으로 볼 수 있다. 그것들은 화해라는 최종 결과에 초점을 맞추고 있다. 이삭처럼 야곱은 낯선 땅에서 피신하며 살아야 했다. 이삭은 그랄에서 그렇게 살았다. 야곱은 아람에서 그랬다. 두 경우 모두 야훼는 그곳에 머문 처음과 마지막 순간에 나타났다. 이삭 역사의 세 가지 주요 이야기는 야곱이 라반과 함께 사는 동안 일어난 세 가지 이야기와 일치한다. 부적절한 결혼 관계가 이루어졌고 그것은 나중에 갈등을 일으키는 씨앗이 되었다. 이삭은 그랄에서 번창했고 야곱은 아람에서 번창하였다. 둘 다 번창해지자 주변인과 거리감이 생긴다. 이삭은 부자가 되었으며 그의 목자들은 우물을 파기 시작했다. 그들은 번창함과 비례하여 점점 더 먼 곳까지 가서 우물을 팠다. 사태가 비슷하게 진행되는 모습을 야곱과 라반에게서도 볼 수 있다. 라반은 야곱이 특정한 종류의 양은 전부 가질 수 있다고 말했고 야곱은 이 양들을 따로 분리시켰다. 아비멜렉이 이삭을 쫓아가지는 않았지만 위협적으로 말을 걸었듯이, 라반은 야곱을 서둘러 따라가서 결국 그와 조약을 맺었다. 이념적 관점에서 보면 다윗 왕조에 중요한 국제적 유대관계를 체결한 중요한 사례가 블레셋과 동맹을 맺는 것과 다르지 않고 그런 사례와 조화를 이룬다고 하는 사실은 주목할 만하다. 아브람과 롯처럼 이삭과 아비멜렉은 떨어졌다. 마찬가지로 야곱과 에서도 떨어지게 되었다. 그들이 다닌 땅은 야곱과 에서가 받은 축복에 의해 명시될 것이다.

17

스스로 성공하는 사람

(창 27:1~33:17, 일부)

이삭이 나이 들어 눈이 어두워 잘 보지 못하자 맏아들 에서를 불러 말했다. "아들아!"

그가 대답했다. "네!"

이삭이 말했다. "내가 늙어 죽기 전까지 얼마나 살지 모르겠다. 그러므로 네 기구 즉 활통과 활을 갖고 들로 나가 사냥하라. 그래서 나를 위해 내가 좋아하는 맛있는 요리를 준비해 갖고 와서 먹게 하라. 그러면 내가 너에게 죽기 전에 마음껏 축복해주마."

리브가가 이삭이 자기 아들 에서에게 하는 말을 엿들었다. 에서가 들에 나가 사냥을 하고 돌아오기 전에 그가 자기 아들 야곱에게 말했다. "내가 네 아버지가 네 형 에서에게 하시는 말을 들었는데, '나를 위하여 사냥하여 가져다가 맛있는 요리를 해 가지고 와서 먹게 하라. 그러면 내가 죽기 전에 야훼 앞에 너를 축복해 주마'라고 하셨다. 그러므로 내가 이제 너에게 하라는 대로 내 말을 들어라, 내 아들아. 염소 떼에 가서 거기서 좋은 염소 두 마리를 가져오너라. 그러면 내가 네 아버지가 좋아하는 맛있는 요리를 만들어주마. 그리고 그것을 네 아버지께 드려

잡수시게 해라. 그러면 그가 죽기 전에 너를 축복해 주실 것이다."

야곱이 자기 어머니 리브가에게 말했다. "하지만 형 에서는 털이 많은 사람이고 나는 매끈매끈한 사람입니다. 만일 아버지께서 나를 알아보시면 어떻게 합니까? 내가 그분을 놀린다고 생각하실 것이고 축복은커녕 저주를 받을지도 모릅니다."

그의 어머니가 그에게 말했다. "내 아들아 저주는 내가 받으마. 그저 내 말을 듣고 가서 나를 위해 염소를 잡아오너라."

그래서 야곱이 가서 그것들을 잡아 어머니께 가져왔더니 그의 어머니가 그의 아버지가 좋아하는 맛있는 요리를 만들었다. 그리고 리브가가 집 안에 간직해 두었던 형 에서의 좋은 옷을 가져다가 동생 야곱에게 입혔다. 그는 염소 새끼의 가죽으로 손목과 손 그리고 목의 매끄러운 곳을 감쌌다. 리브가가 자기 아들 야곱의 손에 자기가 만든 맛있는 요리와 빵을 주니 그가 자기 아버지에게로 가져갔다.

그가 말했다. "아버지!"

그러자 그가 대답했다. "오냐, 내 아들아 너는 누구냐?"

야곱이 자기 아버지에게 말했다. "저는 맏아들 에서입니다. 제가 아버님이 말씀하신 대로 했습니다. 앉으셔서 제가 준비한 고기를 잡수시고 저에게 마음껏 축복해 주십시오."

이삭이 자기 아들에게 말했다. "내 아들아, 네가 참으로 일찍 돌아왔구나."

그가 대답했다. "아버지의 하나님 야훼께서 내 길을 순조롭게 하셨습니다."

이삭이 야곱에게 말했다. "가까이 오너라, 내 아들아. 내가 너를 만져보고 싶구나. 이것이 분명 내 아들 에서냐 아니냐?"

야곱이 자기 아버지 이삭에게 가까이 갔더니 이삭이 그를 만져보고 말했다. "목소리는 야곱의 목소리인데 손은 에서의 손이구나."

이렇게 이삭은 그를 알아보지 못했다. 그의 손이 그의 형 에서의 손처럼 털이 있었기 때문이다. 그래서 이삭은 그를 축복했다. 그리고 그가 말했다. "네가 정말 내 아들 에서냐?"

그가 대답했다. "네, 그렇습니다."

그가 말했다. "내 아들아, 사냥한 고기를 내가 먹을 수 있도록 가까이 가져오너라. 내가 너를 마음껏 축복해주마."

야곱이 아버지에게 그것을 가까이 가져갔고 그가 먹었다. 그리고 야곱이 포도주도 가져다 드렸더니 그가 마셨다. 그의 아버지 이삭이 그에게 말했다. "내 아들아, 너에게 입을 맞출 수 있도록 가까이 오너라."

그가 가까이 가자 이삭이 그에게 입을 맞추었다. 그가 옷의 냄새를 맡고 그를 축복하여 말했다. "내 아들의 냄새는 야훼께서 축복하신 들판의 냄새 같구나.

> 하나님[1]이 하늘의 이슬과
> 땅의 기름진 것과
> 풍성한 곡식과 포도주를 네게 주시기 원하노라.
> 백성들이 너를 섬기고
> 사람들이 너에게 절하기를 원하노라.
> 네 형제의 주인이 되고
> 그들이 네게 절하고
> 네 어머니의 자식들이 네게 절하기를 원하노라.
> 너를 저주하는 자가 저주를 받고
> 너를 축복하는 자는 축복을 받기를 원하노라."

이삭이 야곱을 축복하는 일을 마치고 야곱이 자기 아버지 이삭 앞에서 나갔을 때 그의 형 에서가 사냥에서 돌아왔다. 그도 맛있는 요리를 만들어 자기 아버지에게 가져와서 말했다. "아버지, 일어나 앉으셔서 아버지의 아들이 준비한 요리

---

1 '야훼' 대신에 '하나님'을 사용한 이유는 명확치 않다.

를 잡수시고 마음껏 내게 축복을 해주십시오."

그의 아버지 이삭이 그에게 말했다. "너는 누구냐?"

그가 대답했다. "저는 아버지의 아들, 맏아들 에서입니다."

이삭이 심히 떨면서 말했다. "그러면 네가 도착하기 전에 사냥감을 내게 가져와 내가 먹고 축복한 그는 누구였느냐? 누가 정말 축복을 받았느냐?"

에서가 자기 아버지의 말을 듣고 비통하게 울며 자기 아버지에게 말했다. "나의 아버지시여. 저도 축복해 주십시오."

그의 아버지가 말했다. "네 동생이 와서 속이고 네 축복을 빼앗았구나."

에서가 말했다. "그의 이름이 야곱이 아닙니까? 그가 나를 두 번씩이나 속였습니다. 먼저는 장자의 명분을 빼앗았고 이번에는 내 축복을 빼앗지 않았습니까? 아버지는 저를 위해 남겨둔 축복이 없습니까?"

이삭이 에서에게 말했다. "내가 그로 하여금 너를 다스리게 하였고 그의 모든 형제들을 그에게 종으로 주었다. 내가 그에게 곡식과 포도주를 주었다. 내 아들아, 내가 무엇을 할 수 있겠느냐?"

에서가 아버지에게 말했다. "아버지, 아버지는 축복이 하나뿐입니까? 아버지, 제게, 제게도 축복해 주십시오." 그리고 에서가 큰 소리로 울기 시작했다.

아버지 이삭이 그에게 대답했다.

"네 거처는 땅의 기름진 것으로부터
위로 하늘의 이슬로부터 멀 것이다.
너는 네 칼을 믿고 살 것이고
너는 네 동생을 섬길 것이다.
네가 정착하지 않는 범위에서
너는 네 목에서 멍에를 벗어던질 것이다."

그래서 에서는 아버지가 야곱에게 준 축복 때문에 그를 미워했다. 에서가 속으로 생각했다. "내 아버지를 곡할 때가 다가오니 그때 내가 동생 야곱을 죽여야 지."

맏아들 에서의 이 말이 리브가에게 들렸다. 그녀가 동생 야곱을 불러 그에게 말했다. "네 형 에서가 마음을 달래면서 너를 죽이려고 한다. 내 아들아 내 말을 들어라. 하란에 있는 나의 오빠 라반에게 도망가라. 네 형의 진노가 가라앉고 네가 그에게 한 짓을 잊을 때까지 몇 년간만 그와 함께 머물러 있어라. 때가 되면 내가 너를 거기서 불러 돌아오게 하마. 어떻게 내가 하루에 너희 둘을 잃어버리겠느냐?"

J의 역사 개념에서는 기본 순서가 뒤바뀐다. 열일곱 번째 세대에 해당되는 에서와 야곱의 세대에서는 장자권에 따른 상속 관계가 새로운 형태로 의문시되고 있다. 어떻게 동생인 야곱이 상속권과 축복을 물려받게 되었는가에 관한 이야기는 다윗 자신의 즉위 배경에 내포된 중요한 요소들을 반영하고 있다. 야곱을 편애한 리브가는 먼저 태어난 에서에게 마땅히 돌아가야 할 장자의 축복을 야곱에게 돌리려는 음모를 꾸민다. 그리고 야곱은 자신의 의지와 상관없이 이 음모에 가담한 것은 아니었다. 이는 J가 창세기 27:11에 사용한 말장난, 즉 RSV의 '나는 매끄러운 사람(I am a smooth man)'이라고 잘 번역한 어구로 명료하게 드러난다. 영어의 '매끄러운(smooth)'이 지닌 함의처럼, 이 히브리어(*ḥalaq, 할라크*)는 '매끄럽다'와 '속이다'라는 의미를 동시에 갖고 있다. 따라서 이 단어는 야곱의 매끄러운 피부와 그의 교활한 성격을 동시에 드러낸다. 이것은 J가 야곱의 역사를 기술하는 특징인 애매모호한 언어 사용의 좋은 사례이다. 이야기는 야곱 이야기의 이 부분과 이후의 기술을 통해서 지속적으로 축복 주제를 강조하고 있다.

야곱이 축복을 가로챈 행위는 목동들에게는 잘 알려져 있는 하나의 책략으로 이야기되고 있다. 암양이 쌍둥이를 낳으면 어미는 두 새끼를 젖 먹여 키우기가 벅차다. 목동이 개입하지 않으면, 둘 중의 한 마리는 죽게 될지 모른다.

한편 많은 암양이 새끼 한 마리를 낳지만 그 새끼들이 다 살지는 못한다. 따라서 어떤 양무리라 하더라도 그 안에는 돌봄을 제대로 받지 못하는 새끼 양들이나 새끼가 없는 암양이 있기 마련이다. 이 경우 양치기는 어미 없는 새끼 양들을 새끼 없는 암양들에게 붙여주기 위해서 암양의 죽은 새끼의 가죽을 벗겨서 쌍둥이 양 새끼 중 젖을 충분히 못 먹는 새끼에게 입힌 뒤에 새끼를 잃은 암양에게 데려간다. 새끼를 잃은 암양은 자신의 죽은 양 새끼의 가죽과 체취에 속아서 거의 언제나 위장되어 옮겨진 쌍둥이 양 중의 한 마리에게 젖을 주고 자기 새끼로 입양하게 된다. 야곱이 축복을 도둑질하는 이야기가 통용되는 문화적 맥락 속에 살고 있는 사람들이라면 누구라도 그 이야기의 모티프를 즉시 눈치챘을 것이다. 어쩌면 이러한 소재를 사용할 때 가장 놀라운 것은 이삭이 암양의 역할을 하고 있다는 점이다. 이 이야기의 바로 이러한 특징은 능동적으로 '양치기' 역할을 하고 있는 야곱의 어머니에 대한 강조와 그 대척점에 서 있는 이삭의 역할에 있는 것으로 보인다. 이삭은 자신이 정당하게 선호하는 상속자에게 물려줄 아버지의 축복을 속임수 때문에 제대로 행사하지 못한 불운한 어리석은 사람으로 묘사되고 있다. 이삭은 자신의 후계자를 축복하지 못한다. 이유는 야훼가 먼저 야곱을 선택했기 때문이다. 이삭이 할 수 있는 일이란 다만 추인하는 일 정도에 불과하였으며, 이는 마치 야훼가 이삭을 위해 먼저 아내를 선택했으므로 아내를 취한 경우와 같다.

이삭이 야곱을 축복한 것은 농사의 풍요, 다른 민족이 섬길 것, 그리고 그의 형이 복종하게 되는 축복이었다. 그 축복은 아브람 축복의 결론부를 반복함으로써 마무리된다. 즉, 너를 저주하는 자는 저주를 받을 것이고 너를 축복하는 자는 축복을 받을 것이다. 에서가 돌아왔을 때 그도 축복을 요청했다. 속았다는 사실에 충격을 받은 이삭은 축복을 용감하게 반복하려고 시도했다. 이삭은 '하늘 이슬'과 '땅의 기름짐'과 같은, 야곱에게 행했던 축복과 흡사하게 들리는 문구를 반복하지만 의미는 전혀 다르게 표현되었다. 에서는 농사의 풍요와는 거리가 먼 에돔 지역에 살았다. 그곳은 목초지가 많아서 풍요로운 농사를 짓기 어려운 땅이었다. 그는 무장한 무리를 이끌며 살아야 했고 자기 동생(이스라엘 민족)에게 종속되는 운명을 살아야 했다.[2] 이처럼 J의 역사는 불길한 축복을 되풀이하면서 끝난다.

축복을 가로챌 것을 제안한 리브가는 이번에는 야곱에게 자신의 친정으로 가라고 제안한다.[3] 이러한 리브가의 제안은 아브람이 이삭의 아내를 구하기 위해 자신의 늙은 종을 아람 땅에 보낸 일을 모방한 것처럼 보이지만 상황은 정반대이다. 이삭의 아내가 된 리브가의 경우는 이삭의 아버지 쪽으로 한 세대 건너뛴 첫 번째 사촌이었다. 반면에 레아와 라헬은 야곱의 어머니 쪽에서 볼 때, 직계의 첫 번째 사촌들이다. 이것이 그들 사이의 관계를 언급할 때면 거의 매번 묘사하는 방식이다.[4]

이러한 관계가 조금은 이상하게 보이는 암시들이 있다. 초기 이스라엘의 베두인이나 농민의 친족 관계나 결혼관계를 지배하는 규범이나 기대치가 어떠했는지는 명확하게 알 수 없다. 그러나 이 이야기에서 중요한 사촌끼리의 결혼에 대한 두 가지 이야기, 즉 리브가와 결혼한 이삭과 마할랏과 결혼한 에서

---

2 에서가 받은 축복의 마지막 문장의 의미는 약간 논란이 있다. 보통은 왕상 11:14~22에 묘사된 사건을 지시하는 것으로 받아들인다. 거기서 에돔의 왕자가 다윗 왕가에 맞서 반란을 일으켰다가 이집트로 망명하였다. 사실 이렇게 연관짓는 것은 J를 솔로몬 시대(심지어 그의 통치 말년)에 작성된 것으로 보는 주장의 요지였다. RSV가 '떨쳐버리다(break loose)'로 번역한 히브리어(*rud, 루드*)가 그런 의미를 지닌 것 같지는 않다. 그 대신 그 단어는 '정착하지 못하다, 쉬지 못하다, 떠돌아다니다'를 뜻하므로 가인처럼 떠돌아다닌다는 의미를 나타내는 것으로 보인다. 그것은 일차적으로 에돔의 대표적인 삶의 스타일을 가리킨다. 이런 의미를 렘 2:31에서 확인할 수 있다. 그곳에서 야훼는 "내가 너희가 말하는 것처럼 '우리가 돌아다녔던' 광야가 되었느냐?"(New American Bible)라고 불평한다. 이 동사를 사용하는 다른 구문들도 비슷하게 이해할 수 있다. 물론 그 동사의 의미가 모호하다는 점은 인정해야 한다.

3 이렇게 제안하는 직접적 이유는 J에 나타나 있지 않다. 그 제안을 이삭이 동의한 내용은 P의 것이다.

4 이를테면 창 27:43; 28:2; 29:10, 12, 13을 보라. 창 29:12는 야곱이 자신을 어머니[리브가]의 아들이라고 밝히는데 아주 의미심장한 경우이고 히브리어에서 극히 드물게 나타난다.

는 모두 부계와 관련되어 있다. 게다가 창세기 29:5에는 주의를 기울이지 않으면 쉽게 지나칠 수 있는 사건이 등장한다. 야곱이 자기의 친족인 라반에 대해서 묻는 내용이다. 아람인 목자들에게 "너희가 내 어머니 쪽의 삼촌인 그를 아느냐?"라고 묻지 않고 "내 아버지 쪽의 육촌인 그를 아느냐?"라고 묻고 있다. 또는 야곱이 "나홀의 자손인 라반"이라고 말했을 때 그는 적어도 그런 관계를 말하고 있다. 비록 그런 사례가 있기는 하지만, 히브리어에서 부계 이름을 말할 경우 할아버지를 부를 때 이런 식으로 말하는 것은 흔치 않은 일이다. 이 사건은 리브가가 야곱을 모계의 사촌과 결혼시키려는 계획이 당시 관습에 어긋난다는 점을 확인해주고 있다. 또한 이러한 부자연스러운 점은 야곱이 그의 어머니와 각별하며 특이한 관계를 지니고 있음을 훨씬 더 강조하는 기능을 한다. 조상의 이름이 된 이스라엘을 이런 식으로 강조하는 것은 역사적 이스라엘을 다스리게 된 다윗의 즉위가 현저히 특이함을 보여준다. 다윗은 정치적으로 형들을 의지하지 않고[5] 오히려 그들을 무시하고 자신의 누이들과 누이 쪽의 조카들을 통한 연결고리를 선호하였다.[6]

에서와 이삭은 작은 아들이자 동생인 야곱의 몰염치한 행위 때문에 철저히 소외당하였으며, 그런 이유로 인해 야곱에게 주어진 축복의 상속은 그것이 장자권이든 아니든 문제가 되었다. 이러한 긴장감은 리브가가 야곱을 아버지의 땅에서 멀리 내보내면서 해결되었으며, 역설적으로 이것 때문에 야곱은 상속

---

5 그럼에도 불구하고 삼상 22:1을 보라.

6 창세기의 혈족관계에 관한 구조적 분석을 위해 다음을 참조하라. Mara E. Donaldson, "Kinship Theory in the Patriarchal Narratives: The Case of the Barren Wife," *Journal of the American Academy of Religion* 49(1981): 77~87; Terry J. Prewitt, "Kinship Structures and the Genesis Genealogies," *Journal of Near Eastern Studies* 40(1981): 87~98; Robert A. Oden, Jr., "Jacob as Father, Husband, and Nephew: Kinship Studies and the Patriarchal Narratives," *Journal of Biblical Literature* 102(1983): 189~205; and idem, *The Bible Without Theology: The Theological Tradition and Alternatives to It*(San Francisco: Harper & Row, 1987), 106~30.

권을 통해 얻는 부와는 전혀 별도로 거대한 재산을 획득하게 되는 인생역전의 삶을 살았다. 이러한 문맥에서 다윗을 상기하지 않을 수 없다. 동생을 선호하였던 야훼의 계획 때문에 생긴 형제간의 갈등 해결은 아버지 직계나 방계 자손을 전적으로 배제하는 가족 관계 안에서 가능해진다. 우리는 축복받은 세대의 역사 안에서 그러한 반전이 일어나기를 기대해 왔다.

야곱이 브엘세바를 떠나 하란을 향해 갔다. 해가 지자 그 지역의 성소에 머물러 밤을 묵었다(28:10~ 11a). 그곳에 눕자 야훼께서 옆에 서서 말씀하였다. "나는 네 조부 아브람의 하나님이요 이삭의 하나님 야훼이다. 네가 누워있는 그 땅을 너와 네 자손에게 줄 것이다. 너의 자손은 땅의 먼지처럼 많아질 것이다. 너는 서쪽과 동쪽과 북쪽과 남쪽으로 퍼져갈 것이다. 땅의 모든 족속이 너와 네 자손을 통해 복을 받을 것이다. 나는 네가 어디로 가든지 너를 지키고 이곳으로 데리고 올 것이다. 나는 내가 말한 것을 이루기까지 너를 버리지 않을 것이다."(28:13b~15)

야곱이 말했다. "정녕 야훼께서 이곳에 계셨는데 내가 알지 못했다."(28:16) 그는 그곳을 벧엘이라고 불렀는데 전에는 이 도시의 이름이 루스였다(28:19).

야곱이 길을 떠나 동방 사람들의 땅으로 갔다. 그가 보니까 트인 들판에 우물이 하나 있었다. 옆에는 양과 염소 세 떼가 누워 있었다. 가축들이 우물에서 규칙적으로 물을 마셨기 때문이다. 큰 돌이 우물 입구에 놓여 있었다. 모든 목자들이 그곳에 모여야만 우물 입구의 돌을 굴려 가축에게 물을 주었다. 그런 다음에 목자들은 돌을 제자리에 굴려서 우물 입구를 닫았다(29:1~3).

야곱이 그들에게 말했다. "내 형제들이여, 어디서 왔습니까?"

그들이 대답했다. "하란에서 왔습니다."

그가 그들에게 말했다. "나홀의 자손 라반을 아십니까?"

그들이 대답했다. "압니다."

그가 그들에게 말했다. "잘 계십니까?"

그들이 대답했다. "잘 계십니다."

바로 그 시각에 그의 딸 라헬이 가축과 함께 도착했다.

그가 말했다. "아직 해가 남아 있습니다. 지금은 가축을 모을 때가 아닙니다. 가축에게 물을 먹이고 가서 계속 풀을 먹이십시오."

그들이 말했다. "우리는 그렇게 못합니다. 모든 목자들이 모여야 우물 입구의 돌을 굴려 가축에게 물을 먹일 수 있습니다."

그가 그들과 계속 말하는 동안 라헬이 자기 아버지의 가축과 함께 도착했다. 그녀는 가족의 목자이기 때문이다. 야곱이 그의 어머니의 오빠 라반의 딸 라헬과 그의 어머니의 오빠 라반의 가축을 보자마자 올라가서 우물 입구의 돌을 굴려 그의 어머니의 오빠 라반의 가축에게 물을 먹였다. 야곱이 라헬에게 인사차 입맞춤을 하고 큰 소리로 울었다. 야곱이 라헬에게 자기는 그녀 아버지의 친척이며 리브가의 아들이라고 말했다. 그녀가 달려가 자기 아버지에게 말했다. 라반이 자기 누이의 아들 야곱의 소식을 듣고 달려가 그를 맞이하였다. 그가 야곱을 껴안고 입을 맞추며 자기 집으로 데리고 갔다. 야곱이 벌어진 모든 일을 소상히 이야기하자 라반이 그에게 말했다. "정말로 너는 내 뼈요 내 살이다."

그가 그와 한 달 동안 머물자 라반이 야곱에게 말했다. "네가 내 친척이지만 아무 대가도 없이 일을 할 수 없지 않느냐? 네 삯을 말해보라."

당시 라반에게 딸이 둘 있었다. 언니의 이름은 레아이고 아우의 이름은 라헬이었다. 레아의 눈매는 우아했으나 라헬은 외모가 출중하고 아름다웠다. 야곱이 라헬과 사랑에 빠져 이렇게 말했다. "내가 외삼촌의 작은 딸 라헬을 위해 칠 년을 일하겠습니다."

라반이 말했다. "내가 그 애를 남이 아닌 너에게 주는 것이 더 낫다. 나와 함께 지내자."

그래서 야곱이 라헬을 위해 칠 년을 일했으나 그에게는 칠 년이 며칠 같았다. 그가 그녀를 사랑했기 때문이다.

야곱이 라반에게 말했다. "내가 일한 햇수가 찼으니 내 아내를 주십시오. 내가 그에게 들어가겠습니다."

라반이 지역의 모든 사람을 모아 잔치를 베풀었다. 그날 저녁 그는 딸 레아를 데리고 가 그에게 주었다. 그가 그녀와 잠자리를 같이했다. 라반은 그의 종 실바를 자기 딸의 종으로 주었다. 아침에 보니 그녀는 레아였다.

야곱이 라반에게 말했다. "외삼촌이 내게 어찌하여 이렇게 하셨습니까? 저는 라헬 때문에 외삼촌을 위해 일했습니다. 어찌하여 나를 속이셨습니까?"

라반이 말했다. "언니보다 동생을 먼저 시집보내는 일은 이곳의 관습이 아니다. 칠 년을 더 채우라. 그러면 네가 나를 위해 칠 년 더 일한 대가로 너에게 라헬도 주마."

그래서 야곱이 그렇게 하여 칠 년을 더 채웠다. 라반이 그의 딸 라헬도 그에게 주었다. 라반은 그의 종 빌하를 딸 라헬의 종으로 주었다. 야곱은 라헬과도 잠자리를 했다. 그는 레아보다 라헬을 더 사랑했고 그래서 칠 년 더 기꺼이 그녀를 위해 일했다.

야훼께서 레아가 사랑을 덜 받는 모습을 보시고 태를 열었으나 라헬은 자녀가 없었다. 레아가 임신하여 아들을 낳으니 르우벤이라 불렀다. 그녀가 "야훼께서 나의 고충을 보셨고 이제 남편이 나를 사랑할 것이다"라고 말했기 때문이다. 그녀가 다시 임신하여 아들을 낳고 "야훼께서 내가 사랑을 받지 못하므로 내게 이 아들도 주셨다"고 말했다. 그래서 둘째의 이름을 시므온이라고 불렀다. 그녀가 다시 임신하여 아들을 낳고 "이번에는 내 남편이 나와 연합할 것이다"라고 말하고 그를 레위라고 불렀다. 그녀가 다시 임신하여 아들을 낳고 "이번에 나는 야훼께 감사를 드릴 것이다"라고 말하고 그를 유다라고 불렀다. 그리고 그녀는 출산을 멈추었다(29:4~35).

라헬이 야곱에게 자식을 낳지 못하자 남편에게 그의 종 빌하를 아내로 주었다(30:1a, 4a). 야곱이 빌하와 잠자리를 했고 임신하여 야곱의 아들을 낳았다. 라헬이 [……] 말했으므로 그의 이름을 단이라고 불렀다(30:4b~6a, 6c). 라헬의 종이 다시 임신하여 야곱의 둘째 아들을 낳았다. 라헬이 [……] 말하고 그의 이름을 납

달리라고 불렀다(30:7~8a, 8c).

레아가 출산이 멈춘 것을 보고 몸종 실바를 취하여 야곱에게 아내로 주었다. 레아의 몸종 실바가 야곱에게 아들을 낳았다. 레아가 "다행이다"라고 말하고 그의 이름을 갓이라고 불렀다. 레아의 몸종 실바가 둘째 아들을 야곱에게 낳자 레아가 "다행이다. 그래서 내 여자 친구들이 나를 행운아라고 불렀다"라고 말하고 그의 이름을 아세르라고 불렀다.

밀 추수하는 때 르우벤이 나가 들판에서 합환채(mandrake, 마취효과가 있는 식물 — 옮긴이)를 발견하였다. 그가 이것들을 자기 어머니 레아에게 가져왔다. 라헬이 레아에게 말했다. "언니 아들이 가져온 합환채를 조금 주세요."

레아가 라헬에게 말했다. "네가 내 남편을 빼앗은 것도 충분치 않아서 내 아들의 합환채도 빼앗으려고 하느냐?"

라헬이 말했다. "그러면 언니 아들의 합환채를 주는 대가로 오늘 밤 그가 언니와 동침하게 해주겠습니다."

야곱이 저녁에 들에서 돌아오자 레아가 그를 맞이하려고 나가서 그에게 말했다. "들어와 저와 잠자리를 같이 하세요. 내 아들의 합환채를 주고 당신을 샀습니다." 그래서 그날 밤 야곱이 그녀와 동침했다. 그녀가 임신하여 야곱에게 다섯째 아들을 낳고 "내가 내 시녀를 남편에게 주었으므로 [야훼]가 내게 값을 주셨다"라고 말했다. 그의 이름을 잇사갈이라고 불렀다. 레아가 다시 임신하여 야곱에게 여섯째 아들을 낳고 "이번에는 내 남편이 나를 존중할 것이다. 왜냐하면 내가 그에게 아들 여섯을 낳아주었기 때문이다"라고 말했다. 그래서 그의 이름을 스블론이라고 불렀다. 그후에 레아가 딸을 낳고 디나라고 불렀다(30:9~21).

[라헬이 아들을 낳고] "야훼께서 나를 위해 다른 아들을 더 주셨다"고 말하고 그의 이름을 요셉이라고 불렀다(30:23a, 24).

하란으로 가는 길에 야곱은 이스라엘 최초의 성소가 된 벧엘이란 곳에서 발길을 멈추고 하룻밤을 보냈다. 이 이야기의 가장 유명한 요소인 천사들(사자들)이 하늘로 이어지는 '사다리'(사실상은 계단)로 오르락내리락 하는 모습은 E가 보완한 것이다. J의 역사에서는 야곱이 막 잠에 곯아떨어질 무렵에 야훼가 그의 옆에 나타난다. 야훼가 나타나는 방식이나 그에 대한 묘사는 J에 흔하다. 야곱이 "그 자리에 누웠다"와 "야훼가 그 곁에 서 계셨다"라는 단어들 사이에 E는 "그가 꿈꾸는데 꿈속에서 지상에 놓인 사다리의 꼭대기가 하늘에 닿아 있었고 이 사다리를 하나님의 사자들이 오르내리고 있었다"는 문장을 삽입한다. 여기서 E는 J의 어투를 다르게 이해하도록 만든다-"그 위에 야훼께서 계셨다." ("야훼가 그 곁에 서 계셨다"라는 J의 진술은 E가 원하는 의미를 지니게 된다.) 원래 J에서 야훼는 야곱의 할아버지인 아브람에게 주시겠다던 땅과 후손의 축복을 반복하였고 특별한 보호를 약속하였다. 야곱은 잠들었을 때나 잠에서 깨어났을 때 철저히 J와 같은 선언을 했다. "정말 야훼께서 이곳에 계셨는데 내가 알지 못했다." 거기서 야훼를 만난 뒤 야곱은 그곳을 벧엘, 즉 '하나님의 집'이라고 불렀다. 여기서 '집'이란 단순히 그곳에 지을 성소가 아니라 가문(household) 즉 야곱이 야훼의 후원을 받아 재산을 늘리게 되는 야훼의 가문을 언급한다. J는 야곱의 역사를 기록할 때의 전형적인 암시로 결론을 맺는다. 그곳은 루스(Luz)로 불리곤 했는데 누구라도 알 수 있듯이 그 뜻은 '속임'이다.

야곱이 아람 땅의 라반의 집에 머물게 된 것은 우물가에 있던 라헬을 발견하면서부터이다. 여기서 사용되고 있는 여느 민담 같은 이야기는 마치 아브람의 종이 리브가를 발견한 것과 비슷하다. 그러한 비교를 염두에 두고 자손을 낳는다는 측면에서 질문해 보면 야곱이 아내를 선택한 것과 아브람의 종이 리브가를 발견한 것과 어떤 차이가 있을까? 라헬이 양 떼를 데리고 우물가에 왔을 때, 야곱은 무뚝뚝한 표정과 단호한 태도로 우물가에서 돌을 치워서 그녀의 양 떼가 물을 먹도록 한다. 돌을 치우는 것은 파격적으로 접근하는 행위이다. 이 관습은 여러 가족과 그들의 양 떼가 우물물을 서로 나눠먹도록 돕는 것이다. 어느 가족이나 양 떼가 더 일찍 우물가에 왔다고 해서 더 유익이 가지 않도록 하려면, 우물을 사용하기 전 모든 사람이 우물가에 모여야 했다. 이를 위해 모든 사람이 함께 열어야 할 정도로 무거운 돌 뚜껑으로 우물을 덮어두었다. 야곱이 신화적인(mythic) 힘을 사용하는 여러 사례, 이를테면 J가 야곱을 라반의 양 떼를 키울 때 보여준 것처럼 위대한 업적을 달성하기 위해 마법적인 힘을 사용하는 헤라클레스 같은 힘이 센 남자로 묘사하는 사례 중 첫 번째 경우로서 야곱은 혼자서 우물의 돌을 움직였다. 야곱이 이 행위를 통해 자기를 앞세운 태도는 스스로 결정하는 사람이 이제 축복에 포함된다는 사실을 강조한다. 이미 야훼의 축복을 받았기 때문에 야곱은 라헬을 보자마자 자기가 먼저 (야훼가 정해주기보다―옮긴이) 그를 선택했다.

야곱의 이야기에서 모든 것이 그렇듯이, 야곱의 성공은 모호하고 역설적이다. 야곱이 먼저 자기 아내를 선택한 일은 즉각 결과가 나타나지 않는다. J는 야곱의 꾀와 라반의 꾀가 서로 주거니 받거니 하는 모습을 묘사하면서 야곱의 선택이 지닌 모호함을 부각시킨다. 야곱은 외삼촌을 위해 한 달 남짓 일했다. 라반은 야곱에게 일한 대가로 삯을 어떻게 줄지 물었다. 라반은 두 딸 중 하나를 선택하라고 제안했다. 야곱은 먼저 라헬을 만났고 사랑에 빠졌었다. 야곱은 다른 선택을 할 여지가 없었다. 레아의 눈매는 우아했지만 라헬은 '외모가 출중하고 아름다웠다.' 야곱은 두 여인 가운데 더 아름다운 사람을 선택했다. 히브리어는 라헬의 외모를 강조하기 위해 용모라는 말을 사용하는데, 이는 서로를 바라보는 남녀에 대한 역사가의 관심사와 연결되어 있다.

중동 사회의 가족 입장에서 보자면 동생이 언니보다 먼저 결혼하는 것은 매우 바람직하지 않았다. 라반은 이에 대해 나중에 딴소리를 늘어놓는데, 현 단계에서는 시치미를 떼며 말했다. "내가 그애를 남이 아닌 너에게 주는 것이 더 낫다." 그는 좋다 싫다 말하지 않았다. 레아를 라헬과 바꿔친 것에 대해 거짓말한 것을 들키지 않기 위해서였다. J는 야곱이 혼인 당일 라헬과 레아가 바뀌었다는 사실도 모르고 밤새 레아와 잠을 잤다고 말하면서 우리에게 야곱이 에서를 바꿔치기한 사건을 상기시키고 있다. 어떤 의미에서 보면 결국은 똑같아진 것이다. 야곱이 에서에게 저지른 짓이 자신에게도 일어난 것이다.

역사가가 역사를 쓰면서 서로 다른 여러 사건들을 엮어나가는 방법 중의 하나는 비슷하게 소리 나는 용어들을 사용하는 일이다. 야곱이 칠 년씩 일해야 했던 기간은 내러티브 구조상 브엘세바라는 지명의 기원을 강조하는 이야기로 이미 준비되어 있었다. 비록 J에서 브엘세바는 이삭과 아비멜렉 사이에 체결한 '맹세의 우물'을 뜻하지만 '*세바(sheba)*'란 말에는 일곱(7)이란 의미도 있기 때문이다. 일곱이란 숫자는 J가 특별한 기간을 표현하기 위해 가장 흔하게 사용하는 숫자이다. 우리는 또한 다음과 같은 둘 사이의 평행하는 점을 주목할 수 있다. 하나는 처음으로 인간이 축복을 받기 전에 열네(14) 세대가 흘러갔고 다른 하나는 야곱이 라헬과 결혼에 성공하기까지 십사(14) 년이 흘렀다는 것이다.

야곱의 앞서나가는 행동은 라헬을 기다리면서 레아와 먼저 결혼하고 라헬을 기다리게 되는 결과를 초래했지만, 다른 의미로 보면 그는 축복받은 가계의 일원으로서 잘못된 것이 하나도 없었다. 레아는 야곱의 열두 아들 중 절반에 해당하는 여섯 아들과 유일한 딸의 어머니가 되었고 따라서 가족의 재산을 키우는 데 중요한 기여자가 되었다. 또한 유다 자손의 역사에서 기대하듯 이스라엘의 모든 아들들 중에 결정적인 역할을 하는 유다도 낳았다.

야곱의 앞서나가는 행위는 자식을 낳은 이야기에도 계속 이어진다. 이것은 중요한 이슈이다. 야곱 자식들의 출생 이야기는 단지 그들의 출생과 이름과 이름의 뜻을 전하는 목록이 아니다. 야곱은 동생 라헬이 언니 레아보다 더 젊고 아름다웠기 때문에 동생 라헬을 언니 레아보다 사랑했다. 야곱은 레아를 위해 칠 년 일했으나 라헬을 위해서는 도합 십사 년을 일했다. 레아가 사랑을 받지 못하는 모습을 '본' 야훼는 동생보다 못한 언니 레아에게 은혜를 베풀었다. 야훼는 레아가 자식을 많이 낳게 해주었고 라헬은 자식을 못 낳게 하였다. 그리고 이 점을 놓치지 않도록 하기 위해 우리의 역사가는 그 의미가 분명히 다르게 해석될 수 있는데도 불구하고 레아가 낳은 아들들의 이름을 야훼의 은혜의 시각으로 해석한다. 이를테면 레아는 맏아들의 이름을 르우벤이라고 불렀다. 이 이름은 전형적인 이름이고, 대부분의 히브리어 문장 이름처럼 출생 순간을 언급한다. 르우벤은 '우리 아들을 보라'는 뜻이다. 하지만 이것은 레아가 부여한 의미가 아니다. 레아에게 이 아들의 의미는 야훼가 자기를 보시고 베푼 은혜를 강조한다. 하나님은 그의 고충을 보셨다. 비슷한 방식으로 시므온이라는 이름도 아마 아이를 낳게 해달라는 간구에 대한 하나님의 응답을 말하는 반면에 레아에게 그 이름은 그가 야곱의 사랑을 받지 못한 사실을 야훼가 들었다는 의미였다. 레위라는 이름의 역사적 어원은 분명치가 않지만 레아가 의도했던 이름의 뜻을 지닌 것은 확실히 아니다. 레아는 네 번째 아들인 유다를 낳음으로써 처음 아들 넷 낳기를 그쳤다. 유다의 이름은 야훼께 감사드린다는 의미로 지었다. 다시 말하지만, 대부분의 역사가들은 유다란 이름의 뜻이 이렇다고 생각지 않는다.

마지막으로 라헬이 임신하기 전, 두 자매의 시녀들이 아들 넷을 더 낳았고 레아도 여기서는 유일하게 이름이 거론된 딸 디나를 포함해서 셋을 더 낳았다. 그리고 나서야 라헬이 임신했다. 라헬은 아들을 요셉이라고 불렀으며 그 의미는 "야훼여, 또 다른 아들을 낳게 해 주시기 원합니다"이다. 요셉은 전형적으로 막내에게 붙여주는 이름이었고, 그의 이름에 담긴 소원은 베냐민이 태어남으로써 성취된다.

레아는 하갈과 비슷하다. 하갈이 아브람이 선택한 여인이 아니었던 것처럼 레아도 야곱이 그의 첫아들을 낳게 하려고 선택한 여인이 아니었다. J가 관심을 쏟고 있는 아브람의 자식들에게 두 어머니가 있었던 것처럼, 야곱의 자식들에게도 두 어머니(와 두 몸종 출신 배우자)가 있었다. 하갈처럼 레아도 이야기의 주인공인 야곱이 사랑하는 부인보다 먼저 아이를 가지면서 야훼의 은혜를 입었다. 물론 하갈은 임신을 했어도 자신이 임신한 사실에 대해 자부심을 가졌다는 이유로 야훼의 배척을 받았고 하갈이 식량도 물도 없이 광야에 버려져서 아이도 출산하지 못한 채로 죽을 수밖에 없는 상황에서 야훼를 '보고' 나서야 비로소 완전한 은혜를 받았다. 레아에게는 '야훼가 보았다'는 의미를 지닌 르우벤이 첫째 아들이 됨으로써 우리의 역사가는 이러한 연결고리를 만들고 있다. J는 야곱의 아들들의 출생을 차례로 설명하면서 다윗의 나라 이스라엘의 등장과 그 안에서 함께 살아가야 했던 지파들의 역할에 초점을 맞춘다.

이러한 일련의 출생과 이름들이 무의미하다고 생각하는 유혹에 빠질 수도 있다. 그러나 자신의 조상이 이 아들 중 한 사람이라고 생각하는 고대의 J 독자나 청중은 자기 조상의 이름이 르우벤, 시므온, 레위, 유다처럼 J의 주제와 얼마나 밀접한 관련이 있는지에 특별한 관심을 쏟았을 것이다. 결국, J가 제일 먼저 조상들의 역사를 기록한 것은 다윗의 나라에 복종하는 백성들의 행동에 영향을 미치려는 의도 때문이었다. 이런 이름들은 실제로 이스라엘의 지파 전통에 대한 다윗의 정책이 계속 지지를 받아야 한다는 생각을 널리 선전해준다.

야곱 자식들의 출생 이야기는 야곱 역사의 구조적 핵심부를 차지한다. 야곱과 에서의 다툼, 라반의 집으로 떠남, 라반을 위해 한 일은 모두 출생 이야기에서 절정에 이르고 이어서 이 사건들의 반전 이야기가 나온다. 자신을 위해 한 일, 라반에게서 떠남, 그리고 에서와의 화해가 그것이다.

라헬이 요셉을 낳은 뒤에 야곱이 라반에게 말했다(30:25). "저를 보내주십시오. 제 땅과 제 고향으로 가겠습니다. 제가 외삼촌을 위해 일한 대가로 얻은 아내와 자식들을 주셔서 저를 보내주십시오. 외삼촌은 제가 당신을 위해서 한 일을 알고 계십니다."

라반이 그에게 말했다. "네가 나를 은혜롭게 여긴다면 야훼께서 너 때문에 나를 축복하셨다는 것을 내가 깨달았으므로 네 삯을 말해보라. 내가 네게 줄 것이다."

야곱이 그에게 대답했다. "제가 외삼촌을 위해 한 모든 일과 외삼촌의 가축을 제 손으로 친 일을 외삼촌께서 아십니다. 제가 오기 전에 외삼촌의 소유가 적었으나 지금은 많이 늘었고 야훼께서 제가 하는 대로 외삼촌을 축복했습니다. 하지만 지금 저는 제 가족을 위해 언제 일할 수 있겠습니까?"

라반이 말했다. "내가 너에게 무엇을 줄까?"

야곱이 대답했다. "아무 것도 주지 마십시오. 제가 다시 가축을 먹이고 지키겠습니다. 오늘 외삼촌의 가축을 살펴보고 점이 있고 얼룩지고 진한 갈색의 양과 점이 있고 얼룩진 염소를 따로 구별해서 그것들을 제게 주십시오. 내일 외삼촌이 아시는 대로 점도 없고 얼룩지지도 않은 염소나 점도 없고 얼룩지지도 않은 양을 제 삯으로 삼은 것이 발견되면 제 권리를 제한하십시오. 제 소유로 삼으려고 도둑질한 것으로 간주하실 수 있을 것입니다."

"좋다. 네가 말한 대로 하자"라고 라반이 말했다.

그 날에 라반이 숫염소 중 점 있고 얼룩진 것과 점 있고 얼룩진 암양과 바탕이 흰 색이거나 온통 진한 갈색의 암양을 가려내어 자기 아들의 손에 맡겼다. 그리고 자신과 야곱 사이에 삼 일 길의 간격을 두었다.

야곱은 라반의 나머지 가축을 치면서 버드나무와 살구나무와 신풍나무의 푸른 가지를 꺾어왔다. 그는 가지의 껍질을 벗겨 흰 줄을 만들었다. 그는 껍질을 벗긴 가지를 물을 마시는 구유에 세워두어서 물을 마시러 온 가축이 마주보도록 세웠다. 물을 마시러 온 가축들은 발정이 나서 가지 앞에서 짝짓기를 했다. 이 양들이 점 있고 얼룩진 새끼를 낳았다. 야곱은 그 양들을 가려냈다. 나중에 야곱은 다른 양 떼가 외삼촌의 양 중에 이 점 있고 얼룩지며 갈색의 양을 향하게 만들었다. 튼튼한 양과 염소가 발정이 나면 야곱은 그것들이 구유 안에 그 나뭇가지들을 마주보게 하였으므로 가축들이 가지들로 인해 발정이 났다. 야곱은 약한 양에게는 나뭇가지들을 세우지 않았다. 이렇게 해서 약한 양 떼는 라반의 소유가 되었고 야곱은 튼튼한 양을 더 많이 소유하게 되었다. 이리하여 그는 아주 번창하였다. 그는 수많은 가축과 남종과 여종들 그리고 낙타들과 나귀들을 얻었다.

야곱은 라반의 아들이 "야곱이 아버지의 소유를 전부 가로채고 있습니다. 그가 아버지의 소유로 이 모든 부를 만들었습니다"라고 하는 말을 들었다 (30:26~31:1).

야훼께서 야곱에게 말씀하였다. "네 아버지의 땅과 네 고향과 친척에게 돌아가라."(31:3)

야곱이 일어나 자식들과 아내들을 낙타에 태우고 그가 얻은 모든 가축을 끌고 갔다(31:17~18a). 라반이 양 떼의 털을 깎으러 갔을 때 야곱이 그와 함께 한 모든 자들과 함께 도망을 갔다(31:19a) 그는 강을 건너 길르앗 산지를 향해 출발했다(31:21). 삼 일 후에 야곱이 도망을 한 사실이 라반에게 알려졌다. 그가 친척을 데리고 칠 일 동안 그를 추격했다. 마침내 그가 야곱을 길르앗 산지에서 따라잡았다(31:22~23). 라반이 야곱을 붙잡자 야곱은 산지에 장막을 쳤고 라반과 친척들도 산지에 그들의 장막을 쳤다(31:25).

라반이 야곱에게 말했다. "너는 어찌하여 몰래 도망을 갔느냐? 너는 내 것을 훔치고 그것을 나에게 보고하지 않았다. 내가 너를 소고와 수금으로 소리를 지르면서 노래로 배웅했을 텐데 너는 서둘러 떠났다. 네가 네 아버지의 가족을 위해 몇 세겔을 벌었기 때문이다(31:27).

야곱이 라반에게 대답했다. "제 생각에 외삼촌이 제게서 외삼촌의 딸들을 빼앗을까봐 두려웠습니다."(31:31) 야곱이 화를 내고 라반과 논쟁하듯 대답했다. "제가 무엇을 잘못했습니까? 제 죄가 무엇이기에 저를 쫓아오셨습니까?"(31:36)

라반이 야곱에게 대답했다. "딸들은 내 딸들이고 손자들도 내 손자들이다. 양도 내 양이고 네가 보는 모든 것이 내 소유이다. 그리고 내 딸들이나 그들이 낳은 자식들에 대해서 오늘 내가 무슨 짓을 하겠느냐? 너와 내가 언약을 맺고 너와 나 사이에 증거로 삼자."(31:43)

야곱이 자기 친족에게 말했다. "돌을 가져오너라." 그래서 그들이 돌을 가져다가 쌓았다. 그들이 쌓은 돌 더미 곁에서 먹었다(31:46).

라반이 그것을 아람어로 *여갈사하두다*, '증거의 무더기'라고 불렀다. 야곱은 그것을 히브리어로 *갈르엣*, '증거의 무더기'라고 불렀다. 라반이 말했다. "이 무더기는 오늘 나와 너 사이에 있는 증거이다." 또 라반이 말하기를 "야훼께서 우리가 서로 볼 수 없을 때 너와 나 사이에 계속 지켜보시고 네가 내 딸을 핍박하거나 그들 대신 다른 아내를 얻지 않게 하시기를 원한다"라고 했으므로 그것을 미스바라고도 불렀다(31:47~50). 라반이 야곱에게 또 말했다. "내가 나와 너 사이에 세운 이 무더기는 내가 이것을 넘어 네게로 가지 않고 너도 이것을 넘어 내 쪽으로 넘어오지 않겠다는 증거이다. 아브람과 나홀의 하나님이 우리 사이를 판단하시기를 원한다."(31:51a~52, 53a)

야곱이 조약에 맹세하였다(31:53c). 그리고 그가 자기 친족을 불러 먹게 하였으며 그들이 산지에서 먹고 밤을 새웠다(31:54). 다음 날 아침 라반이 일어나 자기 손자들과 딸들에게 입맞춤을 하고 축복한 후 길을 나서 집으로 돌아갔다(31:55).

라헬이 첫아들을 낳자마자, 야곱은 떠나려했다. 야곱의 입장에서 보면 그가 라헬과 사랑에 빠짐으로써 시작된 일련의 사건들은 라헬이 첫아들을 낳자 결론에 도달했다. 그렇지만 라반은 야곱이 떠나는 것을 원치 않았다. 야곱은 외삼촌 라반을 위해서 해온 일을 강조하고 떠날 수 있게 해달라고 라반에게 요청했다. 라반은 J의 주제인 축복이라는 제목 아래 모든 일화들을 끌어들이는 반응을 보였다. "야훼께서 너 때문에 나를 축복하셨다는 것을 내가 깨달았으므로[7] 네 삯을 말해보라. 내가 네게 줄 것이다." 야곱은 이렇게 대답했다. "제가 외삼촌을 위해 한 모든 일과 외삼촌의 가축을 제 손으로 친 일을 외삼촌께서 아십니다. 제가 오기 전에 외삼촌의 소유가 적었으나 지금은 많이 늘었고 야훼께서는 제가 하는 대로[8] 외삼촌을 축복했습니다. 하지만 지금 저는 제 가족을 위해 언제 일할 수 있겠습니까?" J의 관심사가 가축, 번창, 축복, 가정 등으로 갑자기 많아졌다. 이와 같은 자손출산 주제를 감춘 채로 이어지는 단락의

7 일반적 번역인 '점을 치다'라는 번역이 옳을 수도 있다. 나중에 우리는 요셉이 '점을 치는' 능력에 관해 추가로 몇 가지 더 살펴볼 것이다.

8 이 마지막 문구의 정확한 의미는 확실치 않다. 야훼가 야곱을 축복하는 것과 같은 정도로 라반을 축복하였다고 추측하는 것이 최선인 것 같다.

주제는 명백히 야곱이 가족을 부양하는 일이다. 이제 우리는 J가 야곱의 역사에서 다루는 전반적 이슈에 주의를 기울이게 된다. 그것은 이와 같은 재산을 만든 자는 야훼인가? 야곱인가? 라는 질문이다. 라반은 "내가 너에게 무엇을 줄까?"라고 물었다. 야곱은 "아무 것도 주지 마십시오"라고 대답했다. 소돔 왕과 살렘의 왕이 아브람에게 도착했을 때처럼, 야곱은 자기 친척에게 혜택받은 자가 되기를 거절했다.

하지만 야곱에게 남은 일은 특별한 모양의 양과 염소를 가려내는 일이었다. 이것들은 점 있고, 얼룩지며 진한 갈색과 같은 의미를 지닌 히브리어로 묘사되어 있다. 언제나 그렇듯이 교활한 라반은 이 제안에 동의했다. 그러나 라반은 사람들을 시켜 그렇게 생긴 가축을 무리에서 따로 떼어 놓았다. 야곱이 이삭을 속여서 에서의 축복을 훔친 일과 라반이 야곱으로 하여금 레아와 결혼을 하게 해서 속인 일은 분명한 상관이 있다. 라반이 야곱의 소유가 될 양과 염소를 훔친 일과 야곱이 에서를 속이고 에서의 장자의 명분을 '산'(도둑질이나 마찬가지이다) 일도 상관이 있는 것 같다. 야곱이 라반의 속임수에 당했기 때문에, 야곱이 형 에서에게 행한 속임수는 균형이 맞춰지게 되었다. 아람에서 지내던 야곱 역사의 두 가지 주요 단락에서 라반이 야곱을 속이고 그가 심각한 불이익을 보는 이야기를 통해 역사가는 야곱이 이러한 불리함을 자기만의 방식으로 어떻게 극복했는지 그의 능력을 강조한다. 만약 라반의 속임수가 성공했다면 야곱은 무일푼의 신세가 되었을 것이고 야곱은 라반을 위해 계속 일만 해야 했을 것이다.

그러나 야곱도 이에 맞서 속임수를 계획하고 있었다. 양들이 짝짓는 계절에, 야곱은 세 가지 종류의 나뭇가지(히브리어에서는 막대기/지팡이를 의미한다)를 취해서 껍질을 벗긴 다음 짝짓고 있는 양들 앞에 두었다. 암양이 새끼를 낳을 때, 어린 양의 점은 나뭇가지 껍질의 점과 비슷했다. 세 종류의 나무는 버드나무, 살구나무, 신풍나무이다. 버드나무(poplar tree)의 껍질은 회색과 푸른빛을 띠고 크림색 계열의 흰색이나 회색, 그리고 부드럽지만 움푹 들어간 조각들과 작고 어두운 다이아몬드 형태의 점들이 있다. 이 버드나무는 양 피부에 점을 만들었다. 신풍나무는 미국에서 플라타너스로 알려진 나무이다. 신풍나무의 껍질은 푸른 빛 도는 갈색으로서, 둥그런 바탕에 노란 얼룩이 있다. 신풍나무는 피부가 알록달록한 양들을 낳게 하였다. 살구나무 껍질은 검은 색에 가까운 진한 갈색이다. 살구나무는 짙은 갈색의 양들을 만들어냈다. 야곱이 사용한 방법은 마술이었다.[9] J는 명백하게도 이 방법을 새끼를 선택적으로 낳게 하려는 목적을 지닌 것이라고 묘사한다. 야곱은 특별한 새끼를 낳게 하려고 튼튼한 가축을 골랐고 약한 것은 라반의 소유로 남겨두었다. 이 사건의 목표는 야곱이 양들이 새끼를 낳는 과정을 조종하여 자신의 재산을 늘리는 데 있다.[10] 확실히 야곱은 라반의 신세를 하나도 지지 않았다. 야곱은 축복받은 자였기에, 반대에도 불구하고 스스로 결정하는 특성을 두드러지게 보여주었다.

야곱은 이제 아브람이나 이삭처럼 놀랄 만큼 재산이 많아졌다. 야곱이 자신의 축복을 획득하는 데 있어서 아마도 가장 중요한 점은, 아브람의 경우처럼 고향을 떠나서, 그리고 아버지 집안이 지원해주는 배경에서 벗어나 자신의 가족과 재산을 획득했다는 점이다. 이것은 대부분의 개인이 성공할 때 요구되는 혈연 집단의 도움을 하나도 받지 않는 상태에서 일구어낸 것이었다. 이러한 이야기는 재산, 자손, 그리고 권력을 만들어 가는 데 있어 야훼의 역할에 대해 간접적으로 관심을 돌리게 하는 방식이라고 말할 수 있다. 혈연 집단은 사람

---

9 본문은 이 내러티브를 보충하기 위해 나중에 결합된 E가 다른 용어들을 사용하기 때문에 약간의 혼동을 준다.

10 흰 양털 제조는 다윗의 시대에 중요해진 염색술과 털 깎기라는 두 가지 기술의 발전 때문이었다. 라반은 야곱에게 양털 염색의 상업적 발전을 놓고 볼 때 가치가 떨어지는 양을 맡겼다. 야곱이 왜 이런 내용에 결과적으로 합의했는지는 분명하지 않다. 다윗은 두로의 양털 시장에 양털을 공급했을 것이다. 그래서 그는 흰 양털 생산을 위해 양을 기르는 일을 허가했을 것으로 예상된다. 참고. Michael L. Ryder, *Sheep and Man*(London: Gerald Duckworth & Co., 1983); idem, "The Evolution of the Fleece," *Scientific American* 256:1(January 1987): 112~19 참조.

이 자라나는 과정에서 결정적인 요소이다. 야곱이 아버지의 가족을 떠나 아람 땅으로 갔을 때 그는 마치 아버지의 집을 떠난 아브람과 같았다. 그리고 할아버지였던 아브람처럼 야곱도 벧엘에서 야훼께서 땅을 주신다는 말씀을 반복해서 들었다.

열여섯 번째 세대인 이삭은 아브람의 축복(비록 J는 아브람이 이삭을 축복하기보다 야훼의 축복을 말하고 있지만)을 받고 그것을 누렸다. 그 다음 세대인 야곱은 이삭의 축복을 받아 누리지 못했다. 다만 그는 자신의 꾀로 그것을 일구었다. 이렇게 해서 J는 야곱이 임신한 리브가에게 야훼께서 선언한 내용으로 시작된 후원에 전적으로 의지하고 있음을 강조한다. 그래서 야훼의 축복을 힘입어 성공한 것은 오로지 야곱 자신의 능력 때문이다.

야훼는 야곱에게 '네 아버지의 땅과 네 고향과 친척'에게 돌아가라고 지시했다(31:3). 이 구절은 아브람의 축복(12:1)으로부터 직접 나온 것이다. 야곱은 J가 *미크네 키니아노*(*miqneh qinyano*) 라고 부르는 것, 즉 그가 얻은 가축을 데리고 나왔다. 이 표현에서 가인 이야기부터 알려지고 있는 어근 *콰나*(*qanah*)는 한 번이 아니라 두 번 사용되고 있다. 이 세대의 축복을 상속하는 자는 진정한 의미의 '얻은 자(getter)'이다.

야곱의 대가족과 많은 가축 떼 사이에는 흥미로운 일치가 존재한다. 단지 가족 수가 많아서 많은 가축을 돌볼 수 있게 된 것이 아니다. 오히려, 일치점은 야곱이 결혼한 가족의 특성에서 찾아야 한다. 그것은 일반적으로 눈에 잘 띄지 않는다. 명칭으로 볼 때 야곱은 양의 가족과 결혼한 것이다. 라헬의 이름이 이것을 명백하게 보여준다. 라헬은 암양이란 뜻이다.[11] 레아의 이름도 어떤 특정한 종류의 양을 나타내는 말로 보인다. 히브리어로는 이런 의미가 나타나지 않지만 양과 상관이 있는 우가릿어 *일루*(*ll'u*)와 밀접한 관계가 있다. 라반의

---

11 라헬의 이름에 쓴 히브리어를 '암양'으로 사용하기도 한다. 이를테면, 창 31:38과 32:14을 보라.

이름은 흰색의 숫양을 표시하는데 야곱이 흰 양을 점이 있고, 얼룩진 갈색 양으로 바꾸는 이야기에서 나타나는 이미지이다. 이렇게 볼 때, 야곱은 인간과 가축이라는 두 종류의 무리를 소유하는 것으로 끝난다.

이어지는 내용은 문학적으로 분석하기가 어렵지만, 야곱이 떠났을 때 라반이 그를 뒤좇아 갔고 둘이 만났을 때 평화로운 언약(agreement)을 맺은 내용으로 보인다. 이 언약은 이삭과 아비멜렉 사이의 언약과 일치할 뿐 아니라 야곱과 에서의 언약도 미리 암시한다. J는 이러한 개별 행위자들을 통해 다윗이 지배하는 주요 이웃 국가들을 언급하고 있다는 사실을 잊어서는 안 된다. 아비멜렉이 블레셋 지배자를 상징하고, 에서가 에돔 지배자를 상징하듯이, 확실치는 않으나 라반은 아람 지배자를 나타낸다고 볼 수 있다. 이삭과 야곱 그리고 위에 언급한 사람들이 맺은 조약들은 다윗과 그의 복속국가 사이의 관계뿐만이 아니라 다윗의 통치가 자비롭고 유익하다는 이스라엘의 생각을 의미심장하게 표현한 것이었다.[12] '증거의 돌무더기'라는 히브리어는 길르앗(Gilead)처럼 들린다. 이 길르앗은 라반과 야곱이 조약을 체결한 장소이기도 하고 이스라엘과 아람 사이의 완충지대이기도 하였다.

이 부분의 성서 이야기는 어느 부분이 J이고 어느 부분이 E인지를 알기 어렵다.[13] 여러 곳에서 E 자료라는 분명한 표시가 있지만 J임이 분명한 곳은 거의 없다. 돌무더기로 표현된 조약 자체는 다음 두 가지 이유로 J의 역사 자료에서 나온 것으로 보인다. 먼저 이전 단락에서 언급된 적절한 정치적 암시, 다음으로 야곱이 자기 가족을 떠났을 때 야곱을 라반의 가족에게 인도하던 사건

---

12 "다윗 시대의 주요 화제는 소바와 이스라엘 사이의 경쟁이었다."[A. Malamat, in *The Biblical Archaeologist Reader 2*, ed. D. N. Freedman and E. F. Campbell, Jr. (Garden City, N.Y.: Doubleday & Co., 1964), 96]

13 문서자료 분석 작업의 과제는 이 이야기에서 이삭이 아비멜렉 및 그 신하들과 다투는 J(창 27:17~33)와 견줄 수 있는 내용을 아브람이 아비멜렉과 다투는 E(창 20:8~17)와 견줄 수 있는 내용과 구별하는 것이다. 우리의 해법은 잠정적일 뿐이다.

에 대한 동사의 암시가 그것이다. 야곱이 지나칠 정도로 자신감 있게 라헬의 양 떼에게 물을 먹이려고 우물에서 돌을 치우는 모습을 기억해 보라. 히브리어에서 '돌을 치우다'는 표현은 '돌무더기'라는 표현과 발음이 거의 같다. 이렇게 단어가 유사한 것은 야곱이 아람 땅에 머문 이야기의 틀을 제공하며 그 조약이 J에게서 나온 것임을 확인하는 데 도움을 준다.

야곱이 길을 갈 때(32:1a) 세일 땅 에돔 들에 있는 자기 형 에서에게로 먼저 사자들을 보냈다(32:3). 그가 그들에게 이 명령을 주었다. "너희는 내 주 에서에게 이같이 말하라. '당신의 종 야곱이 이같이 말씀합니다. "제가 라반과 함께 머물고 지금까지 떠나지 않았으므로 소와 나귀와 양과 남종과 여종을 얻었습니다. 제가 나의 주께 은혜를 입으려고 이 소식을 전합니다."'"

사자들이 야곱에게 돌아와 말했다. "우리가 당신의 형님 에서에게 도착하니 그가 사백 명을 거느리고 이미 당신을 맞이하려고 오고 계셨습니다."

야곱이 심히 두려워했다. 그가 계획을 세워 자기와 함께 온 사람들과 양과 소와 낙타를 두 떼로 나누었다. 그는 생각했다. "만일 에서가 한 떼에 이르러 치면 적어도 남아 있는 떼는 피할 수 있을 것이다."

야곱이 말했다. "오, 나의 조부 아브람의 하나님이며 나의 아버지 이삭의 하나님 야훼이시여! 제게 '네 땅, 고향, 친척에게 돌아가라. 내가 너를 복되게 하겠다'라고 말씀하신 분이시여! 당신이 종에게 베푸신 이 모든 은혜와 신실한 행동을 받기에 저는 너무나 보잘것없고 어립니다. 저는 오직 막대기 하나를 들고 요단강을 건넜습니다. 이제 제가 두 떼가 되었으므로 저를 제 형 에서의 손에서 구원해 주십시오. 저는 그가 와서 저를 치고 아내와 자식들을 칠까 두렵습니다. 당신은 '내가 너에게 은혜를 베풀어 네 자손을 바닷가의 모래처럼 셀 수 없을 정도로 많게 하겠다'라고 말씀하셨습니다."

야곱이 그곳에서 밤을 샐 준비를 했다. 그는 자기가 가져온 것 중에서 형 에서에게 줄 선물로 암염소 이백 마리, 숫염소 스무 마리, 암양 이백 마리, 숫양 이십 마리, 젖이 나오는 낙타 삼십 마리와 새끼, 암소 사십 마리와 황소 열 마리, 암나귀 이십 마리와 수나귀 열 마리를 준비했다. 이것들을 각 떼로 나누어 그의 종들에게 맡기고 말했다. "내 앞으로 건너가라. 하지만 각 떼 사이에 거리를 두어라."

이 행렬 앞에서 가는 종들에게 그가 말했다. "나의 형 에서가 너희에게 달려와서 '너희는 누구의 종이냐? 어디로 가느냐? 너희 앞에 있는 이 가축은 누구 소유이냐?'라고 물으면 이렇게 대답하라. '당신의 종 야곱의 소유입니다. 하지만 이것들은 나의 주 에서에게 보내는 선물입니다. 그리고 그가 우리 바로 뒤에 있습니다.'"

그가 두 번째와 세 번째 종 그리고 각 떼를 이끄는 모든 종들에게 똑같은 명령을 내렸다. "이것은 너희가 에서를 만나게 되면 할 말이다. 이렇게 말하라. '당신의 종 야곱이 바로 우리 뒤에 있습니다.'" 야곱은 생각했다. "내가 선물을 앞장세워 보내면 그의 진노가 누그러질 것이다. 그러면 내가 그의 얼굴을 볼 때 그가 내 얼굴을 들어줄 것이다."

그는 선물을 앞세워 보냈다. 그가 남아 있는 진영에서 밤을 보내다가 밤중에 일어나 두 아내와 두 몸종과 열한 명의 아들을 얍복 강을 건너가게 했다. 그들이 강을 건너고 그의 모든 소유를 운반하여 건너가게 한 후에 야곱은 홀로 남았다. 한 사람이 동이 틀 때까지 그와 씨름했다. 그가 야곱을 이기지 못하는 것을 보고 야곱의 허벅지 관절을 치므로 야곱의 허벅지 관절이 씨름할 때에 부러졌다.

그가 말했다. "나를 보내다오. 벌써 동이 텄다."

야곱이 말했다. "당신이 저를 축복하지 않으면 보내주지 않겠습니다."

그가 야곱에게 말했다. "네 이름이 무엇이냐?"

"야곱입니다."

그가 말했다. "네 이름은 더 이상 야곱이 아니라 이스라엘이라고 부를 것이다. 네가 신들과 사람들하고 싸워 이겼기 때문이다."

야곱이 물었다. "당신의 이름을 알려주십시오."

그가 말했다. "어찌하여 너는 내 이름을 묻느냐?"

그래서 거기서 그가 야곱을 축복했다.

야곱은 그곳을 브니엘, 즉 하나님의 얼굴이라고 부르고 이렇게 말했다. "내가 하나님[a god]을 대면하였으나 내 목숨이 보존되었다."

해가 뜨자 브누엘을 건너갔다. 그는 허벅지 관절 때문에 절뚝거렸다. (이처럼 그가 야곱의 허벅지 관절의 힘줄을 쳤으므로 이스라엘 사람들은 오늘날까지 허벅지 관절에 있는 힘줄을 먹지 않는다.)

야곱이 눈을 들어 보니 다름 아닌 에서가 자기 사람 사백 명과 함께 오는 것이 보였다. 그는 자기 자식들을 나누어 레아와 라헬 그리고 두 몸종에게 맡겼다. 그는 종들과 그 자식들을 앞세우고 레아와 그 자식들은 그 다음에 두고 라헬과 요셉을 마지막에 두었다. 야곱이 그들 앞을 지나 형에게 다가가서 일곱 번 절을 하였다. 에서가 달려가 그를 맞이하였다. 그는 야곱을 껴안고 목을 끌어안고 입을 맞추어 인사하고 울었다. 그리고는 여인들과 자식들을 쳐다보았다. 몸종과 그 자식들이 다가와 절을 했다. 그 다음에 레아가 그 자식들과 함께 다가와서 절을 했다. 그 다음에 요셉과 라헬이 다가와 절했다.

그가 말했다. "내가 방금 만난 너의 이 모든 무리는 무엇이냐?"

야곱이 말했다. "나의 주인 보시기에 은혜를 얻으려는 것입니다."

에서가 말했다. "나는 이미 많이 받았다. 네 소유를 간직해라."

야곱이 말했다. "아닙니다. 제가 형님 앞에 은혜를 입었으면 제 손의 선물을 받으십시오. 형님이 제게 친절을 베푸셨듯이 제가 형님의 얼굴 뵈옵는 것이 마치 하나님을 뵈옵는 것 같습니다. 그러므로 형님에게 가져온 제 축복을 받으십시오. 저는 부족한 것이 없습니다."

야곱이 강권하므로 그가 받았다.

에서가 말했다. "진영을 거두고 가자. 내가 너와 함께 갈 것이다."

야곱이 그에게 말했다. "나의 주인께서 아시다시피 어린아이들은 예민하고 양과 소 그리고 젖 먹는 것들이 제게 버겁습니다. 그것들을 하루만 지나치게 몰면 가축 떼가 전부 죽을 수가 있습니다. 주인께서는 종보다 먼저 가십시오. 저는 가축 떼와 제 자식들의 걸음에 적당한 속도로 세일에 있는 주인께 가겠습니다."

에서가 말했다. "나와 함께 온 사람들 몇을 붙여주마."

그가 말했다. "어찌하여 그러십니까? 주인님의 말씀만으로도 고맙습니다."

그날 에서는 길을 나서 세일로 돌아갔다. 야곱이 숙곳에 도착하고 거기에 자기를 위하여 집을 짓고 자기 가축을 위해 축사를 지었다. 그러므로 그가 그곳을 숙곳, 우릿간[움막들]이라고 불렀다.

이 단락에서 J를 J와 E의 결합체와 구분하는 시도는 모호함이 남아 있다. 그것은 RSV가 '두려워했다'(32:7)로 번역한 히브리어에서 찾아볼 수 있다. 히브리 성서의 마소라 본문으로 읽은 단어는 문자 그대로 '긴장하였다' 혹은 '압박을 받았다'라는 뜻이다. 이것은 E가 의도한 모습과 잘 어울린다. E에서 야곱은 자기 앞으로는 에서, 그리고 뒤로는 적대적이었으나 평정심을 찾고 돌아간 라반—E의 라반—사이에 끼어 있었다. 동일한 자음을 다르게 읽어보면 E를 J의 역사 속에 통합시키기 전의 단어로 읽을 수가 있다. 그러면 그 동사는 J가 즐겨 쓰는 '만들었다'가 된다. 이 단어는 야훼가 최초의 사람을 창조할 때와 인간이 야훼의 창조적 특권을 찬탈하는 행위와 관련하여 '모든 생각'과 '계획'(창 6:5; 8:21)이란 표현에 반복적으로 사용된다. 그래서 J의 의미는 "야곱이 자신을 지킬 계획을 세워 사람들과 재산을 나누었다"가 될 것이다. 이전에 인간이 스스로 창조할 수 있다고 생각했던 것처럼 지금 야곱부터는 사람들이 스스로 화해의 수단을 강구할 수 있다고 생각했다. 역사가는 이것이 축복의 가족 안에서 합당한 행위라고 제안한다.

야곱은 이 곤란한 순간을 모면하기 위한 전략, 즉 위험을 감소시킬 계략을 세웠다. 이것은 형제의 화해라는 위대한 장면을 연출한다. 아브람과 롯을 보면 양보를 통한 포기가 아니라 완벽한 관용의 행위가 연상된다. 아브람이 롯에게 말했다. "네가 먼저 선택하고 원하는 것은 무엇이든 취해라." 아브람이 야훼의 축복에 의존하는 태도는 완벽했다. 대조적으로 야곱은 자신의 소유와 형 에서와 화해하는 일을 완전히 통제하기 위하여 모든 수단을 다 강구했다. 다윗 나라의 시조가 된 이 주인공은 야훼의 축복이 어디에 있는지 의심스러운 자리에서도 기지가 넘치고 독립적이었다. 야곱의 역사는 기지로 모든 것을 해결하는 평범한 현실 역사이다. 그래도 우리 역사가는 평범한 현실을 두고 하나의 진실을 힘주어 강조한다. 그것은 다윗 치하의 이스라엘은 순전히 다윗의 하나님이 이루신 나라라는 사실이다.

야곱은 소유를 두 떼로 나누어 하나는 살아남게 하고 다른 하나는 형 에서를 진정시키기 위한 선물로 삼았다. 종종 그렇듯이 J는 관계된 사건들을 설명하는 데 도움이 되는 중재 기능의 사건과 분리시키는 방식을 사용한다. 소유를 나누어 보내고 에서에게 줄 선물 사이에서 야곱은 아브람의 종이 그랬던 것처럼 야훼에게 기도했다. 야곱의 기도는 소박했으며 극히 겸손하여 모든 공로를 야훼에게 돌리며 자신은 아무 공로가 없다고 말한다. 하지만 그는 무엇이라고 말했는가? "저는 오직 막대기 하나를 들고 요단강을 건넜습니다."(창 32:10) 막대기라는 단어는 흔한 단어가 아니라 역사가가 나무 가지를 표현할 때 사용하는 단어이다(창 30:37; RSV, '지팡이'). 야곱은 그것으로 자신의 양과 염소를 얻었다. 달리 말하면 야곱은 말로는 야훼에게 공로를 돌리면서 동시에 자기가 사용한 단어로 그 공로를 취소한다.

우리의 역사가는 아브람의 종이 드린 기도를 이렇게 모호하게 암시하는 것으로 끝나지 않는다. 야훼는 이 시점까지 야곱의 역사에서 자녀 출산과 식량 생산 과정에 내면적으로 연관되어 있었으나 이제는 화해를 가능하게 만드는 역사를 위해 기도요청을 받고 있다. 이것은 아브람의 종이 결혼 문제를 두고 보여준 겸손함과 똑같은 것이다. 그러나 이 기도는 화해보다는 자신이 구원받는 일에 더 치중하고 있었다.

대비책을 세운 야곱은 이제 형 에서에게 후한 선물 공세 전략을 펼쳤다. 그는 에서가 자신을 만나러 오는 길목에서 순차적으로 선물을 접할 수 있도록 준비했다. 야곱은 자식들을 전부 앞세움으로써 자기를 내세우지 않는 성격을 보여주었다. 더러는 소심하다거나 더러는 비겁하다고 볼 수도 있다. 그는 먼저 선물을 보낸 다음에 가족이 얍복강을 건너도록 했다. 그는 분명히 길르앗 쪽으로 다시 돌아가 거기서 혼자 밤을 보냈다.

하지만 그는 혼자가 아니었다. 실제 그는 힘든 밤을 보냈고 새벽에 동틀 무렵에는 한 사람과 씨름을 했다. 이 사건은 꿈이 아니고 그가 이제껏 살아온 삶을 통해 보여준 것처럼 그의 정신세계를 보여준다. 야곱이 그 사람에게 입은 상처가 심했다는 표시는 없다. 그의 역사 어느 곳에서도 그가 일시적으로 몸을 쓸 수 없었다는 표시도 없다.[14] 이 사건은 무슨 역할을 하는가? 한 가지 이상의 의미를 지닐 수 있지만 이제까지 J에 관해 말한 모든 것 그리고 야곱에 관해서 한 가지는 분명하고 중요하다. 야곱은 야훼의 천사인 이 사람을 우격다짐을 통해 자신을 축복하도록 만들었다. 그렇다면 무엇이 야곱으로 하여금 이 사람을 힘으로 제압하여 이미 그의 역사 서두부터 주어진 축복을 얻게 했을까? 이것이 야곱 역사의 핵심이다. 이스라엘의 시조가 된 그는 야훼에게만 의지하는 것이 아니라 야훼와 자신, 아니 더 나은 표현을 빌리자면 자신과 야훼를 의지하고 있다.

야곱은 천사를 놓아주지 않았다. 그는 "당신이 저를 축복하지 않으면 보내주지 않겠습니다"라고 고집을 부렸다. 천사가 물었다. "네 이름이 무엇이냐?" 야곱이 대답했다. "야곱입니다." 그러자 천사가 이름을 바꿔줬다. "네 이름은 이스라엘이라고 부를 것이다. 네가 신들과 사람들하고 싸워 이겼기 때문이다."[15] 그러자 야곱은 천사의 이름이 무엇인지 물었다. 천사가 놀라면서 대답

---

14 이후로 힘줄 먹는 일을 금기로 여겼다는 것은 자녀 출산과 모종의 상관이 있을 것이다. 분명한 것은 힘줄이란 명칭(히브리어로 *기드 한나세, gid hannasheh*)은 '속이는 힘줄'로 해석할 수 있고 야곱의 성격을 가리킨다.

15 J가 제시하는 이 어원은 사실 이스라엘이란 이름이 지닌 원래의 역사적 의미가 아니다. 이스라엘은 '엘 신이 [하늘 군대를] 명령한다'라는 뜻이었다. Robert B. Coote, "The Meaning of the Name Israel," *Harvard Theological Review* 65(1972): 137~42 참조.

했다. "어찌하여 너는 내 이름을 묻느냐?" 축복 받은 아브람의 후손이며 축복의 소유자로서 야곱은 천사를 축복하려는 생각이었을까? 어쩌면 그것이 그의 성격이었는지도 모른다. 그의 성격에도 불구하고 야곱은 자기 이름을 스스로 짓지 않고 야훼가 (적어도 명목상) 위대한 이름을 짓도록 만들었다.

J는 자신의 역사를 통틀어 개인의 이름이나 행동과 관련된 용어를 사용하여 그 사람을 전형적인 인물로 묘사한다. 여러 가지 단어가 직접적이지 않으며 그 대신에 함축적인 표현이나 말놀이를 통해 야곱의 속임수와 기지 넘치는 행위를 묘사한다.[16] '가로채다'(*'aqab, 아카브*, 창 27:36)라는 말은 야곱의 이름과 같은 단어에서 온 것이다. 그것은 '이득'을 말한다. 시편 19편에서 야훼의 법도를 지키면 금이나 순금보다 더 '많은 이득'(RSV, '상이 크다')이 있다고 말한 것과 같은 단어이다. 야곱이 건너는 얍복강도 동일한 단어의 말놀이이다. '죽을 쑤다'(*yaged nagid, 야게드 나기드*, 창25:29)는 무절제한 행위(야곱의 경우, 계산된 무절제)를 표현한다. '매끈매끈한 사람'(*'iš sa'ir, 이쉬 사이르*, 창 27:11)은 야곱이 '뻰뻰하다'는 뜻이다. '루스/살구나무'(*luz, 루스*, 창28:19)는 '속임'을 뜻한다. '신풍나무'(*'ermon, 에르몬*, 창30:37)는 에덴동산의 뱀을 '간교'(*'arum, 아룸*)하다고 묘사할 때 사용한 단어처럼 들린다. '둔부'(*hannašeh, 한나쉐*, 창32:32)는 에덴동산에서 하와가 뱀이 자기를 유혹했다(*hiššiani, 히쉬아니*)고 말할 때 사용한 단어처럼 들린다. 그러므로 이 내러티브에는 선행사례들이 많다. 천사가 야곱의 이름을 '이스라엘'이라고 바꾸어주었을 때 J의 마음은 다른 단어들처럼 야곱의 교활함을 표현하고 있다. 현대적 용법으로 보면 이 사건은 심리적이고 개인적인 해석을 유도한다. 하지만 야곱의 성격은 이 순간에도 결코 변하지 않았다. 더구나 우리 역사가는 민족 전체의 시조가 지닌 심리적 특성을 묘사하는 데는 아무런 관심이 없다.

역사가는 이제 이 사건의 다른 의미로 관심을 돌린다. 야곱의 계획은 자기

---

16 창 27:36; 25:29; 27:11; 28:19; 30:37; 32:32를 보라.

말로 한다면 문자 그대로 "자기 앞서 선물을 보내면 그[에서]의 얼굴을 덮을 것이고 그 후에 내가 그의 얼굴을 볼 때 그가 내 얼굴을 들어주도록" 하려는 것이었다. 역사가는 얼굴을 대면하고(가인이 얼굴을 숙인 것과 대조적이다) 연합하는 얼굴 숙어를 사용하여 형제의 화해 주제를 끄집어낸다. 그는 이 경험을 야곱과 에서의 화해를 예고하고 보장하게 만든다. "야곱은 '내가 하나님[a god]을 대면하고도 내 목숨이 보존되었다'고 말하면서 그곳을 하나님의 얼굴(*브니-엘*)이라고 불렀다." 하나님을 대면하였으므로 천사가 말하듯이 그가 신들과 사람들하고 싸워 이긴 것처럼 사람을 대면해도 아무런 문제가 없을 것이라는 뜻이다.[17]

시간이 되자 야곱은 실제로 형 에서를 대면하였다. 에서는 야곱의 재산과 관대함을 한눈에 알 수 있었다. 아브람이 멜기세덱과 소돔 왕에게 말할 때처럼 우리는 형제의 대화를 특별히 주목해야 한다. 이 순간은 야곱의 역사가 시작부터 겨냥하고 움직였던 바로 그 순간이었다. 에서는 점잖게 시치미를 떼고 물었다. "내가 만난 너의 이 모든 무리는 무엇이냐?" 야곱이 반복했다. "나의 주[에서] 보시기에 은혜를 받으려는 것입니다." 이 말에 에서가 대답했다. "나는 이미 충분하다." 그는 아버지 이삭의 축복이 진정한 축복이므로 야곱의 선물이 필요치 않다는 뜻이었다. 야곱의 대답이 분위기를 바꾸어 놓는다. "제가 형님 앞에 은혜를 입었으면 제 손의 선물을 받으십시오. 형님의 얼굴 뵈옵는 것이 마치 하나님을 뵈옵는 것 같습니다. 괜찮으시다면 형님께 드리려고 가져온 제 축복을 받으십시오. 저는 부족한 것이 없습니다." 야곱이 고집을 부리자 에서의 마음은 누그러졌다. 가장 눈에 띄는 것은 야곱이 왕들을 만난 아브람처럼 그가 소유한 것은 전부 야훼께서 주신 것이라고 단언할 수 있는 유일한 기회를 놓쳤다는 것이다. (장차 이스라엘이 될) 야곱의 역사 어디서든 완전한 신학적 함의를 확보하는 일은 이 역사의 독자와 청중에게 맡겨져 있다.[18]

---

17 히브리어 브니엘과 브누엘의 차이는 사소하다.

그들이 화해한 후 이동준비를 할 때 야곱은 이동하는 시늉만 했다. 그가 처음 다투었던 문제를 또다시 거론하는 것은 위험하지는 않아도 적절치 않았을 것이다. 그러므로 에돔의 에서에게 간다고 말하면서도 규모가 큰 연약한 가속들을 핑계 삼아 당장 함께 가기는 어렵다고 말했다. 에서는 자신의 축복이 된 땅 에돔으로 떠났고 야곱은 뒤에 지체하였다. 그는 결코 에돔에 가지 않고 자기가 받은 축복의 땅 가나안에 머물렀다. J의 역사에서 에서는 에돔 나라가 되었고 야곱은 이스라엘 나라가 되었다. 모두 다윗 시대였다.

---

18 야곱의 문학적 관점을 보완하는 연구를 위해 다음을 보라. Michael Fishbane, *Texts and Texture: Close Readings of Selected Biblical Texts*(New York: Schocken Books, 1979), 40~62(3장. '야곱 이야기').

18

유다의 탁월성

(창 33:18~35:22, 일부)

야곱은 가나안 땅의 도시 세겜에 평화롭게 도착했고 도시 앞에 장막을 쳤다. 레아가 야곱에게 낳은 딸 디나가 나가서 그 땅의 딸들을 부러워했다. 헷 사람 하몰의 아들이자 그 지역의 추장 세겜이 그를 취하여 눕히고 강간했다. 그가 야곱의 딸 디나에게 반했다. 그가 디나를 사랑하여 자기가 범한 무례를 보상하려고 했다.

세겜이 그의 아버지 하몰에게 말했다. "이 소녀를 제 아내로 삼게 해주십시오."

야곱이 그가 자기 딸 디나를 범했다는 소식을 들었다. 야곱은 아들들이 들판에 가축을 치러 나간 중이라서 돌아올 때까지 조용히 있었다. 세겜의 아버지 하몰이 야곱과 이야기하려고 찾아왔다. 야곱의 아들들이 이 소식을 듣고 들에서 돌아와 곁에 서 있었다. 그들은 야곱의 딸을 강제로 범하는 그런 폭력이 이스라엘에 행해진 데 대하여 심히 분노했다. 그런 일은 그야말로 일어나서는 안 되는 일이었다.

하지만 하몰이 그들과 이렇게 말했다. "내 아들 세겜이 당신의 딸을 사랑합니다. 그를 내 아들의 아내로 삼게 해 주십시오. 우리 집안과 결혼합시다. 당신들의 딸을 우리에게 주시고 우리 딸을 당신들의 아내로 삼으십시오. 우리와 함께 거주하십시오. 이 땅이 당신들 앞에 있습니다. 거주하시고 이 지역을 다니시며 여기서 재산을 매매하십시오."

세겜이 그녀의 아버지와 오빠들에게 말했다. "제게 은혜를 베푸십시오. 여러분이 제게 원하는 것이 있으면 무엇이든 드리겠습니다. 신부의 지참금을 얼마나 요구하시든 지불하겠습니다. 저는 여러분이 말씀하시는 대로 드리겠습니다. 오직 저에게는 그 소녀를 제 아내로 삼게만 해주십시오."

야곱의 아들들이 누이 디나를 범한 일에 대하여 세겜과 그의 아버지 하몰에게 거짓으로 대답했다. 그들이 말했다. "우리는 이 일을 할 수 없습니다. 우리의 누이를 할례받지 않은 사람에게 줄 수 없습니다. 그것은 우리의 수치입니다. 하지만 한 가지 조건을 충족하면 우리는 여러분을 받아들일 수 있습니다. 당신이 우리와 같이 되기를 원하신다면 당신들의 모든 남자에게 할례를 행하십시오. 그러면 당신들에게 우리 딸을 줄 수 있고 당신들의 딸들을 우리가 취할 수 있고 여러분과 함께 거주하고 여러분과 한 백성이 될 수 있습니다. 여러분이 우리 말을 듣지 않고 할례를 받지 않으면 우리는 우리 딸을 데리고 갈 것입니다."

이 말이 하몰과 그의 아들 세겜에게 좋게 여겨졌다. 이 젊은이가 그 일을 지체하지 않고 거행했다. 이는 그가 야곱의 딸을 매우 좋아했고 또 그는 자기 아버지 집에서 가장 중요한 사람이었기 때문이다. 하몰과 그의 아들 세겜이 성문으로 가서 도시의 남자들에게 말했다. "이 사람들이 우리와 친목하므로 이 지역에 정착하고 다니게 하자. 땅이 그들 앞에 넓으므로 그들의 딸을 우리의 아내로 삼고 우리 딸을 그들에게 주자. 하지만 그 사람들이 우리와 정착하여 한 백성이 되려면 이 조건 하나를 만족해야 한다. 그것은 우리 모든 남자들이 그들이 할례받은 것처럼 할례를 받아야 한다는 것이다. 그들의 가축과 재산을 우리의 것으로 만들고 싶지 않은가? 그들과 합의하여 우리와 함께 지내도록 하자."

성문을 출입하는 자격이 있는 모든 남자가 하몰과 그의 아들 세겜의 말을 경청하고 성문을 출입할 자격이 있는 모든 자들이 할례를 받았다.

사흘 후 그들이 고통 중에 있을 때 야곱의 두 아들이며 디나의 오빠인 시므온과 레위가 서로 칼을 빼어 주저 않고 성으로 들어가 모든 남자를 죽였다. 그들이 하몰과 그의 아들 세겜을 칼로 죽일 때 세겜의 집에서 디나를 데리고 나왔다. 야곱의 다른 아들들은 누이를 더럽혔다는 이유로 시체를 넘어 성으로 들어가 노략하였다. 그들은 양과 소와 나귀와 성과 들에 있는 것은 무엇이든 빼앗았다. 그들이 모든 재산과 자녀와 여인을 취하고 집에 있는 모든 것을 노략하였다.

야곱이 시므온과 레위에게 말했다. "너희가 가나안 사람과 브리스 사람 중 이 지역의 도시 거주자들에게 나를 미움받게 해서 걱정이다. 나는 수가 적으므로 그들이 나와 맞서려고 모여서 나와 내 집을 공격하고 멸망시킬 것이다."

그러나 그들이 말했다. "그가 우리의 누이를 창녀처럼 대하는 것이 옳습니까?"(-34:31)

그 땅으로 조금 가다가 그들이 에브라다에 이르렀고 거기서 라헬이 해산하게 되었다(35:16). 그는 산고가 심했다. 그가 마지막 숨을 쉬며 죽기 전에 그의 아들을 베노니, 즉 '내 고통의 아들'이라고 불렀다. 그의 아버지가 그의 이름을 베냐민이라고 불렀다. 라헬이 죽자 에브라다(즉, 베들레헴) 가는 길목에 장사지냈다(-35:19).

이스라엘이 길을 떠나 에델 믹달(망대)을 지나 장막을 쳤다(35:21). 이스라엘이 그 지역에 장막을 치고 살던 중 르우벤이 가서 자기 아버지의 첩인 빌하와 동침하였고 이스라엘이 이 사실을 들었다(35:22).

야곱이 아람에서 팔레스타인 본토로 여행하는 중에 벌어진 주요 사건은 브니엘, 숙곳, 세겜에서 있었다. 이 장소들은 다윗의 나라 북부에 위치하며 종교적 상업적으로 중요한 곳이었다. 야곱이 이 지역들과 연관이 있다는 사실에 J가 특별히 관심을 기울이는 것은 이 역사를 쓴 저자가 예루살렘을 중심으로 한 다윗의 나라가 통일되어 있다고 생각한다는 표시이다. J의 역사를 쓰기 전에 야곱은 전통적인 인물로서 솔로몬 사후 북왕국 이스라엘과 훨씬 밀접한 관련이 있었을 것이다. 정말 그랬다면 J가 다윗 가문이나 유다 가문의 역사와 직접적으로 상관이 없는 전승을 사용하는 이유는 지역 전승을 통합하여 다윗 왕국의 통일성을 투영하려는 시도로 이해되어야 한다.

J는 다윗의 도시 문화가 지니는 특성을 말하기 위해 베두인 문화를 사용하여 가인의 혈통에 붙어 있는 저주를 제거하려고 한다. 그런 특성이 그의 베두인 주인공 특히 야곱 집안의 결혼 문제를 언급하면서 사실은 왕실의 결혼 동맹을 묘사하는 일로 나타난다. "무리지어 사는 사회들은 먼 거리의 혈연 네트워크를 만들기 위해 상호간의 결혼을 추진한다. 완전히 폐쇄적으로 출산을 하는 무리들은 생존 전략에 필수적인 이동성과 지역 유동성을 거부당할 수 있다."[1] 이러한 관찰은 사냥과 채집을 주로 하는 사회를 가리키지만 유목민에게도 해당된다. 또한 도시사회에도 적용되며 이와 같은 일치점을 J가 사용하고 있다.

야곱이 북부 산지의 중심 도시인 세겜 부근에 정착하고 있을 때 딸 디나에게 그 도시의 영주인 제일 잘나가는 젊은이가 말을 걸었다. 이름도 세겜이었다. (다시 말하자면 그는 세겜의 시조였다.) 그는 물론 세겜을 대표하며 또 일반적으로 도시들을 대표한다. 그의 행위는 처음 열다섯 세대 사람들과 아직 축복에 포함되지 않은 이후 세대의 행위와 전혀 다를 바가 없다. 그는 뻔뻔하고 도발적이며 폭력적이고 냉소적이며 냉담하였다. 그는 가인과 함의 자손들이 행한 처사를 대변한다. 그의 전략은 아내로 삼을 여인을 고르고 강간한 다음 결혼하여 그의 가족의 재산을 차지하는 것이었다.[2] 그의 행위는 소돔의 역사에

---

1 Marvin Harris, *Culture, People, Nature: An Introduction to General Anthropology*, 3rd ed.(New York: Harper & Row, 1980), 267.

2 이 내러티브를 J의 앞선 결혼역사와 연결시켜 인류학적으로 다룬 연구를 위해 다음을 보라. Julian A. Pitt-Rivers, *The Fate of Shechem or the Politics of Sex: Essays in the Anthropology of the Mediterranean*(Cambridge: Cambridge University Press, 1977), 145~71.

나타난 도시와 강간 모티프를 압축하고 있다. 그는 돌이킬 수 없는 행위에 대한 보상으로 요구하는 만큼 결혼 지참금을 주겠다고 제안하면서도 야곱과 자기 가족이 통혼하면 얻을 수 있는 이점과 세겜 지역의 땅을 공유할 기회가 생길 것이라고 주장했다. 하지만 세겜이 겉으로는 관대해 보이지만 거기에는 한계가 있었다. 그것은 나중에 세겜이 세겜 지역 사람들에게 이렇게 하는 것이 야곱의 '가축'과 '재산'[둘 다 가인의 이름에 들어 있는 어근 *콰나*(*qanah*)로 이루어진 단어들이다]을 모두 얻는 길이 될 수 있다고 설명할 때 드러난다. 세겜의 제안은 야곱에게 설득력이 없었다. 그것이 근본적으로 공격적일 뿐만 아니라 야곱은 이미 야훼께서 자신에게 주신 땅을 얻으려고 가나안 주민들과 동맹을 맺을 하등의 이유가 없었기 때문이다. 야곱의 조부 아브람(그로 말미암아 야곱은 땅 약속을 받았다)과 세겜 지역의 관련성은 이 축복받은 가족이 팔레스타인에 발을 디딘 초반으로 거슬러 올라간다. 그때 아브람은 처음으로 세겜에 반(反)도시적 성격의 제단을 세운 적이 있다.

야곱이 요구한 결혼조건은 J가 볼 때 세겜의 행위로 인해 생긴 가상의 효력을 뒤집는 적절한 대응이었다. 세겜의 남자들은 할례를 받아야 했다. 할례는 어린 소년들보다 성인 남자에게 더욱 힘들고 그럴 경우 남성의 성기는 일시적으로 쓸 수 없었다. 할례로 세겜 사람들의 형제의 의리를 확인하려는 야곱의 제안은 이것을 행하는[3] 많은 사회에서의 이 예식의 역사적 기능과 비슷하다. 하지만 J가 이 주제를 사용하는 것은 그와 같은 사례들과 구별된다. 시므온과 레위는 그 약속을 지킬 의사가 없었다. 야곱도 분명히 그랬다. 역사가는 야곱을 언제나 '속임수'가 많은 사람이라고 묘사하고 있기 때문이다. 시므온과 레위는 여동생을 강간한 소행을 복수하기 위해 세겜과 그의 남자들을 죽이고 도시를 노략했다. 야곱은 죽기 전에 세겜을 요셉에게 주었다(창 48:21~22). 어쨌

3 Karen Ericksen Paige and Jeffrey M. Paige, *The Politics of Reproductive Ritual* (Berkeley and Los Angeles: University of California Press, 1981), 122~66.

든 세겜의 도시 남성들을 죽임으로써 그들 대신에 다윗에게 충성하는 북부의 엘리트 지주 계층에게 줄 공간이 생겼다.

야곱의 가족은 고대라는 점을 고려하더라도 아들이 지나치게 많고 딸은 부족했다. 아들은 정확히 열두 명이었다. 왜냐하면 다윗이 자신의 두 왕국을 하나로 통일할 때 백성을 열두 지파로 나누었기 때문이다. 각 지파는 일 년 열두 달 돌아가면서 한 달씩 왕궁의 식량을 공급할 책임을 맡겼다. 그의 아들 솔로몬은 지파와 무관하게 행정 구역을 나누고 이것을 실시했다. 아들이 많은 이유는 J가 당대의 남자 그리고 아마도 여자와도 공유했던 생각 때문이다. 그것은 권력과 권세란 오로지 남성들에게 속한다는 것이었다.

시므온과 레위의 역할은 넓은 관점에서 생각해야 한다. 레아가 야곱의 열두 아들 중 여섯을 낳았고 이 여섯 명 중 처음 네 형제는 르우벤, 시므온, 레위, 유다였다는 것을 기억하라. 물론 다윗의 역사가는 최종적으로 다윗 땅의 조상이 된 유다의 역할을 증폭시킬 생각을 갖고 있다. 유다는 역사가 전개되면서 특별히 의로운 사람으로 나타난다. 하지만 그는 넷째 아들이고 당연히 총애를 받아 마땅한 형들이 위로 셋이나 있었다. 그렇다면 야곱은 이 세 명의 형들을 어떻게 생각했는가? 세겜 사람들을 공격한 사건은 야곱과 시므온 및 레위 사이에 발생한 증오심을 소개한다. 야곱은 이 두 아들이 언짢았다. 그가 그들에게 말했다. "너희가 가나안 사람과 브리스 사람 중 이 지역의 도시 거주자들에게 나를 미움받게 해서 걱정이다. 나는 수가 적으므로 그들이 나와 맞서려고 모여서 나와 내 집을 공격하고 멸망시킬 것이다." 이 이야기에 곧장 이어 르우벤에 관해 늘 이상하게 여겨온 단편적 이야기가 등장한다. "이스라엘이 그 지역에 장막을 치고 살던 중 르우벤이 가서 자기 아버지의 첩인 빌하와 동침하였고 이스라엘[야곱]이 이 사실을 들었다." 무엇을 들었다는 말인가? 히브리어로 이 문장은 어색하게 끝난다. 야곱이 무엇을 했는가? 이 질문에 아무도 대답할 수 없다. 물론 우리 역사가도 아무런 관심을 기울이지 않는다. 모든 역사가가 확신하는 것은 야곱이 르우벤을 싫어할 이유가 있었다는 것이다. 야곱과 처음 세 아들 사이의 관계가 깨어졌으므로 이제 그는 자연스럽게 넷째 아들 유다를 선호할 수밖에 없다.

르우벤, 시므온(역사적으로 둘은 유다와 인접해 있었다)과 레위에 대한 미움은 역사가 유다와 요셉의 역사로 발전하는 길을 터놓는다. 그것은 야곱의 생애 마지막에 그가 열두 아들을 축복하는 일(창 49장)로 절정에 이른다. 그의 축복은 이 초기 사건들을 반영하고 있다. 장자 르우벤은 더 중요하지 않을 것이다. 그가 아버지의 침상에 올라갔기 때문이다. 시므온과 레위는 이스라엘 가운데 흩어질 것이다. 성급하게 분노를 표출했기 때문이다. 야곱이 유다를 축복할 때만 진정한 축복을 선언한다. "네 아버지의 아들들이 네게 절할 것이다"(창 49:8). 적어도 이스라엘에서 유다의 탁월성은 모든 이스라엘을 다스리는 다윗 통치의 기초로서 처음 세 아들이 연루된 이 사건들로부터 기원한다.

세겜 이야기에 곧이어 나오는 성서의 자료는 거의 모두 E와 P 저자들의 것이다. J에 다른 문서층에서 유래한 자료들이 보충되는 것은 위대한 조상들에 관한 대다수 주요 내러티브들의 특징이다. 이러한 패턴은 아브람 이야기에서 이미 보았듯이 야곱과 요셉 그리고 모세 이야기에도 나타난다.

J는 라헬의 아들이며 요셉의 형제인 베냐민의 출생지를 다윗의 고향인 베들레헴으로 설정한다. 역사적으로 베냐민의 영역은 베들레헴 북쪽 7마일 떨어진 곳에서 시작한다. 베냐민의 출생지를 남쪽으로 이동시킨 것은 아마 다윗이 사울 왕국의 중심지를 지배한다는 것을 보여주려고 했기 때문일 것이다. 더욱 중요한 것은 이 이야기가 이스라엘이란 나라의 탄생을 다윗의 출생지에서 완성시킨다는 점이다.[4]

창세기 35:21에서 야곱은 내러티브가 진행하면서 처음으로 '이스라엘'이라

4 창 35:16~20은 대체로 E로 본다. 35장 17절의 "산파가 그에게 말했다. '두려워하지 말라. 네가 또 아들을 낳는다'"는 문장과 20절 전체는 E가 보충한 것이 거의 확실하지만 사건은 J가 기록한 것 같다.

고 불려진다. 이 시점부터 역사가는 이스라엘이란 이름을 야곱이 죽을 때까지 사용한다. 이스라엘이 야곱을 대신하는 것은 브니엘의 씨름 사건 직후부터이거나 또는 일반적으로 말해지는 것처럼 이스라엘이란 이름은 흔히 요셉 이야기로 알려지는 자료에서 J가 야곱을 부를 때 사용된다고 생각할 수도 있다. 이런 주장들은 이차 문헌에 빈번하게 나타나지만 둘 다 옳지 않다. J가 이 대목에서 야곱의 이름을 이스라엘로 바꾼 것은 정치적이다. 이스라엘이란 이름은 열두 번째 아들이 태어난 직후에 사용되고 있다. 열두 번째 아들은 다윗이 다스리는 열두 지파 체제를 완성하고 있다.

이삭을 장사지내는 이야기(창 35:22~29)는 P의 것이다. 이 이야기에 긴장감이 없는 것은 P의 특성에 속하지만 J와 비슷하다고 생각할 수도 있다.[5]

---

5 창 36장의 에돔 족보 일부는 보통 J에 포함시키기도 한다.

19

에덴의 서쪽

(창 37:1~41:56, 일부)

우리는 이제 요셉 이야기로 알려진 단락에 이르렀다. 구약성서 '개론서'들이 창세기의 후반부를 소개하거나 현재 형태로 이 이야기를 처음 읽을 때 기대하던 것과 달리 J에는 '왕실 소설'[1]로 존재하는 요셉을 주인공으로 삼은 긴 이야기가 별도로 존재하지 않았다. 이스라엘의 아들들이 화해하는 이야기를 유다와 요셉의 역사로 보는 것이 제일 좋다. 요셉 역사 전체는 사실상 유다와 요셉의 역사를 엮어 놓은 것이다. J의 역사를 요셉 한 사람의 역사로 바꾸는 경향을 보여주는 내용은 나중에 E 저자(유다는 아무 역할도 하지 않으며 요셉이 제일 중요한 북부 전승)가 추가한 것이다.

이집트로 장면이 바뀌는 이 이야기는 팔레스타인 베두인의 삶 및 활동과 연관되어 있는 아브람, 이삭, 야곱의 역사를 담은 전통적인 J의 자료와는 다른 유

---

1 이를테면 Gerhard von Rad, "The Joseph Narrative and Ancient Wisdom," in *The Problem of the Hexateuch and Other Essays*(New York: McGraw-Hill, 1966), 292~300을 보라.

형에 속한다는 주장을 종종 듣는다. 하지만 이야기에 사용하거나 모방한 전승들은 특히 남부 팔레스타인 베두인 가운데 회자되던 전승과 비슷하다. 베두인이 살던 이 지역은 서쪽으로 이집트까지 뻗어 있었다. 특별히 역경에 처하거나 기회가 있을 때면 그들은 정치적 공백을 이용하였고 심지어 이집트 사회의 행정부를 차지한 적도 있었다.[2] 유다와 요셉 역사에 들어 있는 전통적 자료가 보여주는 이러한 특징에는 중요한 예외가 있다. 그것은 이집트의 '두 형제 이야기'이다.[3] 그것은 요셉이 강간 미수 혐의로 고발당하는 이야기와 거의 동일한 이야기를 담고 있다. J가 자기의 역사 전반부를 기록할 때 기록된 설형문자 전승을 활용했던 것처럼 여기서는 이집트 문헌을 활용하였다. 다윗 왕실의 관료체제는 시리아-이집트의 관행에 기초를 두었던 것으로 알려져 있다.

이 역사는 형제들이 요셉을 미워하였으나 결국 화해하고 야곱이 죽는 이야기를 통해 형제 혹은 민족의 화해라는 주제를 다룬다. 그러나 여기서 시작하는 역사는 이스라엘과 다른 민족의 관계보다는 나중에 이스라엘이 될 사람들 사이에서 벌어진 일을 담고 있다.

보다 구체적으로 말한다면 이 역사는 팔레스타인의 정치현실에 끊임없이 발생했던 사안 즉 세겜이 전통적인 수도였던 북부 산간지대[오늘날 웨스트뱅크(서안)의 중심지]가 어떻게 하나의 나라로 통합되었는지를 말한다. 달리 말해서 전통적인 수도였던 세겜이 예루살렘 때문에 위상을 상실한 것이다. 북부 지파인 에브라임과 므낫세의 아버지가 된 요셉은 북부 산지를 대표한다. 이스라엘의 아들들은 좀처럼 요셉과 어울리지 못한 채 그를 따돌리다가 노예로 팔아버렸다. 역사 속에서 이미 살펴본 많은 사건이 반복되는 가운데 형제들은 결국

2 이 점은 오경 자료를 논하는 현재 상황에서 지극히 중요하다. 독일의 양식비평학자들이 이 전승의 공통된 성격을 대개 이런 식으로 제시한다.

3 James B. Pritchard, *Ancient Near Eastern Texts Relating to the Old Testament*, 2d ed.(Princeton: Princeton University Press, 1955), 23~25의 John A. Wilson의 번역을 보라.

유다(다윗의 지파)의 중재로 화해한다.

유다와 요셉의 관계 배후에 있는 이슈는 열여덟 번째 세대의 열두 지파 즉 다윗의 나라를 구성하고 있는 지파들의 통일이다. 어찌 보면 기술 내용은 이스라엘이라는 나라의 통일에 초점이 있고 그것은 최초로 다윗에 의해 이루어졌다는 것이다.[4] 달리 말해서 유다와 요셉 이야기는 유다 산지의 지도자가 우세한가 아니면 북부 산지의 지도자가 우세한가라는 이슈를 다룬다. 이후에 사울 왕가의 불만세력이 다윗과 맞서 반란을 일으킨 사건들에서 알 수 있듯이 이 문제는 완전히 해결되지 않았다. 그래서 다윗의 역사가는 이 문제를 될 수 있는 한 효과적으로 다루는 것이 중요했다. J가 주장한 대로 북쪽이 존재하게 된 것은 다윗의 고향이고 원래의 왕국이었던 유다 덕분이었다. 사울 집안을 배출한 베냐민은 다윗의 즉위에 반대하는 입장이었지만 다윗 가문을 배출한 유다에게 신세를 졌다. 마치 통치가문의 출신 지역이 뒤늦게 다윗의 통치를 받게 되어 불이익을 받을 수도 있을 지역들에게 유다는 실제로 그들을 매우 사랑한다는 확신을 주는 것과 같다. 유다의 역할을 중요하게 다루는 것은 민족의 화해에 기여했기 때문만이 아니라 그 역사가 유다의 행동이 옳은지 여부에 집중하고 있기 때문이다. 우리의 역사가는 열다섯 번째 세대에 야훼가 올바르게 행동하셨는지에 대한 관심사와 버금가거나 혹 그것을 넘어서서 유다가 어느 정도 올바로 처신하는지에 관심을 쏟고 있다.

요셉의 역사는 이집트를 전면에 그리고 중심무대로 세운다. J의 나머지 역사는 여기서 벌어진다. (이 지점은 J의 역사 중간지점에서 약간 못 미친다.) 솔로몬

---

4 많은 성서역사학자들은 다윗의 통치가 한 개인이 두 개의 독립적이고 구별되는 왕국을 통일시킨 것이라고 믿는다. A. Alt, "The Formation of the Israelite State in Palestine," in *Essays on Old Testament History and Religion*(Garden City, N.Y.: Doubleday & Co., 1968), 223~309, 특히 282~83을 보라. 하지만 *Israelite and Judean History*, ed. J. H. Hayes and J. M. Miller(London: SCM Press; Philadelphia: Westminster Press, 1977), 352~56에 있는 J. Alberto Soggin의 설명과 비교하라.

통치기의 동요 — 이것은 솔로몬의 사후 이스라엘이 다윗 가문의 통치로부터 분리하도록 작용하였다 — 에서 분명한 것처럼 북부 산지는 예루살렘의 통치로부터의 항구적인 독립의 결과로서 지역 우두머리와 군사지도자와 왕들을 통해 이집트와 같은 중동의 강대국과 개별적으로 동맹을 맺곤 했다. 이러한 경향은 농경시대 내내 팔레스타인에 지배적이었다. J 안에서 요셉의 통치(나중에 솔로몬 사후 북 왕국 이스라엘이 된 중심부를 나타낸다)와 이집트의 연결은 이집트와 세겜이 서로 결탁한 사실을 암시하며 그것은 다윗이 통일시킨 나라를 한 세대 만에 와해되도록 만들었다.

이 단계에서 지리적 중심이 이집트로 바뀐 것은 우연이 아니다. 그것은 역사가가 민족적 화해 이야기를 작성할 때 새롭게 나타난 중대한 발전상이다. 종종 그렇듯이 서로 다른 집단은 외부 세력의 반대에 맞설 공동의 대의를 찾곤 한다. 인류학자들과 역사가들은 이러한 현상을 보완적 대항(complementary opposition)이라고 부른다. 공동의 적은 내부의 응집력을 강화시킨다. 당시 이스라엘의 열두 아들이 이 역사 안에서 뭉치려는 순간에 제일 중요한 외부의 적이 정체를 드러냈고 그것은 유다가 주창하는 화합을 강하고 견고하게 만들었다. 역사가는 열다섯 번째부터 열일곱 번째 세대에 다윗 제국의 변방을 일련의 동맹과 결연 관계를 맺은 소규모 권력들로 정의한다. 그리고 그는 이제 다윗 시대의 적대적인 초강대국의 위협에 맞서 모두 힘을 합하자는 주장을 철저히 묘사하기 시작한다. 이스라엘 자손들의 첫 세대인 열여덟 번째 세대에 이처럼 묘사한 뒤 역사가는 스물한 번째 세대인 모세 세대를 최종적인 절정으로 삼을 것이다. 형제들에 비해 상대적으로 유다가 옳다는 증거는 점차 전체 역사를 지배하는 비교법으로 바꾸어 놓는다. 그것은 이스라엘과 비교하여 이집트의 잘못을 부각시킨다. J의 민족주의를 정당하게 만들어주는 것은 궁극적으로 이집트의 잘못이다.

요셉이 형들과 양을 치고 있었다. 그때 그는 소년이었다(37:2b). 이스라엘이 요셉을 다른 아들들보다 더 사랑하여 그를 위해 소매가 긴 옷을 지어 입혔다(37:3b). 그의 형들이 자기 아버지가 자신들보다 동생을 더 사랑하는 것을 보았다. 그래서 그를 미워하였고 그에게 인사조차 하지 않았다(37:4).

형들이 세겜에 가서 아버지의 양 떼를 먹이고 있었다. 이스라엘이 요셉에게 말했다. "네 형들이 세겜에서 양 떼를 먹이고 있는데 너를 그들에게 보내고 싶구나. 가서 네 형들이 어떻게 하고 있는지 그리고 양 떼는 어찌 하고 있는지 보고 내게 소식을 가져오너라."(37:12~13a)

그가 요셉을 헤브론 골짜기에서 보냈다. 그가 세겜 근처에 도착하자 한 사람이 들에서 헤매는 그를 보았다. 그 사람이 요셉에게 물었다. "무엇을 찾고 있느냐?"

"저는 제 형들을 찾고 있습니다. 그들이 어디서 양을 치고 있는지 알려 주십시오."

"그들은 여기서 옮겨 갔는데 내가 들어보니까 '도단으로 가자'고 하더라."

요셉이 형들을 좇아가 도단에서 만났다. 그가 다가오기 전에 형들은 그를 죽이려고 모의를 했다(37:14~18). 요셉이 형들에게 오자 그들은 요셉이 입은 긴 소매 옷을 벗겼다(37:23). 앉아서 먹는 중에 쳐다보니 이스마엘 상인이 길르앗에서 오는 모습이 보였다. 낙타에 향품, 유향, 몰약을 싣고 이집트로 내려가는 길이었다(37:25).

유다가 형제들에게 말했다. "우리가 우리 동생을 죽이고 피를 묻힌 들 무슨 유익이 있겠느냐? 그를 이스마엘 사람에게 팔고 우리는 그에게 손대지 말자. 그는 결국 우리 형제이고 우리 혈육이다."

그 형제들이 유다의 말을 들었다(37:27). 그들이 은 이십 세겔(1세겔은 약 11그램이다 — 옮긴이)을 받고 요셉을 이스마엘 사람들에게 팔았고 이스마엘 사람들은 요셉을 이집트로 데리고 갔다(37:28).

그들이 요셉의 긴 소매 옷을 취했다. 그들은 숫염소를 죽이고 그 피를 긴소매 옷에 적셨다. 그들 중 몇이 그 옷을 갖고 아버지에게 갔다. 그들이 말했다. "우리가 이것을 발견했습니다. 이것이 아버지의 아들이 입은 긴 소매 옷인지 보십시오."

아버지가 그것을 알아보았다. "내 아들이 입은 긴 소매 옷이 맞다! 요셉이 찢겨 죽었구나!"

그가 베옷을 입고 아들을 위해 여러 날을 슬퍼했다. 모든 아들과 딸들이 그를 위로했으나 위로받기를 거절했다. "아니다. 곡하는 자가 되어 나는 음부로 내 아들에게 갈 것이다." 이렇게 요셉의 아버지가 그를 위해 울었다(37:31~35).

유다와 요셉의 역사는 형들과 양 떼를 먹이는 요셉으로 시작하고 목양과 관련된 이야기로 발전한다. 유다와 요셉 역사의 주요 단락이 결론을 맺는 것처럼 이집트에 머문 이스라엘의 가족에 관한 다음 주요 단락의 첫 번째 이야기는 비슷하게 이스라엘의 가족을 양 치는 자로 묘사한다. 그런 다음 우리의 역사가는 이집트 사람들이 양 치는 자들을 싫어한다고 말한다. 이 정보는 가인과 아벨 이야기를 재차 연상시키고 앞으로 벌어질 갈등을 준비시켜준다. J는 성과 자녀 출산 이슈가 현저히 줄어들고 식량 생산과 갈등 이슈가 전면에 등장할 때 아벨이 양 치는 자였음을 정기적으로 암시하여 한쪽 역사를 다른 쪽 역사와 연결시키고 전체 역사를 최초의 살인사건과 연결시킨다.

야곱은 요셉을 다른 형제들보다 더욱 사랑했다. 최종 본문은 그 이유가 요셉을 노년에 낳았기 때문이라고 말한다. 그 이유는 아마 P에서 나온 것 같고 이곳에서 J의 본문을 대체한 것 같다. J에서 야곱이 요셉을 사랑하는 것은 라헬을 사랑했기 때문이며 그것은 이후에 J를 개정할 때도 이 생각에서 벗어나지 못하게 만들 정도로 중요했다. J에게 유다와 요셉의 역사 전체는 아내를 선택하는 아브람의 종(이삭의 아내를 구하러 간)과 야곱을 비교하는 일로부터 나온다. 게다가 P의 설명은 야곱이 왜 요셉을 베냐민보다 더 좋아했는지를 설명하지 않는다.

아버지 야곱은 요셉에게 사랑의 표시로 '긴 소매가 달린 옷'[5]을 주었다 다른 형제들은 이런 이유로 동생 요셉을 심히 싫어했다. 실제로 이 일 때문에 그를 죽이기로 결심했다. 언젠가 형들이 세겜 근처에서 양을 치고 있을 때였다. 아버지와 요셉은 헤브론 근처에 있었다. 아버지가 요셉을 보내 형들을 점검하려고 했다. 요셉이 지나간 길은 나중에 그에게 준 지역으로서 그의 이름을 따라 부르게 된다. 세겜에서 형들을 발견하지 못한 요셉은 익명의 어떤 남자 — 아마 야훼이었을 것이다 — 를 만나 형들이 북쪽의 도단으로 갔다는 것을 알게 되었다. 그곳은 북부 산지의 끝이었다. 그리고 이집트와 동부 사이의 교역과 왕래를 위한 주요 도로가 지나가는 이스르엘 계곡이 인접해 있는 지역이었다.

요셉이 도단에 도착하자 형들은 그를 죽일 기회로 삼았다. 그들은 요셉의 옷을 벗겼다. 그리고 살인을 하기에 앞서 앉아서 식사를 했다. 식사를 하는 중에 이스마엘 사람들이 부근을 지나갔다. 향품과 유향과 몰약을 싣고 서쪽으로 가는 중이었다. 이 모습을 보고 유다에게 한 가지 아이디어가 떠올랐다. "왜 요셉을 죽이려고 하는가? 차라리 돈을 받고 요셉을 팔면 그를 살인하는 죄를 짓지 않아도 되지 않겠는가?" 형제들이 수긍했고 요셉을 이스마엘 사람들에게 은 이십 세겔을 받고 노예로 팔았다. 어떤 의미에서 보면 요셉의 목숨은 유다 때문에 살아남은 것이다. 하지만 이 행위가 유다를 완전히 면책해주지는 않는다. 이는 그가 요셉을 구하기 위해 노예로 팔자고 제안한 형이었기 때문이다. 유다와 요셉의 역사는 이러한 유다의 잘못이 어떻게 바로 잡아졌는지를 말하는 역사이다. 여기에 포함된 모든 사건들은 바로 이 목적 때문에 존재한다.

우리 역사가는 이어서 말한다. 이스마엘 사람들이 요셉을 이집트로 데려갔다. 이스마엘 상인들이 아람과 이집트 사이에 난 이 길로 오갔다는 데 의미가

---

5 이 번역은 카일 맥카터가 삼하 13:18을 번역한 것으로, 똑같은 히브리 구문을 사용한 유일한 곳이다. McCarter, *II Samuel*, Anchor Bible(Garden City, N.Y.: Doubleday & Co., 1984), 325~26을 보라. 화자는 요셉의 외투를 다음에 이어지는 몇 가지 사건을 연결시키는 데 중요한 역할을 하는 특별한 물건으로 삼고 있다.

있다. 이스마엘의 아버지는 아람 사람처럼 셈의 후손이었고 어머니는 이집트 사람처럼 함의 후손이었기 때문이다. 우리 역사가는 이스마엘이 이스라엘의 친족(삼촌뻘)이었으므로 아마 이스라엘이 번창하는 데 이 교역을 필수적인 것으로 여겼던 것 같다.

우리 역사가는 요셉이 이집트에 도착했다는 진술을 반복하여 시간이 되면 그의 모험담을 재개할 것이다. 이 반복 구절은 유다의 행위와 양심이 연루된 두 가지 이야기를 구분시켜 준다. 첫 번째 이야기는 형들이 요셉의 옷을 어떤 식으로 아버지에게 속였는지에 관한 이야기이고 두 번째 이야기는 유다의 며느리인 다말이 유다를 속이고 그가 옳지 못함을 일깨워주기 위해 어떤 식으로 그의 옷단을 이용했는지에 관한 이야기이다.

형들은 요셉의 옷에 숫염소의 피를 발라 아버지에게 보여주면서 말했다. "우리가 이것을 찾았습니다. 이것이 아버지 아들의 옷인지 알아보시겠습니까?" 그들의 말 속에 들어 있는 핵심어는 '알아보다'이다. 이와 비슷하게 유다는 자기 옷단을 보고 자신의 잘못을 알아보았다. 두 이야기에 사용된 이 동사는 눈에 띌 정도로 아주 유사하다. 이스라엘은 옷을 알아보았고 요셉이 짐승에게 찢겨 죽었다고 생각했다. 이스라엘은 속임수에 넘어갔다. 우리는 그가 상황을 역전시키고 이 재앙을 없애기 위해 무엇인가 교활한 방식을 써서 보복하지 않을까 하고 기대한다. 하지만 지금의 이스라엘은 예전과 똑같은 사람이 아니었다. 역사가는 열일곱 번째 세대의 주인공인 약삭빠른 조상 이스라엘의 모습을 뒤로 감춘다. 이스라엘의 아들들, 특히 유다와 요셉을 다루기 위해 열여덟 번째 세대로 움직인 역사가는 이스라엘을 전통적인 베두인 족장의 모습으로 묘사한다. 이스라엘은 예전의 개성 넘치는 모습이 다 사라지고 없었다. 이스라엘은 즉각 심하게 통곡하였고 위로받기를 거절했다. 그가 우는 동안 비슷한 이야기가 벌어진다.[6]

---

6 창 38장은 '제 자리에 있지 않은 것'으로 여겨져 왔다. 원래 요셉에 관한 가상의 소설 속에

그때에 유다가 내려가서 히라라고 하는 아둘람 사람 옆에 장막을 쳤다. 거기서 유다가 수아라는 가나안 여인의 딸을 보았다. 그가 그녀와 결혼하여 동침하였다. 그녀가 임신하여 아들을 낳고 엘이라고 불렀다. 다시 그녀가 임신하고 아들을 낳으니 오난이라고 불렀다. 또 다시 그녀가 임신하여 아들을 낳고 셀라라고 불렀다. 그녀가 셀라를 낳을 때 거십에 있었다.

유다가 첫아들 엘을 위해 아내를 데려왔다. 그의 이름은 다말이었다. 유다의 첫아들 엘은 야훼 보시기에 악하므로 야훼가 그를 죽였다.

유다가 오난에게 말했다. "네 형의 아내와 동침하라. 그에게 시동생으로서의 의무를 행하고 네 형을 위해 자손을 만들어 주어라." 그러나 오난은 그 자손이 자기 자손이 되지 않을 것을 알았다. 그가 형수와 동침할 때마다 형에게 자손을 주지 않으려고 땅에 사정하였다. 그가 행한 짓이 야훼 보시기에 악하므로 야훼가 그를 죽였다.

유다가 며느리 다말에게 말했다. "네 아버지 집에 가서 내 아들 셀라가 자랄 때까지 과부로 머물러라." 그는 생각했다. "나는 그마저 형들처럼 죽기 원치 않는다." 다말이 가서 아버지 집에 머물렀다.

몇 년이 흘러 유다의 아내 수아의 딸이 죽었다. 애도의 기간이 지나자 유다가 친구 아둘람 사람 히라와 함께 양털을 깎으려고 딤나로 올라갔다. 누군가 다말에게 전했다. "네 시아버지가 딤나로 올라와서 양털을 깎고 있다." 그가 과부의 옷을 벗고 너울로 감추었다. 그가 딤나로 가는 길목의 에나임 입구에 앉았다. 그녀는 셀라가 장성하였으나 그의 아내로 주지 않았음을 보았다.

유다가 그녀를 보니 얼굴을 감추었으므로 창녀(히브리어, *zonah*)로 보였다. 그가 길 가는 중에 그녀에게 건너갔다. 유다는 그녀가 자기 며느리인 줄 몰랐으므로 말하였다. "오라, 너와 동침하고 싶다."

서는 창 39장이 창 37장 다음에 온다고 잘못 가정했다. 이 논의에 관한 최근의 연구를 요약한 것을 보려면 다음을 참고하라. G. R. H. Wright, "The Positioning of Genesis 38," *Zeitschrift für die alttestamentliche Wissenschaft* 94(1982): 523~29.

그녀가 말했다. "당신이 나와 동침한 대가로 무엇을 지불하시겠습니까?"

"내 가축 떼에서 너에게 염소 새끼를 주마."

그녀가 말했다. "당신은 그것을 보낼 때까지 담보물을 맡겨야 합니다."

"무슨 담보물을 주어야 하느냐?"라고 그가 물었다.

"당신의 인장, 옷단과 당신의 지팡이를 주십시오."

유다가 그녀에게 이것들을 주고 동침했다. 그녀가 임신하였다. 그녀가 가서 너울을 벗고 과부의 옷을 입었다. 유다가 그 여인에게서 담보물을 찾기 위해 자기 친구 아둘람 사람을 통해 염소새끼를 보냈다. 그러나 그는 그녀를 찾지 못했다. 그가 그녀를 본 지역 사람들에게 물었다. "길옆 에나임에 있던 창녀(히브리어, *qedesha*)는 어디에 있습니까?"

그들이 대답했다. "그런 창녀(히브리어, *qedesha*)는 이곳에 없습니다."

유다가 말했다. "그녀가 그것들을 가지게 두라. 우리가 웃음거리가 될지도 모른다. 비록 네가 그녀를 찾지 못했어도 적어도 나는 그녀에게 이 숫염소 한 마리를 보냈다."

석 달 후 '당신의 며느리 다말이 창녀(히브리어, *zonah*)가 되어 창녀 짓(히브리어, *zenunim*)으로 임신까지 했답니다'라는 소식이 유다에게 들렸다.

유다가 말했다. "그녀를 데려오라. 내가 태워죽일 것이다."

다말이 오는 중에 시아버지에게 사람을 보내어 말했다. "저는 이 물건을 소유한 사람으로 인해 임신하게 되었습니다. 이 인장, 옷단과 지팡이가 누구의 것인지 보십시오."

유다가 그것들을 알아보고 말했다. "그녀가 나보다 옳다. 나는 그녀에게 내 아들 셀라를 주지 않았다." 그 후로 유다는 그녀를 다시는 가까이 하지 않았다.

그녀가 자식을 해산할 때가 되었고 배 안에 쌍둥이를 임신한 사실을 알게 되었다. 출산할 때 손이 나왔다. 산파가 붉은 실로 손목을 묶었다. 그녀가 말했다. "이것이 먼저 나왔다." 그 아이가 손을 움츠리자 갑자기 동생이 먼저 나왔다. 산파가 말했다. "네가 어찌하여 터뜨리고 나오느냐?" 그래서 그의 이름을 베레스라고 불렀다. 그 후에 형이 손목에 붉은 실을 묶은 채로 나왔다. 그의 이름을 세라라고 불렀다(38:1~30).

유다는 헤브론 서쪽 구릉으로 내려가 아둘람이라고 부르는 곳에서 친구 히라와 함께 지냈다. 다윗은 아둘람에 거점을 두었다(삼상 22:1~2; 삼하 23:13~17). 거기서 유다는 가나안 여인과 결혼했다. 그녀가 엘이라는 아들을 낳았다. 그의 이름은 J 역사에서 도시(*ir*, *이르*)를 뜻하는 단어의 소리가 난다. 그것은 고대 문화권에서 생식능력이 있고 없음을 표현하기 위해 사용하는 다수의 비슷한 용어들과 관련이 있다.[7] 물론 도시와 생식능력의 말놀이는 J가 가인과 함의 혈통을 묘사하는 것과 잘 어울린다. 유다의 아내는 둘째 아들을 낳고 오난이라고 불렀는데 그 이름은 자식을 낳는 생식능력을 가리키는 단어일 것이지만 의미는 전혀 알 수 없다. 세 번째 아들은 셀라이고 분명히 '평안한 아들'이 되었다. (이 이름의 의미는 불확실하다.) 유다의 아내가 거십이라는 곳에서 이 아들들을 낳았는데 그 장소는 거짓말 혹은 속임수라는 뜻을 지닌다. 이것은 야곱의 역사를 기억해볼 때 놀라운 일이 아니다.

유다가 첫아들 엘을 위해 며느리를 맞이하였는데 이름이 다말이었다. 본문은 엘이 야훼 보시기에 악했다—즉, 야훼께서 그를 좋아하지 않았다—고 말한다. 그래서 그를 죽였다. 엘은 속임수를 의미하는 장소에서 가나안 여인으로부터 낳은 첫아들이고 도시를 건설한 저 저주받은 혈통을 연상시키는 이름을 지닌 사람이었다. 아마도 야훼는 엘을 자기 주제를 모르는 첫아들로 여긴 것 같다. 다윗의 젊은 시절과 그의 형제들의 관계 그리고 사울의 아들 요나단과 가진 관계와 같은 맥락으로 J는 동생을 으뜸으로 삼는 경향에 몰두하고 있다. 엘을 죽인 다음에 이어지는 이야기는 역사가가 자식을 낳는 것이 얼마나 중요하다고

---

7 Charles H. Bowman and Robert B. Coote, "A Narrative Incantation for Snake Bite," *Ugarit Forschungen* 12(1980): 135~39.

생각하는지를 보여준다.

유다는 수혼 관습에 따라 둘째인 오난에게 형수를 취하라고 지시했다.[8] 역사가는 오난이 결혼해서 낳을 아들이 자기 상속자가 아니라 형님의 상속자가 된다는 사실을 '알았다'(J의 어투를 보면 이 용어는 야훼가 오난의 행위를 악하다고 여겼다는 의미를 드러낸다)고 말한다. 그래서 오난은 다말과 동침할 때 피임하려고 질외 사정(coitus interruptus)을 했다. 오난은 마음속으로 첫아들이 태어나면 그는 자기 아들이 아니라 엘의 상속자가 된다고 생각했던 것이다. 그럴 경우 오난은 상속 서열상 유다의 손자에게 그저 삼촌이 되는 것이다. 야훼는 가족의 자녀 출산을 이렇게 통제하는 시도를 악하다고 여기고 오난도 죽였다. 야훼의 마음이 겨냥하여 단죄한 것은 오난이 자녀 출산으로 이어지는 경제력을 통제하려는 오만함이었다. 이것은 유다 자신이 막내아들 셀라의 목숨을 보존하기 위해 셀라가 이 관습에 참여하지 않도록 막았을 때 입증된다. 그러므로 그런 행위는 옳지 않은 것으로 드러났다.

유다는 셀라마저 다말과 결혼시켰다가는 죽을지도 모른다는 사실이 두려웠다. (어쩌면 유다는 그의 아들이 왜 죽었는지 알지 못했을 것이다.) 그래서 그는 다말을 친정아버지 집으로 돌려보내면서 셀라의 나이가 차면 결혼시켜 주겠다고 약속했다. 그는 분명 이 약속을 지킬 의사가 없었다. 유다는 아내가 사망하자 자기 친구 히라와 딤나에서 시간을 보내게 되었다. 이렇게 해서 그는 딤나 부근에 머물렀다. 유다가 근처에 있다는 사실을 안 며느리 다말은 유다가 다니는 길목에서 창녀로 분장하고 기다렸다. 유다는 다말이 너울로 얼굴을 감싸고 있어서 누구인지 몰랐기 때문에 그녀를 유혹하였다. J는 그가 자신의 며느리라는 사실을 '알지 못했다'고 알려준다. 다말은 이 당시 셀라가 장성했는데도 자신에게 주지 않고 있다는 사실을 알고 있었다. 다말이 속임수를 사용한

---

8 수혼제는 시동생과 결혼하는 것을 의미한다. 히브리 율법에서 남자는 죽은 형의 아내 즉 형수와 결혼해야 했다. 이 제도는 신 25:5~10에 있다.

목적은 유다가 야훼께서 혹시 셀라도 죽일지 모른다고 생각하여 아들을 다말에게 주지 않는 '잘못(wrong)'을 바로잡기 위해 '권리상(by right)' 자신의 남편이 될 남자 즉 합법적인 남자(rightful man)를 얻기 위해서였다. "나와 동침하는 대가로 당신은 제게 무엇을 주시겠습니까?" 다말이 물었다. 유다는 대답했다. "내가 너에게 숫염소를 보내주마." 다말이 대꾸했다. "당신이 숫염소를 보낼 때까지 담보물을 주시면 그렇게 하겠습니다." 유다가 어떤 담보물이어야 하는지 묻자 그녀가 대답했다. "당신의 인장, 옷단,[9] 그리고 지팡이를 주십시오." 유다는 다말에게 이것들을 담보물로 주고 동침하였고 그녀는 임신했다. 다말은 그 장소를 떠나 다시 과부의 옷으로 갈아입었다. 유다는 담보물을 되찾기 위해 자기 친구 히라를 시켜 숫염소를 보냈다. 히라는 그 창녀를 찾을 수 없었다. 그가 돌아오자 유다가 말했다. "비록 그녀를 찾지 못했어도 적어도 숫염소는 보냈다. 담보물은 그녀가 간직하도록 내버려두자. 그렇지 않으면 우리가 웃음거리가 될 것이다."

석 달 후 유다는 다말이 임신했다는 소식을 들었다. 그는 다말이 창녀가 되었다고 비난하면서 돌아오라고 불러서 처형하기로 다짐했다. 다말은 유다에게 자신을 임신시킨 남자를 확인할 수 있는 것을 보여주겠다는 말을 전했다. "이 인장, 옷단, 지팡이가 누구의 것인지 알아보시겠습니까?" 유다는 알아보았다. 여기서 반복되는 '알아보다'란 말은 요셉의 옷이 누구의 것인지 아버지 이스라엘이 알아보았다는 앞선 이야기를 연상시켜준다. 앞서의 이야기가 옷을 보고 누구의 것인지 알아보았다는 내용이 없었다면 유사성은 그리 크지 않았을 것이다. 이 모든 옷들은 성행위와 관계가 있으며[10] 에덴동산에서 최초의 남자와 여자가 만들어 입은 옷을 암시한다. 그것들은 모두 여기에서 한 사건의

---

9 여기서 보통 끈으로 번역된 단어는 야곱의 옷자락 끝을 의미하는 것 같다. 이 제안은 아카드 본문에서 찾아볼 수 있듯이 누군가의 옷자락 끝을 재판상의 증거로 삼는 관행에 기초하고 있다.

10 요셉의 옷은 이스라엘이 보기에 라헬을 더 사랑한다는 상태를 표시한다.

진실과 거짓을 표시하며 이 단계의 역사에서는 시험과 검증의 의미를 지시한다. 이제 유다의 입에서 중요한 진술이 나온다. "그녀가 나보다 옳다. 왜냐하면 나는 그녀에게 내 아들 셀라를 주지 않았기 때문이다." 유다는 또다시 그것을 알지 못했다고 역사가는 결론을 내린다. 유다가 자신의 허물을 발견하고 시인하게 되는 때는 나중에 그가 요셉과 함께 벌여가는 역사가 전개될 때이다. 요셉을 노예로 팔고 아버지를 속인 잘못을 만회하려면 갈 길이 먼 것처럼 보인다. 동생을 보호한다는 명분으로 저지른 그의 잘못(불의)은 이스라엘의 막내 베냐민을 보호하기 위해 담보를 맡기는 올바른 행동의 길을 준비시켜준다.

유다가 어떻게 정의롭고 충성스런 주인공이 되었을까? 유다는 아버지 이스라엘을 속인 일에 가담했듯이 이제는 자신이 속임을 당했다. 그리고 자신의 주장과 반대되는 증표를 알아봄으로써 형제 중에서 오직 그만이 처벌을 받았다. 그리고 이어지는 이야기 속에서 요셉은 자기 주인의 아내와 눕기를 거절함으로써 유다에 비해 그가 더욱 덕망 높은 사람이란 사실이 입증된다.

유다의 정의(*체덱, tsedeq*) 이슈는 역사 속에서 멜기*세덱*(정의로운 왕) 왕으로 처음 표현된 다윗 왕조의 정의로움을 직접 다룬다. 북부 산지와 관계하여 다윗의 유다 군주제도가 합법적이라는 사실에 관심을 쏟는 것이 J의 역사를 다윗의 선전으로 바라볼 때 나타나는 두드러진 특징이다. 우리는 성서상의 이스라엘을 팔레스타인 지역 전체에 걸쳐 균일하게 펼쳐져 있는 나라로 생각하는 경향이 있다. 하지만 역사적으로 북부 산지와 남부 산지(요셉과 유다)는 전형적으로 구별된 지역이고 거의 언제나 다른 통치자들이 차지하거나 별도의 행정구역으로 존재했던 지역이었다. 이스라엘과 유다의 분열왕국은 팔레스타인의 통상적인 모습이었고, 다윗이 이 지역을 '통일'한 것은 취약하고 불안정한 예외적 역사였다. 다윗 세계의 역사가는 역사적으로 상이한 두 지역을 유다의 정의로움이란 이슈를 통해 직접 연합시키는 내러티브를 전개하고 있다. 이를 통해 서로 깊은 관계를 지닌 존재로 만드는 노력을 기울인 데는 그만한 이유가 있었다.

다말은 쌍둥이를 낳았다. 첫째 아들이 손을 뻗자 산파가 손목에 빨간 실을 매주고 '이것이 먼저 나왔다'고 말했다. 그러나 손을 다시 집어넣고 그 대신 동생이 먼저 태에서 나오자 산파는 "네가 어째서 먼저 나왔느냐?"고 소리치면서 *페레츠*라는 히브리어를 두 번 사용하였다. 그래서 그를 베레스(Perets)라고 불렀다. 이것은 J가 빈번하게 사용하는 단어이며 번성과 풍요를 뜻한다. 그가 태에서 나온 뒤에 형이 나오자 이번에는 그를 세라라고 불렀다. 또 한번 동생이 형보다 우위에 있다. 이 경우에 동생 베레스는 다윗의 조상이 되었다.[11] 갈렙이라는 예외적 인물을 제외하고 그는 J가 다윗 가문의 직접적인 조상으로 다룬 마지막 인물이다.

다말이 낳은 유다의 아들들은 유다가 가나안 아내를 통해 가나안 혈통 그래서 함과 이집트 혈통과 혼합되는 것을 막고 셈의 혈통을 이은 다윗의 조상 유다의 기업을 유지한다. 이것이 유다의 실제적 정치 경쟁자인 에브라임과 므낫세와 대조되는 점이다. 그들은 절반은 이집트 혈통이고 따라서 절반은 함 혈통이다. 순수한 셈 혈통이 아니다.

요셉이 이집트로 끌려 내려왔을 때(39:1a) 어느 이집트 사람이 이스마엘 사람에게서 그를 샀다(39:1c). 야훼께서 요셉과 함께 하셨고 그는 번창했다. 요셉은 이집트 주인의 가족이 되었다(39:2). 그의 주인이 야훼께서 요셉과 함께 계심을 보고 그가 하는 모든 일을 야훼께서 성공하게 하신 것을 보고 그의 눈에 요셉이 은총을 입었다. 요셉은 계속 그를 섬겼는데 결국 주인은 그를 가족을 책임지는 자로 세워 자기가 소유한 모든 것을 맡겼다. 그가 요셉에게 가족과 그의 소유 모

---

11 다윗이 근친상간으로 태어난 아들이라는 것은 놀라운 일이 아니다. 룻이 다윗의 고조할머니라는 전통이 맞다면 J의 생각에는 이 경우도 근친상간이다. 룻은 모압의 후손이기 때문이다. 다윗이 누이 아비가일과 결혼했다는 증거도 있다. Jon D. Levenson and Baruch Halpern, "The Political Import of David's Marriages," *Journal of Biblical Literature* 99(1980): 507~18을 보라.

든 것을 맡긴 순간부터 야훼께서 이집트 사람의 집을 요셉 때문에 축복했다. 야훼의 축복이 그가 소유한 집이나 들 모든 것 위에 임하였다. 그가 요셉의 손에 모든 것을 맡겼으므로 음식을 제외하고는 요셉을 간섭하지 않았다.

요셉은 멋있고 용모가 준수하였다. 한참 후 주인의 아내가 요셉을 눈여겨보았다. 그녀가 말했다. "나와 동침하자."

그는 거절하고 주인의 아내에게 말했다. "주인님은 집 안에 있는 모든 것을 제게 맡기고 간섭하지 않습니다. 그분이 소유한 모든 것을 제 손에 맡기셨습니다. 그분은 이 집에서 저보다 더 크지 않습니다. 그분은 당신을 제외하고는 아무것도 금하지 않았습니다. 당신은 그분의 아내이기 때문입니다. 그런데 어찌하여 제가 이 커다란 악을 저지르겠습니까?"

그녀가 날마다 요셉에게 말하였으나 요셉은 동침하기를 거절하였으며 심지어 그녀와 함께 있지도 않았다. 어느 날 그가 할 일을 하려고 집 안으로 들어갔는데 집 안에 일을 보는 사람이 한 명도 없었다. 그녀가 요셉의 옷을 붙들면서 말했다. "나와 동침하자."

요셉은 그녀의 손에 옷을 남긴 채 밖으로 달아났다. 그녀가 요셉이 자기 손에 옷을 남기고 도망친 것을 보고 집안 남자들을 불러 그들에게 말했다. "이것을 보라. 그가 외국인 노예로 들어와서 우리에게 집적거렸다. 그가 이곳에 들어와서 나와 동침하려고 했다. 내가 큰 소리로 외치자 그가 내 외치는 소리를 듣고 내 곁에 옷자락을 남기고 밖으로 도망쳤다."

그의 주인이 자기 아내가 그에 관해 "당신의 종이 이러이러한 짓을 했습니다."라는 말을 듣고 진노하였다. 요셉의 주인이 그를 데리고 왕의 죄수들을 가두어 두는 감옥에 가두었다.

그가 감옥에 있는 동안에도 야훼께서는 요셉과 함께 하였다. 야훼는 그에게 은혜를 부어주셨고 간수장이 그에게 친절을 베풀도록 만드셨다. 간수장은 요셉에게 감옥에 있는 모든 죄수를 관리하도록 하였다. 거기에 있는 사람이 무엇을 하든 그가 말하는 대로 이루어졌다. 간수장은 요셉이 맡은 일이면 무엇이든 간섭을 하지 않았다. 야훼께서 그와 함께 하셨기 때문이고 그가 하는 일이면 무엇이든 야훼께서 성공하게 만드셨다(39:3~23).

[요셉이 감옥을 잘 관리한다는 소식이 왕의 귀에 들어갔고 왕이 그를 감옥에서 풀어주고 재주를 왕궁을 위해 사용하도록 만들었다. 거기서 요셉은 기근이 닥칠 것을 내다보고 왕에게 다음과 같이 아뢰었다.] "바로께서는 땅을 다스리는 관리를 임명하시고 이집트 땅을 다섯 구역으로 나누십시오. 풍년이 드는 칠 년 동안에는 풍년에 거둔 곡식 전부를 모아두게 하시고 도시마다 식량으로 곡식을 쌓아두시고 바로가 직접 관리하시며 그것을 지키게 하시옵소서. 그 식량으로 이집트 땅에 기근이 드는 칠 년 동안 온 땅의 공식 식량 창고가 되게 하시면 온 땅이 기근으로 망하지 않을 것입니다."(41:33~36)

그 계획을 바로와 온 신하가 좋게 여겼다. 바로가 요셉에게 말했다. "너는 내 집을 다스려라. 네 명령에 내 모든 신하들이 따를 것이다. 내가 너보다 높은 것은 왕좌뿐이다." 바로가 요셉에게 말했다. "보라, 내가 이집트 온 땅을 네게 맡기노라." 바로가 자기 인장 반지를 손에서 빼어 요셉의 손에 끼워주었다. 그가 이집트의 좋은 천으로 만든 옷을 입히고 가슴에는 금 목걸이를 걸어주었다. 그가 요셉을 고관의 수레에 오르게 하였고 요셉이 수레에 탔을 때 사람들이 그 앞에서 "엎드려라(Abrek)"하고 소리쳤다(41:37, 40~43).

바로는 요셉에게 이집트 온 땅을 맡기고 말했다. "나 바로가 이에 선포한다. 네 허락 없이는 이집트 온 땅의 누구도 손이나 발을 들 수 없을 것이다." 바로가 요셉의 이름을 사브낫바네아라고 하였다. 그에게 온[헬리오폴리스]의 제사장 보디베라의 딸 아스낫을 아내로 주었다. 이렇게 해서 요셉은 이집트 땅을 관리하는 자로 등장했다(41:44~45).

요셉이 바로 앞에서 나와 온 이집트 땅을 순찰했다. 땅이 곡식을 풍부하게 내는 칠 년의 풍년에는 그가 이집트 땅에서 칠 년 동안 생산된 곡식을 모아 각 도시에 저장하고 도시마다 도시 주변의 특별한 곳에 그 지역의 곡물을 쌓아두었다. 요셉은 이렇게 바다의 모래같이 엄청난 양의 곡물을 쌓아 두었다. 결국 그는 계산했던 양을 초과했으므로 얼마나 많은지 파악하기를 멈추었다.

요셉이 말한 대로 이집트 땅에 칠 년 풍년이 끝나고 칠 년 기근이 시작되었다. 온 지역에 기근이 있었지만 이집트 온 땅에는 곡식이 있었다. 이집트 온 땅에 기근이 들어 백성들이 바로에게 울부짖을 때 바로가 온 이집트에게 말했다. "요셉에게 가서 그가 너희에게 말하는 대로 하라." 기근이 온 땅에 임할 때 요셉은 각처의 곡식창고를 열어 곡식을 이집트 사람들에게 팔았다.

역사가는 이제 초점을 요셉에게로 맞춘다. 요셉을 이스마엘 사람들이 이집트로 데리고 왔을 때 어느 이집트 사람(J에는 그의 이름이 없다)이 그를 샀다. 역사가는 야훼께서 요셉을 축복한 다음에 이집트 사람을 축복한다는 점을 강조한다. 실제로 요셉 덕분에 이집트 사람에게 속한 모든 것 위에 야훼의 축복이 임했다. 우리는 J가 열두 아들 모두를 축복의 수혜자로 여긴다고 생각하지만 상처받고 위험에 처한(노예로 팔리고 감옥에 갇혔던) 막내에서 두 번째 아들을 능가하지 못한다. J는 그에게 특별한 관심을 쏟고 있다.

내러티브는 주인이 요셉을 신뢰하고 있음을 강조한다. 이것이 다음에 이어질 운명의 전환점이 되었다. 요셉은 아름다운 여인의 아들로서 멋있었고 주인의 상에서 잘 먹었다. 주인의 아내가 요셉에게 다가가 자기와 동침하자고 졸랐다. 요셉은 남편이 자신을 신뢰한다는 점을 상기시키면서 그녀의 제안을 거듭 거절했다. 주인의 아내는 계속해서 집요하게 압박했다. 결국 그녀는 집에 요셉과 자신밖에 없는 때를 노려 실행에 옮겼다. 그가 안 된다고 말하자 그녀는 요셉의 옷을 움켜쥐었다. 요셉은 가까스로 옷을 벗고 집 밖으로 도망갔다. 그의 옷을 움켜쥔 주인의 아내는 큰 소리를 쳐서 요셉이 자기를 성폭행하려 했다고 고발했다.[J가 적극적인 성폭행 행위를 가리키기 위해 사용한 단어는 우리에게 친숙한 '웃다'(*차하크, tsahaq*)이다. RSV의 '희롱하다'는 요점을 놓친 것이다.] 그녀는 요셉이 자신을 범하려 했다는 증거물로 옷을 갖고 있었다. 남편이 돌아오자 그녀의 손에 쥔 옷은 아내가 옳고 요셉이 틀렸다는 충분한 증거가 되었다. 왕의 고관이었던 남편은 요셉을 다른 사람들과 함께 왕실 감옥에 가두었다. 요셉이 주인의 교활하고 집요한 아내의 청을 거절한 것은 가장 최근에 유다가 보여준 대로 성과 권력 체계를 뒤집는 행위이다. 요셉은 에덴동산에서 시작한 주제넘은 태도와 아무런 상관이 없었다. 그러므로 요셉의 성공은 당연히 야훼께서 주신 것이었다.

이제 요셉이 자기 주인의 집에서 거둔 축복을 묘사하는 어투로 새 이야기가 시작된다. 간수장은 요셉의 뛰어난 관리능력을 인정하고 감옥의 죄수들을 모두 그에게 맡겼다. 그 직책으로 할 수 있는 일은 무엇이든 요셉이 다 했다고 역사가는 설명한다. 정말로 그의 능력은 분명히 야훼의 후원에 힘입어 이전 주인의 경우처럼 간수장이 그를 온전히 신뢰하도록 만들었다.

성서 내러티브의 이곳에서 요셉의 유명한 꿈 이야기가 등장한다. 꿈을 통해 그는 다가오는 엄청난 기근에 관한 소식을 접하게 되고 결국 감옥에서 나오게 되었다. 이 꿈 이야기는 E의 것이다. 여기에 E를 삽입함으로써 생긴 간격은 J 역사의 다른 어느 곳에서보다 더 큰 것 같다. J로 이어질 때 요셉은 바로의 궁전에 있으면서 바로에게 기근 대처 방안을 조언하였다. 지금 우리는 J에 없는 자료 중에서 어떻게 요셉이 왕실 감옥에서 왕궁으로 가게 되었는지 물어야 한다. 우리는 추측할 수밖에 없다. J가 요셉에 관해 언급한 내용 속에서 실마리를 찾을 수 있다. 요셉은 행정에 능숙한 사람이었고 두 번씩 말하고 있듯이 '점치는 기술'이 있었다.[12] 점술이 무엇이든지 간에 그것은 요셉에게 투시력을 제공했다. (역사가는 야곱과 라반의 경우에도 무의식적으로 그리고 부연설명하지도 않

12 대다수 역사가는 여기에서 사용한 단어가 유다와 이스라엘을 포함하여 고대 근동에서는 극히 일상적인 관습으로서 표적을 관찰하거나 징조를 풀이하는 행위를 말하는 것으로 이해한다. 대다수 성서 문헌에 제시된 관습의 관점에서 볼 때 점치는 것은 금지되었다. 금지 자체가 그런 관습이 존재했다는 표시이다. 성서에서 가장 오래된 J가 이 용어를 사용하는 것을 제외하고 다른 곳에서는 나타는 곳마다 정죄되고 있다. 여기에 레 19:26; 신 18:10; 왕하 21:6이 속한다. 왕상 20:33에는 비(非)이스라엘계 출신 사람들이 비난을 받지 않은 채 이 관습을 행한다.

은 채 이 기술을 언급했다.) 요셉의 운명이 어떻게 뒤바뀌게 되었는지를 상상하기란 쉬운 일이다. 요셉을 바로의 궁전에 두기 위해서라면 내러티브가 그렇게 길지 않아도 된다. 감옥에서 행정관리 실력을 보여준 요셉을 왕은 감옥에서 꺼내어 그 실력을 더 유용하게 사용하였다. 왕궁에 발을 내딛자 미래를 '점치는' 그의 기술은 즉시 유용하게 사용되었다.

이제 요셉의 운명을 다루는 유다와 요셉 역사의 주요 강조점이 등장한다. 요셉은 이집트 왕에게 온 나라에서 생산되는 곡물 전체를 바로가 직접 관리하자는 계획을 제안했다. 이것은 순전히 이집트 왕실을 위한 봉사였고 그로 인해 요셉은 큰 보상을 받았다. 그것은 자기 가족이 이집트로 내려와 온 가족이 모여 살게 되었을 때 요셉이 이집트를 위해 봉사한 공을 인정받아 드넓은 토지 사용권을 수여받기 때문이다.

J는 요셉의 계획이 농경사회에 곡물을 중앙으로 집중시키는 데서 유래한 것으로 이해했다. 그 계획은 바로가 풍년이 든 칠 년 동안 농부들로부터 곡물을 '모으고'(즉, 세금으로 징수하고) 흉년이 드는 칠 년 동안에는 곡식을 넉넉히 나누어 줄 수 있도록 하자는 것이었다. 곡물은 이집트 전역의 도심지에 바로의 관리를 통해 저장되었다. 평생 가난하게 살아보지 않은 현대의 독자들에게 이 계획은 보통 이집트 백성이 기근에서 살아남을 수 있게 해주는 효과적인 계획이라고 생각한다. 실제로는 그것은 이집트 백성을 전부 노예로 만들고 애초부터 농경사회와 오늘날도 여전히 농산물을 생산하는 사회의 특징인 사회경제적 착취라는 압제적 시스템의 모델이었다.[13] 요셉과 같은 계획들이 기근을 초

13 Susan George and Nigel Paige[*Food for Beginners* (London: Writers and Readers Publishing Cooperative Society, 1982), 16]은 곡물창고를 '국가의 산실'이라고 묘사한다. 그들은 표현하기를 고대 모로코에서는 똑같은 단어가 곡물창고와 정부를 의미했다. 다음 연구도 보라. Frances Moore Lappé and Joseph Collins, *Food First: Beyond the Myth of Scarcity*, rev. ed.(New York: Ballantine Books, 1979); Susan George, *How the Other Half Dies: The Real Reasons for World Hunger*, rev. ed.(New York: Penguin Books, 1977); John W. Warnock, *The Political Economy of Hunger*(New York:

래하는 것이다.

역사가는 요셉의 계획이 이집트 도시에 곡식을 저장하는 일이라고 강조한다. 이것은 J의 역사 초반에 상세하게 다룬 도시 시스템을 암시한다. 이것은 또한 요셉의 가족이 강제부역으로 징발되어 주요 도시들에 곡물창고를 건설하는 일을 암시한다. 그런데 이 일은 요셉이 처음으로 제안한 계획을 실행하도록 이집트 왕이 명령한 것이었다. 다른 말로 하자면 야훼께서 이 강제부역에 동원된 노동자들을 구원하는 J역사의 절정은 분명히 열여덟 번째 세대로 소급되는 역사의 한 사건에 뿌리를 두고 있으며 그 세대의 형제들이 화합하는 역사와 얽혀있다.

요셉의 계획을 듣고 승인한 바로는 그를 온 이집트에서 두 번째 서열의 관리 즉 총리대신으로 임명하였다. 요셉의 승격은 그의 고난의 역사를 마무리하며 죽을 때까지 이집트 사회의 정상에 남아있게 만들었다. 요셉은 (선물로 받은) 첫 번째 옷을 빼앗겼을 때 노예로 전락하였고 두 번째 옷(주인의 아내 손에 남긴 옷)을 잃어버렸을 때는 감옥에 갔다. 그런 식으로 이제 그는 바로로부터 새로운 옷을 수여받고 모든 이집트를 다스리는 위치에 서게 되었다. 그가 고관이 타는 수레를 자기의 수레처럼 탔을 때 이집트 사람들이 인사말(*abrek, 아브렉*)로 경의를 표했다. J와 히브리어를 말하는 청중에게 이 인사말은 마치 히브리어로 '축복하다(*barak*, 바락)'라는 소리로 들리며 요셉의 풍파 많은 인생을 압축하는 것처럼 들렸을 것이다.

이 내러티브의 여러 요소들은 우리가 이전에 보아왔던 주제들을 연상시킨다. 동생은 아버지와 야훼의 은혜를 입었다. 형들에게 미움을 받아 고향 땅을 떠난 그는 야훼의 축복 하나만으로 엄청난 재산을 모았다. 아브람이나 야곱과 유사한 점이 두드러지게 나타난다.

Methuen, 1987); and Keith Griffin, *World Hunger and the World Economy*(New York: Macmillan Co., 1987).

J역사의 이 부분은 요셉의 운명이 극에서 극으로 바뀌는 모습을 보여준다. 아버지가 친애하고 사랑을 독차지했던 그는 노예가 되어 이집트로 들어갔다. 처지가 바뀐 그는 큰 어려움 없이 부유한 이집트 주인의 전 재산을 관리하는 청지기로 올라섰다. 유혹하던 주인의 아내가 부당하게 고발하는 바람에 그는 이집트 왕의 죄인들을 가두어 두는 감옥에 갇혔다. 거기서 그는 나머지 죄수들을 돌보는 일로 인해 이집트 왕에게 조언하는 자의 위치로 그 다음에는 결국 바로의 제이인자인 총리대신이 되어 이집트 온 땅을 관리하는 위치로 올라섰다. 이렇게 인생의 오르막과 내리막의 폭이 크고 변화무쌍한 요셉의 인생은 되풀이되는 극한 역경 속에서도 야훼께서 그를 돌보셨음(또는 J가 말한 대로 야훼의 축복)을 가리킨다. J는 이것을 요셉의 운명이 좋게 바뀐 두 경우 모두에서 매우 길게 이야기한다.

요셉은 주인의 아내를 거절했지만 이제는 온(헬리오폴리스) 제사장의 딸을 받아들였다. 히브리 사람들의 귀에 온은 '열정, 남자다움'과 비슷한 소리로 들린다. 그의 두 아들 므낫세와 에브라임은 절반이 이집트 사람이었다. 요셉 이야기에 기초하고 있는 북 왕국 이스라엘과 이집트의 연관성은 훨씬 더 견고해졌다.

그것은 자루에 들어 있다

(창세기 41:57~출애굽 1:8, 일부)

칠 년 끝자락에 기근이 시작되었다. 이집트 백성은 식량이 없어 바로에게 애원했고 바로는 온 이집트를 향하여 말했다. "요셉에게 가서 그가 너희에게 말하는 대로 하라"(41:55). 요셉은 창고를 열고 이집트 사람으로부터 취한 곡물을 다시 팔았다. 기근이 심할수록 이집트 백성은 더욱 도시의 곡물창고에 의지했다. 우리 역사가는 요셉의 조치에 관한 역사를 이 지점에서 잠시 멈추고 유다의 역사를 다시 시작한다. 역사가가 요셉의 조치에 관한 역사를 다시 시작할 때 자신들에게서 세금으로 거둔 곡물을 다시 사서 먹어야 하는 이집트 농부들의 정황을 다룬다. 역사가는 곡물을 사서 먹는 일에 대한 관심사를 잠시 멈추고 요셉의 형제들 이야기를 다시 시작한다. 형제들은 이집트로 내려가 곡식을 사오라는 제안을 받는다.

기근이 이집트 땅에 더 심해지자 온 세상이 요셉에게 곡물을 사려고 이집트로 왔다(41:56~57). 기근이 온 세상에 심하므로 이스라엘의 아들들이 무리에 섞여 곡물을 사려고 왔다. 가나안 땅에도 기근이 임했기 때문이다(42:5). 요셉은 땅의 모든 백성에게 곡물을 파는 일을 관장하는 인물[총리]이었으므로 요셉의 형제들이 와서 그 앞에 얼굴을 땅에 대고 절했을 때 요셉은 그의 형들을 알아보았다. 그러나 그는 자신의 정체를 숨기고 그들에게 엄하게 말했다. "너희는 어디에서 왔느냐?"(42:6~7a)

그들은 말했다. "곡물을 사려고 가나안에서 왔습니다."

요셉은 그의 형들을 알아보았으나 그들은 요셉을 알아보지 못한 것이 확실했다. 요셉이 그들에게 말했다. "너희는 정탐꾼이다. 너희는 이 땅의 약점을 엿보기 위해 여기에 온 것이다."

그들이 요셉에게 말했다. "주여, 아닙니다. 당신의 종들은 곡물을 사러 온 것입니다. 우리는 모두 한 사람의 자식들이고 우리는 정직합니다. 당신의 종들은 정탐꾼이 아닙니다."

그가 그들에게 말했다. "아니다. 너희는 이 땅의 약점을 엿보기 위해 왔다."

그들이 말했다. "우리 당신의 종들은 열두 형제이고 가나안 땅에 있는 한 사람의 아들들입니다. 막내는 지금 우리 아버지와 함께 있고 또 하나는 없어졌습니다."

요셉이 그들에게 말했다. "나는 너희가 정탐꾼이라고 했다. 너희는 이런 식으로 증명해야 할 것이다. 바로의 생명을 두고 맹세한다. 너희는 너희의 막내를 이곳으로 데리고 오지 않으면 떠날 수 없다. 너희 중 한 사람을 보내어 너희 동생을 데리고 오너라. 나머지는 갇혀 있을 것이다. 이렇게 해야 너희 말이 사실인지 증명할 수 있을 것이다. 그렇지 못하면 바로의 생명을 두고 맹세하거니와 너희는 정탐꾼이다."

요셉이 그들을 삼일 동안 감옥에 가두었다. 사흘째 되는 날 요셉이 그들에게 말했다. "너희가 살고 싶으면 이렇게 하라. 너희가 정직하다면 가서 곡물창고의 곡물을 사서 너희 가족에게 가라. 그리고 너희 주장을 입증하려면 막내를 내게 데리고 오너라. 그러면 죽지 않을 것이다." 그들이 이렇게 하기로 동의했다(42:7b~20).

요셉이 명령을 내려 그들의 그릇에 곡식을 채워주었으나 돈은 자루에 넣어 돌려주고 여행용 양식을 주었다. 이 일들이 그들에게 조치되었다. 그들은 나귀에 그들이 산 곡물을 싣고 그곳을 떠났다. 그날 밤 여관에서 그들 중 한 사람이 나귀에게 먹이를 주기 위해 자루를 열어보고 자루 아귀에 돈이 있는 것을 보았다. 그가 형제들에게 말했다. "내 돈을 돌려주었다. 보라 그것이 자루 속에 들어있다." 그들의 가슴이 내려앉았다(42:25~28a).

그들이 가나안 땅에 있는 그들의 아버지에게 돌아가 그들에게 벌어진 모든 일을 말했다. "그 땅의 주인인 그 사람이 우리에게 엄중하게 말하고 우리가 마치 그 땅을 정탐하러 온 것처럼 가두었습니다. 우리가 그분에게 말했습니다. '우리는 정탐꾼이 아니고 정직한 사람들입니다. 우리에게 열한 명의 형제가 있고 아버지 한 분에게서 태어난 아들들입니다. 형제 하나는 사라지고 막내는 지금 가나안 땅에 우리 아버지와 함께 있습니다.' 그 땅의 주인인 그가 우리에게 말했습니다. '이렇게 하면 너희가 정직하다는 것을 내가 알 수 있을 것이다. 네 가족을 위해 곡물을 갖고 가서 막내 동생을 나에게 데려오너라. 그러면 너희가 정탐꾼이 아니라 정직한 사람들인 줄 알 수 있을 것이며 또한 이 땅에서 자유롭게 왕래할 수 있을 것이다.'"(42:29~34)

이스라엘이 말했다. "내 아들은 너희와 함께 내려가지 않을 것이다. 그의 형은 죽었고 그애만 혼자 남았다. 너희가 데리고 가는 중에 그에게 해로운 일이 일어나면 너희는 백발이 된 내가 위로받을 수 없는 탄식을 하면서 음부로 내려가게 만들 것이다."(42:38)

기근이 그 땅에 심했다. 그들이 이집트에서 갖고 간 곡식이 떨어지자 그들의 아버지가 그들에게 말했다. "돌아가서 우리를 위해 식량을 조금 사오너라."(43:1~2)

유다가 그에게 말했다. "그 사람이 우리에게 엄중히 경고하여 말하기를 '너희가 너희 아우를 데리고 오지 않으면 내 얼굴을 볼 수 없을 것이다.' 만일 아버님께서 아우를 우리와 함께 보내주실 준비가 되시면 우리가 내려가서 곡식을 사오겠습니다. 만일 그를 보내실 준비가 안 되셨다면 우리는 가지 않겠습니다. 그가 '너희가 너희 아우를 데려오지 않으면 내 얼굴을 볼 수 없을 것이다'라고 말했기 때문입니다."

이스라엘이 말했다. "너희가 어찌하여 그 사람에게 아우가 있다고 말하여 나를 괴롭게 하느냐?"

그들이 말했다. "그 사람이 우리와 우리의 출생지와 우리의 친족에 관해 자세히 물었습니다. 그가 말했습니다. '너희 아버지가 아직 살아계시느냐? 다른 형제가 있느냐?' 그래서 우리는 그가 알고 싶어 하는 것을 전부 말했습니다. 그가 '너희 아우를 데려오너라'라고 말할 줄 우리가 어찌 알았겠습니까?"

유다가 자기 아버지 이스라엘에게 말했다. "저와 함께 아우를 보내주십시오. 그러면 우리가 가겠습니다. 그러면 우리와 아버지와 우리 어린아이들이 죽지 않고 살 수 있습니다. 제가 직접 그를 위해 담보가 되겠습니다. 아버님께서 그에 관한 책임을 저에게 맡겨주십시오. 제가 그를 아버님께 데려와 그를 아버님 앞에 세우지 못하면 제가 평생 동안 아버님에게 지은 죄를 떠안겠습니다. 우리가 지체하지 않았더라면 지금쯤 두 번은 갔다 왔을 것입니다."

그들의 아버지 이스라엘이 그들에게 말했다. "그렇게 해야 한다면 이렇게 해라. 네 그릇에 이 땅의 소산물인 유향 조금과 꿀 조금, 향품과 몰약과 피스타치오와 아몬드를 담아 그 사람에게 선물로 드려라. 네 손에 돈을 두 배로 갖고 가라. 네 자루 아귀에 있는 돈을 다시 집어넣고 가야 하기 때문이다. 실수였을 수도 있다. 네 아우를 데리고 가라. 어서 그 사람에게 돌아가라."(43:3~13)

그 사람들이 손에 돈을 두 배나 갖고 이 선물과 베냐민을 챙겨서 이집트로 돌아갔다. 그들이 요셉 앞에 섰다. 요셉이 그들과 함께 있는 베냐민을 보고 자기 청지기에게 말했다. "그 사람들을 궁전으로 데려오너라. 짐승을 잡아 준비하라. 그 사람들이 나와 정오에 식사를 할 것이다."(43:15~16)

그가 요셉이 분부한 대로 하고 그 사람들을 요셉의 궁전으로 데려왔다. 그 사람들은 요셉의 궁전에 들어오자 두려웠다. 그들은 말했다. "우리를 이곳에 데려온 것은 틀림없이 처음에 우리 자루에 되돌려준 돈 때문이다. 그들은 우리를 칠 구실을 찾아서 우리를 공격하고 잡아 노예로 삼고 우리의 나귀를 빼앗으려는 것이다."

그래서 그들이 요셉의 청지기에게 다가가 궁전 입구에서 말했다. "나의 주여, 일찍이 우리가 곡식을 사려고 내려왔습니다. 돌아가는 길에 여관에 도착하여 우리 자루를 열어보니 자루 아귀에 각자의 돈이 전액 들어 있었습니다. 이제 우리가 그것을 우리 손으로 다시 가져왔습니다. 우리는 누가 우리 돈을 자루에 넣었는지 모릅니다."

그가 말했다. "괜찮습니다. 걱정하지 마십시오. 여러분의 하나님이 여러분의 자루에 약간의 보화를 주신 것이 틀림없습니다. 여러분의 돈은 내가 받았습니다."

그 사람이 그들을 요셉의 궁전으로 데리고 갔다. 그가 물을 가져다 그들의 발을 씻기고 나귀에게 먹이를 주었다. 그들은 선물을 준비하고 정오에 요셉이 도착하기를 기다렸다. 그들이 거기서 식사를 하게 될 것이라는 소식을 들었기 때문이다. 요셉이 궁전에 도착하자 그들이 궁전으로 가져온 선물을 들고 머리가 땅에 닿도록 그에게 절을 했다.

요셉이 그들의 안부를 물으면서 말했다. "너희가 말한 너희의 연로하신 아버지는 안녕하시느냐? 아직 살아계시느냐?"

"당신의 종 우리 아버지는 안녕하십니다. 그는 아직 살아계십니다." 그들이 깊이 머리를 조아리며 대답했다.

그가 자기 어머니의 아들, 친동생 베냐민을 쳐다보고 말했다. "이 사람이 너희가 말한 너희의 막내 동생이냐?" 요셉이 자기 동생을 사랑하는 마음에 감정이 복받쳐 재빨리 자리를 떠났다. 울음이 터지려고 하자 자기 방으로 들어가 거기서 울었다. 얼굴을 씻은 다음 돌아와서는 자신의 마음을 억눌렀다.

그가 말했다. "음식을 대접하라." 그들이 요셉에게 따로 차리고 그의 형제들에게 따로 차리고 그와 함께 먹는 이집트 사람들에게도 각기 따로 차렸다. 이집트 사람들은 외국인과 함께 식사하는 것이 금지되었는데 그들에게 혐오스러웠기 때문이다. 요셉의 형들이 요셉 앞에 나이 순서로 앉게 되자 서로 놀라면서 바라보았다. 요셉이 음식을 자기 상에서 그들에게 주었는데 베냐민의 몫은 다른 형들 몫보다 다섯 배나 많았다[43:17~34a(23b의 '너희 아버지의 하나님', 29b의 '그가 또 이르되 소자여 하나님이 네게 은혜 베푸시기를 원하노라'는 제외)].

그들이 그와 함께 자유롭게 마시는 동안(43:34b) 그가 청지기에게 명령했다(44:1). "이 사람들의 자루에 가지고 갈 수 있을 만큼 곡식을 채우고 각자가 곡식을 사려고 지불한 만큼의 돈을 자루 아귀에 넣어라. 그리고 내 은잔을 막내의 자루 아귀에 그가 곡식을 사려고 지불한 돈과 함께 넣어두어라." 요셉의 명령대로 이루어졌다.

다음 날 날이 밝자 그 사람들은 나귀를 타고 떠났다. 그들이 도시에서 그리 멀리 가지 않았을 때 요셉이 그의 청지기에게 말했다. "가서 그 사람들을 뒤쫓아라." 네가 그들을 붙잡고 말하라. '너희가 어찌하여 선을 악으로 갚느냐? 이것[잔]이 내 주께서 가지고 마시며, 점을 칠 때 사용하는 것이 아니냐? 너희의 소행이 악하다.'"

청지기가 그들을 붙잡고 요셉이 시킨 대로 말했다. 그들이 청지기에게 말했다. "나의 주께서 어찌하여 이렇게 말씀하십니까? 당신의 종들은 결단코 그런 일을 하지 않았습니다. 우리 자루 아귀에 든 돈은 가나안 땅에서부터 당신에게 가져왔습니다. 어찌하여 우리가 당신의 주의 궁전에서 은이나 금을 훔치겠습니까? 만일 당신의 종들의 소유물에 도둑질한 것이 발견되면 그는 죽을 것이고 우리는 내 주의 노예들이 될 것입니다."

그가 말했다. "좋습니다. 여러분이 말한 대로 될 것입니다. 무엇이든 발견되면 그는 내 노예가 될 것이고 나머지는 가도 좋습니다."

각자가 서둘러 자기 자루를 땅에 놓고 열었다. 청지기가 나이 많은 자부터 나이 어린 자까지 각자의 자루를 뒤졌다. 그는 베냐민의 자루에서 잔을 찾았다. 그들은 자신의 옷을 찢었다. 그리고는 각자 자기 나귀에 짐을 싣고 도시로 돌아갔다.

유다와 그의 형제들이 요셉의 궁전에 도착했을 때 요셉은 아직 그곳에 있었다. 그들이 그 앞에 머리를 숙였다.

요셉이 말했다. "너희가 왜 이러느냐? 너희는 나 같은 사람이 점을 쳐서 어찌 된 일인지 알아낸다는 것을 모르느냐?"

유다가 말했다. "우리가 내 주께 무엇이라고 말하겠습니까? 우리가 어떻게 변명하며 어떻게 하면 우리가 옳은지를 보여줄 수 있겠습니까? 우리와 이 잔이 발견된 자가 모두 내 주의 노예가 될 것입니다."

요셉이 말했다. "나는 결코 그렇게 하지 않을 것이다. 이 잔이 발견된 자만이 내 노예가 될 것이다. 나머지는 너희 아버지에게로 안전하게 돌아가라."

유다가 그에게 가까이 가서 말했다. "간청합니다, 내 주여. 당신의 종이 내 주께 한 말씀 올리도록 허락해주십시오. 당신의 종에게 노하지 마십시오. 당신은 바로와 같습니다. 내 주께서 종들에게 물었습니다. '너희에게 아버지나 형제가 있느냐?' 우리가 말씀드렸습니다. '우리에게 연로한 아버지와 어린 동생이 있습니다. 그의 형은 죽었습니다. 그 어머니의 아들 가운데 막내 혼자서 남았으므로 내가 그를 돌보았습니다.' 제가 내 주께 말씀드렸습니다. '그 아이는 자기 아버지를 떠날 수 없습니다. 만일 그가 그의 아버지를 떠나면 그의 아버지가 죽을 것입니다.' 당신이 당신의 종들에게 말씀했습니다. '너희의 어린 동생을 데리고 오지 않으면 다시는 내 얼굴을 보지 못할 것이다.' 우리가 당신의 종 나의 아버지에게 돌아가서 내 주의 말씀들을 전했습니다."

"우리 아버지께서 말씀했습니다. '돌아가서 우리를 위해 곡식을 조금 사오너라.' 하지만 우리가 말했습니다. '우리는 내려갈 수 없습니다. 우리 막내가 함께 가면 내려갈 것입니다. 우리는 막내가 함께 가지 않으면 그분의 얼굴을 볼 수 없습니다.' 당신의 종 내 아버지께서 우리에게 말씀했습니다. '너희가 알다시피 내 아내가 두 아들을 낳았다. 하나는 나를 떠났고 나는 그가 짐승에게 찢겨 죽은 것이 틀림없다고 생각했으며 이후로 그를 본 적이 없다. 그런데 지금 너희가 이 아들을 내 앞에서 데리고 가려 하는구나. 만일 그에게 무슨 해라도 임하면 너희는 내 흰 머리가 슬퍼하며 음부로 내려가게 할 것이다.'

그러므로 만약 제가 당신의 종 나의 아버지께 돌아갈 때 아버지의 목숨이 달려 있는 그 아이가 우리와 함께 가지 않으면 그 아이가 없는 것을 보고 아버지는 죽을 것이고 당신의 종들은 당신의 종 우리 아버지의 흰 머리를 슬픔 속에서 음부로 내려가게 할 것입니다. 그러나 주의 종인 제가 그 아이를 위해 제 아버지께 담보를 서고 '만일 제가 그 아이를 데리고 오지 않으면 저의 남은 생애 동안 아버지께 죄를 진 것으로 간주하십시오'라고 말씀드렸습니다. 그러므로 당신의 종이 내 주의 노예로 대신 뒤에 남게 해주십시오. 그리고 그 아이를 형들과 함께 돌아가게 해주십시오. 만일 그 아이가 저와 함께 가지 않는다면 제가 어떻게 내 아버지께로 돌아갈 수 있겠습니까? 저는 내 아버지께 닥칠 재앙을 볼 수 없습니다."(44:1~34, 16b의 '하나님이 종들의 죄악을 찾아내셨으니'는 제외)

요셉이 시종 드는 사람들 앞에서 자신을 통제하지 못했다. 그가 소리쳤다. "모두 내 앞에서 물러가라." 그곳에 아무도 없게 되자 요셉은 자기 형들에게 자신을 밝혔다(45:1). 요셉이 자기 형들에게 말했다. "내게 가까이 오라." 그들이 가까이 갔다. 그가 말했다. "나는 당신들이 이집트에 판 동생 요셉입니다. 이제 고민하지 마시고 나를 이곳에 판 일로 한탄하지 마십시오(45:4~5). 내 아버지께 속히 가서 말씀드리십시오. '제게 오십시오. 지체하지 마십시오. 아버지와 아버지의 아들들과 손자들과 아버지의 소와 양 그리고 소유하신 모든 것을 갖고 고센 땅에 정착하여 제 곁에서 지내십시오. 제가 당신을 위해 그곳을 준비해 두겠습니다. 기근이 아직 다섯 해나 남았습니다. 여러분과 여러분의 가족과 여러분이 소유한 모든 것을 잃지 않아야 합니다.' 여러분의 눈과 내 동생 베냐민의 눈이 여러분에게 드리는 것이 제 명령임을 알 것입니다. 내 아버지께 내 재산과 명예와 여러분이 본 모든 것을 전해주십시오. 그리고 속히 내 아버지를 이곳으로 내려오게 하십시오."

그리고 그가 자기 동생 베냐민의 목을 끌어안고 울자 베냐민도 그의 목을 안고 울었다(45:9~15).

바로가 요셉에게 말했다. "네 형제들에게 이렇게 하라고 말하라. '네 양식을 싣고 가나안 땅으로 가라. 네 아버지와 네 가족을 데리고 내게 오라. 내가 너에게 이집트의 좋은 땅을 줄 것이니 네가 그 땅의 기름진 것을 먹게 될 것이다.' 그리고 그들에게 이렇게 명령을 내렸다. '너희 자녀와 아내를 위해 이집트 땅에서 수레를 끌고 가서 너희 아버지와 함께 그들을 데려오너라. 너희가 올 때 뒤에 남기고 온 것을 걱정하지 말라. 이집트 온 땅의 가장 좋은 것이 너희 것이 될 것이다.'"(45:17~20)

이스라엘의 아들들이 시키는 대로 했다. 요셉은 그들에게 바로가 명령한 대로 여행 경비와 함께 수레를 주었다. 그는 각 사람에게 옷 한 벌씩 주었다. 베냐민에게는 은 삼백 세겔과 옷 다섯 벌을 주었다. 그의 아버지에게는 수나귀 열 필에 이집트 물건을 싣고 암나귀 열 필에는 곡식과 떡과 아버지가 여행하는 데 필요한 물건을 실어서 보냈다. 그가 형제들을 보낼 때 말했다. "가는 도중에 다투지 마십시오."(45:21~24)

[그들이 아버지에게 돌아오자] 이스라엘이 말했다. "됐다. 내 아들 요셉이 아직 살아있구나. 내가 죽기 전에 가서 그를 보아야겠다."(45:28)

이스라엘이 소유한 모든 것을 정리해서(46:1a) 이집트로 갔다(46:7c). 이스라엘이 유다를 요셉에게 먼저 보내어 고센으로 가는 길을 안내하도록 했다(46:28). 그들이 고센 땅에 이르렀을 때 요셉이 수레를 갖추고 올라가 고센에 있는 자기 아버지 이스라엘을 만났다. 요셉이 그를 보자 목을 안고 한동안 울었다.

이스라엘이 요셉에게 말했다. "내가 네 얼굴을 보았고 네가 아직 살아있는 것을 보니 이제 내가 죽어도 여한이 없다."(46:29~30)

요셉이 그의 형제들과 자기 아버지의 가족들에게 말했다. "가서 바로에게 말하겠습니다. '가나안에 있던 내 형제들과 아버지 가족이 제게 왔습니다. 그 사람들은 가축을 기르는 사람들이라서 목자들인데 양과 소와 모든 소유를 끌고 왔습니다.' 바로가 여러분을 불러서 '너희 하는 일이 무엇이냐?'고 묻거든 여러분은

'당신의 종들은 어릴 적부터 지금까지 가축을 기르는 사람들입니다. 우리와 우리 조상들도 그렇습니다'라고 말하십시오. 그러면 여러분은 고센 땅에 정착할 수 있습니다. 모든 목축인을 이집트 사람들이 싫어하기 때문입니다."(46:31~34)

요셉이 바로에게 가서 말했다. "내 아버지와 내 형제들과 그들의 양과 소와 모든 소유가 가나안 땅에서 와서 이곳 고센 땅에 있습니다." 그가 그의 형들 중 다섯 명을 택하여 바로에게 인사시켰다. 바로가 그들에게 말했다. "너희가 하는 일이 무엇이냐?"

그들이 바로에게 말했다. "당신의 종들은 목자인데 우리와 우리 조상들이 다 그렇습니다. 우리가 이 땅에 머물게 되었는데 가나안 땅에는 당신의 종들이 목축할 곳이 없고 기근이 심합니다. 그러므로 당신의 종들이 고센 땅에서 정착하게 해 주십시오."

바로가 요셉에게 말했다. "그들이 고센 땅에 살아도 좋다. 만일 그들 가운데 능력 있는 사람이 있으면 내 가축을 관리하는 자로 임명하라."(47:1~6)

기근은 팔레스타인까지 미쳤고 이스라엘의 가족에게도 심대한 영향을 주었다. 팔레스타인 출신의 사람들 특히 시내 광야를 가로질러 다니면서 이집트와 정기적으로 접촉을 했던 베두인들은 요셉처럼 도시 생활을 영위하는 이집트 사람들과 결부되기 시작했다. 이스라엘은 식량을 얻기 위해 아들들을 이집트 궁전으로 보냈다. 라헬의 남겨진 아들 베냐민만 홀로 그와 함께 남았다.

형제들이 궁정에 도착하자 요셉이 영접하였다. 하지만 그들은 요셉을 알아보지 못했다. 도시 생활을 하면서 새로운 신분과 함께 외관이 바뀌었기 때문이다. 요셉은 그들의 아버지의 안부를 묻고 베냐민이 잘 지내는지를 말하도록 유도했다. 요셉은 그의 형제들이 '이 땅의 약점'을 이용하여 침략할 의도를 가진 정탐꾼들이라고 몰아세웠다. 요셉의 동기는 베냐민을 강제로라도 자기에게 데려오도록 하려는 것이었다. 이 시점에서 요셉이 형들과 화해하려고 했는지 아니면 아버지와 나머지 형제들보다 자기 혈육에 더욱 관심을 두었는지는 전혀 확실하지 않다. 다만 그가 베냐민에 대해 관심을 두고 있다는 점만 강조되고 있다. 하지만 가인의 전승을 좇아 복수하는 대신 그는 축복받은 혈통의 후예답게 아브람과 롯, 야곱과 에서의 선례를 따랐다. 형들에게도 약간의 관심을 보인 다음 그는 아무 담보도 잡지 않은 채 양식을 주고 돌려보냈다. 그들이 떠나기 전 요셉은 베냐민을 데리고 오지 않으면 다시 나타나지 말라고 했다.

비밀리에 명령을 받은 요셉의 청지기는 곡식을 사려고 가져온 돈을 그들의 자루에 넣어두었다. 고향으로 돌아가는 도중에 그들은 이 돈을 발견하였다. 실수로 벌어진 일이라고 생각할 수밖에 없는 사실에 유감스러워 하면서도 그들은 돌아가지 않기로 했다.

형들이 요셉을 팔 때 받은 돈은 그들의 자루에 든 돈이나 마찬가지 의미를 지닌다. 유다는 형제들이 요셉을 종으로 팔고 은 이십 세겔을 받은 일에 책임이 있었다. 시간이 흘러 형제들이 이집트 궁전을 두 번째 방문할 때는 십 세겔의 두 배나 되는 은을 가지고 갔다. 이 두 번째 방문 시에 유다는 이 은(청지기 손에 절반)과 은잔을 돌려주면서 요셉의 노예가 되겠다는 제안을 하게 된다.

기근이 지속되자 이스라엘은 어쩔 수 없이 더 많은 식량을 얻기 위해 그들을 두 번째 이집트로 보냈다. 이번에 그들은 베냐민을 데리고 가야 했다. 그들이 알아보지 못한 요셉이 다시 자기 앞에 나올 때는 그렇게 해야 한다고 요구했기 때문이다. 여기에 사용한 '얼굴을 보려면'이란 히브리어 표현은 이미 접했듯이 화해를 의미한다. 하지만 요셉과 형제들이 과연 화해할지 또 어떻게 화해할지가 불확실하기 때문에 이러한 의미는 이 단계의 표현 속에 잠재되어 있을 뿐이다. 형제들은 이스라엘에게 이 두 번째 여행이 잘 이루어지기 위해서는 베냐민을 꼭 데리고 가야 한다고 말했다. 유다는 자신을 담보로 내세워 그의 신변을 보장하겠다고 제안했다. 자루에서 발견한 돈을 돌려주지 않았기 때문에 형제들이 당면한 위기는 상징적으로 그들의 아버지가 유향, 꿀, 향품, 몰약, 피스타치오와 아몬드를 선물로 주어서 보낼 때 분명했다.[1] 이집트로 내려가는 형제들은 요셉을 노예로 끌고 간 이스마엘 상인 — 향품, 유향과 몰약을 가졌다고 한다 — 을 꼭 닮아보였을 게 틀림없다. 역사가가 묘사하는 모습은 북이스라엘(다윗의 통치 시절 요셉계 지파들의 영토)에게 모든 것을 고려해볼 때 만약 이집트로 가야할 이유가 있다면 그것은 결국 오직 하나, 노예가 되는 일뿐이라는 경고를 하는 것이다.

형제들이 이집트에 도착했을 때 요셉은 그들이 오는 것을 보고 청지기에게 지시하여 자기 집에서 식사를 준비시켰다. 형제들은 요셉에게 인사하기 전에 그의 집으로 안내되자 전에 자신들의 자루에 들어있던 돈 때문이 아닌가 싶어서 두려워했다. 그들은 식량 공급 책임자－형제들은 여전히 요셉을 알아보지 못했다－가 (첫 번째 여행에서 돌려준 은 대신에) 자신들을 노예로 삼으려 한다고 확신했다. 그들은 궁전 입구에서 요셉의 청지기에게 다가가 돈 이야기를 솔직하게 털어놓았다. "우리가 곡식을 사기 위해 돈을 더 갖고 왔습니다. 우리는 처음에 가져온 돈을 누가 우리 자루에 넣었는지 모릅니다." 그 청지기는 "괜찮습니다. 염려 마십시오. 여러분의 하나님이 여러분에게 자루에 작은 선물을 주신 것이고 여러분의 돈을 내가 받았습니다"라고 대답했다. 청지기에게 뇌물을 준 형제들은 걱정거리를 벗게 되었다고 믿었다. 달리 말하면 노예가 될지도 모르는 와중에 자유를 구입하였다고 믿을 수 있는 근거를 확보한 것이다.

식사가 준비되었다. 요셉, 그의 형제들과 시중을 드는 이집트 사람들은 모두 따로따로 먹었다. 형제들은 놀랍게도 나이 순서대로 자리가 배정되었다. 요셉의 상에서 나누어주는 음식은 베냐민의 몫이 다른 형제들에 비해 다섯 배나 많았다. 베냐민을 본 요셉은 감정을 주체하기 힘들어서 잠시 그 자리를 피하여 마음을 진정시켰다. 요셉은 다른 형제들보다 베냐민에 각별한 감정을 갖

1 이스라엘의 가족이 곡식을 사는 데 쓸 사치품을 포함한 재산을 가졌지만 곡식은 없다는 것이 이 이야기의 흥미로운 대목이다. 그들은 가난하지 않지만 굶주렸고 베두인에게 전형적으로 나타나듯이 식량을 얻기 위해 교역에 나서는 일이 농민보다는 더 나은 위치에 있었다.

고 있었다. 그는 곧장 베냐민을 자기와 함께 머물게 하면서도 형제들을 돌려 보내기 위한 계략을 세웠다.

요셉은 청지기를 시켜 형제들의 자루를 식량으로 가득 채우고 다시 한번 그들의 돈을 돌려주었다. 그리고 막내 동생 베냐민의 자루에는 자기가 사용하는 은잔을 집어넣도록 시켰다. 다음 날 형제들이 길을 떠나 도시를 멀리 벗어나지 않은 곳에 이를 때쯤 요셉은 청지기를 시켜 쫓아가도록 했다. 청지기는 그들을 붙잡자마자 추궁을 했다. "너희가 어찌하여 선을 악으로 갚느냐? 이것은 내 주께서 마시고 점을 칠 때 사용하는 물건이 아니냐? 너희가 악한 짓을 했다." 형제들은 혼란스러웠다. "무슨 말씀을 하시는 것입니까? 우리가 어찌 그런 일을 할 수 있겠습니까? 전에 말씀드렸다시피 우리는 지난 번 가나안으로 돌아가는 길에 우리 자루에서 돈을 발견하고 결코 훔치지 않고 돌려드렸습니다. 당신이 우리 중 한 사람에게서 무엇이든 찾으시면 그는 죽을 것이며 우리 나머지는 당신의 주의 노예가 될 것입니다." 청지기는 수긍하였으나 요셉이 베냐민만을 붙잡아두려는 생각을 따라 말끝을 약간 바꾸어 말했다. "여러분이 말한 대로 하겠지만 그것이 발견된 사람은 노예가 되고 나머지는 가도 좋습니다." 형제들은 자루를 내려놓았다. 청지기는 나이 많은 형부터 나이 어린 동생까지 조사했다. 베냐민의 자루를 조사해보니까 물론 은잔이 들어 있었다. 그 막내는 모든 책임을 뒤집어썼다.

J는 유다가 베냐민의 담보를 자청했다고 우리에게 말함으로써 나중에 형제들이 따라잡히고 베냐민의 자루에서 이집트 총리대신의 은잔이 발견되었을 때 유다가 간청하는 배경을 준비해 두고 있다. "어떻게 해야 우리가 옳은 것을 보여줄 수 있겠습니까?(동사는 *체데크, tsedeq*에서 나온 것이다.)" 요셉이 베냐민에게 뒤집어씌운 은잔은 자기가 저지른 죄에 대한 거짓된 표지였다. 그것은 유다와 다말 사이에 유다가 저지른 죄의 참된 표지를 본뜬 것이다. 다말의 경우 유다는 피 묻은 요셉의 옷으로 아버지 이스라엘을 속인 속임수가 불의하다는 사실을 비슷한 방식으로 속임수를 당하게 되자 깨닫게 되었다. 또한 유다

는 동생—형은 세라이고 동생은 베레스—의 권리가 옳다는 것을 깨닫게 되었고 자신이 저지른 잘못된 행동은 요셉이 주인의 아내와 동침하기를 거절한 사건과 비교된다.

유다와 형제들은 근심하며 옷을 찢고 나귀에 다시 짐을 싣고 요셉의 궁전으로 돌아갔는데 요셉은 여전히 그곳에 있었다. 요셉이 베냐민을 추궁할 때 열 명의 형들이 각자 베냐민 대신에 자신을 벌해달라고 말했다. 하지만 요셉은 죄를 지은 자만이 처벌받을 것이라고 잘라 말했다. 이 시점에 유다는 베냐민 대신 자신이 노예가 되겠다고 자청했다. "당신의 종이 이 아이 대신에 당신의 노예가 되겠습니다." 유다의 말을 듣는 순간 요셉은 감정을 억제할 수가 없었다. 그 오랜 세월 복수하려는 생각뿐이었을 것이고 형제들과 다시 화해하기를 원하는지 불확실했던 몇 차례의 만남 뒤에 처음으로 들은 말이었다. 요셉은 울음을 터뜨리며 자신의 정체를 밝혔고 형제들은 이에 놀랐지만 이내 감사하게 받아들였다.

요셉은 도시 건설자 계통에서 일하면서 이집트 사람에게 영향을 받았다. 국가의 식량저장용 도시를 짓고 바로를 위해 땅을 구입할 때 그는 훗날 베두인들을 부리는 강제부역의 길을 준비하고 있었다. 유다가 아버지에게 내건 담보의 맹세를 이루려고 베냐민을 위해 자신을 희생시키겠다고 말한 제안은 자신이 다말을 판단했던 경험에서 나온 것이며, 요셉과 그의 형들을 화해시키고 서로 보듬어주도록 만든 행동이었다. 역사가는 가인과 아벨의 역사에서 첫선을 보인 주제를 다시 한번 다루고 있다. 하지만 이번에는 문제의 형제들끼리 조화와 화해를 이루는 데 결정적인 역할을 한 것은 유다의 복종심, 너그러움, 충성심 때문이었다. 요셉의 마음을 누그러뜨리고 그와 형제들을 화해시킨 사람은 유다였다. 북이스라엘이 이집트의 영향을 받는 경향과 대조적이다. 그러므로 또한 북쪽의 구원은 유다 왕실에게 충성을 다할 때 이루어진다는 뜻을 내포하고 있다.

에벳(*ebed*, 노예)은 J 역사의 시초부터 핵심이었던 단어의 어근으로 된 히브

리어이다. 이 단어는 요셉과 그 이후의 역사에서 더욱 두드러지게 나타난다. 이 지점까지 역사의 기본적 가정은 이스라엘은 야훼가 아브람에게 주신 땅에서 일할(*아바드, abad*) 운명이었다는 것이다. 형들은 요셉을 노예(*ebed*)로 만들었고 형들이 노예가 되고 유다도 노예가 될 위기 앞에서 형제들이 서로 화해한 다음 요셉은 이제 이집트 사람들을 노예들(*ebadim*)로 만들 것이다. 마지막으로 바로는 베두인들을 노예들, 즉 그의 땅에서 일하는 자로 만들었다. 베두인이 야훼가 준 땅에서 일할 운명이었기 때문에 야훼는 그들을 구원했는데, 실제로 그들을 그 자신의 노예로 만든 것이다.

J가 요셉 역사에서 기근이나 곡식에 대해 말할 때의 기본주제는 식량의 생산과 분배였다. 그것은 J의 역사를 통틀어 군주제가 정당하다고 선전하는 작업에 필수적이다. 역사가는 종종 기근이 본래 자연현상이라기보다는 사회경제적이고 사회정치적 현상이었다는 사실을 알고 있는 것처럼 보인다. 굶주림은 변덕스런 기후보다는 식량분배 때문에 빚어질 가능성이 더 크다.[2] 기근은 이집트에 집중되어 있었다. 이집트의 곡식 생산은 강우량에 거의 의존하지 않으며 전적으로 불어나는 나일 강에 의존하고 있었다. 나일 강의 수면은 매년 동아프리카 지역의 강우량에 따라 약간의 변동은 있지만 사실상 일정한 수위를 유지하였다.[3] 이런 상황에서 J가 명료하게 설명하지 않은 곡식 부족은 요셉이 몸소 마련한 불공정한 정책과 같은 것 때문에 발생한 것이 틀림없다. 반면에 가나안 땅의 농사는 여덟 번째 세대의 대홍수로 시작된 강우량에 의존하고 있었다.

---

2 서구의 기근 이해는 압도적으로 사용가능한 식량 부족으로 보는 경향에 근거를 두고 있다. 기근은 지역의 정치경제와 기존 식량의 사용권 부여 실패에 깊이 뿌리를 내리고 있다고 널리 알려져 있다. Amartya Sen, *Poverty and Famines: An Essay on Entitlement and Deprivation*(New York: Oxford University Press, 1981); Rony Brauman, "Famine Aid: Were We Duped?" *Reader's Digest*(October 1986): 65~72를 보라.

3 Hermann Kees, *Ancient Egypt: A Cultural Topography*(Chicago: University of Chicago Press, 1977), 47~74.

하지만 이때까지 J의 역사개념에서는 가나안의 곡식 농사가 드문드문 이루어졌다. 그 땅의 가나안 사람들과 다른 함 족속들은 대부분 도시거주자들이었고 주로 다년생 작물을 생산했다. 곡식 생산을 위해 가나안 땅을 광범위하게 경작하게 된 때는 이스라엘 나라가 세워진 이후부터이다. 그래서 이 당시 가나안 땅은 젖과 꿀이 흐르는 땅으로 알려졌다. 이 표현의 의미는 이사야 7:10~25의 내용을 보면 분명히 알 수 있다. 그것은 소수의 양과 염소 외에는 기르는 가축이 없으며 야생벌이 사는 거칠고 경작하지 않은 땅을 말한다. 그러므로 이스라엘의 가족 재산도 주로 교역이나 도시의 다년생 작물 재배를 통해 얻은 농산물로 이루어졌다. 형제들이 이집트로 가져간 선물 목록을 보면 알 수 있다. (예외적인 경우가 창세기 26:12에 묘사되어 있다.) 이스라엘은 아브람이 기근을 만났을 때처럼 이집트로 갔고 아브람이 이집트에 있는 동안 야훼가 바로에게 재앙을 내렸던 것처럼 이스라엘이 그곳에 있다는 자체가 동일한 일이 벌어질 수 있는 상황이었다. 요셉은 아브람처럼 이집트에서 재산과 재물을 얻었다. 아브람의 경우는 재앙 때문이었고 요셉의 경우는 재앙보다 먼저 그것을 얻었다.

기근이 끝나려면 다섯 해가 남았다. 요셉은 자기 가족을 이집트로 내려오도록 초대했고 자신의 거주지와 가까운 고센 지역에 정착시켰다. 이 초대는 그가 말한 대로 "여러분과 여러분의 자식과 여러분의 자식의 자식"으로 확대되고 있다. 이들은 열여덟 번째 세대, 열아홉 번째 세대, 스무 번째 세대이며 J가 요셉과 스물한 번째 세대인 모세 사이의 세대 순서를 가장 잘 표시한 것이다.[4]

요셉은 자기 형들에게 "여러분과 여러분의 가족과 여러분이 소유한 모든 것을 잃지 않도록" 초대를 받아들이라고 충고했다. 요셉의 경고는 이스라엘과

---

4 보다 명확하게 이 세대를 계수하고 있는 것은 출 6:16~20에 있는 P의 모세 족보이다. 이 지점에서 만약 P의 족보가 J의 전체 뼈대와 맞지 않고 요셉의 말로 확증되지 않았다면 J의 족보를 재구성하기 위해 그것만 사용했는지 불분명했을 것이다.

그의 가족이 약 세 세대 동안 이러한 운명을 잠시 피하는 동안에도 이집트 농민에게는 계속 벌어질 일을 암시한다. 요셉은 형들과의 만남을 베냐민과 감정에 복받치는 포옹을 하는 것으로 마무리했다. 라헬에게서 태어난 두 아들의 각별한 관계가 역사의 이 지점에서 부각되고 있다.

바로는 이스라엘의 아들들에게 그 땅의 좋은 것을 취하라고 제안했다. 바로가 기근이 임하는 동안에 호의를 베풀었던 사람들은 아무런 어려움도 겪지 않았다. 바로는 가나안에서 이스라엘의 가족들을 이송할 수레를 엄청난 규모로 제공했다. 또한 베냐민에게는 은 삼백과 옷 다섯 벌을 주었다.

이스라엘과 그의 아들들과 그들의 가족은 이집트 국가의 정상에 앉은 요셉의 위상을 만끽하면서 그러나 그에게 완전히 의존하는 고객이 되어 이집트로 이주했다. 이스라엘은 유다를 먼저 보내어 고센이 어디에 있는지 알아보게 했다. 이스라엘은 이제 유다를 전보다 더욱 친애하였다. 그의 형들인 르우벤, 시므온, 레위가 저지른 그릇된 행동 때문이 아니라 베냐민을 구했기 때문이다. 요셉은 자기 수레를 타고 아버지를 영접하러 나갔다. 이스라엘은 그에게 말했다. "이제 네 얼굴을 보았으니 죽어도 여한이 없다."

요셉은 가족부양 대책을 직접 마련하였다. 그는 국가를 초월해서, 즉 국제적 수준에서 가인과 아벨 사이에 빈번하게 일어나는 갈등과 곧 일어날 환란을 암시했다. 그는 양을 치는 목자들을 이집트에서는 혐오한다는 사실을 주의하라고 당부했다. 내러티브에서는 가인과 이집트를 동일시하고 아벨은 가축을 치는 목자였던 이스라엘의 베두인 후손들과 동일시하고 있다. 바로는 고센을 지정하여 그들이 소유한 가축을 목축할 땅으로 주고 요셉에게 유능한 자들을 뽑아 왕실의 '가축(*miqneh, 미크네*) 관리자'로 임명하라고 지시했다. 바로가 이스라엘에게 땅을 수여한 것과 야훼가 아브람에게 땅을 수여하는 미완의 약속을 분리시키지 않는다면 이것은 '가축 관리자'인 아벨과 가인의 입장을 완벽히 뒤바꾸어 놓는다. 이스라엘이 이집트에 정착했으니 그들은 야훼가 아브람에게 준 땅을 언제쯤 소유하게 될까?

요셉은 그의 아버지와 형제들과 아버지의 온 집에 식구 수효대로 먹을 것을 주어 부양했다(47:12). 기근이 더욱 심해져 온 땅에 식량이 떨어지므로 이집트 땅과 가나안 땅이 기근 때문에 고통을 받았다. 요셉은 곡식을 팔아 이집트 땅과 가나안 땅의 모든 돈을 모았고, 그 돈을 바로의 궁으로 가져갔다. 돈이 이집트 땅과 가나안 땅에서 떨어지자 모든 이집트 사람이 요셉에게 와서 말했다. "우리에게 양식을 주십시오. 우리가 어찌하여 당신 앞에서 죽어야 합니까? 하지만 우리의 돈이 떨어졌습니다."

요셉이 말했다. "너희 가축을 가져오너라. 돈이 떨어졌으므로 너희 가축 값으로 식량을 팔 것이다."

그래서 그들이 요셉에게 가축을 끌고 왔고 그는 그들의 말, 양 떼, 소 떼와 나귀를 받고 식량을 팔았다. 이렇게 요셉은 그들이 끌고 온 가축을 받고 식량을 줘서 그 해를 지내도록 했다.

그 해가 지나고 새해가 되자 그들이 와서 요셉에게 말했다. "우리가 내 주께 숨길 수 없습니다. 우리의 돈이 떨어지고 우리 가축도 내 주께 드렸으므로 내 주 앞에 드릴 것이 우리의 몸과 우리의 토지밖에 없습니다. 우리가 우리의 토지와 함께 어찌하여 당신 앞에서 죽어야 합니까? 우리와 우리 토지를 사고 식량을 주십시오. 그러므로 우리와 우리 토지가 바로의 소유가 될 것입니다. 우리에게 씨앗을 주셔서 우리가 죽지 않고 살게 해주시고 우리 토지가 황폐하게 되지 않도록 해주십시오."

그래서 요셉이 바로를 위해 이집트의 모든 토지를 샀다. 이집트 사람이 저마다 기근에 시달려 자기 토지 소유권을 팔았기 때문이다. 이렇게 땅이 바로의 소유가 되었다. 이집트 이 끝부터 저 끝까지 자기 땅이 없는 백성들을 그가 도시로 이주시켰다. 제사장들의 토지는 그가 사지 않았다. 제사장들은 바로에게 법으로 정한 녹지를 받았고 바로가 준 법정 녹지의 소산을 먹었으므로 그들은 땅을 팔지 않았다.

요셉이 백성들에게 말했다. "내가 바로를 위하여 너희와 너희 땅을 샀으므로 여기 너희가 땅에 뿌릴 씨앗이 있다. 추수할 때 너희는 바로에게 오분의 일을 바쳐야 한다. 오분의 사는 밭의 씨앗과 너희 식량과 너희 집에 있는 자식을 포함하여 너희 온 가족의 것이다."

그들이 말했다. "당신이 우리의 목숨을 구해주셨습니다. 내 주께서 계속 자비를 베푸시어 우리가 바로의 노예가 되도록 허락해주십시오."

이렇게 요셉이 오늘날까지 이집트의 토지법을 세워 바로는 오분의 일을 받았다. 다만 제사장들의 토지는 바로의 소유가 되지 않았다.

요셉은 자기 가족의 생계를 마련해준 뒤 나머지 이집트 사람들의 생계를 돌보는 일에 착수했다. 이제 형제의 갈등 범주는 새로운 차원으로 전개된다. 요셉은 바로를 위해 이집트 사람들을 수탈했다. 이것은 이후로 이스라엘이 적대국들과 경쟁을 해야 한다는 의미일 뿐 아니라 심지어 역사적 이스라엘(북부 산지)은 앞으로 북왕국이 세우려는 왕과 같은 존재를 조심해야 한다는 의미를 지닌다. 그런 왕은 요셉 같을 수 있다. 그는 여기서 누구나 알 수 있듯이 왕실의 기본적인 억압 체계를 창시한 자로 묘사되어 있다.[5]

일단 요셉이 이집트 농민들을 노예로 삼았다는 사실을 알고 나면 그가 그렇게 악한 행위를 한 사람이었다는 사실이 우리에게는 낯설게 여겨진다. 하지만 J의 역사는 요셉의 행동을 다른 관점으로 이해한다. 요셉이 한 일은 노아에 의해 아홉 번째 세대의 함에게 선포된 저주를 성취하는 것이었다. 우리가 갖고 있는 J의 본문에서 노아는 함이 아니라 가나안을 저주했다. 그러나 우리가 살펴본 대로 내러티브는 노아의 저주 대상이 함이었음을 암시한다. 함은 가나안과 이집트를 다 포함한다. J의 노아 역사를 이렇게 이해한다면 가나안에 의해 함으로부터 전해 받은 저주는 가나안 땅을 다윗이 통치하는 때를 가리키는 한

---

5 사건 전개과정에서 알 수 있듯이 적어도 오므리가 북부지역을 통치하게 될 때까지 걱정할 사람들은 유다 사람들이었을 것이다.

편, 함의 다른 후손들에게 전해지는 저주는 요셉이 이집트 농민을 노예로 삼은 사건을 다윗 통치의 예고편으로 보거나 심지어 (J의 가나안 사람과 이집트 사람 사이의 사회경제적 연결을 고려할 때) 그 통치의 기초로 본다. 요셉이 바로를 위해 그런 일을 행한 것은 사실이다. 하지만 행정을 묘사하는 이 내러티브는 전적으로 요셉에게 초점을 맞추고 있다. 그래서 그것을 셈의 한 자손과 노아의 친다윗적 저주를 고분고분 따르는 농민들 즉 함의 자손들을 서로 대조적으로 묘사하는 것으로 이해해야 한다. J가 사용하는 범주들을 포착하기 위해서는 다시 한번 처음의 도덕적 전제를 억제할 필요가 있다.

어떤 측면에서 보면 J가 팔레스타인 백성이 이집트와 공동으로 식량공급을 받는 모습을 묘사한 것은 네게브 베두인이 단기간이든 장기간이든 거기서 출세를 모색하거나 혹은 경제적이거나 정치적인 이익 강화를 위한 인맥을 형성하기 위하여 이집트로 종종 여행하는 모습을 반영한다. 팔레스타인 역사 속에서는 그런 관행을 많이 찾아볼 수 있다. 또 다른 측면에서 보면, 주관심사가 정치적 또는 행정적인 사람에게 중요한 것인데, 이집트와 가나안은 단일 행정단위로 취급된다. 이 측면에서 보면 J의 묘사는, 기근 자체로 생긴 결과이든 그렇지 않든, 가나안이 이집트와 관계를 맺고 있는 것으로 제시한다. 그 이유는 가나안은 이집트의 뛰어난 가뭄 대책 체제를 갖추고 있지 않았기 때문이다. 가나안과 이집트의 연관성에 관한 J의 관점에서 보면 강제부역에 시달리는 베두인 노동자들의 해방과 야훼가 이스라엘에게 땅을 주시겠다는 약속의 성취는 가나안이 다윗의 나라라고 하는 독자적인 행정체제를 구축하여 이집트의 영향권으로부터 벗어나는 모습을 나타낸다. 구약의 다른 곳(특히 신명기적 역사)에서 볼 수 있는 내용과 대조적으로 다윗 왕실의 개념 속에는 바로의 통치를 야훼가 분쇄하고 이집트와 이스라엘을 단일 행정단위에서 독자적인 행정단위로 나누는 일 사이에는 딱히 식별할 만한 시대가 존재하지 않았다. 그것을 나누는 시간대는 오직 광야를 통과하는 기간뿐이다. 다윗의 역사가는 수백 년 동안 이집트의 지배를 받던 지역에서 아주 짧은 시간 간격 후에 행정적 자율성을 지닌 다윗의 군주제가 존재하게 되었다는 사실을 강조할 의도를 보여준다.

요셉이 바로의 백성을 먹이고 그리고 이집트 땅을 바로의 소유로 삼으려는 방식은 농경사회에서 도시 거주 엘리트가 다스리는 방식이었고 지금도 여전히 그러하다. 삼년 째가 되자 농부들이 곡식을 구입할 돈이 떨어졌다. 역사가는 우리에게 "요셉이 이집트와 가나안의 돈을 바로의 궁으로 가져왔다"고 알려준다. 현실적 관점에서 보면 이것이 모든 돈을 말한다고 볼 수 없다. J의 역사는 스스로 인지하는 것처럼 이런 의미의 현실주의 역사가 아니라 현실을 구조적으로, 상징적으로 그리고 다면적 현실 개념을 갖고 묘사하는 역사이다. 그러므로 J가 볼 때 요셉은 모든 돈을 모았던 것이다. 이집트 농부나 팔레스타인 농부에게 현실은 다르지 않다.

남은 돈도 없고 앞으로 사 년을 지내야 하는 농민은 어떻게 곡식을 살 수 있었을까? 그들에게는 아직 토지 경작에 사용할 가축들이 남아 있었다. 넷째 해에 그들은 이것들을 요셉에게 끌고 왔고, 요셉은 관대하게도 그들이 필요로 하는 식량을 주고 가축을 받았다. 다섯째 해가 되자 돈도 떨어지고 가축까지 팔아버린 농부들에게 남은 것은 '우리의 몸과 땅'뿐이었다. 요셉은 은혜롭게 그들의 몸과 땅을 샀고(*콰나, qanah*) 농부들은 이때부터 바로의 노동자 즉 노예(*아바딤, abadim*)로 전락했다. 채무노예의 전형적인 모습으로 전락한 농부들은 식량을 얻으려고 자신을 팔지 않을 수 없었다. 기근이 그만큼 심했기 때문이다. 요셉은 처음에 농부에게 취한 것을 되팔아서 "온 땅을 바로의 소유로 만들었다." J는 바로가 이집트에 채무노예 제도를 시행하는 것을 묵인하면서도 이스라엘 사람에게 강제부역을 시키는 노예제도는 배척한다.

창세기 47:21의 번역은 대부분 "그가 이집트 이쪽 끝에서 저쪽 끝까지 종으로 삼았다"라고 되어 있다. 이 번역은 히브리 성서의 그리스어 초기 번역인 칠십인역 성서와 사마리아 분파의 성서본문에 기초한 것이다. RSV(그리고 다른 현대어 번역성경)의 관주에서 설명하고 있듯이 전통적인 히브리 본문은 이렇게 기록하고 있다. "그는 그들을 이집트 이쪽 끝에서 저쪽 끝까지 도시들로 옮겼다[혹은 옮기도록 조치했다]." 이 두 가지 읽기를 만들어낸 히브리 본문의 차이점은 사소한 것이고 어느 것이 더 원래의 본문인지를 판단하기 힘들다. 본문의 증거는 모호하다. 만일 역사적이거나 사회적으로 비교해보면 한쪽 번역을 더 선호할 수 있지 않을까 하고 질문하면 그런 비교 역시 모호하다고 말할 수밖에 없다. 노동자나 노예로 전락되는 일이나 어떤 도시로 옮겨갈 수밖에 없는 처지는 본질적으로 같은 것이다. 그리고 J가 가진 개념과 그 당시의 현실은 우리 시대와 다를 바 없다. 가축이나 토지가 없는 가족은 토지 소유자의 명시적인 허락 없이는 땅을 경작할 수 없고, 그들이 꼭 먹어야만 하는 식량을 도시에서 도회적 시스템 속에서 확보할 수 있다면 가족들이 그런 땅에서 살아야만 하는 동기도 없어진다. 어쨌든 그들은 항상 날품팔이 노동을 위해 여러 도시에서 징발될 수 있었다. 기근을 겪는 위기 중에 세워진 제도는 기근이 사라진 후에도 통치자들의 이익을 위해 지속적으로 유지된다.

요셉은 제사장들의 토지를 구매하지 않았다. 그들은 식량을 할당받았기 때문에 식량 부족으로 땅을 팔 필요가 없었다. 이 제도에서 제사장 직제를 배제한 것은 제사장들이 이 제도를 유효하게 만드는 이념적이고 초월적인 기반을 마련하는 일에 매우 중요한 역할을 하기 때문이다. 이것은 신왕국 시대 동안에 벌어진 일이며 J는 이것을 알고 있었다. 그가 이것에 특별히 주목하는 이유는 이집트 행정(비록 요셉이 주도하고 있기는 하지만)과 다윗의 행정을 비교하려는 의도 때문이다.[6] 그가 역사를 편찬하는 이유는 다윗의 군주제가 목표이며 중심인 세상사를 기술하여 왜 이집트식의 성전과 제사장 직제가 다윗을 위해

---

6 Donald B. Redford, in *A Study of the Biblical Story of Joseph*(Genesis 37~50)(Leiden: E. J. Brill, 1970), 238~39. 그는 신왕국 시대와 10세기 후반에 성전 토지에 세금이 부과되었으며 그 이후로는 그렇지 않았다는 증거가 있다고 주장한다. 레드포드(Redford)는 오경의 문서층을 무시한다. J가 직접적인 증거를 갖고 이집트를 묘사하고 있는지는 종종 모호하다.

서는 없어도 될 뿐만 아니라 악한 것인지를 보여주는 데 있다. 우리가 일찍이 열네 번째 세대의 거대한 탑(J 시대 직전에 요셉의 땅인 세겜에 세워진 것과 같은 탑을 어느 정도 모방한)을 세운 일과 열다섯 번째 세대의 아브람이 세겜에 흙과 돌로 쌓은 소박한 제단을 대조하면서 이런 생각을 했던 것을 상기해보라.

농부들에게 내린 요셉의 최종 조치는 농경사회의 기준으로 보면 실제로 관대한 것이었다. 그는 왕실창고에서 농부들에게 씨앗을 꺼내주고 이제는 바로의 소유가 된 땅으로 돌려보내면서 그 대가로 매년 생산물의 20퍼센트를 세금으로 내도록 했다. 농부들은 노예가 되었으면서도 크게 즐거워했다. "당신이 우리의 목숨을 구해주셨습니다. 우리가 즐거운 마음으로 바로의 노예가 되도록 허락해주십시오." 요셉은 그 말의 의미가 영원히 실천되도록 조치했고 그것은 J가 표현한 대로 '오늘날까지' 기준이 되었다. J는 농부들을 이렇게 모두 압제받는 백성들로 묘사한다. 심지어 그들은 생계를 유지시켜준 압제자들에게 감사하기까지 한다.

이스라엘이 이집트의 고센 땅에 정착한 후(47:27a) 죽을 날이 가까워졌다. 그가 아들 요셉을 불러 그에게 말했다. "네 손을 내 허벅지 아래 넣어라. 내가 너에게 인애와 성실함으로 대할 것이다. 나를 이집트에 묻지 않게 해다오. 나는 내 조상들과 눕기 원한다. 나를 이집트 땅에서 가져다가 그들의 무덤에 장사지내다오."

그가 대답했다. "말씀하신 대로 하겠습니다."

이스라엘이 말했다. "내게 맹세하라."

그래서 요셉이 그에게 맹세했다. 이스라엘이 침상 머리에서 경배하였다(47:29~31). 그리고 이스라엘이 힘을 내어 침상에 앉아(48:2b) 요셉의 아들들을 보고 말했다. "이들은 누구냐?"(48:8)

요셉이 그의 아버지에게 대답했다. "제 아들들입니다."(48:9a, c)

그가 말했다. "그들을 데리고 내 앞으로 오라. 내가 그들에게 축복하리

라."(48:9d)

이스라엘의 눈이 나이로 인해 침침해서 잘 볼 수 없었다. 요셉이 그들을 아버지에게 가까이 데리고 가니 이스라엘이 그들에게 입을 맞추며 껴안고 요셉에게 말했다. "나는 네 얼굴을 볼 수 없을 줄 생각했다."(48:10~11a) 요셉이 에브라임을 그의 오른손으로 이스라엘의 왼쪽을 향하고, 므낫세는 왼손으로 이스라엘의 오른쪽을 향하도록 하여 그에게 데리고 왔다. 그러나 이스라엘은 오른손을 내밀어 동생인 에브라임의 머리에 얹고 왼손으로는 므낫세의 머리에 얹었다. 므낫세가 장자이기 때문에 그는 팔을 엇바꾸었다(48:13~14). 요셉은 그의 아버지의 팔을 붙잡고 에브라임의 머리에서 므낫세의 머리로 옮기게 하였다. 요셉이 그의 아버지에게 말했다. "이렇게 하시면 안 됩니다, 아버지. 이 아이가 장남입니다. 오른손을 그의 머리에 얹으십시오."

하지만 그의 아버지는 거절했다. "내 아들아, 안다. 내가 안다. 그도 역시 한 백성이 될 것이고 역시 크게 될 것이다. 하지만 동생이 형보다 더 크게 될 것이고 그 후손은 여러 민족이 될 것이다." 이렇게 그날에 이스라엘이 그들을 축복할 때 에브라임을 므낫세보다 앞세웠다(48:17~22).

이스라엘이 요셉에게 말했다. "내가 곧 죽을 텐데(48:21a) 너에게 네 형들과 똑같은 한 사람으로서 세겜을 주마."(48:22a) [이스라엘이 말했다.][7](49:1a)

"모여서 들어라, 야곱의 아들들아.
 너희 아버지 이스라엘에게 들어라.
르우벤, 너는 내 장자이며
 내 힘이요 내 기력의 첫 열매이며
 지위가 뛰어나고 능력이 탁월하지만

---

7 다음의 고어체 축복문의 히브리어는 전부가 명확하지는 않으며 그래서 성서역사학자들의 상당한 논쟁주제이다. 우리의 번역은 도식적이며, 진행 중인 논쟁에 대해 우리의 의견을 표명한 것이 아니다.

물처럼 제멋대로라서 너는 탁월하지 못할 것이다.

이는 네가 네 아버지의 침상에 올라

그 침상을 더럽혔기 때문이다.

*시므온*과 *레위*는 형제들이요

폭력의 도구가 그들의 밑천이다.

내 영이 그들의 모의에 가담하지 않게 하시고

그들과 연합하지 않게 하소서

이는 그들이 분노하여 사람들을 죽였고

제멋대로 소 발목의 힘줄을 끊었기 때문이다.

그들의 분노에 저주가 있으니 이는 그것이 맹렬하기 때문이다

그들의 진노도 그러하니 이는 그것이 혹독하기 때문이다.

내가 그들을 야곱 중에서 흩어버리고

이스라엘 가운데 나눌 것이다.

*유다*야, 너의 형들이 너를 찬송할 것이다.

네 손이 네 원수의 목을 잡을 것이요

네 아버지의 아들들이 네 앞에 절을 할 것이다.

사자 새끼가 바로 *유다*이다.

먹이를 쥐고 내 아들아 네가 일어설 것이다.

그가 웅크리고 엎드려 있음이 숫사자 같고

짐승의 왕 같다. 감히 누가 그를 유혹하겠느냐?

통치자의 지팡이가 *유다*에서 떠나지 않을 것이고

직장(職杖)이 그의 다리 사이에서 떠나지 않을 것이다.

그에게 예물을 가져올 것이고

그에게 여러 백성들이 예를 표할 것이다.

그가 그의 나귀를 포도나무에 묶고

나귀 새끼를 아름다운 포도나무에 맬 것이다.

그가 옷을 포도주로 염색할 것이며
포도즙으로 그의 의복을 염색할 것이다.
그의 눈은 포도주보다 진하고
그의 이는 우유보다 하얗다.
*스불론*은 해변에 살 것이다
그는 배가 정박할 해변이 될 것이다.
그리고 그의 측면은 시돈까지 미칠 것이다.
*잇사갈*은 쓰레기 더미 가운데 웅크리고 있는
힘센 나귀이다.
그는 쉴 곳과
아름다운 땅을 보고 좋게 여기며
어깨에 강제부역에 쓰는 바구니를 메고
강제부역에 동원된 노예가 될 것이다.
*단*은 이스라엘 지파 중 하나가 되어
자기 백성을 위해 정의를 성취할 것이다.
*단*은 길가의 뱀이요
샛길의 독사가 되어
말굽을 물어
타는 자를 뒤로 떨어지게 할 것이다.
*갓*은 노략하는 무리이며
뒤에서 노략한다.
*아셀*은 풍부한 곡식을 생산하며
왕의 수라상을 차린다.
*납달리*는 놓인 암사슴이어서
사랑스런 새끼들을 안는다.
*요셉*은 [……]

활 쏘는 자가 약탈하며 공격하고

그에게 적개심을 보였다.

그러나 그의 활은 일정하며

그의 팔과 손은 잘 길들여져 있다.

야곱의 전능자의 손

이스라엘의 아들들의 목자

네 아버지의 하나님이 너를 도우시고

산의 하나님이 너를 축복한다.

위로 하늘의 축복

아래로 깊음의 축복

젖먹이는 복과 태아의 축복

아버지와 어머니, 남자와 자녀의 복

옛 산의 축복

영원한 산의 축복을 받을 것이다

이것들이 요셉의 머리에 있고

그의 형들의 지도자의 이마에 있게 될 것이다.

*베냐민*은 물어뜯는 이리요

아침에 먹이를 삼키고

저녁에는 사냥감을 나눈다(49:2~27).

요셉은 그의 아버지 얼굴에 몸을 숙여 울며 입을 맞추었다. 그가 의사들에게 그의 아버지의 몸에 향을 발라 염하라고 명령하였다. 그래서 의사들이 이스라엘에게 향을 발라 염했다. 염은 사십 일이 걸렸고 그것은 향을 발라 염을 하는 데 걸리는 시간이었다(50:1~3).

그들이 이집트에서 칠십 일 동안 곡했다. 곡하는 기간이 끝나자 요셉은 바로의 신하들에게 말했다. "바로에게 청을 전하라. '제 아버지께서 "내가 곧 죽을 테니 나를 가나안 땅에 파놓은 무덤에 장사 지내다오"라고 말씀하실 때 제가 맹세하였습니다.' 그러므로 제가 올라가서 제 아버지를 장사지내고 돌아오게 해주십시오."

바로가 말했다. "올라가서 네가 맹세한 대로 너의 아버지를 장사 지내라."

요셉이 올라가서 아버지를 장사 지냈고 바로의 모든 신하, 궁전의 높은 대신들, 이집트 땅의 모든 장로들과 요셉의 모든 식구, 형제들, 아버지의 식솔들이 그와 함께 갔다. 그들이 자녀와 양 떼와 소 떼만 고센 땅에 남겨두었다. 심지어 병거와 기병들도 그와 함께 갔다. 무리가 어마어마하게 컸다.

그들이 요단을 건너 고렌-하-아타드에 도착했을 때 거기서 크게 울고 애통하였다. 요셉은 아버지를 위해 칠 일 동안 애곡하였다. 그 땅의 도시의 지주들인 가나안 사람들이 고렌-하-아타드에서 애곡하는 모습을 보고 말했다. "이것은 이집트식의 애통이다." 그러므로 그곳 이름을 아벨 미스라임이라고 불렀다. 요단강 건너편이었다.

요셉이 아버지를 장사 지내고 아버지를 장사 지내기 위해 함께 올라간 형제들과 그와 함께 간 모든 사람들이 요단강을 건너 이집트로 돌아왔다(50:4~14).

그리고 요셉을 알지 못하는, 즉 요셉과 그의 친족이 지닌 땅 소유권을 인정하지 않는 새 왕이 일어나 이집트를 다스렸다(출 1:8).

역사가는 이제 마지막으로 형제들의 이야기를 다시 꺼낸다. 유다 역사의 절정은 야곱의 마지막 축복으로 끝난다. 그러므로 우리는 이스라엘의 임종이 가까웠다는 말을 듣는다. 이스라엘은 운명할 시간이 된 것을 알고 요셉에게 맹세를 시키고 자기 시신을 옮겨 가나안 땅에 묻어달라고 부탁했다. 이스라엘은 예를 갖춰 장례를 치러줄 것을 당부하고 마지막 침상에서 자기 모든 아들들과 요셉을 통해 태어난 손자들에게 축복을 했다. 요셉의 아들들인 므낫세와 에브라임부터 시작했다. 이스라엘은 시력이 약해져서 보는 데 곤란을 겪었다. 그래서 손자들을 축복할 때 이삭이 자기 아들들을 축복하던 때와 똑같이 축복했다. 결과도 똑같았다. 동생이 형보다 우선권을 얻었다. 요셉은 이스라엘에게 자기 아들들을 데리고 올 때 형 므낫세는 이스라엘의 오른손 쪽을 향하도록 왼손으로 이끌었고 동생 에브라임은 이스라엘의 왼손 쪽을 향하도록 오른손으로 이끌었다. 이런 형식대로라면 이스라엘은 형에게 더 큰 축복을 주었어야 한다. 그러나 요셉에게 아쉽게도 허약한 이스라엘은 손을 교차시켜 반대로 축복을 했다. "므낫세는 크게 될 것이지만 에브라임은 더 크게 될 것이다." 역사가는 동생이 우월하다는 지배적인 주제를 역설적이고 극적인 방식으로 한 번 더 제시할 기회를 놓치지 않았다. 그 과정에서 아마 세겜의 우월성을 철회하는 것 같다.

드디어 이스라엘은 아들들을 출생 순서대로 축복했다. 르우벤, 시므온, 레위의 축복은 매우 제한적이었다. 그는 먼저 J의 왕의 조상이 되는 유다에게 온 마음을 다해 축복했다. 먼저 태어난 열 명의 아들 중 나머지에 대한 축복은 거의 형식적이었다. 이스라엘은 마지막 남은 호흡을 최후의 소망을 발산하는 기분으로 가장 아끼는 요셉에게 사용했고 그에게 축복과 번영의 우선권을 주었다. 최종적인 축복 어구에서 그는 베냐민을 먹이를 움켜쥔 이리라고 묘사했다. 베냐민 지파의 사람이라면 이 사람을 우호적으로 바라보았을 것이다. 하지만 요셉의 축복과 비교해보면 너무 짧아서 의아할 것이다. J는 다윗의 주된 적수인 사울의 지파에게 더 많은 축복을 주는 데 관심이 없었다.

이스라엘은 죽었다. 요셉은 향을 발라 염하고 이집트에서 칠십 일 동안 곡하고 엄청난 무리의 호위를 붙여서 수많은 이집트 장로들과 동행하여 시신을 가나안으로 운구하였다. 그는 시신을 가나안에 장사 지내고 거기서 칠 일을 더 곡하였다. 가나안 사람들이 이 모습을 주목했다. 이 내러티브가 끝나갈 때 J는 '올라가다'라는 말을 반복해서 사용한다. "제가 올라가서..그가 올라갔고……그가 올라갔다." 이 표현들은 뒤따르는 이야기에서 새로운 바로가 등극했다는 말과 함께 적대적인 베두인이 이집트를 떠나 '올라갈' 것과 결부시킨다. 이 역사를 읽는 청중에게는 그것은 앞으로 일어날 일들의 표적이다. 가나안 사람들은 어쩌면 가나안에게 내린 저주가 최종적으로 성취되는 것은 아닐까 예상하는 마음으로 걱정했을 것이다. 이스라엘의 아들들은 이삭이 죽자 에서와 이스라엘이 화해하였듯이 이스라엘이 죽자 서로 화해하게 되었다.

우리의 역사가는 형제들의 이야기를 내버려두고 요셉 행정부의 이야기로 돌아간다. 요셉은 그의 역사가 끝날 때까지 이 내러티브의 흐름에서 떠나지 않을 것이다. 그의 이야기는 이제 열여덟 번째와 열아홉 번째 세대에서 스물한 번째 세대로 건너뛰면서 장면이 바뀐다. 하지만 펼쳐지는 모든 것은 요셉이 식량문제를 해결했던 역사의 직접적인 결과이자 그 연속이다. 요셉의 역사는 유다와 요셉의 역사 전체를 통해 살펴본 것처럼 식량생산과 분배의 역사이다.

스무 번째나 스물한 번째 세대의 어느 때 새 왕이 일어나 이집트를 다스렸다. 이 왕은 요셉을 '알지 못했다.' 우리는 이미 동사 '알다'가 J의 역사에서 얼마나 의미심장한 단어인지 안다. 그 단어는 자녀 출산이든 식량생산이든 상대방과 관계를 맺는 일과 상관이 있다. 이 단어의 등장도 다르지 않다. 이전의 많은 사례를 보면 누군가가 '알지 못했다'는 말은 그들이 처음 열네 세대를 특징짓는 성과 자녀 출산에 결부된 잘못과 저주받은 혈통에서 벗어나 있다는 뜻이었다. 자녀 출산보다는 식량생산에 더 많은 관심을 두고 있는 이 이야기에서 알지 못함은 아브람이 소돔의 의인 숫자를 놓고 야훼와 협상하는 이야기에서 이제까지 접해보았던 의미보다 더욱 특별하다. 그때 야훼는 "내가 아브람을 알았다"고 말씀하셨다. 이 이야기가 상관이 있는 까닭은 거기서 야훼는 아브람을 축복하겠다고 맹세하신 언약관계와 벧엘에서 땅을 주시겠다는 내용을 언급하고 있기 때문이다.

성서의 여러 곳에서 '알다'는 '~의 권위를 인정하다, ~의 주장을 인정하다, ~와 공식적인 계약관계를 맺다'라는 특별한 의미를 지닌다.[8] 학자들은 고대 우

---

8 Herbert B. Huffmon, "The Treaty Background of Hebrew *yada*ʿ," *Bulletin of the*

가릿과 아카드 본문에서 히브리어 '알다'의 동족어가 비슷한 의미를 지니고 있음을 발견했다. J가 의미하는 것은 이 바로가 요셉과 이집트의 이전 왕들 사이의 계약관계를 인정하지 않았다는 것이다. 그 관계는 요셉이 바로의 궁전을 섬긴 데 기초를 두고 있었고 계약의 요지는 고센에서 요셉의 가족과 그의 후손들이 토지를 영구히 소유할 권리가 있다는 것이었다. 다른 말로 하면, 이 새로운 왕은 선대의 왕이 이스라엘의 자손들에게 혜택을 주고 후원하겠다는 약속을 파기한 것이다.[9]

고대 근동에서 어느 왕과 신하 혹은 왕과 종의 관계를 규정하는 계약의 주요 용어는 땅의 소유권 혹은 사용권으로 표현되는 것 같다. 왕은 이론상 자기 왕국의 모든 땅을 소유하지만 이 땅을 자신의 부하, 지지자, 종들에게 주어 충성스럽게 봉사하도록 만든다. 이러한 관계를 맺기 위하여 기록한 문서에서 땅은 자주 '영구히' 수여되었다. 하지만 수여한 땅의 소유권을 그때그때의 정치적 필요에 따라 마음대로 이 사람에게서 저 사람에게 바꾸는 것은 농경사회 군주들의 특징이었다. 그러므로 적어도 우가릿의 한 경우를 보면 왕은 특정 구획의 땅을 어느 집단에게 '영구히' 수여했고 오래지 않아서 주저 없이 그 구획을 첫 번째 집단에게서 빼앗아 두 번째 집단에게 '영구히' 수여했다. 이것이 바로 요셉에 대한 바로의 후원으로부터 혜택을 받은 이스라엘 사람들에게 벌어진 일이었다.

American Schools of Oriental Research 181(February 1966): 31~38. 삼하 7:20; 호 8:2; 8:4; 13:5; 암 3:2; 렘 1:5; 창 47:6을 보라.

9 왕하 10:11의 히브리어 *meyudde·im*(*메유데임*)은 '영구적 권리를 인정받다'라는 뜻일 것이다. 우가릿어 *md/mudu shari*에 관하여 다음을 보라. M. Heltzer, "Problems of the Social History of Syria in the Late Bronze Age," in *La Siria nel Tardo Bronzo*, ed. M. Liverani(Rome: Centro per la Antichita e la Storia dell'Atre del Vicino Oriente, 1969), 41~42; J. J. Finkelstein, "Recent Studies in Cuneiform Law," *Journal of the American Oriental Society* 90(1970): 253~54; P. Vargyas, "Le mudu à Ugarit. Ami du roi?" *Ugarit-Forschungen* 13(1981): 165~79. 마리의 *wedum, mare wedutim*의 증거 그리고 유사 표현들은 별도의 연구가 필요하다.

요셉과 그의 대가족은 땅을 잃었다. 이 상실은 두 가지 중요한 의미를 지닌다. 첫째, 토지 보유권은 어느 가정이나 경제적 안정을 위한 기초였다. 이스라엘은 그들의 땅을 잃었고 이제 이집트 농부와 똑같은 위기에 처했다. 이것이 J 이야기의 절정 부분을 시작한다. 거기서 J는 민족신 야훼가 이스라엘의 국제적 지위와 역할에 대하여 지니는 본질적 의미를 완전히 다룬다. 이것이 '출애굽'이라고 부르는 이야기이다. 둘째, 야훼의 땅 수여와 바로의 땅 수여 사이에 잠재해 있는 긴장이 위기에 처한다. 야훼의 땅 수여는 약속되었으나 실현되지 않았다. 바로의 땅 수여는 실현되었으나 취소되었다. 새로운 위기에 처한 이스라엘을 보호하는 일은 야훼의 땅 수여가 실현되는 일에 달려 있었다.

21

노예가 된 베두인들

(출 1:9~12; 2:11~22; 3:1~8; 3:16~4:23, 일부)

이집트 왕이 신하들[1]에게 말했다. "이스라엘의 후손 베두인이 우리보다 많고 강하므로 오라 우리가 이 점을 지혜롭게 처리하자. 두렵건대 그들이 수가 많아지면 전쟁이 일어날 때 우리의 적군과 합세하여 우리와 싸우고 이 땅에서 올라갈지도 모르겠다."

그래서 그들은 베두인들에게 강제부역을 시키고 감독관을 세워 억압하였다. 그들은 바로를 위해 비돔과 라암셋과 같은 식량저장용 도시들을 건설하는 데 베두인들을 동원하였다. 그들이 학대하면 할수록 수가 늘고 퍼져나갔다. 엘리트 이집트 사람들은 이스라엘 사람들을 혐오하였다. 그래서 이집트는 이스라엘 사람들을 더욱 엄한 조건에서 일을 시켰다. 그들은 흙 이기기, 벽돌 만들기 그리고 온갖 농사일을 혹독하게 시키고 강제로 일을 시켜 삶을 괴롭게 만들었다.

그때에 모세라고 하는 한 사람이 있었는데 그는 이 압제 체제 속에서 입신양

1 J는 여러 곳에서 히브리어 '암(*am*)'을 사용하는데 영어번역들은 '백성(people)'으로 번역하고 있다. 하지만 정확한 번역은 '바로를 직접 섬기는 사람들, 그의 신하 혹은 추종하는 군인들'이다. 우리는 이 단어를 간편하게 '신하들(court)'이라고 옮길 것이다.

명하는 데 성공한 사람이었다. 그는 동족이 강제부역을 하는 모습을 보러 나갔다. 그런데 어떤 이집트 사람이 모세의 동족인 외국인 노예 한 명을 때리고 있었다. 주위를 둘러보고 아무도 없음을 확인한 모세는 그 이집트 사람을 때려죽이고 시체를 모래 속에 감추었다.

다음 날 다시 나갔다. 외국인 노예 두 사람이 서로 다투고 있었다. 모세가 잘못을 저지른 사람에게 말했다. "어찌하여 동료를 치느냐?"

그가 대꾸했다. "누가 너를 우리의 주인과 재판관으로 삼았느냐? 이집트 사람을 죽인 것처럼 네가 나도 죽이려고 하느냐?"

모세가 두려워하여 생각했다. "그 일이 발각된 것이 틀림없다."

바로가 이 일을 듣고 모세를 죽이려고 하였다. 모세는 바로를 피하여 도망하였다. 그는 미디안 땅의 어느 우물곁에 머물렀다.

미디안 제사장은 딸이 일곱 명이었다. 그들이 와서 물을 길어 아버지의 양 떼에게 먹이려고 구유에 채울 때 다른 목자들이 와서 그들을 쫓아냈다. 모세가 지체 없이 그들을 구하고 양 떼에게 물을 먹여주었다. 그들이 아버지 르우엘에게로 돌아오자 아버지가 말했다. "너희가 어찌하여 오늘 이렇게 속히 돌아왔느냐?"

그들이 말했다. "어떤 이집트 사람이 우리를 목자의 손에서 건져주고 우리를 위해 물을 길어 양 떼에게 먹였습니다."

그가 딸들에게 말했다. "그가 어디 있느냐? 왜 그를 거기에 두고 왔느냐? 그를 초대하여 우리와 식사하자고 해라."

모세가 그와 함께 살기로 했다. 그는 모세에게 딸 십보라를 주었다. 십보라가 아들을 낳았다. 모세가 그의 이름을 게르솜이라고 불렀다. "나는 낯선 땅에 사는 나그네가 되었다"고 그가 말했기 때문이다.

여러 해가 지나 이집트 왕이 죽은 뒤 모세는 미디안 제사장의 양 떼를 치고 있었다. 그가 양 떼를 광야 깊숙이 이끌던 중에 야훼의 천사가 가시덤불의 맹렬한 불꽃 가운데서 그에게 나타났다. 모세가 가시덤불에 불이 났지만 가시덤불이 타서 없어지지 않는 것을 보고 말했다. "내가 이 놀라운 광경을 가서 보아야겠다.

어찌하여 가시덤불이 타지 않는가?"

야훼께서 모세가 보러 오는 것을 보고 말씀했다. "이곳으로 가까이 오지 말라. 신발을 벗어라. 네가 서 있는 곳은 거룩한 땅이기 때문이다. 나는 네 조상의 하나님, 아브람의 하나님, 이삭의 하나님, 야곱의 하나님이다. 내가 정녕 이집트에 있는 내 백성이 압제받는 모습을 보았다. 내가 노예 감독관 앞에서 그들이 울부짖는 소리를 듣고 그들의 고통을 알았다. 내가 내려가서 이집트의 손에서 그들을 구하고 그 땅에서 크고 넓은 땅, 젖과 꿀이 흐르는 땅, 가나안 사람, 헷 사람, 아모리 사람, 브리스 사람, 히위 사람, 여부스 사람의 땅으로 데리고 올라갈 것이다. 가서 이스라엘의 족장들(쉐이크)을 모아놓고 말하라. '야훼, 네 조상의 하나님, 아브람, 이삭, 야곱의 하나님이 네게 나타나 이렇게 말씀했다. "내가 너희와 너희가 이집트에서 당한 일을 주목하였고 너희를 이집트의 압제로부터 건져내고 가나안 사람, 헷 사람, 아모리 사람, 브리스 사람, 히위 사람, 여부스 사람의 땅, 젖과 꿀이 흐르는 땅으로 데려오기로 결심하였다."'"

"그들은 네 말을 들을 것이다. 너와 이스라엘의 족장들은 이집트의 왕에게 가서 말하라. '외국인 노예의 하나님 야훼가 우리를 만났다. 우리는 삼일 길을 가서 야훼 우리의 하나님에게 제사 드리기를 원한다.' 나는 이집트 왕이 너희를 보내주지 않을 줄 알고 있다. 심지어 네 손의 힘을 보고도 보내주지 않을 것이다. 내가 내 손을 뻗어 그들 가운데서 내 모든 놀라운 일들을 행하여 이집트를 칠 것이다. 그런 연후에야 그가 너희를 보내줄 것이다. 나는 이집트 사람들이 너희에게 친절을 베풀도록 할 것이므로 너희가 떠날 때 빈손으로 나오지 않을 것이다. 여인마다 이웃과 자기 집에 머무는 여인에게 은과 금패물과 옷을 '빌릴 것'이다. 너희는 이것들을 너희 아들과 딸에게 입히고 이것들을 갖고 이집트를 나오게 될 것이다."

모세가 대답했다. "그들은 내 말을 믿지 않을 것입니다. 그들은 내 말에 귀를 기울이지 않을 것입니다. 그들은 '야훼가 네게 나타나지 않았다'고 말할 것입니다."

야훼께서 그에게 말씀했다. "네 손에 있는 이것이 무엇이냐?"

"지팡이입니다."

"그것을 땅에 던져라."

모세가 그것을 땅에 던졌더니 뱀이 되었다. 모세가 그것을 피하여 펄쩍 뛰었다.

야훼께서 모세에게 말씀했다. "네 손을 내밀어 꼬리를 잡아라."

그가 손을 내밀어 뱀을 붙잡으니 손에서 지팡이로 바뀌었다.

"이 일로 야훼 네 조상의 하나님, 아브람의 하나님, 이삭의 하나님, 야곱의 하나님이 네게 나타났다는 것을 믿을 것이다. 이제 네 손을 옷 속에 넣어라."

그가 손을 옷 속에 넣었다. 손을 꺼내보니 흰 눈처럼 피부병(나병)이 생겼다.

"네 손을 다시 옷 속에 넣어라." 야훼께서 말씀했다.

모세가 다시 집어넣었다가 꺼내보니 이전과 같이 되었다.

"그들이 너를 믿지 않고 첫 번째 표적을 유념하지 않으면 두 번째 표적은 믿을 것이다. 그들이 둘 중 하나도 유념하지 않고 너를 믿지 않으면 나일 강물을 취하여 땅에 부어라. 네가 나일 강에서 떠온 물이 마른 땅에서 피가 될 것이다."

모세가 야훼께 말했다. "나의 주여, 보십시오. 나는 말을 잘하는 사람이 아닙니다. 예전에도 그랬고 과거에도 늘 그랬습니다. 당신이 종에게 말씀하기 시작한 때부터도 그랬습니다. 나는 입이 둔하고 혀도 둔합니다."

야훼께서 그에게 말씀했다. "누가 사람에게 입을 주었느냐? 누가 사람이 말을 못하거나 듣지 못하거나 보거나 보지 못하게 하였느냐? 그렇게 하는 자가 바로 나 야훼이다. 그러므로 가라. 내가 네 입이 될 것이고 네가 할 말을 알려줄 것이다."

"보십시오, 나의 주여. 당신이 원하는 다른 사람을 보내십시오……."

야훼께서 모세에게 노하여 말씀했다. "레위 사람 네 형 아론이 있지 아니하냐? 그가 말 잘하는 것을 안다. 그리고 그가 너를 만나러 오고 있다. 그가 너를 보고 기뻐할 것이다. 그에게 말하고 할 말을 알려주어라. 내가 네 입과 그의 입에 함께 있어서 너희 두 사람이 무엇을 해야 할지 알려 줄 것이다. 그가 너를 대신하여 백성에게 말할 것이다. 그가 네 입이 될 것이고 너는 그에게 하나님 같이 될 것이다."

모세가 미디안에 있을 때 야훼께서 모세에게 말씀했다. "이집트로 돌아가라. 네 목숨을 찾는 자들이 모두 죽었다." 그래서 모세는 아내와 아이들을 데려와 나귀에 태우고 이집트 땅으로 돌아갔다.

야훼께서 모세에게 말씀했다. "네가 이집트로 돌아가면 내가 네 손으로 일으킨 모든 놀라운 일들을 바로 앞에서 행하게 될 것이다. 또 바로에게 말해라. '야훼가 이같이 말했다. "나의 장자 이스라엘의 문제로 내가 너에게 말한다. '내 아들이 나를 섬기도록 놓아줘라.' 만일 네가 그를 보내주기를 거절하면 네 장자를 죽일 것이다."'"

'출애굽 이야기'는 성서에 친숙하지 않는 사람들에게조차 잘 알려진 독자적인 이야기이다. 성서 역사학자들 가운데서도 이런 생각이 지배적이다. 오경에 담긴 이 위대한 초기 이스라엘 역사는 독자적인 이야기 단위로 해석할 수 있다. 우리 성서에서 그 이야기는 창세기와 출애굽기를 나누는 지점에서 시작한다. 이러한 분리는 본문형성사의 비교적 늦은 시기에 이루어졌다. 그때는 원래의 J를 여러 차례 보충하고 난 뒤이며 실제로 기록된 지 육칠 백 년 정도 지난 후이다.

스물한 번째 세대가 이집트의 강제부역에서 구원받는 이 이야기는 이스라엘의 유월절 의식의 배경이 되는 이야기로 묘사되어 있다. 유월절 예식과 이런 연관성을 부여하는 글을 J가 직접 썼는지는 확실치 않지만 아마 그랬을 것이다. 기원전 12세기와 11세기에 고지대 팔레스타인 촌민은 봄철 보리 추수를 특별한 축제나 예식으로 축하했다. 그런 예식의 특징이 그 해 초에 태어난 숫양을 잡아 잔치를 여는 것이었음을 의심할 이유는 없다. 출애굽기 본문에서 이 예식이 갖는 이 독자적 이야기와의 연관성 때문에 구원 이야기는 실제로 다윗 이전부터 지켜왔던 보리수확 축제의 기초였다고 생각해 왔다. 그렇다면 J가 이 전승을 포함시켜 강조하는 일이 의미가 있었을 것이다. 그의 목적은 백성 가운데 인기를 누리며 널리 회자되었던 이야기를 민족사에 통합시키려는 것이었다.

J 전체를 통전적으로 이해하려는 우리의 방식은 문학적, 역사적 근거에 기초한 이러한 전이해와 부딪힌다. 문학적으로 '출애굽 이야기'로 널리 알려진 내용은 J의 다른 부분과 완전히 유사하다. 역사적 이유도 쉽게 찾아볼 수 있다. J가 이 단락에 사용한 전통적 자료는 이스라엘의 조상을 베두인 이야기로 다룬 긴 분량의 이야기와 동일한 자료이다. 그것들은 베두인, 특히 남부 팔레스타인의 베두인 사이에 전형적으로 회자되던 전승이었다. 남부 팔레스타인 지역의 베두인은 요셉 가족이 겪었던 것과 똑같은 유형의 위험을 겪기가 쉬웠다. 그렇게 사로잡혀 갔다가 도망 나온 일을 축하하는 전승은 베두인 집단의 정치적 독립과 자립심을 위한 중요한 기초를 형성하였을 것이다. 그런 전승은 J가 각색한 다른 유사 베두인 전승에 원래부터 포함되어 있을 필요가 없다. 아브람 이후부터 J에 두드러진 연속성은 그가 사용한 전통적 자료가 연속성을 갖고 있어서가 아니라 그것들이 서로 공통된 사회적, 인종적 배경을 갖고 있기 때문에 생긴 연결고리 때문일 것이다.

이 이야기가 다윗과 그의 역사가에 의해 처음으로 보리수확축제와 연결되었는지는 모르지만 이 이야기가 J의 나머지 이야기와 많은 연관성이 있다는 사실은 분명하다. 앞서 살핀 대로 J의 나머지는 다윗의 나라에 사는 팔레스타인 농민 사이에 회자되었던 전승을 반영하고 있지 않다. 그 대신 베두인 전승에서 끌어온 것들이다. 출애굽 이야기도 마찬가지이므로 그런 출애굽 사건이 다윗 이전에 팔레스타인에 살던 농민전승의 주요 부분이라고 생각할 이유는 없다. 농민들은 J가 그리고 있는 이스라엘의 모습과 동일시될 필요가 있었고, 혹은 자신들도 모르게 거기에 그냥 포함되었다.

백성이 보리 수확 축제를 이집트에서 구원받은 사건을 축하하는 절기로 이해하는 일이 다윗 이전에 없었다면 그 대신 어떤 대중적 이해가 존재했는지 알 수 없다. 왕과 그의 서기관이 이와 같은 중요한 연관성을 그냥 창안해낼 수 있다고 생각하는 것도 놀라운 일일 것이다. 우리는 그런 종교적 예식과 전승이 먼 과거로 거슬러 올라간다고 생각하거나 출애굽 사건 같은 어떤 특정한 역사적 사건에서 나온 것이라고 생각하는 경향이 있다. 하지만 그런 예식과 전승을 면밀히 연구해보면 그것은 종종 정치적 목적 때문에 생긴 것이라는 것을 알려준다. 이를테면 통치자가 규정한 대로 민족적 정체성을 형성할 때 그런 경우가 발생한다.

고고학적으로 입증되었고 성서의 '이스라엘'로 확인된 고지대 공동체는 이스라엘의 기원에 관한 정복 모델의 주장처럼 이집트에서 탈출한 결과로 형성된 것이 아니라는 사실이 지금은 잘 알려져 있다. 하지만 많은 역사가들은 출애굽이 초기 이스라엘 사람 전체의 전승은 아닐지라도 그런 사건을 경험한 소수 이스라엘 사람의 전승이라고 주장하는 경향이 있다. 이런 견해는 소수 이스라엘 사람이 팔레스타인 고지대 사람들과 자신의 전승을 공유했고 그곳에서 출애굽 전승이 이스라엘의 정체성의 근간을 이루는 전승이 되었다는 것이다.

이런 견해는 역사적 상황을 볼 때 베두인 정체성이 지닌 두드러진 특징은 물론이고 J 전승 전체에 배어있는 베두인 전승의 특징을 평가 절하하는 지적인 풍토 속에서 만들어진 것이다. 이런 견해는 농민 공동체가 가고 싶지도 않은 곳에 사는 베두인을 다루는 이야기를 자신들의 기본적인 정체성 이야기로 채택하기가 얼마나 어려운지를 고려하지 않는다. 만일 팔레스타인 농민이 이집트의 강제부역에서 구원받은 사람들이라고 생각했다면 팔레스타인에서 강제부역을 하다가 그렇게 되었다고 말하거나 아니면 어떤 가나안의 전제군주가 그들을 노예로 삼아 이집트로 팔아넘긴 이야기로부터 그렇게 되었다고 말하는 것이 훨씬 쉬웠을 것이다. 그보다는 다윗 이전에 고지대 팔레스타인의 촌락에 사는 농부들은 자기들을 결코 이런 식으로 생각하지 않았고 그러한 정체성은 다윗 왕실이 고안해냈다고 생각하는 것이 더 이치에 맞다.

보리수확 축제는 두 가지 농산물, 즉 보리와 가축의 소산을 축하하였다. 다윗 이전 시대 고지대 팔레스타인의 촌민들에게는 그런 축제의 의미가 팔레스타인 농촌의 농사에 발생하는 위기를 관리하기 위한 다양화 조치가 얼마나 중요한지와 결부되어 있었을 것이다.[2] 보리추수는 평균 삼사 년에 한번 꼴로 실패한다는 것이 기정 사실이었다. 양과 염소는 매일 먹을 식량으로 그리 적당하지 않다. 또 농부든 베두인이든 그럴 목적으로 양이나 염소를 기르는 것도 아니었다. 목축의 주요 기능 중 하나는 곤궁하거나 기근이 들 때 안전장치를 마련해두려는 것이었다. 이런 관점에서 보면 이 축제기에 농민들은 두 가지 생산방식에 똑같은 관심을 두고 있었다. 덧붙이자면 만일 다윗 이전의 고지대에서 보리추수가 늦봄과 늦여름의 밀과 과일을 수확하는 일보다 더 중요한 역할을 했다면 그것은 새로운 땅을 개간할 때 나쁜 조건 속에서 밀보다 더 잘 자라는 보리의 유용성 때문일 것이다. 이렇게 보면 이 축제에서 보리 수확을 축하하는 것은 빼놓을 수 없는 일이다. 그러나 J의 유월절 개념에서 누락된 것은 바로 이 측면이다. J는 농부들의 축제에서 전혀 예상할 수 없는 방식으로 전적으로 양을 강조한다.

어떤 의미에서 양이 베두인이 이집트에서 구원받은 사건에 특별히 중요한 것으로 여겨지게 되었을까? 이 질문에 대답하는 가장 단순한 방식은 팔레스타인에서 식량을 생산하는 사람들의 서로 다른 두 가지 유형의 사회적 정체성이 지닌 본질적 특징을 살펴보는 것이다. 무슨 근거로 농민과 베두인은 서로 다르다고 생각했을까? 이것은 복잡한 문제이지만 J가 양을 강조하는 것을 이해하는 데 부분적으로 도움이 되는 답변을 할 수 있다.

촌락 농민은 대개 지역에 얽매여 살며 잘 살고 못사는 것은 일차적으로 마

---

2 David C. Hopkins, *The Highlands of Canaan: Agricultural Life in the Early Iron Age*(Sheffield, Eng.: Almond Press, 1985), 213~51.

을이 관리하는 농경지를 가족이 경작할 권리를 소유하느냐의 여부에 달려 있었다. 농부의 재산과 사회적 신분은 토지 규모에 의해 측정되었다. 베두인 또한 마을에 살 수 있고 보리도 경작할 수 있지만 독특한 사회적 정체성은 전형적으로 천막에 거주하면서 일정 범위 안에서 이동하는 모습 때문에 생긴다. 베두인이 잘 살고 못 사는 척도는 자신들이 기르는 가축 떼의 규모와 질에 따라 결정된다고 생각했다. 그 중에서 양은 가장 중요한 요소였다. 그러므로 J가 양을 강조하는 것은 J 전체에 걸쳐 일반적으로 나타나는 베두인의 특징을 감안할 때 베두인 정체성 구성에 본질적인 요소를 반영하는 것으로 볼 수 있다. (이 역사 후반에는 낙타가 이 역할을 하지만 다윗 시대는 그렇지 않았다.)

보리 수확기에 양을 잡아먹는 것은 상당한 생태적 의미를 지닌다. J의 서술 대상인 농부들에게 보리 수확 직전의 시기는 가정의 보리 보유량이 최저점에 이른다. 숫양은 다른 대체 식량이 고갈된 이 시기에 끼니를 이어갈 수단이 된다. 베두인도 같은 형편인데, 그들에게는 다른 사정도 있다. 가축들은 건조지대의 겨울 목초지를 떠나 수확기를 맞이한 저지대 밭으로 이동시켜야 한다. 거기서 수확 후의 그루터기를 가축에게 먹일 수 있기 때문이다. 목자와 베두인에게는 사람들이 보다 밀집하여 거주하면서 집약적으로 농사를 짓는 지역의 여름 목초지로 이동하기 전에 가축 가운데 불필요한 수컷들을 추려내는 일이 중요했다. 그런 곳에서는 방목의 직접적 '비용'이 상승하기 때문이다. 아울러 그런 여정은 통상 가축에게 세금을 매기는 국가 통제 지역으로 되돌아가는 일이다. 가축이 적으면 적을수록 세금도 적어진다. 숫양은 그 여정을 시작하기 전에 잡아먹으면 여행 중에 돌볼 필요도 없고 도착해서 세금을 낼 필요도 없어진다.

이것이 이른 봄에 베두인 강제부역 노동자의 탈출과 양을 도살하는 축제가 연관성을 지니는 배경이다. 그 전승은 봄철 목초지이동(비록 탈출 자체가 이주이긴 하지만)과 다르지 않은 긴 여행을 하는데 가능하면 가축 수효를 줄여야 하는 시기이다. 이것이 위대한 탈출 역사가 시작될 때 역사가가 염두에 둔 현실이다.

팔레스타인 베두인 부족들은 정기적으로 나일 강 하류의 델타와 계곡 지대에서 움직였다. 그런 활동으로 알려진 바에 따르면 베두인과 이집트 정부의 관계는 대체로 평화로웠다. 이런 상황은 이집트 정부가 베두인보다 더 강해서 동부 국경선을 수비하고 통제하는 과정에서 베두인이 통행하더라도 자신들의 안전을 충분히 확보할 수 있을 때 벌어지는 상황이다. 통상적으로는 그렇지만 그런 부족들은 항시 준군사적 조직체의 형태로 활동하였기 때문에 이집트 통치자들에게는 잠재적으로 위협적인 존재들이었다. 그들은 간헐적으로 이집트 행정부가 약해져서 동부 국경지대나 어떤 때는 중앙 지역을 통제하지 못하는 경우에 강력한 경쟁자가 되기도 하였다. 팔레스타인에 이스라엘이 등장하기 전에 이런 일이 벌어진 가장 좋은 선례는 중기 청동기 말엽에 힉소스가 통치한 시기(기원전 약 1650~1550년)이다. 여러 역사가의 시각으로 볼 때 힉소스 족은 이집트 토착민의 통치가 약해진 틈을 타서 약 백 년 동안 이집트 주권을 빼앗았던 팔레스타인의 베두인이었다. 신왕국의 제18왕조는 이러한 팔레스타인 사람들의 이집트 통치에 맞서 집권하였고 이 통치의 주요 정통성을 외국인 폭군들을 물리쳤다는 데서 찾았다. 어떤 학자들은 힉소스 족을 이스라엘 사람들이라고 보기도 한다. 하지만 그렇지 않다는 사실이 이스라엘의 등장에 관한 논의를 보면 분명해진다. 그러나 그런 제안에는 모종의 통찰이 내포되어 있다. 힉소스 족을 J가 초기 이스라엘을 기술하려고 택한 베두인 유형의 사람과 비교하는 것은 아주 현명하다. 그러므로 J의 역사에서 이스라엘이 바로에게 위협으로 느껴졌다는 사실은 실제적이었고 적어도 이집트 통치가 약할 때는 언제든지 그랬다. 역사적으로 말하면 철기 1기시대 팔레스타인의 산간지대에 촌락들이 등장하던 때나 다윗이 즉위하던 때는 그런 시기가 아니었다.

우리가 지금 이스라엘 사람들이라고 부르는 이스라엘 후손은 축복받은 결과로 점차 강성해져서 과거에 팔레스타인 사람들이 그랬던 것처럼[3] 당대의 이집트 통치 가문과 맞서는 것을 막기 위해 이집트 왕은 그들을 이집트 북부의 비옥한 곡창지대인 델타지역에 군사식량 저장목적의 도시들을 건설하는 일에 강제부역(corvée)을 시켰다. 이스라엘이 중앙집중적인 군사식량 저장목적의 도시들을 건설하는 일에 동원된 사건은 가인이 최초의 도시를 건설한다거나 열네 번째 세대의 탑이 있는 도시를 건설하는 주제 그 이상으로 역사의 첫 번째 세대와 두 번째 세대의 원형적 악이 최고조에 이른 사건이며 그것이 근본적으로 반복하는 사건임을 나타낸다. J는 출애굽기 1:8~12의 짧은 범위 안에서 당면한 현실의 기본적 이슈를 집약적으로 표현하고 있다. 그것은 토지, 식량생산과 자손출산을 의미하는 노동, 도시중심의 통치, 그리고 이집트에 대한 민족주의적 반감이다.

'출애굽' 사건을 다루는 일반적 경향은 노예 제도를 사회적, 경제적 사안으로 이해하는 것이다. J의 관심사는 사회경제적인 것이 아니고 일차적으로 정치적이다. 노예제도 자체에 대한 관심은 다윗 국가의 민족주의에 대한 관심에 비해 이차적이다. J는 아브람, 사래, 이삭, 리브가, 야곱, 레아, 라헬, 야곱의 아들들이 모두 노예(종)를 보유하고 있다는 이야기를 주저하지 않고 차례대로 다루었다. 그러나 각종 노동 착취는 문제 삼지 않는다. 대신 특정 국가 백성의 민족적 정체성을, 가장 직접적으로 그 국가의 성격을 알 수 있는 착취의 형태로 규정하려고 한다.[4] J는 그의 역사에서 줄곧 가장 중요한 사안이 다른 형태의 노동착취가 아니라 강제부역(corvée)이라고 말한다. 왜 그런가? 국가의 입

---

3 출 1:9는 일반적으로 RSV와 『개역개정』처럼 '그의 백성(his people)'으로 번역하여 모든 이집트 백성이란 의미로 옮기며 그래서 New American Bible도 '자기 백성(his subjects)'으로 번역한다. 이러한 이해는 바로가 팔레스타인 이주민이었던 이스라엘의 후손이 이집트 사람의 수보다 많아지게 된 현실을 주목하게 된 것으로 만든다. 이런 번역은 어색하며 요점을 놓치고 있다. 히브리어 '암(*am*)'은 여기서 바로를 가까이 모시는 왕궁 군부의 군사력을 뜻한다. 군사집단인 이스라엘 베두인의 숫자가 왕궁 군부의 군사력보다 많아지게 되었다는 의미이다.

4 그러나 J의 사회비평을 가리고 있는 민족주의가 적응할 수 있는 윤리적 문제로서의 '노예제도' 혹은 일반적인 노동 착취를 사회적 이슈에서 민족주의적 이슈로 단순히 변형시켰다고 생각하는 것은 정확치 않다.

장에서 볼 때 국가가 노동을 착취하는 가장 명백한 형태인 강제부역은 다른 형태의 노예제도보다 민족주의적 시각에서 취급하기가 더 쉽기 때문이다. J가 말하는 착취의 주제를 기원전 8세기 이스라엘과 유다에서 활동한 예언자들이 노동착취가 북왕국 멸망의 원인이며 남왕국 유다의 붕괴를 위협하는 요인으로 말하는 것과 비교해보라. 예언자들의 눈으로 볼 때, 야훼가 노동자를 염려하는 바는 국가에 대한 그의 염려를 대체한다. 그래서 그들은 국가의 노예제도가 아니라 채무노예에 초점을 맞추었다. 채무노예는 왕 개인보다는 더 넓은 계급의 압제자들, 도시에 거주하는 지주계층 집단의 착취 형태이다. 그렇기 때문에 채무노예의 문제는 국가적 사안이라기보다는 사회적 사안인 것이다.[5]

식량저장 목적의 도시는 도시중심의 농경사회가 보여주는 전형적 특징이었다. 그런 도시들은 (열왕기상 9:15~19와 역대기하 32:27~29의 언급에서 알 수 있듯이) 이스라엘에도 존재했다. 곡식저장 시설의 존재는 브엘세바의 고고학적 발굴 결과로 알려져 있다. 그런 구조물은 이스라엘의 군주시대에 축조된 것들이었다. 다윗 자신이 직접 엄청난 에너지와 자원을 들여 그런 시설을 축조했는지는 알려져 있지 않다. 발굴 결과, 이스라엘 왕국이 철기 2기시대 즉 군주시대 초기에 곡물 저장설비를 포함한 대규모의 행정도시를 건축한 것으로 알려져 있으나 고고학자들은 거기서 다윗 시대와 솔로몬 시대를 좀처럼 구분해내지 못하고 있다. 분명한 사실은 무엇인가? 다윗 왕실에 의하여 이스라엘 사람으로 여겨지는 팔레스타인 사람의 입장에서 그러한 곡물처리 시스템은 정상적인 관행에서 크게 벗어난 것이었으리라는 점이다. 강제부역으로 징발당하는 일은 야훼의 창조물이 지니는 권리를 박탈당하는 일이었다. J의 관점에서 볼 때, 최초의 인간을 비롯하여 그 뒤를 이은 모든 세대의 인간은 강제부역에 동원되기 위한 목적으로 창조된 노예가 아니었다.

---

5 여로보암이 나라를 분리시켜 북이스라엘을 창건할 때 지방의 세력들이 다시 전면에 등장하였다.

J는 노예화된 이스라엘의 비참한 상황을 묘사했다. 이는 J의 전체 역사가 거부하는 상황이었다. 그런 상황은 완전히 뒤집혀야만 한다. 모든 역사의 실마리가 하나로 모이는 이 결정적 순간, 모든 것이 망가진 순간에 J는 해결책을 주도할 한 사람을 소개한다. 스물한 번째 세대의 주인공 모세이다.[6] 모세는 이전에 J가 제시한 주인공들과 다르다. 왜냐하면 J는 위대한 조상 아브람과 연결되는 모세의 정확한 정보를 밝히지 않기 때문이다.

성서의 이 대목은 이스라엘 남자 아이를 구하는 산파 이야기, 모세의 출생, 강가의 풀숲에서 바로의 딸이 아기를 발견하는 이야기로 이어진다. 이 이야기들은 아들들의 위기를 강조하고 이집트 궁전에서 양육되었기 때문에 정체성 문제가 있는 모세를 그려내고 있는 E—두 이야기 모두 이 위기를 주제로 삼는다—에서 유래한 것이다. 이것은 이어지는 J 이야기들에 처음에는 없었던 의미를 부여한다. 그 속에서 모세는 히브리인이라는 정체성을 의지적으로 붙들고 자신의 양면성과 씨름해야 하는 존재로 나타난다. E의 모세는 바로의 궁전에 친밀한 자이며 강제부역 노동의 폭압에 맞서서 베두인 운동의 지도자가 될 운명을 지닌 존재이다. 그의 모습은 아마도 여로보암 1세를 과거로 투사한 것일 것이다. 그는 북쪽의 서기관이 자기 나라의 통치자에 대해 실제로 경험한 것을 바탕으로 모세의 전승을 재구성한 모습을 보여준다. 이런 모습은 J에게 전혀 알려져 있지 않았다. J는 한 세대 반 후에 북이스라엘이 다윗 가문의 통치로부터 분열되는 역사를 알지 못했기 때문이다.

J가 모세를 기술할 때 이집트의 특징으로 남아 있는 것은 이름이다. 이스라엘과 모세라는 이름들은 지금까지의 역사에서 접했던 베두인 주인공들과 다른 범주에 속한다. J에는 모세라는 이름을 왜 그렇게 불렀는지 말하는 원인론[7]

---

6 일곱 세대씩 3조로 된 J의 연대기 구조를 볼 때 모세는 아담, 노아, 아브람의 패턴과 맞지 않다. 모세는 일곱 세대의 **마지막**에 등장한다. 땅에 정착하는 민족, 제22세대, 다윗의 통치를 받는 백성은 새로운 시작을 나타낸다.

7 원인론이란 기원을 설명하는 이야기를 의미한다. J는 모세라는 이름의 의미를 소개하지 않

이 없는데 이스라엘이란 이름의 원인론은 단지 이야기와 약간 관련이 있을 뿐이다. 모세는 이집트 이름이다. 모세는 '누구에게서 태어난' 혹은 '누구의 아들'이란 뜻으로서 이집트 사람들이 많이 갖고 있는 이름 요소이다. 이를테면 람세스는 *-mses*라는 요소를 갖고 있으며 모세와 같다. 자손출산에 관심을 가진 J가 야훼의 탁월한, 궁극적인 주인공 모세의 이름이 '태어나다'는 뜻이고 그런 뜻을 지닌 이집트 단어 *msi* 에 '낳다, 출산하다'와 '만들다, 짓다'는 의미가 있으며 최초의 인류가 만들어진 에덴동산에서 그랬던 것처럼 낳고 만들다는 뜻의 히브리어 '*얄라드(yalad)*'와 '*야차르(yatsar)*'의 이집트식 단어가 된다는 것을 알고 있었는지 생각해볼 만하다.

J가 쓴 이스라엘 역사의 결정적인 순간 즉 다윗 자신의 세대가 이르기 직전 이스라엘이란 나라의 생존이 걸려 있는 때에 등장한 위대한 주인공은 이집트 이름을 가진 이스라엘 베두인의 후손이었다. 어째서 그런 인물이 히브리 이름이 아닌 이집트 이름을 갖게 되었을까? 그의 이름에는 무슨 뜻이 들어있는 것일까?

많은 역사가들이 상당수 초창기 이스라엘 사람들이 이집트 이름을 지니고 있음을 주목해왔다. 특히 모세 자신의 지파인 레위 지파 사람들이 그렇다. 아론, 비느하스, 홉니가 그랬고 미리암도 아마 이집트 이름일 것이다. 그 이름들은 보통 실제로 이집트에 살다가 탈출한 이스라엘 사람들이 있었음을 증명하는 것으로 여겨진다. 이런 해석은 이제는 철기 1기시대에 이스라엘 사회가 등장하는 데 직접적으로 관련이 있다고 알려진 몇 가지 훨씬 더 중요한 요인들과 아무런 상관도 없다.

J의 주인공들이 이집트 이름을 갖고 있는 모습은 아주 이상하기 때문에 다윗 이전 시대의 팔레스타인 산간지대 역사에서 그런 족장이 아주 중요한 역할

고 그냥 쓰는데, 이름의 의미가 중요한 다른 많은 사람들과 대조적이다. 반면 E는 히브리어 어원을 소개한다(출 2:10).

을 했다는 대중의 생각을 J가 자신의 역사 속에 통합시켰을 수 있다. 그렇더라도 J의 내용 가운데 그런 인물에 관해 남은 것은 모두 이름뿐이다. J의 모세 기록이 과거에 이집트, 시내, 요단 동편 지역에서 활약한 인물에 관해 정확한 지식이 들어 있는 전승에 기초를 두고 있다고 믿을 이유는 없다. J의 열다섯 번째 세대 이후의 다른 역사처럼 모세라는 인물은 베두인의 전형적인 정치적, 사회적 삶에 기반을 두고 있다. 그런 삶에는 이집트나 그 지역 지배세력과의 관계 그리고 지도력의 선결요건인 지파의 합의가 깨어질 위기의 순간에 지도력을 발휘하여 지파 사이의 위계질서를 세우는 일을 포함한다. J가 실제 현실을 묘사하였다면 J 자신의 시대에 벌어졌거나 관련되는 일들이었다고 추측하는 것이 가장 적절하다. 이와 달리 다윗 이전의 팔레스타인 역사에서 친이집트 파벌이 중요했음을 보여 주는 것일 수도 있다.

그런 인물은 어떤 상황 속에서 존재했을까? 그런 인물이 팔레스타인 땅에 있었을까? 그렇다. 우리는 이미 팔레스타인의 베두인 지도자들, 특히 남들보다 더 강력하고 부유한 지도자들이 어떻게 도시에 거주하는 지배계층과 긴밀한 관계를 유지했는지 살펴보았다. 지배계층 일부가 이집트 사람이라면 여느 팔레스타인 영주처럼 팔레스타인 베두인 족장이 이집트 궁전에 일정 기간 머무르면서 보충적으로 이집트인의 정체성을 취하였으리라고 얼마든지 생각할 수 있다. 팔레스타인 통치자들은 어느 때든지 팔레스타인을 장악한 종주국의 문화에서 따온 이름을 계속 사용할 수가 있었다. 이집트에 사는 많은 팔레스타인 사람들도 그랬을 것이다. 동시에 이집트의 힉소스 족도 야곱이란 이름처럼 많은 팔레스타인 이름을 썼다는 증거가 있다. 그렇다고 해서 팔레스타인 사람이 전부 이런 관행을 자동으로 따른 것은 아니었다. 만일 다윗 이전 시대에 모세라는 이름의 팔레스타인 족장이 있었다면 우리는 그와 그의 추종세력이 팔레스타인의 이집트 신왕국 행정부와 동맹을 맺은 것으로 생각해야 한다. 우리는 그가 오래된 이 지역 베두인의 생활패턴에 따라 이집트 제국이 자신들과 힛타이트 제국의 완충지대 기능을 하도록 설치한 군사조직의 우두머리였을 것으로 생각할 수 있다.

J는 모세의 출생과 자라난 배경에 대해 아무런 말도 하지 않는다. E가 전하는 그의 어린 시절 이야기가 더 많이 알려졌기 때문에 이 사실을 강조해야 한다. 앞서 설명한 대로(2장) J의 모세 역사는 '그때'(출 2:11)로 시작한다. 현재 형태의 본문에서 이 구절은 그 앞에 나오는, 바로의 딸이 관련된 사건과 궁전에서 모세를 기른 때를 가리킨다. 영어번역성경들(과 『개역개정』)은 이 구절을 그런 의미로 읽게 만든다. 그래서 RSV는 '어느 날'(one day; 『개역개정』, '한번은')로 번역한다. J에서는 이 구절이 출애굽기 1:8~12 바로 다음에 나온다. 그래서 베두인 족이 노예가 되어 고된 노동을 하게 된 사건을 언급한다.

J의 모세는 아무런 배경 묘사가 없다. J가 아브람을 제외한 이전 주인공들의 경우, 출생과 신분을 분명하게 묘사하는 것을 볼 때 이렇게 배경이 없는 것은 이상하고 놀랍다. 그래서 모세의 출신과 정체에 대해 의구심을 일으킨다. J는 청중의 마음에 그런 의문이 생기게 만들려는 것 같다. 조상을 문제 삼는다면 다윗은 왕실 계승의 합법성 측면에서 볼 때 아버지가 없는 사람이었다. 조상들 이야기의 주인공은 이삭, 야곱, 요셉처럼 나이가 더 어린 아들들이다. 다윗과 같은 왕위 찬탈자들은 보좌에 오를 권리문제를 놓고 어떻게 설명할지 고심했다. 다윗이 사울의 보좌를 차지하였을 때 사무엘상권 전체와 사무엘하권 초반부가 전부 이 당면 문제를 다루고 있음을 볼 수 있다. J의 가정제의 역사에서도 이런 현상을 볼 수 있다.

J에게는 모세의 중요성이 그의 배경이나 족보나 가족관계나 혹은 지금까지 살펴본 대로 이스라엘 가문과 특별한 연결고리를 갖고 있지 않다는 점이 의미있다. 그런 것이 없다는 사실은 그가 중요한 인물이라는 사실을 다른 근거 위에서 제시하려고 한다는 뜻이다. 이 다른 근거란 그가 누구인지를 야훼가 주목했던 그의 특별한 행동들을 통해 보여주려는 일과 상관이 있다. 그의 배경과 연관되지 않은 다른 그 무엇이 야훼가 모세에게 관심을 기울이게 만들었다.

계속해서 J가 말한다. "모세가 장성했다(Moses was great)." 이 문장은 둘 중 하나를 의미한다. '장성했다'는 표현이 지니는 두 가지 의미 모두 J에 이미 나타났으므로 우리는 그 두 가지 의미가 모두 가능하다는 것을 안다. 이 말은 모세가 성장했다는 뜻이거나 위대한 사람이 되었다는 뜻이다. 이 모호함은 E의 목적에 완벽히 부합했다. E는 벧엘의 야곱 이야기를 보충한 것처럼 이 지점에서 이 이야기를 보충했다. 모세의 출생과 성장 이야기를 이 모호한 구절 앞에 삽입하면 '모세가 자랐을 때'라는 의미를 갖게 된다. 번역도 이런 의미로 이루어지고 있다. 그러나 J는 두 번째 의미를 의도한 것 같다. 모세의 젊은 시절에 대해 아무 말도 안했으므로 이제 장성했다고 말할 이유가 없다. 더욱 중요한 것은 모세의 역사가 전개됨에 따라 일차적으로 중요한 사안은 자기 백성에 대한 모세의 권위의 성격 그리고 어떻게 그가 그런 권위를 갖게 되었는지에 대한 것이다. 이것이 J가 모세를 소개하는 이어지는 이야기들의 주요한 주제이며, 대다수 이스라엘 사람이 중요하거나 위대하지 않은 상황에서 이집트 이름을 갖고 있는 이 이스라엘 사람이 이집트 사람과 이스라엘 사람 모두의 입장에서 중요한 인물이라고 선언하는 것은 바로 이 이야기들 속에 나타난 모세의 권위와의 관계에서 그런 것이다. 이집트 행정부는 베두인이면서도 이집트의 혜택을 받고 신분이 상승한, 그래서 자신들의 압제자에게 충성하는 중간자가 필요했을 것이다. 이 구절을 좀 더 적절하게 번역한다면 이렇게 읽어야 한다. "그 시절—강제부역에 동원된 이스라엘 노동자들을 감독관들이 심하게 압제하던 시절—에 이집트 이름을 지닌 어떤 이스라엘 사람이 동족을 압제하던 체제 속에서 눈에 띄게 출세하였다."

J의 요점은 특권을 가진 이 사람이 소동이 벌어지자 짓밟히고 있는 자기 동족과 충동적으로 일체가 되어 그들을 위해 뜻밖의 행동을 했고 이렇게 예상과 정반대로 행동한 그의 모습이 야훼의 주목을 끌었다는 것이다. 그를 소개하는 이 이야기와 이어지는 두 개의 이야기에서 J는 야훼가 하려고 하는 일 즉 이스라엘의 조상들을 아브람과 이스라엘에게 주기로 약속한 땅으로 인도하기 위

하여 어째서 다른 사람이 아닌 그를 선택했는지 설명하려고 한다.

서두에서 J는 모세를 묘사할 때 축복받은 세대의 다른 주인공들이 지닌 두드러진 특징을 함께 갖고 있는 사람으로 서술한다. 모세는 아브람처럼 출생배경이 없음에도 불구하고 야훼의 축복을 받는다. 그는 이삭처럼 야훼의 뜻을 따르며 온전히 의지한다. 또 야곱처럼 자신이 주도권을 쥐고 행동하는 사람이었다. 하지만 요셉처럼 자신이 살아온 이집트의 상황에 영향을 받았다.

위대한 사람 모세가 J가 기술하는 축복의 역사에 등장하는 다른 위대한 인물들이 지닌 특징을 압축적으로 보유하고 있는 것이 사실이라면 적어도 이것은 J가 위대한 인물의 역사라는 특징을 강화시켜준다. 그 안에는 야훼의 축복을 받은 사람은 물론이고 저주를 받은 '유명한 사람'까지 포함한다. 엘리트 역사는 위대한 인물들의 역사일 가능성이 높다. J의 역사는 '아담, 가인, 노아, 아브람, 이삭, 이스라엘, 유다, 요셉, 그리고 모세의 역사'라고 부를 수 있다. 사무엘상 16장부터 사무엘하 5장까지, 그리고 사무엘하 13~20장에 있는 다윗의 궁정 문서의 경우도 마찬가지이다. 우리는 성서의 서두에 나오는 이야기와 역사를 위대한 인물의 행동으로 묘사하는 습관에 너무 익숙해서 대부분의 성서 역사와 농경사회 역사처럼 J의 역사가 보여주는 이 인물의 특이한 점에 주목하지 못한다.[8]

모세라는 인물은 다윗의 궁전에 특별한 의미를 지녔다. J의 모세 역사가 갖는 주제는 모세가 발휘한 특별한 형태의 지도력이 정당하다고 말하는 것이다. 모세 역사의 이런 특징은 모세에게 특히 적합한 광야에서 지도력을 발휘하여 광야를 통과하는 여정 이야기에 초점을 맞추고 있다. 이 역사의 영웅인 모세가 자신의 세대 역사를 베두인 장르로 표현한다는 사실은 우연의 일치가 아니

---

8 Jack M. Sasson, "Literary Criticism, Folklore Scholarship, and Ugaritic Literature," in *Ugarit in Retrospect*, ed. G. D. Young(Winona Lake, Ind.: Eisenbrauns, 1981), 96~98의 전형적 주인공들의 '정치적 일대기'에 관한 예비적 설명과 비교하라.

었다. 그를 기술하는 여러 가지 방식 중에 시내 광야에서 자기 집단을 이끌고 지휘하는 지파의 군사지도자로서의 역할은 팔레스타인 남부의 왕실에게 특별히 흥미로웠을 것이다. 농경시대 대부분 시내 광야의 혹독한 환경은 그곳을 가로질러 건너가기가 무척 어려웠다. 최악의 문제는 물 부족과 적대적인 집단의 방해였다. 이집트는 신왕국 시대에 나일 델타에서 팔레스타인의 가자까지 주요 해안 도로에 수비대를 주둔시키고 중간 쉼터들을 설치하였다. 하지만 분명한 것은 누구나 이집트 군대와 관리의 보호를 받으면서 시내 광야를 통과할 수는 없었다. 그리고 다윗 시대의 이집트 제21왕조는 너무 약해서 그런 체제를 유지할 수가 없었다. 시내 광야 양측에 위치한 왕실에게 시내 광야를 통과하는 가장 좋은 아니 유일한 길은 물이 어디 있는지 알고 도적떼를 막을 수 있는 베두인 집단의 안내와 보호를 받는 일이었다. 설령 다윗이 시내 광야를 가로질러 이집트로 가기를 원치 않았더라도 어느 한 쪽의 적들이 그들을 이용하지 못하도록 그와 같은 호위를 제공하는 우두머리들과 동맹을 맺는 일이 중요했다. 바로 이런 의미에서 다윗 왕실은 모세와 같은 우두머리의 후원을 확보하는 일이 필수적이었다. J가 모세를 그런 중요한 인물로 만드는 것은 정치적으로 의미심장한 일이었다.

모세의 지도력의 성격에 대한 J의 관심사는 나중에 강조되지만 서두에서도 여전히 중요하다. 모세와 관련된 J의 처음 세 이야기는 야훼가 베두인 족을 이집트에서 탈출시키기 위해 선택한 그가 어떤 인물인지를 설명해준다. 선택받은 그는 야훼가 축복한 백성이 받는 압제를 보고 야훼와 똑같은 긍휼한 마음과 정의감을 보여주었다.

첫째 사건에서 모세는 자기 동족 사이를 돌아다니면서 그들이 겪는 혹독한 참상을 직접 목격하였다.[9] (그가 비슷하게 취급받지 않을 만큼 특권적 위치에 있었

9 모세는 처음에 스스로를 자기 동족보다 나은 처지에 있다고 여겼다. '나가서 보았다'는 표현은 세겜 부근에서 디나가 그 지역의 딸들을 나가서 보았다고 말할 때와 똑같은 표현

는지는 명확하지 않다. 비록 모세의 이스라엘 사람으로서의 정체성 문제를 다루는 것은 J가 아니라 E의 관심사이긴 하지만 J도 처음에는 모세를 '순수한' 베두인으로 묘사하지 않는다. 얼마 뒤 시내 광야에서 만난 미디안 딸은 그를 자기 아버지에게 이집트 사람이라고 묘사한다.) 모세는 어떤 이집트 사람이 자기 동족 한 사람을 치는 장면을 목도하였다.[10] 그는 피해자를 보호하려는 충동을 느꼈다. 하지만 그는 먼저 좌우를 살폈다. 누가 보고 있지 않은가 확인하기 위해서였다. 모세의 정의감은 자기 자신에게서 나온 것이었다. 정치적 행보를 하거나 정치적 추이를

이다.

10 동족은 '이브리(*ibri*)'라고 불리며 보통 '히브리 사람'이라고 번역한다. 이 용어의 의미는 구약 연구사에 혼선을 초래했다. 영어로 그 의미는 상당히 문맥에 의존한다. J는 이 단어를 이집트에 사는 외국인 혹은 팔레스타인 노예를 언급하는 데 사용한다. 이집트의 요셉에게 이런 말을 처음 사용했고 그래서 동시대의 다윗 왕실의 변증적 성격의 문서에서 사용한 용법과 잘 어울린다. 맥카터[P. Kyle McCarter, Jr., *I Samuel*, Anchor Bible (Garden City, N.Y.: Doubleday & Co., 1980), 240~41]는 '이브리(*ibri*)'를 이스라엘 사람을 외국어로 표현할 때 사용하는 말이라고 주장한다. J에서 이스라엘을 하나의 나라로 정의하는 것은 이집트에 반대한다는 의미이다.

모세는 바로에게 야훼를 '이브림(*ibriyim*)'의 하나님 혹은 외국인 노예들의 하나님으로 말하라는 지시를 받는다. 이 표현은 사실상 모세의 역사 그리고 그 이후 – J가 처음부터 왕실의 강제부역을 비판하는 일이 중요하기 때문에 – 전체 역사 속에 나타나는 야훼의 특징을 정의한다. 바로는, 반복해서 말하고 있듯이, 이 하나님을 모른다. 이집트 왕이 자신의 토착민이 아닌 노예들의 하나님을 알고 야훼의 목적이 이집트 역사 속에서 바로에게 자신을 계시하려는 것이라는 사실을 알 정도로 겸손하기가 어렵다는 사실은 놀라운 일이 아니다. 그러나 바로가 알아야 할 것은 바로 이 사실이다. 야훼는 외국인 노예 혹은 J의 역사에서 이스라엘이라는 나라의 정체성이 된 베두인의 하나님이다.

'이브리(*ibri*)'가 기원전 이천 년대의 이집트와 서남아시아에서 발견된 많은 문서에 등장하는 '아피루(*apiru*)'와 같은 말인지는 확실치 않다. 신왕국 시대에 팔레스타인에서 사로잡아 왕실을 섬기게 한 수천 명이나 되는 많은 포로를 '아피루(*apiru*)'라고 불렀다. 이것과 J의 용례가 모종의 연관이 있을지라도 문제가 남아 있고 J가 '이브리(*ibri*)'로 의미하는 것을 이해하는 데는 그리 중요치 않다. 다음 최근의 연구를 참고하라. Nadav Na'aman, "Habiru and Hebrews: The Transfer of a Social Term to the Literary Sphere," *Journal of Near Eastern Studies* 45(1986): 271~88

예상한 것이 아니었다. 그는 이집트 사람을 죽이고 시신을 모래 속에 감추었다.

모세가 이집트 사람을 살해한 행위는 다른 무엇보다 중요한 행위였다. 모세가 등장했을 때 우리는 그에 관해 아무것도 몰랐다. 그러나 이 순간 우리는 그가 이집트 노예 감독관 한 사람을 죽였다는 사실을 알게 된다. 곧이어 야훼는 이 행위와 그와 유사한 두 가지 행위를 근거로 그를 선택하여 베두인 족을 해방할 것이다. 야훼는 살인을 인정했다. 야훼가 보기에 옳았기 때문이다. 이 행위를 옳다고 여기는 길은 하나뿐이다. 살인과 대등한 정도의 불의에 맞선 행위일 경우에 그렇다. 여기에는 이집트 사람이 그런 불의를 저질러왔다는 생각이 함축되어 있다. 우리는 우리의 역사가를 통해 그 불의가 무엇인지 알고 있다. 도시로 대표되는 체제의 일부로 이집트 사람이 베두인 족을 압제하는 것은 가인이 아벨을 살해한 행위와 직접 연결되어 있다. 모세가 그 이집트 사람을 살인한 행위가 정당한 까닭은 이집트가 베두인 족을 압제하는 행위는 그들을 죽이는 것과 마찬가지라고 규정되기 때문이다. J가 볼 때 팔레스타인 베두인 족을 착취하는 것은 살인이었다. 현대적 표현을 사용하자면 장 폴 사르트르(Jean-Paul Sartre)가 말한 대로 "공장을 닫기 때문에 노동자를 해고하는 것은 암묵적으로 살인할 권리를 전제하는 군주적 행동이다."

사람들은 종종 모세가 저지른 폭력적 행위에 놀라곤 한다. 그들은 모세의 행위를 자기 나름대로 평가하면서 이 이야기의 의미를 뒤집어서 이해하는 경향이 있다. "만일 하나님이 누군가를 죽여 큰 죄인이 된 모세를 선택할 수 있다면 하나님은 나도 참아주시고 심지어는 나를 사용하실 수도 있을 것이다." 본문에 이렇게 접근하는 것은 하나님이 자신의 원칙을 어기고 애써 모세를 선택했다는 것이다. 이와 정반대로 이해해야 한다. 하나님은 모세의 행위에 놀라지 않았고 오히려 그것을 인정했다. 모세는 하나님의 원칙과 열정에 정반대로 행동한 것이 아니라 완전히 일치하는 행동을 했다.

다음 날 모세는 다시 밖으로 나갔다. 그는 또 다른 싸움을 목격했다. 이번에는 두 명의 팔레스타인 노예들이 서로 싸우고 있었다. 모세는 잘못을 저지른 노예에게 말했다. "어찌하여 동족을 치느냐?" J는 무슨 자격으로 모세가 이렇게 잘잘못을 따지는지 알려주지 않는다. J는 단지 그런 판단을 할 수 있고 그렇게 했던 한 인물을 보여주고 있다. 이 말을 들은 사람이 이에 대항하여 말했다. "누가 너를 우리를 다스리는 자요 재판관으로 삼았느냐?" '다스리는 자와 재판관'이란 문구는 하나의 의미를 전달하는 중복어구(hendiadys)이다. '다스리는 자'는 히브리어로 감독관을 암시하며 '재판관'이란 말은 공식 직함이 아니라 모세가 이 사건을 판결하는 태도를 말한다. 그 노예가 불평을 이어갔다. 모세가 자신들의 싸움에 끼어들었고 그는 이집트 우두머리보다 결코 낫지 않다는 것이다. 이 일은 압제받는 자가 압제의 원인을 오해하고 모세가 바로 문제의 원인이라고 비난하는 여러 사건 중 첫 번째 사건이다. 바로에게 압제를 받는 이집트 농부가 오히려 바로에게 감사를 하는 식이다. 그들은 "바로여, 우리의 목숨을 살려주시고 노예로 삼아주시니 감사합니다"라고 말한다.

이어서 잘못을 저지른 노예가 말했다. "네가 이집트 사람을 죽인 것처럼 나도 죽이려고 하느냐?" 여기서 사용한 히브리어 '살인(murder)'과 '죽임(killing)'의 차이를 말하기는 불가능하다. 그 노예는 자신의 죽음을 살인으로 여기기 때문에 모세가 이집트 사람을 죽인 것도 같은 말로 표현하고 있는 것이 분명하다. 살인했다는 그 말이 모세에게 부담이 되었다. 그것은 모세의 행위를 부당한 것으로 만들었다. 앞으로 모세가 구원해야 할 사람은 적절한 때에 자신의 해방의 근거가 되는 도덕적 판단을 올바로 내리지 못할 것이다. 모세는 자기가 이집트 사람을 죽였다는 사실이 다른 사람들에게 알려진 것을 깨달았다. 바로가 이 소식을 듣고 이제는 모세를 죽이려고 하였다. 그래서 모세는 동쪽의 광야로 도피하였다. J는 펜을 능숙하게 몇 번 움직여 모든 해방 운동이 씨름하는 분할 통치(divide and rule)의 원리를 탁월하게 보여주고 있다.

이 짧은 사건들을 보면 언제 어디서든 자연스럽게 벌어지는 역동적인 해방의 역사가 들어있다. 그것은 모세 역사의 일부라고 널리 받아들여져 왔다. 하지만 다윗 왕실의 목적을 위해 사용된 이 역사가 많은 사람이 여전히 일종의 속박이라고 생각하는 왕실의 특정한 목적을 위한 역사라는 사실은 널리 인식되지 못하고 있다. J의 목적은 해방이라는 역동적 사건을 정확히 밝히려는 것이 아니라 다윗 왕실의 정치적 주장을 지지해주는 특정한 베두인 해방역사를 주장하려는 것이다. J는 이스라엘 농민의 대표인 다윗 왕가를 위해 자신들의 정치적 입지를 베두인 무리가 이집트에서 탈출하는 형식을 사용하여 해방된 존재라고 말하고 있음을 기억하라. 열왕기하와 역대기하의 기록에 따르면 이스라엘 왕국과 유다 왕국의 농민들이 기원전 7세기 이전에는 이런 의미로 유월절을 지킨 적이 없다는 사실은 놀라운 일이 아니다.[11]

세 번째 사건은 팔레스타인 사람이 외국 땅에 도착해서 아내를 얻는 주제를 약간 변형하여 시작한다. 모세는 아브람의 종과 야곱 이야기를 생각나게 한다. 그는 시내 광야의 한 우물가에 앉아 있었다. 이 우물은 미디안 제사장의 일곱 딸들이 자주 찾는 곳이었다. 어떤 목자들이 와서 그들을 쫓아내자 모세가 그들을 구하고 그들이 데리고 온 양 떼에게 물을 먹여주었다. 그들이 아버지 르우엘에게 돌아오자 아버지가 물었다. "어찌하여 오늘은 이렇게 일찍 돌아오느냐?" 그들이 대답했다. "한 이집트 사람이 우리를 힘센 목자들로부터 구해주었습니다. 심지어 우리를 위해 물을 먹여주고 우리 양 떼에게도 물을 먹여주었습니다." 달리 말해서 모세는 야곱보다 한 걸음 더 나아가 세 번째로 압제당하는 자의 편을 들고 구원하는 성향을 보여주었다.

르우엘이 즉시 물었다. "그가 어디에 있느냐? 어찌하여 그를 그곳에 남겨두었느냐? 그를 식사에 초대하라." 우리는 단지 두 딸을 결혼시키는 문제로 고심했던 라반이 생각난다. 이 미디안 제사장은 훨씬 더 큰 문제를 안고 있었다. J

11 대하 30장과 왕하 23:22에서 유월절을 지킨 적이 전혀 없다고 말하는 것인지 혹은 신명기 역사가가 의도한 대로 단일 중앙성소에서 국가적 축제로 지킨 적이 없다고 말하는 것인지는 불확실하다.

는 이때까지 식량생산, 정의, 해방의 역사와 비교해 볼 때 자손출산 문제에는 거의 관심을 보여주지 않았다. 그런데 지금 자손출산이란 주제로 모세에게 정당성을 부여하기를 주저하지 않고 있다. 모세는 르우엘과 함께 살기로 했고 르우엘은 자기 딸 십보라를 모세와 결혼시켰다. J가 달리 말하지 않기 때문에 아버지가 십보라를 모세의 아내로 선택한 것은 맏딸이었기 때문이고 모세는 다른 선택의 여지가 없었다고 생각해야 한다. 모세는 야훼의 선택을 기다렸던 이삭과 흡사하다.

십보라가 아들을 낳자 모세는 게르솜이라고 불렀다. 이 이름은 히브리어 나그네(*게르*, *ger*)란 뜻과 '거기에'(*솜*, *shom*)와 흡사한 뜻을 합친 것이며 '내가 외국 땅 거기에서 나그네가 되었다'라는 의미를 지닌다. 모세와 십보라의 장자—게르솜—은 아브람이 본토와 친척과 아버지 집(혈연조직)을 떠나 첫아들을 가진 축복의 시절로 이끈다. 동시에 '게르솜'은 이 부분의 역사뿐 아니라 전체 역사에 사실상 근본적인 긴장이 있음을 표현한다. 베두인 족도 나그네이고 일찍이 바로가 수여한 땅을 잃었으며 지금은 야훼가 수여한 팔레스타인 땅을 아직 차지하지 못한 사람들이다. 무슨 일이라도 일어나야 한다. 그러자 J는 모세의 목숨을 노리던 바로가 죽었다고 말한다.

모세는 야곱이 라반의 집에서 했던 것처럼 르우엘의 양 떼를 쳤다. 한번은 모세가 양 떼를 광야 멀리로 이끌고 갔다. 갑자기 야훼의 천사가 가시덤불의 불꽃 속에서 모세에게 나타났다. 가시덤불은 '*세네*(*seneh*)'라고 했는데 '시내'라는 소리처럼 들린다. J는 이렇게 시내가 얼마 후 야훼가 모든 베두인 족에게 나타나 흙으로 쌓은 제단에서 섬기는 방식을 가르쳐 주는 바로 그 장소라는 것을 분명히 한다. 이러한 J의 말놀이는 이 중요한 에피소드를 이집트에서 시내 광야로 가는 길목에 위치한 시내 광야 체류와 연결시킨다.[12]

---

12 이 연결고리는 다른 증거와 함께 시내의 주요 에피소드 특히 그곳에서 이루어진 율법 수여를 다른 이야기와 원래 무관한 것으로 보는 폰 라트와 다른 성서역사가의 견해를 개연성이

야훼는 앞으로 성소가 될 이 장소에 불로 나타났다. 왜냐하면 J 역사에서 야훼가 도시를 태우고 그것을 대변하는 모든 것을 파괴하는 용사라는 것을 드러내기 위해서이다. 현대의 독자는 이 불을 모호하고 신비로운 실체로 생각할 수도 있다. 하지만 J 안에서 그것은 정치, 군사적 의미를 지닌다는 것이 다른 성서 구절들에 비추어 명백하다(예컨대 신 9:1~3): "네가 요단을 건너 그것을 차지하리니 그 성읍들은 크고 성벽은 하늘에 닿았으며 …… 오늘 너는 알라. 네 하나님 야훼께서 맹렬한 불과 같이 나아가신즉 야훼께서 그들을 멸하실 것이다."[13]

모세는 가시덤불이 타서 없어지기를 기다렸지만 그렇게 되지 않자 좀 더 자세히 보기 위해 다가갔다. 그러자 즉시 천사가 가로막았다. "이곳으로 가까이 오지 말라. 신발을 벗어라. 네가 서 있는 곳은 거룩한 땅이기 때문이다." 신성한 장소에 영구히 타는 불은 이스라엘의 두드러지게 소박한 제단에 대한 소기의 규정과 장차 시내의 '거룩한 땅'에 순례용 성소가 건축될 것을 암시한다.

시내 산이 정확히 어디인지는 아직도 확실치 않다. 아마 알 수 없을지도 모른다. 전통적인 장소는 시내 반도의 남쪽에 있는 제벨 무사, 즉 '모세의 산'이다. 수세기 동안 여러 대안들이 제기되었고 최근에는 역사가들도 제안하고 있으나 전통적인 장소의 경우와 마찬가지로 설득력은 크지 않다.[14] 군주시대에는 이스라엘 사람들이 순례하기 위해 시내 지역으로 가는 길목에 중간정착지들이 있었다.(민수기 33:1~49가 이것을 보여준다. 많은 사람은 그 부분을 그런 중간정착지 목록이라고 생각하며 최근의 고고학 발굴 결과도 그러하다.) 다윗 이후 이스라엘 군주시대 동안의 증거는 시내 지역에 순례목적의 성소(오늘날 제벨 무사로

떨어지게 만든다.

13 불은 수 6:24; 8:8, 19; 삿 1:8; 9:52; 18:27; 20:48; 왕하 8:12; 암 1:4, 7, 10; 사 1:7; 렘 17:27 등등에서 도시를 파괴하는 현상으로 나타난다.

14 가장 최근의 개연성이 없는 대안은 시내를 현대 이스라엘의 국경 안에 있는 것으로 생각한다. Emmanuel Anati, *The Mountain of God: Har Karkom*(New York: Rizzoli, 1987).

알려져 있는)가 있었음을 보여준다. 거기는 전통적인 출애굽 경로를 팔레스타인에서 거슬러 올라가는 상당히 긴 순례 여행의 목적지이다.[15] J의 시내 산이 지닌 역할을 고려해볼 때 이와 같은 순례는 다윗 시대에도 존재했다고 생각된다. 어쩌면 그 시대에 유래했을 수도 있다. 이 순례의 의미와 역사 속에서 J가 여기에 부여하는 중심역할을 바라보는 방식이 최소한 세 가지가 있다.

첫째, 순례는 그 자체로 이집트 쪽으로 자리한 시내 광야에 다윗의 나라가 건재함을 유지하려는 정치적 목적을 위해 중요했다. 고대 근동의 순례는 보통 그와 같은 정치적 혹은 경제적 의미를 지녔다. 이 경우 J에 간접적으로 반영된 대로 시내 광야로 가는 순례는 주적(主敵)인 이집트의 통치가문을 향하여 다윗의 주권 아래에 있는 영토의 범위를 표시하였다. 이런 목적을 감안하면 다윗 시대에 시내로 가는 순례는 솔로몬 사후 이스라엘을 다스린 여로보암 1세 시대에 단과 벧엘로 순례를 하는 것과 비슷했다. 마찬가지로 여로보암 시대의 순례 제의는 적대국인 아람과 유다를 향하여 국토의 범위를 선포하는 일이었다. 이처럼 팔레스타인의 주권을 정치적으로 표현하는 일을 국경지대 순례라고 불러도 좋다. 그러나 그런 제의 확립이 특정 국가가 다스리는 영토가 커지거나 축소되어 국경선이 변경된 후에도 여전히 지속되는 것은 아니라는 중요한 특징을 갖고 있다.[16]

둘째, 다윗의 경우 국경지대 순례는 다른 의미를 지니고 있었다. 자동차가 등장하기 전까지 시내 광야를 질러가는 일은 항상 그 지역과 주변에 거주하는 베두인의 도움이 필요했다. 마찬가지로 팔레스타인 방향의 시내 지역을 다윗

---

15 Zeev Meshel and Carol Meyers, "The Name of God in the Wilderness of Zin," *Biblical Archaeologist* 39(1976): 6~10. 언급한 지역은 제벨 무사와 가자 사이의 중간 조금 못 미치는 곳에 위치한 쿤틸렛 아즈룻이다.

16 시내라는 명칭을 다윗의 나라가 고유하게 사용했다는 사실은 북왕국 이스라엘이 같은 산의 이름을 호렙으로 바꾸어 부르는 것을 보면 알 수 있다. 두 가지 명칭 중 어느 것이 원래의 것인지 혹은 둘 다 그런 것인지는 불확실하다.

이 통치(시내 지역 순례가 그 상징이었다)하기 위해서는 네게브 지역에서 그의 영향력과 통제력을 지속시키기 위해 베두인과 연대하고 동맹을 맺는 일이 필요했다. 이것이 국가들이 국경선 인근의 건조지대와 변두리의 완충지대를 위해 베두인 지파들을 준군사동맹(paramilitary allies)으로 삼는 이유였다. 다윗이 민족의 정체성을 묘사할 때 이스라엘을 베두인으로 묘사하는 것은 그런 동맹을 통합할 필요가 있으며 적대국인 이집트와 국경을 맞대고 있는 지역에서 자신의 통치의지를 표명하는 데 필수적인 작업이었다.

세 번째, 그리고 마지막으로 J가 다윗의 국가법을 바로 이 국경지대의 순례지에서 계시된 것으로 묘사해야 하는 까닭은 이스라엘의 민족적 정체성을 베두인 집단의 대규모 반(反)이집트 노동운동에서 찾은 결과이다.

야훼는 자신을 아브람, 이삭, 야곱의 하나님, 즉 조상들에게 팔레스타인 땅을 수여한 하나님이라고 밝혔다. "내가 정녕 이집트에 있는 내 백성이 압제받는 모습을 보았다. 내가 노예 감독관 앞에서 그들이 울부짖는 소리를 듣고 그들의 고통을 알았다." 마지막 문장은 아주 압축적이면서 비중 있는 진술이다. J의 역사는 이 하나님 야훼가 고통을 느꼈다는 말로 분명해졌다. 그 고통은 아이를 출산할 때나 들일을 하면서 겪는 고통보다 덜하지 않다. 지금 J는 역사의 커다란 고통의 순간에 도달했다. 그것은 다윗의 백성이 갖게 될 민족적 정체성 배후에 있는 절정의 고통이다. 여기서 J는 야훼가 고통을 느꼈다는 것을 '알았다(know)'는 말로 표현한다. 야훼는 이스라엘 노동자의 고통을 알았다.[17]

그래서 야훼는 이집트 정권으로부터 그들을 구원하여 그가 아브람에게 수여한 땅 팔레스타인으로 인도하기 위해 내려왔다. 야훼는 그 땅을 "좋고 넓은 땅, 젖과 꿀이 흐르는 땅, 가나안 사람, 헷 사람, 아모리 사람, 브리스 사람, 히위 사람, 여부스 사람의 땅"이라고 묘사한다. 이미 살펴본 대로 이 땅은 도시

---

17 Terence E. Fretheim, *The Suffering of God: An Old Testament Perspective* (Philadelphia: Fortress Press, 1984) 참조.

거주자만 사는 경작하지 않는 땅이었다. '젖과 꿀이 흐르는 땅'이란 문구는 그 땅의 생산성이 현재 기적에 가까울 만큼 풍성한 땅이라는 뜻이 아니다. 사람이 드물게 살고 양과 염소와 야생벌이 출몰하는 땅을 말한다.[18]

야훼는 모세에게 이집트로 가서 베두인 장로들을 모아놓고 야훼가 자기에게 나타나 그들의 압제를 보았으므로 그들을 이집트에서 인도하여 팔레스타인으로 데리고 갈 것이라는 말을 전하라고 지시했다. 야훼는 "그들이 네 말을 들을 것이다"라고 모세에게 확신을 주었다.[19]

J 역사에서 이 순간은 아주 획기적이다. 그런데도 가장 중요한 점을 놓치기 쉽다. 이스라엘 사람들은 역경에 처했다. 왜냐하면 바로가 토지 수여를 취소했기 때문이다. 그는 이스라엘의 후손이 이집트 땅을 가질 권리가 있다는 것을 '알지 못했고' 잊어버렸다고도 할 수 있다. 이것이 야훼와 바로의 결정적인

---

18 사 7:18~25와 비교하라. 나중에 민 13:27과 16:14에 두 번 사용한 '젖과 꿀이 흐르는 땅'이란 표현은 그 땅이 비옥하게 될 것이라는 뜻을 지닌다고 생각하기도 하였다. 그 표현은 정탐꾼이 보고 갖고 돌아온 그 땅의 농산물을 말하는 것이 아니다. 비옥한 땅에 대한 표현은 신 8:8의 "밀과 보리의 소산지요 포도와 무화과와 석류와 감람나무와 꿀의 소산지"와 같은 형식으로 되어 있다. 민수기 표현이 지니는 긍정적 의미는 좋은 목초지이다.
이제는 잘 알려져 있다시피 대부분의 성인들은 우유에 들어있는 복합당인 유당을 소화하는 데 필요한 효소가 부족하다. 신석기 시대에 소수의 사람들은 우유가 성인 식사에 중요한 부분이 된 상황에서 사육하는 포유동물과의 관계를 발전시켰고 이런 사람들은 일반적으로 우유 소화능력이 있다. 하지만 이런 능력은 일반적으로 인류에게 흔치 않았다고 한다. 중동지역에서 역사적으로 베두인 집단은 식사에 중요했기 때문에 우유를 잘 받아들였다. 하지만 농민과 특히 도시에 사는 사람들에게는 우유가 흐르는 땅이란 생각이 그리 호소력을 지니지 못했을 것이다. 열다섯 번째 세대의 아브람이 야훼에게 요구르트 모양의 음식을 대접했다는 것은 그가 베두인이었다는 점을 보여준다. Marvin Harris, *Good to Eat: Riddles of Food and Culture*(New York: Simon Schuster, 1985), 130~53(chap. 7: "Lactophiles and Lactophobes") 참조.

19 출 3:9~15는 E에 속한다. E 전승은 여기서 "나는 스스로 있는 자이다"라는 흥미로운 문구를 포함해서 야훼라는 이름의 의미를 상세히 말한다. 어떤 이는 야훼가 J처럼 E에서도 이스라엘의 하나님 이름이란 사실에 놀랄지도 모른다. 소수의 역사가들은 이 구절을 E의 일관성 없는 모습으로 잘못 생각하기 때문에 야훼에 대한 언급을 J라고 본다. 그러나 J에는 야훼 이름의 어원론이 없다.

차이점이다. 야훼가 생산과 경제적 독립의 기본요소인 땅을 수여하는 것은 신뢰할 수 있었고 바로는 그렇지 못하다. 식량을 생산하는 데 있어서 야훼는 바로에게 없는 것이 있음을 보여준다. 이것이 J 역사 전체의 가장 기본적인 주장이다. 다윗의 나라는 백성이 번성할 수 있는 수단을 신뢰할 수 있게 제공한다. 다윗 치하에서 백성은 생산체계와 관계를 상실할 염려가 없다. 다윗의 나라 안에서 선별적으로 신분과 재산이 향상되는 분위기에서 J는 분명 이 주장을 감당할 수 있었다.

야훼는 모세에게 이스라엘의 족장들을 데리고 이집트 왕에게 가서 말하라고 지시했다. "외국인 노예의 하나님 야훼가 우리를 만났다. 우리는 광야로 삼 일 길을 가서 야훼 우리의 하나님에게 제사 드리기를 원한다." 이스라엘 백성의 순례 목적은 야훼를 '섬기기' 위해서였을 것이다. 물론 여기서 이 말을 사용하지는 않았다. 제사는 제단을 중심으로 야훼의 임재를 경험하는 잔치였고 그것은 아브람과 심지어 노아 시대까지 거슬러 올라가는 '섬김' 혹은 제단 봉사와 다르지 않았다.

이 핵심적 맥락에서의 대조는 열네 번째 세대와 열다섯 번째 세대 사이, 즉 바벨론의 도시-탑과 세겜과 벧엘에 아브람이 쌓은 제단의 대조와 똑같다. J는 한편으로 도시와 국가를 위해 일하는 것과 다른 한편으로 야훼를 위해 일하는 것을 대비시키고 있다. 최초의 인간이 야훼의 즐거운 동산에서 일하도록 배정되었듯이 인류는 야훼를 위해 일하도록 지음받았다. 아브람이 쌓은 제단들과 연계하여 설명하였듯이 아마도 모세와 베두인 족이 이집트에서 탈출하여 시내 광야의 바로 이곳에 돌아왔을 때에 야훼가 그들에게 준 유일한 지시사항은 야훼가 선호하는 제단의 정확한 성격을 말해주는 것 같다. 그들은 그곳에서 야훼를 위해 일하고 섬기며 제단을 돌볼 것이다. 이 모든 것이 모세에게 준 지시사항에 들어 있었다.

야훼가 말했다. "나는 이집트 왕이 너희를 보내주지 않을 줄 알고 있다. 심지어 네 손의 힘을 보고도 보내주지 않을 것이다." 그러나 야훼는 모세에게 거듭 확신을 주었다. "내가 손을 뻗어 그들 가운데서 내 모든 놀라운 일들을 행하여 이집트를 칠 것이다. 그런 연후에야 그가 너희를 보내줄 것이다. 나는 이집트 사람들이 너희에게 친절을 베풀도록 할 것이므로 너희가 떠날 때 빈손으로 나오지 않을 것이다. 여인마다 이웃과 자기 집에 머무는 여인에게 은과 금 패물과 옷을 '빌릴' 것이다. 너희는 이것들을 너희 아들과 딸에게 입히고 이것들을 갖고 이집트를 나오게 될 것이다." 그러나 모세는 확신이 서지 않았다. "그들이 내 말을 믿지 않을 것입니다."

모세의 반응은 야훼와 나눈 대화의 나머지 부분에 담겨 있는 주제를 촉발한다. 야훼가 모세에게 사명을 주었지만 모세는 받아들이기 주저하였다. 나중의 개정자들과 해석자들은 이 대화를 군주시대 예언자들이 엘리트를 탄핵하라는 야훼의 사명을 받아들이기 주저한 사례로 받아들인다. 그들이 주저한 이유는 엘리트 계층의 적대적이고 거친 반응을 견뎌내야 했기 때문이다. 이것은 모세의 문제가 아니었다. J가 이 장면을 쓸 때 '예언자'란 주제를 염두에 두었다고 생각하는 것은 잘못된 것이다. 모세의 문제는 그저 "그들이 내 말을 믿지 않을 것입니다"라는 말 그대로였다. 문제는 그가 인도할 백성에게 있었고 그가 반대할 이집트의 엘리트 통치자에게 있지 않았다. 야훼가 방금 말한 대로 바로가 듣지 않으리란 것도 사실이었다. 이것이 야훼가 바로와 맞서 행할 놀라운 일들을 길게 설명하는 이유였다. 하지만 이것은 모세가 관심을 기울이는 문제가 아니었다. 모세의 권위에 의문을 제기하는 사람들은 모세가 '예언자'였더라면 그랬을 바로가 아니라 자기 백성이었다. 다윗이 다스리는 백성의 경우도 분명히 그랬을 것이다. 다윗은 기존의 지도자를 폐위시키고 이스라엘의 지도자가 되었다. 그가 보좌에 오를 유일한 권리가 있다면 야훼가 자신에게 기름을 부었다는 주장뿐이었다.

야훼와 모세의 대화는 전체적으로 고찰할 가치가 있다. (모세의 손을 강조하는 표현을 주목하라. 야훼의 손을 대신하는 모세의 손은 바로의 손보다 더욱 강력한 힘을 보여줄 것이다.) 모세가 항변했다. "그들은 내 말에 귀 기울이지 않을 것입니다. 그들은 '야훼가 네게 나타나지 않았다'고 말할 것입니다."

야훼가 그에게 말했다. "네 손에 있는 이것이 무엇이냐?"

"지팡이입니다."

"그것을 땅에 던져라."

그가 지팡이를 땅에 던졌더니 뱀이 되었다. 모세가 그것을 피하여 펄쩍 뛰었다.

야훼가 모세에게 말했다. "네 손을 내밀어 그 꼬리를 잡아라."

모세는 자기 백성과 달랐다. 자기 앞에 서 있는 천사를 보고 전혀 의심하지 않았다. 그가 손을 내밀어 뱀을 붙잡았다. 그것이 손에서 지팡이로 바뀌었다.

"이 일로 야훼, 그들 조상의 하나님이 네게 나타났다는 것을 믿을 것이다. 이제 네 손을 옷 속에 넣어라."

모세가 손을 옷 속에 넣었다가 꺼내보니 흰 눈처럼 피부병(나병)이 생겼다.

"네 손을 다시 옷 속에 넣어라."

그가 다시 집어넣었다가 꺼내보니 이전과 같이 되었다.

"그들이 너를 믿지 않고 첫 번째 표적을 유념하지 않으면 두 번째 표적은 믿을 것이다. 그들이 둘 중 하나도 유념하지 않고 너를 믿지 않으면 나일 강물을 취하여 땅에 부어라. 네가 나일 강에서 떠온 물이 마른 땅에서 피가 될 것이다."

지금 야훼는 에덴동산의 두 번째 인간을 창조하던 때와 여덟 번째 세대의 대홍수 역사처럼 실험을 하고 있었다. 야훼는 두 번째 표적이 믿음을 줄 것으로 믿었으나 만일의 경우를 대비하여 세 번째 표적까지 보여주었다. 그는 아마 피를 언급하면 즉각 모든 의심이 사라질 것으로 생각했을 것이다. 야훼가 보기에 모세가 이집트 사람을 죽인 일이 옳은 것은 이스라엘 사람을 압제하는 일이 살인이나 같다고 정의하기 때문이다. 그래서 피가 문제였다. 야훼는 바로가 마음을 돌이키지 않을 경우를 상당히 대비하였을 것이다. 야훼는 바로의 나라가 피를 흘리는 모습을 직면하게 할 것이고 다음에는 자기 장자 그리고 자기 나라의 모든 초태생이 피를 흘리는 모습을 목도할 것이고 결국에는 바로 자신이 피를 흘리는 모습을 경험하도록 만들 것이다. 야훼는 베두인 노예를 양의 피로 구별하는 일을 예상했을 것이다. 피는 이집트의 악을 상징하였다. 이 단계의 역사에서 야훼가 가인 혈통에서 흘린 피를 피로 갚아주겠다고 결심하는 모습을 더욱 잘 드러내주는 대목은 달리 없을 것이다. 그러므로 야훼는 아벨이 죽어 땅을 적시고 정의를 외친 피의 울부짖음에 대하여 궁극적인 응보를 할 것이다.

모세는 대화를 끝낼 구실을 찾지 못했다. (J가 아는 대로) 결정적인 말이 아직 나오지 않았기 때문이다. "나의 주여, 보십시오. 나는 말을 잘하는 사람이 아닙니다. 어제도 그랬고 과거에도 늘 그랬습니다. 당신이 종에게 말씀하기 시작한 때부터도 확실히 그렇습니다. 나는 혀가 둔합니다." 모세는 문자 그대로 '입이 무겁고' '혀가 무거웠다.' 이 말이 정확히 무슨 뜻인지 상당한 추정이 이루어졌다. 그러나 특정한 병리현상이라고 생각할 이유는 없다.[20] 더 중요한 것은 수사적인 요점이다. 재앙이 하나씩 일어날 때마다 바로가 보여준 가장 중요한 특징은 '그가 마음이 무거웠다'는 것이었다. 이것은 그의 마음이 늦게 반응한다는 뜻이다. 모세의 불평은 자신의 혀가 늦게 반응한다는 것이었다. 야훼는 문제를 수긍해야 했고 둔한 머리에 둔한 혀로 움직이는 문제에 직면했다. 압제의 역사는 실제로 그것에 더디게 저항하는 성질을 갖고 있다.

야훼가 모세에게 꾸짖듯이 말했다. "누가 사람에게 입을 주었느냐? 누가 사람이 말을 못하거나 듣지 못하거나 보거나 보지 못하게 하였느냐?[21] 그렇게 하는 자가 바로 나 야훼이다. 그러므로 가라. 내가 네 입이 될 것이고 네가 할 말

---

20 Jeffrey H. Tigay, "'Heavy of Mouth' and 'Heavy of Tongue': On Moses' Speech Difficulty," *Bulletin of the American Schools of Oriental Research* 231(1978): 57~67.

21 야훼는 이미 바로의 경우를 염두에 두었을 것이다. 앞으로 드러나겠지만 바로의 문제는 마음이 둔해서 올바로 듣고 볼 줄을 모른다는 것이었다.

을 알려줄 것이다."[22]

"보십시오, 나의 주여. 당신이 원하는 다른 사람을 보내십시오……."

그러자 야훼는 모세에게 화를 내며 말했다. "레위 사람 네 형 아론이 있지 않느냐? 그가 말 잘하는 것을 안다. 그리고 그가 지금 너를 만나러 오고 있다. 그가 너를 보고 기뻐할 것이다. 그에게 말해서 할 말을 알려주어라. 내가 네 입과 그의 입에 함께 있어서 너희 두 사람이 무엇을 해야 할지 알려줄 것이다. 그가 너를 대신하여 백성에게 말할 것이다. 그가 네 입이 될 것이고 너는 그에게 '하나님' 같이 될 것이다."

마지막이 결정적인 말이다. 모세는 대언하는 예언자가 아니었다. 아론이 예언자였다. 야훼는 모세에 관해 깜짝 놀랄 말씀을 했다. 성서의 처음 역사를 시작한 이래 신과 인간 사이의 구별은 커다란 대가를 치루면서 유지되었다. 지금 야훼는 일개 피조물을 사실상 하나님으로 재정의하고 있는 단계에 이르렀다. 모세는 하나님처럼 자기 대변인 아론에게 할 말을 주는 존재가 될 것이다. 그러나 훨씬 더 중요한 것은 그가 바로 앞에 나타나 야훼처럼 말하게 될 것이라는 사실이다. 또한 그는 창조주를 부정하면서 노예를 부리는 이 인간 정부에 맞서 창조주 하나님의 뜻을 가지고 바로와 대면할 것이다. 이런 의미에서 모세는 바로 앞에서 하나님이어야 했다. 그리하여 바로는 가인처럼 하나님이 아니라는 사실을 보여줄 것이다.

모세의 저항은 무너졌다. 그러자 야훼가 "바로에게 도착하면 '야훼께서 이같이 말씀하셨다'고[23] 말하라"고 지시했다. "나의 장자 이스라엘의 문제로 내가 너에게 말한다. '내 아들이 나를 섬기도록[나를 위해 일하고 예배하도록] 놓아

22 모세는 "그 성공여부가 천부적 재능이 아니라 하나님의 지시대로 말하고 행한 언행으로 일어나는 설득에 달려 있는 하나님의 대리인"이었다(Tigay). 이 모습은 J의 결론부에 등장하는 유명한 하나님의 대변자 발람과 분명히 비교가 된다.

23 '이같이 말하다'라는 표현은 뒤따르는 말이 메시지를 보내는 자의 말을 그대로 옮긴 것임을 나타낸다.

줘라.' 만일 네가 그를 보내주기를 거절하면 네 장자를 죽일 것이다." 이 엄중한 위협은 우리 역사에 비추어볼 때 의미가 완벽하게 통한다. 가인(첫 번째 일곱 세대의 장자)과 함(두 번째 일곱 세대의 장자)의 주제넘은 행동으로 벌어지기 시작한 악은 이삭(세 번째 일곱 세대의 축복받은 혈통의 장자)의 출생으로 요약되는 하나의 각성을 통해 해소될 것이다.

완고한 마음

(출 4:24~5:23)

모세가 길을 가다가 밤을 샌 곳에서 야훼께서 모세에게 나타나 죽이려고 하였다. 십보라가 부싯돌로 아들의 표피를 베었다. 이것을 모세의 발에 대고 말했다. "당신은 나의 피 남편입니다." 그가 그/그것에서 놓였을 때 그녀가 "할례의 피 남편입니다"[1]라고 말했다(4:24~26).

모세와 아론이 가서 모든 이스라엘 베두인 족장을 소집하였다.[2] 아론이 야훼

---

1 출 4:24~26이 분명 J이지만 해석에 포함시킬 수 없다. 해석하기가 너무 어렵고 항상 그렇게 여겨졌기 때문이다. 모세를 죽이려는 야훼의 모습은 그 모티프를 이미 야훼가 엘과 오난을 죽일 때 그리고 야곱이 야훼와 씨름을 하는 장면에서 분명하게 접할 수 있었다. 이러한 행위가 현대인에게는 매우 이상하게 보일지 모르지만 J가 묘사하는 야훼의 모습은 일관성을 보여준다. 이 에피소드의 요지는 이제껏 의미를 부여하려고 애써왔던 역사가들의 관점에서 본다면 참으로 모호하며 이것이 J의 주요 주제와 어떤 관계를 갖고 있는지도 불확실하다. 이 단락과 디나의 강간 이야기를 제외하면 J는 할례 관습에 관해 아무런 말도 하지 않는다. 이삭의 할례는 P 전승에 속한다. 참고. Ernst Axel Knauf, "Supplementa Ismaelitica, 11," *Biblische Notize*, 40(1987): 16~19.

2 본문에는 베두인을 지칭하는 특별한 단어가 없다. 이후의 번역에서 '베두인'이란 말은 자주 '이스라엘 사람'이란 말을 대신해 쓰일 것이다. 현대의 독자에게는 생소하겠지만 다윗

가 모세에게 전한 모든 말을 그들에게 말했다. 모세가 백성들에게 이적을 보여주었다. 백성들이 야훼가 이스라엘의 자손들을 돌아보았고 압제를 목도했다는 말을 듣고 그를 믿었다. 그들은 엎드려 절하고 순종하였다.

그 후에 모세와 아론이 바로에게 갔다. 그들이 바로에게 말했다. "이스라엘의 하나님 야훼께서 이같이 말씀했습니다. '내 백성이 광야에서 나를 위해 순례절기를 지킬 수 있도록 보내주어라.'"

바로가 말했다. "야훼가 누구냐? 내가 왜 그의 말을 듣고 이스라엘을 보내주어야 하느냐? 나는 야훼를 모른다. 나는 이스라엘을 보내주지 않을 것이다."

그들이 말했다. "우리 외국인 노예의 하나님이 우리에게 나타났습니다. 우리는 광야로 삼일 길을 가서 우리의 하나님 야훼께 제사를 드리고 싶습니다. 그렇지 않으면 그가 우리를 질병이나 칼로 칠지도 모릅니다."

이집트 왕이 그들에게 말했다. "모세와 아론아, 어찌하여 너희는 백성이 일을 쉴 핑계를 대느냐? 돌아가서 너희 강제부역의 일을 하라. 이 '농민'이 얼마나 많은지 보라. 그런데 너희는 그들을 강제부역에서 쉬게 하려는 것이냐?"

그날 바로가 노예감독관과 십장들에게 말했다. "백성에게 전처럼 벽돌을 만들 짚을 더 이상 주지 마라. 그들이 나가서 짚을 구해오게 해라. 하지만 전에 만들던 벽돌은 계속해서 똑같은 숫자로 만들라고 시켜라. 감해주지 마라. 그들은 게으르다. 그래서 '우리로 가서 우리의 하나님에게 제사를 드리게 해 주십시오'라고 소리지르는 것이다. 일감을 더 무겁게 하라. 바쁘게 만들어서 이런 거짓말에 신경을 쓸 시간이 없게 만들어라."

노예감독관과 십장들이 나가서 백성에게 말했다. "바로가 이같이 말했다. '아무도 더 이상 짚을 주지 않을 것이다. 나가서 어디서든지 스스로 짚을 구해오너라. 할당량은 조금도 줄지 않을 것이다.'"

백성이 온 이집트 땅에 흩어져서 짚으로 쓸 곡식 그루터기를 모았다. 노예감

왕실의 독자와 청자에게는 이 의미가 더욱 명백했다는 점을 강조하기 위함이다.

독관이 그들을 독촉했다. "짚이 있을 때처럼 그날 일은 그날에 마쳐라." 바로의 노예감독관들이 노동자를 감시하라고 세운 베두인 십장들을 때리며 외쳤다. "너희가 어찌하여 어제와 오늘의 벽돌 양을 전처럼 채우지 못했느냐?"

그래서 베두인 십장들이 나가서 바로에게 외쳤다. "어찌하여 당신의 노예들을 이처럼 대합니까? 그들은 우리에게 짚을 주지 않으면서 벽돌을 만들라고 합니다. 우리가 맞았지만 잘못한 것은 당신의 부하들입니다."

바로가 말했다. "너희는 게으르다. 참 게으르다. 그래서 너희가 '우리가 가서 야훼에게 제사를 드리겠습니다'라고 말하는 것이다. 돌아가 일하라. 너희에게 짚을 주지 않을 것이다. 하지만 벽돌은 정해진 수량을 만들어야 할 것이다."

베두인 십장들이 바로가 "매일 만들 벽돌의 수량을 감해주지 않겠다"고 뒤풀이해서 말하는 소리를 듣고 일이 잘못되고 있음을 알았다. 그들은 바로 앞을 물러나 그들을 기다리고 있던 모세와 아론을 만나 말했다. "야훼께서 너희를 살펴보고 심판하기를 원한다. 바로 당신들이 우리를 바로와 그의 종들 앞에서 냄새나는 존재로 만들고 우리를 죽일 칼을 그들의 손에 쥐어준 자이다."

모세가 야훼에게 돌아갔다. 그가 말했다. "나의 주여, 어찌하여 이런 악을 이 백성에게 행하였습니까? 어째서 나를 보냈습니까? 내가 바로에게 가서 당신의 이름으로 말을 한 순간부터 그가 이 백성에게 악을 행하였고 당신은 그들을 구원하기 위한 일을 아무것도 하지 않았습니다."(4:29~5:23)

모세는 이집트로 돌아왔다. 모세와 아론은 베두인 가운데 지위가 높고 영향력 있는 족장들을 모아 아론은 대중 앞에서 말하고 모세는 기적을 행했다. 야훼가 백성들이 압제당하는 모습을 보았다는 소리를 듣고 백성들은 모세를 믿었다. J의 말이다. 백성이 모세를 신뢰하는 문제는 이 시간부터 무척 중요하다. 그래서 J가 그들이 믿었다라고 말한 것은 그들의 믿음의 덧없음을 간단히 강조하기 위한 것이었음이 분명해 보인다. "그들은 엎드려 절하고 순종했다." 그들이 야훼에게 절했는지 모세에게 절했는지 J는 말하지 않는다. 그것은 모호한 채로 남아 있다. 왜냐하면 모세의 역사는 그의 권위의 역사이기 때문이다. 모세가 야훼를 대신하는 행위가 그편에서 볼 때 주제넘은 행동인가 아니면 순종하는 행동인가를 알기는 어렵다.

모세와 아론은 야훼와 백성을 뒤에 남겨두고 성공을 확신하며 바로에게 갔다. J는 노예와 관련된 이 두 사람이 어떻게 이집트 왕에게 접근할 수 있었는지에 대해서 무관심하다. 그것은 놀라운 성취였다. 그 문제에 아무런 관심도 두지 않는 것이 양측 사이에 오고간 내용보다 훨씬 더 중요함을 강조하고 있다. 그들은 야훼께서 바로에게 전하는 메시지를 갖고 있었다. 그들은 아주 탁월한 방식으로 전했다. 그들은 단지 심부름꾼일 뿐이었다. "이스라엘의 하나님 야훼께서 이같이 말씀하셨다. '내 백성이 광야에서 나를 위해 순례절기를 지킬 수 있도록 보내주어라.'"

바로가 대꾸했다. "야훼가 누구냐?" 야훼가 누구냐고? 모세, 아론과 바로가 나눈 대화 가운데 바로는 여러 차례 "내가 야훼임을 네가 알게 될 것이다"라는 말을 듣게 된다. 이 두 요소는 재앙 이야기와 이어지는 베두인 강제부역 노동자들의 탈출 이야기 전체를 요약한다. 그 이야기 전체는 하나의 목표를 향한다. 그것은 바로뿐 아니라 J가 말하고 있는 다윗 통치영역에 사는 백성에게 야훼의 존재를 드러내는 일이다. J가 야훼가 누군지를 묻고 대답하는 것은 단지 바로가 다른 신은 알지만 야훼를 모르기 때문에 다른 신들처럼 야훼라는 신을 추가로 알릴 필요가 있다는 뜻이 아니다. 야훼가 어떤 분인지 모두 잘 알고 있으므로 그를 알기 위해서는 그저 소개되기만 하면 된다는 것도 아니다. 오히려 J역사 전체는 이 하나님을 그가 창조하고 대응하는 역사에 따라 상세하게 정의한다. 사실 그 역사는 '하나님'이란 말을 사용하는 것이 의미하는 바가 무엇인지를 정의하고 있다. 적어도 온 세상을 창조하고 이 역사가 펼쳐지는 동안에 자신이 지은 피조물과 교감할 때 주도적 역할을 하는 신이라는 의미에서 그렇다. 그러므로 바로의 질문과 야훼의 대응을 우리는 다시 설명해야 한다. 바로가 던진 질문은 야훼가 어떤 분인지를 묻는 것이 아니다. 그 질문은 역사의 지금 이 단계에서 누가 이 세상을 창조한 분이며 역사가 진행될 때 J가 이 지점까지 이야기하면서 말한 자녀 출산, 식량생산, 살인, 도시 건설 그리고 나머지 모든 일에 참여하면서 인간사에 응답한 하나님이 누구냐는 것이다. 그 대답은 단순히 우리 모두가 일반적으로 믿고 알고 있는 신이 아니라 세상을 창조하신 신이요 지금 노예가 된 팔레스타인 베두인 집단을 구원하는 신이라는 것이다. 바로 이 신이 다윗이 세운 국가의 신이다.

J는 '이스라엘의 자손'과 '이스라엘'이라는 두 가지 표현을 쓰고 있다. 첫 번째 표현은 우리가 언급해온 베두인 족을 말한다. J는 이 표현—베두인 족장 야곱, 즉 이스라엘의 후손들을 지칭하는 부족명—을 이스라엘을 베두인 족이라고 묘사할 때 쓴다. 두 번째 표현은 다윗이 다스리는 백성을 하나의 나라라는 의미를 지닌 민족적 정체성을 말할 때 쓴다. '나라'라는 말은 정치적 합의를 말한다. J가 '이스라엘'이란 말을 쓸 때 의미하는 정치적 합의는 반드시 다윗의 나라에 사는 모든 백성이 주장하는 정치적 정체성이 아니다. 그것은 왕실의 목적에 따라 백성들에게 부여하는 것이다. 다윗의 나라에 포함된 다양한 백성의 정치적 정체성은 합의된 것이라고 볼 수 없고, 단지 이스라엘이란 간단한 말로 충분할 정도로 일체감을 지닌 모세의 무리처럼 하나의 베두인 집단이라고 부를 수 있을 뿐이다. J는 그런 민족적 정체성의 투영이 단지 다윗의 선전물이라는 사실을 알고 있는 데 그치지 않았다. 그는 또한 합의의 결여라고 하는 당면 문제를 정면으로 언급하고 있는 것이다. 이렇게 해서 그는 모세 역사의 주제를 백성들이 단일한 권위를 수긍할 수 있는지의 문제로 삼고 그리하여 통합된 정체성을 확립하려고 한다.

모세는 다윗이다. 지금까지 몇 차례 다윗을 암시한 것을 포함하여 J에 등장한 인물들과 다양한 역사적·정치적 현실 사이의 동일시 작업을 해왔지만, J를 작성할 때 가장 먼저 주요한 역할을 한 정치적 인물과의 동일시는 이번이 처음이라는 것에 주목하라. 정확하게 말한다면 이와 같은 동일시 작업은 완결된 것이 아니다. J의 역사에서 모세는 J의 동시대 사람들보다 적어도 한 세대 이상 먼저 존재했다. 그는 베두인 족장이었다. 한편 다윗은 분명히 그렇지 않았다. 그렇다면 어떤 의미에서 동일한 존재로 보아야 하는가?

첫째, 이 질문에 대답하려면 우리는 그다지 명백하지 않은 질문을 생각해보아야 한다. 다윗은 누구의 이름으로 자기 나라의 율법을 선포하였는가? 율법은 민족적 정체성과 같다. 그것은 군주의 통치를 받는 나라가 공통적으로 받아들이는 사회적 규범이다. 율법과 나라는 서로를 정의해준다고 할 수 있다. 고대 근동의 관행에 의하면 일반적으로 왕이 나라에 율법을 수여하는 신의 대리자로서 자신의 이름으로 통치법을 선포하였는데, 그것은 자신의 이름으로 했든 그렇지 않든 국가의 정체성을 선포하는 것과 마찬가지였다. 군주시대 이스라엘의 율법에 관해 놀라운 사실은 구약에 나타난 대로 그 중 왕실의 법이라고 제시된 것이 하나도 없다는 점이다. 지금의 모습 속에서 모든 구약성서의 율법은 모세의 율법이다. 왜 이스라엘의 왕이 —아마 다윗으로부터 시작되었을— 자신을 신이 준 율법의 중개자라고 제시할 기회를 포기해야만 했을까?

어떤 역사가들은 모든 율법을 모세가 준 것이라고 주장하는 모습은 구약성서에 포함된 문서를 나중에 편찬한 결과가 아닐까 하고 생각하지만 대다수는 이스라엘과 유다의 왕들은 실제로 나라의 율법을 모세의 이름으로 반포했다고 믿는다. 구약성서에서 곧바로 초기 이스라엘의 역사를 읽어내는 성서 역사학자들이 볼 때 이것은 실제로 존재했던 모세가 군주시대 이전의 이스라엘의 율법을 만드는 데 매우 중요한 역할을 했다는 의미로 보고 이스라엘의 왕들은 자신이 시행하고 싶은 율법이 있으면 계속 그의 이름을 첨부할 수밖에 없었다고 여겼다. 그런 견해는 J로 시작되는 전승에서 모세가 어떤 부류의 사람이었는지를 설명하지 못하며 또 왕실 선전의 성격을 지닌 J나 E와 같은 전승의 특이한 점을 설명하지 못한다. 모세에 대한 J의 묘사에서 의미 있다고 할 수 있는 모든 것은 정확하게 다윗의 선전으로서의 J의 전체 역사에서 그것이 수행하는 부분이라고 하는 점에서 의미가 있다. 다윗의 민족적 정체성의 투영에 있어서 그리고 아마도 다윗의 영역에서의 율법의 수여자로서(왕 자신이 율법을 수여하는 고대의 관행과 반대로) 모세가 가장 중요한 역할을 수행하여야 한다는 것은 이미 언급한 민족주의적 범주로서의 민족과 율법의 연결고리에서 비롯된 것이다. 모세는 통일된 백성을 이끌었고 제의에서 유래한 율법을 주었다. 그것은 마치 정치적 합의를 이끌어내는 데 사법적 합의가 요구되는 것과 마찬가지이다. 다윗은 율법의 기원을 자신에게서 모세에게로 옮겼다. 자신이 다스리는 백성 다수가 자기 땅에서 농사를 짓는 농민이 아니라 이집트에서 멀리 떨어진 네게브 지역의 베두인 족이라고 말하는 것과 똑같은 이유에서이다. 이렇게 한 이유 중 가장 중요한 것은 다윗이 이스라엘의 정체성을 소수의 부유한 족장에게로 초점을 맞춤으로써 농민과 베두인 족 모두의 정치적 지지를 확보하려고 했다는 것이다. 이렇게 초점을 맞추면 이집트에 대한 공동의 반대를 개념화할 수 있는 최상의 수단이 생기고, 다윗이 이 공동의 대의명분을 활용하여 자기의 백성들을 통합할 수 있기 때문이다. 덧붙이자면 E가 모세를 묘사하는 방식, 열왕기상하의 엘리야와 엘리사 내러티브 그리고 다른 성서 전승을 볼 때 모세는 초기 이스라엘의 북부 중심지에서 전통적으로 중요한 사법적 인물이었다는 것을 알 수 있다. J가 모세를 율법수여자로 만든 것은 다윗 시대의 북부지역 사람들의 충성심을 일으키는 데 기여했을 수도 있다.

지금까지 바로의 반응이 지니는 의미를 설명하였다. "야훼가 누구냐?"고 말한 바로는 이어서 이렇게 말했다. "내가 왜 그의 말을 듣고 이스라엘을 보내주어야 하느냐? 나는 야훼를 모른다. 나는 이스라엘을 보내주지 않을 것이다."

야훼를 아는 일은 가인의 역사로 이어진 남자와 여자의 '앎'과 정면으로 대조된다. 야훼를 아는 일은 하나님의 권위를 인정하고 그분의 뜻에 동의하는 일이었다. 하나님은 역사의 처음 열네 세대에게 아브람과 사래를 축복함으로 응답했다. 그 하나님을 앎으로써 가인의 역사와 맞설 수 있도록 하기 위함이었다. 야훼를 아는 일은 야훼를 위해 일하고 섬기고 예배하는 일이었다. 노동, 섬김, 예배는 여기서 종교적 행위만을 뜻하는 것이 아니다.[3] 핵심은 주로 정치적이다. 대조하려는 것은 이집트 왕이었다. 그는 '알지' 못했다.

모세와 아론이 요청했다. "우리 외국인 노예들의 하나님이 우리에게 나타났다." 이것은 그들이 야훼를 처음으로 언급한 것이다. 다시 말하지만 우리는 이 하나님의 포괄적인(generic) 의미를 강조하기 위해 '히브리인'이란 말을 외국인 노예들로 번역했다. 다윗의 민족주의적 의미로 나아가기 전에 이 포괄적 의미를 파악하는 일이 필요하다. 포괄적인 의미를 주의 깊게 살피지 않으면 이 하나님은 정확히 누구인가? 라는 전체 이야기가 제기하는 기본적 질문을 놓칠 수 있다. 이것이 J가 다윗을 대신하여 던지는 질문 배후에 놓여 있는 질문이다. 이스라엘의 하나님이 누구인가? J가 하나님의 포괄적 의미를 고수하는 일은 '야훼, 하나님(a god)'이란 표현을 통해 J의 역사 서두부터 계속 표명해온 관심사이다.

야훼의 사절단이 "우리는 광야로 삼일 길을 가서 우리의 하나님 야훼에게 제사를 드리고 싶습니다. 그렇지 않으면 그가 우리를 질병이나 칼로 칠지도 모릅니다"라고 말하자 바로는 꿈쩍도 하지 않고 대꾸했다. "모세와 아론아, 어찌하여 너희는 백성이 일을 쉴 핑계를 대느냐? 돌아가서 너희 강제부역의 일을 하라. 이 '백성'이 얼마나 많은지 보라. 그런데 너희는 그들을 강제부역에서 쉬게 하고 싶은 것이냐?" 바로는 어떤 저항도 못하도록 노예감독관과 베두인 십장을 파견하여 백성의 일감을 늘리도록 지시했다. 그래서 이후로 그들은 벽돌 만들 짚을 받지도 못한 채 똑같은 일감으로 시달렸다. "일감을 줄이지 마라"고 바로가 말했다. "그들은 게을러빠졌다." 억압받는 자에 대한 이집트 왕의 견해는 게으르기 때문에 억압을 받는 것처럼 느낀다고 말하는 모든 자들과 결코 다르지 않았다. "바쁘게 만들어서 이런 거짓말에 신경을 쓸 시간이 없게 만들어라"고 덧붙였다.

'거짓말'이란 말이 의문을 불러일으킨다. 누구의 현실관이 진실한가? 바로의 것인가? 야훼의 것인가? 둘은 달랐다. 그래서 하나만이 진실할 수 있다. 이

---

3 종종 '예전(liturgy)'이란 뜻을 지닌 말로 발전한 것과 대조적이다.

집트 왕의 현실관이 거짓된 것임을 보여준 야훼의 진실이 야훼의 싸움 속에 드러나게 될 것이다. 야훼가 장자를 죽이고 결국 이집트 왕을 죽일 때 그리고 이집트 왕을 대신하여 자기 백성에게 땅을 수여할 때 그 진실은 확인될 것이다. 물론 야훼의 진실은 왕실 즉 다윗의 진실이기도 했다.

바로의 명령은 베두인 십장을 주제로 하는 이야기를 시작한다. J는 그들을 노예감독관 편에 있는 자들로 묘사한다. 노동 저항역사를 볼 때 이것이 현실이다. J는 잠시 십장에게 주의를 기울임으로써 모세의 모습을 더욱 선명하게 할 수 있었다. 십장들과 모세는 모두 중간자의 위치에 있었다. 모두 여느 노예보다는 지위가 높고 주인보다는 낮았다. 십장은 위(바로)로 움직였고 모세는 아래(노예)로 움직였다.

베두인 강제부역에 동원된 노예들이 일감을 채우지 못하자 이집트 왕의 노예감독관들은 다른 노예의 관리를 맡은 베두인 십장들을 때리고 다음과 같이 질책했다. "너희가 어찌하여 어제와 오늘의 벽돌 양을 전처럼 채우지 못했느냐?" 십장들이 궁전에 몰려가 바로에게 볼멘 소리를 했다. "어찌하여 당신의 노예들을 이처럼 대합니까? 그들은 우리에게 짚을 주지 않으면서 벽돌을 만들라고 합니다. 우리가 맞았지만 잘못한 것은 당신의 부하들입니다." 십장들은 압제의 근원지를 깨달은 것처럼 보인다. 하지만 노예들과 모세와는 달리 구원의 근원지를 깨닫지는 못했다. 노예들은 야훼에게 외치고 십장들은 바로에게 외쳤다.

바로에게는 그들도 노예들만큼이나 쓸모가 없는 자들이었다. "너희는 게을러빠졌다! 가서 일이나 해라!" 십장들은 돌아가 일했고 그들이 당한 만큼 자기 동족을 힘들게 하였다. "일감을 채워라!" 돌아오는 길에 그들은 모세와 아론을 만났다. 좋은 말이 나올 리 없었다. "야훼께서 너희를 살펴보고 심판하길 원한다. 당신이 우리를 바로와 그의 종들 앞에서 냄새나는 존재로 만들고 우리를 죽일 칼을 그들의 손에 쥐어준 자이다." 십장 이야기에서 강조하는 부분은 결국 그들이 압제의 근원지를 깨닫지 못했다 는 데 있다.

언제나 그렇듯이 억압 체제는 가장 밑바닥에 있는 자들보다는 조금 높은 지위를 유지하면서 문제가 생기면 가장 밑바닥에 있는 자와 같이 처신하면서도 진실을 말하는 자를 비난하는 자들에 의해 유지된다. 압박이 증가하면 중간에 위치한 십장들은 자기들보다 위에 있는 자보다 낮은 위치에 있는 자들을 압박한다. 그들은 억압받는 자들이 바로 문제의 근원이라는 바로의 견해를 옳은 것으로 받아들였다. 차라리 J에서 (바로의 견해가 아니라)"우리 목숨을 구해준 바로에게 감사드립니다"라고 말한 이집트 농민의 견해를 받아들이는 것이 훨씬 좋았을지도 모른다(요셉 시절 흉년에 저장해둔 곡식을 사서 먹게 해준 사건을 기억하라 — 옮긴이).

이 이야기는 진실을 담고 있다. 그것이 변함없는 호소력과 경탄을 자아내는 까닭은 수세대를 걸쳐 읽고 들을 때 심오한 깨달음이 생기기 때문이다. 특히 세금 징수나 노동 착취가 당면 문제인 사람들에게는 더욱 그럴 것이다. 해방신학이 정치적으로 호소력을 지녔듯이 모든 세대에 모세의 역사도 그러했다. 우리 모두 해방이나 자유를 누리고 싶어한다. 이런 생각이 호소력을 가진다는 것을 인정하는 것이 중요하다. 그것이 우리 스스로에게 진리를 알려줄 뿐만 아니라 바로 이런 호소력이 다윗의 통치를 인기 있게 만들어주는 효과적 도구이기 때문이다.[4]

모세는 야훼에게 돌아가 그에게 주어진 사명과 이제까지의 결과를 평가하였다. "어찌하여 이 백성에게 이런 악을 행하였습니까?" 모세가 야훼에게 물었

---

4 J. Severino Croatto, *Exodus: A Hermeneutics of Freedom*(Maryknoll, N.Y.: Orbis Books, 1981); Michael Walzer, *Exodus and Revolution*(New York: Basic Books, 1985); Nahum M. Sarna, *Exploring Exodus: The Heritage of Biblical Israel*(New York: Schocken Books, 1986); and George V. Pixley, *On Exodus: A Liberation Perspective*(Maryknoll, N.Y.: Orbis Books, 1987). 현대 팔레스타인 역사에 대한 발처(Walzer)의 저서가 지닌 의의에 대한 서평에 관하여 다음을 참조하라. Edward W. Said의 서평 in Edward W. Said and Christopher Hitchens, eds., *Blaming the Victims: Spurious Scholarship and the Palestine Question*(New York: Verso, 1988), 161~78.

다. "어찌하여 나를 보냈습니까? 내가 바로에게 가서 당신의 이름으로 말을 한 순간부터 그가 이 백성에게 악을 행하였고 당신은 그들을 구원하기 위한 일을 아무것도 하지 않았습니다." 이 순간이 중요하다. 모세는 단순히 화가 나서 성질을 부리거나 좌절하거나 할 수 있는 일을 다했다고 말하고 있는 것이 아니다. 오히려 그를 책망했던 십장들의 견해를 취한 것이다. 이 견해는 문제가 바로에게 있는 것이 아니라 다른 존재에게 있다고 본다. 모세가 볼 때 이 다른 존재가 바로 야훼였다. 야훼와 바로 모두 히브리어 표현 그대로 그 백성에게 '악을 행했다." 야훼와 바로를 언급할 때 이 언어를 사용하는 모세는 양측을 더 이상 구분하지 못하는 것 같다.

야훼는 모세의 불평을 듣고 마치 열네 번째 세대가 끝나는 지점에서처럼 막다른 골목이 될 수도 있는 길에 들어섰음을 깨달았다고 생각할 수 있다. 그때는 모든 사람이 악한 영향을 받았으므로 인간사회의 상황을 저주했다. 예외는 없었다. 역사를 생각대로 움직이려면, 즉 변화시키려면 야훼는 새로운 생각을 도입해야 했다. 그것은 열다섯 번째 세대의 축복이었다. 이제 모세 세대에 다시 억압당하는 자들은—모두가 바로의 권력 아래 있었다—바로가 아닌 다른 존재가 압제를 일으킨 것이고 눈앞의 악의 근원이 가인이 일으킨 체제가 아니라 다른 데 있다고 왜곡하여 생각한다는 사실이 야훼에게 분명해졌다. 야훼는 자신이 몸소 찾아낸 사람을 잃어버렸다. 그가 찾아낸 모세는 이집트 노예 감독관을 살해하였으며, 그리하여 악의 근원을 제대로 찾아낼 수 있음을 보여주었다. 왜 야훼가 자기 백성에게 악을 행하냐고 모세가 물었을 때 예전의 그 모세는 더 이상 존재하지 않고 사라져버렸다. 모세와 그의 백성, 바로와 그의 세상 사람 모두가 잘못된 생각으로부터 벗어나게 해줄 새로운 사명을 이 사람에게 줄 때가 된 것이다.

23

위대한 탈출

(출애굽 6:1~15:21, 일부)

야훼께서 모세에게 말했다. "이제 내가 바로에게 하는 일을 네가 볼 것이다. 내 손으로 인해 그가 백성을 놓아줄 것이다. 내 손으로 인해 그가 그들을 자기 땅에서 쫓아낼 것이다."(6:1) 야훼께서 모세에게 말했다. "바로의 마음은 완고하다. 그가 백성을 풀어주지 않을 것이므로 아침에 바로에게 가라. 그가 물 있는 곳으로 나갈 때 너는 나일 강가에 서서 그를 만나라. 네 손에 뱀으로 변했던 지팡이를 갖고 가라. 그에게 말하라. '야훼, 외국인 노예의 하나님이 나를 보내어 "내 백성이 광야에서 나를 섬길 수 있도록 놓아주어라"고 너에게 말했었다. 그런데 너는 듣지 않았다. 그러므로 이제 야훼가 말한다. "이 일로 너는 내가 야훼라는 것을 알게 될 것이다. 내 손에 든 지팡이로 강물을 치면 피로 변할 것이다. 강의 물고기가 죽고 강은 악취가 날 것이며 이집트 사람이 강물을 마시기 싫어할 것이다."'"(7:14~18)

그가 지팡이를 들어 바로와 그의 신하가 보는 데서 강물을 쳤다. 나일 강의 모든 물이 피로 변했다. 강의 물고기가 죽고 악취가 나자 이집트 사람이 강에서 물마시기를 싫어했다. 바로가 돌아서서 궁전으로 돌아갔고 그가 방금 본 것에 대해 아무런 생각도 하지 않았다. 모든 이집트 사람이 강물을 마실 수 없게 되자 마실 물을 찾으려고 강 주위의 땅을 팠다(7:20~21, 23~24).

야훼께서 강을 친 지 칠 일이 지나서 모세에게 말했다. "바로에게 가서 그에게 말해라. '야훼가 이같이 말했다. "내 백성이 나를 섬기도록 놓아주어라. 그들을 놓아주기 거절하면 내가 네 온 땅을 개구리로 재앙을 내릴 것이다. 강은 개구리로 가득할 것이고 밖으로 나와 네 궁, 네 침실, 네 침대 위와 네 직속부하들과 신하들이 사는 곳은 물론이고 네 화덕과 네 떡 반죽 그릇으로 기어오를 것이다. 개구리가 너와 네 직속부하와 신하들에게 기어오를 것이다."'"(7:25~8:4)

바로가 모세와 아론을 불러 말했다. "야훼에게 기도하여 개구리가 나와 내 직속부하들에게서 떠나게 하라. 내가 백성을 놓아주어 야훼에게 제사를 드리도록 해 주겠다."

모세가 바로에게 말했다. "내게 모든 것을 맡기십시오. 내가 당신과 당신의 직속부하와 신하들을 위해 기도하여 개구리가 당신과 당신의 궁전에서 언제 떠나 강에만 있게 할지 말하십시오."

그가 말했다. "내일이다."

모세가 말했다. "소원대로 될 것입니다. 그러므로 당신은 야훼 우리 하나님과 같은 분이 없는 줄을 알게 될 것입니다. 개구리가 당신과 당신의 궁전과 당신의 직속부하들에게서 떠나 강에만 있을 것입니다."

모세와 아론이 바로를 떠났다. 모세가 바로에게 내린 개구리에 대해 야훼에게 간구하였다. 야훼가 모세가 간구한 대로 하였다. 개구리가 궁전 집, 마당, 밭에서 죽었다. 바로가 드디어 한숨을 돌리게 되자 그의 분별력이 없어져 모세와 아론의 말에 신경을 쓰지 않았다(8:8~15).

야훼께서 모세에게 말했다. "아침에 바로가 강으로 나가는 길목에 서서 그에게 말하라. '야훼가 이같이 말했다. "내 백성을 놓아주어 그들이 나를 섬기도록 하라. 네가 내 백성을 놓아주지 않으면 내가 너와 네 직속부하들과 네 신하들과 네 궁전에 파리 떼가 가득하게 만들 것이다. 이집트의 온 집과 사는 땅에 파리가 가득할 것이다. 하지만 그때 나는 내 백성이 사는 고센 땅을 구분하여 그곳에는 파리가 없게 하여 내가 그 땅 가운데 있는 야훼이며 내가 내 백성과 너의 백성을 구분한다는 것을 알게 될 것이다. 이 표적은 내일 일어날 것이다.'"

야훼께서 그같이 행하셨다. 무수한 파리 떼가 바로의 궁과 그 직속부하의 구역과 온 이집트 땅으로 날아들었다(8:20~24a).

바로가 모세에게 소리쳤다. "이 땅 아무데나 가서 네 하나님에게 제사를 드려라."

모세가 말했다. "아닙니다. 그럴 수 없습니다. 이집트 사람이 우리가 우리 하나님 야훼에게 제사를 드리면 싫어할 것입니다. 우리가 그들이 보는 앞에서 제사를 드려 이집트 사람이 싫어하는 일을 하면 우리를 돌로 쳐 죽이려 하지 않겠습니까? 광야로 삼일 길을 가야 하고 거기서 우리 하나님 야훼에게 제사를 드리는 것이 하나님이 우리에게 명령하신 일입니다."

바로가 말했다. "좋다. 내가 너희를 보내어 광야에서 너희 하나님 야훼에게 제사를 드리게 해 주마. 하지만 너무 멀리 가서는 안 된다. 그리고 나를 위해 간구하라."

모세가 말했다. "내가 당신을 떠나자마자 야훼에게 간구하여 내일 바로와 직속부하와 신하들에서 파리가 떠나가도록 하겠습니다. 단지 바로께서 백성을 보내지 않아 야훼에게 제사를 드리는 일을 웃음거리로 만들지 않으셔야 합니다."

모세가 바로를 떠났다. 모세가 야훼에게 간구하자 야훼께서 그대로 행하셨다. 그가 파리를 바로와 그 직속부하와 신하들에게서 떠나게 하였다. 단 한 마리도 남지 않았다. 그러나 바로가 이번에도 분별력이 없어져 백성들을 놓아주지 않았다(8:25~32).

야훼께서 모세에게 말했다. "바로에게 가서 말하라. '외국인 노예의 하나님 야훼가 이처럼 말씀하였다. "내 백성을 보내어 나를 섬기게 하라. 만일 그들을 놓아주지 않고 계속 붙잡고 있으면 야훼의 손이 들에 있는 가축, 즉 말, 나귀, 낙타, 소와 양에게 임하여 심한 돌림병이 들게 할 것이다. 그러나 야훼는 이스라엘의 가축과 이집트의 가축을 구별하여 이스라엘 자손의 소유는 하나도 죽지 않을 것이다."'" 그리고 야훼가 시간을 정하여 말했다. "야훼가 내일 이 땅에서 이 일을 행할 것이다."

이튿날 야훼께서 그대로 행하셨다. 모든 이집트 사람의 가축은 죽었으나 이스라엘 베두인의 가축은 한 마리도 죽지 않았다. 바로가 사람을 보내어 이스라엘의 가축은 한 마리도 죽지 않았다는 사실을 알았다. 그러나 그는 여전히 분별력이 없어져 백성을 놓아주지 않았다(9:1~7).

야훼께서 모세에게 말했다. "아침에 일찍이 바로 앞에 서서 그에게 말하라. '외국인 노예의 하나님 야훼가 이같이 말씀하였다. "내 백성을 보내라 그들이 나를 섬길 것이다. 내가 이번에는 모든 재앙을 너와 네 직속부하와 네 신하들에게 내려 온 세상에 나와 같은 자가 없음을 네가 알게 될 것이다. 내가 손을 뻗어 너와 네 직속부하를 돌림병으로 쳤다면 너는 지금쯤 땅에서 사라졌을 것이다. 하지만 내가 너를 살려둔 것은 너로 내 능력을 보고 내 이름을 온 세상에 전파하게 하려는 이유에서이다. 네가 고집을 부려 내 백성을 놓아주지 않으므로 내일 이맘때에 내가 무거운 우박을 비처럼 쏟아지게 할 것이다. 그런 우박은 이집트가 세워진 그 날로부터 지금까지 한 번도 없었다. 그러므로 명령을 내려 네 가축과 밭에 있는 네 모든 소유를 처마 밑으로 모으라. 우박이 떨어지면 사람이든 짐승이든 밭에 남아 있으면 죽을 것이다."'"

이번에 야훼의 말을 두려워한 바로의 직속부하들은 서둘러 종들과 가축을 집으로 모아들였다. 야훼의 말에 무관심한 자들은 종과 가축을 들에 남겨두었다.

야훼께서 모세에게 말했다. "네 손을 하늘을 향해 들어라. 이집트 온 땅, 즉 이집트 땅의 백성, 가축, 그리고 모든 농작물에 우박이 내릴 것이다." 모세가 지팡이를 하늘을 향해 들었다. 야훼가 우레와 함께 우박을 내렸다. 번개가 땅에 내리쳤다. 야훼가 이집트 온 땅에 우박을 내렸다. 우박이 내리는 중에 번개가 번뜩였다. 폭풍이 매우 심해서 나라가 생긴 이래 이집트 온 땅에 그와 같은 일이 없었다. 우박이 이집트 온 땅의 들에 있는 모든 것 위에 떨어졌다. 우박이 모든 농작물에 떨어져 들의 모든 나무를 꺾었다. 우박이 떨어지지 않은 곳은 이스라엘 베두인이 사는 고센 땅뿐이었다.

바로가 모세와 아론에게 말을 전했다. "내가 죄를 졌다. 이번에는 시인한다. 야훼가 옳고 나와 내 신하들이 잘못했다. 야훼에게 중재기도를 해다오. 우리는 천둥과 우박을 맞을 만큼 맞았다. 내가 너희를 보내줄 것이다. 더 이상 지체하지 않아도 된다."

모세가 그에게 말했다. "내가 성을 나가자마자 내가 야훼에게 손을 펼 것입니다. 천둥이 그치고 다시는 우박이 떨어지지 않을 것입니다. 그래서 당신은 야훼가 세상을 소유한 분임을 알게 될 것입니다."(9:13~29)

그때에 보리는 이삭이 나왔고 삼은 꽃이 피었으므로 삼과 보리가 상했다. 그러나 밀과 쌀보리는 늦게 자라므로 상하지 않았다. 모세가 바로 앞을 나와 성을 떠난 뒤 손을 야훼께로 펴자 천둥이 그치고 우박과 비가 땅에 내리지 않았다. 바로가 비와 우박과 우레가 그친 것을 보고 다시 범죄하여 분별력이 없어졌다. 그와 그의 직속부하가 마찬가지였다(9:31~34).

모세와 아론이 바로에게 가서 말했다. "외국인 노예의 하나님 야훼께서 이같이 말씀했다. '네가 어느 때까지 내게 복종하지 않으려고 하느냐? 내 백성을 보내라. 그들이 나를 섬길 것이다. 네가 내 백성을 보내주지 않으면 내일 네 땅에 메뚜기를 데려올 것이다. 메뚜기가 온 사방을 덮어서 너희가 땅을 볼 수 없을 것이다. 그것들이 우박에서 살아남은 모든 것을 먹어치울 것이다. 또 들에 자라기 시작한 모든 나무를 먹을 것이다. 그것들이 네 궁전, 네 모든 직속부하의 집과 이집트 모든 사람의 집에 가득할 것이다. 네 아버지와 조상이 이 땅에 도착한 날로부터 지금까지 이런 일을 본 적이 없을 것이다.'" 그리고는 모세가 돌아서서 바로를 떠났다.

바로의 직속부하들이 바로에게 말했다. "언제까지 이 사람이 우리에게 골탕 먹이는 일을 내버려 두실 것입니까? 그 사람들을 보내어 그들의 신 야훼를 섬기게 하십시오. 이집트가 망하고 있는 것을 아직도 모르십니까?"

바로가 모세와 아론을 다시 불러서 말했다. "가서 너희 신 야훼를 섬겨라. 누가 너희와 함께 가느냐?"

모세가 말했다. "우리가 야훼에게 순례의 축제를 지킬 것이므로 남녀노소와 양과 소를 데리고 갈 것입니다."

바로가 말했다. "내가 너희 자녀들을 보내면 야훼가 도울 것이다. 정녕 너희 마음에 악한 계획이 있다. 그것은 안 된다. 너희 남자들만 가서 야훼를 섬겨라. 그것이 너희가 구했던 것 아니냐?" 바로가 이 말을 하고 그들을 면전에서 쫓아냈다.

야훼께서 모세에게 말했다. "이집트 땅에 손을 펴서 메뚜기가 이집트 땅에 올라오게 하라. 우박으로 상하지 않은 땅의 곡식을 모두 먹어치울 것이다."

모세가 이집트 땅 위로 지팡이를 들었다. 야훼가 그 땅에 동풍을 일으켜 온 낮과 온 밤에 불게 하였다. 다음 날 동풍을 타고 메뚜기가 날아왔다. 메뚜기가 이집트 사방에 이르렀고 이집트 온 지경에 내려앉았다. 엄청난 메뚜기 떼였다. 전에도 없었고 후에도 없을 메뚜기 떼였다. 그것들이 온 땅을 뒤덮었다. 땅이 어두워졌다. 우박에도 남아 있던 땅의 모든 곡식과 과일 나무 열매를 먹어치웠다. 이집트 온 땅에 과수 나무의 싹이나 곡식 줄기 하나도 남지 않았다.

바로가 모세와 아론을 급히 불렀다. 바로가 그들에게 말했다. "내가 너희 신 야훼와 너희에게 죄를 지었다. 내 죄를 한 번만 더 용서해다오. 너희의 신 야훼에게 기도하여 내가 이 죽음에서 벗어나게만 해다오."

그가 바로를 떠나 야훼에게 기도했다. 야훼께서 바람을 서풍으로 바꾸어 메뚜기 떼가 갈대바다로 날아가게 만들었다. 이제 이집트 전역에 한 마리의 메뚜기도 남아 있지 않았다. 그러나 야훼께서 바로의 마음을 완고하게 만들었고 그가 이스라엘 베두인을 풀어주지 않았다(10:3~20).

모세는 새로운 사명을 받았다. 일련의 재앙이 바로와 그의 땅에 임할 것이라고 선언하는 일이었다. "이제 내가 바로에게 하는 일을 네가 볼 것이다. 내 손으로 인해 그가 백성을 놓아줄 것이다. 내 손으로 인해 그가 그들을 자기 땅에서 쫓아낼 것이다. 바로의 마음은 완고하다."(6:1, 7:14a)

여기서 "바로의 마음은 완고하다"라는 마지막 문장은 "그는 분별력이 없어졌다"는 표현과 함께 "그의 마음이 무겁다"라는 히브리어 문장을 번역한 것이다. 히브리어의 마음은 생각, 사고, 의지, 의도를 뜻한다. 우리가 볼 때 히브리어 '마음'이 내포하고 있는 의도가 영어의 '마음'이 내포하고 있는 감정과 밀접한 연관이 있지만, 히브리어의 마음은 감정보다는 사유하는 기관이란 뜻이다. 앞에서 보았듯이 '무겁다'는 말이 히브리어의 마음과 결합하여 사용되면 우둔하고, 느리고, 혹은 굼뜨다는 의미를 지닌다. 달리 말해서 바로의 마음 즉 그의 생각과 의지는 우둔했던 것이다. 그는 '알기'가 어려웠다. 야훼의 목적은 바로가 야훼를 알도록 하는 것이었다. 바로에게 나타난 우둔한 마음을 보면 이것은 불가능한 것으로 드러난다. 그는 마치 무감각한 상태에서 영원히 벗어날 수 없는 자 같다. 그는 압제받는 자의 하나님이 그에게 말씀하는 내용을 절대로 인지할 수 없었다. 훗날 예언자들이 말하듯이 듣기는 들으나 들을 귀가 없는 꼴이었다.

이것이 모든 엘리트 압제자의 특징이다. 하나님이 바로의 마음을 완고하게 만든 원인제공자가 아닌가 하고 많은 사람들이 생각하는 신학적 질문은 사실 성서역사학자들이 한두 번 언급하기는 했지만 역사가가 다룰 문제가 아니다. 그런 질문은 전체 역사를 두고 볼 때 그다지 중요하지 않다. 때때로 야훼는 바로의 마음을 완고하게 만들었다. 혹은 바로 스스로 완고하게 마음을 먹기도 했다. 하지만 그런 문제에 초점을 맞추는 것은 야훼가 이 세상에서 벌어지는 악에 책임이 있다고 생각하는 것이나 다를 바 없다. 하지만 본문의 이야기는 그런 생각을 거부한다. '야훼가 바로의 마음을 완고하게 만들었다'는 표현은 야훼가 이사야에게 유다의 엘리트 계층에게 말씀을 전하는 사명을 주면서 했던 가르침만큼 아이러니하다. "너는 가서 이 백성들에게 말하라. '너희가 듣기는 들어도 깨닫지는 마라. 보기는 보아도 알지는 마라.' 그들이 보고 듣고 깨닫지 못하도록 이 백성의 마음을 두텁게 하고(즉 그들의 생각을 둔하게 하고), 그들의 귀를 무겁게 하고, 그들의 귀를 닫게 하라."(사 6:9~10) 이는 하나님이 백성들로 하여금 듣지 않도록 하기를 원한다는 뜻이 아니다. 그것은 결과적으로 벌어질 일을 예상하고 하는 말이다. 그 뒤에 벌어진 일련의 역사는 피할 수 없었다는 의미이거나 혹은 단순히 회고하는 어조의 말이다. 말씀을 듣는 백성이 고침받을 수 없을 만큼 둔해서 이해하지 못하게 될 것이라고 단언하는 것이다. 어쨌든 결과는 크게 달라지지 않을 것이라는 뜻이다. J를 기록한 역사가는 바로를 정죄하는 내러티브에서 바로는 무슨 일이 벌어져도 자신의 도덕적 불감증에서 깨어날 수 없을 것임을 야훼가 알고 있다고 아이러니하게 묘사한다. 현대를 풍족하게 살면서 성서를 읽는 다수의 독자는 이 무감각이 어떤 모습을 지니고 있는지를 이해하기가 힘들 것이다. 왜냐하면 우리 자신이 무감각하기 때문이다. 억압받고 있는 자라면 J가 무엇을 의미하는지를 즉각 간파할 것이다.

재앙 이야기의 주제 중 하나가 바로의 우둔한 마음이다. 재앙이 끝날 때마다 바로는 마음을 바꿀 것처럼 보이다가 이내 '마음이 완고해졌다.' 바로가 아직 알지 못하는 야훼는 다음 재앙을 진행시킨다. 재앙 이야기 전체는 야훼가 자기 백성을 종살이시키는 것을 용납하지 않는 온 세상의 유일한 하나님으로 알려지기를 원한다는 것과 바로가 이 사실을 깨닫지 못하고 완고한 상태로 되돌아가는 현상 사이에서 벌어지는 상호작용이라고 규정할 수 있다.[1]

재앙 이야기는 J 안에서 가장 긴 극적인 이야기이다. 이 이야기가 시대를 초월하여 대중적인 인기를 누린 것을 보면 이야기 안에 흥미로운 내용이 많이 포함되어 있음을 알 수 있다. 하지만 이와 달리 J의 앞선 이야기들과 비교해볼 때 이 이야기는 단조롭고 동일한 이야기 소재를 여러 차례 반복해서 사용한다. 이야기의 사상이 약간 발전하는 모습도 보이지만 J의 복합적인 특성을 고려해볼 때 왜 이 이야기에 그렇게 많은 관심을 기울이는지 설명하는 데 충분치 않다. 그 이유는 J의 주제 중 하나와 상관이 있다. 그것은 불의한 노동 착취에서 해방되는 일이다.

모세와 바로의 역사는 고개를 드는 노동운동의 역사라는 성격을 지닌다. 저항을 목적으로 노동자를 조직하는 문제는 결코 산업시대에만 국한된 것이 아니다. J의 이 단락도 현대노동운동의 관점으로 새롭게 조명할 수 있다. 재앙 이야기는 본질적으로 노동지도자 모세와 사용자인 이집트 왕 사이에서 벌어진 오랜 협상과정이다. 이렇게 놓고 보면 노동저항운동과 관련하여 국가적 합의를 투영하려는 목적을 지닌 이 역사가 노동운동을 할 때의 현안인 노사관계

---

1 P에서 바로의 마음은 완고한(heavy) 것이 아니라 '뻣뻣하다'(stiff)고 표현한다. P는 바로가 마음이 움직이지 않는 것보다 의지가 고집스럽다는 데 관심을 둔다. P는 자신의 이야기 내내 야훼의 계명과 백성의 순종 여부에 특별한 관심을 쏟는다. P에게 바로는 무감각한 것이 아니라 불순종한다.

에 그토록 많은 관심을 쏟는 것은 전혀 이상한 일이 아니다.

"노동지도자(organizer)의 에고는 사용자(leader)의 에고보다 더욱 강하고 기념비적이다. 사용자는 권력욕구에 따라 움직이고 노동지도자는 창조욕구에 따라 움직인다. 노동지도자는 진정한 의미에서 인간이 도달할 수 있는 최고의 경지인 창조의 경지, 즉 위대한 창조자가 되는 경지, 신적인 경지에 도달하는 것이다."[2] J가 묘사하는 모세가 바로 그러한 창조자이다. J의 역사에서 사용자는 바로이다. J는 바로와 다윗을 비교하면서 다윗을 모세로 표현한다. 그러므로 J의 묘사 가운데 나타나는 다윗 자신은 그가 고취하려 하는 민족적 정체성의 표상이며 사용자가 아니라 노동지도자의 모습에 가깝다.

스물한 번째 세대에서의 노동조직화의 역사이며 노동지도자인 모세(그래서 다윗)의 역사는 J의 핵심을 차지하고 있다. J의 역사를 통해 인간은 강제부역이 아닌 다른 목적을 위해 창조되었다고 말하는 노동 주제는 처음부터 이 역사 전체의 주제였다. J가 표현한 다윗의 민족주의는 다윗 국가의 하나님인 야훼가 창조한 노동자라고 하는 인간 본질의 성취로서의 대규모 반이집트 노동운동의 성격을 지닌다. 이스라엘의 하나님과 예배는 통상적인 성전 군주에 의하여 근로대중에게 부여된 정체성보다는 이러한 노동자의 정체성을 승인하는 것처럼 보인다. 다윗의 힘은 아직까지는 대형 건축물에 의지하지 않고 주로 정치적인 영역에 머물고 있었다. 그것은 대규모 상비군이나 궁전, 성전, 성벽 그리고 군사적 요새와 같은 대형 건축물을 필요로 하지 않았다. J가 볼 때 백성이 다윗을 지지하는 핵심요인은 J가 묘사하듯이 그런 대형건축물을 세우는 데 필요한 노동과세에서 해방시키는 데 근거를 두고 있다. J가 투영하는 국가적인 정치적 합의의 본질은 부당한 노동과세로부터 자유롭게 해 주는 데 있다.

이러한 비교를 근거로 우리는 재앙 이야기의 변형과 발전을 더욱 잘 이해할 수가 있다. 반복되는 요점은 노동자의 저항이 나타내는 위협과 그런 위협에

---

2 Saul David Alinsky, *Rules for Radicals*(New York: Random House, 1971), 61.

맞서는 이집트 왕의 반응을 점진적으로 고조시키는 데 있다. 노동자들은 통상적으로 불리한 상황에 있으므로 긴 협상과정이 이어져 최종적으로 결렬이 되는 때 즉 동원가능한 모든 수단이 소진되는 극단적 상황에 이르러서야 비로소 반란을 일으키고 거리로 나선다. 재앙 때문에 기나긴 협상이 시작된다. 협상이 길어진다는 것은 사용자의 완고함과 무감각이 그만큼 심각하다는 것을 의미한다. 노동자는 점점 더 좌절감을 맛보게 되고 마지막에는 길거리로 뛰쳐나간다고 하는 또 하나의 극단적으로 위험한 결정을 내리게 된다.

이야기의 또 다른 주요 발전사항은 재앙 자체의 성격이다. 재앙은 다음과 같은 순서로 진행된다. 먼저, 피로 변한 강물, 개구리, 파리, 가축에 옮기는 전염병, 우박, 메뚜기, 그리고 앞으로 보게 될 흑암과 그리고 마지막으로 장자를 죽이는 행위로 절정에 이른다. 점차 강도가 강해지는 순서이다. 그 중에 흑암은 특별한 역할을 한다. 재앙은 불편한 삶으로 시작했다. 가축에게 임하는 전염병은 더욱 심각했다. 여기서 이집트 사람들은 곡식수확이 실패할지도 모른다는 우려가 생긴다. 더욱 중요한 것은 쟁기질이나 운반하는 농사일에 필요한 가축들을 사용할 수 없게 되었다는 것이다. 우박과 메뚜기는 땅의 소출을 직접적이며 완벽하게 쓸모없이 만들었다. 장자의 죽음은 상징적으로 왕이 관장하는 소유권과 상속권—가인의 혈통이 건설한 모든 것—의 체계를 완전히 망가뜨렸다.

불편함, 곡식, 땅, 그리고 사람으로 이어지는 순서는 돈, 곡식, 땅 그리고 사람처럼 이집트 농부를 노예로 만드는 순서와 비슷하다. 이것은 농부들이 생존하기 위해 이집트 왕에게 포기한 것들이다. 그러므로 재앙으로 바로에게 초래되는 해악은 농부들을 노예로 삼음으로써 농부들에게 초래된 해악과 상응한다. 재앙의 결과는 바로를 노예로 삼는 일이라고 설명할 수 있다. 그는 자신의 권력이 점차 잠식되어 가고 있는 것을 '알지' 못했다. 남은 것은 야훼가 바로를 죽이는 일뿐이었다. 그것은 노예가 될 때의 최종 결과이다. 노예가 된다는 것은 죽는 것과 마찬가지이다. 모세가 노예감독관을 죽였을 때와 똑같은 의미이다.

재앙의 순서는 바로의 영역을 점차 파괴하는 일을 나타내기도 한다. 이것은 때로 야훼가 왜 바로와 바로의 궁정이 책임져야 할 일에 모든 이집트 사람이 고통을 당하도록 만드는지 의구심을 갖게 만든다. 우리는 이미 J의 관점에서는 모든 이집트 사람이 저주받은 가인과 함과 가나안의 혈통이라는 사실을 살펴보았다.

재앙의 순서는 이스라엘과 이집트를 점진적으로 구별하기도 한다. 여기서 이스라엘과 이집트는 하나의 국민으로 취급된다. 다윗에게는 국가의 차이가 사회적 차이보다 우선한다. 이 역사는 왕이라는 개인의 과실을 초래하는 둔감성에 더욱 집중한다. 동시에 이 역사는 다윗 왕실이 반이집트적인 국가관을 세우는 데 필수적인 민족주의적 범주를 보완한다. J의 역사가, 특히 모세에 관한 이야기 단락에서, 해방의 역사이긴 하지만 농경사회의 압제 계층이 궁극적인 정의의 척도라는 생각에 근거를 두고 있지 않다는 사실을 우리는 다시 접한다. 다윗의 나라에 사는 촌락 주민은 이 역사 서술에 거의 등장하지 않는다. J는 국가를 선전하는 역사이다. J에게 정의의 궁극적 표준은 다윗 나라의 하나님이며 그는 국가 통치의 자기 선포적 성격을 표상한다. 다윗은 자신의 통치로 부당하게 노동을 착취하는 데서 나라를 해방시켰다는 주장을 즐겼다. 모세와 그의 백성이 이집트에서 걸어 나왔다는 주장 이외에 우리는 어디서도 다윗의 나라에 속한 다수 백성이며 강제부역에 징발되었을 수 있는 촌락민이 이런 주장과 다윗의 하나님 야훼에 대하여 어떻게 생각했는지를 들을 수가 없다. 어쩌면 영구히 찾아낼 수가 없을 것이다.

첫 번째 재앙은 나일 강을 피로 변하게 하는 것이었다. J는 의심할 여지없이 첫 번째 재앙과 마지막 재앙을 피와 상관있게 만듦으로써 자신의 생각을 드러내려 한다. 피는 강에 사는 물고기를 죽였고 강은 악취를 풍겼다. 야훼는 모세에게 "네가 우리를 바로의 눈에 냄새나는 존재로 만들었다"(5:21)고 말한 베두인 십장들의 불평에 지체 없이 답변했다. 그들이 만일 자신들을 냄새나는 존재로 만든 자가 이집트의 왕이 아니라 모세라고 생각했다면 그와 같은 생각은 야훼가 바로의 강을 냄새나게 만들면서 시작한 과정을 통해 바뀌어야만 했다.

두 번째 재앙이 이 점을 강화시켜준다. 개구리가 강에서 올라와 땅을 차지하고 모든 것 위에 뛰어올랐다. 심지어 바로가 그의 왕실 후손을 생산한 침대에까지 뛰어올랐다. 개구리가 죽고 산더미처럼 쌓이자 '땅에 악취가 심했다.' 바로는 숨 쉴 공간이 생기자, 즉 냄새가 사라져 다시 숨을 쉴만하게 되자 이번에도 그의 마음은 '둔해져서' 모세의 말을 염두에 두지 않았다.

야훼께서 모세에게 말했다. "하늘을 향하여 네 손을 들어 이집트 땅 위에 사람이 흑암을 느낄 수 있을 정도로 흑암이 있게 하라."

모세가 하늘을 향해 손을 들었더니 캄캄한 흑암이 삼일 동안 이집트 온 땅에 내렸다. 삼일 동안 사람들은 바로 옆에 있는 사람을 볼 수 없었고 움직일 수도 없었다. 하지만 모든 이스라엘 베두인의 거주지에는 빛이 있었다.

바로가 모세를 불러 말했다. "가서 야훼를 섬겨라. 하지만 너희 양과 소는 남겨두어라. 너희 자녀는 함께 가도 좋다."

모세가 말했다. "당신은 우리 하나님 야훼를 섬길 때 우리가 소제(素祭)와 번제를 드릴 수 있게 해주셔야 합니다. 그래서 우리의 가축도 우리와 함께 가야 합니다. 한 마리도 남겨두고 갈 수 없습니다. 우리는 그것들을 데리고 가야 야훼 우리 하나님을 섬길 수 있습니다. 우리가 그곳에 도착할 때까지는 무엇으로 야훼를 섬겨야 할지 모르기 때문입니다."

야훼께서 바로의 마음을 둔하게 하셨고 그래서 그가 그들을 놓아주지 않으려고 했다. 바로가 그들에게 말했다. "여기서 나가라. 다시는 내 얼굴을 볼 생각을 마라. 내 얼굴을 보는 날에는 네가 죽을 것이다."

모세가 말했다. "마음대로 하십시오. 나는 당신의 얼굴을 다시는 보지 않을 것입니다."

모세가 서 있을 때 야훼께서 모세에게 말했다. "내가 바로와 이집트에게 한 가지 재앙을 더 내릴 것이다. 그 후에 그가 너희를 여기서 나가게 해줄 것이다. 실제로 그가 정녕 너희를 여기서 쫓아낼 것이다. 조심스럽게 백성들에게 말해서 남자는 자기 이웃 남자에게 그리고 여인은 자기 이웃 여인에게 은과 금패물을 '빌리라'고 말해라."

야훼께서 이집트 사람들이 백성들을 잘 대우하게 만들었다. 모세 역시 바로의 직속부하와 신하들에게 아주 귀하게 대접받았다.

모세가 바로에게 말했다. "야훼께서 이같이 말씀했다. '한밤중에 내가 이집트로 갈 것이므로 이집트 땅에 사는 모든 장자는 왕좌에 앉아 있는 바로의 장자로부터 시작해서 맷돌 옆에 앉아 있는 여종의 장자와 가축의 모든 처음 난 것이 죽임을 당할 것이다. 이집트 온 땅에 큰 울부짖음 소리가 날 것이고 그와 같은 일은 전에도 없었고 후에도 없을 것이다. 그러나 이스라엘 베두인에게는 사람에게든 짐승에게든 개 한 마리도 짖지 않을 것이다. 그러므로 너는 야훼가 이집트와 이스라엘을 구별하였음을 알게 될 것이다.' 그렇게 되면 당신의 모든 직속부하들이 내게 내려와 절을 하고 '당신과 당신의 백성들은 부디 떠나주십시오'라고 말할 것입니다." 그리고는 모세가 크게 노하면서 바로 앞을 떠났다(10:21~11:8).

모세가 이스라엘의 모든 족장을 소집하고 말했다. "가족대로 어린 양을 택하여 '유월절' 양으로 잡으라. 그리고 우슬초 다발을 취하여 도살 그릇에 담은 피에 적셔서 그 피를 문 인방과 문설주 양쪽에 뿌려라. 아침이 될 때까지 아무도 밖으로 나가지 말라. 야훼께서 이집트 사람을 죽이러 가는 길에 문 인방과 문설주 양쪽에 피가 뿌려져 있으면 지나갈 것이며 파괴하는 자가 네 집으로 들어가 거기서 어떤 살상을 하는 일도 없게 하실 것이다."(12:21~23)

백성이 머리 숙여 절을 했다(12:28).

밤중에 야훼께서 이집트 땅의 모든 장자 곧 왕좌에 앉아 있는 바로의 장자로부터 옥에 갇힌 죄수의 장자 그리고 모든 가축의 처음 난 것까지 다 죽였다. 바로가 그날 밤에 일어났다. 바로의 모든 직속부하들과 온 이집트도 일어났다. 이집트에 큰 부르짖음이 있었다. 이는 누군가 죽지 않은 집이 하나도 없었기 때문이다.

바로가 그 밤에 모세와 아론을 불러 말했다. "너희 둘은 물론이고 이스라엘 베두인들은 여기 내 궁전에서 당장 나가라. 가서 너희가 말한 대로 야훼를 섬겨라. 너희가 말한 대로 소와 양을 데리고 가라. 여기서 나가는 것이 나를 축복하는 것이다."

이집트 사람들은 그 백성이 빨리 나갔으면 하고 바랬다. 그렇지 않으면 다 죽을 것이라고 생각했다. 그러므로 그 백성이 발효되지 않은 반죽을 취하고 반죽그릇을 옷에 싸서 어깨에 멨다. 그리고 베두인들은 모세의 지시를 따랐다. 그들은 이집트 사람의 옷과 금은 패물을 '빌렸다.' 야훼가 이집트 사람들이 그 백성에게 호의를 베풀도록 만들었다. 그들은 '빌렸고' 그렇게 이집트 사람들을 달랬다(12:29~36).

이스라엘 베두인이 어린아이를 제외하고 보행하는 자만 약 육백 집단 가량 출발하였다. 양과 소와 심히 많은 가축이 그들과 함께 갔다. 그들은 이집트에서 가지고 나온 반죽으로 발효되지 않은 무교병을 구웠다. 그들이 이집트에서 쫓겨나왔기 때문에 반죽이 발효가 되지 않았고 다른 식량을 준비할 겨를이 없었기 때문이다[12:37~39(37a제외)].

야훼는 낮에는 구름기둥으로 앞서 가면서 길을 보여주셨고 밤에는 불기둥으로 빛을 비춰주셨다. 그래서 밤낮으로 길을 갈 수 있었다. 낮에는 구름기둥, 밤에는 불기둥이 백성 앞을 떠나지 않았다(13:21~22).

그 백성이 도망했다는 소식이 바로에게 알려졌다. 바로와 직속부하들의 마음이 그 백성에 대하여 변했다. 그들이 말했다. "우리가 어찌하여 우리를 위해 일하던 이스라엘을 놓아주게 되었는가?" 바로가 정예 전차 육백 대와 이집트의 모든 전차를 준비시키고 궁중부대를 출동시켰으며 전차마다 화염으로 공격하는 장교를 배치시키고 손을 들고 떠나간 베두인들을 추격했다. 이집트는 베두인들을 추격한 끝에 바닷가에 진을 친 데까지 이르러서 그들을 따라잡았다(14:5~7, 9b).

바로가 가까이 다가섰고 베두인이 뒤를 돌아보고 이집트가 추격해온 것을 알아차렸다. 그들이 크게 두려워하여 모세에게 말했다. "이집트에 무덤이 없어서 네가 우리를 광야까지 데리고 나와 죽게 하느냐? 왜 우리를 이집트에서 이끌고 나왔느냐? '우리가 이집트를 위해 일하게 내버려두라'고 이집트에서 네게 말하지 않았느냐? 우리가 광야에서 죽는 것보다 이집트를 위해 일하는 것이 차라리 나았다."

모세가 백성에게 말했다. "두려워하지 말라. 거기 서서 오늘 너희를 위해 행하실 야훼의 해방을 보라. 너희가 오늘 이집트 사람을 볼 것이나 다시는 보지 않을 것이다. 야훼가 너희를 위해 싸울 것이다. 너희는 가만히 지켜보아라."(14:10~14)

구름 기둥이 진 앞에서 뒤로 이동하여 이집트 진영과 이스라엘 진영 사이에 위치하였다. 구름이 흑암으로 변했다. [불기둥]이 밤을 밝혔다. 밤새도록 양측이 싸우기 위해 서로 다가서지 못했다(14:19b~20).

밤이 되자 야훼께서 강한 동풍을 불게 하여 바다를 움직였다. 그는 물을 나누어 바다를 마른 땅으로 만들었다. 새벽이 되기 전에 야훼가 불과 구름 기둥 가운데서 이집트 진영을 지켜보다가 이집트 진영을 혼란에 빠뜨렸다. 바로가 자기의 전차 바퀴를 돌리려고 하자 바닷물 때문에 오히려 진흙 속에 빠지게 되었다. 그래서 이집트 사람들은 "나는 이스라엘에게서 도망가고 싶다. 야훼께서 이집트와 맞서 그들을 위해 싸우고 있다"고 말했다(14:21, 24~25).

아침이 되자 바다가 정상적인 깊이로 되돌아왔다. 이집트 사람이 거기서 마른 땅이 있는 곳으로 도망치려 하자 야훼가 이집트 사람들을 바다에 던졌다. 아무도 살아남지 못했다(14:27).

그날 야훼께서 이렇게 이집트의 손에서 이스라엘을 해방시켰다. 이스라엘은 바닷가에 죽어 있는 이집트 사람들을 보았다. 야훼께서 이집트에게 행한 '큰 손'을 보았으므로 이스라엘은 야훼와 그의 종 모세를 믿었다(14:30~31).

선지자 미리암이 손에 소고를 들었고 그 뒤에 모든 여인들이 소고를 쥐고 따라 나오면서 춤을 추자 미리암이 그들에게 이렇게 시작되는 노래를 불렀다. "너희는 야훼를 노래하라. 그가 영광스러운 승리를 거두었다. 말과 전차를 그가 바다에 던져버렸다."[3](15:20~21)

일곱 번째 재앙은 흑암이었다.[4] 피처럼 흑암은 얼른 보기와 달리 J의 주제와 긴밀하게 연관되어 있다. 강조점을 주목해보자. 바로는 "여기서 나가라. 내 얼굴을 다시는 볼 생각을 마라. 내 얼굴을 보는 날에는 네가 죽을 것이다." 모세가 말했다. "마음대로 하십시오. 나는 당신의 얼굴을 다시는 보지 않을 것입니다." 마지막에서 두 번째 재앙의 요지는 곧장 가인과 아벨이 서로 마주 서던 장소로 인도한다. 하지만 '가인의 안색이 변했'기[즉, 얼굴을 땅에 떨어뜨렸기] 때문에 서로의 얼굴을 쳐다볼 수가 없었다. 가인이 화해할 수 없었다는 이 표시는 축복받은 혈통의 역사 속에서 여러 형제들이 '서로 얼굴을 마주 보고' 화해했던 때 여러 차례 반전되었다. 모세와 이집트 왕은 화해할 수 없었다. 이것이 흑암의 의미이다. 그들은 서로 마음이 엇갈렸기 때문에 시도를 했더라도 상대방의 얼굴을 쳐다볼 수가 없었을 것이다.

흑암은 야훼가 양의 피가 묻은 집을 지나감으로써 얻게 될 구원의 밤은 물론이고 이집트 왕을 죽일 그 밤을 예시했다. 이와 같은 연관성은 바로의 얼굴

---

3 야훼의 승리를 축하하는 출 15:1~18의 노래는 모세가 부른 것으로 되어 있으나 이어지는 J에서는 그것을 미리암의 노래로 여겼던 것 같다.

4 흑암과 장자재앙을 함께 계산하면 재앙이 여덟 개가 된다. J는 일곱 가지 재앙에 마지막 최후의 재앙을 더하는 순서를 생각했을 것이다. 어떤 역사가는 흑암 재앙은 원래 J에 속한 것이 아니라고 생각했다. 시 78편은 J의 재앙 모두를 언급하지만 흑암 재앙은 빠져 있다. 이 시가 다윗의 궁전에서 유래했으므로 저자는 흑암 재앙을 포함하지 않은 형태의 J 이야기를 알고 있었을 수 있다. 이렇게 설명해야 J가 원래는 일곱 가지 재앙 이야기였을 것이라는 예상과 일치한다. 우리가 J 본문에 그것을 포함시킨 이유는 '얼굴을 보다'와 같은 표현이 J 문헌의 성격과 매우 흡사하기 때문이다. J의 제사장 편집본은 J의 일곱 가지 재앙에 최종적인 재앙을 더하고, 또 각다귀와 악성종기 재앙을 더하여 도합 열 가지 재앙으로 만들었다. 이것은 P가 노아까지 여덟 세대였던 J의 족보에 이름을 추가하여 열 세대로 만들고 아브람까지는 열다섯 세대였던 것을 이십 세대로 만든 일과 같다.

을 더 이상 볼 수 없게 만든 흑암 재앙과 "너희는 가만히 서서 야훼의 승리를 보라 …… 너희가 오늘 이집트 사람을 볼 것이나 다시는 보지 않을 것이다"(14:13)라고 말한 그 밤에 바로가 죽는 사건을 소개하는 문구들이 지닌 연관성으로 더욱 뚜렷해진다. 여기에 야훼의 즐거운 동산에서 아담과 하와가 시작한 '쳐다보는 행위(seeing)'의 궁극적인–그러나 그것이 마지막은 아니었다–대반전이 이루어진다.

드디어 야훼는 모세에게 이집트의 장자를 죽이는 최종적인 사건을 계시하였다. 장자 살해는 아벨을 죽인 대가로서 가인에게 행해진 정의를 표현한다. 아벨의 죽음은 처음에는 가인에게 보복되지 않았다. J가 이렇게 한 이유를 우리는 다윗 궁전에서 바라보고 개정한 피의 복수 제도로 살펴보았다. 이제 우리는 전체 역사 중 이 절정의 순간에 이것을 특별히 언급하는 데에는 한층 더 깊은 의미가 있다는 것을 알게 된다. 가인은 그 당시에 보복을 당하지 않았다. 왜냐하면 그에게 복수하는 일은 아벨을 살해한 일이 궁극적으로 충분히 의미를 드러내는 순간까지 유보되어 왔기 때문이다. 그것은 피의 복수를 하는 관습으로 해결될 수 있는 단순한 가족 문제가 아니었다. 그 의미는 다윗이 나라를 다스리는 데 본질적으로 중요한 민족주의적 범주들을 포함하는 J의 기본적 사회제도 전체에 걸쳐 있다. 가나안과 이집트로 대표되는 도시 문명의 전체계를 포함하여 야훼의 창조물의 장자로서의 가인의 출생으로부터 파생된 모든 것 – 그것은 J에 의하여 근본적으로 불의한 것으로 취급된다 – 은 여기에서 강제부역에 동원된 베두인 노예를 제외한 이집트 모든 사람의 장자에 포함된다. 이집트 장자들이 지닌 이러한 부정적 의미는 이삭이 태어나고 그의 세대와 이어지는 자식 세대에 생긴 결과들이 지니는 긍정적 의미들이 전개되는 가운데 더욱 분명히 드러난다.

구약성서에 그의 말이 보존되어 있는 후대의 많은 예언자들은 자신들이 사는 사회를 계층분석의 언어로 다룬다. J도 그렇기는 하지만, 여기에서는 그런 계층 분석법을 중단하고 이집트와 이스라엘이라는 국가의 차이에 집중하고 있다. 이것이 모세와 바로의 마지막 만남에서 반복되는 야훼의 말에 나타나는 커다란 강조점이다. "이집트에 사는 모든 장자는 왕좌에 앉아 있는 바로의 장자로부터 시작해서 맷돌 옆에 앉아 있는 여종의 장자까지 그리고 심지어 가축의 모든 처음 난 것까지 죽임을 당할 것이다."(11:5) 잠시 후 이런 일이 벌어지자 J는 그 말을 반복하면서 "바로의 장자로부터 옥에 갇힌 죄수의 장자까지"(12:29)라고 표현을 조금 바꾼다. 분명히 이집트 사회의 모든 계층이 J의 정죄에 포함되어 있다.

요점을 놓치지 않도록 하기 위해 덧붙이자면 전체 재앙 이야기에서 가장 중요한 표현이었던 '내가 야훼인 것을 네가 알도록'이란 말은 새로운 의미를 갖는다. "이집트 온 땅에 큰 울부짖음 소리가 날 것이고 그와 같은 일은 전에도 없었고 후에도 없을 것이다."(11:6) 이집트 사람들은 베두인들처럼 울부짖겠지만 그러나 구원을 받지는 못할 것이다. 그들이 부르짖는 소리는 이제 이스라엘 자손을 향한 것이 아니다. "이스라엘 자손에게는 개 한 마리도 짖지 않을 것이다. 그러므로 너는 야훼가 이집트와 이스라엘을 구별하였음을 알게 될 것이다."(11:7) '너는 알게 될 것이다'라는 표현은 재앙 이야기에 자주 등장하는 것처럼 야훼의 성격을 도시 문명사회의 체제 전체와 대조시킨다. 하지만 이제는 사회적 의미를 능가하는 특정한 의미를 가진 것으로 등장한다. 야훼는 이스라엘이라는 나라의 하나님이다.

야훼는 시내 산에서 약속한 대로 이집트 사람이 보는 앞에서 베두인에게 은혜를 베풀었다. 아울러 "모세라는 사람은 이집트 땅에서 바로의 직속 부하들과 신하들이 보는 앞에서 최고의 존경을 받았다." J의 역사에 모세는 위대한 인물로 소개되었다. 그가 이집트 노예 감독관을 죽였을 때 그의 위대함은 잠시 주춤했지만 아마도 더 위대한 인물로 변모하는 과정에 벌어진 일이었을 것이다. 지금 J는 모세의 역사가 자기 백성을 구원하는 절정의 순간에 가까워지면서 모세가 다시 한번 더 위대해졌음을 말해준다. 실제로 그는 이전보다 훨씬 더 위대했다. J의 국가관 안에서 그를 경시할 만한 가장 큰 이유를 갖고 있는 백성이 목도하는 가운데 그는 더욱 위대해졌다.

가인이 아벨을 살해한 역사는 맏아들의 역사이며 그가 뿌린 피의 역사였다. 이제 야훼는 자신의 장자인 베두인 이스라엘과 이집트의 장자를 구별하기 위해 모세에게 지시하여 자기 백성이 피의 표적을 갖도록 만들었다. 백성들은 새끼 양을 잡아 우슬초 가지를 꺾어 피에 적신 후 오두막이나 천막 입구의 인방과 기둥에 피를 발라야(slap) 했다. '바르다(slap)'는 말은 일반적으로 번역하는 의미(RSV의 'touch')보다 훨씬 비중 있는 의미를 지닌다. 이 말은 '치다(stroke), 휘두르다(blow)'라는 의미로 번역될 수 있는 '재앙'이란 단어와 같은 뿌리에서 나왔다. 재앙은 피로 시작해서 피로 끝난다. 이 재앙의 최종적 의미는 이스라엘과 이집트를 구별하는 데 있다. 이러한 구별은 문자 그대로 야훼가 이스라엘이 피를 '바르게' 함으로써 이집트를 마지막으로 칠 때 무사하도록 하는 것으로 나타난다.

J가 유월절 제도를 전부 기술했는지는 확실치 않다. 이 절기를 설명하는 J는 주로 가축의 초태생과 이스라엘의 자손을 구원하는 일에 초점을 맞추고 있어서 베두인의 구원사와 관계있는 주제로서 잘 어울리지만 문학적 분석은 확실치 않다.[5]

야훼가 이집트의 장자들을 죽인다는 언급을 몇 차례 하는 동안 J는 RSV(와 『개역개정』)가 '멸하는 자(destroyer)'라고 번역한 단어를 딱 한 번 사용한다(12:23). 이 '멸하는 자'는 이집트 사람이 잠을 자는 동안 장자의 목숨을 앗아갔는데 마치 고대인이 두려워하는 그런 악마(demon)의 모습을 보여준다. J는 악마라는 단어를 오직 두 번 사용한다. 한 번은 야훼가 가인에게 경고했을 때이다. 그때 죄가 문에 '엎드려 기다리는 악마'라고 말하면서 가인의 살인행위를 언급한다. 그 악마는 가인을 사로잡았고 이제 그 일을 이어서 '멸하는 자'가 똑

5 John van Seters, "The Place of the Yahwist in the History of Passover and Massot," *Zeitschrift für die alttestamentliche Wissenschaft* 95(1983): 167~82 참조.

같은 일을 되풀이하려고 한다. 그는 가인의 후손들이 사는 집에 들어가 그들을 잡아 죽이려고 한다.

한밤중이 되자 야훼는 이집트의 모든 처음 난 것들을 죽였다. 바로와 그의 백성들이 침대에서 일어나 목 놓아 심히 통곡하였다. 바로는 모세와 아론을 불러들였다. "너희 둘은 물론이고 이스라엘 베두인들은 여기 내 궁전에서 당장 나가라. 가서 너희가 말한 대로 야훼를 섬겨라. 너희가 말한 대로 소와 양을 데리고 가라. 여기서 나가 나를 위하여 축복하라." 바로의 죽음을 제외한다면 이때가 J의 역사 중에서 가장 중요한 순간일 것이다. 이집트 왕은 강제부역을 위해 동원한 베두인 노동자, 아브람과 사래의 축복받은 자손들을 자신을 섬기는 데서 놓아주고 야훼를 섬기라고 말하면서 그 대가로 자신을 축복해달라고 간청했다. 그의 간청은 정당했다. 노동자들을 놓아주는 일은 그들을 축복하는 것이나 마찬가지였고 이렇게 한 대가로 그들이 축복해주기를 기대하는 것은 옳았다. 이집트 왕은 야훼가 모세를 보내어, 아브람이 야훼를 알았듯이, 바로가 야훼를 알게 만드는 일에 성공했음을 인정하는 단계에 이르렀다. 바로의 장자를 죽인 일은 아브람의 가족에게 첫아들 이삭의 출생이 지니는 의미와 똑같은 목적을 수행했다. 이삭이 태어나자 아브람의 가족은 이전의 열네 세대 동안 사람이 자녀를 낳는 일에 내포되어 있는 야훼의 새로운 의미를 알게 되었다. 이스라엘의 자손이 그를 축복하는 일은 이제 야훼와 그의 피조물이 궁극적인 화해, 다시 말해서 가인과 함의 자손 중 최악의 자들과 이스라엘의 자손이 화해하는 역사가 될 것이다. 하지만 그 역사는 조금 더 기다려야 했다.

베두인들은 서둘러 도망쳤다. 수효는 육백 '*엘렙*(*eleph*)'이라고 한다. '엘렙'은 여기서 숫자 천(1,000)을 말하는 것이 아니고 이보다 훨씬 작은 단위를 의미한다. (그렇지만 J가 전체 집단을 민족 모두를 나타내려고 썼다는 것은 의심의 여지가 없다.)[6] 무리는 RSV(와 『개역개정』)의 번역처럼 '중다한 잡족'의 가축과 백성으

6 George E. Mendenhall, "The Census Lists of Numbers 1 and 26," *Journal of Biblical*

로 종종 해석되는 것을 포함하고 있는 것으로 묘사된다. 많은 역사가들은 이 것을 초기 이스라엘의 사회상으로 이해하면서 초기 이스라엘 사회는 사회적으로 다양한 계층과 집단이 혼합된 구성원들로 이루어져 있었다고 주장한다. 하지만 그 용어는 단지 거대한 무리라는 뜻이다. 그것은 거대한 수의 이주하는 베두인 무리를 말하며 아브람처럼 수많은 양과 소를 거느리고 있음을 강조하는 말이고 사회적으로 구성원들이 혼합된 것에 대해서는 아무 말도 하지 않는다. 초기 이스라엘에 대해서 무슨 말을 하는 것은 더더욱 아니다.

야훼는 앞서 모세에게 이집트를 마지막으로 치는 것이 어떨지를 보여주는 말씀을 하면서 일찍이 불타는 덤불에서 그가 했던 선언, 베두인이 이집트인 이웃으로부터 물건을 '빌릴' 것이고 그리하여 그들을 털 것이라고 했던 선언을 언급했었다. 베두인은 도망 나올 때 이런 재물을 가득 싣고 나왔다. 마치 아브람이 이집트를 떠날 때 '큰 재물'을 갖고 나오는 모습처럼 보였다. 이집트인으로부터 취한 이 재물은 베두인이 수행하고도 보상받지 못했던 노동의 보상을 받은 것이나 마찬가지였다. 이런 연관성 때문에 J는 관심사를 자식을 낳는 문제로부터 재산을 얻는 문제로 전환하는 것 같다. 아브람은 아내를 속인 대가로 재산을 보상받았으나 그의 베두인 후손들은 속임당한 노동의 대가를 보상받았다.

베두인 집단은 밤에 출발했다. 그들을 인도하고 보호하는 것은 밤에는 불처럼 보이고 낮에는 연기처럼 보이는 기적의 기둥이었다. 그들은 이 기둥이 지켜주므로 밤낮 이동할 수 있었다. 팔레스타인에 도착하는 데는 기껏해야 육칠일이면 족할 것으로 믿어 의심치 않았다.

이집트 왕과 전쟁을 벌인 하나님 야훼는 시내 산의 가시덤불에서처럼 불기둥으로 나타났다. 이미 밝힌 대로 불은 J의 세계에서 통상 전쟁신이라는 생각을 나타낸다. 불은 도시에 거주하는 엘리트의 성읍이나 성채 그리고 요새를

Literature 77(1968): 52~66.

가장 효과적으로 그리고 철저하게 파괴하는 무기였다. 도시의 기초석은 돌이지만 구조물 대부분은 목재와 건조시킨 나뭇가지와 진흙을 사용했다. 불이 나면 도시 전체가 파괴되기 일쑤였다. 지금까지 드러난 고고학적 기록을 보면 불은 도심지를 완전히 파괴시키는 가장 흔한 원인이었다. 이런 의미를 지닌 불의 모습은 성서 여러 곳에 묘사되어 있다. 예를 들어 아모스서의 서두에 나타나는 왕과 도시들을 겨냥한 연설문을 보면 야훼는 "내가 불을 보내어 도시 성벽을 칠 것이다"라고 반복해서 말씀한다. 이 하나님이 시내 산에서 모세에게 처음으로 불의 하나님으로 모습을 드러냈기 때문에 그가 자기 백성을 바로 그 산으로 인도하고 그 다음에는 다윗을 통해 가나안의 도시들을 공격하리라는 것은 얼마든지 예상할 수 있다.

이집트 왕은 베두인 족속이 도망쳤다는 소식을 들었다. "바로와 그 직속부하들의 마음[심장]이 변했다. 우리가 어찌하여 우리를 위해 일하던 이스라엘을 놓아주게 되었는가?"라고 J는 말한다. 이집트 왕이 축복받고 그래서 J 역사가 멋있게 끝날 가능성은 사라졌다. 이 시점부터 바로의 죽음—이것이 이제 야훼가 할 수 있는 유일한 대응이었다—까지는 단숨에 이루어졌다.

이집트 왕은 육백 대의 정예전차를 준비시켰다. 도망간 베두인 집단 하나당 한 대꼴이었다. 아울러 다른 전차들도 준비시켰고 전차에는 병사들이 가득 탔다. 이것은 이례적으로 거대한 숫자였다. 그리고 도망자들을 추격했다. 베두인 집단은 '손을 들고' 도망갔다. 모세와 농민 반란과 같은 노동자들의 반란 역사는 유사점이 많다. '손을 들고'라는 표현은 노동자 집단이 능동적으로 반역하는 모습을 표시한다. 손을 든 모습은 흥분한 집단이 공중에 주먹을 높이 치켜든 모습이다. 그것은 개개인의 얼굴에 저항과 긍지를 지닌 모습을 표현하는 행위이다. 그것은 노동자들이 협상하던 상황에서 물리력을 사용하기로 결정한 모습이다. 자기 손을 높이 치켜든 순간부터 반란을 일으킨 노동자는 자신을 되찾은 사람이 되는 것이다. 모세 시대와 우리 시대에 똑같은 원리가 여성들에게 적용되고 있다.

하지만 J는 이런 모습 이상을 의도한다. '손'은 J에게 단순한 이미지가 아니다. 그 의미가 완전히 드러나는 것은 나중에 바로가 패배한 뒤이다. J는 바로의 패배를 '보는' 모티프와 베두인을 지원하는 야훼의 '손' 모티프를 함께 끄집어낸다. "야훼는 그 날 이집트의 손에서 이스라엘을 구원했고 이스라엘은 바닷가에서 이집트가 죽은 것을 보았으며, 이스라엘은 야훼가 이집트에게 행한 '위대한 손'을 보았고 그래서 백성은 야훼를 경외하였다." 전체의 절정에 해당하는 사건의 결말은 이스라엘이 '야훼의 손[능력]을 보았다'는 것이다.

이 표현은 이중적 의미를 지닌다. 첫째 의미는 앞에 있는 단락을 보면 분명해진다. 그들은 야훼가 자신들의 반란을 지지한다는 사실을 보았다. '야훼의 손'은 이집트 신왕조의 바로들에게 아주 친숙한 용어를 빌려온 것이며 그것을 기원전 10세기의 계승자를 반대하는 의미로 사용한 것이다. 바로들은 '위대한 팔', '강한 팔', '강한 팔의 소유자', '아홉 개의 활을 휠 수 있는 강력한 팔'과 같은 문구를 사용하여 자신들을 묘사했다.(이 첫째 의미에서 손과 팔은 동의어이며 병렬적으로 사용될 수 있고 둘 다 군사력을 은유한다.) '팔'이란 단어는 이집트의 제19왕조와 제20왕조의 왕들의 명칭에 널리 사용되었다. 다윗이 등장하기 전 200년도 채 안된 시대에 이집트를 통치한 람세스 3세는 자신을 "아시아 사람을 쳐부순 강력한 팔의 군주"[7]라고 칭했다. 람세스 9세 시대(다윗이 등장하기 100여 년 전)에는 홍해 부근에서 벌어진 사소한 전투에서 왕이 소수의 베두인을 물리쳤다는 대제사장의 보고서가 등장한다. 그 보고서는 "나의 주군인 바로의 강한 팔이 홍해 지역의 샤수 족속(베두인 족속)을 완전히 쫓아냈다"고 기록하고 있다.[8] J가 역사의 결정적 전환점으로 묘사하고 있는 것은 바로 그러한 사건을 역전시킨-아마도 이집트의 왕실 행적이나 그런 사건을 공식적인 이집트 어

7 '아시아 사람'이란 말은 다윗과 같은 팔레스타인 우두머리와 모세와 같은 베두인을 일컫는다.

8 James K. Hoffmeier, "The Arm of God Versus the Arm of Pharaoh," *Biblica* 67(1986): 378~87. 383쪽을 인용하였다.

법으로 축하하는 방식과 다르지 않았을 것이다 – 것이다. '야훼의 손'이라는 말 배후에 있는 이런 반어적 의미를 J의 궁정과 베두인 청중들이 모를 리 없었을 것이다.

두 번째 의미는 J가 '~의 벌거벗음을 보다'(혹은 이 표현으로 전달하려는 의미를 다른 용어로 쓰는 경우)는 표현을 사용하는 데서 나온다. 이 중 첫 번째(다른 모든 경우는 어떤 점에서 이 첫 번째 경우의 결과로부터 파생된 것이다)는 최초의 남자와 여자가 서로 벌거벗음을 보고 상대방의 성기가 하나님과 같은 창조의 능력과 살인의 능력이 있음을 보았을 때였다. 이것은 '야훼의 손을 보다'라는 말의 의미를 포괄하고 있다. 히브리 단어 '야드(*yad*)'는 그저 손이나 팔이 아니라 성기도 의미한다. 야훼의 손을 본다는 말은 궁극적으로 이삭을 낳는다는 말이었다. 말하자면 지금 이스라엘은 야훼의 성기를 본 것이다. 이 말의 온전한 의미는 이제 완전히 발전된 주제, 즉 자식을 낳는 성적 능력과 식량을 생산하는 경제적 능력의 주제에 비추어보아야만 파악될 수 있다. J는 그런 중요한 순간을 지금까지 아껴두었다. 그 순간은 아담과 하와가 상대방의 성기를 봄으로써 가인을 낳으면서 시작하였고 여기에 야훼가 이삭을 낳은 역사가 포함되었으며 마침내 다윗 가문의 등장에 대한 그 사회정치적 중요성의 역사를 완성시켜 그 의미를 완전히 드러낸 절정의 순간이었다.

베두인 족속이 '손'을 치켜들었다는 J의 표현은 그들이 자신의 권리를 되찾았고 이집트의 장자를 죽였으며 성기를 곧바로 세우고[성기가 발기된 채] 자기네 길을 갔다는 암시이다. 이 '치켜세우다'란 의미는 히브리어 '람(ram)'이란 단어의 의미와 완벽히 일치한다. 이 말은 아브람이란 이름에 사용되었다. 아브람의 의미는 전에 설명했듯이 '아버지가 높다(high)'는 뜻이다. 이 이름의 여러 가지 가능한 의미 중 하나는 아버지는 발기가 잘 된다는 뜻이다. 이삭을 낳을 때 야훼가 아브람을 대신한 J 역사의 관점에서 반어적 의미이다.[9]

---

9 '야훼의 손'이란 말이 담고 있는 뜻은 J가 창 3:22와 출 4:4에서 '손을 뻗다(send forth the

이집트 군대가 베두인을 추격하였다. 그들이 큰 물가 — 즉 '바다'[10] — 에 도착해서 잠시 야영을 할 때 따라붙었다. 이집트 왕이 막강한 군대를 이끌고 접근하자 한편으로는 바다에 한편으로는 이집트에 가로막힌 베두인 족속은 공포에 떨었다. 그들은 광야 여정에서 언제나 그랬듯이 모세를 비난했다. "이집트에 무덤이 없어서 네가 우리를 광야까지 데리고 나와 죽게 하느냐? 왜 우리를 이집트에서 이끌고 나왔느냐? '우리가 이집트를 위해 일하게 내버려두라'고 이집트에서 네게 말하지 않았느냐? 우리가 광야에서 죽는 것보다 이집트를 위해 일하는 것이 차라리 나았다." 베두인 족속은 바다 때문에 길이 막혔다고 생각했다. 마치 바다가 자신들을 파멸시키려는 이집트 왕을 돕는 것처럼 여겼다.

이집트에서는 일이 고되더라도 살 수 있었는데 이곳 광야에서 곧 죽게 될지도 모른다는 베두인 족속의 불평은 J가 볼 때 이집트에서의 구원이 베두인 족속에게 무슨 의미를 지니는지를 말하기 위한 완벽한 근거가 되었다. 이집트의 장자가 죽임을 당해야 했고 이제는 이집트 왕이 죽어야 한다는 말의 의미는 이집트가 베두인들을 노예로 삼는 일은 살인과 마찬가지이며 그래서 그 대가로 바로와 그의 군대를 죽일 필요가 있다는 것이다. J는 이집트의 노예 생활은 죽음보다 나을 게 없었다, 그것은 죽음이었다고 말하는 것이다.

이 바다가 어떤 바다였는지 어디에 있는지 논의가 많다. 하지만 J가 이 주제를 이용하여 전하려고 하는 것을 이해하는 데는 이런 질문이 별로 중요치 않다. 우리는 앞에서 J의 역사형태가 일반적으로 바알 신화라고 부르는 군주시대 제의와 그런 세계의 역사가 갖고 있는 형태의 역사 장르에 상당한 도움을 받았음을 살펴보았다. J의 바다는 시리아-팔레스타인 지역과 다른 고대 근동

---

hand)'라는 관용어를 사용하여 이와 상관있는 행동을 묘사할 때 사용하기도 한다.

10 보통 갈대 바다로 번역하는 '얌 숩(Yam Sup)'의 의미는 불확실하다. 전통적으로 홍해로 생각하는 견해는 널리 거부되고 있다. 다음의 탁월한 논의를 참고하라. Bernard F. Batto, "The Reed Sea: *Requiescat in Pace*," *Journal of Biblical Literature* 102(1983): 27~35.

사회들의 신전 국가(temple state)의 신화론에 등장하는 우주적 바다가 수행하는 극히 중요한 역할에서 유래한 것이다. 창세기 1장의 P가 기록한 세계 창조 역사와 마찬가지로 바알 신화에 있는 창조 당시 혼돈의 물을 제압하는 일은 J의 역사에서 그 위치가 절정의 순간으로 바뀌었다. 왕실을 대표하는 바알 신은 바다를 패배시키고 파괴한 뒤에 자신의 성전을 건립하게 할 수 있었다. 그리고 그는 성전에서 세상—왕국—을 통치할 수 있었고 온 세상에 생명을 공급하였다. J 시대의 신화론에서 바다의 패배는 성전 중심의, 왕이 다스리는 안정적인 국가를 수립하는 데 필수적인 기초였다. J는 이런 신화에 스스로 거리를 두는 왕을 위해 글을 쓰면서도 가장 중요한 순간에 바다의 패배를 활용하였다. 그러나 J는 그것을 반전시켰다. 이집트 왕이 바다를 무찌르는 것이 아니라 야훼의 권력 아래에 있는 바다가 이집트 왕을 무찌르도록 한 것이다. 그에게는 야훼가 직접 바다를 무찌를 필요가 없었다. 왜냐하면 J는 야훼를 성전이 필요한 신으로 묘사하는 데는 관심이 없었기 때문이다.

J는 그가 각색한 바다의 패배와 죽음을 이집트 왕이 바다에서 죽는 하나의 사건 속에 통합시켰다. 이렇게 왕이 죽음을 통제하지 못한다는 주제는 성서의 처음 역사 서두로 곧장 거슬러 올라간다.

J의 글에서 야훼는 바다와 바로를 모두 완벽하게 통제한다. "야훼가 너희를 위해 싸울 것이다. 너희는 가만히 지켜보아라"고 모세는 말했다. 국가 신 야훼의 전쟁하는 불기둥은 베두인 진영의 앞에 있다가 뒤로 이동하여 베두인과 이집트 군대 사이에 자리 잡았다. 불이 밤을 밝혔고 어느 쪽도 다른 쪽을 공격하지 못했다. 야훼는 밤새도록 강한 동풍을 일으켰다. 이로 인해 바다 가운데 마른 길이 나타났다. 마치 길 양편으로 바다가 갈라진 것 같았다. 이것은 바알이나 다른 왕실의 신들이 그들의 신화에서 말하는 바다를 '가르는 모습'과 같았다. J에서 베두인 족속이 실제로 마른 길을 걸어 바다를 건넜는지는 결코 확실하지 않다. 바람 때문에 한쪽으로 몰려 있던 바다는 이집트 군대 위로 덮쳤고 땅을 진흙탕으로 만들었다.

새벽이 밝아오자 야훼는 기둥에서 내려다보면서 이집트를 궤멸시켰다. 전차 기수들은 바로의 마음처럼 완악한 진흙 속에 빠졌고(진흙과 완악하다는 뜻의 히브리어는 같다) 전차의 바퀴는 제대로 움직이지 못했다. 밤이 지나 낮이 되자 야훼는 바다를 원래의 자리로 돌려놓았다. 야훼는 이집트 사람을 전차와 함께 바다 속에 빠져 죽게(shake off) 만들었다. [흔드는(shake) 모습은 현재 구약성서의 본문에 모세의 이름으로 나온 미리암의 노래에서 빌려온 표현이다. J는 아마 그것을 자신의 역사에 포함시켰을 것이다.] 이렇게 야훼의 손은 이스라엘의 배우인 자손을 위해 구원을 베풀었다. 그들이 야훼의 손과 권능을 '보고' 야훼와 그의 종 모세를 믿었다. 하지만 그들은 항상 그렇게 믿지는 않았다. 미리암은 악기를 들고 여인들과 함께 춤을 추며 그가 지었다고 하는 승리의 노래를 불렀다.

누가 지도자인가?

(출애굽 15:22~25a; 16~17장 일부; 18:1~11, 일부; 19:1~15, 일부; 20:22~26; 24:1~2, 9~11, 일부; 34장, 일부; 민수기 10:29~12:15)

모세가 숩 바다(Sup Sea)에서 이스라엘을 인도하여 수르 광야로 들어갔다. 거기서 사흘 길을 걸었으나 물을 찾지 못했다. 마라에 도착했지만 물이 너무 써서 마실 수가 없었다. 그래서 그곳 이름이 마라(쓴 물)였다. 백성이 "우리가 무엇을 마실까?"하며 모세에게 불평했다. 모세가 야훼에게 부르짖었더니 야훼께서 그에게 한 나무를 보여주셨다. 그것을 물에 던지자 물이 달게 되었다(15:22~25a).

야훼께서 모세에게 말씀했다. "내가 너희를 위하여 하늘에서 양식을 비같이 내릴 것이다. 백성은 나가서 일용할 것을 날마다 거두어야 한다."(16:4a) 아침이 되자 진영 주위에 이슬이 있었다. 이슬이 마르자 온 광야 지면에 작고 둥글며 서리 같은 것이 남았다. 베두인이 그것을 보고 서로 "이것이 무엇이냐?"라고 말했다. 그들은 무엇인지 몰랐다(16:14~15a). 그래서 그것을 *만(man)*이라고 불렀다. 그것은 갓씨같이 희고 맛은 꿀 섞은 과자 같았다(16:31). 이 만을 그들은 가나안 땅 접경에 도착할 때까지 먹었다(16:35b).

야훼께서 이스라엘을 이집트에서 데리고 나오자 모세의 장인이 모세가 돌려보냈던 모세의 아내 십보라와 두 아들을 데리고 왔다. 첫째의 이름은 게르솜인데

"내가 이방 땅에서 나그네였다"는 뜻을 지녔고, 둘째의 이름은 엘리에셀인데 "내 아버지의 하나님이 나의 도움이며 바로의 칼에서 나를 건지셨다"는 뜻을 지녔다. 모세의 장인이 모세의 아들들과 아내와 함께 그가 진을 치고 있는 광야로 왔다. 그가 모세에게 말을 전했다. "나, 네 장인[르우엘]이 네 아내와 그와 함께 한 그의 두 아들을 데리고 너에게 왔다."(18:1b~6)

모세가 나가서 장인을 맞이하였다. 그가 장인에게 절하고 입을 맞추고 서로 안부를 물은 후 장막으로 들어갔다. 모세가 장인에게 야훼께서 이스라엘을 위하여 바로와 이집트에게 한 모든 일, 오는 길에 겪은 고난들, 그리고 야훼께서 그들을 어떻게 구해냈는지를 말했다. [르우엘이] 야훼께서 이스라엘을 바로의 손에서 구원하기 위해 행한 모든 선한 일을 기뻐하였다.

[르우엘이] 말했다. "야훼를 찬송할 것이다. 그가 이집트와 바로의 손에서 건져내고 백성을 이집트 손 아래서 구원하였다. 이제 나는 야훼가 모든 신보다 위대하다는 것을 알았다. 특히 베두인을 향해 교만하게 행동한 이집트의 경우에 그렇다."(18:7~11)

베두인 집단은 더 이상 쫓기지 않는 상태로 천천히 시내 산을 향하여 길을 떠났다.[1] 시내 산에 도착하기 전에 그들은 물 부족과 식량 부족이라는 두 가지 어려움을 겪었다.[2] 그들은 물을 못 마신 채 삼 일 길을 걸었다. 마침내 마라의

---

1 이 길이 지닌 베두인적 특징과 이슈에 관해, Zev Meshel, "An Explanation of the Journeys of the Israelites in the Wilderness," *Biblical Archaeologist* 45(1982): 19~20을 보라.

2 어떤 이는 J의 역사가 중간에 벌어진 사건이 없이 이집트에서 시내 산으로 곧장 진행한다고 주장하기도 한다. 출 16~17장에 담긴 내용 대부분은 베두인 족속이 시내 산을 떠난 뒤의 여정에서 벌어진 이야기들과 중복된다. 이 중복기사들은 E, D, P 혹은 관계된 저자들이 작성하고 개정하였다. J가 이 여행 단계에서 말한 것은 물과 식량에 관한 두 가지 사건이었을 것이다. 이 사건들이 J에게서 유래했다는 것을 보여주는 한 가지 표시는 민 11장에 기록된 대로 이스라엘 백성이 고기를 먹고 싶은 욕심에 불평을 두 번째로 늘어놓을 때 마치 한동안 만나만 먹었던 것처럼 언급한다는 점이다. J의 특징적인 주제가 들어있고 그 사건들이 J역사와 잘 어울린다는 점이 바로 이 사건들을 J로 생각하는 추가적인 이유이다.

물웅덩이에 도착했으나 물이 '썼다'(*marim*이란 히브리어는 앞 이야기에 등장하는 미리암이란 이름의 말놀이이다). 아니나 다를까 백성이 불평을 하자 모세는 야훼에게 부르짖었다. 야훼는 그에게 막대기 하나를 보여주었다. 그것을 물에 던졌더니 물을 마실 수 있게 되었다. 광야에서 처음으로 일어난 이 중요한 사건에서 우리의 역사가는 모세가 모든 백성이 의지하는 독보적 권한을 지닌 최고 지도자라는 사실을 강조한다.

마라는 수르 광야에 있었다. J가 마지막으로 수르를 언급했던 때는 이스마엘의 어머니 하갈이 사래를 피해 수르로 도망했을 때였다. 야훼가 수르로 가던 목마른 어머니와 아이에게 우물의 위치를 알려준 것처럼 이곳 수르에서도 목마른 백성이 물을 발견하였다. J에게 수르는 팔레스타인에서 이집트 사이에 위치한 주요한 길목을 지시하는 것 같다. 이스마엘 족속은 정기적으로 그 길을 횡단하였다. 따라서 후에 이 길은 [이스마엘 상인에게 노예로 팔린] 요셉과 그에 이어서 이스라엘과 그의 모든 가족이 이집트로 가는 길이었다. 수르 사건은 베두인들이 자신들이 왔던 길로 돌아가는 중에 벌어진 사건임을 알려준다.

그때 베두인들은 식량이 떨어졌다. 그러자 야훼는 만나를 공급했다. 성서에 기록된 대로, 만나를 어떤 식으로 먹었는지에 대한 내용은 P가 제공한 것이다. 백성들은 매일 충분히 먹을 수 있는 만큼만 모아야 한다. 제칠일에는 식량이 제공되지 않으므로 제육일에 이틀분의 식량을 모아야 한다. J는 P가 보여준 안식일 식량 준비 문제에 대해 관심이 없다. J는 P가 크게 확장시킨 만나 이야기의 핵심을 갖고 있었다는 데는 의심의 여지가 없다. 하지만 J의 원래 이야기가 무엇인지를 알기는 힘들다. 우리의 해석은 J에서 유래한 것으로 보이는 부분들만 다룰 것이다.

야훼는 모세에게 식량이 하늘에서 베두인들의 머리 위로 비처럼 내릴 것이며 백성들이 그것을 매일 거둘 수 있을 것이라고 말했다.(그것은 이 마지막 요점, 즉 '그날 먹을 양식은 그날에'를 나타내는 히브리인의 표현 방식이었다. P는 그것을 자신의 요지로 발전시켰다.) 다음 날 아침 진영 사방에 이슬이 내렸다. 이 이슬이 사라지고 나자 땅에는 서리처럼 보이는 것이 남았다. 베두인들이 '보고' 서로에게 히브리어로 '*man hu*(*만 후*)' 즉 "저것이 무엇이냐?"(*만, man*은 고어이며 '무엇'을 뜻한다)라고 말했다. J가 표현한 대로 그들은 그것이 무엇인지를 '알지' 못하기 때문에 서로에게 물었던 것이다. 그래서 그들은 이 서리처럼 생긴 음식을 *man*(우리말: 만나)이라고 불렀다. 그 맛은 꿀 섞인 과자 같아서 그들이 가려고 하는 땅에서 나는 야생 농산물의 맛이 났다. J가 알지도 못하면서 보는 일에 관해 이야기를 *man*이란 말을 중심으로 구성한 이유는, 야훼가 이스라엘 백성을 먹여주는 것으로부터 그들의 지도자 모세를 향한 충성이 필수적이라는 의미를 깨닫지 못함을 강조하려는 데 있다.

백성을 먹여주는 이야기에 이어 모세의 장인[3]이 광야에 모세의 아내 십보라와 두 아들을 데리고 왔다. J는 모세의 첫아들의 이름이 지닌 의미를 다시 설명하고 나서 전에는 언급하지도 않았던 둘째 아들의 이름을 처음으로 설명한다. 게르솜은 '내가 이방의 땅에서 나그네가 되었다'이고, 엘리에셀은 '야훼께서 바로의 칼에서 나를 구원했다'라는 뜻이다. 두 이름은 연속적이다. 먼저 이방 땅에서 붙잡혔고 그 다음에 구원을 받는다. J는 이 이름들을 잠시 설명한 뒤 앞에서와 약간 다르지만 어쩌면 중요했을 순서대로 모세에게 장인과 아들들과 부인이 왔다는 말을 반복한다. 르우엘이 모세에게 와서 이렇게 말했다. "나는 너의 장인[르우엘]이다. 나는 네 아내와 두 아들을 데리고 너에게 왔다." 강조점은 모세의 아내와 두 아들에게 주어진다. 이것이 세 번째 언급이다. 여기서 J는 다시 한 번 자녀 출산과 식량 생산이란 주제를 하나로 묶는다. 모세가 결혼해서 첫아들을 낳았을 때 J의 자녀 출산이란 틀 안에서 그가 한 역할은

---

3 출 3:1의 경우와 똑같이 E 혹은 E의 어투를 모방한 저자는 이드로라는 이름을 삽입하였다. 모세가 결혼한 과정을 전하는 이야기를 고려한다면 J는 모세의 장인을 르우엘이라고 부른다.

이집트 왕의 불의와 직접 결부되어 있다. 모세는 이집트 왕을 피하여 지내는 동안 아내를 맞이하였고 아들의 이름을 그 왕의 불의와 연관시켜 지었다. 이제 가인 혈통의 후손인 그 왕을 그 아들과 함께 야훼가 죽인 바로 그 시간에 정확히 모세-그는 사래와 축복받은 혈통의 다른 아내들의 후손이다-의 아내가 모세의 아들들과 함께 등장한다. 그들의 이름은 이 세대에 일어난 불의한 역사와 그 결말을 명백히 언급하면서 어떻게 불의한 역사가 왕실의 자녀 출산 주제를 통해 시작되었는지 한 번 더 상기시켜준다.

그들은 인사를 나누고 격식을 차린 다음 모세의 장막으로 들어갔다. 모세는 거기서 야훼가 이스라엘 자손 때문에 바로와 이집트에게 행한 일과 도중에 물과 식량 때문에 겪은 어려움과 거기서 야훼가 구원해 준 모든 이야기를 장인에게 했다.(그의 말은 J처럼 민족주의적 이야기이다.) 모세의 장인은 야훼가 이스라엘을 위해 행한 선한 일을 듣고 기뻐했다. 이어서 가장 놀라운 말을 한다. J는 장인이 야훼를 찬송하는 중에 *야드*('손, 남근, 권력')란 말을 네 번 반복하고 이어서 곧장 *야다티*('내가 안다')라고 말하게 한다. 그것은 다음과 같이 표현되고 있다. 그는 야훼께서 이스라엘을 바로의 손에서 구원하기 위해 행한 모든 선한 일을 기뻐하였다. 그리고 그는 말하였다. "야훼를 찬송할 것이다. 그가 이집트의 '손'과 바로의 '손'에서 건져내고 백성을 이집트 '손' 아래서 구원하였다. 이제 나는 야훼가 모든 신보다 위대하다는 것을 '알았다.'" J가 이렇게 많은 중요 주제를 한곳에 모아놓은 경우는 거의 없다.

베두인들이 시내 산에 머물렀다는 J의 이야기는 모세와 그의 미디안 장인 혹은 처남 사이에 이루어진 두 번의 대화 사이에 놓여있다. 첫 번째 대화에서 모세의 장인은 미디안의 대표로서 야훼와 야훼의 피조물인 이스라엘을 축복한다. 아브람의 축복 원칙에 따르면 이 축복은 그 대가로 미디안의 축복을 가져올 것이다. 미디안 출신의 베두인은 이스라엘 출신의 베두인과 동맹 관계였다. J의 미디안 사람들은 다윗 시대에 시내 반도를 효과적으로 통제하고 있었던 베두인 동맹들을 대표했다. 그들은 다윗에게 예속된 베두인들로서 팔레스타인에서 시내 광야 특히 시내 산 성소까지 가는 길목과 이스라엘과 이집트 사이에 있는 나머지 국경지대의 안전 보장을 위해 필요한 사람들이었다. 미디안 사람들의 이러한 역할은 이스라엘이 시내를 출발하려고 준비하던 때에 나눈 대화에 분명히 나타나 있다. 모세가 장인에게 말했다. "우리를 떠나지 마십시오. 당신은 우리가 광야에서 어떻게 진 칠지를 알고 있어서 우리의 눈이 될 것입니다."(민 10:31) 미디안 사람들이 한 역할을 새롭게 되새긴다면 이스라엘이 나아가는 길이 곧장 시내 광야로 이어진다는 사실을 발견하는 것은 놀라운 일이 아니다.

이스라엘이 시내 광야에 이르러 그 광야, 그 산 앞에 장막을 쳤다(19:2). 야훼께서 모세에게 말씀했다. "내가 이제 빽빽한 구름 가운데서 네게 임할 텐데 백성은 내가 너와 말하는 소리를 들을 것이며 그들은 지금부터 너를 믿을 것이다." (모세가 백성의 말을 야훼에게 전했다.) 야훼께서 모세에게 또 말씀했다. "백성에게 가서 오늘과 내일 성결하게 하라. 옷을 빨게 하고 제삼일을 준비시켜라. 제삼일에는 야훼께서 모든 백성이 보는 가운데 시내 산 위에 내려올 것이다. 백성에게 이 말을 하고 이 산 주위 사방으로 경계를 정해서 접근하지 않도록 해라. '너희가 산으로 오르거나 가장자리를 만지지 않도록 주의하라. 산을 침범하면 죽을 것이다. 누구든지 산을 만지는 자는 사람이든 짐승이든 돌로 치거나 화살을 쏴서 죽일 것이며 살아남지 못할 것이다.' 나팔 소리가 울리면 그때 산으로 올라오게 해라."(19:9~13)

모세가 산에서 내려와 백성에게 갔다. 그는 백성을 성결하게 만들고 옷을 빨게 하면서 그들에게 말했다. "제삼일까지 준비하라. 여인을 가까이 하지 마라."(19:14~15)

제삼일에 아침이 되자 산 위에 천둥과 번개와 빽빽한 구름이 임했다. 나팔 소리가 점점 더 커지자 진중에 있는 백성이 다 떨었다. 시내 산이 전부 구름에 싸이자 야훼가 그 위에 불로 내려왔다. 그 연기는 옹기 가마에서 나오는 연기처럼 올라갔다. 온 산이 심하게 진동하고 나팔 소리가 더 커지는 가운데 야훼께서 시내 산 위 그 산 꼭대기에 내려왔다(19:16, 18~19).

야훼께서 산꼭대기에서 모세를 부르자 모세가 올라갔다. 야훼께서 모세에게 말했다. "내려가서 백성이 야훼에게 밀고 들어와 그를 보지 않도록 경고하라. 그렇지 않으면 많은 사람이 죽을 것이다. 야훼에게 다가가는 제사장들도 성결하게 만들어라. 그렇지 않으면 야훼가 그들을 칠지도 모른다."(19:20~22)

모세가 야훼에게 말했다. "백성들은 시내 산으로 올라오지 않을 것입니다. 왜냐하면 당신이 친히 '산 주변에 경계선을 치고 거룩하게 하라'고 우리에게 경고하였기 때문입니다."(19:23)

그러자 야훼께서 그에게 말씀했다. "내려가라."(19:24a)

모세가 백성에게 내려갔다(19:25a). 야훼께서 모세에게 말씀했다. "너는 이스라엘 백성에게 이같이 말하라. '내가 하늘로부터 너희 모두에게 말하는 것을 보았다고 해서 나를 비겨 금이나 은으로 신상을 만들지 말라. 대신 나를 위해 흙으로 제단을 만들고 그 위에 너희 소나 양으로 번제와 화목제를 드려라. 내가 내 이름이 선포되는 모든 성소에서 너희에게 와서 너희를 축복할 것이다. 만일 너희가 굳이 돌로 제단을 만들 경우에는 다듬은 돌로 만들지 말라. 철 연장으로 그것을 치면 부정하게 하는 것이다. 내 제단을 계단으로 오르지 말라. 그래서 너의 벌거벗음이 드러나지 않도록 하라.'"(20:22~26)

모세는 다음 말을 들었다. "너는 아론과 나답과 아비후와 이스라엘의 족장 칠십 명과 함께 야훼에게 올라와서 멀리서 경배를 하라. 그리고 모세만 야훼에게 나아가라. 다른 사람들은 가까이 가지 말라. 백성은 그와 함께 가지 말라."(24:1~2) 그래서 모세가 아론과 나답과 아비후와 이스라엘의 족장 칠십 명과 함께 올라갔다. 그들은 이스라엘의 하나님을 보았다. 그 발아래는 청옥을 편 듯하고 하늘처럼 청명하였다. 야훼께서 이스라엘 베두인 우두머리들을 치지 않으므로 그들은 앉아서 먹고 마셨다(24:9~11).

야훼께서 모세에게 말씀했다. "너는 산에 올라 거기서 머물라. 네가 그들을 가

르치도록 내가 관습법을 새긴 돌판을 너에게 줄 것이다."(24:12)

[……][4]

야훼께서 모세에게 말씀했다. "너는 여기서 내가 이집트 땅에서 건져준 백성과 함께 내가 아브람, 이삭, 야곱에게 '내가 네 자손에게 주리라'고 맹세한 그 땅으로 올라가라. 내가 사자를 네 앞서 보낼 것이다. 내가 가나안 사람, 아모리 사람, 헷 사람, 브리스 사람, 히위 사람과 여부스 사람을 젖과 꿀이 흐르는 땅에서 쫓아낼 것이다. 그러나 나는 너희 가운데서 직접 올라가지 않을 것이다. 너희는 고집이 센 백성이고 나는 너희를 진멸하고 싶지 않기 때문이다." 백성이 이 준엄한 말을 듣고 슬퍼하여 평소의 장신구를 착용하지 않았다(33:1~4).

모세가 회막이라 부르는 장막을 취하여 진과 멀리 떨어진 곳에 치고는 했다. 야훼에게 여쭈어볼 일이 있는 사람은 진 바깥에 있는 회막으로 갔다. 모세가 장막으로 갈 때면 언제든 모든 백성이 나와서 자기 장막 입구에 서서 모세가 장막 안으로 사라질 때까지 지켜보았다. 모세가 장막으로 들어갈 때면 언제든지 구름 기둥이 장막 입구에 내려와 서 모세와 함께 말씀을 했다. 모든 백성이 장막 입구에 서 있는 구름 기둥을 볼 때면 언제든지 자기 장막 입구에서 각자 경배하였다. 사람이 자기 친구와 이야기함과 같이 야훼께서 모세와 얼굴을 보면서 말씀했다. 그리고는 모세는 진으로 되돌아갔다(출 33:7~11a).

모세가 야훼에게 말했다. "보소서. 당신은 내게 이 백성을 데리고 올라가라고 계속 말하면서도 나와 함께 보내려고 하는 자가 누구인지 알려주지 않았습니다. '내가 이름으로 너를 안다' 그리고 '내가 너에게 은혜를 베푼다'고 말했습니다. 그래서 당신이 제게 은혜를 베풀었다면 당신이 하려고 하는 일을 알려주십시오. 그래서 내가 당신을 알고 계속해서 당신의 은혜를 입도록 해주십시오. 왜냐하면, 보십시오, 이 나라는 당신의 백성이기 때문입니다."(33:12~13)

야훼께서 말씀했다. "내가 친히 갈 것이며 너를 쉬게 할 것이다."(33:14)

---

4 출 32:9~14가 원래 J의 일부였을 가능성이 있다.

모세가 그분에게 말했다. "만일 당신이 친히 가지 않을 것이면 우리를 여기서 데리고 가지 마십시오. 그리고 내가, 나와 당신의 백성이 당신의 은혜를 입었다는 사실을 어떻게 알 수 있습니까? 당신이 우리와 함께 가야지만 나와 당신의 백성인 우리가 땅 위에 있는 모든 백성들과 구별될 것입니다."(33:15~16)

[……]

"너는 쇠로 신상을 만들지 말라(34:17).

"너는 무교절('유월'절)을 지켜라. 내가 네게 명령한 대로 아빕 월의 정한 때에 칠일 동안 무교병을 먹어라. 이는 네가 아빕 월에 이집트를 나왔기 때문이다. 모든 초태생은 소든 양이든 나귀든 새끼 양으로 대속하라. 만일 대속하지 않으려면 그 목을 꺾어야 한다. 모든 장자도 대속하라. 너는 예물이 없는 경우 내 얼굴을 보지 못할 것이다(34:18~20).

"너는 밀을 추수하는 첫날에 칠칠절을 지키고 가을의 연말에 수장절을 지켜라. 너희 남자는 일 년에 세 번 이스라엘의 하나님 주 야훼의 얼굴을 보아야 한다. 내가 네게서 민족들을 쫓아내고 네 지경을 넓혀주었으므로 네가 일 년에 세 번 네 하나님 야훼를 보러 올라올 때 아무도 네 땅을 탐내지 않을 것이다(34:22~24).

"너는 네 제물의 피와 누룩 섞인 떡을 함께 드리지 말라. 너는 아빕 월 유월절 고기를 밤을 지나 아침까지 남겨두지 말라(34:25).

"네 땅의 소산물 중 처음 익은 것을 너는 네 하나님 야훼의 제단으로 가져오라(34:26a).

"너는 염소 새끼를 그 어미의 젖으로 삶지 말라(34:26b).

모세가 시내 산에서 내려와서(34:29a) 미디안 사람 그의 처남 호밥 혹은 그의 장인 르우엘에게 말했다. "우리가 야훼께서 '네게 주겠다'고 한 곳으로 길을 떠나려고 합니다. 우리와 함께 갑시다. 그러면 야훼께서 이스라엘에게 복을 주겠다고 선포한 것처럼 당신에게도 복이 될 것입니다."(민 10:29)

그가 말했다. "나는 가지 않겠다. 나는 내 땅, 고향, 친족에게로 돌아가고 싶

다."(민 10:30)

모세가 말했다. "우리를 떠나지 마십시오. 당신은 우리가 광야 어디에 진을 칠지 압니다. 당신은 우리의 눈이 될 것입니다. 당신이 우리와 함께 가면 야훼가 우리에게 주겠다는 복이 무엇이든 당신에게도 그것을 줄 것입니다."(민 10:31~32)

드디어 베두인들이 시내 산에 도착했다. 이곳은 야훼가 모세에게 처음으로 천사나 사람의 모습으로 나타나지 않고 꺼지지 않는 희생제사의 불이며 전쟁의 불로 나타났던 신성한 곳이었다. 이스라엘의 시내 산 체류는 야훼가 불로 다시 나타나는 그 산을 성화하는 일에 집중하고 있다. 이 민족사는 모세를 지상에서 야훼를 대변하는 유일하고 위대한 인물로 강조한다. 모세에게 반역하는 일은 무모한 짓이다. 마찬가지로 통치하는 다윗 가문에게 반역하는 일도 무모한 짓이다.

야훼께서 모세에게 말씀했다. "내가 이제 빽빽한 구름 가운데서 네게 임할 텐데 백성은 내가 너와 말하는 소리를 들을 것이며 그들은 지금부터 너를 믿을 것이다." 모세는 이 말씀을 백성에게 전했다. 그리고 야훼께서 모세에게 지시했다. "백성에게 가서 오늘과 내일 성결하게—다시 말해서 그들이 곧 경험하게 될 거룩한 만남을 준비하도록—하라. 옷을 빨고 제삼일을 준비시켜라. 제삼일에는 야훼가 모든 백성이 보는 가운데 시내 산 위에 내려올 것이다."[5]

야훼께서 계속 말씀했다. "백성에게 이 말을 해서 이 산 주위 사방으로 경계를 정하고 접근하지 않도록 해라. '산을 침범하면 죽을 것이다. 누구든지 산을 만지는 자는 사람이든 짐승이든 돌로 치거나 화살을 쏴서 죽일 것이며 살아남지 못할 것이다.' 나팔 소리가 울리면 그때 산으로 올라오게 해라."

---

5 J가 시내 산에 야훼가 나타나신 사건을 묘사하는 방식은 벧엘과 같은 산지 성소의 제의 전통에 영향을 받았을 것이다. 그런 성소들은 꼭 높은 산에 위치할 필요가 없었다. 물론 J가 묘사한 이러한 특징은 시내 반도 남부 지역을 반영하고 있으며 또 어디서 실행하든 제의의 상징 세계에 내포되어 있기는 하다.

모세가 산에서 내려와 지시를 받은 대로 이행했다. 그가 야훼의 지시를 반복해서 말하는 내용에는 추가로 강조된 것이 있다. "여인을 가까이 하지 말라"가 그것이다. 이것은 J의 자녀 출산 주제에서 파생한 것이며 군사적인 준비를 함축한다.

셋째 날 아침에 천둥과 번개가 울리기 시작하자 구름이 산 위로 내려왔고 나팔 소리가 점점 더 커졌으며 백성들은 공포심으로 떨었다. 산은 연기로 에워싸였다. 야훼가 불 가운데 그 위로 내려왔기 때문이다. 나팔 소리가 점점 커지고 있을 때 야훼가 산 정상에 도달했고 천둥 같은 소리로 모세를 산 정상으로 불렀다. 모세는 올라갔다. 산 정상에 도착하자 야훼께서 그에게 말씀했다. "내려가서 백성이 야훼를 보려고 다가서는 것을 막아라. 그 중 많은 사람이 죽을지도 모른다." 여기까지 오는 여정 중에 백성들은 야훼를 직접 볼 수 없었다. 그 대신 모세를 통해 그리고 특별히 이스라엘이란 나라를 통해 야훼를 보아야 했다. "야훼에게 다가가는 제사장들도 성결하게 만들어라. 그렇지 않으면 야훼가 그들을 칠지도 모른다." 야훼 제의에 참여하는 제사장들에 대한 이 언급은 곧 주어질 것 즉 시내 산에서 줄 첫 번째 계명을 처음으로 명백하게 지시한다. 그것은 야훼를 섬기는 곳이면 어디서든지 만들어야 할 제단의 양식을 묘사한다. 이 계명은 시내 산의 순례성소뿐 아니라 예루살렘과 아마 또 다른 곳에 존재했을 다윗의 국가 제의에 대해서 다루고 있다.

모세가 야훼에게 말했다. "백성들은 시내 산으로 올라오지 않을 것입니다. 왜냐하면 당신이 친히 '산 주변에 경계선을 치고 거룩하게 하라'고 우리에게 경고하였기 때문입니다." 그러자 야훼께서 대답하셨다. "그렇다면 내려가라." 그래서 모세가 내려갔다.

모세는 다음과 같은 메시지를 가지고 도착했다. 그것은 야훼를 섬기는 제단 예배를 묘사한다. "내가 하늘로부터 너희 모두에게 말하는 것을 보았다고 해서 나를 비겨 금이나 은으로 신상을 만들지 말라. 대신 나를 위해 흙으로 제단을 만들고 그 위에 너희 소나 양으로 번제와 화목제를 드려라. 내가 내 이름이 선포되는 모든 성소에서 너희에게 와서 너희를 축복할 것이다. 만일 너희가 굳이 돌로 제단을 만들 경우에는 다듬은 돌로 만들지 말라. 철 연장으로 그것을 치면 부정하게 하는 것이다. 내 제단을 계단으로 오르지 말라. 그래서 너의 벌거벗음이 드러나지 않도록 하라."

이것은 J에게 있어서 매우 중요한 단락인데도 일반적으로 J의 작품으로도 생각하지 않는 부분이다. 여기서 J는 야훼 제의의 본질에 대해서 정의하고 있다. 그 방식은 이스라엘 민족사를 야훼의 축복을 받는 사람들의 역사로 특징짓고 있다. 그 안에서 역사는 소박한 크기의 여러 제의 장소에서 드려지는 예배 속에서 기억되고 있다. 야훼 제의는 귀금속, 즉 군왕들의 금속으로 만들어진 신상을 배척한다. 제단은 왕실을 포함해서 온 세상의 노동자들을 만드는 데 사용한 흙으로 지어져야 했다. 돌을 사용할 경우에도 다듬은 돌을 사용해서는 안 된다. 다듬은 돌을 운반해서 건축하는 일은 거의 항상 강제부역으로 이루어지기 때문이었다. 솔로몬과 그의 건축자들은 다윗에 의해 공포된 이 법을 우회하려고 하였다. "이 성전은 건축할 때 돌을 그 뜨는 곳에서 다듬고 가져다가 건축하였으므로 건축하는 동안에 성전 안에서는 망치나 도끼나 철 연장 소리가 들리지 아니하였으며"(왕상 6:7) 국가 제의 중심지에 있는 많은 제단들은 규모가 커서 올라갈 계단이 반드시 필요했다. 왕실과 제사장은 정기적으로 제단에 올라가는 모습을 드러냈는데 이것은 백성 앞에 자신들이 지닌 권력을 과시하려는 목적이기도 하였다. 다윗은 바로 그런 목적으로 법궤를 예루살렘에 있는 제의 성소로 운반하는 행사를 지휘하는 모습을 보여주었다(삼하 6:16, 20). J는 즐거움의 동산(에덴동산)에 있는 인간들이 처음 자신들의 벌거벗은 모습을 보았던 순간을 분명히 언급함으로써 제단에 대한 묘사를 마무리한다. J가 묘사하는 선악의 역사는 바로 거기에서 출발한다.

그런 소박한 제단 위에서 드리는 희생 제사도 소박했다. 그런 제의의 핵심은 국가가 공인된 국가 제사장들의 식량으로 고기를 제공하는 일에 있었다. 제사장들이 제의를 통해 많은 고기를 먹는 일은 대다수 농경사회에서 그랬던 것처럼 엘리트 계층의 특권이었다. 그러나 다윗의 국가 제사장들의 경우에 이러한 특권은 제한되었다. 시내 산 제의의 소박함은 광야 지역의 특성상 가축에게 풀을 먹일 장소가 드문 환경 때문에 비롯된 것이 틀림없다. 팔레스타인 지역에 정착한 후로는 다윗의 제사장 제도는 의심할 여지없이 신속하게 성장했을 것이다.

제단법[6]은 J 역사에서 열네 번째 세대와 열다섯 번째 세대의 전환기, 즉 저주에서 축복의 시대로의 전환기에서 J가 가장 큰 관심을 기울였던 사항에 대하여 언급한다. 그 당시의 온 인류가 야훼 하나님의 신적 특권을 위협하는 거대한 도시와 탑을 건설하다가 흩어졌던 사건을 기억하라. 이는 (J의 독자와 청중에게) 팔레스타인 산지에 있는 요새화된 성전들을 암시하는 것으로 보인다. 이 사건의 반전은 축복의 첫 번째 세대인 아브람이 세겜에서 흙으로 제단을 쌓을 때 일어났다. J는 줄곧 다윗의 제의에 관심을 두고 있다. J는 다윗의 나라에서 드리는 희생제의 – 우리가 아는 한 그것과 비슷한 제의와 비교해볼 때 특별히 다르지 않은 제의 – 제단이 갖는 성격을 강조한다. 이유는 제의와 왕실 자신이 국가적 정치경제에 대하여 이해하는 것 사이의 관계가 중요하기 때문이다. 결국 그것은 J와 같은 역사가 전형적으로 관심을 기울였던 사안이다.

팔레스타인 지역의 성서 시대 역사를 통틀어서 제사장, 제의 그리고 희생제사는 율법을 해석하고 법을 적용할 권한을 갖는 사법 분야에서 일차적인 영향력을 행사하였다. 제의와 사법은 양자가 밀접하게 통합되어 있었다. 모든 형태의 율법 – 표준, 규범, 규정, 사례, 관습, 형벌, 금기 그리고 역사적 제재기록 – 은 제의에서 기원하였다. 국가의 정치경제를 다루는 다윗의 국가법도 J에는 언급되어 있지 않지만 이것과 전혀 다르지 않다. 그러므로 제의의 역사는 다윗의

---

6 J에 있는 율법의 범위에 관한 논의를 위해 다음을 보라. J. Alberto Soggin, "Ancient Israelite Poetry and Ancient 'Codes' of Law, and the Sources 'J' and 'E' of the Pentateuch," *Supplements to Vetus Testamentum* 28(1975): 185~95.

모범적 제의에 가장 본질적인 특징들 즉 제단, (다윗의 권위 아래에 있는 사법부를 대표하는) 칠십 명의 장로의 비준, 모세의 특별한 권위(따라서 다윗도 함께) 그리고 정기적으로 다윗이 관할하는 성소로 순례하라는 규칙들을 차례대로 언급한다. 베두인들이 시내 산에 머문 시간 전후에 벌어진 에피소드에 등장하는 만나(*man*) 사건은 시내 산에서 정의한 제의의 사법적 중요성을 가리킨다. 이것을 신명기에서는 다음과 같이 해석한다. "내가 만나를 네게 먹인 것은 사람이 떡으로만 사는 것이 아니요 야훼의 입으로 나오는 모든 율법과 훈계로 사는 줄을 네가 알게 하려 함이다."(신 8:3)

오경 편집사에서 수 세기에 걸쳐서 다양한 저자와 편집자들은 시내 산에서 벌어진 일에 면밀히 주목했고 J의 최초 판본을 크게 확장시켰다. J의 생각대로라면 야훼는 필수적인 순례절기들을 지키는 데 필요한 사항과 함께 국가와 관련된 제의의 기본 규정을 모세에게 알려주었다. 이것은 모세를 통한 국가법의 수용이 모든 중앙 정부의 근간을 형성하는 문헌적인 근거가 되었다. 성서문헌 역사학자들이 시내 산에 집중했던 가장 뚜렷한 사례가 출애굽기 25장부터 민수기 10장 10절까지 놓여 있는 P 자료이다. 이 전체 단락 속에서 출애굽기 32~34장의 경우를 제외한다면 J, E, 혹은 D 자료는 거의 존재하지 않는다. 하지만 E와 D는 역사 속에서 특별히 이 장소에 관심을 기울인다. 그들은 J에 방대한 자료를 추가했고 출애굽기 19~24장 사이에 P와 함께 J, E, D가 결합된 자료는 극히 복잡한 구성을 보여준다. 초기 문헌비평가들은 이 장들 안에 상당히 많은 J 자료가 있다고 생각했다. 우리가 지금까지 출애굽기 19~20장을 다룬 내용에는 모세의 미디안 가족 도착, 시내 산에서 야훼와 베두인들이 만난 사건, 그리고 제단법을 전한 일이 있다. 그 이후로 J가 많이 존재하는지는 분명하지가 않다.

출애굽기 32~34장을 면밀하게 고찰해보면 J에 해당되는 부분은 J의 문체로 개정된 것이 분명한데, 이스라엘이 다윗 왕조에게서 벗어나 분열하면서 아마도 아론 제사장 가문의 계승자로 보이는 제사장들의 지도 아래 벧엘에 새로운 왕실 제의를 건립한 것과 남왕국의 르호보암이 그 제의를 불법화하기 위해 사력을 다했던 점을 고려해볼 때 그러하다. 여로보암은 통치 확립의 일환으로 아마도 J의 개정본으로 보이는 이스라엘의 대안적 역사를 공포하였다. 그 안에서는 모세가 호렙 산의 이름을 바꾼 시내 산에서 이스라엘을 위한 국가법을 선포하는 내용을 포함시키고 강조하였다. E는 북왕국의 법을 역사의 이 대목(대략 출 21:1~22:19)에 배치하면서 이것이 함축하는 바를 반박하려는 르호보암의 시도를 나란히 소개함으로써 원래 J에는 없었으나 J처럼 보이는 다른 율법을 이 단락에 소개한 것 같다. 출애굽기 19~24장은 사건의 전후관계와 문학적 연결점이 극히 모호하다. 이를테면 십계명을 어떤 문서층으로 보느냐에 관해서는 상당한 논란이 있었다. (십계명이 분명한 역할을 하기 시작한 것은 D와 함께일 것이다.) 오경의 이 단락을 처음 읽는 독자들은 모세가 몇 번이나 그리고 왜 이 산을 오르내렸는지에 대해 당혹스러울 것이다.

출애굽기 24장의 J 단락에서 모세는 세 명의 지도자인 아론, 나답, 아비후와 칠십 명의 족장과 함께 산으로 다시 올라갔다. 그들은 모두 멀리서 경배하고, 모세 혼자 야훼에게 나아갔다. 다른 사람들은 있던 자리에 머물렀고 다함께 이스라엘의 하나님 야훼를 보았다. 그들은 그의 발 아래에 매우 환상적이고 화려하게 닦여 있는 길을 보았다. 그들이 이 전능하신 창조자의 임재 앞에 경외심으로 압도되었음은 의심할 여지가 없다. 그러나 야훼는 그들에게 아무런 해를 끼치지 않았고 그들은 함께 먹고 마실 수 있었다.

제단법 다음에 곧장 이어지는 이 내용은 매우 대조적이다. 야훼가 흙으로 만든 피조물을 상징하는 이스라엘은 흙으로 쌓아 올린 제단 위에서 희생 제사를 드려야 했다. 다시 말해서 흙으로 만든 제단에 임재하신 야훼 앞에서 먹고 마실 것이다. 이곳 하늘로 높이 솟아오른 산 위에서 그들은 창조주와 피조물 사이에 청옥과 흙의 차이만큼이나 먼 거리를 두고 야훼와 함께 식사하였다. 누가 창조주의 집에서 식사할 특권을 지니고 있는가? 그 세 명과 칠십 명은 다윗 왕국의 국가적 엘리트를 대표한다. 그들은 다윗의 나라에서 오직 소수의 사람만이 도성에 있는 다윗의 왕실 제의 구역에서 예배할 특권이 있다는 현실을 반영한다. 칠십 명은 중세 시대에 장관(magistracy)이라고 부르는 사람들에 해당된다. 그들은 나라의 군사적 지도력과 사법권을 장악한 주요 지주들이었다. 그들은 베두인들이 시내 산을 떠난 직후에 칠십 명 정도의 지도자가 모세의 영을 받아 율법에 따라 판결할 수 있었던 사건에 등장한다. J가 왕실 제의를 넘어서 율법을 규정하는 일에 실패한 것은 다윗이 자신의 장관들의 자율성을 억제할 만한 위치에 있지 않았음을 보여준다.

시내 산에서 벌어진 일 중 가장 잘 알려진 사건 중 하나가 황금 송아지 사건이다. 재론하지만 출애굽기 32~34장의 문학적 분석은 극히 복잡하다. 실제로 다윗 시대 최초의 J 역사에서 나온 것이 분명한 본문도 존재하는 것 같다. 그러나 이것들은 여로보암이 벧엘에 국가 제의를 세운 것에 대한 반발의 의미로 재구성되었다. 이곳의 상당수 본문은 르호보암 시대에 두 세대 전에 활동한 다윗의 왕실 역사가의 문체를 따라 추가된 것으로 보인다. 또한 역사적으로 훨씬 나중에 기록된 신명기 역사가의 문체로 추가된 단락도 있고 특정 문서층으로 결정하기가 어려운 단락도 있다.

우리는 시내 산에서 벌어진 일 가운데서 J의 것으로 보이는 사건 몇 가지를 더 확인할 수 있다. 야훼는 모세에게 백성을 시내 산에서 팔레스타인으로 인도하라고 말씀하였다. 그곳에서 야훼는 가나안 사람들을 쫓아낼 것이다. 야훼는 직접 그들을 인도하지 않고 '사자'를 통해 인도할 것이다. 그 사자는 분명히 모세이거나 천사(genie)일 것이다. 야훼는 베두인들에게 진노했다. 실제로 야훼는 그들을 너무 고집스러운 불평분자들로 판단하고 멸망시킬 준비를 하고 있었다. 베두인들의 불만은 시내 산에 도착하기 전에 물과 식량 부족으로 원망한 사건을 통해 이미 드러난 상태였고 시내 산을 떠난 뒤에도 식량에 대해 불평을 하고 모세의 권위에 직접 도전하기도 하였다. J는 이러한 완고함에 대하여 신앙의 결여와 연관지어 말하고 있다. 이것은 모세 역사의 출발점에서부터 언급된 문제였다. 베두인 족속의 완고함은 J가 모세의 권위를 강조할 때 대비되는 주요 배경을 이루고 있다.

J는 모세와 야훼의 관계를 통해 어떻게 그가 이 백성의 유일한 지도자로 존중되어야 하는지를 지속적으로 설명한다. 모세는 나머지 장막들과 분리하여 자신의 장막을 진영 밖에 두었으며, 이를 '회막'이라고 명명했다. 모세는 여기서 야훼와 만났다. 모세가 회막에 들어갈 때 모든 백성은 자신들의 장막 입구의 밖으로 나와서 모세가 회막에 들어가는 것을 목도하였다. 그때에 하늘에서 구름기둥이 하강하여 회막 입구에 머물며, 야훼는 모세에게 말씀하신다. 회막 입구에 임재한 구름 기둥을 목도한 백성들은 장막에서 경배를 드린다. 모세는 얼굴을 마주한 채 야훼에게 말을 건넨다. 모세 스스로는 야훼의 지지와 임재가 부재한 상태에서 백성을 인도하기를 주저했다. 그는 J의 역사적 가치를 대변하는 지도자로서, 야훼의 피조물로서의 이스라엘의 특징은 야훼 자신이 그들의 여정에서 동행하는 관계에서만 독자적으로 세계에 드러날 수 있음을 피력하였다. J의 역사 안에서 지금껏 많은 사람들이 야훼와 얼굴을 맞대고 이야기했다. 이후로 이런 특권은 모세에게만 주어졌다.[7] '얼굴을 맞대고'라는 표현은 물론 J가 의도를 갖고 사용한 말로서 형제간의 갈등을 화해시킨다는 뜻을 지니고 있으며 다윗의 나라에 매우 중요했다. J는 마치 이런 국가적 화해가 모세 즉 다윗과 같은 지도자를 받아들임으로써 이제 이스라엘의 모든 사람에게 이루어질 수 있다고 시사하는 것 같다.

E, D, 그리고 이후의 P처럼 J는 제단법에 추가된 법규들을 말한다. 이것이 일 년에 세 번 순례절기를 다루고 있는 출애굽기 34:17~26에 있는 법규들이다. 절기들은 국가 제단에서 행하여지는 주요한 행사들이었으며 이곳을 섬기는 제사장들에게 식량을 제공해주었다. 이 율법들이나 다른 율법들이—다윗 시대의 관습대로—돌판에 기록되었는지 여부는 알려져 있지 않다.[8]

---

7 J에서 여호수아가 한 역할을 묘사하는 사건은 개연성이 거의 없는데, 그는 모세가 진으로 돌아올 때 회막에 머문 모세의 종으로 처음 소개된다.

베두인 족속이 장막을 이동하려고 준비할 때 모세의 장인 혹은 처남은[9] 그들과 함께 가기를 사양했다. 그는 시내 광야의 중심부에 위치한 자신의 정착지로 돌아가길 원했다. 모세는 지금 이 상황에서 미디안 사람들이 베두인 족속의 안내자요 동행자로 중요하다는 점을 그에게 강조했다.

그들은 야훼의 산을 떠났다(민 10:33a). 그들이 삼일 길을 행할 때에 야훼께서 듣는 중에 심하게 불평하였다. 야훼께서 듣고 진노하였다. 야훼의 불이 그들에게 붙어 진영의 끝을 불살랐다. 백성이 모세에게 부르짖었고 그가 야훼에게 기도하니 불이 꺼졌다. 그곳 이름을 다베라라 불렀는데 이것은 야훼의 불이 그들 중에 붙었기 때문이었다(민 11:1~3).

이스라엘 사람 베두인 중에 진을 따라온 사람들이 고기 먹을 욕심이 생기자 다시 울기 시작했다. "누가 우리에게 고기를 먹여줄까? 우리가 이집트에서 값없이 먹던 고기와 오이와 참외와 부추와 파와 마늘이 생각난다. 그렇지만 지금 우리는 굶주리고 있으며 만나 외에는 보이는 것이 아무것도 없구나." 만나는 갓씨 같고 진주처럼 보였다. 백성이 밖에 나가 거두어 그것을 맷돌에 갈아 절구에 찧고 가마에 삶아 과자를 만들었다. 그 맛은 기름으로 구운 과자 맛 같았다. 밤에 진영에 이슬이 내릴 때 만나도 함께 내렸다.

백성이 가족마다 자기 장막 입구에서 우는 소리를 모세가 들었고 야훼께서 진노하였다. 모세가 보기에도 그것은 악했다. 그가 야훼에게 말했다. "어찌하여 당신은 당신의 종에게 이런 악을 일으키십니까? 어찌하여 당신은 내게 은혜를 베풀지 않고 이 모든 백성의 짐을 내가 짊어지게 하십니까? 내가 이 백성을 배었습니까? 내가 그들을 낳았습니까? 그래서 당신은 양육하는 아버지가 젖 빠는 아기를 가슴에 품듯이 그들을 그들의 조상에게 맹세한 땅으로 데리고 가라고 말씀하

8 F. E. Wilms, *Das jahwistische Bundesbuch in Exodus 34*(Munich, 1973).

9 현재의 본문 '모세의 장인 …… 르우엘의 아들 호밥'은 혼합된 본문이다.

시는 것입니까? 내가 어디서 고기를 구하여 '우리에게 고기를 주어 먹게 하라'고 울부짖는 이 모든 백성에게 주겠습니까? 나는 이 백성을 혼자서 감당할 길이 없습니다. 그들은 내게 너무 힘듭니다. 나에게 이런 식으로 행하실 것이라면 은혜를 베푸시어 지금이라도 나를 죽여주십시오. 그래서 내가 더 이상 악을 보지 않게 해 주십시오."(민 11:4~15)

야훼께서 모세에게 말씀했다. "네가 아는 백성의 족장과 십장 중 이스라엘 족장 칠십 명을 모아 회막으로 데리고 와서 너와 함께 서게 하라. 내가 내려와 너와 함께 거기서 말하고 네게 임한 영을 그들에게도 임하게 하여 백성의 짐을 너 혼자 짊어지지 않고 그들이 너와 함께 짊어지게 할 것이다. 백성에게 말하라. '내일 너희를 거룩하게 하라. 너희가 고기를 먹게 될 것이다. 너희가 울부짖으므로 "누가 우리에게 고기를 주어 먹게 할까? 우리가 이집트에 있을 때가 더 좋았다"고 하는 소리를 야훼께서 들으셨다.' 야훼께서 너희에게 고기를 주어 먹게 할 것이다. 너희는 하루나 이틀이나 닷새나 열흘이나 스무 날만 먹을 뿐 아니라 한 달 동안 너희가 그 냄새를 싫어할 때까지 먹을 것이다. 이는 너희가 너희 중에 있는 야훼를 멸시하고 그 앞에서 울며 '우리가 어찌하여 이집트에서 나왔는가?'라고 말하였기 때문이다."(11:16~20)

모세가 말했다. "나와 함께 한 백성이 보행하는 자만 육백 단위인데 한 달 동안이나 고기를 주어 먹이겠다고 말씀합니다. 그들을 먹이기 위해 양 떼와 소 떼를 잡아야 합니까? 바다의 모든 고기를 잡아야 합니까?"(11:21~22)

야훼께서 모세에게 말씀했다. "야훼의 손이 짧으냐? 이제 네가 내 말한 것이 벌어질지 안 벌어질지를 보게 될 것이다."(11:23)

모세가 나가서 야훼께서 말씀한 것을 백성에게 전했다. 그는 백성의 족장 칠십 명을 모아 장막 주변에 서게 하였다. 야훼가 구름으로 내려와 그에게 말했다. 그에게 임한 영을 취하여 칠십 명의 족장에게도 임하게 하였다. 영이 임했을 때 그들은 예언을 하기 시작하였고 계속 예언하였다(11:24~25).

영이 진에 남은 두 사람에게도 임하였는데 그들은 엘닷과 메닷이었다. 그들은 족장 명단에 있었지만 장막에서 나오지 못하였는데 그래도 진에서 예언하였다. 소년이 모세에게 달려가 말했다. "엘닷과 메닷이 진에서 예언을 합니다." 모세가 그에게 말했다. "네가 나를 위해 시기하느냐? 나는 야훼가 모든 백성에게 영을 주셔서 그들 모두가 예언자가 되게 하였으면 좋겠다."(11:26~29)

모세와 베두인 족장들이 진으로 되돌아갔다. 바람이 야훼로부터 나와 바다 쪽으로부터 메추라기를 몰아왔고 진영 주변의 각기 하룻길 되는 지면 위에 두 규빗 높이로 쌓이게 만들었다. 그 날 온 종일과 밤새 그리고 이튿날에도 백성이 나가서 메추라기를 모았다. 가장 적게 모은 백성도 오십 바구니(열 호멜) 정도나 모았다. 그들이 그것들을 진영 사면에 펴두었다. 하지만 고기가 그들의 치아 사이에서 씹히자마자 야훼께서 백성에게 진노하셨다. 야훼께서 그들을 굉장히 많이 죽였다. 그래서 그곳을 기브롯 핫다아와 즉 '탐욕의 무덤'이라고 불렀다. 거기에 탐욕을 부리던 백성을 묻었기 때문이다(11:30~35).

미리암과 아론이 모세가 구스 여자를 취한 문제로 비방하였다.(모세가 구스 아내를 맞이하였다.) "야훼가 모세하고만 말씀하시냐? 그는 우리와도 말씀하지 않느냐?"(12:1~2a)

야훼께서 이 말을 들었다. 지금 모세는 이 땅 위에 사는 모든 사람 중에 가장 온유한 사람이었다. 갑자기 야훼께서 모세, 아론, 미리암에게 말씀했다. "너희 세 사람은 회막으로 나오너라." 그래서 세 사람이 나갔다. 야훼께서 구름 기둥 가운데 내려와 장막 입구에 섰다. 그가 아론과 미리암을 부르니 그 두 사람이 그에게 갔다. 그가 말씀했다. "내 말을 들어라. 너희가 만일 야훼를 위한 예언자가 있으면 내가 직접 환상으로 그에게 알려주거나 꿈으로 말하기도 한다. 하지만 내 종 모세와는 그렇게 하지 않는다. 내 모든 제의에 그는 충실한 자이다. 나는 그와 대면하여 말하고 수수께끼로 말하지 않는다. 그는 야훼의 형상을 본다. 너희는 어찌하여 내 종 모세 비방하기를 두려워하지 않느냐?"(12:2b~8)

야훼께서 그들을 향하여 크게 진노하고 그들을 떠났다. 구름이 장막에서 떠나자 미리암이 피부병이 생겨 눈처럼 하얗게 되었다. 아론이 모세에게 말했다. "내가 나의 주께 청합니다. 우리가 어리석게도 범한 죄를 우리가 당하지 않게 해주십시오. 그가 살이 반이나 썩어 모태에서 죽어서 나온 자처럼 되지 않게 해 주십시오."(12:9~12)

모세가 야훼에게 부르짖었다. "오 하나님이시여, 그녀를 고쳐주십시오."(12:13)

야훼께서 모세에게 말씀했다. "아비가 그의 얼굴에 침을 뱉었을지라도 부끄러워 이레 동안 숨어있지 않느냐? 그도 진영 밖에 이레 동안 가두고 그 후에 돌아오게 하라."(12:14)

미리암이 이레 동안 진영 밖에서 지냈다. 백성은 미리암이 돌아올 때까지 출발하지 않았다(12:15).

베두인 족속의 광야 여정을 다루는 J의 역사는 특징적인 두 가지 주제를 나타내는 지명들을 따라 구성되어 있다. 두 가지 주제는 백성의 음식에 대한 불평과 모세의 권위에 대한 이의 제기이다. 첫 번째로 언급된 장소는 '태우다'는 뜻을 지닌 다베라이다. 거기서 백성이 불평하자 야훼의 불은 진영 가장자리부터 타오르기 시작하여 전체로 번졌다. 백성은 모세에게 호소하였고 뒤를 이어 모세가 야훼에게 호소하자 불은 수그러들었다. 그들은 봄철과 팔레스타인 산지를 최초로 정탐하였던 늦여름 사이에 탈주했다. 광야는 연중 가장 뜨거웠고 야훼의 불은 이것을 더욱 뜨겁게 달구었다. 다윗이 생각하는 것처럼 불로 상징되는 전쟁의 신 야훼는 이집트 왕의 체제와 오만함과 정면으로 대립되는 사회를 건설하려는 자신의 목적에 항거하는 시도가 무엇이든 용납하지 않겠다는 입장을 분명히 했다. 이렇게 J는 다윗이 이와 유사한 방식으로 자신의 권력에 저항하는 세력은 언제든지 진압하겠다는 의지를 공식적으로 밝히기를 원했을 수도 있다.

그들이 도착한 다음 장소는 그 명칭의 의미와 똑같은 사건이 발생한 곳이다. 그곳은 기브롯 핫다아와('탐욕의 무덤')이었다. 이곳에는 이집트를 떠나 모세를 따라 나온 베두인 족속의 무덤이 있었다. 그들은 만나가 아닌 다른 음식을 먹고싶어 했다. "우리는 누군가가 우리에게 고기를 주었으면 좋겠다. 우리는 이집트에서 값없이 먹은 물고기가 생각난다. 우리는 거기서 먹던 오이와 참외와 부추와 마늘과 양파가 생각난다. 그런데 지금 우리는 짜증이 난다. 우리는 만나 외에는 먹을 것이 없다." 그들은 이 뜨겁고 건조한 광야 여정에서 만나처럼 부서지기 쉽고 씨앗 모양을 지닌 음식 대신에 씹으면 물기가 배어나오고 색깔이 있는 맛있는 음식을 원했다. 만나는 추수감사절이 지난 한 주 내내 열 가지도 넘는 방식으로 요리해서 먹어치우는 칠면조 고기처럼 지겹게 느껴졌다. 모세는 장막 입구에서 백성이 울부짖는 소리를 들었다. 그는 그 소리가 듣기 싫었고 야훼도 역시 진노하였다.

모세가 야훼에게 말했다. "어찌하여 당신은 내게 이런 악을 일으키십니까? 어찌하여 내게 은혜를 베풀지 않습니까? 어찌하여 이 온 백성의 짐을 내게 지우십니까?" '짐'이란 말이 이 이야기의 나머지를 이해하는 데 중요한 단서이다. 이야기는 두 가지 유사한 흐름으로 전개되며 '짐'이란 말의 두 가지 의미와 연결되어 있다. 하나의 흐름은 불평하는 군중을 먹이는 짐[부담]을 다루고 다른 하나는 모세의 권위와 백성의 불평을 판결하는 짐[부담]을 다루고 있다. 이 이야기는 J의 이야기로서 나중에 E가 출애굽기 18장에서 그리고 D가 신명기 1장에서 최고 재판관을 임명하는 이야기로 거듭 다루어진다. 비슷한 이야기가 서로 교차되면서 엮여있다. 각 사건을 별도로 구분하기보다는 등장하는 순서대로 살피는 것이 제일 좋다.

모세는 자기 백성의 어머니가 되기를 원치 않는다고 불평하였다. "내가 이 모든 백성을 배었습니까? 내가 그들을 낳았으므로 젖먹이를 품에 안은 보모처럼 내 가슴으로 그들을 데리고 당신이 조상에게 주겠다고 맹세한 땅으로 가라고 말하는 것입니까? 이렇게 울부짖는 이 모든 백성들을 먹일 고기를 내가 어디서 구해 옵니까? 나는 이 백성을 먹일 방도가 없습니다. 그들은 너무 힘듭니다. 당신이 원하는 것이 이것이라면 내게 은혜를 베푸시고 이 고난을 보지 않도록 죽여주십시오."

야훼는 모세에게 칠십 명의 족장들을 회막으로 데려오라고 말했다. "내가 내려와 거기서 너와 말할 것이며 네게 임한 영을 그들에게도 주어 백성의 짐을 너와 같이 짊어지게 할 것이다. 그러면 너 혼자 짐을 지고 가지 않아도 된다." 하지만 재판 기능이 수면 위로 떠오르자마자 야훼는 주제를 다른 것으로 바꾼다. "내일 모아서 너희가 고기를 먹을 것이다. 하루나 이틀이나 닷새나 열흘이나 스무 날이 아니라 한 달 내내 먹을 것이고 냄새가 나서 싫증이 날 때까지 먹을 것이다. 왜냐하면 너희가 야훼를 멸시하고 '어찌하여 우리가 이집트에서 나왔는가?'하고 불평했기 때문이다."

모세는 육백 개 집단(『개역개정』, 육십만 명)이나 되는 베두인을 먹일 고기를 어디서 구할지 아무 대책이 없었다. "우리가 우리 양 떼와 소 떼를 한 번에 도살할까요? 우리가 바다의 모든 물고기를 잡아야 할까요?" 야훼는 정곡을 찌르는 대답을 하였다. "야훼의 손이 짧으냐?" 지금까지 J의 역사 가운데 매우 풍부한 의미를 가졌던 야훼의 손이 이제 자기 백성을 직접 먹일 음식을 마련하기 위해 움직인다. 자녀 출산 능력과 식량생산 능력은 동전의 양면과 같다.

모세는 지시대로 족장들을 모았다. 그들은 모세의 영을 받고 한동안 황홀경에 빠져 알 수 없는 말로 '예언하였다.' 진영 밖의 회막에 모인 칠십 명 외에도 진영 안에는 엘닷과 메닷이라고 부르는 두 명의 족장이 남아있었다. 그들도 마찬가지로 황홀경에 빠져 소리를 지르기 시작했다. 한 소년이 모세에게 달려가 말했다. 모세보다 힘이 약한 그는 아주 근심스럽게 말했다. 모세가 그에게 말했다. "나는 모든 백성이 예언하기를 원한다. 야훼가 그들 모두에게 이 영을 주셨으면 좋겠다." 엘닷과 메닷은 따로 남고 모두 진영으로 돌아갔다.

여기서 모세의 영은 모세의 지도력의 영이다. J는 모세를 처음 소개한 이후 처음으로 완전하게 그것을 묘사한다. 그 영은 야훼의 이름으로 강제부역에 동원되었던 이 노예들을 구원하는 데 주도권을 쥐게 했던 영이며 다윗의 율법을 승인한 역사의 배후에 있는 영이다. 모세와 직접 연결이 되어 있다는 의미를 정확히 유지하면서 그는 이제 이 영을 백성들과 공유하게 되었다. 영을 소유한 칠십 명은 야훼와 함께 식사했던 바로 그 칠십 명이었다. 그들은 엘리트였지만 그들의 영과 이집트 왕을 패배시켰다는 생각과 흙으로 만든 제단 위에서 J의 하나님 야훼를 예배하는 일은 그 지역을 정의롭게 관리하고 식량을 공급하는 일의 기본이었다. J는 재판 권한과 음식을 먹을 권리가 나누어질 수 없다고 생각하고 있으므로 이 모든 것을 함께 보장해 주었다. 사법권을 행사하는 영역 안에 있는 성소에 순례하여 드리는 예배들은 주요 식량을 수확하는 세 차례의 절기에 드리는 예배들이었다.

히브리어로 영과 바람(*ruach, 루아흐*)은 같은 단어이다. 영 혹은 바람이 바다 쪽에서부터 불어 수없이 많은 메추라기를 몰아와 진영 사방에서 하루 길을 갈 정도의 거리까지 두 규빗(1미터 정도) 높이로 쌓이게 하였다. 백성은 엄청난 양의 고기를 거두었다. 하지만 그들이 가서 먹으려고 할 때 입에 대자마자 야훼의 진노가 크게 임하여 엄청난 수의 사람들이 죽었다. 그래서 그곳의 이름을 '탐욕의 무덤'이라고 불렀다.

모세의 권위가 의문시되는 다음 이야기는 아론과 미리암이 결부되어 있었다. 최근에는 이 이야기가 출애굽기와 민수기에 기록된 비슷한 다른 이야기들처럼 초기 이스라엘 시대에 한쪽은 모세를 조상으로 모시고 다른 한쪽은 아론을 조상으로 모시던 두 제사장 집단 사이의 갈등을 보여주는 것이라고 주장한다.[10] 다윗의 정부가 두 명의 제사장을 포함하고 있었고 여로보암 1세가 벧엘에는 아론계통 제사장을, 단에는 모세계통 제사장을 세웠다는 사실을 보면 이러한 견해가 옳을 수도 있다. 하지만 이것이 J가 이 이야기를 포함시킨 이유일 것 같지는 않다. 이 이야기에서 관심을 쏟고 있는 것은 미리암의 역할이다. 그

10 Frank Moore Cross, *Canaanite Myth and Hebrew Epic*(Cambridge: Harvard University Press, 1973), 198~206; Richard Elliot Friedman, *Who Wrote the Bible?*(New York: Summit Books, 1987).

의 역할은 베두인 지도자의 것이 아니었다. 미리암은 모세가 야훼와 말씀을 나누는 유일한 사람처럼 생각하는 데 불만을 표시했다. 그러므로 그녀는 주술을 사용하여 신탁을 받는 인물이었을 것이다.[11] 그는 공동체 안에서 자신이 갖고 있는 특별한 기술, 지식 그리고 위상이 모세의 독점적인 권위에 의해 감소되는 현실을 반대했다.

미리암은 모세가 아프리카의 흑인 아내를 취한 사건을 비방함으로써 불평을 시작했다.[12] 이 불평은 자세히 설명되고 있지 않다. 모세가 아프리카인 아내를 취한 것은 어쩌면 반이집트 협공 운동의 일환으로 구스 엘리트와 결혼 동맹을 맺은 결과가 아닐까 싶은데, 이것은 모세가 특별한 권위를 지녔다는 표시이다. 이번에는 모세가 스스로 원하는 사람을 아내로 맞이하였다. 그것은 J가 그의 권위를 확증하는 특징적인 방식이기도 하다. 이유가 무엇이었든지 야훼는 미리암과 아론의 불평에 진노하였다. 야훼는 세 사람을 회막으로 불러 모세가 진정으로 유일무이한 권위를 갖고 있는 사람이라고 편들었다. 야훼는 모세와 환상이나 꿈으로 말하지 않고 '대면하여' 말했다. 그럼에도 불구하고 J가 확언하는 것처럼 모세는 '지면의 모든 사람들 가운데 가장 온유한 사람'이었다. 야훼는 직접 모세에 관해 이렇게 말했다. "그는 야훼의 형상을 본다. 너희는 어찌하여 내 종 모세를 비방하기를 두려워하지 않느냐?"[13]

---

11 J는 미리암에 대해 너무 말이 없다. 이 역사 속에서 그는 겨우 두 번 그것도 아주 잠깐 등장한다. 이곳과 이집트 왕이 죽자 승리의 노래를 부르며 춤을 추는 베두인 여인들을 이끌었던 때이다. J는 미리암이 정상적인 베두인 여인처럼 행동한 것으로 이해한다. 그의 행동은 드보라, 야엘 혹은 유딧처럼 민간전승에 나오는 저 비범한 여인들과 비교되지 않는다. J는 미리암의 아론과 모세와의 정확한 관계를 분명하게 밝히지 않는다.

12 이 모세의 아내는 구스 사람이라고 묘사되어 있다. 여기서 구스는 수단과 에디오피아가 위치한 나일 강 상류에 사는 아프리카의 흑인을 말한다.

13 베두인 사회에서는 전형적으로 도전을 존중하는 어투로 표현하는 시의 형태를 보면 이 사건의 의미에 대한 실마리가 담겨있을 수 있다. Lila Abu-Lughod, *Veiled Sentiments: Honor and Poetry in a Bedouin Society*(Berkeley: University of California Press, 1986) 참고.

야훼의 구름기둥이 장막에서 물러가자 미리암은 '눈처럼 하얀' 피부병에 걸리게 되었다. 모세와 미리암을 구별하였다는 표적이 그녀가 걸린 하얀 피부병이었으므로 모세가 선택한 아내의 피부색이 검다는 것이 이 표적의 배경이었음을 알 수 있다. 그것이 J가 모세의 권위를 피부가 검은 아프리카 아내의 문제와 결합시키는 방식이다. 모세 자신도 야훼가 불타는 가시덤불에서 사명을 주고 그에게 독특한 권위를 부여하여 구별하여 세울 때 이 피부병에 걸린 적이 있었다. 그때 야훼는 모세의 피부병을 즉시 낫게 하였다. 미리암의 피부병은 아론의 요청으로 모세가 야훼에게 중보기도를 드린 다음에야 나았다.

25

그곳에 도착하기까지

(민수기 13:17~21:18, 일부)

모세가 정탐꾼에게 말했다. "네겝 길로 행하여 산지로 올라가서 그 땅이 어떤지 정탐하라. 그 땅에 사는 백성이 강한지 약한지 많은지 적은지 그들이 사는 땅이 좋은지 나쁜지 그들이 사는 성읍이 진영인지 요새인지 토지가 비옥한지 메마른지 나무가 있는지 없는지를 탐지하라. 지금은 포도 수확 초기이므로 담대하게 행동하여 그 땅의 소산을 가져오라."(민 13:17~20)

남자들이 네겝을 거쳐 헤브론까지 올라갔다(13:22a). 거기에 아낙의 자손 아히만, 세새, 달매가 있었다(13:22c). [헤브론은 이집트 소안보다 칠 년 전에 세운 곳이었다(13:22b).] 와디[평소에 물이 흐르지 않는 마른 하천] 에스골에 도착하여 포도송이가 달린 나뭇가지 하나를 베었다. 두 사람이 그것을 나무에 꿰어 어깨에 메었다. 또 석류와 무화과를 땄다. 그곳은 와디 에스골, 포도 가지 골짜기라고 불렸는데 이스라엘 베두인 족속이 거기서 포도를 땄기 때문이다(13:23~24).

그들이 모세에게 돌아가서(13:25b) 보고했다. "당신이 보낸 땅에 우리가 다녀왔습니다. 그 땅은 과연 젖과 꿀이 흐르는 땅이었고 이것이 그 땅의 과일입니다. 다만 그 땅에 사는 주민은 강하고 성읍들은 크고 요새화되어 있습니다. 심지어 거기서 아낙 자손들을 보았습니다. 아말렉 족속은 네겝 땅에 거주하고 헷 족속, 여부스 족속과 아모리 족속은 산지를 차지하고 가나안 족속은 해변과 요단 저지대에 거주하고 있습니다."(13:27~29)

갈렙이 모세 앞에서 백성의 말을 조용히 시키고 말했다. "우리가 올라가서 그 땅을 취합시다. 우리가 능히 할 수 있습니다."(13:30)

그러나 함께 올라갔던 사람들이 주장했다. "우리는 올라가서 그 백성을 칠 수 없습니다. 그들은 우리에게 너무 강합니다."(13:31) 백성이 밤새도록 울었다(14:1b). "어찌하여 야훼는 우리를 이 땅으로 인도하여 칼에 맞아 죽게 하는가? 우리의 아내와 자식이 사로잡힐 것이다. 우리가 이집트로 돌아가는 것이 낫지 않겠는가?"(14:3)

그래서 그들은 서로 말했다. "우리가 지도자를 한 명 세워 이집트로 돌아가자."(14:4)

야훼께서 모세에게 말씀했다. "이 백성이 어느 때까지 나를 멸시하겠느냐? 어느 때까지 나와 내가 그들 가운데 행한 모든 표적들을 믿지 않겠느냐? 내가 그들을 역병으로 쳐서 죽여 멸하고 네가 그들보다 강하고 위대한 나라를 이루게 할 것이다."(14:11~12)

모세가 야훼에게 말했다. "이집트 사람이 그들 가운데서 이 백성을 당신의 능력으로 인도하여 낸 것을 들었어도 그렇게 하시겠습니까? 그들은 이 땅의 군주들에게 당신은 이 백성 가운데 계신 야훼라는 것을 들었다고 말했습니다. 당신은 눈과 눈을 마주보고 나타나시는 야훼입니다. 당신의 구름은 그들 위에 운행하고 낮에는 구름 기둥으로 밤에는 불기둥으로 그들보다 앞장서서 움직였습니다. 그런데 당신이 이 백성을 전부 죽이면 민족들은 당신이 하신 일을 듣고 '야훼가 이 백성을 맹세한 땅으로 인도할 수 없기 때문에 광야에서 살육하였다'라고 말할 것입니다."(14:13~16)

"이제 구합니다. 내 주의 능력이 위대한 것을 보여주십시오. 당신이 '야훼는 느리게 노하고 인자가 많아 죄악과 허물을 사하지만 형벌받을 자는 결단코 사하지 않으며 아버지의 죄악을 자식에게 갚아 삼사 대까지 이르게 하는 분이다'라고 말씀하신 대로 이집트에서 이곳까지 그들을 인도하신 것처럼 당신의 인자함으로 이 백성의 잘못을 용서해주십시오."(14:17~19)

야훼께서 말씀했다. "네 소원대로 내가 그들을 용서한다. 그러나 내가 살아있고 야훼의 영광이 땅에 가득할 때 내가 이집트와 광야에서 행한 내 영광과 표적을 본 이 모든 사람들은 결단코 내가 조상들에게 맹세한 땅을 보지 못할 것이다. 나를 멸시한 자는 누구든지 그것을 보지 못할 것이다. 하지만 내 종 갈렙은 그 영이 그들과 달라서 의심치 않고 나를 따르므로 내가 그를 그 땅으로 인도할 것이며 그의 자손이 그것을 기업으로 얻을 것이다. 이제 아말렉 족속과 가나안 족속이 낮은 지역에 살고 있으므로 내일은 우회하여 숩 바다 가는 길을 따라 광야로 돌아가라."(14:20~25)

백성이 심히 슬퍼하였다. 그들은 아침에 일찍 일어나 근처의 산꼭대기로 올라가서 말했다. "이번에 우리는 야훼께서 말씀하신 곳으로 올라가겠습니다. 이는 우리가 지난번에 범죄하였기 때문입니다."(14:39b~40)

그러나 모세가 말했다. "너희가 어찌하여 지금 야훼의 명령을 어기려고 하느냐? 이 일이 이루어지지 않을 것이다. 올라가지 말라. 이는 야훼께서 너희 가운데 계시지 않기 때문이다. 하지 마라. 너희가 대적 앞에서 패할 것이다. 아말렉 족속과 가나안 족속이 너희와 맞서고 있으므로 너희가 칼에 맞아 죽을 것이다. 이는 너희가 야훼를 따르지 않고 거역하였으며 야훼께서 너희와 함께 하시지 않을 것이기 때문이다."(14:41~43)

그러나 그들이 말을 듣지 않고 산지로 올라갔고 아말렉 족속과 산지에 거주하는 가나안 족속이 내려와 그들을 무찌르고 호르마까지 후퇴시켰다(14:44a, 45).

르우벤 자손 엘리압의 아들 다단과 아비람 그리고 벨렉의 아들 온은 유명한 자들이었다. 모세가 사람을 보내어 엘리압의 아들 다단과 아비람을 불렀으나 그들은 말했다. "우리는 올라가지 않겠습니다. 당신이 우리를 젖과 꿀이 흐르는 땅에서 이끌어내 광야에서 죽게 하는 일로도 부족하여 우리의 군대 사령관이라고 고집을 부리는 것입니까? 당신은 우리를 젖과 꿀이 흐르는 땅으로 인도하지 않았고 우리에게 밭도 포도원도 기업으로 주지 않았습니다. 당신이 사람의 눈을 빼려고 합니까? 우리는 올라가지 않겠습니다."(16:12~14)

모세가 심히 진노하여 야훼에게 말했다. "그들이 드리는 제물을 은혜롭게 보지 마십시오. 내가 그들로부터 나귀 한 마리도 빼앗지 않았고 그들 중 어느 누구에게도 악을 행하지 않았습니다."(16:15)

모세가 다단과 아비람에게 나아갔고 이스라엘의 족장들이 따라갔다(16:25). 다단과 아비람이 그들의 아내와 자식과 유아들과 함께 나와 자신들의 장막 입구에 섰다(16:27b).

모세가 말했다. "이 일로 야훼께서 나를 보내어 이 일을 한 것이며 내 생각이 아니라는 것을 너희가 알 수 있을 것이다. 만일 이 사람들이 여느 사람처럼 죽고 여느 사람처럼 창조자를 만나면 이는 야훼께서 나를 보낸 것이 아니다. 하지만 야훼께서 새 일을 창조하시고 땅이 입을 열어 그들과 그 소유를 삼켜서 산 채로 스올에 내려가게 한다면 이 사람들은 내가 아니라 야훼를 멸시한 것인 줄을 너희가 알 수 있을 것이다."(16:28~30)

모세가 이 말을 끝마치자마자 발아래 땅이 갈라지고 땅이 입을 벌려 그들과 가족들을 삼켰다. 그들과 그들이 소유한 모든 것이 산 채로 스올로 내려갔고 땅이 그 위에 덮혔다. 그렇게 그들은 공동체에서 제거되었다. 그 주위에 있던 모든 이스라엘 사람이 "땅이 우리도 삼킬지 모르겠다"고 두려워하면서 소리치며 도망갔다(16:31~34).

모세가 가데스에서 에돔 왕에게 사신을 보내어 "당신의 형제 이스라엘이 이같이 말합니다. 당신은 우리가 겪은 모든 역경을 알고 있습니다. 우리 조상은 이집트로 내려가 거기서 오랫동안 살았습니다. 이집트 사람들은 우리와 우리 조상을 학대하였습니다. 우리는 야훼에게 부르짖었습니다. 그가 우리의 부르짖음을 듣고 천사를 보내어 이집트에서 구원해 주셨습니다. 이제 우리가 당신의 영토 변두리 성읍인 가데스에서 당신의 땅을 지나가고 싶습니다. 우리는 당신의 밭이나 포도원을 침범하지 않을 것입니다. 우리는 당신의 우물에서 물도 마시지 않을 것입니다. 우리는 왕의 대로로 지나가고 당신의 영토를 지나기까지 좌로나 우로도 치우치지 않을 것입니다."(20:14~17)

에돔이 말했다. "너는 나를 통과하지 못할 것이다. 만일 네가 시도하면 칼을 들고 나가 너를 대적할 것이다."(20:18)

이스라엘 베두인 족속이 말했다. "우리는 그저 큰길로만 올라가려고 합니다. 나나 내 가축이 당신의 물을 조금이라도 마신다면 배상하겠습니다. 우리가 도보로 지나갈 뿐이므로 아무 일도 없을 것입니다."(20:19)

그가 말했다. "너는 지나가지 못한다."(20:20a)

에돔이 중무장한 군대와 군인을 데리고 나와 그들을 막았다. 에돔이 자기 땅으로 이스라엘이 지나가기를 거절하였으므로 이스라엘이 그들을 비켜 갔다(20:20b~21). 그들이 출발하여 홍해 길에 있는 호르 산지에서 에돔 땅을 우회하였다. 도중에 백성의 인내심이 바닥났고 백성이 모세를 원망하여 말했다. "어찌하여 우리를 이집트에서 인도하여 광야에서 죽게 하는 것입니까? 음식도 없고 물도 없이 우리가 이 맛없는 음식만 먹고 있습니다."(21:4~5)

백성을 치기 위해 야훼께서 불뱀을 보냈다. 그것들은 사방을 기어 다니면서 백성을 물어 많은 베두인이 죽었다(21:6).

백성이 모세에게 와서 말했다. "우리가 죄를 지었습니다. 이는 우리가 당신뿐 아니라 야훼를 원망했기 때문입니다. 야훼께 기도하여 뱀이 사라지게 해주십시오."(21:7)

모세가 백성을 위해 기도하였고 야훼께서 모세에게 말씀했다. "불뱀 형상을 만들어 장대에 매달아라. 물린 자가 그것을 보면 나을 것이다."(21:8)

모세가 놋뱀을 만들어 장대에 매달았다. 그 이후로 뱀에 물린 사람들이 놋뱀을 쳐다보면 회복이 되었다(21:9).

길을 떠난 베두인들이 드디어 팔레스타인에 도착했다. 그들은 봄에 나일 강 삼각주를 떠났고 늦여름에 목적지에 도착했다. 그때는 팔레스타인 남부 산지의 포도가 잘 익는 계절이었다. 그들은 광야에서 지내기가 가장 힘든 계절인 건조기를 견뎌냈다.

모세는 네겝에서 헤브론 부근의 산지로 정탐꾼을 보내 거기에 어떤 부류의 사람들이 사는지, 방어시설과 소산물이 무엇인지 알아보게 하였다. 그들은 헤브론 근처의 명물인 포도와 석류와 무화과를 채집했다. 이것들은 다년생 과일이며 도시 주변의 농산물이다. J가 가나안 족속을 순전히 도시 사람들로 묘사하는 것과 일치한다.

정탐꾼들이 진영으로 돌아와 모세에게 "당신이 보낸 땅으로 우리가 들어갔는데 그 땅은 정말 젖과 꿀이 흐르는 땅이며 이것이 소산물입니다"라고 보고하였다. 팔레스타인의 상당부분이 개간되지 않았고 대체로 염소와 야생벌을 기르는 목축지여서 이곳 광야에서 여름을 보내던 베두인 족속은 그 땅 어디를 가도 농산물이 나오는 모습을 보지 못했기 때문에 유다 산지의 도시주민이 보유한 소량의 농산물에도 압도되었다. 그들이 목격한 생산체계는 과거에 J가 가나안 땅을 묘사한 그대로였다. 정탐꾼들은 그 땅에서 토지를 소유한 도시인들이 강력한 족속으로 보인다고 보고했다.[1] 그들은 요새화된 도시와 마을에 살았다. 이러한 묘사는 통상 초기 이스라엘이라고 하는, 팔레스타인 산지 전역에 실제로 마을이 생기기 시작하던 시대인 후기 청동기시대의 도시와 마을에 대한 것이 아니고, 다윗 시대의 도시 중심지들에 해당된다. 고고학적 조사

---

1 RSV(와 『개역개정』)의 '그 땅 거민'이란 번역은 너무 일반적이다. 단수명사 *yosheb요세브*('거민')는 단수명사 *am암*('백성')과 같은 말이 아니다. 여러 곳에 사용되는 *yosheb ba'arets*(*요세브 바아레츠*)라는 구문은 그 땅에 기반을 잡고 사는 엘리트 지주라는 의미를 함축하고 있는데 그들의 토지보유권은 그 지역의 왕실과 다른 고관 집안으로부터 수여받은 것이다. Norman K. Gottwald, *The Tribes of Yahweh: A Sociology of the Religion of Liberated Israel, 1250~1050 B.C.*(Maryknoll, N.Y.: Orbis Books, 1979), 512~34 참조.

결과 철기시대 팔레스타인 촌락이 막 등장하던 시기에는 대다수 도시들에 성벽이 없었다.

정탐꾼들은 자기들이 본 주민의 모습을 설명하였다. 그들은 모두 '아낙 자손'이었다. 아낙에 대해 우리가 알고 있는 것은 그들이 체구가 크고 힘이 센 사람들이었다는 것이다. 말하자면 잘 먹고 잘 훈련된 도시의 '명성 있는 자'들이기 때문에 농민들의 눈에는 거인들로 보였다. 정탐꾼들은 그들이 팔레스타인 남부 지역 세 곳에 살고 있다고 보고했다. 네겝에는 아말렉 족속이 있었다. 이들은 네겝 지역에 사는 다윗의 막강한 적들로서 다윗이 자신의 궁전에서 기록한 즉위과정 이야기(삼상 15장~삼하 1장)에 적대적인 자들로 등장한다. 산지에는 헷 족속, 여부스 족속, 아모리 족속이 살았다. 이들은 J가 생각하건대 도시에 기반을 둔 가나안 족속들이었다. 가나안 족속이라고 불리는 사람들은 해변과 요단 계곡에 거주했다. 그래서 정탐꾼에 의하면 가나안 주민은 J 역사의 초기에 나타나듯이 도시주민들이었다.

그러나 블레셋 족속은 정탐꾼의 보고에 빠져있었다. 정탐꾼들은 해변에서 분명히 블레셋 족속을 보았어야만 했다. 하지만 J는 이 지역의 주민들을 전부 서술하지 않고 도시의 왕실 문화를 나타내는 주민들만 도식적으로 언급한다. 그들은 가인의 후손인 가나안과 이집트로 요약할 수 있는 사람들이며 대체로 다윗을 반대하는 사람들이었다. 다윗이 즉위하여 왕권을 장악하는 데 동맹을 맺은 사람들은 그런 모습을 지닌 것으로 생각되지 않았다. 블레셋 족속은 다윗과 동맹 관계에 있었다. J는 이런 상황을 이삭의 역사 속에서 분명하게 밝혔다. 정탐꾼들에게는 아말렉 족속이 체구가 커 보였고 블레셋 족속은 아예 존재하지 않았다. 실제로는 다윗에게 아말렉 족속은 상대적으로 중요하지 않았지만 블레셋 족속은 그의 통치에 꼭 필요한 존재들이었다.

베두인 족속은 지금 다윗이 즉위하던 초기에 권력을 확고히 하는 데 결정적 역할을 한 지역으로 들어갔다. 다윗은 처음에 유다 산지의 주요 도시였던 헤브론을 다스렸다. J는 이미 남부 유다와 네겝의 베두인(그들은 다윗의 동맹이었고 그들의 중심지 중 하나인 헤브론 부근에 모여 살았다)을 대표하는 한 사람을 상세히 설명하였다. 그는 아브람이었다. 지금 J는 도시 헤브론의 엘리트였던 중요한 인물 한 명을 더 언급하고 있다. 다른 모든 정탐꾼이 베두인 족속에게 가나안을 공격하지 말자고 설득한 반면에 유독 갈렙만은 침공을 주장했다. 갈렙은 이렇게 헤브론에 올라가자는 사람으로 처음 소개되고 있다. 그는 다윗 시대에 헤브론에서 유명한 가문의 조상으로 알려졌다. J는 갈렙을 긍정적인 시각으로 본다. 실제로 갈렙은 이집트를 떠난 모든 스물한 번째 세대 사람들 중에 유일무이한 사람으로 그려진다. 모세조차 제외되고 오직 갈렙만이 (여호수아가 J에 등장하지 않는다는 가정 하에) 다윗 시대 이스라엘의 땅을 취한 스물두 번째 세대에 합류한 사람일 것이다. J는 분명 다윗의 즉위와 헤브론과 나머지 유다를 다스리는 일을 후원하는 데 중요한 역할을 했던 가문을 준비하고 있다.

사무엘상 25장의 나발은 헤브론 지역의 영향력 있는 혈족 가운데 권력의 중심에 가까이 존재했던 갈렙 지파의 족장이었을 것이다. 다윗은 나발의 아내인 아비가일과 결혼함으로써 그 혈족의 한 사람이 되었고 그래서 헤브론 지역의 통치를 위한 기반을 마련했다. 다윗은 지속적으로 갈렙 족속의 후원을 얻고자 했지만 손쉽게 얻을 수 없었다. 만일 아비가일이 다윗의 누이였다면–어쩌면 그랬던 것 같기도 한데–다윗은 아비가일이 갈렙 족속과 혼인하는 것을 승낙함으로써 이득을 보기 시작했다. 그런데 아비가일의 남편이 다윗을 지지하지 않자 다윗은 그를 죽이고 그의 자리를 차지하였다. 헤브론 족속의 우두머리는 여전히 저항하였다. 다윗을 반대하여 일으킨 압살롬의 반란 중심지는 헤브론이었다. 압살롬이 일으킨 이 반란무리의 두목은 나발의 아들인 아마사였다. 압살롬이 죽자 다윗은 신속하게 아마사를 군대장관으로 임명하였다. 역대기서는 다윗을 갈렙 혈통으로 이전시킨 족보를 보존하고 있다. 다윗은 이런 정치적 동맹을 간절하게 원했던 것이 분명하며 그런 의미에서 다윗의 제의 역사인 J가 결론부가 가까워지는 곳에서 갈렙에게 그런 독특한 역할을 부여한 것

은 놀라운 일이 아니다.[2]

정탐꾼의 보고를 듣고 낙담한 베두인 족속은 이집트로 되돌아가고 싶어했다. 그것은 야훼의 구원행위를 무효화하는 일이었다. 이런 욕구는 즉각 모세의 권위에 대한 위협으로 표현되었다. 그들은 "[모세를 대신하여] 우리가 우두머리를 한 명 세워 이집트로 돌아가자"라고 말했다. 야훼는 모세에게 임하여 말했다. "이 백성이 어느 때까지 나를 멸시하겠느냐? 어느 때까지 나와 내가 그들 가운데 행한 모든 표적들을 믿지 않겠느냐?" 신뢰의 문제는 야훼가 모세에게 사명을 주던 때에 제기된 주요 이슈로 관심을 돌리게 만든다. 그 이슈는 이집트에 있던 베두인 족속이 이집트에 대항하는 나라가 되려면 먼저 모세와 야훼의 지도력을 신뢰하게 할 필요가 있다는 것이었다. "내가 그들을 역병으로 쳐서 죽여 멸하고 네가 그들보다 강하고 위대한 나라를 이루게 할 것이다"라고 야훼는 응답했다. 야훼가 이렇게 하기 위해서 취할 수 있는 유일한 방도는 모세를 수백 명의 아내를 가진 남편으로 만드는 일이었다. J는 모세를 세상에서 가장 온유한 사람으로 묘사하려는 것 같다. 그의 권위는 자신에게서 나온 것이 아니라 순전히 야훼로부터 나온다. 그런 사람만이 인간을 창조한 하나님의 자녀 출산의 특권을 위협하지 않는 상태에서 수백 명의 아내와 수천 명의 자식을 둘 수가 있다.

모세는 우리가 통상 하는 말처럼 그렇게 온유하지 않았다. 그는 잠재적으로 강력한 힘을 지닌 베두인이 아주 거대한 규모로 세운 여러 진영의 으뜸가는 족장이었다. 그는 과거에 적어도 한 사람을 죽였다. J는 모세를 그다지 온유하게 묘사하지 않는다. J는 오히려 야훼를 대변하는 권력과 그 권력으로 보호하려는 정치적 가치에 완전히 부합하게 그리고 그에 걸맞게 행동하는 사람으로 묘

---

2 Jon D. Levenson, "I Samuel 25 as Literature and as History," *Catholic Biblical Quarterly* 40(1978): 11~28; and Jon D. Levenson and Baruch Halpern, "The Political Import of David's Marriages," *Journal of Biblical Literature* 99(1980): 507~18.

사한다.

모세는 야훼가 그를 수천 명의 아버지로 만들겠다는 제안에 답변함으로써 이런 모습을 분명히 보여주었다. "만약 그렇게 되면 이집트 사람과 가나안 사람들이 이 일을 듣고 당신이 이 백성을 맹세한 땅으로 인도할 수 없기 때문에 광야에서 살육했다고 말할 것입니다." 모세는 자기 백성의 편에 서서 전형적인 히브리어식 불평을 토로하고 야훼가 자중하시도록 호소하였다. 그는 J가 관심을 두고 있는 권력이란 말을 사용하여 자기존중의 의미를 구체적으로 표현했다. 이집트와 가나안을 무너뜨린 것은 역사 속에 새로운 의식과 새로운 사회경제 질서를 세우는 일이었다. 이것이 다윗의 나라가 내세우는 가장 위대한 주장의 요지이다.

이어서 모세가 말했다. "이 백성을 죽이지 말고 당신의 권력을 위대하게 하시고 긍휼을 베풀어 주십시오." 모세는 이 야훼의 목적에 여느 때처럼 충실한 자세로 야훼의 주목적이 무엇이었는지를 다시 생각하게 만들려고 애썼다. 그것은 아브람에게 땅을 주기 위해 아브람의 후손을 구원한 일이었다. 모세는 만약에 야훼께서 이 백성을 죽이고 모세를 수천 명의 아버지로 만들면 야훼의 명성도 망쳐질 수 있음을 상기시켰다. 이렇게 되면 야훼의 관점에서 볼 때 큰 낭패가 아닐 수 없다. 모든 인류 특히 이집트 왕만이 아니라 세상의 왕들이 그를 '알게' 하는 것이 야훼의 중요한 목적이었다. 야훼가 이집트 왕을 무찌르고 나서 직접 구원한 백성을 또 다시 죽인 신으로 알려지게 해서는 안 된다는 것이다.

그러자 야훼는 이 '영광'을 눈으로 볼 수 있게 될 것이라는 점을 크게 강조하면서 다음과 같은 말로 끝맺는다. "내가 나의 삶과 내 영광이 온 세상에 충만함으로 맹세한다. 내가 이집트와 광야에서 행한 내 영광과 표적을 본 사람은 모두 내가 조상에게 준 땅을 보지 못할 것이며 나를 멸시한 자들은 모두 그 땅을 보지 못할 것이다. 오직 그들과는 정신이 다른—아마도 모세의 마음을 지닌—갈렙만을 내가 그 땅으로 인도하여 차지하게 할 것이다." 야훼의 권능과 목적을 보는 일은 이집트의 몰락을 목도한 세대와 그 땅을 차지한 세대, 즉 스물한 번째 세대와 스물두 번째 세대를 구별하는 기준이 되었다. 스물한 번째 세대 중에 헤브론의 지배적 가문의 우두머리인 갈렙은 이 두 세대를 연결한다. 땅을 차지하는 사람은 아버지가 아니라 자녀들일 것이다. 모세가 새로운 세대의 아버지가 아니라면 그 누구도 역사가 성취되는 순간에 참여하는 대안세대의 아버지가 될 수 없을 것이다. 스물두 번째 세대는 J 역사의 마지막 세대이며 J의 현재 즉 다윗 시대에 가장 근접한 세대이다.

야훼는 베두인 족속에게 "아말렉 족속과 가나안 족속이 그 땅에 살고 있으므로" 방향을 돌려 이집트 왕을 죽였던 숩 바다 쪽으로 되돌아가라고 지시했다. 우리의 역사가가 아말렉 족속에게 지속적으로 관심을 두는 것은 야훼나 베두인 족속이 그들을 무찌를 수 없어서가 아니라 역사가 자신의 특별한 관심사 때문이다. 역사가는 자신의 시대인 다윗이 그들을 처리하도록 보류하고 있다.

J는 광야 여정의 마지막에 이르러 특별히 두 족속에게 초점을 맞추고 있다. 그들은 아말렉 족속과 에돔 족속이다. 그들은 다윗의 권력 중심지 남서쪽과 남동쪽 지역에서 가장 큰 위협이 되었던 도전적인 세력을 나타낸다. 다윗에게는 그들을 정복하는 일이 권력 장악의 핵심과제였다. J가 아말렉 족속과 에돔 족속을 이렇게 중요하게 여기는 태도는 전체 역사를 결론짓는 저주 단락, 즉 에돔 족속, 아말렉 족속, 그리고 가인의 후손을 저주하는 단락에 반영되어 있다.

베두인 족속은 야훼가 자신들의 세대를 광야에서 죽게 하려는 의도를 가진 것이 아닐까 하는 의구심을 가졌고 이에 커다란 충격을 받아 결국 그 땅을 공격하기로 마음먹었다. 이것은 광야로 되돌아가라는 야훼의 지시에 불순종하는 일이었다. 모세는 그렇게 말씀에 위배된 공격은 성공하지 못할 것이라고 말하면서 이 일을 막았다. "산지로 올라가지 말라. 야훼가 너희 중에 계시지 않을 것이다. 아말렉 족속과 가나안 족속이 너희와 맞서고 있으므로 너희가 칼에 맞아 죽을 것이다." 그들은 고집을 부렸다. 결국 아말렉 족속과 가나안 족속이 그들에게 내려와 많은 사람을 죽였다. 다윗은 네겝에서 이루지 못한 많은 일을 해결할 과제를 안고 있었다.

J의 역사는 빠른 속도로 결론부로 진행하면서 점점 더 역사의 서두를 암시하는 기법을 늘였다. 물론 역사의 끝을 겨냥하는 암시적 표현들도 아주 많다. 역사의 끝 직전에 나오는 이야기들에 나타나는 여러 용어들은 마지막에 등장하는 발람 이야기를 연상시킨다.

이처럼 그의 역사를 암시 기법으로 엮는 방식은 르우벤 자손의 반역 이야기를 이해하는 열쇠가 된다. 그들은 '유명한 사람들'이었다. 그들은 이스라엘의 장자인 르우벤의 후손이었다. 아마 바로 이 점이 장자가 갖는 통상적인 의미(J는 이것을 거부한다)의 우월감을 느끼게 해주었을 것이다. 그들의 이름은 '유명한 사람들'이 자녀 출산에 관심을 가졌음을 보여준다. 엘리압은 '나의 하나님이 아버지이다'라는 뜻이고 아비람(아브람과 거의 같은 이름)은 '나의 아버지가 고상하다'는 뜻이다. 세 번째 이름 온은 유다의 아들 오난과 사실상 같은 이름이다. 오난은 형의 자식을 낳아주어 형의 이름을 유지하기를 거절하였다. 이 이름들은 모호하며 그 이름을 지닌 사람들이 야훼에게 미룬다(그들이 이전에 그랬듯이)고 말하지만 이 맥락에서 그들은 반대의 의미를 지닌다. 장자 르우벤의 후손이요 장래의 아버지들로서 그들은 생식력과 출산의 하나님을 숭배했다. (다단이란 이름의 의미는 확실치 않다.)

모세는 이들을 불렀지만 오기를 거절했다. 그들은 "우리는 올라가지 않겠습니다"라는 대답을 시작과 끝 부분에서 반복한다. 그들의 거절은 히브리어로 이중적인 의미를 지닌다. 모세에게도 올라가지 않을 것이고 그 땅으로도 '우리는 올라가지 않겠다'는 것이다. 이 이중적 의미 자체도 두 가지 의미를 지닌다. 그들이 의미하는 바는 팔레스타인으로 '올라가기'를 거절하는 것이었다. 그들이 의도하지 않은 바는 거절로 인하여 그들에게 벌어진 일이었다. 그들은 정말 올라가지 못하고 내려갔다.

그들의 나머지 대답도 아이러니로 가득하다. "당신이 우리를 젖과 꿀이 흐르는 땅에서 이끌어내 광야에서 죽게 하는 일로도 부족하여 우리의 군대 사령관이라고 고집하는 것입니까? 당신은 우리를 젖과 꿀이 흐르는 땅으로 인도하지 않았습니다. 우리는 올라가지 않겠습니다." J에 의하면 이집트는 젖과 꿀이 흐르는 땅이 아니었다. 더욱이 이들은 모세가 자신들을 죽이고 있다고 비난했다. 이 입장 역시 J 역사의 근본 주제와 직접적으로 충돌한다. J에 의하면 바로가 베두인 족속에게 강제부역을 시킨 것은 살인이나 다름없었다. 모세는 거기서 자신들을 구원해주었다. 모세가 군대사령관처럼 행동하려고 고집을 피운다는 비난은 모세가 이집트 감독관을 죽임으로써 바로의 노예정책이 살인임을 보여주었고 다음 날에는 서로 싸우는 동족의 시비를 가려주었을 때 "누가 너를 우리의 왕과 재판관으로 삼았느냐?"라는 질문에 직면한 사실을 가리킨다. 거기서 사용한 '왕'이란 말은 이곳에서 '군대사령관처럼 행동한다'는 동사의 기본 의미였다. 그때 서로 다투던 베두인들이 처음으로 모세의 권위를 거부했듯이 여기서는 르우벤 자손이 거부한다. 이 사건은 J 역사에서 베두인 족속이 모세의 권위를 배척한 마지막 사건이다. 결과는 너무 끔찍해서 다시는 일어나지 않았으면 좋았을 그런 사건이 벌어진다.

모세는 화를 내면서 야훼에게 말했다. "그들의 제물을 받지 마십시오. 그들은 내게 합당치 않은 불평을 했습니다." 모세의 요청은 대적들 – 장자 르우벤의 후손 – 을 야훼가 열납하지 않은 제물을 바친 가인 – 모든 장자의 원형 – 의 자리에 놓았다.[3]

이 사람들에게 거절당한 모세는 칠십 명의 족장을 데리고 그들에게로 갔다. J는 다단과 아비람에게 초점을 맞춘다. 모세가 다가가자 그들은 자기 아내와 자식들을 데리고 장막에서 나와 맞이하였다. 모세는 그들에게 아무 말도 건네

3 제물을 언급한 J 내러티브는 나중에 제사장 저자들이 상세히 확대하게 만드는 기초가 되어 민 16장을 여기서 다룬 부분보다 훨씬 길게 만들었다.

지 않았다. 모세는 곁에 선 사람들에게 말했다. "이 일로 야훼가 나를 보내어 이 일을 한 것이며 내 생각이 아니라는 것을 너희가 알 수 있을 것이다. 만일 이 사람들이 여느 사람처럼 죽고 여느 사람처럼 창조자를 만나면 이는 야훼께서 나를 보낸 것이 아니다. 하지만 야훼께서 새 일을 창조하시고[4] 땅이 입을 열어 그들과 그 소유를 삼켜서 산 채로 스올에 내려가게 한다면 이 사람들은 [내가 아니라] 야훼를 멸시한 것인 줄을 너희가 알 수 있을 것이다." '사람들'은 히브리어로 *아담*(adam)이고 '땅'은 *아다마*(adama)이다. J의 어법은 자신의 역사 서두에 첫 인간(adam)이 땅(adama)으로부터 만들어졌다고 한 것과 똑같다. 다단과 아비람 그리고 그의 가족들을 땅이 삼켰다는 표현은 이 역사 서두로부터 직접 나온 것이다. 인간의 생명을 창조한 분이며 노동 착취를 당해 살아 있지만 죽은 것이나 다를 바 없는 인간을 구원한 야훼의 중요성을 인정하지 않는다면 땅에서 취하여 생명을 받은 존재는 땅의 근본으로 되돌아갈 것이다. 베두인 족속이 저항한 마지막 결과가 곧바로 역사의 서두로 거슬러 올라가는 그런 운명을 맞이하게 된다는 묘사는 아주 적절하다.

'삼킴'이란 주제는 음식을 생각하게 한다. J의 역사가 특히 스물한 번째 세대의 끝을 향해 나갈 때 이 역사는 식량 생산과 분배와 획득에 점점 더 큰 의미를 부여한다. 광야에서 벌어진 사건 대다수가 식량 문제로부터 발생한 것이었다. 야훼의 구원을 받은 사람들을 수많은 '삼키는 자'로 본다면 그 구원을 거부한 자들은 그저 '삼킴을 당한 자'일 것이다. 인간은 살아있는 *네페쉬*(*nephesh*, '생령')로 창조되었다. RSV(와 『개역개정』)는 *네페쉬*를 '혼(soul)'이란 단어로 번역한다. 하지만 *네페쉬*는 혼이라기보다 식욕이다. J의 역사는 최초의 즐거운 동산에서부터 젖과 꿀이 흐르는 땅까지 이르는 동안 이 *네페쉬*와 다른 모든 존재

4　히브리어 표현은 동사어근 bara'를 두 번 쓴다. 이 어근은 보통 P의 특징으로 간주되어 창 1장에서 '창조하다'라는 뜻으로 번역되는 단어이다. 하지만 J는 창 6:7에서 이 단어를 사용하고 있다.

가 어떻게 먹을 수 있게 되었는지를 말하는 역사로 볼 수 있다.

히브리어 동사 *발라*(*bala'*, '삼키다')도 앞으로 등장할 발람을 연상시킨다. 그의 이름 발람(히브리어로 *빌람, bil'am*)은 얼핏 보면 마치 똑같은 어근으로 이루어진 것처럼 보인다. 이것이 J가 어떻게 자신의 역사 기술 끝부분에서 말놀이에 집중하는지를 보여주는 사례이다.

이제 성서의 처음 역사는 마지막으로 저항하는 왕들의 이야기를 다룬다. 그것은 바로의 저항을 되풀이한다. 마지막으로 방해하는 왕들은 에돔 왕과 모압 왕이다. 에돔 왕이 먼저 나온다. 이유는 그가 이스라엘이 가는 길목에서 처음 만났을 뿐만 아니라 그의 이름이 *아담*과 *아다마*의 말놀이 연장선에 있기 때문이다. 모압 왕은 이름 속에 '아버지'(*아브, ab*)란 소리가 포함되어 있어서 J가 마지막까지 남겨둔 것이다.

북부 네겝 지역에서 쫓겨난 베두인 족속은 에돔 족속이 사는 동쪽으로 이동하다가 에돔 접경에서 멈췄다. J가 볼 때 에돔에 왕이 있다는 것은 다윗 시대를 반영한 것이다. 철기시대 촌락민이 팔레스타인 산지에 처음 등장했을 때 에돔 땅에도 정착촌이 확장되고 있었다. 서부 팔레스타인처럼 기원전 11세기에 왕권(즉, 정착촌의 농산물에 조세를 부과하고 그것을 바탕으로 도시에 수도를 세운 정권)이 등장했다. 모세의 사절들은 에돔 땅을 통과하여 '왕의 큰 길'(히브리어, 왕의 대로)로 가게 해달라고 요청했다. 그들은 정중하게 요청했다. 통과하는 중에 에돔 왕이 소유한 식량이나 물을 먹지 않겠다고 말했다. 에돔 왕이 생각하기에는 과장된 부분이 있었는지 몰라도 이 제안은 진심어린 것이었다. 어쩌면 음식이나 물을 아주 조금은 먹을지도 모른다. 에돔 왕은 왕의 대로로 통과하는 것을 거절했다. 사절단은 값을 지불하고 물을 마시겠다고 했지만 왕은 여전히 거절했다.[5]

---

5 이어지는 짧은 이야기는 J의 것이 아닌 것 같다. 이것의 상당 부분은 J처럼 다윗에게 매우 중요한 네겝 지역에 관심을 두고 있고 J의 어투와 흡사한 어휘와 주제들을 갖고 있다. 네겝

에돔이 거절하자 베두인 족속은 에돔 지역을 크게 우회하여 동쪽으로 진행했다. 이 길은 동쪽 광야에 있는데 시내 광야처럼 건조하고 여행자에게 아주 열악한 길이었다. 백성들은 참지 못했다. 오래 전에 인내심이 바닥난 야훼는 불뱀(부어오르고 치명적인 독을 지닌 뱀)을 보내어 베두인 족속을 상하게 만들었다. 그들이 잘못을 시인하고 모세가 야훼를 대표한다는 사실을 인정하였다. 모세는 백성을 위해 중보기도를 했고 야훼의 지시대로 놋뱀을 만들었다. 놋뱀은 치료하는 힘이 있었다. 뱀에 물려 죽어가는 사람이 그 뱀을 쳐다보면 살아났다.

뱀은 즐거운 과수원(에덴동산)의 뱀을 암시한다. 뱀을 표현하는 히브리어 단어가 많음에도 불구하고 두 곳은 모두 똑같은 단어(*나하쉬, nahash*)를 쓴다. J의 원래 뱀은 선악의 역사의 발단이 되었다. 광야의 이 뱀들은 J의 역사가 결론에 도달하도록 돕는다. 태고사에 등장하는 뱀이 말하는 동물이었듯이 곧 나타날 발람의 나귀도 말하는 동물이다. 뱀의 목소리가 최초의 저주로 이끌었듯이 이 뱀들은 발람의 '점술'(J는 *콰삼, qasam*이란 어근을 사용하는데 '뱀'과 '점술'이란 뜻을 지닌 *나하쉬*란 단어와 동의어이다)로 유도하여 축복과 저주의 역사 끝부분을 장식한다. '뱀'이란 단어가 역사의 전후를 조명하는 방식은 '삼키다'란 단어에서 살펴본 기법과 비슷하다. J는 청중이 *나하쉬*란 단어에 주목하기를 기대한다. 놋(*네호셋, nehoshet*)이란 단어도 마치 같은 어근을 사용한 단어처럼 들린다.

베두인 족속은 광야의 가장자리에서 북쪽으로 진행하여 모압 땅에 도착했

의 한 도시인 아랏의 왕이 베두인 족속을 공격했고 그 중 몇 사람을 사로잡아갔다. 베두인 족속은 만일 야훼가 아랏을 손에 붙여주면 모든 촌락을 파멸시키겠다고 맹세했다. 야훼가 그들의 기도에 응답하여 아랏 왕을 그들에게 붙여주었다. 그들은 그 지역을 멸망시키고 호르마('멸망')라고 불렀다. 이 단락을 J로 분류하기가 어려운 까닭은 이 이야기가 베두인 족속을 왔던 길로 다시 돌아가게 만들고, 그 다음으로 나와야 할 에돔 주변 지역을 우회하는 이동 순서와 어긋나기 때문이다.

다. 역시 왕의 통치를 받는 곳이었다. 이 마지막 이야기에서 J는 역사의 축이 되는 주제로 돌아간다. 그것은 왕실의 역사에 나타난 축복과 저주의 관계이다. 아브람에게 야훼가 한 맹세는 "너를 축복하는 자를 내가 축복하겠고 너를 저주하는 자를 내가 저주할 것이다"라는 것이다. 이 계획은 처음 열네 세대의 저주를 개선하는 단초가 될 수 있었다. 이 계획을 성취한 초기의 주요 사건은 아브람을 축복하지 않은 가나안의 소돔 왕에게 그리고 그를 축복한 (예루)살렘 왕에게 나타났다. 이 역사 이야기가 진행되는 동안 줄곧 우리는 요셉 세대의 이집트 왕과 모세 세대의 이집트 왕처럼 이런저런 왕위 계승자들에게 특별히 주목했다. 이제 우리는 역사의 마지막 세대와 마지막 왕 이야기에 이르렀다. 이 왕은 한 가지만을 원했다. 그것은 축복받은 이스라엘을 저주하는 일이었다. 그래서 아브람의 축복을 뒤집으려고 했다.

26

축복의 승리

(민수기 22:3~24:22a)

모압이 그 백성을 두려워했는데 이는 그들이 많기 때문이다. 그래서 베두인 이스라엘 사람을 혐오하였다. 모압이 미디안 족장들에게 말했다. "이제 곧 이 무리가 소가 밭의 풀을 뜯어먹는 것같이 우리 사방에 있는 것을 뜯어먹을 것이다."(22:3~4)

그때에 모압 왕은 십볼의 아들 발락이었다. 그가 브올의 아들 발람의 고향인 [자기 백성의 자손의 땅에 있는] 강 가 브돌에 사신을 보내 그를 불렀다. "어떤 백성이 이집트에서 나왔는데 그들이 지면을 덮고 있으며 우리 맞은편에 거주하였다. 그러므로 와서 나를 위해 이 백성을 저주하라. 이는 그들이 우리보다 강하기 때문이다. 그러면 우리가 그들을 공격하여 이 땅에서 쫓아낼 수 있을 것이다. 네가 축복하는 자는 누구든 축복을 받고 저주하면 누구든 저주를 받는 것으로 내가 알고 있다."

모압 족장들과 미디안 족장들이 손에 복채를 가지고 떠나 발람에게 가서 발락의 말을 전했다. 발람이 그들에게 말했다. "오늘 밤에 여기서 머물라. 그러면 야훼가 내게 말씀하시는 대로 너희에게 답을 줄 것이다." 그래서 모압의 족장들이 거기서 발람과 함께 머물렀다.

하나님께서 발람에게 임하여 말씀했다. "함께 있는 이 사람들은 누구냐?"

발람이 하나님에게 말했다. "십볼의 아들 발락이 내게 보낸 자들입니다. '이집트에서 나온 백성이 지면을 덮고 있다. 와서 나를 위해 그들을 저주하라. 그래서 내가 그들을 쳐서 몰아낼 수 있게 해 다오'라는 메시지를 그가 전해왔습니다."

하나님께서 발람에게 말씀했다. "그들과 함께 가지 말라. 그 백성은 축복을 받았으므로 저주하지 말라."

발람이 아침에 일어나 발락의 우두머리들에게 말했다. "네 땅으로 돌아가라. 내가 너희와 함께 가는 것을 야훼가 허락하지 않는다."

모압의 고관들이 발락에게 돌아가서 말했다. "발람이 우리와 함께 오기를 거절했습니다."

발락이 다시 그들보다 더 높은 고관들을 더 많이 보냈다. 그들이 발람에게 이르러 그에게 말했다. "십볼의 아들 발락이 이렇게 말합니다. '내게 오기를 거절하지 말라. 나는 너를 높여 부요하고 존귀하게 만들어줄 것이다. 네가 말하는 것은 무엇이든지 하겠다. 다만 와서 나를 위해 이 백성을 저주해다오.'"

발람이 발락의 신하들에게 대답했다. "발락이 나에게 그의 집 전체와 은금을 준다 해도 내가 나의 하나님 야훼의 지시를 크든 적든 어길 수 없다. 오늘 밤은 여기서 머물라. 이번에는 야훼가 내게 무엇이라고 더 말씀하는지를 알아볼 것이다."

그날 밤 하나님께서 발람에게 임하여 그에게 말씀했다. "이 사람들이 너를 부르러 온 것이면 일어나 그들과 함께 가라. 그러나 너는 내가 네게 말하는 것만 해야 한다."

아침에 발람이 일어나 나귀에 안장을 얹고 모압의 고관들과 함께 갔다. 하나님이 그가 가는 모습에 진노하였으므로 야훼의 천사가 그를 대적하려고 길에 섰다. 그가 나귀를 타고 종자 두 명도 함께 가는데 그의 나귀가 하나님의 천사가 손에 칼을 빼들고 길목에 서 있는 모습을 보았다. 나귀가 길에서 벗어나 밭으로 들어갔다. 발람이 길로 돌이키려고 나귀를 채찍질하였다.

야훼의 천사는 양쪽에 돌담을 세운 포도원 사이의 좁은 길에 서 있었다. 나귀가 야훼의 천사를 보고 몸을 담에 붙였고 그 과정에 발람의 다리가 담에 끼였다. 그가 나귀를 다시 채찍질하였다.

야훼의 천사가 더 나아가서 어느 쪽도 기댈 수 없는 비좁은 곳에 섰다. 나귀가 야훼의 천사를 보고 발람 밑에 엎드렸다. 발람이 화가 나서 나귀를 지팡이로 때렸다.

야훼께서 나귀의 입을 열었으므로 나귀가 발람에게 말했다. "내가 당신에게 무엇을 하였기에 나를 이처럼 세 번이나 때립니까?"

발람이 나귀에게 말했다. "네가 나를 가지고 장난을 치기 때문이다. 내 손에 칼이 있었더라면 너를 죽였을 것이다."

나귀가 발람에게 말했다. "나는 당신을 오늘까지 태워준 나귀가 아닙니까? 내가 이런 식으로 당신을 대한 적이 있습니까?"

그가 말했다. "없다."

이때 야훼께서 발람의 눈을 밝혀 주셨다. 그는 야훼의 천사가 손에 칼을 빼어 들고 길에 서 있는 모습을 보았다. 발람은 머리를 숙여 절을 했다.

야훼의 천사가 그에게 말했다. "너는 어찌하여 네 나귀를 이렇게 세 번이나 때렸느냐? 보라 길이 내 앞에 [……] 하기 때문에 내가 너를 대적하기 위해 나왔다. 나귀가 나를 보고 이같이 세 번을 돌이켜 피한 것이다. 나귀가 내 길을 피하지 않았더라면 내가 벌써 너를 죽이고 나귀는 살려주었을 것이다."

발람이 야훼의 천사에게 말했다. "내가 죄를 지었습니다. 당신이 내가 가는 길에 서 있는 줄을 몰랐습니다. 이제라도 내가 가는 것이 당신이 보시기에 악하다면 내가 돌아가겠습니다."

야훼의 천사가 발람에게 말했다. "그 사람들과 함께 가라. 내가 네게 이르는 말만 해야 할 것이다." 그래서 발람은 발락의 고관들과 함께 갔다.

발락이 발람이 온다는 소식을 듣고 모압 변경의 끝 아르논 가에 있는 모압 도시까지 가서 그를 맞이하였다. 발락이 발람에게 말했다. "내가 긴급하게 사람을 보내어 너를 부르지 아니하였느냐? 너는 어찌하여 오지 않았느냐? 내가 네게 부와 명예를 주겠다는 것을 의심하느냐?"

발람이 발락에게 말했다. "내가 당신에게 왔습니다만 내가 무엇이라도 말할 능력이 있는 줄 생각합니까? 나는 야훼가 내 입에 주시는 말씀 그것만 말할 수 있습니다."

발람이 발락과 동행하여 거리의 도시, 기럇후솟에 이르렀다. 거기서 발락이 소와 양으로 제사를 드리고 발람과 그와 함께 한 고관들을 대접하였다. 아침이 되자 발락이 발람을 데리고 바못바알('바알의 산당')로 올라갔다. 거기서 그가 이스라엘 백성의 가장자리를 보았다(22:5~41).

발람이 발락에게 말했다. "나를 위해 여기에 제단 일곱을 세우고 수송아지 일곱과 숫양 일곱 마리를 준비해주십시오."(23:1)

발락이 발람이 말한 대로 했다. 발락과 발람이 제단마다 수송아지와 숫양을 제물로 바쳤다.

발람이 발락에게 말했다. "당신의 번제물 옆에 서십시오. 나는 저리로 갈 것입니다. 혹시 야훼께서 나를 만나시면 야훼께서 나로 보게 하시는 말씀을 당신에게 전해주겠습니다."

그가 언덕으로 갔다. 하나님께서 발람에게 임하셨다. 그가 말했다. "내가 일곱 제단을 세우고 제단마다 수송아지와 숫양으로 제사를 드렸습니다."

야훼께서 발람의 입에 말씀 하나를 넣어주면서 말했다. "발락에게 돌아가서 이렇게 말하라."

그가 발락에게 돌아가서 보니까 그가 모압의 모든 고관들과 함께 자기 번제물 곁에 서 있었다(23:2~6). 발람이 이 신탁을 선포했다.[1]

---

1 고어체로 된 발람의 축복과 저주 본문은 J의 내러티브 본문과 종류가 다르다. J는 이것들을 이스라엘의 축복과 미리암의 노래가 포함된 다른 자료에서 취하여 자신의 목적에 맞게 기록했을 것이다. 현재 형태는 의미가 항상 명료하지 않고 그래서 진지한 논쟁 주제이다. 이

발락이 나를 동쪽에서 데려와 야곱을 저주하고 이스라엘을 꾸짖으라고 내게 말했다. 내가 어찌 하나님께서 저주하지 않은 자를 저주할 수 있으며 야훼께서 꾸짖지 않은 자를 꾸짖을 수 있으랴? 바위 꼭대기에서 내가 그들을 보았고 언덕에서 그들을 바라보았는데 민족들 가운데 구별된 백성이구나. 누가 이스라엘 자손의 일부라도 셀 수 있으랴? 내 후손도 그들처럼 되었으면 좋겠구나(23:7b~10).

발락이 발람에게 말했다. "네가 어찌 내게 이같이 행하느냐? 내가 그들을 저주하라고 너를 불렀는데 너는 오히려 그들을 축복하고 있다."

그가 대답했다. "나는 야훼께서 내 입에 주시는 말씀만을 해야 하지 않겠습니까?"(23:11~12)

발락이 그에게 말했다. "나와 함께 다른 곳으로 가서 그들을 보자. 너는 그들의 가장자리만 보았다. 너는 그들을 전부 보지 못했다. 너는 그곳이라면 나를 위해 그들을 저주할 수 있을 것이다."(23:13)

그래서 그가 비스가 산 정상의 내려다보는 곳으로 그를 데리고 갔다. 그가 일곱 제단을 세우고 제단마다 수송아지와 숫양을 바쳤다.

그가 발락에게 말했다. "내가 저기서 무슨 일이 일어날지 기다리는 동안 당신의 번제물 곁에 서 있으십시오."(23:14~15)

발람이 하나님을 만났다. 하나님이 그의 입에 말씀을 주시고 말씀했다. "발락에게 돌아가 이렇게 말하라……"

그가 발락에게 돌아와서 보니 그가 모압 고관들과 함께 자기 번제물 곁에 서 있었다. 발락이 그에게 말했다. "야훼가 무엇이라고 말씀하였느냐?"

발람이 대답하여 이 신탁을 선포했다(23:16~18a).

러한 어려움 때문에 우리는 본문을 히브리어 원문에서 곧장 직역하지 않고 주요 요점을 풀어쓰는 방식으로 옮겼다. 현재의 번역은 도식적으로 이루어진 것이며 현재 진행 중인 논의에 우리의 의견을 제안한 것이 아니다.

발락이여 이 말을 들으라. 하나님은 사람이 아니요 이렇게 말하고 저렇게 행하는 분이 아니다. 그가 내게 축복하라고 말씀하셨다. 그가 축복하셨으니 나는 그것을 바꾸지 못한다. 그는 이스라엘에게서 아무 허물도 찾지 못하셨다. 야훼께서 그들과 함께 계신다. 그들이 싸울 때 내는 소리는 왕들이 내는 소리 같다. 하나님께서 그들을 이집트에서 인도해냈다. 그들을 해롭게 하는 점술은 없다. 그들은 먹이를 쫓아가는 사자 같다. 그것은 먹이를 다 먹고 죽인 자의 피를 마시기 전까지 쉬지 않을 것이다. 그러므로 주의하라(23:18b~24).

발락이 발람에게 말했다. "네가 그들을 저주할 수 없다면 최소한 그들을 축복하지는 말아라."

발람이 발락에게 대답했다. "나는 야훼께서 말씀하시는 것만을 말해야 된다고 당신에게 말하지 않았습니까?"(23:25~26)

발락이 그에게 말했다. "이리 와라. 너를 다른 곳으로 데리고 가겠다. 어쩌면 그곳에서는 하나님 보시기에 적당해서 나를 위해 네가 그들을 저주할 수 있도록 만들지도 모르겠다."(23:27)

발락이 광야가 내려다보이는 브올 정상으로 발람을 데리고 갔다. 발람이 발락에게 말했다. "여기에 제단 일곱을 세우고 나를 위해 수송아지 일곱과 숫양 일곱을 준비해주십시오." 발락이 발람이 말한 대로 하고 제단마다 수송아지와 숫양으로 제사를 드렸다(23:28~30).

발람은 그곳이 야훼께서 이스라엘을 축복하기에 좋은 장소로 여기신다는 것을 알았다. 그래서 이전에 두 번씩이나 그랬던 것처럼 따로 멀리 가지 않았고 대신에 광야를 의도적으로 쳐다보았다. 발람이 눈을 들어 이스라엘이 지파별로 진을 친 모습을 보았다. 하나님의 영이 그에게 임하므로 그가 이 신탁을 선포하였다(23:28~24:3a).

눈을 뜬 자 발람의 신탁이다. 하나님이 보는 것을 보는 자, 엎드려 있으나 눈을 뜬 자의 신탁이다. 야곱아 너의 장막들이, 이스라엘아 너의 진영들이 얼마나 아름다우냐? 마치 시원스레 뻗어 있는 강들 같고, 강가의 즐거운 동산 같으며 야훼께서 심은 알로에 같고 물가의 백향목 같구나. 물이 그에게서 흘러나올 것이며 후손은 많은 물과 같을 것이다. 그 왕은 아각보다 높을 것이며 그 나라는 더욱 흥왕할 것이다. 하나님이 이집트에서 그들을 인도하였다. 그들은 적을 삼킬 것이다. 너를 축복하는 자는 복을 받고 너를 저주하는 자는 저주를 받을 것이다(24:3b~9).

발락이 발람에게 노하여 손뼉을 치며 말했다. "나는 내 원수들을 저주하라고 너를 불렀는데 너는 여기서 그들을 이렇게 세 번씩이나 축복하기만 하는구나. 여기서 나가라. 나는 네게 부와 명예를 주겠다고 말했지만 야훼가 너를 막아 엄청난 보상을 받지 못하게 하였다."

발람이 발락에게 말했다. "내가 이미 사자들에게 '발락이 내게 자기 온 집과 은금을 준다고 해도 나는 내 하나님 야훼의 분부를 거역하고 내 마음대로 선이나 악을 행할 수 없습니다'라고 말하지 않았습니까? 야훼께서 말씀하신 것을 나는 말했을 뿐입니다. 좋습니다. 나는 내 백성에게로 돌아가겠습니다. 하지만 먼저 이 백성이 때가 되면 당신의 백성에게 무슨 일을 하게 될지 조언해 드리겠습니다." 그가 이 신탁을 선포했다(24:10~15a).

눈을 뜬 자 발람의 신탁이다. 하나님이 보는 것을 보는 자, 엎드린 채 눈을 뜬 자의 신탁이다. 내가 보는데 이때의 일이 아니다. 내가 보니 지금의 일이 아니다. 이스라엘이 모압을 무찌를 것이다(24:15b, 17).

그리고 이런 말도 했다.

에돔은 다른 사람의 소유, 자기 원수의 소유가 될 것이나 이스라엘은 부요와 힘을 얻을 것이다(24:18).

또 그는 아말렉 족속을 보고 이 신탁을 선포했다(24:20a).

아말렉 족속은 민족들의 으뜸이지만 그의 말로는 파괴자의 전리품이 될 것이다(24:20b).

또 그가 겐 족속을 보고 이 신탁을 선포했다(24:21a).

너의 거처는 지속될 것이며 바위 사이에 자리를 잡고 있지만 그래도 가인, 너는 불에 탈 운명이다(24:21b~22a).

그리고 발람이 떠나 자기가 살던 곳으로 돌아갔고 발락도 자기 길을 갔다(24:25).

J는 역사의 축인 아브람의 축복 문장 가운데서 마지막 구절을 성서의 처음 역사 마지막 이야기로 크게 확대하고 있다. 이 결말은 셈의 후손 가운데 한 왕을 묘사한다. 그는 자신의 의지와 상관없이 이스라엘을 억지로 축복하게 된다. 각오가 대단한 이 왕은 저주하려는 목적을 이룰 수 없었다. 또 이집트 왕이 죽었으므로 이제 어느 왕이 저주할 수 있겠는가? 어느 왕도 저주를 할 수 없다면 야훼의 아브람 축복 가운데 두 번째 구절은 더 이상 적용될 수가 없다. 역사의 마지막 이야기가 품고 있는 의미는 아무도 저주할 수 없을 정도로 모든 사람이 축복을 받았다는 것이다.[2] 아브람을 통해 시작된 축복은 지금 다윗을

---

2 역사 시초부터 야훼는 인간사의 주도권을 잡고 응답자가 아니라 완벽한 저자가 되려고 하였다. 이 마지막 이야기에서도 야훼는 주도권을 쥐고 있다.

통해 세계와 역사를 물들이고 있다. 다윗의 자기 이해는 참으로 원대했다.[3]

역사가들은 거의 만장일치로 민수기 22~24장의 발람 이야기를 J와 E가 결합된 단락으로 여긴다. 이렇게 결론을 짓는 주요 이유는 야훼라는 신명과 엘로힘이란 신명이 빈번하게 사용되기 때문이지만, 그것은 충분한 이유가 되지 못한다. 두 문서층 모두 두 개의 신명을 사용하기 때문이다. 우리가 만일 흔히 E라고 생각하는 전형적인 구절 중 하나를 보면 이렇게 분류하기가 어려운 것을 알 수 있을 것이다. 그런 구절이 민수기 22:7~11이다. 발락이 보낸 모압과 미디안 족장들은 발람에게 왔다. 발람은 그들에게 그날 밤 자기와 함께 머물라고 말했고 그는 야훼가 말씀하는 것을 들을 수 있었다. 그날 밤 엘로힘이 발람에게 임하고 그와 이야기하였다. 이 구절을 E라고 주장하는 사람들은 엘로힘이란 신명을 사용한 것 외에도 하나님이 밤에 그에게 나타났는데 그것이 꿈속에서 벌어진 일이라고 생각한다. 하지만 꿈을 꾸었다는 말은 없다. J에서는 야훼가 백성에게 밤에 나타났다. 야훼가 얍복 강에서 야곱과 씨름한 이야기와 J의 역사 전체를 통틀어 절정의 순간이었던 이야기로 이집트에서 베두인 족속을 밤새도록 구원한 이야기가 그 사례이다. 발람과 하나님의 대화는 백성이 엘로힘과 거리감을 두는 E보다 야훼를 백성에게 친근한 분으로 표현하는 J와 잘 어울린다.

발람 역사에서 야훼와 엘로힘을 사용하는 문제와 관련하여 또 달리 설명할 방도가 있을까? 이야기를 면밀히 점검해보면(물론 야훼와 엘로힘이 평행적으로

---

3 많은 학자들은 J가 발람 이야기로 끝난다는 생각에 동의하지 않는다. 그런 결론은 오경을 생각할 때 주로 언약과 정복과 같은 위대한 주제에 대해 별로 언급하지 않는 것으로 보이기 때문이다. 살펴본 것처럼 그런 것들은 J의 주제가 아니다. 실제로 그것들은 J에 전혀 나타나지 않는다. 발람 이야기로 끝나는 것이 J의 강조점과 잘 어울린다. 이 역사는 베두인이 예루살렘으로 행진하기 위하여 요단강을 건너는 지점에서 끝난다. 네겝 지역에 집중하던 글에서 이런 식으로 예루살렘에 접근하는 것은 낯설게 보일 수도 있다. 하지만 청중에게 예루살렘을 목표로 삼고 영광스런 미래를 향해 나아가도록 고안된 글에서는 완벽한 의미를 지닌다.

등장하는 시적인 신탁을 따로 떼어놓고) 몇 개의 예외를 제외하고 내러티브에서는 엘로힘을 사용하고, 야훼는 말씀을 하는 것을 볼 수 있다.[4] J의 역사에서 야훼와 엘로힘을 함께 사용하는 곳이 한 곳 더 있다. 그곳은 첫 번째 이야기인 에덴동산이다(본서 7장). 거기서 야훼는 (수식어 엘로힘, 즉 하나님과 함께) 내러티브 양식에서 사용되고, 엘로힘은 스피치 양식에서 사용되고 있다. 그것은 J가 일곱 세대의 첫 번째 조합에 등장하는 사람들은 아직 야훼라는 이름을 몰랐다고 생각한 결과이다. J는 자신의 역사를 마무리 짓기 위해 이러한 특징을 처음 이야기에서 가져와 이 마지막 이야기 속에 거울처럼 반사하도록 만든다.

성서에서 말을 하는 짐승은 오직 둘이다. J 역사 서두의 뱀과 J의 마지막에 등장하는 나귀가 바로 그들이다. 뱀이 등장하는 대목에서 엘로힘을 사용하는 경우는 연설문이다. 나귀가 등장하는 배경에서 야훼만을 사용하는 모든 경우는 마찬가지로 연설문 양식이다. 이 반사 이미지가 마지막 이야기의 초점을 역사의 기본적 반전, 즉 보편적인 저주가 보편적인 축복으로 바뀌는 것에 집중시켜준다. 뱀의 말이 즉시 이어지는 네 가지 역사(가인, 유명한 자, 함과 가나안, 그리고 바벨탑)에서 세 가지 저주로 이어졌듯이 나귀의 말은 즉시 이어지는 네 가지 기사에서 세 가지 축복으로 인도한다.

예외는 다음과 같다. 엘로힘이란 신명은 민수기 22:38과 23:27의 말씀 속에 사용된다. 첫 번째는 발람이 야훼가 누군지 아직 모르는 발락에게 처음 한 말이다. 이 신명은 '내 입에 주시는 말씀'과 같은 표현과 함께 나타난다. 두 번째는 발락이 하나님을 언급한 유일한 경우이고 '보시기에'라는 표현과 함께 나온다. 발락은 하나님을 야훼라고 부르지 않았다. 그도 바로처럼 야훼를 전혀 '알지' 못했기 때문이다. 이 두 가지 예외는 '야훼가 나로 보게 하시는 말씀'에 이

4 이야기와 말씀의 차이는 물론 J와 E의 차이가 아니다. 세 개의 장에서 J는 말씀이고 E는 이야기로 나타난 것은 순전히 우연의 일치이다. 전체 이야기를 잠시만 읽어보아도 그렇지 않음을 보여준다.

야기의 관심사가 있음을 강조한다. 그것은 저주와 축복의 말씀과 관점, 보는 것과 들리는 것을 연결하는 데 관심을 둔다. 야훼라는 신명은 나귀와 연관된 장면의 내러티브에 사용된다. 그것은 역사 서두의 뱀이 등장하는 장면에 사용된 것과 정반대이다. 다른 곳에서 야훼는 민수기 23:5와 24:1의 내러티브에 사용되고 있다. 이것이 엘로힘을 사용한 두 가지 예외와 균형을 이룬다. 첫 번째 것은 22:38에서 '내 입에 주시는 말씀'이란 표현을 똑같이 사용하여 균형을 이룬다. 두 번째 것은 23:27에서 '보시기에'란 표현을 똑같이 사용하여 균형을 이룬다. 이로써 파격적 용법은 하나만 남는다. 23:16에서 야훼를 사용하는 경우이다. 이 파격적 용법은 하나님이란 단어를 사용하는 그리스어 역본과 비교할 때 제외시킬 수 있다. 이곳의 그리스어 역본은 전체 도식과 일치하며 그래서 J의 원래 히브리어 본문을 반영하고 있는 것으로 보인다.

바로처럼 모압 왕은 이스라엘 베두인 자손의 수가 많다는 사실이 두려웠다. 그는 모압과 동맹을 맺고 있는 미디안의 베두인 고관들에게 마음을 쏟았다. 대부분이 분명 다윗과 연대하고 있었던 반면 일부 미디안 사람들은 여전히 발락과 동맹을 맺고 있었다. 발락은 이스라엘 자손의 무리가 소가 들의 풀을 먹어치우듯이 자기 나라를 먹어치울 것이라고 불만을 토로했다. 그는 브돌이라고 부르는 곳에 사는 발람에게[5] 사신을 보냈다. 브돌은 '그의 고향[자기 백성의

---

5 J가 발람이란 이름을 만들어내지는 않았을 것이다. 10여 년 전에 고고학자들은 요단 계곡에서 다소 길고 단편적인 본문을 발견하였다. 그것은 J의 시대보다 약 300년 뒤인 기원전 700년경에 기록된 것이고 발람이라고 하는 예언자를 언급하고 있다. 불행히도 이 본문에서 이름 외에는 이 발람의 성격에 관해서 아무것도 얻을 것이 없었다. 대다수 성서역사가들은 이 우연한 발견을 발람이 이 지역에서 전통적으로 잘 알려진 점술가의 이름이었음을 보여주는 것으로 받아들였다. 그래서 J가 이 전통적인 이름을 지닌 인물을 발람 이야기를 기록하는 데 사용한 것으로 생각했다. J가 고안해낸 결과로 그 이름이 전통적이 되었다는 제안은 가능하기는 하지만 개연성이 떨어진다. Baruch A. Levine, "The Balaam Inscription from Deir 'Alla: Historical Aspects," in *Biblical Archaeology Today: Proceedings of the International Congress on Biblical Archaeology, Jerusalem, April 1984*(Jerusalem: Israel Exploration Society, 1985), 326~39;and Jo Ann Hackett,

자손의 땅]에 있는 강가'에 위치했다. 이것은 완전한 의미를 알 수 없는 표현이다. 어떤 이는 그 장소로 보다 특정한 곳을 언급했을 것으로 예상한다. 특히 발람의 첫 번째 신탁이 그가 아람 혹은 시리아에 있다고 말하기 때문이다. 다수의 성서역사가들은 '자기 백성'(히브리어로 *암모, ammo*)을 '암몬'으로 수정하고 '암몬 족속의 땅에 있는 강가에'로 읽는다. 가능한 제안이다. 하지만 현재 히브리어 표현이 J의 나머지 단락에 비추어볼 때 어떤 의미를 지니는지 물어보아야 한다. 발람이란 이름은 히브리어로 *빌람*(*Bilam*)이다. 이것을 조사해보자. J는 발람을 *빌*(*bil*, '아니다')과 *암*(*am*, '백성')의 합성어로 생각하고 '백성이 아니다'라는 뜻으로 해석했다. 그러므로 발람은 특정한 백성을 뜻하지 않는다. 그의 이름이 지닌 의미는 발람의 기원이 특정한 백성이 아니라 자기 백성의 자손이 사는 땅에 있는 강가라는 표현으로 확인된다. 발람이 특정한 백성에 속하지 않았다면 그는 J 역사의 마지막에 등장하는 적대적인 왕을 위해 의도치 않는 축복을 선언하는 데서 보여준 것처럼 모든 백성을 대표하는 것으로 생각할 수 있다.

발락은 사신들에게 다음과 같은 내용을 전달하라고 지시했다. "와서 나를 위해 이 백성을 저주하라. 그들은 나보다 강하다. 어쩌면 내가 그들을 쳐서 이 땅에서 쫓아낼 수 있을지도 모르겠다." 이 어투가 '요셉을 모르는' 바로가 자기 대신들에게 했던 말과 얼마나 흡사한지를 주목해보라. 발락은 이어서 말했다. "나는 네가 축복하는 자가 축복을 받고 네가 저주하는 자는 저주를 받을 줄 알고 있다." 우리는 J의 어디에서도 경건한 예식에서 마법적인 힘을 얻기 위하여 행해진 말의 무거운 효과의 의미를 더 잘 나타내는 곳을 찾을 수 없다. 그러한 맥락에서 행해진 말은 현실이 된다. 이것이 야훼가 아브람에게 땅을 주겠으며 축복을 하겠다고 맹세한 의미였다. 또한 이것이 발락이 경건한 말을 이끌어내

"Some Observations on the Balaam Tradition at Deir 'Alla," *Biblical Archaeologist* 49(1986): 216~22 참고.

려고 한 의미이다.

모압 사신들은 발람에게 점술의 대가로 줄 복채를 갖고 갔다. 메시지를 전하자 그가 대답했다. "오늘 밤 여기서 머물라. 내가 내일 아침에 야훼께서 내게 말하는 대로 대답해줄 것이다."

발람은 아침에 일어나 사신들을 불러서 말했다. "돌아가라. 야훼께서 내가 너희와 함께 가는 것을 거절하였다."

사신들은 발락에게 돌아가 발람의 반응을 전했다. 발락은 단념하지 않았다. 이번에는 발람에게 '존귀한 많은 고관들'을 보냈다. J의 강조점은 '존귀'에 있다. 그 단어는 히브리어로 발락이 발람에게 제공하려고 생각하는 부귀 및 명예와 어근이 같다. 그의 생각은 야훼가 아브람을 축복하고 이집트에서 부와 명예로 '존귀하게' 만들었을 때처럼 사람을 '존귀'하게 만드는 능력과 대조된다. 사신들이 발람에게 도착하여 말했다. "발락이 이렇게 말했습니다. 내게 오기를 거절하지 말라. 내가 너를 지극히 부요하게 만들고 지극한 영광[두 가지 의미 모두 존귀하다는 뜻의 어근에 기초하고 있다]을 줄 것이다. 네가 무엇이라고 말하든지 내가 행할 것이다. 그저 와서 나를 위하여 이 백성을 저주해다오."

발람이 대답했다. "발락이 온 나라와 은금을 준다고 해도 나는 나의 하나님 야훼의 지시를 작든 크든 무시할 수 없습니다. 오늘밤 다시 여기에 머무시오. 그러면 야훼께서 이번에는 나에게 무엇이라고 말씀하시는지 알 수 있을 것입니다."

이번에는 하나님께서 이렇게 말씀했다. "그 사람들이 너를 부르러 온 것이면 그들과 함께 가라. 하지만 내가 하라고 말하는 것만 해야 한다."

즐거움의 동산[에덴동산]으로 시작해서 J에게는 사람의 보는 것이 가장 중요하다. 지금 역사가의 '보는 것'에 대한 관심사는 최대 절정에 도달한다.[6] 문제

---

6 Robert Alter, *The Art of Biblical Narrative*(New York: Basic Books, 1981), 104~7. 알터

는 누군가가 이 이스라엘 즉 강제부역에서 구원받은 노동자 무리를 볼 때 무엇을 보느냐 하는 것이다. 발락은 발람을 불러 이스라엘 베두인 족속을 저주받은 백성으로 '보라'고 시키고 그렇게 규정하고자 했다. 하지만 발람이 그렇게 하는 대신에 그들을 야훼가 축복한 민족으로 '보도록' 야훼의 힘이 작용하였다. 발람이 도착하여 발락의 요구가 아니라 야훼의 요구를 따라 행하기 전에 우리 역사가는 발람은 야훼가 보게 하신 것만을 본다는 규칙을 재차 강조한다. 이것을 강조하려는 뜻이 발람의 나귀와 야훼의 천사가 관련된 사건에 내포되어 있다.

발람은 아침에 나귀에 안장을 얹고 사절과 함께 길을 나섰다. 일행이 함께 길을 가는 중에 야훼의 천사가 발람의 나귀 앞에 칼을 들고 지켜 섰다. 나귀는 길을 비키려고 하다가 들로 들어갔다. 발람은 나귀를 때려 길로 다시 들어섰다. 결국 일행은 양쪽에 포도원 담이 쌓인 좁은 길에 들어섰다. 다시 천사가 나귀 앞에 섰다. 나귀는 천사 때문에 한쪽으로 비키려고 했고 그래서 발람의 다리를 벽에 긁히게 만들었다. 발람은 다시 나귀를 때렸다. 마침내 천사가 앞으로 나서 좁은 길목을 막아섰다. 나귀는 더 이상 물러설 곳이 없었다. 나귀는 점점 더 다가가다가 주저앉아 버렸다. 발람이 지팡이를 꺼내 나귀를 전보다 세게 때렸다. 그는 화가 났다. "내가 손에 칼이 있었더라면 너를 죽였을 것이다."

일이 이렇게 진행되는 동안 발람은 천사를 보지 못했다. 나귀는 혼란에 빠져 불평했다. "나는 당신을 평생 태워준 나귀가 아닙니까? 내가 아무 것도 아닌 일로 이렇게 한 적이 있습니까?" 발람은 그런 적이 없다고 인정했다.

그때 야훼가 발람의 눈을 열어주었고 발람은 칼을 든 천사가 거기 서 있는 것을 보았다. 그는 엎드려 절을 했다. 천사가 말했다. "어찌하여 너는 나귀를

가 발람 이야기에서 하나님을 환상의 독보적 원천으로 다룬 것은 잘 지적한 것이다. 그러나 그는 이것을 나머지 J와 연결시키지 않고 있다.

이렇게 세 번씩이나 때렸느냐? 내가 의도적으로 너를 막으려고 했다. 나귀가 나를 보고 방향을 튼 것이다. 그렇지 않았다면 내가 너를 죽이고 나귀는 살았을 것이다." 우리는 에덴동산에서 최초의 사람의 눈이 열린 사건을 기억한다. 그때 그들의 눈이 열려 그들은 하나님처럼 자녀 출산의 능력을 발휘하였고 결국 야훼의 저주를 받았다. 역사를 결론짓는 이야기에서는 이 모든 것이 뒤바뀐다. 야훼가 축복한 사람들을 저주하려고 하는 자이면서 자신의 눈이 떠져 야훼를 보고 자신은 저주할 수 없음을 본 자는 바로 발람이라는 인간이다. 태고의 즐거움의 동산[에덴동산]에서 저주 다음에 생명나무를 화염검으로 지켰듯이 축복의 시대에는 손에 칼을 든 야훼의 천사가 나타나 발람이 저주하지 못하도록 막는다. 그리고 최초의 사람을 유혹하여 야훼에게 죽음의 저주를 받게 한 것이 말하는 뱀이었던 반면에 이제는 손에 칼을 든 천사에게 발람이 죽지 않도록 막아준 존재가 두 번째로 말하는 짐승인 나귀이다.

발람이 고백했다. "제가 죄를 졌습니다. 저는 제 앞의 길에 당신이 서 계신 줄을 몰랐습니다. 제가 발락에게 가기 원치 않으시면 돌아가겠습니다." 천사는 야훼가 밤에 한 말, 즉 가서 야훼가 하라고 한 말만 하라고 되풀이했다.[7]

발람이 도착하자 발락은 모압의 북쪽 경계선으로 그를 맞이하러 갔다. 발락이 발람에게 물었다. "어찌하여 너는 곧장 오지 않았느냐? 내가 너에게 큰 부와 명예를 줄 수 없을 것 같으냐?" 발람은 재빨리 대답했다. "나는 이제 여기 왔습니다. 하지만 하나님이 내 입에 넣어준 말만을 말할 수 있습니다." 그런 뒤 발락과 발람은 함께 '거리의 도시'로 가서 발락이 발람의 선포를 엄숙하게 만들어주는 성대한 희생 제사를 드렸다. 다음 날 아침 발락은 지나가고 있는 베두인들을 한눈에 볼 수 있는 높은 곳으로 발람을 데리고 갔다.

---

7 "이 이야기에서 열린 눈으로 하나님의 환상을 본다는 측면에서 발람과 발락의 관계처럼 나귀는 발람의 역할을 한다는 것이 아주 명백해 보인다."(Alter, *The Art of Biblical Narrative*, 106)

발락은 첫 번째로 발람의 지시에 따라 일곱 번의 제사를 드렸다. J는 세계의 역사이다. 그 중심에는 이스라엘의 제의가 존재한다. 결론부에서 J는 발람의 축복과 저주가 정의하는 의로운 왕실과 불의한 왕실은 희생 제사를 통해 가려진다는 점을 분명히 한다. 그것은 정치경제와 종교적 제의가 동일한 현실을 구현하는 것이라는 문화적 사유를 반영한다. J의 방식에 충실하게 발락의 아침 제사는 일곱 곳의 제단에서 수송아지 일곱과 숫양 일곱으로 드려졌다. 광야에서 임시 제단이 필요한 경우에는 야훼가 시내 광야의 성소를 짓게 한 방식대로 흙이나 다듬지 않은 돌로 지은 제단을 세우라는 명령을 받았다. 일곱 번의 제사는 일곱 번의 축복과 저주였으며 이로써 발람은 이스라엘과 그 왕실을 정의했다.

발람은 야훼가 무슨 말씀을 하시는지 알아보기 위해 밖에 다녀오는 동안 발락은 제단 옆에 서 있으라고 말했다. J는 그것을 '야훼가 나로 보게 만드는 말씀'이라고 부른다. 이것은 J가, 야훼가 발람에게 시키는 것은 말씀이요 동시에 그것들이 나타내는 관점이라고 말하는 방식이다. 발람이 야훼에게 왔을 때 야훼는 그의 입에 말씀을 주어 발락에게 돌려보냈다. 발락은 여전히 일곱 제단 곁에 서 있었다. 이런 상황을 전제로 발람은 그의 첫 번째 신탁을 전했다.

> 발락이 나를 동쪽에서 데려와 야곱을 저주하고 이스라엘을 꾸짖으라고 내게 말했다. 내가 어찌 하나님께서 저주하지 않은 자를 저주할 수 있으며 야훼께서 꾸짖지 않은 자를 꾸짖을 수 있으랴? 내가 바위 꼭대기에서 그들을 보았고 언덕에서 바라보았는데 민족들 가운데 구별된 백성이구나. 누가 이스라엘 자손의 일부라도 셀 수 있으랴? 내 후손도 그들처럼 되었으면 좋겠구나.

J의 주제 여러 개가 이 짧은 신탁에서도 등장한다. 발람은 저주를 하지 않았고 야훼의 관점으로 이스라엘을 보았다. 그들은 독특했고 자손이 엄청나게 많아서 놀라우면서도 부러워했다.

발락은 충격을 받고 화를 냈다. "너는 무슨 짓을 하고 있는 것이냐?" 그가 물었다. "내가 너를 여기로 데려온 것은 저들을 저주하기 위함인데 너는 지금 축복하고 있다." 발람이 대답했다. "나는 야훼께서 내 입에 주시는 말씀만을 해야 하지 않겠습니까?"

발락은 발람이 올바른 생각을 하고 있지 못하다고 판단하고 말했다. "나와 함께 다른 장소로 가서 [발락이 이스라엘을 본 대로] 보자. 너는 오직 그 무리의 가장자리만 보았고 전체를 보지 못했다. 거기서는 네가 나를 위해 그들을 저주할 수 있을 것이다."

그들은 두 번째 장소로 갔다. 거기에 또 일곱 제단을 세우고 일곱 마리의 수송아지와 일곱 마리의 숫양으로 제사를 드렸다. 발람은 다시 제단 옆에 발락을 남겨두고 야훼에게 갔다. 야훼는 그의 입에 말씀을 주어 발락에게 돌려보냈다. 거기서 두 번째 신탁을 전했다.

> 발락이여, 이 말을 들으라. 하나님은 사람이 아니요 이렇게 말하고 저렇게 행하는 분이 아니다. 그가 내게 축복하라고 말씀하셨다. 그가 축복하셨으니 나는 그것을 바꾸지 못한다. 그는 이스라엘에게서 아무 허물도 찾지 못하셨다. 야훼께서 그들과 함께 계신다. 그들이 싸울 때 내는 소리는 왕들이 내는 소리 같다. 하나님께서 그들을 이집트에서 인도해 냈다. 그들을 해롭게 하는 점술은 없다. 그들은 먹이를 쫓아가는 사자 같다. 그러므로 주의하라.

J의 주제가 반복되는 현상이 계속 이어진다. 역사는 야훼와 그의 피조물이 서로 다른 종류 즉 신과 인간이라는 사실을 주목하면서 시작했다. 여기서 J는 이 말을 여러 단어로 표현한다. 축복은 돌이킬 수 없다. 이스라엘 백성은 궁전이나 성전이나 곡간 시설이 없지만 힘센 군대였다. 그들은 다른 나라를 정복할 수도 있다.

발락은 격분했다. "네가 그들을 저주할 수 없다면 아무 말도 하지 말라." 발람이 할 수 있는 말이라고는 발락에게 야훼께서 준 말만 할 것이라고 말했었다는 것이다. 발락은 한번만 더 다른 곳에 가보기로 결심했다. 어쩌면 세 번째 장소에서는 각도가 좋아서 자기가 맡긴 일을 발람이 해낼지도 모른다고 생각했다. 그래서 그를 광야가 내려다보이는 산 정상으로 데리고 갔다. 그의 전략은 분명했다. 어쩌면 이 광야를 배경 삼아 보면 이스라엘의 황폐하게 하는 진면목이 뚜렷하게 보일지도 모른다는 것이다. 이번에는 발람이 야훼의 의지를 간파했기 때문에 야훼의 말을 듣기 위해 멀리 갈 필요가 없었다. 일곱 제단에 일곱 수송아지와 일곱 숫양을 제사드린 후 발람은 세 번째 신탁을 발표했다.

> 눈을 뜬 자 발람의 신탁이다. 하나님께서 보는 것을 보는 자, 엎드려있으나 눈을 뜬 자의 신탁이다. 야곱아 너의 장막들이, 이스라엘아 너의 진영들이 얼마나 아름다우냐? 마치 시원스레 뻗어 있는 강들 같고, 강가의 즐거운 동산 같으며 야훼께서 심은 알로에 같고 물가의 백향목 같구나. 물이 그에게서 흘러나올 것이며 후손은 많은 물과 같을 것이다. 그 왕은 아각보다 높을 것이며 그 나라는 더욱 홍왕할 것이다. 하나님께서 이집트에서 그들을 인도하였다. 그들은 적을 삼킬 것이다. 너를 축복하는 자는 복을 받고 너를 저주하는 자는 저주를 받을 것이다.

이제 엎드려 있지만 야훼의 안목을 갖고 보게 된 발람(역사를 통틀어 얼굴에 대하여 한 모든 말을 우리는 기억한다)은 이 백성을 보기 위해 광야를 쳐다보았다. 그들은 이집트에서 나와 연중 가장 뜨거운 계절에 광야를 통과했으며 이제 모압 동쪽의 불모지를 향해 가고 있었다. 그는 발락이 원한 대로 하나님이 저버린 처량한 백성을 보았을 수도 있다. 하지만 그가 본 것은 정반대의 모습이었다. 그는 광야 대신에 풍요로운 동산과 어디서든 흐르는 물을 보았다. 그는 야훼가 첫 번째 축복받은 세대의 롯이 선택한 풍요로운 지역에 살던 가나안의 악한 소돔 왕의 신하들과 소돔 성을 파멸시켜 황량하게 만든 이래 하나님이 원래 창조했던 즐거움의 동산[에덴동산]과 가장 비슷한 환경을 누리는 백성을 보았다. 발람이 본 이스라엘은 에덴동산과 같은 나라였다. 이스라엘을 향한 이 마지막 축복은 아브람의 축복을 단순히 반복하는 말로 마무리되었다.

아각을 언급한 것은 축복을 다윗 시대와 직접 결부시킨다. 사울과 다윗의 즉위 역사에 따르면 아각은 사무엘이 죽인 아말렉 족장이었다. 사무엘이 그를 죽인 행위의 결과로 다윗은 이스라엘의 왕으로 기름부음을 받았다.[8]

이번에는 발락이 격노했다. "나는 나의 원수를 저주하라고 너를 불렀는데 너는 그들을 세 번씩이나 축복했다. 여기를 떠나라. 내가 네게 부와 명예를 약속했지만 야훼가 네게서 그것을 빼앗았다."

발람이 대답했다. "처음부터 나는 당신이 온 나라와 은금을 준다고 해도 나의 하나님 야훼의 지시를 그것이 선하든 악하든 [즐거움의 동산에서 유래한 또 다른 주제] 내 마음대로[9] 무시할 수 없다고 말했습니다. 나는 떠나겠습니다. 하지만 먼저 이 백성이 당신에게 행할 것에 대해 말씀드리겠습니다."

발람은 세 번의 축복을 선언했다. 이제 그는 스타카토 형식으로 진행되는 네 번의 저주를 선언할 것이다. 그것은 축복받는 다윗의 세계에 남아 있는 저주들이었다. 모두 합하면 일곱 번의 선언이 된다. 먼저 모압, 다음에 에돔, 그리고 아말렉 족속, 끝으로 가인의 후손들에 벌어질 일들이다.[10]

> 눈을 뜬 자 발람의 신탁이다. 하나님께서 보는 것을 보는 자, 엎드린 채 눈을 뜬 자의 신탁이다. 내가 보는데 이때의 일이 아니다. 내가 보니 지금의 일이 아니

---

8 이미 설명한 대로 삼상 15장에서 아말렉 족속을 죽이는 기사를 강조하는 것은 다윗 이후의 자료에서 유래한 것이다. 그러나 이 자료는 다윗과 동시대 자료인 삼상 27장~삼하1장에서 다윗이 아말렉 족속과 맞서 싸우는 내용을 담고 있다.

9 '내 마음대로'는 히브리어로 '내 마음으로부터'이다. 마음은 정신을 뜻한다. 발람은 야훼의 정신을 지녔다. 그러므로 그는 첫 번째 조의 일곱 세대에 등장한 반신반인의 '유명한 자'와 그리고 야훼가 실제로 임재하는 중에도 완고했던 이집트 왕의 정신이 악을 계획하는 모습과 대조된다.

10 앗수르에 대한 저주(민 24:22~24)는 후대에 추가한 것이다.

다. 이스라엘이 모압을 무찌를 것이다.

모압은 이것이 전부이다.

에돔은 다른 사람의 소유, 자기 원수의 소유가 될 것이나 이스라엘은 부요와 힘을 얻을 것이다.

에돔도 이것이 전부이다. 이삭 시대에 나온 곤혹스런 축복을 다시 반복하고 있다. 다음으로 그는 아말렉 족속을 '보았다.'

아말렉 족속은 민족들의 으뜸이지만 그의 말로[후손과 미래]는 파괴자의 전리품이 될 것이다.

이것으로 급부상하던 다윗의 철천지원수 아말렉 족속이 겪을 운명도 끝이다. 마지막으로 발람은 가인의 후손인 '가인 족속'(겐 족속[11])을 '보았다.'

너의 거처는 지속될 것이며 바위 사이에 자리를 잡고 있지만 그래도 가인, 너는 불에 탈 운명이다.

가인은 불을 사용하는 떠도는 금속기술자로서 시내 산에서 보았던 그 불에

---

11 가인의 후손(겐 족속)은 팔레스타인의 유목 집단이었고 다윗 시대에는 대장장이 일을 했다는 점을 기억하라. 다윗이 그들을 통제하는 일은 통치에 필수적 요건이었다. 이 마지막 저주들과 유다 전승의 관계에 관하여 다음을 참고하라. Hans-Jürgen Zobel, "Beiträge zur Geschichte Gross-Judas im früh- und vordavidischer Zeit," *Supplements to Vetus Testamentum* 28(1975; Edinburgh Congress Volume, 1974), 268~71.(본서 6장 각주 15번 참조.)

탈 운명을 지닌다. 다윗은 베두인 친구들을 통해서뿐만 아니라 어느 곳에서든지 무기를 얻을 수 있었다. 이제 다윗 아래에 있는 축복이 역사를 지배한다. 이렇게 하여 성서의 처음 역사가 끝난다.

27

무엇이 다른가?

일단 성서의 처음 역사인 J의 이야기를 이런 식으로 읽어보면 그동안 해석했던 여러 가지 측면을 좀 더 깊이 연구할 필요가 생긴다. 그럼에도 불구하고 우리의 이해는 여전히 합리적인 접근으로 보인다. 이 이야기는 분명하고 충분히 설득력이 있다. 하지만 과거에 학자들이 J에 대해 기울였던 모든 연구—본서도 그 연구에 의존한 것이다—에도 불구하고 왜 J의 이야기 구조가 전에는 이런 식으로 제시되지 않았는가 하는 의문을 불러일으킨다. 또 이와 같은 이야기가 성서에 대하여 우리가 생각하는 방식에 어떤 의미를 지니고 있는지 묻게 만든다. 첫 번째 질문은 이 장에서 다루고 두 번째 질문은 결론에서 다루려고 한다.

과거의 성서역사가들은 J를 연구할 때 무엇에 관심을 기울였을까? 과거에 행해진 해석적 관심사를 살펴보면 이 연구가 과거의 연구에 얼마나 신세를 졌는지 그리고 얼마나 다른지를 알려줄 것이다.[1] 과거의 성서역사가가 J를 다룬

1 오경의 문서비평 중 J에 관한 연구는 많은 유용한 비평이 이루어지고 있다. 간단하지만 탁

내용은 그들이 제기한 질문들을 살펴보면 잘 알 수 있다. 300년 전쯤 시작된 첫 번째 질문은 J와 같은 문서가 있었는가 하는 것이었다. 창세기와 출애굽기는 서로 다른 구성요소들, 즉 그것들이 결합하여 현재의 본문을 구성한 것으로 간주되는 자료나 자료층으로 구분될 수 있는가? 이 문제가 기본적으로 한 세기 남짓 전에 해결되었지만, 아직도 이것을 주된 질문으로 남겨둔 채 문학적 분석을 다른 중요한 역사적 문제와 분리함으로써 이것에 대해 부정적으로 대답하는 성서역사가들이 여전히 존재한다. 많은 학생들은 성서과목들을 공부하면서 학자들이 증명하고 싶은 것은 J의 존재 여부라는 인상을 받고 있으며, 또 이렇든 저렇든 그것이 성서를 읽고 세계를 이해하는 방식에 무슨 차이를 만드는지에 대한 생각이 없는 듯하다.

다음으로 던진 질문은 성서의 어느 부분이 J에 속하는가 하는 것이었다. 창세기, 출애굽기, 민수기에서 어느 부분이 J의 것이고 또 어느 부분이 그렇지 않은가? 첫 번째 질문처럼 이것 역시 계속 질문되어지고 있지만 이것은 좀 더 이해할 만하다. 어떤 부분은 어느 문서층인지가 다른 부분보다 더 분명하다. 이 책에서 취한 접근법은 이 문제를 다룬 대부분의 경우와 다르다. 관례처럼 J문서단락의 일률적인 목록을 제시하여 모든 J 단락이 같은 정도로 확인하기 쉽다는 인상을 주기보다 상대적인 확실성의 정도에 따라 얼마간의 표시를 하였다. 그래서 전체적인 해석에 비추어볼 때 J에서 유래한 것이 분명한 구절들에 해석의 비중을 두었다.

무엇이 J인지를 묻는 질문은 자연스럽게 J가 어디에서 끝나는가? 라는 질문으로 이끈다. 오랫동안 J에서 유래한 구절은 여호수아, 사사기, 사무엘 상하에서도 찾을 수 있다고 생각했다. 그때에는 아브람에게 땅을 준 것을 그토록 중

월한 비평적 논문으로 *The Hebrew Bible and Its Modern Interpreters*, ed. D. A. Knight and G. M. Tucker(Philadelphia: Fortress Press, 1985), 277~82에 실린 Douglas A. Knight의 글을 보라.

시했던 역사가가 여호수아서나 사무엘서에서의 그 땅의 정복 혹은 심지어 열왕기에서의 성전의 건축으로 그 역사를 끝냈으리라는 것은 명백해 보였다. 하지만 1930년대와 1940년대에 성서역사가인 마틴 노트(Martin Noth)의 연구들은 이러한 후기의 성서들이 모두 지금 신명기적 역사라고 부르는 하나의 문서에 속했다는 점을 보여주었다. 만일 J나 E같은 문서가 이 역사의 자료였다면 현재의 본문에서처럼 그렇게 뚜렷하지 않았을 것이다. 그때나 지금이나 어떤 성서역사가는 J와 E를 여호수아나 그 이후의 성서에서 찾을 수 있다고 주장하지만 대다수는 동의하지 않는다. 노트의 견해는 여전히 지배적이다. 우리가 J 문서를 다룰 때 우리의 방식처럼 J를 마무리한 이유는 처음부터 끝까지 그 이야기의 발전과정을 따라온 사람이라면 누구에게든지 분명할 것이다.[2]

아직도 종종 J 자체가 합성된 문서인지, 우리가 J라고 부르는 문서를 구성하는 J-1, J-2 혹은 다른 J가 있지는 않은지 묻는다. 어떤 성서역사가는 지금 J라고 부르는 문서의 상당부분 배후에는 L자료 즉 '평신도(lay)' 자료가 있다고 주장한다. 또 다른 이는 N 자료 즉 '유목민' 자료가 있다고 주장한다. 하지만 L과 N 그리고 이와 유사한 다른 주장들도 지지를 거의 받지 못하고 있다. 그럼에도 불구하고 일반적으로 J라고 일컬어지는 모든 구절들은 합성된 문서를 구성했을 것이다. 하지만 증거가 너무 없기 때문에 문서 합성에 관해서는 한 단계 이상을 말할 수가 없다. 이 책에 제시한 견해에 따르면 J의 상당량은 하나의 자료에 속하며 처음 작성된 지 두 세대쯤 지난 후 예루살렘에서 첨가한 내용이 들어 있다. 출애굽기 32장처럼 소수의 첨가부분은 어느 정도 확인가능하다. 이러한 견해는 J를 상세하게 다룬 대다수 학자들의 견해와 일치한다.

20세기에 들어서면서 성서학에는 양식비평이 등장했다. J에 관하여 양식비평은 J가 어떤 전통적인 유형의 글인지 그리고 어떤 전승 유형들이 들어 있는지를 질문했다. 양식비평은 J의 연대와 상황에 대한 질문에 초점을 맞추었다.

---

2 Hans Walter Wolff는 J가 민수기에서 끝난다고 생각하는 대표적인 학자이다.

J는 그저 전승들 가운데 가장 빠른 전승이며 기원전 7세기 이전의 어느 시기에 작성된 것으로 간주되던 것이 보다 정확하게 기원전 10세기 후반의 솔로몬 궁전에서 작성된 것으로 여겨졌다. 처음에 이 이론은 대다수의 견해와 맞지 않았으나 점차 지배적인 견해가 되었다. J는 군주시대 이전 이스라엘의 제의들과 연관이 있는 전승들을 편찬한 것이며 그것들을 이스라엘의 새로우면서도 과거와 다른 중심지였던 예루살렘의 세속적이고 도시 중심의 상황에 어울리게 다시 작성한 것으로 생각했다. 이렇게 J는 전승들을 세속화하였다. 또한 J는 이스라엘의 촌락 전승보다는 자기 나름대로의 이야기를 작성했다. 그것들은 자기 백성의 정서에 낯선 신화적 특징을 지닌 이야기들이었다. J는 자신이 종합한 전통적 역사 전면에 이것들을 첨가했다. 이 서언이 창세기 2장~11장의 J 단락들이다. 이것을 종종 '태고사(원역사)'라고 부른다. 이러한 표현은 오해를 일으킨다. J가 볼 때도 이 자료는 J의 나머지 단락과 다른 유형에 속한 것임을 보여주기 때문이다. 하지만 이러한 통찰의 가치는 J가 단순히 소박한 촌락 전승들을 모아놓은 것이 아니며 그가 중요하게 여긴 다수의 생각을 자신의 역사에 처음으로 등장하는 단락에 놓았다는 것을 인식하는 데 있다. 이러한 양식비평적 연구는 대륙의 성서학자인 게하르트 폰 라트(Gerhard von Rad)가 주도하였다.[3] 그는 성서연구를 성서에 수록된 전승사, 기원, 변형 그리고 문서기록에 관한 연구라고 생각했다. 양식비평을 확대한 그의 방법은 전승사라고 부른다. 그의 저술은 J에 관한 20세기 연구 중 가장 영향력 있는 연구로 남아 있다. 심지어 가장 최근의 개론적인 J 연구조차 그에게 큰 도움을 받고 있다.

그러나 폰 라트의 J 전승사 연구의 약점은 그를 추종하는 학자들조차 인정할 정도이다. 폰 라트는 최종적으로 긴 분량의 J를 만들어낸 원래 짧은 구전

3 Gerhard von Rad, "The Form-Critical Problem of the Hexateuch," in *The Problem of the Hexateuch and Other Essays*(New York: McGraw-Hill, 1966; London: SCM Press, 1938), 1~78.

전승들의 핵심이 신명기 26:5~9에 기록된 사건의 간략한 요약문이라고 주장했다. 오늘날 전승의 초기 형태가 최종형태보다 짧은 것이어야 한다고 생각하는 그의 가정에 동의하는 성서역사가는 거의 없다. 폰 라트는 신명기 26장의 요약문이 초기의 것이라고 믿었지만 오늘날 대다수는 솔로몬보다 수백 년 후인 군주시대 후반(히스기야와 요시야 시대 사이 — 옮긴이)에 유래한 것이라고 보고 있다. 폰 라트는 J가 일차적으로 초기 이스라엘의 절기와 관련된 두 가지 전승군에서 나온 것이라고 가정했다. 하나는 봄에 열리는 보리수확 축제에서 유래한 율법 모음집이고 다른 하나는 가을의 과일 수확축제에서 유래한 내러티브 전승이다. 율법과 내러티브가 초기 이스라엘 전승 가운데 별개의 것으로 보존되었다는 생각은 지금 널리 의문시되고 있다. 게다가 폰 라트는 J의 '세속적' 성격을 과장했다. 그는 초기 이스라엘의 신앙심이 반영된 제의 축제의 배경으로부터 초기 전승을 떼어내서 인위적으로 이스라엘의 역사에 새로운 세속적이고 도시적인 상황에 통합시킴으로써 J가 전승들의 기본 성격을 거룩한 것으로부터 세속적인 것으로 수정했다고 생각했다. 폰 라트는 이런 식으로 민중 전승과 상류 전승 사이를 구별하려고 했던 것 같다. 1930년대와 1940년대 다수의 학자들이 볼 때 성서의 초반부에서 발견된 거룩한 전승과 세속적 전승 사이에 느껴지는 긴장을 이러한 상상을 통해 해소하는 것은 매력적인 발상이었다. 폰 라트의 논문이 지속적으로 호소력을 갖는 것도 그의 이런 관념론 때문이다. 폰 라트는 야훼 기자의 글을 원래 물리적 의미를 지녔던 제의 전승을 영적으로 그리고 세속적으로 만든 것으로 해석하였다. 그러나 일단 이스라엘의 시골 제의에서 벗어나게 되면 이 전승의 기근, 상속 그리고 토지보유와 같은 표면상 물리적인 주제들은 폰 라트가 보기에 전승의 저자와 청중에게 물리적 의미를 갖지 못하였다. J처럼 도시적 상황에서 기록된 글(즉, 폰 라트의 양식비평적 질문에 필수적인 범주로서 J 유형의 글)은 도시 제의와 직접 관련이 있고 그때의 이슈는 세속화가 아니라 그런 글이 표현한 거룩한 전승의 특별하고 물리적인 형태와 의미인 것으로 이해된다.[4] 이것이 우리가 이 책에서 설명하려고 했던 것이다.

폰 라트 이후 J에 관한 거의 모든 연구는 그가 다룬 J의 작성 장소와 의미에 빚을 지고 있다. J가 솔로몬의 궁전에서 기록되었다는 것은 성서학계의 정설이다. 이런 연대를 받아들이는 주요한 이유 중 하나는 폰 라트가 가정한 전승의 세속화 이론이다.[5] 이전에 설명한 대로 J가 솔로몬의 궁전이 아니라 다윗의 궁전에서 기록되었다는 입장은 대체적으로 J가 정말 제의와 연관되어 있으면서 제의를 반영하는 거룩한 문서라는 깨달음에 기반을 두고 있다. 그리고 솔로몬이 지은 성전은 강조하건대 J에 반영된 제의가 아니기 때문에 그것은 솔로몬 이전에 기록된 것임이 틀림없다. 폰 라트 이후에 그에게 기반을 둔 연구로서 가장 널리 사용되는 연구는 독일의 한스 발터 볼프(Hans Walter Wolff)[6]의 연구, 미국의 피터 엘리스(Peter Ellis),[7] 그리고 보다 비평적인 관점을 지닌 월터 브루그만(Walter Brugggemann)의[8] 저술이다. 다른 해석적 경향은 마틴 노트

---

4 폰 라트의 논문이 주장한 이 부분에 대한 최근의 비평을 위해 다음을 참조하라. J. Barton, "Gerhard von Rad on the World-View of Early Israel," *Journal of Theological Studies* 35(1984): 301~23.

5 대부분의 다른 이유는 J가 솔로몬보다 나중에 기록된 것이 아니라는 점을 설명한다. J가 솔로몬보다 빨랐다는 것은 거의 고려되지 않고 있다. 소수의 학자들은 J의 초기 연대론이 지닌 설득력을 기원전 9세기부터 6세기까지 여러 가지 후기 연대론에 찬성함으로써 계속해서 검증하고 있다. 가치 있는 봉사라고 생각한다.

6 Hans Walter Wolff, "The Kerygma of the Yahwist," in *The Vitality of Old Testament Traditions*, Walter Brueggemann and Hans Walter Wolff, 2d ed.(Atlanta: John Knox Press, 1982), 41~66. 볼프는 J가 온 나라에 적용할 솔로몬의 마샬 플랜(2차 대전 이후 서구의 경제재건을 위한 미국의 경제원조 계획－옮긴이)과 흡사한 것을 제안한다고 해석한다. 볼프의 해석에 대한 탁월한 비평을 위해 다음을 참조하라. Ludwig Schmidt, "Israel ein Segen für die Völker?(Das Ziel des jahwistischen Werkes－eine Auseinandersetzung mit H. W. Wolff)," *Theologia viatorum* 12(1975): 135~51.

7 Peter Ellis, *The Yahwist: The Bible's First Theologian*(Collegeville, Minn.: Liturgical Press, 1968). 이 책은 이 주제에 관해 지금까지 출판된 유일한 책이기에 영어로 출판된 가장 좋은 책이다. 다행히도 여전히 출판되고 있다.

8 Walter Brueggemann, "David and His Theologian," *Catholic Biblical Quarterly*

의 저술에 기원을 두고 있다. 그는 J를 J에 포함되기 전에 이미 상당히 발전한 개별적인 전승 주제들을 통합시킨 것으로 생각하였다. 이것은 지속적으로 J와 E의 통합 본문 연구에 영향력 있는 접근법으로 간주되고 있는데 특히 구전전승 역사의 관점에서 볼 때 그러하다.[9] 한마디로 폰 라트와 마틴 노트 두 사람은 지나간 두 세대 동안 이루어진 J의 연구주제를 결정한 학자들이었다.[10]

성서역사학자나 연구자들은 아직도 J 전체를 하나의 일관된 역사로 읽은 적이 없다. 그래서 그 역사가 정확히 어떤 것이며 또 그 역사를 좀 더 잘 이해하게 되면 초기 연구에 지배적이었던 중요한 질문들에 대한 대답을 할 수 있으리라는 사실을 놓쳤다.

폰 라트, 노트 그리고 이후에 그들을 추종하는 학자들의 통찰은 성서역사의 사회적 관점을 복원하고 나서야 비로소 일반적으로 인식된 실수들을 범하고 있다. 폰 라트의 저술이 범한 가장 심각한 과오는 당시 성서학자들 대다수가 그랬고 지금도 여전히 널리 주장되고 있는 것처럼, 이스라엘의 사회적 다양성 –그것에 대하여 폰 라트 자신이 매우 민감하게 인식하였다–에도 불구하고 이스라엘이 통일성을 지닌 사회, 즉 다양하지만 단일형태로 간주하고 분석할 수 있

30(1968): 156~81; and idem, "Yahwist," *The Interpreter's Dictionary of the Bible, Supplementary Volume*(Nashville: Abingdon Press, 1976), 971~75. 또한 5장에서 인용한 브루거만의 연구들과 Donald E. Gowan, *When Man Becomes God: Humanism and Hubris in the Old Testament*(Pittsburgh: Pickwick Press, 1975)을 참조하라.

9 Martin Noth, *A History of Pentateuchal Traditions*(1948; reprint, Englewood Cliffs, N.J.: Prentice-Hall, 1972). 오경을 '족장에게 준 약속,' '이집트로부터의 인도,' '시내 산 계시,' '광야에서의 인도,' '경작할 땅으로 인도'(유목민 침투 모델의 흔적)의 주제로 구분하는 해로운 방식은 성서학에 중요한 영향을 미치고 있다.

10 폰 라트와 마틴 노트가 미친 영향에 대한 비평적 해설을 위해 다음을 참고하라. Rolf Rendtorff, "Der 'Jahwist' als Theologe? Zum Dilemma der Pentateuchkritik," *Supplements to Vetus Testamentum* 28(1975): 158~66. 렌토르프는 노트의 구분방식을 자신의 도발적인 저서 *Das überlieferungsgeschichtliche Problem des Pentatuech* (Berlin: Walter de Gruyter, 1977)에서 극단적으로 활용한다. 또한 Knight in *The Hebrew Bible and Its Modern Interpreters,* 256~76을 참조하라.

는 조직이라고 생각했다는 점이다. 이러한 가정 위에서는 이스라엘의 전통에 대하여 사회적 통일체로서 이야기할 수 있고, 심지어 그것들의 세부적인 면에서는 다양할지라도 사회적 성격은 그렇지 않다고 생각할 수 있었다. 이스라엘은 하나이기 때문에 폰 라트와 그가 이해한 J가 포함시킨 '이스라엘의 전승들'은 기본적으로 모든 이스라엘의 정체성을 표현했다. 또 그런 전승들은 모든 이스라엘에게 속한 것이어서 시간이 흘러도 공동체가 전승의 정확성을 지키는 수호자 역할을 했기 때문에 이미 발생한 사건과 틀림없이 모종의 상관이 있다고 생각하기도 했다.[11]

11 J 문제에 대한 최근의 연구동향과 발전상에 관해서는 다음의 연구들을 참고하라. A. Graeme Auld, "Keeping Up with Recent Studies: The Pentateuch," *Expository Times* 91(1980): 297~302; Walter Brueggemann, "Recent Developments," in *The Vitality of Old Testament Traditions*, 127~41; Otto Kaiser, *Introduction to the Old Testament: A Presentation of Its Results and Problems*(Minneapolis: Augsburg Publishing House, 1975), 67~91; Hannelis Schulte, *Die Entstehung der Geschichtsschreibung im Alten Israel*(Berlin: Walter de Gruyter, 1972), 8~77; Conrad E. L'Heureux, *In and Out of Paradise: The Book of Genesis from Adam and Eve to the Tower of Babel*(New York: Paulist Press, 1983); Isaac M. Kikawada and Arthur Quinn, *Before Abraham Was: The Unity of Genesis 1~11*(Nashville: Abingdon Press, 1985); John Van Seters, "Recent Studies on the Pentateuch: A Crisis in Method," *Journal of the American Oriental Society* 99(1979): 663~73; Ludwig Schmidt, "Überlegungen zum Jahwisten," *Evangelische Theologie* 37(1977): 230~47; Werner H. Schmidt, "A Theologian of the Solomonic Era? A Plea for the Yahwist," in *Studies in the Period of David and Solomon and Other Essays*, ed. T. Ishida(Winona Lake, Ind.: Eisenbrauns, 1982), 55~73(슈미트의 논문은 특히 눈에 띄는 글이다. J가 다윗과 솔로몬의 왕국을 정당화하는 역할을 했다는 견해는 최근에 독일에서 나온 여러 저술에서 설득력 있게 논의되고 있다. 슈미트는 우리의 견해를 반대한다. 그 대신에 J가 이스라엘 군주제 자체 특히 솔로몬의 과도한 정치를 예언자와 비슷하게 비판한다는 입장을 내놓고 있다. 우리 입장에서 볼 때 슈미트의 견해는 잘못된 것 같다.); John Van Seters, "Patriachs," *The Interpreter's Dictionary of the Bible, Supplementary Volume*, 645~48; idem, "The Yahwist as Historian," *1986 SBL Seminar Papers*(Atlanta: Scholars Press, 1986), 37~55; Simon J. De Vries, "A Review of Recent Research in the Tradition History of the Pentateuch," *1987 SBL Seminar Papers*(Atlanta: Scholars Press, 1987), 459~502, 특히 500~502쪽의

이 책은 이것과 아주 다른 관점을 제시했다. 이전의 접근방식과 차별화된 우리의 접근 방식이 함축하고 있는 점들이 다음 장의 주제이다.

결론적인 언급. J가 일관성을 지닌 내러티브라는 주장의 설득력에 관해 최근에 렌토르프(Rendtorff)가 제기한 의문을 렘케(Niles P. Lemche)가 공감하며 논의한 저술, *Early Israel: Anthropological and Historical Studies on the Israelite Society Before the Monarchy*(Leiden: E. J. Brill, 1985), 357~77. J의 일관성을 너무 조급하게 무시했다는 것이 우리의 입장이다.

28

함축된 의미들

구약성서 본문의 최종 형태 혹은 정경적 형태가 독특한 권위를 지닌다는 주장은 반(反)성서적 권위에 의거할 때만 가능하다. 왜냐하면 그런 형태는 하나님을 기록한 역사인, 800년 동안 쓰여진 성경을 구성하는 전승들을 포괄하지 못하기 때문이다. 최종 형태 혹은 정경적 형태는 사실상 그런 전승들을 잘 보존하고 있지 않으며 오히려 스스로를 강화할 목적으로 전승들을 불분명하게 하거나 왜곡하고 있기 때문에 전승들을 전부 이해한다고 주장할 수가 없다. 다수의 전승을 보존해온 반면에 종종 구성적 전승 내부에 존재하는 가장 핵심적인 전승을 정경화 과정에서 상실할 수 있기 때문이다. 이제 우리는 이러한 결론들을 설명하려고 한다.

정경적 본문의 최종 형태가 현대를 살아가는 우리의 상황에서 아주 손쉽게 가르치고 설교하기 위한 목적으로 사용될 수 있다는 생각이 널리 퍼져 있다. 그것이 당시의 팔레스타인 사회에서 권력과 특권의 정점에 있었던, 페르시아와 헬레니즘 시대의 예루살렘에서 토지를 소유한 제사장 계급에 부속된 서기관 계층이 보존한 문서 시리즈에 기대하는 일이다. 정경은 특별한 역사적 과

정의 산물로서 도성의 서기관 계층의 손안에 있는 권위를 공고히 하는 일과 결부되어 있다. 구약의 경우 정경의 기본적 의미를 결정하는 일에 최종 권한을 지닌 서기관들은 팔레스타인에서 페르시아 제국의 권위를 지지하는 자들이며 또한 그 수혜자들이었다. 정경에서 페르시아에 반대하는 말은 어디에서도 단 한마디도 찾아볼 수 없는 상황에다 또 다른 점을 더해보면 구약의 정경은 '페르시아 정경'이라고 불러도 무방할 것이다.

이렇게 정경화 과정은 팔레스타인 밖에 중심이 있는 제국의 권력으로부터 파생하고 팔레스타인 국가처럼 잠정적으로 팔레스타인 백성들에게 해로운 위계적 권위를 선호하지만, 반대로 정경 자체는 그런 권력과 권위에 이의를 제기하는 이전 시대의 구전 및 문서 전승으로 이루어져 있다. J문서는 네게브에 독립적으로 살던 베두인의 이름으로 그리고 우리가 아는 한 수많은 팔레스타인 베두인과 촌락민에게 일시적으로나마 혜택을 주는 다윗의 나라를 위하여 그런 제국의 권력과 권위를 문제 삼는다. 달리 말하면 정경적 권위는 본문 자체가 의문을 제기하는 바로 그 과정에서 나온 것이기 때문에 인정받을 수가 없다. 규범으로서의 정경은 위계질서의 상징인 바로—성서 이야기로 말할 경우—의 보좌 근처에서 나온다. 그러므로 정경 자체는 정경을 위계적으로 표준화하는 작업을 용납하지 않는다. 정경적인 것은 성서 정경의 역사적인, 진행적인 차원에서 계시되는 이스라엘 하나님의 역사이다.

이러한 모순은 J문서가 요구하는 종류의 성서읽기를 하면 분명하게 드러난다. 그러한 읽기는 결정적인 단락을 정하고 문서 전체를 그 단락에 비추어 해석하는 것이다. 우리는 J의 결정적 단락—다른 모든 이야기를 통제하는 하나의 이야기—이 인간으로서 지녀야 할 권리를 박탈당한 채 국가의 강제부역에 동원된 노예노동자 무리가 반란을 일으켜서 도망하는 이야기라고 보았다. 이 반란은 기록되어 규범적 역할을 하는 정경을 만드는 사회계층에 대항하는 것이다. 중산층 독자를 염두에 두고 볼 때 이러한 모순은 정경을 비평적으로 읽는 과정을 통해서만 해소된다. 그것은 정경 안에 포함된 본문들에 나타나 있는, 인간의 자유를 쟁취하기 위한 역사적 과정에 책임이 있는 읽기이다.

우리는 처음부터 J가 성과 폭력, 불의와 정의라는 주제를 다룬다고 말했다. J는 분명히 이 주제를 오늘날 많은 사람들이 하는 방식처럼 서로 무관한 것이 아니라 깊은 관련이 있는 것으로 바라본다. J의 관심과 주장, 그리고 오늘날의 비슷한 저자가 말할지도 모르는 사항의 유사성은 매우 직접적이다. 인간의 자유가 중요하다는 글은 시대를 막론하고 엄청나게 많다. 우리 기독교 전통의 하나님은 자유의 하나님이다. 모든 시대의 성서 독자와 청중에게 모세와 이스라엘 백성의 역사는 하나님이 자유를 주시는 하나님이란 기본적인 뜻을 전하고 있다. 그것은 과거와 마찬가지로 오늘날도 중요하다.

모세와 이스라엘 베두인의 역사에 관심을 기울여보면 이 역사가 성서에서 발휘하는 핵심적인 역할을 수긍할 수 있다. 유대인에게 이 역사는 시대를 불문하고 핵심적이다. 기독교인 가운데는 모세의 역사를 무시하는 경향이 있다. 어떤 의미에서 보면 이렇게 무시하는 것이 놀라울 정도이다. 모세와 출애굽의 역사는 어쨌든 오경의 기초가 되는 역사의 결정적 사건이다. 오경은 나머지 구약성서와 신약성서의 기초가 된다. 달리 보면 기독교가 예수 그리스도를 강조하기 때문에 그렇게 무시하는 경향이 그리 놀랍지 않을 수도 있다. 하지만 흔히 잃어버리는 것은 신약성서의 복음서에서 예수 그리스도를 이해할 때 유월절을 이해할 때만큼이나 모세와 이스라엘 백성의 역사가 근본적이라는 깨달음이다. 마태복음과 누가복음 배후에 있는 마가복음은 모세와 이스라엘의 역사를 새롭게 이해하는 방식과 후기 예언자들 특히 엘리야와 엘리사, 이사야, 그리고 예레미야가 역사를 해석하는 방식을 따라 예수를 해석한다. 마가복음이 예수 생애의 절정을 유월절, 즉 출애굽을 기념하는 절기 전날에 십자가에 처형된 것으로 기록한 것은 우연이 아니다. 이 복음서는 언제든지 그 사건이 근본적으로 가장 중요하며 예수 그리스도의 의미조차 그것에 기초하여 있다는 점을 말하려고 한다. 요한 복음서에서도 예수는 모세와 유월절의 어린 양으로 묘사되고 있다.

기독교 정경의 신약에서 예수 그리스도가 인류에게 베푼 구원은 J 안에서 모세가 대표하는 구원과 부분적으로 다르다. J는 다윗의 나라를 통한 인류의 구원에 관심이 있다. 팔레스타인에 존재했던 국가의 멸망에 비추어 기록된 복음서들은 부당하게 죽음을 당했고 이 세상에 정의가 없어서 생을 마감해야 했던 모든 사람을 대표하는 단 한 사람을 통한 인류의 구원에 관심이 있다. 복음서들은 다윗 나라의 정치적 후손, 예루살렘 성전을 통해 유대인이라는 정체성을 규정한 팔레스타인의 상속자들을 구원의 방편이 아니라 방해물로 간주하였다. 그러므로 마가복음서는 본질적으로 J의 역순으로 모세의 역사와 유월절을 이야기한다. 그것은 요단 강, 즉 숩 바다를 건너는 일로 시작하여 광야를 지나 유월절에 이집트가 아니라 예루살렘에 도착하고 유월절에 바로에게 승리하던 것과는 대조적으로 겉보기에 수치스럽고 곤혹스런 패배를 당하는 줄거리로 되어 있다. 그럼에도 불구하고 이 복음서는 이와 같은 반전의 의미를 손상시키지 않은 채 모세와 이스라엘 백성이 이집트를 탈출한 사건을 예수 그리스도를 이해하는 근거와 패러다임으로 삼고 있다. 그러한 탈출사건이 성서의 핵심이기 때문만이 아니라 구원이란 본질적으로 같은 것이기 때문이다. 두 경우 모두 구원은 압제로부터 벗어나는 구원이고 자유로 이끄는 구원이다.[1]

자유가 의미하는 것은 그와 연관된 것에 달려 있다. 어느 집단이 모세와 이스라엘 백성의 역사를 자신들의 정체성의 기초로 삼는다고 주장하는가? 오늘날 그와 비슷한 집단은 누구인가? 이 질문들은 우리가 J의 역사 이해를 분석한 결과를 이용할 수 있게 해준다. 자유를 핵심가치로 삼은 J의 집단은 노동자로 일했던 다윗의 나라였다. J가 볼 때 모든 인류가 이후로 얻을 축복 혹은 사회경제 체제의 착취 패턴에 따라 지배를 당하다가 해방되는 일은 아브람이 축복

1 기독교의 복음적 의미로 J를 읽고 수많은 주제를 발견한 통찰력 있는 연구로 다음을 보라. Dale Aukerman, *Darkening Valley: A Biblical Perspective on Nuclear War*(New York: Seabury Press, 1981).

을 받는 일에 달려 있고 그것이 다윗이 다스리는 이스라엘 백성의 축복으로 이끈다. 다윗의 나라는 당대의 상황에 놓고 볼 때 그 당시의 대국들과 비교하여 아주 작은 나라였다. 나라의 통일과 심지어 존립마저 다윗보다 더 강한 통치자들에게 언제라도 잃어버릴 수 있는 위험에 늘 노출되어 있었다. 따라서 J의 관점에서 그들의 자유가 모든 인류의 자유에 본질적이었던 이스라엘에 직접 비견할 만한 나라는 우리 시대의 강대국 중의 하나가 될 수 없다.

이 문제는 성서를 읽는 대다수 미국 시민에게 전혀 명백하지가 않다. 하지만 잠시만 생각해보라. 강력한 이집트 왕의 손아귀로부터 이스라엘이 기적적으로 탈출한 역사인 J의 본질은 이집트는 크고 이스라엘은 그렇지 않다는 것이 아닌가? 권력과 영향력에 있어서 이와 같은 차이는 J의 역사에 우연한 것이 아니다. J에서 이스라엘은 이집트의 식량에 의존해야 했다. 성, 폭력 그리고 불의에 관한 역사는 무엇이든 권력에 관한 역사이다. 그런 역사 안에서 권력 관계는 근본적이다. 비록 야훼가 세상을 창조하였고 그 세상에서는 살인과 다를 바 없는 사회경제적 억압이 명백한 규범으로 되었을지라도 야훼는 억압을 받는 나라를 구원하였고 그 구원을 인식하고 받아들이는 일이 인간 행동과 사회의 본질적인 규범이 되는 역사를 창조하였다.

J를 읽을 때 우리가 우리 자신의 시대의 국제적인 사회경제적 억압의 성격을 규명하지 않는다면 우리는 J가 우리에게 말하려고 하는 내용을 이해하지 못하거나 잘못 이해하는 것이라고 말할 수 있다. 그것도 아니라면 무의식적으로 제국이 선호하는 정경의 의미들을 받아들일 수도 있다. 우리 대다수는 우리 시대의 사회경제적 억압의 특징을 미국의 적대자 특히 강대국인 적대자의 악한 행위로, 그리고 미국의 임무는 적대자들과 맞서 미국과 다른 나라에서 자유와 모든 선한 것을 지켜내는 일이라고 정의하는 습관이 있다. 이런 목적을 위해 미국은 세계에서 가장 강력한 나라가 될 필요가 있다고 말한다.

국가 사이의 권력 관계가 J를 이해하는 데 필수적이고 J 안에서 하나님은 더 약한 나라를 가장 강력한 나라로부터 구원하며, 미국이 가장 강력한 나라라고 한다면 미국이 오늘날 J가 묘사하는 이스라엘의 역할을 한다거나 오늘날의 이스라엘이 중동의 상황 속에서 그런 역할을 한다고 믿는 것은 불가능하다. J의 생각을 따르면 미국의 역할이 J의 이집트와 같다는 것은 두말을 필요로 하지 않는다.

많은 사람들에게 이런 생각들이 거부감을 일으킨다는 것은 이해할 만하다. 어떻게 그럴 수 있는가? 우리는 미국이 상냥한 나라, 심지어 유대-기독교의 나라라고 믿을 이유들로 세례를 받는다. 우리는 먼저 우리의 역사와 사회에서 참으로 가치 있고 칭찬받을 만한 특징들에 초점을 맞춤으로써 미국이 세계에서 가장 좋은 나라임을 확신하려고 할 것이다. 만일 우리가 어떻게 해서 미국(혹은 러시아의 시민이라면 러시아[2])을 J의 이집트와 같다고 생각할 수 있는지 알고 싶다면 우리 시대의 J와 같은 자들의 목소리에 귀를 기울여야 할 것이다. J는 니카라과, 폴란드, 페루, 체코, 필리핀이나 앙골라 같은 나라의 신학자, 역사가, 언론인일지도 모른다. 그들은 자기 나라의 경제와 정치에 강대국이 영향을 미치고 지배하는 것을 비난하고 그런 지배로부터 자기 나라를 완전히 해방시켜야 축복을 받는 것이며 그래야 희망과 자유를 누리는 세계가 될 수 있다고 주장한다.

지배적인 미국과 러시아의 관점에서 보면 위에 나열한 나라 백성들은 지금 무슨 말을 하는지 모른다. 그 나라들은 미국이나 러시아(과거의 소비에트연방)가 그들의 생존과 번영을 위해 얼마나 필요한지 모르는가? J의 이스라엘은, 이스라엘이 축복의 근거로 하나님이 주신 땅을 향하여 이집트에 의존해서 살거나 강제로 노동하는 삶을 박차고 나왔듯이, 그런 것에 고마워서 안주하지 말고 박차고 나오도록 하나님이 인도하는 나라들을 상징한다. 그런 나라들은 이집트 농부들이 바로에게 말했듯이 미국에게 다음과 같이 말하기를 거절한다.

---

2 원문은 '소비에트 연방'이란 말을 사용하지만 1992년에 소비에트 연방이 해체되었으므로 여기에서는 '러시아'라고 표기함 — 옮긴이

"우리에게서 빼앗아간 것을 우리에게 되팔아 우리의 목숨을 구해주시니 감사합니다."

〈부록〉

다윗 시대에 작성한 J[1]

상당수 학자들은 사경이 J, E, P 문서층으로 구성되어 있다는 분석에 대하여 많은 부분 혹은 전체를 부정하고 있는 반면, 다른 입장을 지닌 많은 학자들은 여전히 그 분석 방식을 대체로 수용하고 있다. J의 존재를 수용하는 학자들의 대부분은 그것이 수세기에 걸쳐 전승을 확산시키는 과정 중에 때로는 분명한 목적 없이 거대하게 집적된 전승 단편들의 총합이며, 페르시아 시대에 이르러서 완성되었다고 생각한다(Ben Zvi, 1997; Van der Toorn, 2007).[2] 소수이긴 해

1 R. B. Coote, 'The Davidic Date of J', in R. B. Coote and N. K. Gottwald(eds,), *To Break Every Yoke: Essays in Honor of Marvin L. Chaney*(Sheffield: Sheffield Phoenix Press, 2007): 324~43. 우리말로 옮긴 이 논문은 세필드 출판사의 공식적인 허락을 받은 것이다.

2 반 데르 투른(Van der Toorn)은 필사, 발명, 편찬, 확대, 차용 그리고 통합작업을 포함하는 고대 서기관의 본문 생성 방식을 탁월하게 설명하고 있다(2007: 109~41). 초기 이스라엘 군주사회에서 이런 방식을 사용하지 않았다고 말할 이유는 없다. 사실상 이 모든 작업은 J의 작성과 후대의 개정 과정 모두에서 발견할 수 있다. 반 데르 투른의 J에 대한 관심은 서기관의 통합 작업 때 P와 결합된 자료로 생각하는 정도에만 그치고 있다(2007: 139~40).

도 다른 학자들은 계속해서 고전적인 견해를 갖고 있다. 이들에게 J는 하나의 전체로 시작하여 사경의 기초를 이루고 있으며 후대에 다소 많은 분량의 내용을 보충하거나 융합시킨 것으로 본다. 나는 이 견해에 동의한다. 게다가 나는 J가 포로기보다 앞서 작성되었다고 생각한다. 이런 견해를 가진 학자들이 그리 드문 것은 아니다(Berge, 1990; Friedman, 1998: 350~60; Emerton, 2004; Wright, 2005; Hendel, 2005: 109~17 참조). 더 나아가 나는 그것이 다윗 왕조 역사의 초기에 기록되었다고 생각한다. 이런 오래된 견해를 여전히 선호하는 학자가 있음에도 불구하고 최근에는 이 입장을 확신하는 사람이 점점 더 줄어들고 있는 것 같다(Ska, 2006: 141). 사실 나는 J가 다윗 왕의 궁전에서 작성되었다고 생각한다. 이 점에서는 내가 아는 한 오직 나 혼자만 주장하고 있다.[3]

변수들

J에 관해 무엇인가 말하려면 J는 물론이고 이스라엘과 이스라엘 군주국가들 모두에 관해 상당히 많은 내용을 전제해야 한다. J가 사경 내러티브의 기초라면 그 내용과 저자, 장소, 목적과 방식은 아주 명료하다. 모든 가능성을 감안할 때 그것은 왕조를 형성한 군주제도를 이스라엘의 지파 이데올로기와 여전히 회자되고 있는 전승으로 정당화하기 위하여 예루살렘의 다윗계열의 군주가 후원하여 이스라엘 전승은 물론이고 최소한 멀리 설형문자로 기록된 표준으로서 *에누마 엘리쉬*(*Enuma elish*)와 *아트라하시스*(*Atrahasis*)와 같은 기록들에 친숙한 어떤 서기관이나 서기관들이 작성한 것이다. 내가 보기에 이 정도까지

---

3 나는 이렇게 연대를 설정하는 입장을 Coote and Ord, 1989: 5~7(본서의 제1장 뒷부분을 가리킨다 — 옮긴이)와 이후의 여러 곳에서 밝혔다. 대개 무시하고 있지만 이 주장은 수정된 형태로 되풀이되고 있다. 다윗 시대로 보는 입장에 대하여 유일하게 의미 있는 또 다른 입장은 솔로몬 시대에 작성되었다고 보는 견해이다. 이것 역시 오래된 견해이지만 개연성이 거의 없다.

는 거의 논쟁의 여지가 없다.

이와 달리 언제 작성되었는가의 문제는 여전히 상당한 논란을 일으키고 있다. J를 어떤 개념으로 보느냐는 문제는 멀리 그것이 언제 작성된 것으로 보느냐를 설명하는 일부터 다루어야 한다. 나는 구조와 짜임새 면에서 J가 사경 내러티브의 기초를 이루고 있다고 생각한다. 이 J는 여러 차례 다시 작성되었고 분량도 점차 늘어났다. 성서에 포함된 문서 대부분이 이렇게 보충하거나 융합(편집)하는 식으로 작성되었다.[4] 그럼에도 불구하고 J는 고전적인 분석방식처럼 대체로 어휘, 문체, 주제가 공통되는 일련의 구절들로 구분하기가 쉽다. 최근까지 이런 방식을 아주 완고하게 고수하는 학자는 분명 프리드먼(Friedman)일 것이다(1992; 2003). J에 속한 구절을 모두가 똑같이 분류하지는 않는다. 가능하다면 J로 보는 견해가 일치하는 구절을 제시해야 하겠지만 J에 속한 구절과 그렇지 못한 구절을 결정하는 일은 필연적으로 미리 형성된 개념이 작용하기 때문에 기존의 분석에 얽매일 필요는 없다. 어떤 경우든 서로 다를 수 있다.

나는 J를 40년 동안 숙고한 끝에 논쟁을 일으키는 문제들에 대하여 추가적인 결론에 도달했다. 여기서는 이것을 간단히 정할 것이다. 첫째, J는 분명히 합성되었지만 일관성과 통일성을 지니고 있다. J는 적어도 두 가지 측면에서 합성되었다. 그것은 대체로(전부 그렇지는 않다) 상이한 전승들을 병렬시켜 작성하였고, 보통 J처럼 보이지만 늘 그런 것은 아닌 이차적 구절들을 보충했다. 그 외에도 얼핏 보면 신명기적인 구절처럼 보이는 E를 대규모로 보충하였고 제사장 전승도 보충했다. 이 두 방식 중에 첫 번째 것은 J의 전체적인 일관성 문제에 더 큰 의미를 부여했다. 이 일관성은 지속적으로 널리 의문시되었다. 가장 최근에 도즈만과 슈미트(Dozeman and Schmid, 2006)의 글들이 대표적인

---

4 일단 J를 도출하면 사경 작성은 J를 이해하는 데 이차적으로 중요할 뿐이다. J가 작성과정 중에 가장 먼저 기록되었기 때문이다.

경우이다. 두 사람은 이 문제를 창세기와 출애굽기의 관련성 문제로 조명했다. 이전에 나는 J가 지니고 있는 통일성을 여러 가지로 제시한 바 있다. 그것은 부분적으로 문서 자료들에서 유래하며 내러티브 전체에 주제와 줄거리의 흐름을 찾아낼 수 있게 해주는 복합적이고 일관성을 지닌 문서로 작성되었다(Coote and Ord, 1989). 여기서 나는 특별히 다윗 왕가의 초창기 궁전정치와 상관 있는 몇 가지 중요하면서도 의도적인 주제와 줄거리의 흐름에 초점을 맞추려고 한다.

J가 상이한 자료들로부터 작성되었다는 것은 의심의 여지가 없다.(구전과 문서 전승 사이의 구별은 여기서 무시하기로 한다.)[5] 최소한 다섯 가지 자료를 구분해낼 수 있다. 1) 아카드어로 기록되었고 표준에 가까운 궁정문서인 아트라하시스(Hess and Tsumura, 1994). 2) 문화의 계보에 관한 가나안의 궁정 전승. 3) 헤브론과 브엘세바에 초점을 둔 이스라엘의 조상들과 그 혈족에 관한 전승. 4) 시조의 이름이 된 이스라엘과 이스라엘의 아들들에 관한 전승. 이것은 지파들의 관계와 정치적 이스라엘과 주변 강대국 특히 이집트 사이의 관계에 관심을 두고 있다. 5) 기원이 다른 민간전승들로서 짧고 독립적인 시문들(이스라엘의 아들들에 대한 축복, 미리암의 노래, 발람의 축복). 자료의 종류가 다양하다는 것은 부정할 수 없다. 그러나 이것들을 지나치게 확대해서는 안 된다. 아브람과 이삭 전승 그리고 이스라엘과 그의 아들들 전승은 전자가 남부에 초점을 두고 있고 후자는 이스라엘 전체에 관심을 두고 있다는 차이가 있다. 상당수가 야곱, 요셉 그리고 모세 이야기를 종류가 다르거나 출처가 다르다고 보지만 이것은 의문스럽다. 게다가 그것들은 내러티브 사이의 연결이 분명하게 이루어지고 있다.[6] 이런 다양한 자료에도 불구하고 J의 일관성을 파악하기란 그리 어렵지

---

5 니디취(Niditch, 2005: 285)와 반 데르 투른(2007: 109~41)이 양자의 관계에 대해 벌인 논의는 환영할 만하다. 두 가지가 본질적으로 다르다는 견해를 지지하는 입장을 위해 카(Carr, 2005)와 비교해 보라.

6 J가 일관성을 갖고 있지 않다고 가정하는 작금의 연구 상황은 Dozeman and Schmid, 2006

않다. 이 주제는 잠시 후 다시 언급할 것이다. 이 자료들이 대부분 J의 주제나 줄거리의 요지가 아니며 주제를 상술하거나 줄거리를 진행시키는 특별한 어법을 사용하고 있지 않다는 점을 주목하는 것이 중요하다. 다시 말해서 이 자료들 자체는 J 전체가 말하는 이야기를 담고 있지 않았다. 원칙적으로 J와 그 자료들 사이의 차이점을 포착하기는 손쉽다. J는 군주제를 많건 적건 상당히 제한하는 전통적인 자료들을 사용하여 제한된 군주제를 지지할 목적으로 이스라엘 이야기를 사용한다.

나는 이미 이전에 내린 두 번째 결론을 표명한 적이 있다. J는 처음에 작성된 후 다시 작성되었고 E와 P로 크게 보충한 부분들 곁에 J와 비슷한 이차 구절들을 갖고 있다. 우리는 후대의 시기를 나타내는 별도의 표시들에 비추어 J의 일차 작성 연대를 잡아서는 안 된다. J는 어쩌면 본문에 추가된 구절뿐 아니라 전체를 재해석한 부분들에 의해서 이렇게 이차적 의미로 합성된 문헌으로 보일 수도 있다. 여기서 다루려는 주제는 처음에 일관된 내용으로 전부 작성하여 원래 내러티브의 기본 윤곽을 따랐을 때 드러나는 의미들이다.

셋째, 나는 E 전승층이 있으며 E는 결코 J로부터 독립한 적이 없고 J를 보충

에 잘 나타나 있다. 그 논의들은 역사적이며 사회사적인 언급들에는 관심이 없고 주로 내적인 문학 분석에 의존하는 경향이 있다. 이를테면 슈미트는 요셉 이야기와 출애굽 이야기 사이에 일관성이 없다고 본다. 이스라엘 백성은 바로가 선호하는 '유목민' 상태에서 '보통 전쟁포로에게나 해당되는 강제부역 노동자들'로 급작스럽게 바뀐다. 출 1:6~8의 '짧은 전환 구절은……더 이상 요셉을 모르는 새 바로를 소개한다.' 요셉은 '온 나라에서 두 번째로 높은 지위의 인물'이었음에도 불구하고 말이다. '이것이 연속성이 있는 이야기를 하는 내러티브 문체인가?'라고 그는 결론짓는다(2006: 32; Carr, 2005: 161 참조). 대답은 예스이다. 이곳의 전환 구절은 성서와 고대 근동 내러티브의 특징으로서 일반적으로 연속성을 지닌 내러티브를 개별 에피소드로 마무리하는 방식과 다르지 않다. 슈미트는 이스라엘 백성을 유목민으로 보는 이미 오래 전에 포기한 묘사를 사용하는 것에 만족하는 것처럼 보이며 군주들의 악명 높은 변덕스러움을 평가절하하며 출 1:8의 '알다'를 잘못 해석하고 있다. 그 의미는 '친숙하다'가 아니라 '정치적으로 인정하다'라는 뜻이다(Coote and Ord, 1989: 205~206. 본서 제20장 뒷부분). 또 법적 노예(*mas*)를 전쟁포로로 국한시키는 주장은 거의 재앙 수준의 오류이다.

하려고 작성한 것이므로 J보다 늦게 작성되었다고 생각한다(Coote, 1991). E의 성격과 J가 다윗을 선호하는 입장을 전제한다면 E가 J와 E 배후에 있는 공통된 '이스라엘' 전승을 독자적으로 증언한다고 생각할 이유는 없다. 즉 J를 공통된 전승에서 나온 하나의 판본으로 생각해서는 안 된다는 것이다. 아직도 유행하고 있는 이 같은 가정은 J는 물론이고 E의 요점마저 놓치고 있다. E에 관한 이런 가정들은 J를 이해하는 데 중요하며 이런 견해들은 다 같이 J와 E의 성격에 대한 영어권 학자들의 지배적인 생각과 어긋난다.[7]

학자들은 J가 창세기 2~3장의 에덴동산과 최초의 인간 이야기로 시작한다는 데 합의하고 있다. 그러나 J가 끝나는 장소는 전혀 일치하지 않고 있다. 이 점이 J를 해석하는 방식에 큰 차이를 만들어낸다. 넷째로 나는 J가 발람의 축복과 저주로 끝난다고 생각한다. 이것은 볼프(Wolff)의 견해(1964)와 비슷하지만 크게 다른 이유로 그렇게 생각한다.[8] J는 정복 기사가 전혀 없으며 암시조차 하지 않는다(Coote, 2000). 여호수아를 언급하지도 않으며(Coote, 1998: 560~61) 어떤 부분도 신명기역사에 포함된 것이 없다.[9] 그러므로 J의 주요 주

---

7 나는 E를 계속해서 J를 10세기 후반 이스라엘에서 개정한 것으로 이해하고 있다. 이에 대한 유비는 근대화 이전의 중국과 한국에서 왕조가 바뀔 때마다 이전 왕조의 기록(실록)을 개정하는 관습에서 찾아볼 수 있다. 이것은 신명기역사에서도 부분적으로 입증된 절차이다. 물론 다윗 궁전에서 생성한 J 사본의 수는 지극히 적어서 기껏해야 몇 개 정도에 지나지 않았을 것이다. 이런 생각을 하는 이유 중 하나로서 일반적으로 글을 해독할 능력에 관한 문화에 비추어볼 때 그런 본문이 존재할 가능성을 논하는 것은 의미 없는 일이다. 중국과 한국의 경우처럼 어쩌면 하나 혹은 두 개의 복사본을 세겜과 헤브론 같은 지역중심지에 비치해두었을 수도 있다. 내가 논의한 바대로(Coote, 1991) JE는 여로보암 왕실이 새 왕조를 정당화하기 위해 J의 사본을 편집한 결과로 생긴 것이었다. 그 다음 주요 편집 작업은 히스기야 시대에 이루어졌다. 그는 다윗 왕조가 이스라엘을 지배해야 한다는 생각을 재천명했다가 소득 없이 끝났다.

8 볼프(1964)는 아무 설명도 없이 J가 바알브올을 처음 언급한 곳(민 25:1~5)에서 끝난다고 주장했다.

9 프리드먼은 사경에서 J로 보이는 하나의 작품이 왕상 2장 끝에서 솔로몬의 통치가 확립될 때까지 신명기와 전기예언서까지 계속 이어지는 가능성을 부활시켰다(1998: 29~30). J를

제는 하나님이 이스라엘에게 땅을 수여한 것이나 다윗과 맺은 언약의 성취가 아닌 또 다른 것으로 생각해야 한다. (땅 수여가 성취되어야 한다는 점을 J가 어떻게 생각했는지를 묻는 것은 중요한 질문이지만 여기서는 중요치 않다.) J가 정복을 기대하지 않는 이유는 다윗이 이스라엘을 정복할 필요가 없었다는 뜻이다. 여호수아의 지휘를 받아 정복했다는 신명기적 역사 개념은 히스기야나 요시야 치하에서 발생한 실지회복 계획을 반영하는 것이다. 다윗은 땅을 다시 정복할 필요가 없었다.[10]

다섯째, 가설적인 J 전승층은 긴 내러티브 본문이지만 J의 저자는 거대한 서기관 제도를 필요로 하지 않았다.[11] 한 명의 서기관으로도 그런 작품을 쓸 수 있다. 다윗이 한 명의 서기관을 후원했을까? 그가 예루살렘을 다스렸다면 그곳은 이보다 삼백 년이나 앞선 때에 서기관들이 일하고 있었던 곳이며 블레셋의 주요 궁전 수비대를 지휘했다면 더욱 그렇다. 그는 이스라엘 사람이 아닌 수백 명의 군사를 모집하거나 강제부역의 의무를 시행할 힘이 부족치 않았다. 그런 것처럼 서기관 한 명도 못 구할 그런 형편이 아니었다. 더구나 완전히 갖추어진 서기관 학교도 필요치 않았다. J를 기록한 저자는 사무엘하 8:17과 20:25의 목록에서 스라야/스와라고 부르는 서기관이었을 수도 있다.[12]

포함하여 아담부터 솔로몬까지 언어와 표현법이 유사하다는 점을 논하는 그는 역사상 '최초의 산문 거작' 배후에 단 한 명의 저자가 있을 것이라고 단정하고 그 연대를 9세기 후반 정도로 제안했다['에돔이 유다로부터 독립한 시점 이후'(1998: 51)].

10 Coote, 2000. 여호수아가 더 긴 J 안에서 중간기의 절정에 해당한다는 견해를 되풀이하는 프리드먼은 사경에 나타나는 여호수아에 대한 언급이 보다 후대의 여호수아서 저자가 JE의 후속작품으로 보고 언어와 내용을 다듬은 데서 나온 것이라는 생각과 어울리지 않는다.

11 지배적인 견해는 예를 들어 *RBL*에 Halpern(2001)을 서평한 학자에 의해 표명되고 있다. Halpern은 본문 일부는 솔로몬 시대에서 유래했다고 주장하지만 '현재의 고고학적 증거가 다윗과 솔로몬 시대가 고대 이스라엘에서 순수문학(belles lettres)을 생성하던 시대라는 생각을 지지하는지 그렇지 않은지의 문제에 대해선 대답하지 않는다.'(Ash, 2002) Schniedewind, 2004: 58~63 참조.

12 이 이름의 정확한 형태에 대한 증거는 모호하다. 군주시대 다윗 궁전의 왕실 서기관이 '장

다윗 시대

J의 연대를 정하는 일에는 분별해낸 J의 주제와 특징이 다윗 가문이 가진 관심사의 거의 대부분을 반영하는 때가 언제인지를 설명하는 일 이상의 작업이 필요하다. J가 이스라엘의 등장과 왕조들의 발흥에 관하여 길게 기술하고 있는 다윗 궁전 역사의 기초이며 이스라엘이 사는 가나안을 재정복하는 일을 후원하려고 히스기야 시대에 처음으로 절정에 도달한 역사라는 것을 전제한다면 J는 후대보다는 더 이른 시기에 존재했을 것으로 추정해야만 한다. 거기서 J가 초기 다윗 왕조의 궁전에서 그리고 실제로 다윗 자신의 궁전에서 유래했다는 견해로 돌아갈 훌륭한 이유를 발견하기란 그리 어렵지 않을 것이다.

중동과 다른 지역의 지파 역사에 일어나듯이 이미 두 세기 이상 존속해왔던 초기 이스라엘의 지파 동맹은 지파들의 군주제로 대체되었다.[13] 이 군주제는 대개가 짧은 수명의 왕조들로 이어졌다. 지파 용어로 말한다면 정치 시스템을 가진 이스라엘이 군주제로 바뀌었다는 것은 기껏해야 애매모호한 발전이었다. 소수의 학자는 이런 견해를 선호하지만 일부는 무관심하며 대다수는 싫어한다. 이러한 모호성은 정확한 역사는 아니지만 사사기와 사무엘상권에 반영되어 있다. 성서 역사학자들은 보통 사울을 이스라엘의 첫 번째 군주로 인식한다. 우리가 알고 있는 사울은 다윗이 사울 가문을 찬탈한 당시의 기사 속에 그에 관한 전승이 포함되어 있기 때문이다. 그러나 우리는 사울이 최초의 이

관' 혹은 '국가의 비서관'이었다고 하더라도(van der Toorn, 2007: 78, 85)－너무 고상한 개념이다－그는 궁전 문서를 만드는 데 주도적 역할을 했을 것이다. 반 데르 투른은 궁전과 성전이 서기관의 활동에 상당히 상호 불가분의 관계를 가졌다는 사실을 탁월하게 요약하였다(2007: 84~89). 다윗의 궁전이 분명히 기념비적인 성전을 포함하고 있지는 않았지만 그의 서기관 혹은 서기관들은 그의 제의에 적지 않게 연계되어 있었을 것이다.

13 이러한 발전 양태는 정상적이었지만, 전형적이거나 불가피한 것은 아니었다. 기원전 13세기부터 10세기까지 진행된 팔레스타인 사회와 정치 구조에 관한 역사에 진화론적 유형론을 사용하는 것은 혼동을 유발시키는 이론에 불과하다. Coote(2006) 참조.

스라엘 왕조 창설자였는지 확신할 수 없다. 우리가 갖고 있는 자료의 성격 때문이다. 실제로 이보다 앞선 시대에 기드온과 그의 아들 아비멜렉에 관한 기사는 이와 다른 생각을 유도한다. 아비멜렉 이야기가 실제 벌어진 사건을 얼마나 반영하고 있는지 아니면 그의 계승이 역사적이라고 할지라도 사울 왕의 즉위보다 먼저 벌어진 사건이었는지 우리는 알 도리가 없다. 분명한 사실은 아비멜렉의 단명한 왕위 계승이 이스라엘을 지배한 처음 네 가문이 왕조를 이루지 못한 패턴과 잘 들어맞는다는 점이다. 이스라엘을 다스린 이들은 모두 제2대 왕에 이르러 짧은 기간 통치한 후 종식되었다. 사울과 이스바알, 다윗과 솔로몬, 여로보암과 나답, 바아사와 엘라가 그렇다. 그 다음 순서로 등장하는 오므리 가문은 모든 이스라엘 왕조 중에서 가장 강력했던 두 왕조 중 하나이지만 사십 년 동안 겨우 세 세대에 걸쳐 네 명의 왕이 통치했다.

이스라엘의 초기 왕조는 불안정했고 왕위 계승도 흔들렸다. 그 허약함은 부분적으로 군주제도가 지파 사회에서 유래하였기 때문이다. 전형적으로 깊이 뿌리내린 지파 정서를 전제할 때 모든 면에서 낯선 군주제도라는 정치 형태에 대하여 지파의 충성을 이끌어내기란 쉽지 않았다. 더구나 통치 가문 안에서 벌어지는 다툼은 군주제 자체의 안정성을 저해하였다. 사울은 아들 요나단이 부친보다는 부친의 경쟁자인 다윗을 더 사랑한다는 소문을 잠재울 수 없었다. 다윗의 아들 압살롬은 일시적으로 아버지를 보좌에서 하야시켰고 왕도에서 추방하기까지 했다. 결과는 압살롬의 죽음으로 끝났다. 다윗의 아들 솔로몬은 형제간에 죽음을 무릅쓴 투쟁 끝에 겨우 왕위를 계승하였다. 나답의 왕위 찬탈에 대해서는 알려진 바가 거의 없지만 E 전승층이 왕자들이 위험에 처해 있다고 보도하는 것은 여로보암과 왕자들 사이에 모종의 어려운 관계가 형성되어 있었음을 암시한다.

하지만 이스라엘의 초창기 왕들이 직면한 가장 큰 문제는 잠재적인 왕권 경쟁자들이 이스라엘과 적대적인 관계에 있는 세력들과 동맹을 맺을 수 있는 능력을 가졌다는 점이었다. 즉 다윗은 블레셋과, 여로보암은 이집트와 동맹을 맺었다.[14] 그래서 다윗 가문이 직면하였으며 또 다윗 가문이 이스라엘의 주권 집단인 것을 최종적으로 무너뜨린 가장 큰 위협세력은 이집트였다. 솔로몬이 이집트의 왕실과 결혼을 했다는 전승은 의심스러우며 그 같은 정치적 혼인이 함축하는 것이 문제를 일으키지는 않는다. 다윗 가문의 잠재적 왕권 찬탈자들은 이집트에 머물렀고 이들 중에 여로보암은 과거에 이스라엘의 대다수 지파에게 통치주권을 내세웠던 다윗 가문을 전복시키는 데 성공했다. 여로보람이 통치한 지 몇 년 지나지 않아 이집트 왕 쇼셍크는 팔레스타인을 침공했다. 그것은 이집트 신왕조의 혼란한 국면을 전환시키려는 속셈에서 이루어졌다. 최근의 한 연구는 이집트가 예루살렘을 공격한 이유가 다윗 왕권에 반대하는 여로보암을 지원하려고 시위한 것이라고 설명한다(Wilson, 2005). 다윗에게 이집트는 이스라엘이 단 한 대도 가지지 못한 전차부대를 가진 일차적 적대국이었다. 군주를 자처하는 전쟁용사들로 에워싸여 있는 현실 또한 대처해야 할 위협이었다. 선발된 블레셋 사람들은 동맹군이었다. 이스라엘 지파들의 충성도 얻어야 했다. 이스라엘의 아들들은 하나로 결속시키거나 아니면 따로따로 분리시켜야 했다. 이것이 다윗 가문이 이스라엘이라는 정치체제를 짧은 기간이지만 통치해야 했던 세계였고 그런 통치는 이러한 압박과 불확실성 앞에 무너졌던 것이다.

이것이 J의 세계이다. J를 기록할 때 이런 복합적 상황은 오래도록 지속되었기에 분명하게 처리해야 했다.

J의 이야기

J의 이야기는 지파와 도시에서 회자되던 기존 신화를 다시 작업한 것이다.

---

14 솔로몬의 지역 후원자들인 나단, 사독, 브나야는 아비아달, 요압, 시므이처럼 폭넓은 지파 권력자들과 알력관계를 지닌 왕궁 집단이었다.

그러나 신화적인 내용뿐 아니라 J가 직면하고 있는 역사적 상황에 포함된 실제적인 사회정치적 현실에 관심을 두고 있다. 그리고 J의 줄거리는 바로 이 문제에 관심을 기울이고 있다.

J는 하나님이 사람을 흙으로 창조하시고 하나님의 지상 궁전을 의미하는 정원에서 일하는 자로서 자신을 섬기게 하는 이야기로 시작한다. 그의 피조물은 왕실 하인들이며 땀을 흘리지 않아도 되는 일을 한다. 사람은 이렇게 하나님을 섬기기 위해 창조된 것이다. 그것도 하나님의 왕족으로 창조된 것이지 인간 주권자에게 강제부역에 혹사당하는 종으로 창조된 것이 아니다. 인간이 강제부역을 하는 노예로 창조되었다는 생각은 고대 근동의 신전과 궁전 사회에서 흔하게 볼 수 있다. J의 서두 대부분에서 우리는 *에누마 엘리쉬*와 *아트라하시스*와 같은 표준 아카드어 본문의 흔적을 찾아볼 수 있다. J는 이 범세계적 본문들 위에 이스라엘 지파들 가운데 여전히 통용되고 있는 가치를 반영시켰다.[15]

이후 J의 이야기는 저주와 축복의 틀에 따라 파멸과 구원 이야기들을 전개한다. 이윽고 하나님은 교만해진 자신의 피조물들을 저주한다. 뱀은 하나님이 알고 있는 것을 아는 체하지만 하나님의 뜻에 어긋나게 여자를 속였다는 이유로, 여자와 흙으로 지음 받은 남자는 하나님을 무시하고 생명을 주는 능력을 자랑하였다는 이유로, 이들의 첫아들은 동생의 생명을 앗아갔다는 이유로 각각 저주받는다. 모든 범죄는 왕족이 저지르는 유형의 것이다. 피조물과 계속 씨름하는 하나님은 그들의 교만함 때문에 대홍수를 통해 전부 멸망시킬 뻔했

---

15 나는 에덴동산의 최초의 인류 이야기와 *길가메쉬*(*Gilgamesh*)와 *아다파*(*Adapa*)를 비교하려고 하는 학자들과 다투는 것이 아니다(예컨대 Batto, 1992: 42~46, 58~60). 나는 내 박사학위 논문에서 직접 비교해 본 적이 있다. 하지만 이런 비교는 죽음의 기원 이야기처럼 에피소드를 격리시켜 다루는 경향이 있다. J의 서두를 J 전체와 관련시켜 이해하려면 J의 모든 부분을 서로 상관지어 볼 필요가 있다. 여기서는 특별히 *아트라하시스*(*Atrahasis*)와 비교하는 것이 가장 적절하다.

으나 이후로는 살아있는 자를 멸망시키려고 땅을 저주하는 일을 행하지 않겠다고 다짐한다. 홍수에서 살아남은 인간은 에덴동산 바깥에서 최초로 다년생 식물인 포도나무를 재배하여 포도주를 만든다. 노아의 아들 함은 술에 취하여 벌거벗은 아버지를 보았고 노아는 함의 아들 가나안을 저주하여 다가오는 중요한 땅 수여의 근거를 설정한다. 사람들이 거대한 성채가 있는 도시를 하늘에 닿을 만큼 높이 지으려고 하자—다른 그 무엇보다 *에누마 엘리쉬*로 알려진 마르둑 신의 바벨론 신전을 가리킴—하나님은 그들의 교만함을 제지하기 위하여 서로가 한 말을 알아들을 수 없게 만들어서 지면에 흩어버렸다.

이 하향곡선을 뒤집기 위해 J가 설정한 두 개 혹은 세 개의 위대한 전환점 중 첫 번째는 흩어진 인류 가운데 아브람이라고 부르는 한 사람을 선택한 일이다. 우선 그를 그의 혈족에게서 분리시키고 오로지 하나님을 전적으로 의지하며 살도록 하고 시험의 축으로 삼아 복을 준다. 누구든 아브람과 그의 자손을 축복하는 자, 즉 아브람의 번영의 원천이 하나님임을 인정하는 자는 복을 받을 것이고 아브람이나 그 자손을 모욕하는 자는 저주를 받게 될 것이다. 그런 다음 하나님은 아브람과 그의 자손에게 가나안 땅을 수여한다. 예루살렘의 옛 이름으로 분장한 살렘 왕 멜기세덱은 아브람에게 복을 준다.[16] 이스라엘의 아들들은 불화하게 되었고 동생 요셉에게 유감을 품은 끝에 결국 그와 거리가 멀어졌다. 요셉은 짐꾼 노예로 팔려 이집트로 끌려갔다. 그는 이집트에서 엄청난 권력의 자리까지 오르게 되었다. 유다의 겸손함을 통해 형제들은 요셉과 화해했고 이제 하나가 되어 한 명씩 아버지 이스라엘의 축복을 받는데 특히 유다 또는 유다의 형들은 아버지의 비난 서린 말을 듣는다.

이집트에서 이스라엘의 아들들은 처음에는 번성하지만 새로운 바로가 즉위하자 사법상 노예로 전락하여 잔혹한 강제부역에 동원된다. 그러나 하나님은

16 창 14장을 J에서 제외시킬 이유가 없다. Coote and Ord, 1989: 110~15(본서 제13장)는 아브람을 축복한 사람이 바로 멜기세덱이며 또 다른 읽기는 불가능한 까닭을 논증하고 있다.

인간을 강제부역을 하는 노예로 창조하지 않았다. 살인하는 도시 건설자인 가인과 같은 왕실의 노예로 창조된 것이 아니라는 사실은 말할 것도 없고 하나님의 노예로도 창조된 것이 아니었다.[17] 하나님이 누구든지 아브람과 그의 자손에게 복을 주는 자에게 복을 주는 반면 아브람이나 그의 자손을 경시하는(*qallēl*) 자는 누구든지 그 대가로 경시받을 것이라고 약속하였다. 그러므로 권력을 남용하는 바로에게 하나님은 자신의 통치력을 행사해 이스라엘의 자손을 구원하여–그들에게 왕실 자손에게 사용하는 '내 아들'이란 표현을 사용한다–하나님을 섬기게 하였다. 그것은 바로처럼 교만한 왕을 섬기게 하려했던 것이 아니라 하나님이 최초로 사람을 창조할 때 시키려고 했던 바로 그 일이었다. 그래서 하나님은 바로와 함께 그의 군대를 몰살하였다. (섬김을 두고 벌어지는 이 갈등은 하나님의 동산에서 최초의 인간이 하나님을 섬겼던 일로 곧장 소급되며 J의 출애굽 내러티브를 전개시키는 추진력이다.) 하나님과 모세의 인도를 받은 노예들은 이집트에서 탈출했다. 가나안으로 가는 도중에 이스라엘 자손은 곤경에 처할 때마다 모세를 원망하게 되지만 거듭해서 이를 극복하고 하나 됨을 유지했다.[18]

이야기의 결말은 도망한 노예 무리가 자신의 영토를 통과하는 것에 격노한 모압 왕이 이스라엘 자손을 저주하기 위해 유명한 선견자 발람을 고용하는 사건으로 끝난다. 하지만 말하는 나귀가 등장하는 역설적인 장면은 J의 서두에서의 말하는 뱀을 연상시킨다. 하나님은 거꾸로 발람에게 도망자들을 축복하도록 시킨다. 발람은 근원적 축복–너를 축복하는 자는 복을 받을 것이고 너를 저

---

17 이스라엘 노예들의 반란을 주도하도록 모세를 선택함으로써 하나님은 살인에 대한 정당한 조치로서 이집트 노예 감독관의 살해를 승인한다. Coote and Ord, 1989: 219~21(본서 제21장).

18 J에서 모세가 유일한 지도자로서 행한 역할 묘사는 지파 지도자에 대한 군주사회의 해석일 뿐 아니라 초기 이스라엘 군주제도가 지파 전승을 수용한 결과이다. 여기서 유일한 지도자인 모세는 정치국가 이스라엘이 이집트와 관계를 맺어야 할 필요성을 반영하는 것이다.

주하는 자는 저주를 받을 것이다—을 되풀이하며 이스라엘 지파 가운데 장차 통치자가 나올 것을 예고한다. 그것은 이스라엘이 유다를 축복한 구절을 확증해준다. "한 규가 이스라엘에게서 일어나서(창 49:10 참조) …… 주권자가 야곱에게서 날" 것이다(민 24:17, 19).[19]

강제부역은 다윗가의 짧은 통치 기간 동안 중요한 이슈였다. 군주의 특권인 강제부역 동원은 통치 가문의 주권을 정의해주었다. 다수가 주목한 대로 다윗은 지파와 가족 중심으로 이루어진 이중 행정부를 운영했다. 강제부역 감독을 왕실 관리에게 맡긴 것은 권력의 균형을 가족 집단에게 기울도록 만들었다. 다윗이 죽자 계승 문제를 둘러싸고 지파와 가족 사이에 싸움이 벌어졌다. 가족 세력이었던 사독, 나봇, 브나야는 상대방에게 우세했고, 결국 소수파였던 솔로몬을 보좌에 앉혔다. 솔로몬은 궁전과 성전 건축을 위해 강제부역을 실시하였고 그것은 정상적인 왕실 관행이었다. 이스라엘에서 다윗 가문이 전복되도록 만든 요인은 과도한 강제부역 실시 때문이었다는 전승이 만들어진 것처럼 여로보암 왕실은 유다 대신 요셉의 통치—르호보암 대신에 여로보암—를 정당화해주는 의미의 구절을 추가하여 J를 개정할 수 있었다. 이 와중에 이집트 왕은 예루살렘에서 왕 노릇을 했다.

J는 왕실의 녹을 먹는 다윗 가문의 예루살렘 거주민이다. 이 사실이 지파 중심주의에 예외적으로 양보하고 있는 그의 입장을 의미심장하게 만든다. 다윗의 권력은 결코 무한하지 않았다. 그의 통치기간 중 발생한 사건을 담고 있는 문서에서 가장 길게 다룬 사건은 압살롬과 벌인 투쟁이다. 압살롬은 다윗을 먼 변두리로 쫓아냈다. 나중에 다윗은 반란을 진압하고 사태를 수습하였다. 다윗 통치의 한계를 이해하려고 할 때 다른 어떤 사건보다도 더 중요한 것은

---

19 J의 틀을 살필 때 발람의 축복이 지니는 중요성은 볼프(H. W. Wolff, 1964)가 간파한 적이 있음에도 불구하고 잊혀졌다. 이를테면 스카(Ska)가 오경(2006)을 요약하여 다룰 때 이 사실은 아무런 역할도 하지 않고 있다.

다윗에게 강요되었을 지파 전승과 특권에 양보하는 일이었다. 이 중 가장 중요한 사건은 분명히 왕조의 성전을 건축하지 못한 일과 지파의 율법수여자인 모세 전승을 용인한 일이었을 것이다.[20] 이 두 가지를 양보하는 내용이 J에는 나타나 있다. 아브람은 세겜에서 땅을 수여받는 내용과 함께 정치국가 이스라엘의 영유권을 확립하는 신에게 제단을 세운다.(창 12:7, 8; 13:4, 14~18; 벧엘에서 야곱의 경우는 확인되지만 거의 모두 J에 속한 창 28:11, 13~14, 16, 19에서는 제단을 언급하지 않는다.) 그리고 J에는 하나님의 율법을 계시하는 모세에 관한 충분한 이야기가 있어서 이것이 사경에 널리 퍼져 있는 이 모티프의 기초가 되었을 것이다.[21] 적어도 J의 세 가지 특징이 이와 유사한 양보를 반영하고 있다고 보는 것이 제일 좋다. 물론 그 가운데 불가피한 것으로 여겨지는 것은 하나도 없다. 하나는 이스라엘이 아무런 제한 없이 본래 지파로 구성되었으며 이스라엘을 정의할 때 지파 용어를 사용할 것을 요구했다는 전승이다. 둘째는 이스라엘의 땅 수여는 예루살렘이 아니라 세겜과 벧엘 부근에 집중되어 있다는 전승이다. 셋째는 이집트에 반대하여 부각된 J의 지파들 사이의 갈등에 관한 기사이다. 이스라엘 자손들의 갈등은 형제들이 지파의 중심 기능을 했던 요셉을 구덩이에 빠뜨렸다는 식으로 묘사되어 있으며 그것은 형제들과 유다 사이에 벌어진 갈등이 아니었다. 유다는 유다와 형제들 사이의 갈등이 아니라 형제들과 요셉 사이의 갈등을 화해시킨 인물로 등장한다. J는 이 지파 전승을 예루살렘과 세겜 사이의 관계를 다루는 식으로 변형시키면서 다윗가가 무너진 후 세

---

20 어떤 이는 다윗이 성전을 건축했다고 논한다. 그런 사건이 잊혀지거나 그런 기억이 극단적으로 변경되기는 불가능하다. 율법 수여자인 모세에 관해 Liverani, 2005: 344~45를 보라. 리베라니는 율법이 '왕이 없는 나라'를 위한 것이라는 생각을 갖고 있다. 하지만 이런 논리가 왕이 그런 생각을 용인했다는 데서 오는 충격을 감소시켜주지는 못한다.

21 출 19~24장과 32~34장에 매우 복잡한 전승이 층층이 집약되어 있어서 가장 빠른 J층을 간단하게 구별해낼 수 없다. 학자들의 입장과 반대로 나는 기념비적 제단을 세울 때 돌을 깎아서 세우지 말라는 출 20:22~26을 E가 아니라 J로 보며 적어도 출 34:17~26의 일부는 이 제단법의 적절한 후속편으로서 원래의 J에 소급된다고 생각한다.

겜이 이스라엘 군주사회의 새로운－아마 혁신적이었을－보금자리가 되었을 때 현실로 다가온 위협을 언급하고 있다.

다윗가는 기원전 10세기에 발생한 이집트의 위협을 언급하려고 이스라엘이 이집트에서 구원받은 전승을 발명해내지는 않았다. 그것은 J에 있는 내용 거의 전부를 받은 대로 기록하였다. 하지만 여기서도 다른 곳에서처럼 그 전승을 다윗의 상황에 적합하게 조정하였다. 그 전승의 상당수는 효과를 위해 이스라엘의 지파 전승과 연결고리를 지녀야 했고 이집트 노예 생활에서 탈출한 이야기의 핵심은 부분적으로 이스라엘의 독립이 이집트와 연대하므로 시작된 것이라고 선전했다.[22] 그 전승은 이집트에서 노예가 탈출한 사례가 반복해서 일어난 것으로 생각할 수 있기 때문에 역사적이었을 것이다. 그러나 우리가 J에서 읽게되는 이야기는 정확한 역사가 아니다. 우리는 J에서 그런 역사를 찾기를 기대하지 않는다. J는 아브람 이전의 이야기를 세상의 시초에 관한 설형문자 기록에서 가져와 각색하였다. 아브람은 낙타를 타고 다니며, 이스라엘이 정착하기 전에 블레셋은 이미 정착해 있었다. 가장 놀라운 것은 J의 가나안 어느 곳에서도 이집트의 증거가 없다는 사실이다.[23]

주제

J의 주제는 지파가 가진 신화를 도시의 관점으로 다시 기술하는 데 기원이 있음을 보여준다. 세 가지 기본 주제가 J의 이야기를 만들고 있다. 그것은 인류 전체의 틀을 제시하는 저주와 축복의 이야기, 이스라엘과 그 자손들의 이야기, 이집트에 맞서 모세의 지도를 받아 이스라엘이 투쟁한 이야기이다. 두 번

22 Coote(1990).

23 J의 이집트는 페르시아 시대의 이집트가 될 수 없다. 페르시아 시대에 이집트는 페르시아에게 점령당했거나 팔레스타인의 친페르시아 세력에게는 아주 사소한 위협으로 남아 있었을 뿐이고 제국으로 여겨지지도 않았다.

째와 세 번째는 지파로 구성된 이스라엘의 우두머리들 사이에 뿌리내린 전승 가운데 들어있고 그것은 J의 목적을 표명하는 형식을 지닌다. J에 이 두 번째와 세 번째 부분은 주제가 연결되어 있으며 다음 요점을 제시한다. 이집트의 위협은 지파의 통일을 요구한다. 혹은 이야기 전개가 보여주고 있듯이 이스라엘의 탁월한 지도력을 따르는 형제들의 화해는 이스라엘 자손이 이집트의 폭정에서 탈출하기 위한 전제조건이다. 창세기와 출애굽기 사이에 문학적 연속성이 없다고 생각하는 학자들은 그런 것이 전혀 없는 곳에서 문학적 문제를 만들어낼 뿐 아니라 J의 근원적 주제에 관하여 내러티브의 기본 줄거리를 무시하고 있다. 그것은 노예에게 강제부역을 부과할 특권을 지닌 국가 주권자의 횡포에 정치적으로 저항하는 일이다.[24] 이 주제는 이스라엘과 그 자손들이 서로 화해하고 노예가 되었다가 도망친 이야기를 지파 전승이 아니라 도시 신화에 박혀 있는 저주와 축복 이야기인 J의 주제 단락의 첫 부분과 연결시킨다. 이 첫 번째 단락은 두 부분, 즉 J의 시작과 끝으로 나눌 수 있다. 그것이 지파에서 채택한 전승의 틀을 부여하고 있다. 두 번째와 세 번째 단락에서 저주와 축복의 역할은 크지 않다. 그것은 이삭이 이스라엘을 축복하고 이어서 에서를 미온적으로 축복하며 이스라엘이 자손들을 저주하고 축복하는 이야기에서 절정에 이른다. 그러나 첫 번째 단락에서 일련의 저주는 반복적으로 나타나는 주제를 이룬다. 뱀, 최초의 여인, 최초의 남자(흙을 통해), 살인자이며 도시 건설자인 장자, 가나안, 그리고 최초의 도시 성전을 함축하고 있는 바벨론의 도시-탑 건축자들이 차례로 저주를 받는다. 각 경우는 왕 같은 존재로 지음받은 사람이 잠재적으로 갖고 있는 교만한 폭압적 권력 행사에 반대한다는 의미를 지닌다.

저주를 받는 일련의 사건과 반대로 아브람과 그의 자손은 최초로 이름에 복

24 '요셉을 알지 못하는 새 바로가 일어났다'는 구절로 창세기와 출애굽기를 연결하는 모습은 창세기에 있는 여러 단락을 하나의 줄거리로 연결시키는 양상과 크게 다를 바 없다.

을 받는다. 즉 자손이 복을 받고 명성을 떨치게 된다. 아브람이 받은 이 복은 아브람 이야기에서 성취되고 저주를 받은 세대의 이야기 줄거리와 이어진다(Coote and Ord, 1989: 106). 친족과 분리된 채 오직 하나님만 의지해야 하는 아브람은 부와 명성과 이것을 상속할 아들—왕조를 형성하려면 본질적으로 가장 중요한 것—을 얻지만 궁전과 성전과 같은 기념비적인 건물을 얻지는 못한다. 후자를 얻으려면 강제부역이 필요하기 때문이다.[25] 간단히 말해서 J의 축복의 역사 서두의 흐름은 사람이 어떻게 해서 번영하는 중에도 하나님의 축복을 인식함으로써 아름다운 미덕을 쌓으며 또 지파 정서에 충실한 왕으로 지음받았으며 언제나 노예가 아닌 왕을 낳는 하나님의 피조물로 지음을 받았는지를 보여준다.[26] 그리고 종종 주지한 대로 가나안에서 아브람이 개입된 첫 번째 일화는 기근을 피하여 이집트로 내려갔다가 바로의 폭정을 피하여 재산을 가득 싣고 나온다는 이야기이다. 이것은 틀림없이 J의 출애굽 이야기를 예시한 것이다. J의 서두에 등장하는 지파 평등주의 이데올로기는 결론부에 투영되어 있다. 거기서 모압 왕으로 묘사된 폭군은 국제적인 투시자 발람을 고용하여 아브람의 자손에게 저주를 내리려고 한다. 아브람의 자손이 모든 폭군 중에 가장 강력한 폭군인 이집트 왕 밑에서 노예로 살다가 도망친 사건은 사람이 강제부역을 하기 위해 창조되었다는 지배적인 도시 신화를 뒤집는다. 그러나 모압 왕의 계략은 수포로 돌아간다. 사람을 노예로 살도록 창조하지 않은 창조주가 발람

---

25 J의 반(反)강제부역 이데올로기는 다윗이 강제부역을 일으켰을 가능성을 배제하지 않는다. 그 표시를 삼하 20:24에 아도람이 포함되어 있다는 사실에서 알 수 있다. 이 목록이 반드시 다윗의 통치 후반기에 유래한 것이라고 볼 수는 없다. Coote and Ord, 1989: 115, n.9(본서 제13장 각주 9번).

26 벨만(Velleman, 2001)이 논의한 플라톤의 프로타고라스와 평행기사로 미루어 판단해보건대 최초의 사람 창조 이야기는 왕족에게 중요한 가치들이 없지 않다. 프로타고라스 신화(320d~328d)에는 인간이 스스로 통치할 수 있도록 제우스와 헤르메스 신이 모든 인간에게 '정치술/기술[techne]'을 이행하는 데 필요한 두 가지 특성을 전달한다. 그것은 수치심과 '도시 질서 원리'인 정의를 이해하는 자세이다(322c).

의 축복으로 도망 나온 노예들에게 승리를 안겨주는 이야기로 마무리 짓기 때문이다.

J의 장르

J의 장르와 그 산문형태는 J를 논의할 때 항상 거론되는 것이 아니다. 하지만 이것은 중요한 이슈이다. 다른 이슈와 마찬가지로 그것은 다윗의 통치와 연관 지어야 가장 잘 이해할 수 있다. 나는 시대에 뒤떨어진 견해라는 비난을 무릅쓰고 다윗의 군주제와 제도적 후예들이 존재하는 동안 방대한 분량의 본문이 작성되었고 그것도 다윗이 직접 임명한 서기관이나 서기관들에 의해 작성되었다는 견해를 오랫동안 주장해 왔다(Coote and Coote, 1990). 그 핵심은 훗날 예루살렘 성전의 경전에 포함된 세 가지 주요 문집—사경의 J, 예언서에는 사무엘서의 다윗을 옹호하는 본문, 그리고 성문서에는 시편에 보존된 다윗의 초기 핵심 기도문들—을 작성하는 단계 중 가장 빠른 시기의 내용으로 이루어져 있다. 예언서의 독특한 기능은 신명기를 오경으로 이동시킨 다음 토라와 갖는 관계를 살펴볼 때 더욱 분명해진다. 토라는 특정한 통치 행정부를 지칭하지 않은 채로 '이스라엘'을 묘사하고 있는 한편 예언서는 오직 다윗 가문만이 이스라엘을 통치하는 것이 정당하다는 말로 통치행정부를 명시적으로 언급한다(Coote, 2001: 62~63). 그런 맥락에서 전기 예언서의 핵심을 다윗이 사울의 왕권을 찬탈했다는 당대의 비난에 맞서서 그것을 옹호하는 데 뿌리가 있다고 주장하는 매카터(McCarter)의 논의는 적절하다(McCarter, 1980, 1981).[27] 사무엘서와 J의 문체와 주제가 유사하다는 점은 오랫동안 인식되어왔고(Friedman, 1998: 5~32)

---

27 더욱 발전된 견해는 할편(Halpern, 2001)이 제시하고 있고 다윗의 해명서라는 개념은 현재 다윗 통치 기사에 규칙적으로 역할을 하고 있다.

이 점이 J가 다윗의 궁전에서 유래했을 것이라는 외적 증거이다.

매카터는 장르에 근거하여 이러한 주장을 편다. 똑같은 주장을 J에 적용하는 것이다. 고대 세계의 기원신화는 거의 언제나 제의 신화이거나 제의의 기원이나 섬기는 신의 본성을 설명하는 이야기들이다. 그것들이 바로 '창조' 이야기이다. 그것은 특정 제의를 중심으로 세워진 사회 질서에 따라 움직이는 창조 질서를 묘사한다. 이것이 바로 J가 수행하는 것이다. 제의는 이스라엘의 다윗 제의이다. 군주제와 유사한 형태의 제의라고 보는 것이 제일 좋다. 그리고 신은 엘 신의 아바타인 야훼인데 그는 지파 이스라엘의 하나님이며 이스라엘 사람들을 관할하는 하나님이다. 역사적으로 다윗의 야훼 제의는 시내 산, 헤브론 혹은 예루살렘 혹은 또 다른 곳에 존재하였다. J에서 왕실 제의는 장소를 제한하지 않는다. 이는 히스기야나 요시야의 궁전에서 개정한 다윗 왕가의 발전사에서 제의 중앙화 개혁을 언급하는 것과 같다. J의 제의는 세겜과 벧엘 부근에서 유래한다.

예루살렘과 그 제의에 대해 J가 직접 언급하지 않은 것은 우연한 일이 아니다. 그것은 J가 이스라엘의 기원을 단순히 군주제 이전 시대로 한정하기 때문도 아니다.[28] J는 일종의 제의신화이며 동시에 반(反)제의신화이기도 하다. 대형건축 계획과 이것을 시행하기 위해 필요한 강제부역을 혐오하는 지파이데올로기와 맥을 같이 한다는 의미에서 그렇다. J는 마르둑과 바알 신이 하듯이 성전을 건축하는 그런 야훼 신의 이야기가 아니다. 성전을 건축하는 그런 야훼 신화는 우리가 예루살렘 성전 건축과 더불어 기대하는 것이며 그런 특성은 자연발생적 신화의 모습을 반영하는 것이고 그런 신은 바알 신의 모습을 취한 것이다. J는 성채와 같은 성전이 아니라 성전이 없는 변두리 제의에 초점을 맞추고 있다. J에게 제일 우선하는 제의는 다윗 시대에도 유다와 이스라엘(유다와 구별되는 이스라엘) 사이에 위치한 벧엘이며 특히 이스라엘(즉, 모든 이스라

28 창 14장은 J이고 살렘은 예루살렘을 가장한 명칭이다.

엘)과 이집트 사이에 위치한 시내 산 — 그곳이 정확히 어디인지는 중요하지 않다 — 이다. J는 정말로 강제부역을 중요하게 여긴다. 그것은 다윗 제의의 성격이 대형건축물이 없는 제의이며 그곳에서 섬기는 신도 대형건축물을 세우지 않는 군주제도를 주장하는 신이라는 것을 언급하기 위해서이다. 아울러 양측의 국경선에서 통치권자들의 다툼을 정의하기 위해서이다. 고대의 통치권자들은 다른 무엇보다도 제의를 통해 정당성을 부여받기 때문이다.

제의와 신의 기원에 관한 J의 가장 명백한 표현 — 야훼가 인간을 왕족으로 창조하고 곧바로 두 번째 세대가 야훼의 이름을 부른 뒤(창 4:26) — 은 이야기 가운데 예외적으로 중요한 또 다른 순간과 다른 측면에서 볼 때 가장 중요한 전환점에 나타난다. 이것이 아브람의 축복과 그에 따라 벌어지는 이야기이다. 야훼가 복을 줄 때 암시하듯이 보호신이 완벽하고 배타적인 충성을 요구하는 것은 특이한 일이 아니다. 하지만 J는 이 요구를 극단적인 드라마로 변화시키고 있다. 하나님은 아브람에게 고향, 가족, 땅을 포기한 채 분명하게 명시하지 않은 또 다른 땅으로 이주하라고 명령한다. 이 특이한 요구는 상식적인 사회적 실존을 부인하라는 말로 요약할 수 있다. 대체로 사람마다 다른 사람과 연결되는 접촉과 관계의 네트워크를 갖고 있다. 삶과 안전에 필수적이기 때문이다. 이런 여건은 다른 사회적 환경과 맞교환할 수 있는 것이 아니다. 그것들은 제의에 헌신할 때 아주 적합하다. 아브람에게 이런 사회적 연관성은 그가 그를 보호해 주는 신과 맺는 유일한 연결고리로 대체된다. 그는 야훼에 절대적으로 의존해야 한다. 보호를 받는 아브람이 거둔 성공은 그것이 무엇이 되었든지 그를 보호해주는 신으로부터 나온 것이 틀림없으며 또 그런 식으로 이해해야만 한다. 때가 되면 새롭지만 과거의 상실을 보상해주는 사회적 관계들이 형성될 것이고 야훼가 복을 주었듯이 다른 사람들이 그에게 복을 주는 일이 생길 것이다. 야훼는 인간을 창조한 분이고 그들에게 온전한 충성을 요구하는 그런 신이다. 군주를 섬기는 일에서 벗어나면 그만큼 위태로워진다.

제의의 기원은 최초로 복을 받은 사람이 소수의 가족을 데리고 가나안으로 여행할 때 결정적으로 중요한 길목에서 반복해서 설명된다. 야훼가 세겜에서 아브람에게 나타났을 때 그는 이 가나안 땅을 아브람의 후손에게 수여한다. 아브람은 여행하던 바로 그 장소와 그 순간에 이 야훼에게 처음으로 제단을 쌓는다. 아브람은 벧엘 부근으로 여행하고 그곳에 두 번째로 제단을 쌓는다. 그곳은 이름의 시조가 된 이스라엘에게 야훼의 땅 수여가 거듭 언급되던 장소와 아주 가깝다. 이 약속의 상속은 상속자의 출생과 연결되어 있고 그것이 J의 아브람 이야기에서 전개되고 있는 주제이다. 이것들이 J를 기록한 저자가 제의의 기원을 다루는 이야기의 처음 열다섯 세대 속에서 주요 강조점으로 삼은 주제들이고 그가 사용한 자료의 장르에는 없는 내용이다.

J 이야기의 서두는 야훼의 특성을 묘사하면서 두 가지를 강조하고 있다. 야훼는 사람을 야훼를 섬기는 왕으로 창조했다. 사람은 강제부역을 통해 다른 왕을 섬겨서는 안 된다. 그래서 야훼는 아브람과 후손을 축복하는 일을 반복할 때마다 충성을 요구한다. 이와 똑같은 강조점을 J 이야기의 절정에서 찾아볼 수 있다. 그때는 야훼가 자기 종들을 바로를 섬기는 데서 구원하는 때이다. 이야기의 결말에 가면 야훼가 발람을 시켜 이스라엘을 축복하게 한다. 아브람에게 한 축복의 내용을 반복하고 있는 것이다. '내가 너를 축복하는 자를 축복하고 너를 저주하는 자를 저주할 것이다.' J는 제의 내러티브이다. 그것은 다윗이 지었건 솔로몬이 지었건 다윗 왕조의 성전이 건축되기 이전에만 의미가 있다. 강제부역을 반대하는 주제로 전개되는 모든 내용은 왕의 궁전과 성전과 같은 대형건축물의 건설을 배제한다. 이것은 이데올로기 수준이다. 다윗은 직접 강제부역을 시킬 수 있다(Coote and Ord, 1989: 115, 각주 9번). 그러나 성전 건축은 J에 전혀 반영되어 있지 않다. 신화와 건축물의 상징을 구현하는 성전을 건축한 후라면 J와 같은 다윗 제의 신화를 작성하기가 극히 어려웠을 것이다.[29]

---

29 이 주장을 수립하기 위해 10세기 고고학이 통일왕국의 존재여부를 둘러싸고 벌이는 논쟁

산문으로 기록된 J

제의 신화인 J가 시문이 아니라 산문이라는 사실은 줄여서 말한다면 이상한 일이다. J 자료의 성격을 대부분 시문이라고 알거나 가정한다는 사실은 상당히 놀랍다. 최근에 이 문제를 다룬 견해들은 설득력이 없다.[30] J가 왜 산문인지를 이해하려면 그것이 인용하고 통일시킨 특정한 일차 전승군을 주목할 필요가 있다.

1. 세상의 기원, 인간 창조, 대홍수, 그리고 계보와 문화 계승에 관한 도시의 문서 전승
2. 에피소드별로 J의 아브람 이전 시대의 주제를 추적하기 위해 J가 기록한 아브람 이야기
3. 이스라엘의 이름 시조인 야곱 이야기
4. J가 유다와 요셉을 강조하는 이스라엘 자손의 이야기[31]
5. 이집트에 있는 이스라엘 자손의 이야기. 그것은 본질적으로 모세 이야기이다.
6. 도망 나온 이스라엘 자손의 광야 여정 이야기. 그것은 권위를 둘러싼

까지 해결할 필요는 없다. 그것은 어느 쪽으로든 통한다.

30 가와시마(Kawashima, 2004)는 영리하게 다루었는데 여기서 제시한 것보다 훨씬 더 철저한 대응이 필요하다. 그의 논의에 필수적인 구전과 문서 전승 사이의 구별이나 문서 전승과 산문의 상관관계는 반 데르 투른(Van der Toorn, 2007)이 역사적인 근거에 무게를 두고 다룬 서기관 관습과 전혀 부합하지 않다.

31 내가 보기에 J는 자기만의 독특한 '요셉 이야기'가 없다. 독특한 요셉 이야기가 있다고 생각하는 학설이 사라지지 않고 있는데 그것은 완전히 잘못된 것이다. J에게 요셉 이야기는 유다와 요셉 이야기이다(Coote and Ord, 1989: 172~206, 본서 19~20장). 최근 학계의 '요셉 이야기' 연구동향은 반 시터스(Van Seters, 2004)가 잘 비평하고 있다. 반 시터스는 이야기 속에서 유다가 한 역할이 후대의 J저자가 삽입한 내용에 크게 의존하고 있다는 여러 학자의 견해에 동조한다(2004: 386~87).

갈등 이야기이다.

7. 발람이 이스라엘을 축복한 이야기. 도망 나온 노예들을 저주하는 데 실패한 모압 왕 이야기.

이 가운데 몇 가지 전승 배후에는 분명히 시문이 존재했을 것이다. 이제껏 알려진 도시의 기록 전승은 모두 시문이다. (1)과 (7)에서 주요 역할을 하고 (3)과 (4)에서 조금 약하게 역할을 하는 저주와 축복은 시문으로 되어 있다. 미리암의 승리 노래는 (5)의 일부이지만 특히 두드러진다. J의 핵심갈등의 절정을 순간적으로 현저히 문체를 변형시켜 강조하고 있기 때문만이 아니라 야훼가 바로를 패배시키고 강제부역에 시달리는 노예들을 구원한 일과 야훼(다윗의) 제의의 기초를 놓은 사건 사이에 상관관계를 명료하게 만들어 주기 때문이다. 더구나 J의 글 전체의 배후에는 보통 시문으로 된 '서사시'가 있다고 생각해왔다. 하지만 그런 시문으로 된 서사시가 J에 있다는 증거는 없으며 증거가 없기 때문에 그런 서사시가 있다고 단정할 이유도 없다(Niditch 2005: 278~79). 마찬가지로 종종 사사기 4장과 5장을 예로 들어 제안하듯이 J가 원래는 시문이었는데 산문으로 번역한 것이라고 생각할 이유도 없다.

대신에 산문 내러티브로 된 구전 민간전승이었다고 단정하는 것이 더욱 의미 있다. 그것은 과거에 중요한 사회적 혹은 정치적 영역에서 공을 세운 주변부 영웅이나 위대한 인물의 일화라고 부를 수 있는 이야기들이다. 이런 장르에 속한 실례가 삼손 이야기와 정치적 계승을 다룬 기드온 이야기이다. 이것이 우리가 야곱, 유다와 요셉 그리고 모세의 이야기를 이런 산문 내러티브 전승으로 이해하는 방식이다. 네 명의 주인공들은 서로 다른 영역들을 연결해주는 민간 영웅들이다.(예를 들어 요셉 이야기와 이집트의 두 형제 이야기가 서로 유사하다는 것을 오랫동안 인식해온 사실이 암시하듯이 이집트의 산문 내러티브 전승에서 영향을 받았을 수도 있다.)

내용상 아브람 이야기(2)는 민간전승이 축적된 것이라기보다는 J가 주로 작성한 것으로 보아야 할 것이다. 유다의 역할이 전통적으로 모든 이스라엘이 간직해온 전승인 것 같지 않다는 것을 전제할 때 유다와 요셉 이야기도 마찬가지일 것이다.

주지하듯이 J의 산문과 사무엘서의 일차 자료를 식별하기가 어렵다는 사실은 오랫동안 인식되어 왔다. 프리드먼(Friedman)이 주장하듯이 다윗의 등장과 통치를 정당화하는 기사를 쓴 서기관 혹은 서기관들이 똑같은 형식과 문체로 이스라엘 지파들이 다윗의 주권 아래에 있는 것이 정당하다는 기사를 쓰는 것은 전혀 어렵지 않다. 실제로 다윗의 등장에 관한 기사와 어떤 면에서 다윗이 압살롬의 반란을 진압하는 기사는 사울의 등장에 관한 민간전승과 더불어 주변부의 민간 영웅에 관한 장르와 동일한 범주로 분류할 수 있다. 요약하면 J가 방대한 전승을 고정된 형식과 문체로 다시 작성한 일 때문에 다윗 시대 초기에 생생했던 지파 이스라엘의 민간 내러티브 전승을 제외시키고 다른 것을 찾아야 할 이유가 없는 것이다(Niditch, 2005: 282~83). 시문으로 기록된 창조와 축복 전승은 J에서 핵심적 역할을 하지만 저자는 산문 내러티브로 변형시키거나 시문의 형태에 손을 대지 않은 채 그대로 두고 종종 중세시대와 근대 초기에 기록한 민간전승기록에서 볼 수 있는 방식으로 이것들을 산문 바탕과 동화시켰다.

이 내러티브 전승체로 J를 작성한 과정에서 커다란 두 가지 단계의 흔적을 찾아낼 수 있다. 첫째, J는 자신의 관심사에 따라 작성한 전통적인 야곱과 모세 이야기 대부분을 자신의 관심사에 비추어 작성하였으며 여기에 유다와 요셉 이야기를 연결고리로 삼았다. 이 작업은 J의 중심 단락을 형성하였고 80퍼센트 이상의 내용을 차지하고 있다. 그 다음에 J는 이 중심 내러티브의 서두에 도시의 기원 전승에 기초를 두고 있는 세계의 기원 기사를 배치하였다. 그것은 역사의 위대한 전환점에서 야훼가 아브람을 축복하는 내용을 절정으로 삼는다. 결론부는 마지막으로 발람이 야훼의 분부에 따라 이스라엘과 다윗 왕조를 축복하는 내용을 되풀이한다. 아브람이 받은 복은 이스라엘이 사는 가나안 땅을 수여하는 데서 성취된다, 그리고 이 복은 아브람의 아들이며 이스라엘의 아버지인 이삭이 태어나고 상속한다. 서두의 내러티브는 인간 창조에 관한 변증적 기사로 시작한다. 그것은 모든 사람이 군주적 국가의 건축 사업을 위해 창조되었다는 생각을 정면으로 거부한다. 야훼가 이집트 왕의 강제부역에 동원된 노예들이었던 이스라엘을 구원한다는 J의 절정 부분을 위해 처음부터 바탕을 깔아놓은 것이다.

기타 특징들

J의 주요 주제들을 요약해서 한데 모아놓고 보면 내러티브의 내용, 장르, 문체는 모두 다윗 시대에 작성되었음을 가리킨다. J는 다윗 시대에 작성되었다. 하지만 강력한 통일왕조 시대의 현실은 전혀 반영되어 있지 않다. 오히려 사무엘하의 자료에 나타나 있는 것처럼 다윗 통치의 취약성을 반영하고 있다. 아울러 다윗이 국경지대에서 이집트라는 괴물의 약탈을 저지하려는 결정도 반영하고 있다. 이런 것들이 J의 연대를 결정하는 데 주로 고려해야 할 사항이다. 다른 요소들은 이런 상황에 비추어 보면 가장 잘 이해된다.[32]

언뜻 보아도 이스라엘 지파 중 처음으로 복을 받은 유다 지파의 역할에 관한 다윗 왕실의 기사는 다윗 가문의 긴 통치 기간 중 후기보다는 초기에 작성된 것 같다. 이 점을 지나치게 강조할 수는 없다. 이집트가 아니라 시내 광야, 네게브, 팔레스타인 남부에 초점을 두는 점도 모두 다윗 행정부의 초기 상황을 가리킨다. 실제로 네게브와 시내 광야의 상당한 지역이 기원전 9세기와 8세기에 다윗 가문이 아닌 이스라엘 주권자들에 의해 편입되었을 것이다. 시내 광

---

32 J가 다윗과 솔로몬 시대로 소급된다는 견해를 다시 고려할 때 J는 제의를 혹평하는 세속적 경향을 보이지 않은 상태로 다윗 제의의 기초를 수립하는 내러티브라는 점을 반복하는 일이 똑같이 중요하다.

야에 있는 제의 성소가 초기 이스라엘 시대에 이미 여러 성소 중 하나로 존재했을 테지만 다윗 왕가는 초기에 그 성소를 중요하게 만들었던 것으로 이해하는 것이 제일 좋다. J에서 벧엘은 긍정적으로 묘사되고 있으며 그 위상을 시험했다는 표시는 없다. 기원전 10세기 후반부터 그랬다. 실로는 J에 언급되고 있지 않다. 그러나 크로스(Cross)와 다른 학자들이 주장하듯이 만일 아비아달이 다윗 궁전에서 사독의 아론계열 제사장 가문과 쌍벽을 이루는 모세계열 지파의 제사장 가문을 나타낸다면 모세는 실로를 은연중 인정하는 데 큰 역할을 한다. J의 모세가 한 역할을 전제로 솔로몬이 형제들과 맞서 쿠데타를 일으킨 후 아비아달을 축출한 사건은 J가 솔로몬 시대에 작성되었다는 견해를 배제한다.

J가 후기가 아니라 초기라는 사실은 놀라운 일이 아니다. 거듭 말하거니와 이것은 예상되었던 일이다. 그것은 왕조가 아니라 지파 중심으로 살던 사람들의 역사이다. 군주제도가 많은 것을 설명해야 했던 때 즉 지파 사회로 운영되던 이스라엘이 곧바로 군주제도로 바뀌었을 때 기대되는 그런 내용을 담고 있다. 그래서 J는 핵심이 되는 지파 전승을 확증함과 동시에 군주를 배출한 특정 가문이 정당하다는 근거를 거의 간접적으로 설정하고 있다. 다윗 가문 이전에도 비슷하게 노력한 결과물들이 존재했을 수도 있다. 하지만 이 J는 그 기본 요소와 윤곽을 지금 우리에게 전해주고 있는 것이며 다윗이 이스라엘의 지파들과 맺은 관계를 통해 우리가 이해할 수 있고 또 그래야만 하는 글이다.

참고문헌

Ash, P. S. 2002. Review of Halpern(2001), online *Review of Biblical Literature*. September, 2002.

Batto, B. F. 1992. *Slaying the Dragon: Mythmaking in the Biblical Tradition*(Louisville: Westminster John Knox Press).

Ben Zvi, E. 1997. 'The Urban Center of Jerusalem and the Development of the Literature of the

Hebrew Bible', in W. E. Aufrecht, N. A. Mirau, and S. W. Gauley(eds.), *Urbanism in Antiquity from Mesopotamia to Crete* (JSOTSup, 244; Sheffield: Sheffield Academic Press): 194~209.

Berge, K. 1990. *Die Zeit des Jahwisten: Ein Beitrag zur Datierung jawistischer Väter-texte*(New York: Walter de Gruyter).

Carr, D. 2005. *Writing on the Tablet of the Heart: Origins of Scripture and Literature*(New York: Oxford University Press).

Coote, R. B. 1990. *Early Israel: A New Horizon* (Minneapolis: Fortress Press).

_____. 1991. *In Defense of Revolution: The Elohist History* (Minneapolis: Fortress Press).

_____. 1998 'The Book of Joshua: Introduction, Commentary, and Reflections', in L. E. Keck (ed.), *The New Interpreter's Bible* (vol. 2; Nashville: Abingdon Press): 555~719.

_____. 2000. 'Conquest: Biblical Narrative', in David Noel Freedman (ed.), *Eerdmans Dictionary of the Bible* (Grand Rapids: Eerdmans): 274~76.

_____. 2001. 'Proximity to the Central Davidic Citadel and the Greater and Lesser Prophets', in Lester L. Grabbe and Robert D. Haak (eds.), *'Every City Shall Be Forsaken': Urbanism and Prophecy in Ancient Israel and the Near East* (JSOTSup, 330; Sheffield: Sheffield Academic Press): 62~70.

_____. 2006. 'Tribalism: Social Organization in the Biblical Israels', in Philip F. Esler(ed.), *Ancient Israel: The Old Testament in its Social Context*(Minneapolis: Fortress Press): 35~49.

Coote, R. B., and M. P. Coote. 1990. *Power, Politics and the Making of the Bible: An Introduction*(Minneapolis: Fortress Press).

Coote, R. B., and David Robert Ord. 1989. *The Bible's First History* (Philadelphia: Fortress Press).

Dozeman, T. B., and Konrad Schmid(eds.). 2006. *A Farewell to the Yahwist? The Composition of the Pentateuch in Recent European Interpretation.* (Atlanta: Society of Biblical Literature).

Emerton, J. A. 2004. 'The Date of the Yahwist', in John Day (ed.), *In Search of Pre-exilic Israel* (New York: T. & T. Clark): 107~29.

Finkelstein, I. 2005. '(De)formation of the Israelite State: A Rejoinder on Methodology', *Near Eastern Archaeology* 68: 202~208.

Finkelstein, I., and N. Na'aman. 2005. 'Shechem of the Amarna Period and the Rise of the Northern Kingdom of Israel', *Israel Exploration Journal* 55: 172~93.

Friedman, R. J. 1992. 'Torah (Pentateuch)', *Anchor Bible Dictionary* 6: 605~22.

_____. 1998. *The Hidden Book in the Bible* (New York: HarperSanFrancisco).

_____. 2003. *The Bible with Sources Revealed: A New View into the Five Book of Moses*(New York: HarperSanFrancisco).

Halpern, B. 2001. *David's Secret Demons: Messiah, Murderer, Traitor, King* (Grand Rapids: Eerdmans).

Hendel, R. 2005. *Remembering Abraham: Culture, Memeory, and History in the Hebrew Bible* (New York: Oxford University Press).

Hess, R. S., and D. T. Tsumura (eds.). 1994. *'I Studied Inscriptions from before the Flood': Ancient Near Eastern Literary, and Linguistic Approaches to Genesis 1~11* (Winona Lake: Eisenbrauns).

Kawashima, R. S. 2004. *Biblical Narrative and the Death of the Rhapsode* (Indiana Studies in Biblical Literature; Bloomington: Indiana University Press).

Liverani, M. 2005. *Israel's History and the History of Israel* (London: Equinox).

McCarter, P. K. 1980. 'The Apology of David', *Journal of Biblical Literature* 99: 489~504.

_____. 1981. '"Plots, True and False": The Succession Narrative as Court Apologetic', *Interpretation* 35: 355~67.

Niditsch, S. 2005. 'The Challenge of Israelite Epic', in John Miles Foley (ed.) *A Companion to Ancient Epic* (Oxford: Blackwell): 277~87.

Schmid, K. 2006. 'The So-Called Yahwist and the Literary Gap between Genesis and Exodus', In Dozeman and Schmid 2003: 29~50.

Schniedewind, W. M. 2004. *How the Bible Became a Book: The Textualization of Ancient Israel* (New York: Cambridge University Press).

Ska, J.-L. 2006. *Introduction to Reading the Pentateuch* (Winona Lake: Eisenbrauns).

Toorn, K. van der. 2007. *Scribal Culture and the Making of the Hebrew Bible* (Cambridge: Harvard University Press).

Van Seters, J. 2004. 'The Joseph Story—Some Basic Observations', in G. N. Knoppers and A. Hirsch (eds.), *Egypt, Israel, and the Ancient Mediterranean World: Studies in Honor of Donald B. Redford* (Probleme der Ägyptologie, 20: Leiden: Brill): 361~88.

Velleman, J. D. 2001. 'The Genesis of Shame', *Philosophy and Public Affairs* 30: 27~52.

Willson, K. A. 2005. *The Campaign of Pharaoh Shoshenq into Palestine* (Forschungen zum Alten Testament, 2.9; Tübingen: Mohr-Siebeck).

Wolff, H. W. 1964. 'Das Kerygma des Jahwisten', *Evangelische Theologie* 24: 73~98.

Wright, R. M. 2005. *Linguistic Evidence for the Pre-exilic Date of the Yahwistic Source* (New York: T. &York: T. & T. Clark).

찾아보기

【ㄴ】

【ㄷ】

【ㄹ】

【ㅁ】

【ㅂ】

【ㅇ】

【ㅈ】

【ㅎ】

지은이

로버트 B. 쿠트 Robert B. Coote

1966년 하버드 대학교의 학부를 졸업하고 1972년 동 대학원에서 Ph.D 학위를 받았으며, 1975년부터 샌프란시스코 신학대학원(San Francisco Theological Seminary)과 버클리의 신학대학원연합(Graduate Theological Union; GTU)의 구약학 교수를 역임하다가 은퇴하였다. 성서와 고대 중동 분야에서 국제적으로 명성이 높은 학자로서, 주로 이스라엘의 초기역사 및 성서의 형성사를 연구하였다.

주요 저서로는 *The Bible's First History: From Eden to the Court of David with the Yahwist*(데이빗 오르드와 공저), *In Defence of Revolution: The Elohist Hsitory, In the Beginning: Creation and the Priestly History*(데이빗 오르드와 공저), *The Deuteronomistic History, Is the Bible True: Understanding the Bible Today*(데이빗 오르드와 공저), *Early Israel: A New Horizon, Power, Politics, and the Making of the Bible: An Introduction*(메리 쿠트와 공저), *Amos Among the Prophets: Composition and Theology* 등이 있다.

데이빗 R. 오르드 David R. Ord

샌프란시스코 신학대학원을 졸업하고 미국장로교 목사로 사역활동을 하였으며, 현재는 종교서적 전문출판사인 미국 나마스테 퍼블리싱(Namaste Publishing)의 편집장으로 일하고 있다. 스승인 로버트 쿠트 교수와 함께 *The Bible's First History*와 *In the Beginning: Creation and the Priestly History* 및 *Is the Bible True* 등을 저술하였으며, 그 외에도 *Your Forgotten Self: Mirrored in Jesus the Christ* 등의 저서가 있다.

옮긴이

우택주

한양대학교와 서울신학대학교 대학원을 졸업하고, 연세대학교 연합신학대학원에서 신학석사 학위를 받았다. 그 후 뉴욕의 유니온신학원(Union Theological Seminary)에서 신학석사, 쿠트 교수가 재직하던 버클리의 신학대학원연합(GTU)에서 Ph.D 학위를 받았다. 1993년부터 1998년까지 쿠트 교수에게서 사사하였으며, 현재 침례신학대학교 구약학 교수로 재직하고 있다. 쿠트 교수의 저서 중 『아모스서의 형성과 신학』 및 『성서 이해의 지평』을 번역하였다.
미국성서학회(Society of Bible Literature) 정회원이고, 한국구약학회의 정회원으로서 부회장을 역임하였으며, 동 학회에서 발행하는 『구약논단』의 편집위원과 *Canon & Culture*의 편집위원을 역임하였다.
주요 저서로는 『8세기 예언서 이해의 새 지평』, 『요나서의 숨결』, 『모두 예언자가 되었으면』, 『구약성서와 오늘1』, 『구약성서와 오늘2』, 『최근 구약성서개론』(공저)이 있고, 역서로 『농경사회 시각으로 바라본 성서 이스라엘』(공역), 『아모스서의 형성과 신학』, 『성서 이해의 지평』이 있다.

임상국

감리교신학대학교와 동 대학원을 졸업하였으며(신학석사), 일본 도쿄의 릿쿄(立教)대학교에서 신학석사와 철학박사(Ph.D) 학위를 받았다. 구약성서의 히브리 예언사상을 전공하였으며, 기원전 8세기 북왕국의 지배체제와 예언자의 사회비판으로 박사학위를 받았다. 1999년 여름 이후 이스라엘 고고학 발굴작업(엔 게브와 텔 레헤쉬)에 참여하여 이집트의 아마르나 문서와 고대 가나안 도시국가 간의 외교 관련의 고대사를 실증적으로 연구하는 국제학술조사단에 한국 대표로 수년간 참여하였다. 1999년 가을학기 임용 이후 현재 감리교신학대학교의 구약학 교수로 재직 중이다. 한국구약학회의 정회원이며, 교환교수로 2004년과 2010년의 안식년을 샌프란시스코 신학대학원에서 보내면서 쿠트 교수와 깊은 친분을 쌓았다.
주요 저서로는 *The Ruling System of Northen Kingdom and Social Critique of Prophets —With Focus on Elijah and Amos*(영문 제목명, Ph.D.Diss. The Rikkyo Graduate School in Tokyo), 『古代イスラエル預言者の思想的世界』(東京: 新教出版社)(공저), 『히브리 예언자의 사회사상』(서울: 한우리)가 있고 주요 논문으로 “Excavations at Tel Rekhesh,”[Author(s): Paz, Yitzhak; Hasegawa, Shuichi; Onozuka, Takuzo; Okita, Masa'aki; Lim, Sang-Kook; Tatsumi, Yoshinobu; Tsukimoto, Akio; Sugimoto, David T.; Yamafugi, Masatoshi. Source: *Israel Exploration Journal* 60(2010) no.1.]가 있다.

한울아카데미 1958

성서의 처음 역사

지은이 로버트 쿠트 · 데이빗 오르드
옮긴이 우택주 · 임상국
펴낸이 김종수
펴낸곳 한울엠플러스(주)
편　집 김용진

초판 1쇄 인쇄 2017년 3월 10일
초판 1쇄 발행 2017년 3월 20일

주소 10881 경기도 파주시 광인사길 153 한울시소빌딩 3층
전화 031-955-0655
팩스 031-955-0656
홈페이지 www.hanulmplus.kr
등록번호 제406-2015-000143호

Printed in Korea
ISBN 978-89-460-5958-0 93230(양장)
ISBN 978-89-460-6287-0 93230(반양장)

* 책값은 겉표지에 표시되어 있습니다.
* 이 도서는 강의를 위한 학생판 교재를 따로 준비했습니다.
* 강의 교재로 사용하실 때는 본사로 연락해주십시오.